地球の歩き方 A07　　2024〜2025年版

PARIS

パリ

&近郊の町

地球の歩き方編集室

JN051770

COVER STORY

150年前の1874年、「第1回印象派展」が開催されました。
美術界に革新をもたらした画家たちは、モンマルトルをはじめ
パリや近郊を舞台に、絵画史の潮流を変えていきました。
2024年、五輪の舞台として世界から注目を集めるパリ。
歩みを止めることのない町は、訪れる人を魅了し続けます。

PARIS CONTENTS

出発前に必ずお読みください！　旅のトラブルと安全情報 P.11、P.436〜441
緊急時の医療会話 P.451

本書で用いられる記号・略号

見どころなどのデータ

- **ⓘ** 観光案内所
- **Ⓜ** 最寄りメトロ(地下鉄)駅
- **RER** 最寄りRER線の駅
- **住** 住所(末尾に付けられた 1er、2eなどは、区の番号→P.98)
- **営** 営業時間
- **開** 開館時間(夏:一般的に4〜9月で7・8月だけ時間が延長されることも多い 冬:一般的に10〜3月)
- **休** 休館日、定休日
- **料** 入場料、料金(学生割引の場合は国際学生証、年齢の証明にはパスポートを提示すること)
- **TEL** 電話番号
- **Free** 無料ダイヤル(日本国内)
- **Wi-Fi** 無料Wi-Fiあり
- **パス** ミュージアム・パス使用可(→P.183)
- **Eメール** eメールアドレス
- **URL** ウェブサイトのアドレス

黄金のドームの下にナポレオンが眠る

アンヴァリッド

★★ MAP 別冊 P.12-3A
Hôtel des Invalides

アンヴァリッド
Ⓜ ⑧La Tour Maubourg ⑬Varenne
RER Esplanade des Invalides 7e

軍事博物館、ドーム教会(ナポレオンの墓)
営 10:00〜18:00
(入場は閉館の30分前まで)
休 1/1、5/1、12/25
料 €15、18歳未満は無料。第1日曜は無料(→P.76)
パス ミュージアム・パス使用可(→P.183)
URL www.musee-armee.fr
※開館時間は約1時間、博物館の入場券でドーム教会にも入場できる

アンヴァリッドは、ルイ14世が負傷廃兵の収容施設として建てたもので、「廃兵院」と訳されている。現在は、ナポレオンの墓所があることで有名だ。

黄金に輝くドーム教会
Eglise du Dômeはルイ9世の遺体を安置するために建てられたもので、マンサールの設計により1706年に完成。この教会の地下祭室中央が、ナポレオン1世の墓所となっている。緑色の花崗岩でできた台座の上に、赤い斑岩製の棺が置かれ、堂々たる墓所だ。地下に下りる入口には、有名なナポレオンの遺言が刻み込まれている。「余は、余がかくも愛したフランスの市民に囲まれて、セーヌ川のほとりに憩うことを望む」。

アンヴァリッドの一角には**軍事博物館**Musée de l'Arméeもあり、13世紀から第2次世界大戦までの武器や装飾品など、貴重な軍事コレクションを展示している。厖大な所蔵数を誇り、ナポレオンやフランスの歴史に興味のある人は必見だ。

金色に輝く星模様が目を引くドーム教会(上)。その地下聖堂に安置されたナポレオンの棺(下)

ナポレオン帽子をおみやげにインフォメーションではナポレオンの帽子そ模した素朴な帽子をもらえるので、被って見学するのも楽しい。

角がふたつあるので二角帽子と呼ばれる

「栄光の中庭」と呼ばれる中庭に置かれた大砲(左)。ナポレオン1世の馬に使われていた美しい装飾の鞍(右)

☕ **Column**
Pause Café ｜ パリの自由の女神

アメリカのシンボル、自由の女神像。ニューヨークに立つこの女神像は、アメリカ独立100周年を記念してフランスから贈られたもの。1865年にその寄贈が発案され、資金難に陥りながらも、1886年にアメリカに送られた。彫刻面インレリーディによ制作で、エッフェル塔の設計者ギュスターヴ・エッフェルも制作に関わっている。制作途中の1878年のパリ万博では資金難の一環として女神像の巨大な頭部が展示され話題になった。

パリにも自由の女神像があり(→P.143)、セーヌ川の中の島の遊歩道、白鳥の小径の西端に立つ自由の女神像(MAP 別冊P.16-1B)は

フランス革命100周年、1889年のパリ万博の際にパリに住むアメリカ人から贈られたもの。アメリカからの返礼と友好の証として贈られたこのセーヌ川の自由の女神は、今日もはるかニューヨークの方角を見つめている。

セーヌ河畔に立つ自由の女神

✉ 読者からの投稿

はみだし! はみだし情報

オルセー美術館前からアルマ橋Pont de l'Almaまでのセーヌ河岸が「パルク・リヴ・ド・セーヌParc Rives de Seine」という遊歩道になっている。遊具などが設置され、子供から大人まで楽しめる。MAP 別冊P.11-2D、P.12-2AB

Ⓡ レストラン

旅情を誘う豪華レストラン
ル・トラン・ブルー
Le Train Bleu
€€€ /リヨン駅 MAP 別冊P.21-2C

シャンデリアが輝きまさにフレスコ画が飾られた店内は、歴史的建造物にも指定されている。なんと、19世紀的な空気が伝わってくる。駅構内ながらも、列車や作家などのなごみを身近に感じながらも、シンプルなフレンチシングルなど優雅なメニューを楽しめる。

Ⓜ ①⑭ ⑭Ⓐ⑭Gare de Lyon
住 Pl. Louis Armand 12e(リヨン駅構内)
TEL 01.43.43.09.06
営 11:15〜14:30(L.O.)、19:00〜22:30(L.O.)
料 ムニュ€55、€74、€120
CC AⒹJⓂV 予約 望ましい 英 日
URL www.le-train-bleu.com

Ⓢ ショップ

上品なフレンチカジュアル
アニエス・ベー
agnès b.
洋服/サン・ジェルマン・デ・プレ 別冊P.28、28 /本誌P.299

フレンチカジュアルといえば、このブランド。細身の白身上のよりダーシャツやワンコート素材のカーディガンなどの定番アイテムをはじめ、流行にとらわれない色やモチーフなどをシンプルなデザインのでコーディネートも楽しめる。

Ⓜ ④St-Sulpice
TEL 01.44.39.02.60
営 10:30〜19:30(土〜20:00) 休 一部祝
CC AⒹJⓂV
URL www.agnesb.fr
<その他・メンズ/オム>
本誌P.299 住 10-12, rue du Vieux Colombier 6e

- **MAP** 地図上の位置
- **Ⓜ** 最寄りのメトロ(地下鉄)駅
- **RER** 最寄りのRER線駅
- **住** 住所
- **TEL** 電話番号
- **営** 営業時間(レストランのL.O.はラストオーダー)
- **休** 休業日
- **料** ムニュ(セットメニュー)の料金、ア・ラ・カルトで注文時の予算など(レストラン、カフェ記事)
- **CC** 使用可能なクレジットカード
  - **A** アメリカン・エキスプレス
  - **D** ダイナースクラブカード
  - **J** JCBカード
  - **M** マスターカード
  - **V** VISA
- **英** 英語のメニューあり(レストラン、カフェ記事)
- **日** 日本語のメニューあり(レストラン、カフェ記事)
- **予約** 予約の必要性について(レストラン、カフェ記事)
- **Wi-Fi** 無料Wi-Fiあり
- **❄** 冷房あり
- **Eメール** eメールアドレス
- **URL** ウェブサイトのアドレス

見どころのおすすめ度

★★★ 見逃せない観光ポイント
★★ 訪れる価値あり
★ 興味に合わせて訪れよう

通りの表記、略号

av.　：Avenue「並木通り」
bd.　：Boulevard「大通り」
rue　：「通り」地図上ではRueまたはR.で表示
pl.　：Place「広場」
St-　：Saint
Ste-　：Sainte（Saintの女性形）
Fg.　：Faubourg（フォーブール）の略

地図の記号

別冊P.4〜5（下部）に説明があります

コラム

知っておきたい
歴史の話

芸術にもっと親しむための
アートコラム

町歩きが楽しくなる
シネマコラム

コーヒーブレーク
パリの「ちょっといい話」

お役立ち情報
ユースフルコラム

Ⓗ ホテル

ホスピタリティを大事にする
オテル・ド・ロンドル・エッフェル ★★★
Hôtel de Londres Eiffel
エッフェル塔界隈　別冊P.11-3D

19世紀のエッフェル塔の
建設時、職工たちの住
まいだったというホテ
ル。その歴史を受け継
ぎながら、家族経営の
あたたかいサービスを
モットーにしている。
客室には小作家や詩人の
名がつけられ、上品で
落ち着いた空気に満ち
ている。

Ⓜ ⓇEcole Militaire
Ⓐ 1, rue Augereau 7e
Ⓣ 01.45.51.63.02
ⓈⓌ Ⓢ€260〜480　Ⓞ€20
Ⓐ ⒶMV
Ⓑ 30室 Ⓦ 有
Ⓤ www.hotel-paris-londres-eiffel.com

★ フランス政府の格付け基準による星の数
Ⓢ シングル料金
Ⓦ ダブルまたはツインの1室当たり料金
Ⓞ 朝食料金
Ⓑ 客室数
Ⓦ 冷房あり
Ⓦ-Ⓕ 無料Wi-Fiあり

■掲載情報のご利用に当たって

編集部では、できるだけ最新で正確な情報を掲載するよう努めていますが、現地の規則や手続きなどがしばしば変更されたり、またその解釈に見解の相違が生じることもあります。このような理由に基づく場合、または弊社に重大な過失がない場合は、本書を利用して生じた損失や不都合について、弊社は責任を負いかねますのでご了承ください。また、本書をお使いいただく際は、掲載されている情報やアドバイスがご自身の状況や立場に適しているか、すべてご自身の責任でご判断のうえでご利用ください。

■現地取材および調査時期

本書は、2023年12月〜2024年2月の現地取材、および追跡調査データを基に編集されています。情報が具体的になればなるほど、時間の経過とともに内容に多少のズレが出てきます。特にホテルやレストランなどの料金は、旅行時点では変更されていることも多くあります。本書のデータはひとつの目安としてお考えいただき、現地では観光案内所などでできるだけ新しい情報を入手してご旅行ください。

■発行後の情報の更新と訂正について

本書発行後に変更された掲載情報や訂正箇所は、「地球の歩き方」ホームページの本書紹介ページ内に「更新・訂正情報」として可能なかぎり最新のデータに更新しています（ホテル、レストラン料金の変更などは除く）。下記URLよりご確認いただき、ご旅行前にお役立てください。
Ⓤ www.arukikata.co.jp/travel-support/

■投稿記事について

投稿記事は、多少主観的になっても原文にできるだけ忠実に掲載してありますが、データに関しては編集部で追跡調査を行っています。投稿記事のあとに（東京都　○○○　'23）とあるのは、寄稿者の居住地と名前、旅行年度を表しています。ホテルの料金など、追跡調査で新しいデータに変更している場合は、寄稿者データのあとに調査年度を入れ［ '24］としています。読者投稿応募の詳細は→P.463。

■外務省 海外安全ホームページ

2024年3月現在フランスには感染症を含む危険情報は出ていませんが、渡航前には必ず外務省のウェブサイトで最新情報をご確認ください。
Ⓤ www.anzen.mofa.go.jp

フランスの基本情報

▶旅の言葉
→ P.448

国 旗
通称：トリコロール
1789年、国民軍司令官だったラ・ファイエットが、パリ国民軍の赤と青の帽章に、王家の象徴である白を加えたのが三色旗の始まり

正式国名
フランス共和国 République Française

国 歌
ラ・マルセイエーズ La Marseillaise

面 積
約55万km²（海外領土を除く）

人 口
約6804万人。日本の約2分の1。海外領を含む（'23）

首 都
パリ Paris。人口約215万人（'20）

元 首
エマニュエル・マクロン大統領
Emmanuel Macron

政 体
共和制

民族構成
フランス国籍をもつ人は民族的出自にかかわらずフランス人とみなされる

宗 教
カトリックが約65%を占めるほか、イスラム教、プロテスタント、ユダヤ教など

言 語
フランス語

通貨と為替レート

▶お金の準備
→ P.418

通貨単位はユーロ（€、Euro、Eurとも記す）、補助通貨単位はセント（Cent）。それぞれのフランス語読みは「ウーロEuro」と「サンチームCentime」。€1＝100セント＝約162円（2024年3月現在）。紙幣は€5、€10、€20、€50、€100、€200。硬貨は€1、€2、1セント、2セント、5セント、10セント、20セント、50セント。

1ユーロ

2ユーロ

5ユーロ

10ユーロ

20ユーロ

50ユーロ

100 ユーロ

200ユーロ

1セント

2セント

5セント

10セント

20セント

50セント

電話のかけ方

▶国際電話のかけ方
→ P.432

日本からフランスへかける場合

国際電話識別番号 **010**※	＋	フランスの国番号 **33**	＋	相手先の電話番号（最初の0は除く）

※携帯電話の場合は010のかわりに「0」を長押しして「+」を表示させると、国番号からかけられる
※NTTドコモ（携帯電話）は事前にWORLD CALLの登録が必要

※本項目のデータはフランス大使館、フランス観光開発機構、外務省、（社）日本旅行業協会などの資料を基にしています。

入出国

ビザ
　観光目的の旅（3ヵ月以内の滞在）なら不要。

パスポート
　フランスを含むシェンゲン協定加盟国出国時より3ヵ月以上の残存有効期間が必要。

▶日本出入国
　→ P.422
▶フランス入出国
　→ P.424

日本からのフライト時間

　日本からフランス・パリまでのフライトは、直行便で約14時間。現在3社（エールフランス航空、日本航空、ANA）が直行便を運航している。

▶旅のプラン
　→ P.410

気候

　パリの気候はだいたい東京の四季に合わせて考えていい。春の訪れを感じるのは4月頃。梅雨がなく、乾燥しているので、夏はさわやかで過ごしやすい。7・8月の日中は30℃前後になる日もあるが、朝晩は肌寒いこともある。

　秋の訪れは東京より早く、雨が比較的多い。11月になるともう冬で、曇りがちの日が多くなる。
　同じ季節でも年によって気候は違うので、出発直前に天気予報で気温をチェックしておこう。

▶フランスの天気予報
　→ P.420

パリと東京の気温と降水量

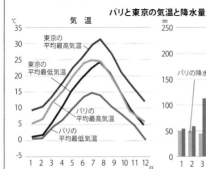

気　温

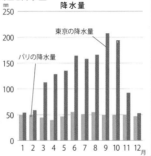

降水量

ビジネスアワー

　以下は一般的な営業時間の目安。ショップやレストランは店によって異なり、非常に流動的。夏のバカンスシーズンなど長期休暇を取る店も多いので注意。

銀　行
　月〜金曜9:00〜17:00。土・日曜、祝日は休業。銀行によって異なる。

郵便局
　月〜金曜8:00〜19:00、土曜9:00〜13:00。日曜、祝日は休業。局によって異なる。

デパート
　月〜土曜10:00〜20:00頃、日曜11:00〜19:00頃。一部祝日は休業。

ショップ
　月〜土曜10:00〜19:00頃。昼休みを取る店もある。日曜、祝日は休業する店が多い。

カフェ
　8:00〜24:00頃。

レストラン
　昼12:00〜14:00、夜19:30〜23:00頃。日曜、祝日は休業する店もある。

フランスから日本へかける場合

| 国際電話識別番号 **00** | + | 日本の国番号 **81** | + | 相手先の電話番号（市外局番、携帯番号の最初の0は除く） |

フランス国内通話
市外局番はないので、10桁の電話番号をそのままダイヤルする。

時差と サマータイム

フランスは中央ヨーロッパ時間（CET）。日本との時差は 8 時間で、日本時間から 8 を引くとフランス時間になる。つまり、日本の 18:00 がフランスでは同日の 10:00 となる。これがサマータイム期間中は 7 時間の差になる。

サマータイム実施期間は、3 月の最終日曜 A.M. 2:00 〜 10 月の最終日曜 A.M. 3:00。2024 年は 3/31 〜 10/26。2025 年は 3/30 〜 10/25。

※サマータイムは廃止予定（時期は未定）。

祝祭日 （おもな祝祭日）

▶パリのカレンダー → P.412

キリスト教に関わる祝日が多い。年によって異なる移動祝祭日（※印）に注意。

1/1		元日　Jour de l'An
3/31 ('24)　4/20 ('25) ※		復活祭　Pâques
4/1 ('24)　4/21 ('25) ※		復活祭の翌月曜日　Lundi de Pâques
5/1		メーデー　Fête du Travail
5/8		第 2 次世界大戦終戦記念日　Victoire du 8 mai 1945
5/9 ('24)　5/29 ('25) ※		キリスト昇天祭　Ascension
5/19 ('24)　6/8 ('25) ※		聖霊降臨祭　Pentecôte
5/20 ('24)　6/9 ('25) ※		聖霊降臨祭の翌月曜日　Lundi de Pentecôte
7/14		革命記念日　14 Juillet
8/15		聖母被昇天祭　Assomption
11/1		諸聖人の日　Toussaint
11/11		第 1 次世界大戦休戦記念日　Armistice
12/25		クリスマス　Noël

電圧とプラグ

標準は 220 ／ 230V で周波数は 50Hz。日本国内用の電化製品はそのままでは使えないので、変圧器が必要。プラグの形状は C タイプを使う。

コンセントの形状と携帯用プラグ（C タイプ）

ビデオ方式

出力方式がフランスは「DVB」、日本は「ISDB-T」と異なるため、フランスで購入した DVD ソフトを日本の一般的な DVD プレーヤーで見ることはできない（DVD ドライブ付き、あるいは DVD ドライブに接続可能なパソコンでは再生できる）。

ブルーレイソフトは、日本の地域コード「A」に対応していれば日本のプレーヤーで再生できる。

チップ

チップは基本的に義務ではない。宿泊や飲食の代金にはすでにサービス税が含まれているので、特別なサービスを頼んだときなどに、お礼として渡すといいだろう。

レストラン
高級レストランでは食事代の 5 〜 10% を目安に、お礼で残すとスマート。一般的な店では残す必要はない。

ホテル
特別なことを頼んだ場合、1 回につき €2 〜 5 程度。通常の掃除やベッドメイクには不要。

タクシー
大きな荷物をトランクに運んでもらったときなど €2 〜 5 程度。

劇場などの案内係
座席案内のお礼として、€1 程度。

飲料水

フランスの水道水は石灰分が多いが飲んでも大丈夫。味が気になる人はミネラルウオーター eau minérale を買うといい。ミネラルウオーターには炭酸入り（ガズーズ gazeuse）と炭酸なし（プラット plate）がある。駅などの自動販売機で買うと、500㎖で €1.50。スーパーマーケットでは 1.5 ℓ €0.50 〜 1。

時差表

日 本	0	1	2	3	4	5	6	7	8	9	10	11	12	13	14	15	16	17	18	19	20	21	22	23
フランス	16	17	18	19	20	21	22	23	0	1	2	3	4	5	6	7	8	9	10	11	12	13	14	15
フランス(サマータイム)	17	18	19	20	21	22	23	0	1	2	3	4	5	6	7	8	9	10	11	12	13	14	15	16

※ 赤い部分は日本時間の前日を示している

郵便

　フランスの郵便局は「ラ・ポスト La Poste」という。
　はがき、封書ともに同一料金で、日本への郵便料金は 20g まで €1.96。20g まではサイズ、形状に関係なく €1.96 で送ることができる。

フランスのポストは黄色

▶日本への郵便料金
→ P.435

税金

　フランスでは、外国人旅行者がひとつの店で 1 日で €100.01 以上の買い物をすると、12 ～ 18.6%（店によって異なる）の免税が適用される。商品を使用せず EU 圏外に持ち出すことが条件。パスポートを提示して免税手続きの申請をする。

▶免税について
→ P.430

安全とトラブル

　パリでは時期を問わず観光客を狙っての犯罪があとを絶たない。常にそのことを頭に入れながら行動しよう。テロに備えて、安全情報の収集もしておきたい。自分の身は自分で守るという心構えが必要だ。万一トラブルに巻き込まれた場合は、速やかに状況を判断して、その状況に合った機関へ助けを求めること。

緊急時の電話番号
　警察 Police（ポリス）　**17**
　消防 Pompier（ポンピエ）　**18**
　医者付き救急車 SAMU（サミュ）　**15**

フランスのパトカー

▶トラブル対策
→ P.436

▶知っておきたい
安全情報
→ P.438

年齢制限

　フランスの最低飲酒年齢は 16 歳。喫煙の最低年齢を定める法律はない。レンタカーのレンタル資格は 21 歳以上（車種によっては例外あり）。

度量衡

　フランスの度量衡（長さ、面積、重量、容積）は日本と同じと考えていい。洋服や靴のサイズ表示は日本と異なるので、必ず試着すること。

▶日本とフランスの
サイズ表
→ P.301

その他

物価の目安
　メトロの切符 1 枚€2.15、コーヒー 1 杯€3 ～ 4、テイクアウトのサンドイッチ €7 ～ 10 程度。たばこ 1 箱€11 ほど。

ストライキ
　フランスでは、美術館やメトロ、国鉄などあらゆる機関で頻繁にストライキが起こる。必ず予告されるので、ストライキを意味する「grève グレーヴ」という単語を、テレビのニュースや新聞などでこまめにチェックしよう。

公共の場での喫煙
　公共の閉じられた空間（駅、美術館など）での喫煙は全面的に禁止されている。ホテル、カフェ、レストランでは例外的に喫煙所が設置されている場合も（飲食店では屋外席なら喫煙可）。違反者には €68 の罰金が科せられる。路上でのポイ捨ても同様に €135 の罰金なので要注意。

トイレ事情→ P.99

パリの最旬トピックス

2024年五輪開催に向けて、町の整備が行われてきたパリ。
チェックしたい新スポットも登場！旬の旅情報を紹介しよう。

2023年 9月 — セルジュ・ゲンズブールの家が公開！

MAP 別冊 P.28-1B（メゾン）、別冊 P.28-1A（ミュゼ）
住 メゾン 5bis, rue de Verneuil 7e、
ミュゼ 14, rue de Verneuil 7e
開 10:00〜20:00（水 金 〜22:30）
休 月、1/1、5/1、12/25
料 メゾン&ミュゼ€25、ミュゼのみ€12。チケットはウェブサイトでの販売のみ
URL www.maisongainsbourg.fr

映画監督、ミュージシャンなどマルチな才能を発揮
し、ジェーン・バーキンの元パートナーとしても知ら
れるセルジュ・ゲンズブールの家が公開された。展示
は同じ通りに2ヵ所。ひとつは実際に暮らしていたメ
ゾンMaisonで、書斎などが生前の状態のまま公
開されている。もうひとつはピアノバーを併設した美
術館ミュゼMusée。メゾン&ミュゼがセットになった
チケットは数ヵ月分を指定日に発売するが、即完売
になるほどの人気だ。ウェブサイトから「ニュースレ
ター」に登録すると、次回発売日を知らせてくれる。

@Alexis_Raimbault

資料が展示されたミュゼ
©Tony Frank
@Alexis_Raimbault

翌2:00まで営業しているピアノバー

ファンの落書きで埋め尽くされたメゾンの壁
@Alexis_Raimbault

2024年 12月 — ノートルダム大聖堂が2024年12月に再開予定

2019年4月に起こった火災のため、屋根と尖塔を消失したノートル
ダム大聖堂。以来、大規模な修復工事が行われ、2024年12月8日、
再開することが発表された（一般公開は12月中旬より）。修復を指揮
するのは、建築家のフィリップ・ヴィルヌーヴ。周
辺などの工事が完了するのは2027年の予定。

尖塔の先端には新たな風見鶏が
尖塔は、以前と同じ形で建設される

パリの国鉄駅がリニューアル 〜2025年

パリにある6つの主要駅で、数年前より大規模な
改修工事が行われている。リヨン駅も自然光が降
り注ぐ明るく気持ちのよい空間に。TGVの改札も
自動化され、長く親しまれてきた切符の刻印機は
撤去された。

ベンチもナチュラルな木目調に

DATA→P.123

2023年 11月 海洋博物館が リニューアルオープン

シャイヨー宮の内部にある海洋博物館が、6年に及ぶ修復期間を経て再開。ルイ15世が所有していた船の模型コレクションのほかに、エネルギーや海運といった現代的なテーマも提示する博物館に。ブティックでは海に関するグッズを買うことができる。

海洋博物館の入口。フランス各地の港が描かれた絵画も必見

巨大な灯台のレンズの展示も（上）
船の模型コレクションのひとつ「ロワイヤル・ルイ号」（左）

印象派150周年を記念する 美術展開催 2024年 3～9月

1874年4月15日、のちに「第1回印象派展」と呼ばれるグループ展が初日を迎えた。2024年はこの日からちょうど150周年。フランス各地で印象派に関連した美術展が開催される。パリのオルセー美術館では、没入型バーチャルリアリティ体験を交えた「1874年パリ、印象派の創造」展が開かれる（2024年3月26日～7月14日）。

マルモッタン・モネ美術館では「ベルト・モリゾ展」が開催された

2024年 1月 「デヴィッド・ボウイ通り」 が13区に

2016年に死去したデヴィッド・ボウイの名を冠する通りが、彼の77歳の誕生日にあたる2024年1月8日に誕生した。パリに愛着を抱いていたロックスターへのオマージュが込められた通りだ。MAP 別冊 P.20-2B

オステルリッツ駅近く、新聞社ル・モンドの社屋に隣接している

メトロの車両 新車両に切り替え中 2023年～

メトロの一部路線で、新車両の運行が進められている。たとえば1960年代（！）から運転していた車両MP59に代わり、新車両MP14が導入された。より快適にパリの町を移動できそう。

新型車両には充電用のUSBポートも

2024年 5月 メトロ14号線が オルリー空港まで延長

メトロの14号線が延長され、2024年6月にはオルリー空港まで結ばれる予定だ。また、パリの南近郊を走る新たな15号線の新設工事が進んでいる。2025年から2030年にかけて開通予定。

工事に関する情報は駅構内に掲示されることが多い

パリのエリアナビ

QUARTIERS DE PARIS

歩き出す前に、パリの全体像をつかんでおこう。
パリは長径18km、短径9.5km、東京の山手線の内側くらいと、
コンパクトにまとまっている。
町の造りや、モニュメントの位置関係がわかると、パリがグンと身近に感じられる。

シャンゼリゼ界隈 (→P.100)

凱旋門からコンコルド広場まで続く並木道、シャンゼリゼ。カフェのテラスが最も絵になり、革命記念日には盛大なパレードが行われる。高級ブランド店が連なるモンテーニュ大通り、ジョルジュ・サンク大通りを含む、パリ随一のファッショナブルな界隈。

ラ・デファンス (→P.170)

パッシー地区 (→P.168)

ブーローニュの森 (→P.172)

エッフェル塔界隈 (→P.118)

セーヌのほとりに建つパリのシンボル、エッフェル塔。その麓に広がるシャン・ド・マルス公園から、川向こうのシャイヨー宮、トロカデロ広場まで開放感あふれる緑地が続く。

18e
17e
9e
10e
8e
1er
16e
3e
4e
7e
6e
5e
15e
14e

左岸
Rive Gauche

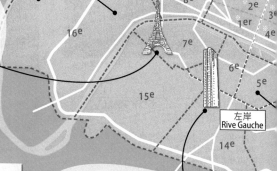

要注意エリアはどこ?

旅を安全に楽しむためには、ネガティブな情報を知っておくことも大切。例えば、統計的にスリなどの軽犯罪が多発しているのは、ルーヴル美術館やシャンゼリゼ大通りを抱える1区や8区。女性を狙った路上での窃盗行為が多いのもこのエリアだ。メトロの路線では、1号線内でのスリやひったくりに要注意。複数の路線が乗り入れするChâtelet-les-Halles駅では、駅構内での暴力的な窃盗が年400件を数えるとの報告もある。また、一般的にパリ東部は、郊外に向かうほど治安は悪化する。トラブル対策(→P.439)を参考に、リスク管理を意識しよう。

モンパルナス (→P.152)

国鉄モンパルナス駅とモンパルナス・タワーを中心とした地区。多くのアトリエが建ち並び、芸術と文化の中心だった面影は、高層ビルの出現で薄れてしまったが、詩人や画家たちを育てたカフェは今でも健在。

モンマルトル（→P.158）

　白亜のサクレ・クール聖堂が建つモンマルトルの丘。情緒たっぷりの坂道や階段は、パリの古きよきイメージそのもの。多くの画家たちが愛した風景が今もあちこちに残る。丘の麓は艶やかな歓楽街の顔をもつ。

パリはエスカルゴ

　パリの東南東から緩やかなカーブを描いて西南西に流れるセーヌ川によって、町は二分されている。川のほぼ中央に浮かぶシテ島の西半分と、ルーヴルのあたりを1区※として時計回りの渦巻き状に20区まで区が配置されている。この渦巻きから「パリの町はエスカルゴ（かたつむり）」と形容されることが多い。
　セーヌ川を挟んで北を「右岸 Rive Droite リヴ・ドロワト」、南を「左岸 Rive Gauche リヴ・ゴーシュ」と呼ぶ（→P.35）。
※1～4区は2020年4月に統合され、「パリ・サントルParis Centre」となった（→P.35）。

ルーヴルからオペラ地区（→P.108）

© pyramide du Louvre, arch. I. M. Pei

　ルーヴル美術館、チュイルリー公園からパレ・ガルニエまでを結ぶエリア。2大デパートが並び、観光にもショッピングにも外せない。オペラ大通り周辺には、レストランのほか書店など日本関連の店が集まり、日本人観光客御用達度ナンバー1。

19e

右岸
Rive Droite

ラ・ヴィレット公園（→P.170）

サン・マルタン運河（→P.166）

0e

20e

11e

12e

13e

シテ島から
マレ、バスティーユ（→P.126）

　セーヌに浮かぶふたつの島、ノートルダム大聖堂、商業地区レ・アール、歴史香るマレ、革命の舞台バスティーユ。パリ発祥から現在までの歴史が凝縮された一帯。マレの貴族の館と、ポンピドゥー・センターの現代アートを一度に味わえる。

ベルシー地区
（→P.171）

ヴァンセンヌの森
（→P.174）

サン・ジェルマン・デ・プレから
カルチェ・ラタン（→P.140）

　左岸を代表する2大地区を擁する文化エリア。カルチェ・ラタンは学生街にふさわしく気軽なレストランが多い。かつて芸術家たちが集った老舗カフェが残るサン・ジェルマン・デ・プレにはブランドブティックが並び、おしゃれな人たちでにぎわっている。

エッフェル塔 →P.120

シャン・ド・マルス公園 →P.123

アンヴァリッドへ →P.124

アレクサンドル3世橋 →P.44

セーヌ川 →P.44

五輪の
舞台は
ココ！

パリの名所巡り

スタッド・ド・
フランス

グラン・パレ

ラ・デファンス・
アリーナ

アレクサンドル3世橋

エッフェル塔
スタジアム

コンコルド広場

市庁舎

ローラン・ギャロス・
スタジアム

アンヴァリッド

ベルシー・
アリーナ

シャン・ド・
マルス・アリーナ

1924年にパリでオリンピックが開催されてから100年。
2024年夏のオリンピック開催都市となったパリ。
スポーツの祭典の舞台となる場所を巡ってみよう。

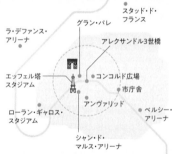

セーヌ川での入
場行進が予定さ
れる開会式のイ
メージ
©Paris 2024 /
Florian Hulleu

📍前代未聞の入場行進で話題に

セーヌ川 La Seine

2024年のパリ五輪は、環境に配慮した形で計画
された。この結果、新たな競技施設を建設するの
ではなく、パリの観光名所としても知られる場所
が、会場として使われることに。例えばセーヌ川
は開会式の会場となり、各国の代表選手たちを乗
せた船が川を航行して「入場行進」を行う。セー
ヌ川はこのほか、トライアスロンの競技会場とし
ても使われ、装飾の美しいアレクサンドル3世橋
がスタート地点となる。

セーヌ河岸に案内所を備えた「SPOT24」がオープン

エッフェル塔からほど近い場所に、観光案内所やオリン
ピック公式ショップなどを備えた「SPOT24」がオープン。
ローザンヌのオリンピック博物館と協賛した展示もあり、
2024年12月31日まで利用することができる。

MAP 別冊P.11-3C 📋 101, quai Jacques Chirac 15e

ラ・デファンス → P.170

シャンゼリゼ大通り → P.104

グラン・パレ → P.206

コンコルド広場へ → P.110

📍 パリの象徴的なエリアも会場に

エッフェル塔と
シャン・ド・マルス公園
Tour Eiffel et Parc du Champ de Mars

パリのシンボル、エッフェル塔。その足元から南東に広がるシャン・ド・マルス公園は、かつて練兵場としても利用された広大な緑地帯。塔を眺める絶景スポットとしても人気だ。7月14日の革命記念日には無料のコンサート会場となり、華やかなエッフェル塔の花火を間近で楽しめる場所でもある。ここにスタジアムが仮設され、ビーチバレーなどの競技が行われる。

ガラス張りの壁面にエッフェル塔を映す「グラン・パレ・エフェメール（シャン・ド・マルス・アリーナ）」

また公園の南端には、「グラン・パレ・エフェメール Grand Palais Éphémère」と呼ばれる施設がある。グラン・パレの工事中に代替施設として建てられたもの。オリンピック期間中は「シャン・ド・マルス・アリーナ」として、柔道（オリンピック、パラリンピックとも）、レスリング、車椅子ラグビーの会場となる。

シャン・ド・マルス公園には「エッフェル塔スタジアム」が設営される

17

コンコルド広場を彩る噴水の修復も行われた

📍 ストリート系の競技を歴史的広場で

コンコルド広場とグラン・パレ
Place de la Concorde et Grand Palais

パリの中心にあり、かつて「革命広場」としてルイ16世やマリー・アントワネットが処刑された場所でもあるコンコルド広場。この歴史ある広場が都市型スポーツの競技会場に。新たに加えられた種目ブレイキンや、日本選手の活躍が期待されるスケートボード、アクロバティックな自転車競技BMXフリースタイル、バスケットボール3x3の会場として整備され、世界レベルの技を競う場となる。
広場から凱旋門へと続くシャンゼリゼ大通り沿いにあるグラン・パレは、大規模な改修工事の後、テコンドー競技の会場となる予定だ。

パリ五輪のPVに屋根が使われたグラン・パレ

直接会場にはならないが、何度も映像で登場しそうなシャンゼリゼ大通り（上）と凱旋門（左）

2024年は「ツール・ド・フランス」のゴールが南仏のニースに！

7月に開催される、フランスの国民的自転車レース「ツール・ド・フランス」。終点は常にパリのシャンゼリゼ大通りと決まっているが、2024年は五輪と開催時期が重なるため、例外的にニースが終点となる。

広大な庭園の一角に
馬術の仮設競技場
が設けられる

📍華やかな馬術競技にぴったりの会場

ヴェルサイユ宮殿 Château de Versailles

豪華絢爛なヴェルサイユ宮殿は、広大な庭園もまた見どころとなっている。天才庭師ル・ノートルが手がけた、この見事なフランス式庭園が競技会場に。行われるのは動作の美しさや正確さを競う馬術競技だ。人工的に造られた大運河沿いは、総合馬術のクロスカントリー競技の会場となる。また、パリ市庁舎から出発するマラソンの経由地（23km地点）にもなっている。

📍熱戦が繰り広げられる

パリのスタジアム

Stades à Paris

既存のスタジアムも競技会場として使われる。例えば、全仏オープンが行われるローラン・ギャロスはテニスの会場に。また、1998年サッカーW杯フランス大会開催時に開場したスタッド・ド・フランス Stade de France では、陸上競技やラグビーの試合が行われる。

パリ近郊のサン・ドニにある
スタッド・ド・フランス

環境に優しいサステナブルなイベントに

2024年のパリ五輪は、環境への負荷を極力減らす取り組みがなされている。例えば、会場の95％は既存の施設を使用。また100％再生可能エネルギーを使用し、持続可能で、カーボンニュートラルなスポーツイベントとなることを目指している。

マルセイユの旧港周辺。丘の上にはノートルダム・ド・ラ・ギャルド・バジリカ聖堂がそびえる

◉ パリにとどまらない開催地
地方の町も五輪の舞台に
Les autres sites de compétition

種目によっては、パリ市内と近郊以外でも競技が行われる。例えばサッカーに関しては、ニース、リヨン、ナント、ボルドーなどのスタジアムでトーナメントが行われる（開会式の2日前から開始）。また、南仏プロヴァンス地方の港町マルセイユは、サッカーに加えてセーリング競技の開催地としても指定されている。紀元前600年からの歴史をもつ港町や、紺碧の地中海の風景を、競技とともに楽しめることだろう。

● リール（ハンドボール、
　バスケットボール）

● パリ

ナント（サッカー）●

シャトールー（射撃）● ● リヨン（サッカー）

ボルドー（サッカー）● ● サンテティエンヌ（サッカー）

マルセイユ ● ● ニース
（サッカー、セーリング）　（サッカー）

地方の開催地と競技

海外領のタヒチでも開催
フランス本土以外の開催地として話題になっているのが、南太平洋にあるフランス領ポリネシアの島タヒチだ。南西海岸にあるチョープーでは、高い波を利用してサーフィン競技が行われる。

19世紀から冬の避寒地として愛されてきた地中海のリゾート都市ニース（上）
ニースのスタジアムに併設されたスポーツ博物館には、オリンピックで使われた聖火トーチの展示も（右）

フルヴィエールの丘からの眺めが美しい町リヨンも開催都市のひとつ（上）
現代アートの町ナントでも競技が行われる（右）

おもな競技の開催地と日程

オリンピック：2024年7月26日〜8月11日
パラリンピック：2024年8月28日〜9月8日
※日程は変更されることがあります

O オリンピック　**P** パラリンピック

おもな競技	会場	日程
競泳	ラ・デファンス・アリーナ	**O** 7/27 〜 8/4　**P** 8/29 〜 9/7
アーチェリー	アンヴァリッド	**O** 7/25 〜 8/4　**P** 8/29 〜 9/5
マラソン	パリ市庁舎から出発、パリ近郊ヴェルサイユを経由しアンヴァリッドが終点	**O** 8/10（男子）8/11（女子）
ブレイキン	コンコルド広場	**O** 8/9, 10
自転車BMXフリースタイル	コンコルド広場	**O** 7/30, 31
スケートボード	コンコルド広場	**O** 7/27, 28（ストリート）8/6, 7（パーク）
馬術	ヴェルサイユ宮殿	**O** 7/27 〜 8/6　**P** 9/3 〜 7
柔道	シャン・ド・マルス・アリーナ	**O** 7/27 〜 8/3　**P** 9/5 〜 9/7
サッカー／ブラインドサッカー	フランス各地のスタジアム	**O** 7/24 〜 8/10　**P** 9/1 〜 9/7
バスケットボール／車椅子バスケットボール	ベルシー・アリーナ	**O** 7/27 〜 8/11　**P** 8/29 〜 9/8
バスケットボール3x3	コンコルド広場	**O** 7/30 〜 8/5
ビーチバレーボール	エッフェル塔スタジアム（シャン・ド・マルス公園）	**O** 7/27 〜 8/10
フェンシング／車椅子フェンシング	グラン・パレ	**O** 7/27 〜 8/4　**P** 9/3 〜 9/7
テニス／車椅子テニス	ローラン・ギャロス・スタジアム	**O** 7/27 〜 8/4　**P** 8/30 〜 9/7
トライアスロン	アレクサンドル3世橋からスタート	**O** 7/30, 31, 8/5　**P** 9/1, 2
セーリング	マルセイユ・マリーナ（マルセイユ）	**O** 7/28 〜 8/8

このほか、パリ市内のスタジアム、アリーナで卓球、バドミントン、レスリング、バレーボール、ボッチャなどの競技が行われる。

パリの美景はプライスレス!

賢くお得に旅を満喫!

マル得 パリ旅行術

Séjour pas cher à Paris

お得に旅するためのポイント 5

1. 入場無料のスポットを巡る
2. 割引のある曜日や時間帯を狙う
3. 食事はテイクアウトも利用
4. スーパーマーケット、
   ドラッグストアでプチプラみやげ探し
5. セールを利用してショッピング

円安の影響もあり、日本より物価高の傾向があるパリ。
旅の充実度、満足感はキープしつつ、お得に旅するヒントをご紹介!

観光

シスレーの作品「モレ・シュル・ロワンの教会」
（右）などを所蔵するプティ・パレは改修工事
で天井画の鮮やかな色彩がよみがえった（下）

€0 ミュゼで無料アート鑑賞

パリでは、市が運営する美術館、博物館の常設
展を原則無料で観ることができる。印象派など
有名な画家の作品も展示されている、おすすめ
の美術館はこちら。

✦ プティ・パレ（パリ市立美術館）
「プティ（小さな）」という名前からは想像でき
ないほど、充実したコレクションを誇る美術
館。モネやシスレーの作品、アールヌーヴォー
の家具など見応え十分。1900年パリ万国博開
催時に建てられた、優雅な建築も
味わいたい。

▶P.206

22

✦ 市立近代美術館

エッフェル塔の対岸にある美術館。モディリアニ、デュフィ、藤田嗣治といった20世紀初頭に活躍した「エコール・ド・パリ」の画家たちの名作がここに。なかでも250枚のパネルが壁を覆うデュフィの「電気の妖精」は圧巻。マティスの作品も常設展示されている。

▶ P.208

✦ カルナヴァレ博物館
（パリ市歴史博物館）

マレ地区に残る、ルネッサンス様式の貴族の館のひとつを利用したミュゼ。パリの町の変遷をたどる博物館で、とりわけフランス革命に関する展示が充実。ほかに、マルセル・プルーストの部屋や、ミュシャがデザインした宝飾店の再現などもあり、文学・美術ファンにおすすめ。

▶ P.137

センスが磨かれそう！

©Pierre Antoine

パリの看板を集めた展示室（上）やミュシャが手がけた宝飾店の再現（右）が人気のカルナヴァレ博物館

ほかにもある€0ミュゼ
- ブールデル美術館→P.209
- パリ市立ロマン主義博物館→P.164
- ヴィクトル・ユゴー記念館→P.136

Tips

知ってた？ 第1日曜はお得アートDay

芸術の都パリでは、誰でも気軽にアートと触れ合えるよう、第1日曜が無料となる美術館がいくつかある。予約が必要な美術館もあるので、公式サイトをチェックしよう。
- 第1日曜が無料になるおもな美術館→P.181

パリ市民のオアシス、公園でバカンス気分

パリには、かつて宮殿の庭園だった公園が点在している。広々としてベンチもたくさん。サンドイッチやスイーツをテイクアウトしてランチタイムを楽しんでも（→P.25）。

✦ リュクサンブール公園

現在フランス国会上院として使われているリュクサンブール宮の庭園だった公園。自然が豊かで、四季折々の色彩に彩られる。ジョルジュ・サンド像や自由の女神像など60体を超える彫像を巡る楽しみも。園内には人形劇の劇場もある。

ジョルジュ・サンド像などに会えるリュクサンブール公園（上・下）凱旋門まで見渡せるチュイルリー公園（右上・右下）

▶ P.143

舟を浮かべてのんびり

✦ チュイルリー公園

ルーヴル美術館とコンコルド広場の間にある、パリで最も観光客の多い公園。もとは、焼失したチュイルリー宮の庭園だった場所で、ヴェルサイユ宮殿の庭園を手がけたル・ノートルが設計。八角形の池の周囲は、市民に人気の日光浴スポット。

▶ P.110

グルメ

カジュアルフレンチで
おしゃれに節約

パリでの外食は日本よりも高め。でも、レストランではなくカフェやクレープリー Crêperie（クレープ専門店）を利用するなど、フランスらしいグルメを楽しみながら出費を抑えることが可能だ。€20以内で楽しめめるカジュアルグルメを紹介しよう。

有塩バターで
カリっと仕上げ

ハム、卵、チーズを包んだ定番のガレット（左）とリンゴのコンポートを添えたデザートクレープ（上）オードブル風に仕上げた冷製も（下）

✦ クレープとガレット

カジュアルフレンチのなかでも大人気なのがクレープ。クレープリー「クリューゲン」では€10程度から本場の味を堪能できる。ソバ粉を使った塩味のクレープは「ガレット galette」と呼ばれ、卵、チーズ、サーモン、野菜など具だくさんで栄養満点。

クリューゲン ▶P.272

©TheTravelBuds

✦ クロック・ムッシュー

ハムとチーズを挟み、ベシャメルソースをあしらったフランスの伝統的なホットサンド。カフェの定番料理だが、専門店も登場、バリエーション豊かな具材を挟んだ、進化系クロック・ムッシューを提供している。

食パンを使ったクロック・ムッシューの基本形（左）。田舎パンを使うこともある。クロック・ムッシューの専門店「ファスト」では、多彩な具材を挟んだアレンジ版を提案している

カフェのテラスで
ランチ

カフェのテラス席でも楽しめるキッシュ・ロレーヌのランチ。パンは無料でお替わり可能

✦ キッシュ・ロレーヌ

お昼時にはランチスポットとしてにぎわうカフェ。一品だけでも注文しやすく、値段も手頃。パイ生地に野菜やキノコが入った卵液を流し込んで焼いたキッシュ・ロレーヌは定番料理のひとつ。サラダが添えられることが多く、ボリュームもたっぷり。

オニオン・グラタン・スープはとても熱いので、やけどしないよう気をつけて

✦ オニオン・グラタン・スープ

じっくり炒めたタマネギで作るスープ。仕上げにチーズを載せてオーブンで温めた熱々のスープは、体も心も温まる料理。パンが入っているので、一品でもおなかいっぱいに。

目玉焼きが載ると「クロック・マダム」

ファスト ▶P.274

セルフサービスの
フードコートで時間も節約!

フランスではあまり見かけなかった「フードコート」が、近年パリで続々オープン。好きなものを好きなだけ注文でき、低価格なのも魅力。スマートフォンでオーダーするシステムのフードコート「フード・ソサエティ・パリ・ゲテ」も登場し、進化を続けている。

フード・ソサエティ・
パリ・ゲテ
▶P.275

モンパルナスに登場したフードコート「フード・ソサエティ・パリ・ゲテ」では、テーブルなどに表示された2次元コードを使って注文する

好きな場所で
食べられる

クレープ、ハンバーガーから
クスクス、韓国料理まで揃う
フードコート

Tips
テイクアウトランチに
おすすめの場所
チュイルリー公園→P.110
シャン・ド・マルス公園→P.123
ヴォージュ広場→P.136
リュクサンブール公園→P.143

テイクアウトのお手軽ランチで
フレンチ to Go!

デパートのグルメ館やテイクアウトの店で、サンドイッチや飲み物、フルーツなどを買って、屋外で食べれば外食よりずっと安上がり。お昼時には、近くのオフィスで働く人たちで、公園のベンチが埋まっていることもあるので、少し時間をずらすのがコツ。

✦ 定番サンドイッチ
サンドイッチの定番といえば、ハムとバターのみを挟んだ「ジャンボン・ブール Jambon beurre」と呼ばれるバゲットサンド。ハムそのものの質が高いので、シンプルだがおいしい。「キャラクテール・ド・コション Caractère de cochon」(MAP別冊 P.27-1C)では、ハムの種類も選べる。

✦ グルメ系サンドイッチ
具やパンの種類にこだわったグルメ系のサンドイッチも増えている。オリジナリティのあるサンドを出す「ミショー」など、イートインがある店も。

ミショー ▶P.273

©Micho

ピザは大きめにカットしてあるのでボリュームたっぷり

大鍋で作られた料理からおいしそうな香りが漂ってくるマルシェ

✦ 多国籍サンド
ピタパンを使ったギリシア風サンドやケバブサンドで気分を変えて。野菜もたっぷり取れる。

© Jules
Dalod Danesi

フィラキア
(ギリシア風サンド) ▶P.274

Tips
市場でテイクアウト
決まった曜日に広場や大通りに立つ「朝市」。生鮮食品が多いが、ピザやパエリャなどテイクアウトの軽食を売っていることも。新鮮な果物も買える。

好きな色で選べる「サンクス・ゴッド・アイム・ア・ヴィアイビー」

ショッピング

エコでサステナブルな
セカンドハンドが大人気

ロスを減らし、アップサイクルを目指す動きはファッションの世界でも。セカンドハンドやビンテージの専門店で、環境に優しくおしゃれな商品を見つけたい。

有名ブランドのビンテージも

✦ セカンドハンドとビンテージ専門店
以前は「デポ・ヴァント Dépôt Vente」と呼ばれるブランド品中心の委託販売店が中心だったが、最近はブランドに関わらず、オーナーのセンスを反映した古着の店も登場している。

サンクス・ゴッド・アイム・ア・ヴィアイビー ▶P.303

セカンドハンドの人気店「サンクス・ゴッド・アイム・ア・ヴィアイビー」では、ドリス・ヴァン・ノッテンのようなデザイナーズブランドから、無名だがセンスの光る一着まであり、探すのが楽しい

サンクス・ゴッド・アイム・ア・ヴィアイビー ▶P.303

Tips

状態をチェックするのを忘れずに

セカンドハンドの商品は、購入前に「ほつれ」などがないか確認しよう。体型の違いから丈などが合わないこともあるので、試着させてもらおう。

✦ デパートのビンテージフロア
パリの2大デパート「ギャラリー・ラファイエット パリ・オスマン」「プランタン・オスマン本店」でも、セカンドハンド、ビンテージを扱うフロアが登場している。一流ブランドの商品を扱い、品質の面でも信頼できる。

©Gallerie Lafayette Paris Haussmann

「ギャラリー・ラファイエット・パリ・オスマン」のビンテージフロア

ギャラリー・ラファイエット パリ・オスマン ▶P.340

プランタン・オスマン本店 ▶P.341

ギャラリー・ラファイエット パリ・オスマン ▶P.340　プランタン・オスマン本店 ▶P.341

ショッピングが目的なら
バーゲンの時期に

パリでは1月と6月にそれぞれ5週間ほど、「ソルド」と呼ばれるバーゲンが行われる。デパートから小売店までいっせいに行われ、定価より30〜50%程度安く買うことができる。終了日間近になると、70%以上の割引を行う店もあるが、よい商品は早く売り切れてしまうので注意したい。

どの店でも「ソルド」の表示が目立つように掲げられる。期間は政府によって決められている。ソルドに合わせてデッドストックを処分してはいけないなど、ルールが定められているのも特徴だ

「Soldes」のマークが目印

スーパーマーケットでおみやげ探し

シャンゼリゼにもスーパーが

エコな旅の強い味方といえばスーパーマーケット。ホテルの近くにも必ず数件あるはずなので、宿泊地周辺をチェックしておきたい。さまざまなチェーンがあるが、なかでも「モノプリ Monoprix」は、オペラ大通りやシャンゼリゼ大通りといった観光地にも店舗を構えており、使いやすい。食品はもちろん、エッフェル塔をモチーフにした商品なども売っているので、おみやげ探しに重宝するはず。

モノプリ ▶P.345

シャンゼリゼ大通りに面したモノプリ・シャンゼリゼ店（上）ほかの店と比べると、若干高めに料金設定されている。観光客向けの商品も見つかる（左・右）

Tips

プチプラコスメはドラッグストアで

普段使いのコスメやミニサイズのハンドクリームを買うなら、ドラッグストアでまとめ買いするのがおすすめ。2個セットで割安になっているものもあるので、よく吟味して！

●シティファルマ→P.307

掘り出し物が見つかる
蚤の市

パリの環状線近くにある「蚤の市」。骨董品ハンティングのイメージが強いが、カフェ・オ・レ・ボウルやレトロな雑貨、アクセサリーなども買える。キーホルダーやポストカードなど、€1〜5均一コーナーもあり、掘り出し物に巡り合えることも。

蚤の市 ▶P.54

Tips

蚤の市攻略のコツ

クリニャンクール（サントゥアン）の蚤の市は広大。土日の11:00くらいから2時間くらいはかけて回りたい。ある程度高額のものは値段交渉も可能だが、あまりしつこく値切らないこと。

ヴァンヴの蚤の市は屋外で開かれるため、商品を見比べながら散策を楽しめる（上）アクセサリーも充実しているクリニャンクールの蚤の市（左）

コスパ最強のパリ巡り

パリ旅 大満喫モデルプラン

見たいもの、食べたいものいっぱいのパリ。
効率的に移動して、パリの魅力を存分に味わうために
プランニングのアイデアを一挙ご紹介！

憧れのパリへ！

初めてさんもお久しぶりでも大満足！

「歩き方」的㊢究極プラン3DAYS

観光、ショッピング、グルメのエッセンスをぎゅっと凝縮。知っておくと得する旅のヒント付き！

Day 1

シャンゼリゼ、パレ・ガルニエ、ルーヴルと必見の観光名所を巡る

第1日曜は歩行者天国！

8:30

シャンゼリゼ大通り

まずは世界でいちばん美しい大通りを歩くことから。Ⓜ①Franklin D. Roosevelt からスタート。

▶P.104

得 シャンゼリゼ大通りには、高級ブティックだけでなく、スーパーマーケット「モノプリ」もある！ ▶P.345

徒歩約3分

9:00

「ラデュレ・シャンゼリゼ店」

優雅なサロン・ド・テでフレンチトースト（パン・ペルデュ）の朝食を。 ▶P.288

©HADRIEN FAVREAU PHOTOGRAPHIE

徒歩約10分

凱旋門へは地下通路からアクセス

10:00

凱旋門

ナポレオンの命で造られた栄光の門。284段の階段を上って屋上に出れば、門を中心に放射状に広がる通りやパノラマを楽しめる。 ▶P.102

得 夜遅くまで開いているので、屋上へは夕方から夜もおすすめ。

メトロで約30分

11:00

モンマルトル

丘に建つサクレ・クール聖堂へ。ドームに上ればすばらしい眺望を楽しめる。 ▶P.160

パリを一望できます

メトロと徒歩で約25分

12:30
パレ・ガルニエ
オペラとバレエの殿堂。宮殿を思わせるゴージャスなフォワイエなど内部の見学もできる。 ▶P.115

 得
パレ・ガルニエからルーヴル美術館に向かって延びるオペラ大通りでは、人気のスイーツ店をチェックしよう。

平たい「ブロン」がおすすめ

徒歩約20分

ル・ショコラ・デ・フランセ ▶P.324

13:30
「レキューム・サントノレ」で生ガキ
魚屋直営のレストランで新鮮な生ガキを。 ▶P.265

オペラ大通りに行列ができる店

セドリック・グロレ・オペラ ▶P.319

徒歩約10分

14:15
ルーヴル美術館
「モナ・リザ」など有名な作品を厳選して観るなら、「ドノン翼」から見学を。 ▶P.188

16:30
セーヌ川クルーズ
世界遺産に登録されたセーヌ河岸のモニュメントを観ながら、「バトー・ムーシュ」で遊覧。 ▶P.94

得
9ヵ所の発着所で乗り降りできる水上バス「バトビュス」も便利。▶P.94

メトロと徒歩で約20分

得
確実に入場するにはウェブサイトで予約を。18歳未満は無料。

モナ・リザグッズも

18:30 パッサージュ
ガラス屋根のレトロなアーケード街。個性的な店が並ぶ。

メトロと徒歩で約30分

得
パッサージュは雨の日の観光にもおすすめ。改修工事でリニューアルした「ラ・ポスト・デュ・ルーヴル」など、建築散歩を楽しんでも。

徒歩約3分

ホテルやレストランの入った複合ビルとなった郵便局「ラ・ポスト・デュ・ルーヴル」。

19:00
「カナール・エ・シャンパーニュ」
鴨料理を提供するパッサージュ内のビストロ。 ▶P.259

Day 2

エッフェル塔と
オルセー美術館、
ショッピングも楽しむ1日。

最上階

9:30
エッフェル塔
パリの風景に欠かせないエッフェル塔。上れば眼下にパリの町が広がり、感動すること間違いなし。
▶P.120

凱旋門も
小さく
見えます

得 どこまで、どうやって上るかで値段が変わる。もちろん下から見るのはタダ！おすすめの撮影スポットは ▶P.122

RERと徒歩で約15分

€22.40
地上→最上階
（階段＋エレベーター）

€29.40
地上→最上階
（エレベーター）

2階

€11.80
地上→2階
（階段）

€18.80
地上→2階
（エレベーター）

1階

11:00
オルセー美術館
モネやルノワールなど珠玉の印象派コレクションを誇る美術館。20世紀初頭の駅舎を利用した造りにも注目。
▶P.196

得 第1日曜は入場無料（ウェブサイトでの予約必須）。また、18歳未満は入場無料。

印象派の
殿堂！

12:00
「レストラン・ミュゼ・ドルセー」
宮殿を思わせる豪華な内装のレストランで優雅なランチを。
▶P.271

館内移動

徒歩約15分

13:30
サント・シャペル
セーヌ川に浮かぶシテ島にある礼拝堂。絶品のステンドグラスに合える。
▶P.132

得 ウェブサイトでの予約がおすすめ。コンシェルジュリー（→P.132）見学とセットになったお得なチケットも買える。

RERと
徒歩で約10分

覚えよう！ 「お得ワード」あれこれ 「プチプラ」はフランス語で「プティ・プリ」

gratuit グラチュイ……無料
entrée libre アントレ リーブル……入場無料
solde ソルド……バーゲン
à moitier prix ア モワチエ プリ……半額で
promotion プロモシオン……特売品
prix spécial プリ スペシャル……特別価格
baisse de prix ベス ド プリ……値下げ

démarque デマルク……特売、値下げ処分
offert オフェール……サービス
　例：Pour 2 achetés, le 3ème offert
　　……ふたつ買うともうひとつ（3つ目）サービス
à volonté ア ヴォロンテ
　　……好きなだけ（＝食べ放題など）
servez-vous セルヴェ ヴ……ご自由にお取りください

2個買えば
3個目
サービス！

飲み物が安くなる「ハッピーアワー」

14:30
サン・ルイ島
シテ島と並んで浮かぶ小さな島。「ベルティヨン」のアイスクリームをなめながら、のんびり散策してみよう。 ▶P.321

徒歩約15分

16:30
「セザンヌ」で買い物
マレ地区にある人気のファッションブランド。▶P.3O2

徒歩約15分

15:30　マレ地区
おしゃれなブティックが集まるマレ地区を散策。時間があれば、ピカソ美術館（→P.204）見学を入れるのも一案。
▶P.137

「マリアージュ・フレール」
さまざまなフレーバーティーを楽しめる老舗。
▶P.331

サロン・ド・テでお茶を

©BALAY LUDOVIC

得
年に2回、1月上旬～2月中旬と6月中旬～7月にバーゲンがあるので、合わせてプランを立てても。▶P.293

メトロと徒歩で約30分

19:00
モンパルナス・タワー
56階と59階に展望テラスがある高層ビルからパリの夜景を楽しむ。
▶P.154

17:30
「ラ・グランド・エピスリー・ド・パリ」
ハチミツ、紅茶など、厳選された品々が揃うデパートのグルメ館。　▶P.342

メトロと徒歩で約15分

ホテルへ戻る

20:00
ホテルでお部屋ごはん
スーパーでサラダや総菜を買って、ホテルの部屋でプチプラディナー。　▶P.369

得
お部屋ごはんならレストランで食べるよりずっと安上がり。紙皿や割り箸を持参すれば、重宝する。

Day 3

日中はヴェルサイユへの
エクスカーション、夜は
華やかな舞台を鑑賞。

8:00
RERでヴェルサイユへ。3つあるアクセス方
法のなかで、最も宮殿に近いヴェルサイユ・
シャトー・リヴ・ゴーシュ駅を利用。

宮殿まで
徒歩10分

RERと徒歩で約50分

9:00
ヴェルサイユ宮殿
ルイ14世が建てた絢爛豪
華な宮殿へ。とてつもな
く広大だが、日本語案内
図もあるので、迷うこと
はない。　▶P.382

太陽王が
迎えてくれる

(得) 宮殿だけでなく、マリー・アン
トワネットの離宮(プティ・トリ
アノン)があるドメーヌ・ド・ト
リアノンも訪ねるなら、入場料
がセットになった1日パスポート
がお得。　▶P.382

18歳未満は
無料!

宮殿内

11:30
宮殿内の
「アンジェリーナ」でランチ
モンブランで有名なサロン・ド・テ「アン
ジェリーナ」が宮殿内に。クロック・ムッ
シューなどの軽いランチも取れる。

宮殿内

プチトランで約5分

買い過ぎ
注意!

12:30
ブティックで
ショッピング
マリー・アントワネットや
宮殿をイメージしたグッズ
をおみやげに。限定コラボ
商品もあるのでチェックし
よう。

(得) 宮殿内にはブティッ
クがいくつかあるが、
いちばん広くて品揃
えがいいのは「クー
ル・ド・マーブル」。

徒歩約20分

15:00
ヴェルサイユ・リヴ・ドロワット駅から国鉄サン・ラザール駅へ。

Transilienで約40分

13:00　庭園、ドメーヌ・ド・トリアノン
広大な庭園の北側にあるのがドメーヌ・ド・トリアノンと呼ばれるエリア。マリー・アントワネットが愛した離宮、プティ・トリアノンや王妃が擬似農村生活を楽しむために造った「村里」を見学。

15:40
サン・ラザール駅着

徒歩約10分

16:00
デパートとスーパーで買い物
パリを代表するデパートのひとつ、「ギャラリー・ラファイエット・パリ・オスマン」にはグルメ館があり、おみやげショッピングに利用できる。スーパーマーケット「モノプリ」のオペラ店でも手頃な段値のおみやげが見つかる。

ギャラリー・ラファイエット・パリ・オスマン ▶P.340

17:30
ホテルに帰って着替え
ヴェルサイユやデパートで買ったおみやげを置いて、夜のために少しおしゃれして。

得 ひとつの店で1日に€100.01以上買い物をすると免税に。デパートなら、数ヵ所で買い物をしても、合計金額が対象になる。

「モノプリ」オペラ店 ▶P.345

オルセーは月曜休み

休館日は？ 入場無料の日は？
「曜日」に注意してプランニング！
パリでは、月曜か火曜が休館日という美術館が多い。行ったら閉まっていた、なんてことにならないよう、あらかじめ確認してプランを立てよう。また、一部の美術館は、第1日曜が入場無料となるので、こちらも要チェック！

おもな観光スポット＆美術館の休み早見表 ▶P.97
第1日曜が無料のおもな美術館 ▶P.181

ルーヴルは火曜休み

19:00
オペラ座でバレエ鑑賞
歴史あるオペラ劇場「パレ・ガルニエ」で、バレエ鑑賞。旅の最後に夢のようなひとときを。
▶P.230

得 バレエのチケットは高額に思われがちだが、実は€12の席もある。舞台がきちんと見える席は€70程度から。

プチプラで買える
おみやげ **8**

こちらもチェック！
スーパーで買えるおみやげ→P.346
ドラッグストアで買えるおみやげ→P.307

限られた予算のなかでも、おみやげは買って帰りたい。
お財布に優しく、パリらしいおみやげを厳選してご紹介。

€5 以下の優秀みやげ

ボックスもおしゃれ

たためばコンパクトに

1 モノプリのエコバッグ
さまざまな柄があり、軽くてかさばらない優れ物。毎日の買い物のおともに。€2～3 **A**

2 ムーラン・ルージュのクリップ
赤い風車の形をしたクリップ。劇場近くのグッズを販売する公式ブティックで買える。€5 **B**

3 メイド・イン・パリのハチミツ

シャンゼリゼのラベルが貼られた瓶は、食べたあともとっておきたくなる。€5 **C**

4 ハート形の石鹸
フランスの庭園をイメージしたかわいいミニ石鹸。各€3.50 **D**

€10 以下の高見えみやげ

5 マスタード
瓶ものは、帰国時に空港の免税店で購入すれば、そのまま機内に持ち込めて割れる心配をしなくて済む。25g瓶4個セット€5.70 **E**

6 パレ・ガルニエのミニ模型

シャンデリアもついてる！
オペラ座の華やかな舞台を再現したミニ模型。折りたたんだ状態で持って帰ることができる。€6.95 **F**

7 エッフェル塔形の栓抜きとスプーン

エッフェル塔グッズはパリみやげの定番。塔の形をした栓抜き€6.95とスプーン€4.95 **G**

8 サシェ（匂い袋）

オーガニックラバンジン（ラベンダーの交配種）を詰めた香り高いサシェ。各€6 **H**

SHOP LIST
A モノプリ → P.345
B ブティック・ムーラン・ルージュ → P.242
C パリ・ランデ・ヴー → P.133
D ルーヴル美術館のブティック → P.195
E シャルル・ド・ゴール空港免税店 → P.425
F パレ・ガルニエのブティック → P.115
G エッフェル塔のブティック → P.122
H ブリング・フランス・ホーム → P.336

PARIS

RIVE DROITE

あなたはどちら派?

パリ右岸

VS

左岸

パリを語るときによく登場する言葉、
右岸(リヴ・ドロワト)と左岸(リヴ・ゴーシュ)。
パリの真ん中を流れるセーヌ川の
両岸を意味する言葉だが、それは同時に、
文化や個性の違いを表すことも。
右岸と左岸それぞれのカラーを楽しみながら
散策を楽しめるようになったら、
きっとあなたも「パリ通」。

右岸と左岸って何?

セーヌ川によって、ふたつの地域に分断されているパリ。川の北側が右岸、南側は左岸と呼ばれる。右岸には11の区(1～4区は2020年4月に統合され「パリ・サントル」となった)、左岸には6つの区がある。

RIVE DROITE

RIVE GAUCHE

RV GAUCH

PARIS
RIVE DROITE
RIVE GAUCHE

「花の都」をディープに楽しむ

パリ右岸

RIVE DROITE DE PARIS

華やかな表通りシャンゼリゼ。
下町が香るベルヴィルの裏通り。
どちらも右岸でお気に入りの場所。

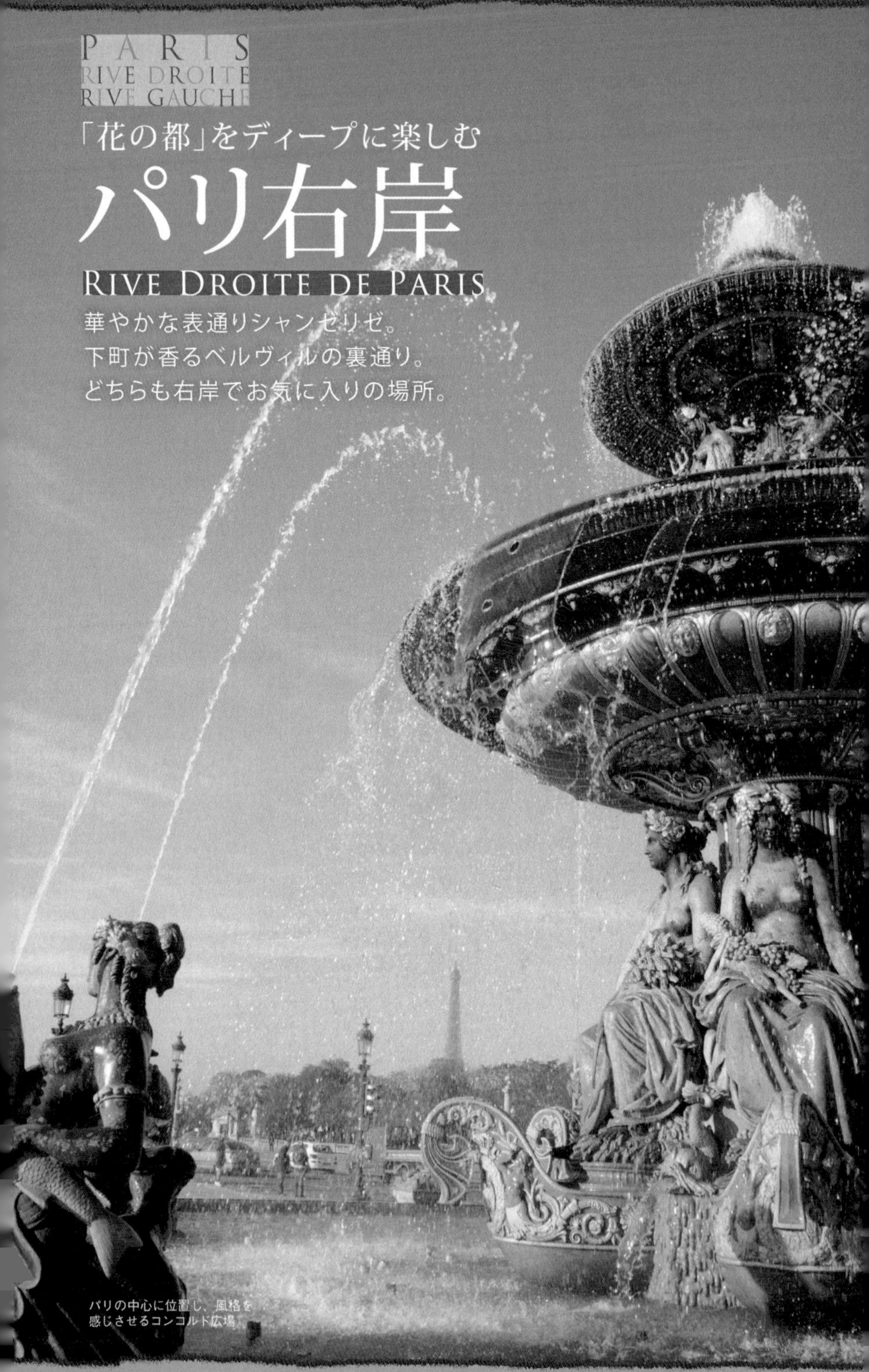

パリの中心に位置し、風格を
感じさせるコンコルド広場

映画『アメリ』の舞台ともなった
サン・マルタン運河界隈はクリエ
イターに人気の場所

一角にヴィクトル・ユゴー
の家があるマレ地区の
ヴォージュ広場

モンマルトルの丘の麓、キャ
バレー「ムーラン・ルージュ」
のあるピガール界隈は昔から
の歓楽街

16区マダムたち御用達の上品な
サロン・ド・テ「カレット」

エリアごとに異なる多彩な個性

　例えば、右岸だけを走るメトロ2号線や9号線に乗って、何度か途中下車してみたとする。どこに降り立つかによって、印象はがらりと変わるはずだ。何しろ、パリ発祥の地であるシテ島から、東部の再開発地区ラ・ヴィレットまで網羅する右岸。広域にわたるぶん、その個性もエリアによってずいぶんと違いがある。

　そんな右岸の特徴のなかでも、多くの人が受ける第一印象はといえば「華やかさ」。ここには世界一有名な大通りシャンゼリゼがあり、美の殿堂ルーヴル美術館がある。19世紀、セーヌ県知事オスマンの改造計画によって整えられた町並みは優雅そのもの、まさに「花の都パリ」の呼び名にふさわしい。ブランドブティックも多く、パリの高級感とエレガンスが凝縮されているかのようだ。

　一方、旅慣れてくれば、ゲイタウンとしても知られるマレ地区、下町情緒の残るサン・マルタン運河界隈を散策し、夜遊びスポットとして注目を浴びている10区、フォーブール・サン・ドニ通り界隈に繰り出すのも、楽しみになってくる。

　王道を極めたい人にも、好奇心いっぱい、パリの新しいエネルギーを感じたい人にも、心を満たす場所が右岸にはある。

右岸を楽しむキーワード

RIVE DROITE

パリ発祥の地シテ島から、東部の再開発地区まで網羅する右岸。
広域にわたり、その個性もエリアによってさまざま。
「花の都パリ」の呼び名にふさわしい華やかな大通り、
下町情緒の残る界隈、そして夜遊びスポット充実の地区。
デパートやブティックでのショッピング、名所巡りと、
パリの魅力を心ゆくまで味わえる。

おしゃれには
うるさいの

1 初めてのパリは右岸から
必見の観光名所

屋上からの眺めもすばらしい凱旋門

凱旋門、シャンゼリゼ大通り、ルーヴル美術館……。
19世紀末頃に建てられたエッフェル塔とオルセー美術
館が左岸にあるのを除き、右岸には歴史的モニュメント
が多数集まる。右岸を横断するメトロ1号線を使えば、
途中下車しながら効率よく回れる。

エリア別ガイド ⟹ P.95

美術館ガイド ⟹ P.179

PARIS
RIVE DROITE
RIVE GAUCHE

モンマルトルの丘に建つ
サクレ・クール聖堂

じっくり見学したいルーヴル美術館

2 本場の舞台を観たい
ふたつのオペラ座

パリにあるふたつのオペラ劇場「パレ・ガルニ
エ」、「オペラ・バスティーユ」はともに右岸にある。
宮殿を思わせるフォワイエ、優雅な曲線を描く大
階段など、古典美を極めた前者と、現代的なセン
スを加えた後者。どちらも最高に贅沢な時間を過
ごせること間違いなし。

パリ・オペラ座への招待 ⟹ P.230

世界で最も美しいオペラハウスとい
われるパレ・ガルニエ

フランス革命勃発の広場に
あるオペラ・バスティーユ

3 憧れの本店でショッピング
ブランドブティック

パリの2大ブランドストリートといわれるモン
テーニュ大通り（ディオールなど）とフォーブー
ル・サントノレ通り（エルメスなど）はいずれも右
岸にある。ホテル・リッツで晩年を過ごしたココ・
シャネルがカンボン通りに開いた店は、現在も
シャネル本店として女性たちの憧れの的だ。

有名ファッションブランド ⟹ P.296

ブランドブティックが集まる
モンテーニュ大通りでショッ
ピング

Dior

クオリティの高さは高級
ブランドならでは

広場の真ん中に建つマドレーヌ教会

4 高級食品店が並ぶ マドレーヌ広場

右岸を代表するグルメスポットといえば、マドレーヌ広場。キャビアやトリュフ、マスタード、紅茶、チョコレート、ワインなどの専門店が広場を囲む。中央に神殿のようなマドレーヌ教会があるのだが、ショッピングに夢中で観光を忘れてしまう人多し。

おすすめグルメスポット ➤ P.335

トリュフの専門店「ラ・メゾン・ド・ラ・トリュフ」

「マイユ」のフレッシュマスタードはグルメな人へのおみやげに

サマートリュフを使ったソルト

6 コスモポリタンなパリを実感 パリの外国人街

多くの移民を受け入れ、さまざまな民族のるつぼとなっているパリ。外国人居住者の多い地区もいくつかあり、13区のチャイナタウンを除いて、その多くが右岸にある。右岸のミックスカルチャーを生む原動力のひとつでもあり、旅行者にとっては本格的なエスニック料理を味わうチャンスも。

パリのエスニックタウン ➤ P.178

マレ地区のユダヤ人街「ロジエ通り」

エディット・ピアフが生まれたベルヴィルは中華街として有名に

ロジエ通りでは中近東のサンドイッチ「ファラフェル」を

5 アールヌーヴォーの邸宅巡り 16区の高級住宅地

セーヌ川を挟んでエッフェル塔のちょうど対岸にあるのが、高級住宅地として知られる16区パッシー地区。ここに、フランスのアールヌーヴォー建築を代表する建築家エクトル・ギマールが設計したアパルトマンが数多く残っている。優雅な邸宅を眺めつつ、建築散歩を楽しんでも。

アールヌーヴォー建築 ➤ P.222

すてきなアパルトマンが並ぶ

ギマールの代表作「カステル・ベランジェ」

7 右岸的ライフスタイル 「ブルジョワ」と「ボボ」

「ブルジョワ」とは、そこそこお金のある人たち。8区や16区には代々ブルジョワという家族も。「ボボ」は「ブルジョワ・ボヘミアン」の略。経済的に余裕がある「自由人」のこと。質のよいものを求めるけれどブランドや既成の価値観にはとらわれない。とりわけ右岸東部におしゃれ感度の高いボボたちが多い。

本屋とギャラリーを兼ねるコンセプトバー「ラ・ベル・オルタンス」

おしゃれピープルが集まることで知られる「ラ・ベルル」

PARIS
RIVE DROITE
RIVE GAUCHE

作家、芸術家たちに愛された

パリ左岸

RIVE GAUCHE DE PARIS

作家たちが通い続けたカフェ。
映画に出てきた何気ない裏通り。
紡がれた物語をたどって歩くパリ左岸。

中世の面影を残すサン・ジェルマン・デ・プレ教会

何気ない場所も詩的に

メトロのサン・ジェルマン・デ・プレ駅には、シモーヌ・ド・ボーヴォワールなどこの地区にゆかりのある作家の写真が掲げられている

マイヨール美術館のように、アーティストの作品を展示しながら、現代作家の企画展を行う意欲的な美術館も

ヘミングウェイお気に入りのカフェ「ル・セレクト」はゴダールの映画にも登場する

モンパルナス墓地にあるゲンズブールの墓

RIVE GAUCHE

「知のパリ」が息づく場所

古くから大学があり、今もカルチェ・ラタンと呼ばれる学生街がある左岸は、学問、文学といった言葉がしっくりとなじむ。なかでも、カルチェ・ラタンと隣り合うサン・ジェルマン・デ・プレ地区は、1950年代に哲学者や作家が集い、左岸の知的なイメージを象徴する場所となっている。

その舞台となったのはカフェ。例えばサン・ジェルマン・デ・プレ広場に面した「レ・ドゥー・マゴ」には、哲学者サルトルやパートナーだったボーヴォワール、ヘミングウェイといった人たちの名前が刻まれた席があり、彼らの書斎、そして議論の場となっ

たことがうかがい知れる。

サン・ジェルマン・デ・プレの西側に続くモンパルナスは、エコール・ド・パリの画家からヌーヴェル・ヴァーグの映画監督まで、ゆかりの場所の宝庫だ。モンパルナス墓地で永遠の眠りにつくことを選んだ芸術家も多く、名所のひとつとなっている。

そんな左岸も、近年はブランドブティックが進出するなど、かつてのカラーが薄れつつある。それでも本屋のウインドーをのぞきつつ、静かな路地を歩けば、自然と言葉を綴りたくなってくるのは、この地の魔力だろうか。

左岸を楽しむキーワード

RIVE GAUCHE

古くから大学があり、学生街として知られる左岸は、
学問、文学といった言葉がしっくりとなじむ。
作家、哲学者たちの議論の場となったカフェや、
エコール・ド・パリの画家たちのアトリエが残り、
ヌーヴェル・ヴァーグ映画の舞台もここかしこに。
まさに「知のパリ」が息づく場所だ。

さりげなく
シックにね

1 哲学論議に花が咲いた カフェ

「ル・セレクト」で
お待ちしています

6ᵉ Arⁿᵈ
PLACE
SARTRE - BEAUVOIR
JEAN-PAUL SARTRE
1905 - 1980
SIMONE DE BEAUVOIR
1908 - 1986
PHILOSOPHES ET ÉCRIVAINS

サルトルとボーヴォワール
は広場の名前にも

散策の途中にカ
フェ「ル・セレクト」
でひと休み

サン・ジェルマン・デ・プレにある「レ・ドゥー・マゴ」と「カフェ・ド・フロール」は、文学カフェとして知られる老舗。今は観光客の姿が目立つようになったが、独自の文学賞「ドゥー・マゴ賞」の選定を行うなど、新しい文学的才能を見出す活動は今も続いている。

モンパルナス地区、ヴァヴァンの交差点周辺にも、「ル・セレクト」など老舗カフェが集まる一角がある。界隈に住んでいた画家たち（下記）や作家ヘミングウェイ行きつけの店で、作品にも登場する。

ふたつのカフェ文化 ➡ P.151

モディリアニが通っ
ていた「ラ・ロトンド」

2 モンパルナスがアートの発信地に エコール・ド・パリ

モンパルナスゆかりの画家は多い

訳せば「パリ派」。ただ、作風や方向性でひとくくりにしたものではなく、1920年代、パリを中心に活躍した外国人画家たちのグループを総称している。シャガール、モディリアニ、藤田嗣治など、モンパルナスを活動の拠点としたアーティストも多く、ヴァヴァンの交差点にある4つのカフェ「ル・セレクト」、「ル・ドーム」、「ラ・ロトンド」、「ラ・クーポール」は、彼らが集う場所となった。

La Ruche

若き日のシャガールが
住んでいたアトリエ兼
住宅「ラ・リュッシュ」。
1冊の本にもなった

ピカソが通っていた画材屋
「セヌリエ」はセーヌ河岸に

芸術家たちのモンパルナス ➡ P.157

3 「左岸派」の言葉を生んだ ヌーヴェル・ヴァーグ

スタジオ撮影を否定し、外へと飛び出した革命的な映画の運動「ヌーヴェル・ヴァーグ」。左岸にはその舞台となった場所が点在している。なかでもジャック・ドゥミ、アラン・レネといったモンパルナス界隈で活動していた作家は「左岸派」と呼ばれた。

小規模なこだわりの映画館も多い

PARIS
RIVE DROITE
RIVE GAUCHE

映画館併設のカフェ「ル・サロン・デュ・パンテオン」にはライブラリーも

モンパルナス墓地にはジャック・ドゥミなどの映画人が眠る

4 昔も今も学問の地 ソルボンヌ

「ソルボンヌ」とはパリ大学のこと。とりわけ「カルチェ・ラタン」と呼ばれる5区に校舎が集まり、学生の多い地区となっている。「ラタン」とはラテン語のこと。ラテン語を学ぶことが必須だった頃のアカデミックな空気を今も感じることができる。

ソルボンヌ
→ P.146

今も昔も学びの舎「ソルボンヌ」

ソルボンヌ大学にはブティックも

5 文学少女を気取って 書店巡り

出版社や画廊が多いサン・ジェルマン・デ・プレ界隈は、書店も多く、本好きなら歩き飽きない。2015年に老舗「ラ・ユーヌ」が閉店を発表した際には、反対運動が起こるなど、「書店＝左岸の知性」として大切に思う人は多い。

今も残る老舗書店「シェイクスピア・アンド・カンパニー」

ヘミングウェイが住んでいたことを示すプレート

児童書を専門に扱う書店「シャントリーヴル」

6 ブルターニュ名物を左岸で クレープリー

左岸には国鉄駅がふたつある。そのうち、フランス北西部ブルターニュ地方と結ぶTGVが発着するのがモンパルナス駅。界隈ではブルターニュ名物のクレープを出す専門店「クレープリー」をよく見かける。とりわけモンパルナス通りには10軒も集まり、「クレープ通り」になっている。

クレープリー
→ P.274

具だくさん、そば粉のクレープ

クレープリーが並ぶモンパルナス通り

世界遺産
パリのセーヌ河岸

貴重な文化財や自然環境を未来へ引き継ぐことを目的とした、
ユネスコの「世界遺産条約」。パリでは、サン・ルイ島から
エッフェル塔にかけてのセーヌ河岸一帯が世界遺産に登録されている。
さまざまな様式の建築物とともに、
右岸と左岸を結ぶ個性豊かな橋を巡るのもおもしろい。

アレクサンドル3世橋
1900年のパリ万博の際に
完成。欄干の彫刻とアー
ルヌーヴォー様式の街灯
が美しい。

シャイヨー宮

自由の女神

ビル・アケム橋

白鳥の小径

グルネル橋

イエナ橋

アルマ橋

アレクサンドル3世橋

ミラボー橋

エッフェル塔

ブルボン宮

ビル・アケム橋
2階建て構造で、下は歩行者、自動車用、上
はメトロ6号線が走る。

白鳥の小径
グルネル橋とビル・アケム橋の間にあ
る中の島。西端に「自由の女神」が建つ。

エッフェル塔
1889年のパリ万博時に完成。
今ではパリのシンボルに。

ポン・デザール(芸術橋)
19世紀初めに架けられたパリで最初
の鉄製の橋。右岸のルーヴル宮と左
岸のフランス学士院を結ぶ。

ポン・ヌフ
名前は「ポン・ヌフ（新橋）」
だが、パリに現存する最も
古い橋（1607年完成）。シテ
島を横切って両岸を結ぶ。

ルーヴル美術館
中世の頃はパリを守る要塞
だったルーヴル宮。現在は
世界最大の美術館。

セーヌ河岸の遊歩道
セーヌのほとりは絶好のデー
トスポット。

**シモーヌ・ド・ボー
ヴォワール橋**
2006年完成の歩行者・自転
車専用橋。橋桁のない構造
と斬新なデザインに注目！

ルーヴル美術館

ノートルダム
大聖堂

ポンデザール

ポン・ヌフ

シテ島

オルセー
美術館

サン・ルイ島

フランス
学士院

シモーヌ・ド・ボーヴォワール橋

ノートルダム大聖堂
セーヌのほとりでパリの歴史を
見つめてきた"われらの貴婦人"。
（2024年4月現在工事中）

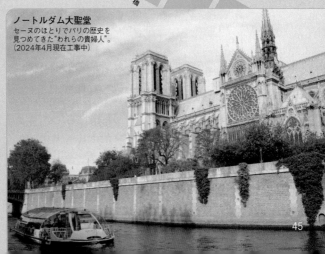

ブキニスト
シテ島を挟んだ両河岸に沿って並ぶ
ブキニスト（古本市）。古本だけでなく、
ポスターやおみやげ品も。

45

「パリのパン」のトレンドがわかる

8つのキーワード

ますます
進化中！

「パリのパン」大調査！

\食べ比べを
楽しんで/

バゲット、クロワッサン、ブリオッシュ……。
おいしいパンを食べるのはパリ旅の楽しみのひとつ。
そんな「パリのパン」に、最近新たな魅力が加わっている。
さらにおもしろくなった「パリのパン」を徹底調査しました！

協力　三富千秋

46

---

1 パティシエが手がける究極のヴィエノワズリー

パンはパン屋で買うのが当たり前だけれど、実は、スイーツの名店のなかには、ヴィエノワズリー（菓子パン）を扱うところも少なくない。「ピエール・エルメ」のクロワッサン（→P.50）や、「フィリップ・コンティチーニ」（→P.320）など、名シェフの逸品を味わって。

ピエール・エルメの「イスパハン（ライチとバラのマカロンケーキ）」風味クロワッサン

老舗パティスリー「ストレー」（→P.318）の「バブカ」

2 海外発祥のパンも人気

フランスのパンというと、バゲットなどハード系のイメージが強いが、最近はブリオッシュ系の甘いおやつパンの種類も増えている。シナモンロールや、中欧発祥の「バブカ」（チョコレートを練り込んだブリオッシュ）はいまや定番商品になっている。

ティエリー・マルクスのような一流シェフがプロデュースしたブリオッシュも

---

3 具とパンにこだわりサンドイッチ進化系

イカ墨バンズ、炭入りバゲット、ブリオッシュ、クロワッサンなどサンドイッチに使うパンの種類が多彩に。さらにユダヤ伝統のハッラー、レバノンのガレット、モロッコ風クレープなど海外の伝統パンのサンドイッチも次々と登場。凝った味の組み合わせで人気を集めている。

バンズ形やロールタイプなどユニークな形のサンドが続々登場

4

素材にこだわった「フィラキア」（→P.274）のギリシアサンド

ピタパンのサンドイッチに高級感プラス

グリルした羊肉を削ぎ落としてピタパンに挟む、中東、ギリシア風のサンドイッチは、パリのカジュアルフードの定番。より高級な食材を使ったり、具材を選べたりするおしゃれな店も増えている。

©Lauret Ophelie-Ophelie's Kitchen Book

「フィリップ・コンティチーニ」（→P.320）で買えるオーヴェルニュ地方のライ麦を使ったパン
@Lola Antonetti

5

「ビオ」と「古代品種」へのこだわり

ヘルシー志向のパリっ子たちが今注目しているのが、古代品種のビオ小麦を使ったパン。品種が改良されていない小麦の原種にあたるもので、小麦本来の味わいを楽しめる。また、地方に根付いた穀物（オーヴェルニュ地方の小麦など）も、話題を集めている。

「サン・ブーランジュリー」（→P.326）のバゲットは3種の古代小麦の粉と酵母を使用している

イカ墨入り変わり種バゲットも！

6

バゲットは太さより中身！

かつては、どっしりしたバタール、細身のフィセルといった太さの異なるバゲットが売られていたが、最近はあまり見かけなくなった。代わりに、シリアル入り、イカ墨入り、またビオ粉や古代小麦粉、天然酵母入りなどバゲットの「中身」や「素材の質」へのこだわりが強まっている。

©Magali Perruchini

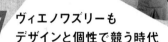
いろんな種類を試してみて

7

ヴィエノワズリーもデザインと個性で競う時代

デザイン性を加えたヴィエノワズリー（菓子パン）が増えている。例えばクロワッサン生地に色付きの生地を重ねたり、花びらの形に焼いたり。季節のフルーツやナッツのクリームを加えるなど、味も多彩に。

「ブーランジュリー・ユトピー」（→P.327）の黒ゴマのデニッシュ。季節のフレーバーを使った週末限定のヴィエノワズリーもある

8

カフェのようなパン屋が続々登場！

インテリアにこだわったイートインを設けたり、音楽とともに楽しめたりと、まるでコーヒーショップのような雰囲気のパン屋も人気上昇中。

ルーヴル美術館のすぐ近くにあるブーランジュリー「ボー・エ・ミ」（→P.327）は、サンドイッチやサラダなどの軽食もとれるカフェを併設。美術館見学の前後に寄る利用者も多い

©BO et Mie

おやつにはパン・オ・ショコラよね

焼きたて食べたい！ バゲット大研究！

ハード系パンの代表といえば「バゲット」。
毎日の食事に欠かせないからこそ、
安定したクオリティが求められるパンだ。

バゲットとは
Baguette

日本で「フランスパン」と呼ばれている棒状のパン。工法、材料など規定にのっとった製法で作られたものは、「バゲット・トラディション」と呼ばれる。

55-65cm

クープは4本程度斜めに入るのが一般的だが、なかには縦に1本のものも

クープは鋭く！
バゲットの表面にある切れ目を「クープcoupe」という。触ると痛いくらい、切れ目が立っているのがポイント。

皮はカリッと
バゲットは鮮度が命。皮がカリッとしていれば、焼きたての証拠。ほとんど皮という端っこもおいしく、買ってすぐ端っこをかじってしまう人が多いのもうなずける。

中はモチモチ
日本で売られているバゲットのなかには、中身の部分が柔らかめに作られているものが多いが、フランスのバゲットは弾力性があるものがおいしい。

‖ column ‖

固くなったバゲットはどうする？
翌日には固くなってしまうバゲットの活用法として考案されたのが「フレンチトースト」。フランス語では「パン・ペルデュ（失われたパン）」という。「ラデュレ」（→P.288）では、特製のブリオシュを使ったフレンチトーストが味わえる。

♛ バゲットコンクール過去の優勝店

バゲットコンクールとは？
1994年にスタートした、パリで最もおいしいバゲットを選出するコンクール。規定の大きさと重さで作られたバゲットを、審査員が採点。優勝者は、1年間、大統領官邸へバゲットを納品する栄誉が得られる。

優勝経験のある店は、看板などに"1er Prix Meilleure Baguette de Paris"と表示していることが多い

2007
アルノー・デルモンテル
Arnaud Delmontel
マルティール通り
MAP 別冊P.7-3C
住 39, rue des Martyrs 9e
URL www.arnaud-delmontel.com

2016
ラ・パリジェンヌ
La Parisienne
カルチェ・ラタン
MAP 別冊P.28-3B
住 48, rue Madame 6e
TEL 09.51.57.50.35
URL www.boulangerielaparisienne.com

2010 **2015**
ル・グルニエ・ア・パン・アベス
Le Grenier à Pain Abbesses
モンマルトル
MAP 別冊P.30-2B
住 38, rue des Abbesses 18e

2019
ブーランジュリー・ルロワ・モンティ
Boulangerie Leroy Monti
パリ南東部
MAP 別冊P.5-3D
住 203, av. Daumesnil 12e
TEL 01.40.21.61.28

48

ブーランジュリー・ユトピー
Boulangerie Utopie
バゲットは、トラディションのほか、シリアルやゴマ入りなどあり。€1.20→P.327

> ほんの少し酸味があり、生地はもちもち、皮はさっくりとおいしいです。
> （ジャーナリスト　三富千秋さん）

マミッシュ　Mamiche
素材と伝統技術にこだわる人気店のバゲット。€1
MAP 別冊P.31-3D
住 45, rue Condorcet 9e
TEL 01.53.21.03.68
URL www.mamiche.fr

> パリパリした軽やかな皮がおいしいです。価格も良心的。（ジャーナリスト　三富千秋さん）

ル・グルニエ・ア・パン・アベス
Le Grenier à Pain Abbesses
チェーン展開しているが、どの店もクオリティが高い。€1.30
→P.48

> 香り高く、小麦の味わいが感じられるバゲットです。（編集A）

パリ在住ジャーナリスト＆編集部のおすすめ
必食のバゲット5

ル・ブーランジェ・ド・ラ・トゥール
Le Boulanger de la Tour
高級レストランのブーランジュリーらしい、質の高さを感じさせる。ロゴ付きの紙袋に入れてくれる。€1.45→P.326

> 皮は軽やかで身は噛みしめると甘みを感じます。（ライターS）

オ・パラディ・デュ・グルマン
Au Paradis du Gourmand
2013年のバゲットコンクール優勝店。質の高いパンを毎日焼き上げ、地元の人たちから愛されている。€1.30→下記

> しっかり焼いた皮が香ばしく、やみつきになります。（編集Y）

2012
パン・パン（旧セバスチャン・モヴィユー）
Pain Pain
モンマルトル　**MAP** 別冊P.31-3C
住 88, rue des Martyrs 18e
TEL 01.42.23.62.81
URL pain-pain.fr

2013
オ・パラディ・デュ・グルマン
Au Paradis du Gourmand
パリ南部　**MAP** 別冊P.4-3B
住 156, rue Raymond Losserand 14e
TEL 01.45.43.90.24
URL auparadisdugourmand.com

2014
オ・デリス・デュ・パレ
Aux Délices du Palais
パリ南部
MAP 別冊P.4-3B
住 60, bd. Brune 14e
TEL 01.45.39.48.68

2020
メゾン・ジュリアン レ・サヴール・ド・ピエール・ドゥムール
Maison Julien Les Saveurs de Pierre Demours
パリ北西部　**MAP** 別冊P.4-1B
住 13, rue Pierre Demours 17e
TEL 01.45.72.46.78

2022
フレデリック・コミン
Frédéric Comyn
パリ南西部　**MAP** 別冊P.17-2D
住 88, rue Cambronne 15e
TEL 01.46.36.85.01

2023
オ・ルヴァン・デ・ピレネー
Au levain des Pyrénées
パリ東部
MAP 別冊P.5-2D
住 44, rue des Pyrénées 20e

ヴィエノワズリー大試食会

クロワッサン
Croissant

三日月形をした、風味豊かな朝食の定番。2種類に分かれ、バターを使った「ブールbeurre」とマーガリンを使った「オーディネールordinaire」がある。

甘さ	甘め ◆━━━━ 甘さ控えめ
食感	さくさく ◆━━━━ しっとり
サイズ	大 ━━◆━━ 小

ほんのりと甘味を感じる、軽やかな層が魅力的。€1.20 **H**

甘さ	甘め ━━━◆━ 甘さ控えめ
食感	さくさく ━━◆━━ しっとり
サイズ	大 ━━◆━━ 小

無精製のパームシュガーやキビ糖を生地に加えた奥深い味。€1.50 **C**

甘さ	甘め ◆━━━━ 甘さ控えめ
食感	さくさく ◆━━━━ しっとり
サイズ	大 ━━◆━━ 小

名パティスリーの隠れた人気商品。層が美しく繊細な味わい。€2.50 **E**

甘さ	甘め ━━━━◆ 甘さ控えめ
食感	さくさく ━━━◆━ しっとり
サイズ	大 ━━━◆━ 小

濃厚かつ優しくバターの風味が感じられる。食感はしっとり。€1.80 **F**

ショソン・オ・ポム
Chausson aux pommes

リンゴのコンポートなどをくるんだパイ生地のパン。
半月形で作られることが多いが、長細いものなどアレンジ版も出ている。

甘さ	甘め ◆━━━━ 甘さ控えめ
食感	さくさく ◆━━━━ しっとり
サイズ	大 ━━◆━━ 小

デザートのアップルパイを思わせる味。冬はレモン味に。€3.10 **A**

甘さ	甘め ━━◆━━ 甘さ控えめ
食感	さくさく ◆━━━━ しっとり
サイズ	大 ━━◆━━ 小

生地の表面がキャラメリゼされたようにカリっとしている。€2.40 **H**

甘さ	甘め ━━━◆━ 甘さ控えめ
食感	さくさく ━━◆━━ しっとり
サイズ	大 ━━━◆━ 小

リンゴの食感を残した、さっぱりとした口当たりのコンポート入り。€2.70 **D**

甘さ	甘め ━━◆━━ 甘さ控えめ
食感	さくさく ◆━━━━ しっとり
サイズ	大 ━━━◆━ 小

有機リンゴが皮ごと入っており、しゃきしゃきとした食感も魅力。€4.20 **I**

フランス人にとって「パンpain」とはバゲットなど食事用のパン。
クロワッサンなどは「ヴィエノワズリー viennoiserie」と呼ばれる。
どの店にもある定番ヴィエノワズリーから、人気店のものを厳選、食べ比べてみた。

パン・オ・ショコラ
Pain au chocolat

棒状のチョコを2本、パイ生地で包んで焼いたもの。
子供から大人まで、幅広く親しまれている愛されヴィエノワズリー。

甘さ	甘め ◆————— 甘さ控えめ
食感	さくさく ◆————— しっとり
サイズ	大 ————◆— 小

プラリネクリームが入ったストライプ柄の
ヴィエノワズリー。€3.50 **K**

甘さ	甘め ————◆— 甘さ控えめ
食感	さくさく ————◆— しっとり
サイズ	大 ————◆— 小

生地の層が美しい。チョコが3本入って
リッチな味わい。€1.70 **C**

甘さ	甘め ————————◆ 甘さ控えめ
食感	さくさく ◆————— しっとり
サイズ	大 ———◆—— 小

甘さは控えめだがバターがしっかり感じ
られる生地。チョコは3本。€2.10 **A**

ブリオッシュ
Brioche

良質のバターと卵をたっぷり使って作るヴィエノワズリー。本来は、ころんとした
だるまのような形。最近は中欧発祥の「ババカ」(→P.46)も人気。

甘さ	甘め ————◆— 甘さ控えめ
食感	さくさく ————◆— しっとり
サイズ	大 ————◆— 小

無精製のきび砂糖カソナードをまぶした
プレーン味のブリオッシュ。€3 **F**

甘さ	甘め ————◆— 甘さ控えめ
食感	さくさく ◆————— しっとり
サイズ	大 ———◆—— 小

パイのような食感が楽しいブリオッシュ・
フイユテ・ショコラ。€2.60 **B**

甘さ	甘め ◆————— 甘さ控えめ
食感	さくさく ————◆— しっとり
サイズ	大 ◆————— 小

濃厚なミルクチョコレートを挟んだ「ババ
カ・ジャンドゥーヤ」€4 **J**

DATA

A デ・ガトー・エ・デュ・パン
Des Gâteaux et du Pain
モンパルナス
MAP 別冊P.18-2A
M ⑧⑫Pasteur
住 63, bd. Pasteur 15e
営 9:00〜19:30(日〜18:00)
休 ⑧ **CC** AMV
URL www.desgateauxetdupain.com

B ラ・ブリエ
La Briee
バスティーユ界隈
MAP 別冊P.15-3C
M ⑨Voltaire
住 69, rue Sedaine 11e
TEL 09.71.46.00.62
営 8:00〜18:00
休 ⑧、一部⑧ **CC** MV
URL labriee.com

C サン・ブーランジュリー →P.326

D ポワラーヌ →P.327

E ピエール・エルメ →P.318

F フィリップ・コンティチーニ →P.320

G ブーランジュリー・ボー →P.326

H ブーランジュリー・ユトピー
→P.327

I デュ・パン・エ・デジデ →P.326

J バール・ア・ブリオッシュ →P.326

K ボー・エ・ミ
→P.327

「ジル・マルシャル」(→P.315)、「ナナン」(→P.319)などのパティスリーで販売しているヴィエノワズリーもおすすめ。

編集部 おすすめ！

パリの おみやげセレクション

センスが光る人気のフレンチ雑貨からパッケージにもこだわったスイーツまで
手軽に買えるおすすめのおみやげをご紹介。

フレンチ雑貨

カラフル＆かわいい パリらしい小物たち

エッフェル塔グッズ
Motif Tour Eiffel

「レ・パリゼット」にはスノードーム、ノート、布バッグなどエッフェル塔モチーフのグッズが豊富。小銭入れ（右）€10、スノードーム（下）各€10 **A**

布バッグ Sac

2021年にリニューアルオープンしたデパート「サマリテーヌ」の刺繍入りオーガンジーバッグ Sac brodé。雑貨のコンセプトショップ「ルルLoulou」で買える。€30 **F**

カフェ・オ・レ・ボウル
Bol à café au lait

朝食タイムにこんなボウルがあれば、毎日パリ気分を味わえるはず。蚤の市で見つけたアンティークのボウルをインテリアに使っても。€20～25

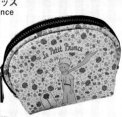

星の王子さまグッズ
Motif Le Petit Prince

世界的なロングベストセラー『星の王子さま』もフランス生まれ。物語の世界に浸れる食器や文房具は公式ショップで買える。ポーチ€9.90 **B**

マグカップ
Tasse mug

トリコロールカラーやエッフェル塔のイラストなどをあしらった、パリらしいマグカップ €20 **C**

ミュージアムグッズ

美術見学のあとは アートなお買い物を

アートグッズ
Motif d'œuvre d'art

名画をモチーフにしたアイテムはミュージアムグッズの定番。『睡蓮』柄のクリアファイル（左）€5.90 **F**、『モナ・リザ』柄布バッグ（下）€24.95 **D**

コスメ・香水

お手軽価格のコスメは バラマキみやげにも

ハンドクリーム
Crème mains

専門店やドラッグストアで買えるコスメのなかでも、香りのバリエーションが豊富なハンドクリームはおすすめ。「パニエ・デ・サンス」のハンドクリーム各€4.99～ **E**

ミュージアムショップのおみやげ
→ P.186

ドラッグストアでおみやげコスメ
→ P.307

美食の都パリならではの
おいしいおみやげ

紅茶 Thé
「エリゼ宮の朝食」と名付けられた
「クスミ・ティー」の紅茶。売上げの
一部がエリゼ宮の修復に使われる。
（左）€10 、「ダマン・フレール」
のフレーバーティー（下）100g
€13.50

ジャム Confiture
ジャムの専門店もあり、素材の組み合わせを
楽しめる。「ジャムの妖精」と呼ばれるフェル
ベールさんのジャムは水玉のカバーが目印。
クリスティーヌ・フェルベールのジャム（左）
€10.80～ 、「コンフィチュール・パリジェン
ヌ」のジャム（右）€14.90

「ボルディエ」のバター Le Beurre Bordier
伝統製法に基づいて作られるブル
ターニュ地方産のバターで、リッ
チな味わい。持ち帰る予定がある人は
保冷剤持参で。「ボルディエ」のバ
ター125g €5.50～

スイーツ 美しさにもうっとり
甘い夢を日本でも

「ル・ショコラ・デ・フランセ」の板チョコ
Tablette chocolat du chocolat des Français
さまざまなイラストレーターがパッケージ
デザインを手がけたカラフルでポップな板
チョコ。無添加で手作り。味もパリっぽさ
も満点。€6.50～

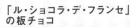

「ユーゴ・エ・ヴィクトール」のドーム形チョコ
"Sphère" de Hugo et Victor
アート作品のように美しい「ユーゴ・エ・ヴィク
トール」のドーム形チョコ「スフェール」。手帳
形のボックスはコレクションしたくなるデザ
イン。6個入り€12

「ポワラーヌ」のサブレ ピュニシオン
"Punitions" de Poilâne

子供時代の「ポワラーヌ」
の創業者に、祖母が「お仕
置き（ピュニシオン）」と
称してこっそり与えてい
たサブレが名前の由来と
か。素朴な味わいが魅力。
45g €2.90、210g
€13.80

バニラ味のゴーフル Gaufre à la vanille
伝統の焼き型で焼いた生地でバニ
ラクリームを挟んだゴーフル。生
地のもっちり感と風味豊かなク
リームはやみつきに。6枚入りボッ
クス€19.90

MARCHÉ AUX PUCES
週末は蚤の市でお宝探し！

パリの外周をひと回りする環状道路
（Bd. Périphérique）の近くで、
週末に開かれる3つの蚤の市。
それぞれの特徴を知って、
お宝探しに出かけよう。

- クリニャンクール
- ヴァンヴ
- モントルイユ

クリニャンクール（サントゥアン）の蚤の市
Les Puces de Paris St-Ouen

　パリの蚤の市のなかで最も規模が大きく、蚤の市の代名詞的な存在がクリニャンクール。とにかく広大で圧倒されるが、きちんと区画整理され、エリアごとに名前がついているので歩きやすい（下図）。店舗形式で、オーナーが決まっているため、気に入った店を繰り返し訪れるリピーターも多い。カフェやレストランでひと休みしながら1日中楽しめる蚤の市だ。

　メトロ駅から歩いていく場合は、蚤の市の区域まで青空市が続くので、スリに気をつけて。蚤の市の中、Rue des Rosiersにバス停のある85番のバスで行くのがおすすめ。

小物や雑貨が好きな人は、まずは「ヴェルネゾン」のエリアを要チェック！

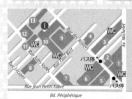

バス停

WC

Rue des Rosiers
Av. Michelet
Rue Paul Bert
Rue Lécuyer
Rue Jean Henri Fabre
Bd. Périphérique
バス停

M 4

MAP 別冊P5-1C ⑬Garibaldiより徒歩約15分
85番バスMarché aux Puces下車
⑬⑥⑥ 10:00～18:00（店によって異なる）

おすすめエリアの名称と特徴
- ❶ **Vernaison** ヴェルネゾン：インテリア小物、テーブルウエア、アクセサリーなど。雑貨好きにおすすめ
- ❻ **Dauphine** ドーフィヌ：インテリア、雑貨、古書など。1階と2階のふたつのフロアで構成された広い建物
- ❼ **Serpette** セルペット：アンティーク家具、人気高級ブランドのビンテージ品など
- ❿ **Paul Bert** ポール・ベール：インテリア雑貨、アンティーク家具など

そのほかのエリアの名称
- ❷ Antica アンティカ
- ❸ Biron ビロン
- ❹ Cambo カンボ
- ❺ Malassis マラシス
- ❽ Malik マリク
- ❾ Le Passage ル・パッサージュ
- ⓫ Jules Vallès ジュール・ヴァレス
- ⓬ L'Usine リュズィーヌ
- ⓭ L'Entrepôt ラントルポ

ヴァンヴの蚤の市
Les Puces de Vanves

"この台のものはぜ〜んぶ€1"なんていうコーナーも

　ヴァンヴの蚤の市は、露天商が歩道の両側に並ぶ青空市。2時間もあれば端から端まで十分回れる規模なので、蚤の市デビューにぴったり。カフェ・オ・レ・ボウル、キーホルダー、灰皿などパリらしい雑貨や、状態のいいアンティーク品が並んでいる。掘り出し物を見つけるには、なるべく早い時間に行こう。

　クレープやサンドイッチを売るワゴン車が出ているが、ゆっくりできるカフェやレストランはない。ひと休みしたり、トイレに行きたいときは、メトロ駅近くにあるカフェへ。

MAP 別冊P4-3B
M ⑬Porte de Vanves 2番出口より徒歩約3分
開 ⊕ ⊕ 7:00〜13:00（店によって異なる。夕方まで開いている店もある）

蚤の市での出合いは一期一会。"自分にとってのお宝"を求めてじっくり見て回ろう

モントルイユの蚤の市
Les Puces de Montreuil

　山積みにされた衣料品や日用品が迫力満点の露天市。とにかく安い洋服や靴が見つかる。ただし、治安がよくない地域で開かれるので、スリなどに十分注意を！

MAP 別冊P5-2D　**M** ⑨Porte de Montreuilより徒歩約10分
開 ⊕ ⊕ 7:00〜19:00（店によって異なる）

蚤の市でのアドバイス

◎商品を触るときは店主にひと声かけてから
◎電卓＆メモ用紙で値段交渉をしてみよう
◎大きめのバッグやエコバッグを持っていこう
◎手が汚れるのでウエットティッシュがあると便利
◎スリが多いので十分気をつけて。荷物は最小限にしていきたい
◎各店の営業時間はマチマチ。季節や天気、店主の気分によっても変わる

蚤の市でのミニ会話

（指でさして）手に取ってもいいですか？
ジュ プ トゥシェ サ
C'est peux toucher ça?

これはいくらですか？
セ コンビヤン
C'est combien?

安くしてください
プヴェ ヴ フェール モワン シェール スィル ヴ プレ
Pouvez-vous faire moins cher, s'il vous plaît?

（指でさして）これをください
ジュ プランサ スィル ヴ プレ
Je prends ça. ／ S'il vous plaît.

パリの食生活を垣間見る

パリの朝市

広場や大通りで週に何度か立つ「朝市」や
週6日毎日にぎわう「常設市場」、
建物内で開かれる「屋内市場」など
パリには約90の市場がある。
活気あふれる日常生活を体感したいなら
マルシェに行くのがいちばん！
※市場の開催時間は目安。季節によって多少異なる。

常設市場　おもに月曜以外毎日開かれるマルシェ

アリーグルの市場
Marché d'Aligre

　アリーグル通りとアリーグル広場に並ぶ
露店と、屋内市場「ボーヴォーBeauvau」
を合わせた一帯がアリーグルの市場。食料
品から衣料品、雑貨まで揃い、パリで一番
安いという評判も。
MAP 別冊P.21-1C **M** ⑧Ledru Rollin
住 Pl. d'Aligre 12e **開** ㊫〜㊐ 7:30〜13:30（㊏
㊐は〜14:30）、屋内市場 ㊫〜㊐ 9:00〜13:00、
16:00〜19:30（㊏はノンストップ、㊐は午前のみ）

アンファン・ルージュの市場
Marché des Enfants Rouges

　マルシェ・エリアの小さな入口を入ると、
野菜や果物を扱う食料品の店のほかに、レ
ストランや総菜店が連なる人気の市場。イ
タリアやモロッコ、メキシコなど各国料理
をカウンターやテラス席で食べられるので、
お昼時は食事をする客で混み合う。
MAP 別冊P.27-1C **M** ⑧Filles du Calvaire
住 39, rue de Bretagne 3e
開 ㊫〜㊐ 8:30〜20:30（㊌は〜21:30）
㊐ 8:30〜17:00

相席で食事する
気軽な雰囲気

観光の合間に立ち寄りたい

パリの専門市
観光の途中で立ち寄るのに便利なパリの中心部で開かれる
専門市もある。近くまで行ったらのぞいてみよう。

ブキニスト（古本市）
Bouquinistes

　セーヌ河畔の風景の一部ともなっている古本市。
シテ島を挟んだ両河岸に沿って、古書を並べた緑色
の箱が連なっている。絵はがきやポスター、おみや
げ品を扱っている店も多いので、見て歩くのが楽しい。

古本市（ジョルジュ・ブラッサンス公園）
Marché du livre ancien et d'occasion

　パリ南部、ジョルジュ・ブラッサンス公園で週
末に行われる古本市。かつて市場だった跡地を利
用した公園で、施設の一部が古本市会場として使
われている。
MAP 別冊P.17-3D **M** ⑫Convention
開 ㊏㊐ 9:00〜18:00

閉まっている
姿は
こんな感じ！

MAP 別冊P.26-3AB
M ④St-Michel ④Cité ⑦Pont Neuf ①④⑦⑪⑭Châtelet

グルネルの市場
Marché Grenelle

メトロの高架下にズラリと店が並ぶ

　La Motte Picquet Grenelle駅から Dupleix駅まで、メトロが地上を走る高架下で開かれるマルシェ。観光客はほとんど訪れないので、地元の雰囲気をそのまま味わえる。

MAP 別冊P.17-1C
M ⑥⑧⑩La Motte Picquet Grenelle ⑥Dupleix
住 Bd. de Grenelle 15e
開 ㊍ 7:00〜13:30 ㊐ 7:00〜14:30

プレジダン・ウィルソンの市場
Marché Président Wilson

　高級住宅街だけあって、ほかでは見られないような高級食材が揃うマルシェ。3つ星レストランのシェフも買いつけに来る八百屋にはいつも行列ができている。

MAP 別冊P.11-2C
M ⑨Iéna ⑨Alma Marceau
住 Av. du Président Wilson 16e
開 ㊌ 7:00〜13:30 ㊏ 7:00〜14:30

エドガー・キネの市場
Marché Edgar Quinet

　モンパルナス・タワーとモンパルナス墓地の間の大通りに立つ庶民派マルシェ。

MAP 別冊P.18-2B
M ⑥Edgar Quinet
住 Bd. Edgar Quinet 14e
開 ㊌ 7:00〜13:30
　 ㊏ 7:00〜14:30

ラスパイユのビオマルシェ
Marché Biologique Raspail

　パリで開かれるビオマルシェのうち規模が大きく、観光客にも人気なのが日曜に立つラスパイユの市だ。野菜やパン、チーズ、ワインなど食料品のほか、衣料品や石鹸などの日用品も揃う。

すべての商品にBio（ABマーク）の表示が付いている

MAP 別冊P.18-1B、P.28-3A
M ⑫Rennes
住 Bd. Raspail 6e
開 9:00〜14:30

切手市
Marché aux timbres

　熱心なコレクターが集まる切手市が週3回シャンゼリゼ大通り近くで開かれる。希少で高価なものだけでなく、気楽に買えるものも多い。

MAP 別冊P.12-1A　M ①⑨Franklin D. Roosevelt
①⑬Champs-Elysées Clemenceau
開 ㊍ ㊏ ㊐ 9:00〜19:00

花市
Marché aux fleurs

　セーヌに浮かぶシテ島内の広場で常設の花市場が開かれている。樹木や鉢植えの花のほか、球根や種、おしゃれなガーデニンググッズも売っている。

MAP 別冊P.26-3A、P.29-1D　M ④Cité
開 8:00〜19:30
※2025年までにリニューアル予定。

パリのパッサージュ

レトロモダンな散歩道

LES PASSAGES PARISIENS

18世紀末、当時歓楽街だった大通り、
グラン・ブルヴァール界隈を中心に、
ガラス屋根のアーケード街
「パッサージュ」が登場した。
そのいくつかは今も残り、
ノスタルジックな空気に包まれた
静かな散歩道となっている。

ガラス屋根のアーケード街へ

パリで最初にパッサージュが造られたのは1776年のこと。ガラス屋根に覆われたアーケード、パッサージュは、やがて時代の最先端をゆくショッピング街としてパリ市民の注目を浴びるようになった。20世紀後半には衰退し、なかには閉鎖されたものもあるが、その後改修され、往時の雰囲気がよみがえっている。ガラス屋根から差し込む光を感じながら、個性の異なるパッサージュを巡ってみよう。

おいしいワインと食事も楽しめるギャルリー・ヴィヴィエンヌ

(1) モザイク床の優雅な空間
ギャルリー・ヴィヴィエンヌ
Galerie Vivienne

床の大理石モザイク、優雅なアーチが連なる内装など、パリで最も美しいといわれるパッサージュ。古書店や雰囲気のいいサロン・ド・テ、ワインショップ「ルグラン・フィーユ・エ・フィス」（→P329）などの専門店が並び、散策するのが楽しい場所。

DATA ᴹᴬᴾ 別冊P.13-2C、P.25-1D Ⓜ ③Bourse

(2) 荘厳なクーポールが印象的な
ギャルリー・コルベール
Galerie Colbert

国立図書館が所有するパッサージュで、パリ大学の研究機関や図書館が入っている。入口で簡単な荷物チェックを受けると、華麗なクーポール（丸天井）があるホールに出る。その先に続くパッサージュに面した部屋では、大学の講義なども行われていて知的な雰囲気だ。

DATA ᴹᴬᴾ 別冊P.13-2C、P.25-2D Ⓜ ③Bourse

ⓐガラス張りのクーポールから差し込む光に包まれたギャルリー・コルベール　ⓑパッサージュのなかで最も人気があるギャルリー・ヴィヴィエンヌは、床のモザイクがエレガント　ⓒギャルリー・ヴィヴィエンヌの一角には古めかしい絵はがき屋や古書店が

ⓐ路地裏のようなパッサージュ・デ・パノラマ　ⓑ市松模様の床とレトロな照明が美しいギャラリー・ヴェロ・ドダ　ⓒパッサージュ・ジュフロワの「グレヴァンろう人形館」

3 切手ファンならここへ
パッサージュ・デ・パノラマ
Passage des Panoramas

ほかのパッサージュとも交差する、狭い路地を思わせるパッサージュ。趣味の切手を扱う店がいくつかあり、ウインドーをのぞき込む熱心なコレクターの姿も。
DATA　**MAP** 別冊P.13-1C　Ⓜ⑧⑨Grands Boulevards

4 大人も子供も楽しめる
パッサージュ・ジュフロワ
Passage Jouffroy

歴史上の人物からスポーツ選手までリアルな人形がずらりと並ぶ「グレヴァンろう人形館」（→P.116）や、かわいらしいおもちゃの店「パン・デピス」（→P.337）があり、家族連れの姿を最もよく見かけるパッサージュ。
DATA　**MAP** 別冊P.13-1D　Ⓜ⑧⑨Grands Boulevards

5 古書ハンターの聖域
パッサージュ・ヴェルドー
Passage Verdeau

古書、古版画の店が並び、いにしえの情緒を感じさせる場所。思わぬ掘り出し物に出合うチャンスも。手芸ファンなら、刺繍専門店「ル・ボヌール・デ・ダム」のディスプレイに吸い寄せられるはず。
DATA　**MAP** 別冊P.13-1D　Ⓜ⑧⑨Grands Boulevards

6 庶民的な商店街
パッサージュ・ショワズール
Passage Choiseul

日本の商店街のような懐かしい雰囲気。200m弱の通りに洋服やアクセサリーの店、画材屋などバラエティに富んだ店が100軒近く並んでいる。
DATA　**MAP** 別冊P.13-1C、P.25-1C
Ⓜ③Quatre Septembre

7 市松模様の床が印象的
ギャラリー・ヴェロ・ドダ
Galerie Véro-Dodat

「ヴェロ」と「ドダ」というふたつの豚肉屋が建てた優美な内装のパッサージュ。白と黒の大理石を市松模様に敷き詰めた床の両側には、弦楽器の専門店やアンティーク店が並ぶ。
DATA　**MAP** 別冊P.13-2C、P.25-2D
Ⓜ①⑦Palais Royal Musée du Louvre

パッサージュ・ジュフロワには高級ステッキと傘の店「ギャラリー・ファイエ」（左）や「ショパン」という名のホテルも（右）

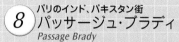

ⓐパッサージュ・デュ・グラン・セールでは屋根の装飾の美しさにも注目 ⓑパリで一番長いパッサージュ・ショワズールは庶民的な雰囲気。日本食のレストランもある ⓒ北アフリカの市場街を思わせるパッサージュ・デュ・ケール

9 中近東の市場街を思わせる
パッサージュ・デュ・ケール
Passage du Caire

「ケール」とは「カイロ」のこと。その名が示すとおり、入口ではエジプト風のレリーフが迎えてくれる。界隈は既製服の問屋街で、商店用のマネキンや派手なドレスの間をぬって歩くと、まるで異国にさまよい込んだかのよう。

DATA MAP 別冊P.13-1D、P.26-1A
M ④⑧⑨Strasbourg St-Denis

8 パリのインド、パキスタン街
パッサージュ・ブラディ
Passage Brady

パリで本場のカレーを食べたくなったらここ。カレー屋が並び、エスニックな香りがムンムン漂う下町のパッサージュ。夜遅くまで散策する人たちでにぎわう場所だ。

DATA MAP 別冊P.14-1A M ④Château d'Eau

10 映画の舞台ともなった
パッサージュ・デュ・グラン・セール
Passage du Grand Cerf

映画『地下鉄のザジ』(1960)で主人公のザジが追いかけっこをしたのがここ。現在はプロ向けのアパレル関係の店やデザイン事務所が扉の奥に控えており、洗練された雰囲気。

DATA MAP 別冊P.13-2D、P.26-1A M ④Etienne Marcel

パッサージュの巡り方

　パッサージュが集まっているのは、ボンヌ・ヌーヴェル大通りBd. de Bonne Nouvelle界隈からパレ・ロワイヤルにかけての一帯。ルーヴル美術館にも近いギャルリー・ヴェロ・ドダから始めて、いくつかのパッサージュを巡りつつ、一番北にあるパッサージュ・ヴェルドーまで歩いてみては。パッサージュ内にあるサロン・ド・テやレストランでひと休みしながら、のんびり散策してみよう。屋根のあるパッサージュは、雨の日の過ごし方としてもおすすめ。

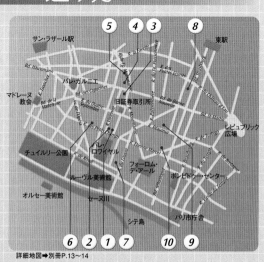

詳細地図➡別冊P.13～14

61

パリのイルミネーション

昼間とは異なった顔をもつ夜のパリ。
光をまとったモニュメントが、
黒く沈んだ空に鮮やかに浮かび上がり、
"夜"という舞台できらめく主役になる。

日没後のライトアップ
のほか、毎正時に約5
分間、2万個のライトが
点滅する。シャンパン
の泡のようにキラキラ
輝く姿は見逃せない!

バレ・ガルニエ
→P.115

コンコルド広場
→P.110

エッフェル塔
→P.120

凱旋門
→P.102

観光バスの「イルミネーションツアー」
で、効率よく夜のパリを一周するのも
おすすめ。旅行の最終日に利用すれば、
昼間観光した場所のまったく違う表情
に驚くはず。セーヌ川の遊覧船で、ラ
イトアップされたセーヌ川沿いの風景
を楽しむのもいい。→P.89

Illuminati

アンヴァリッド
→P.124

コンシェルジュリー
→P.132

パリ市庁舎
→P.133

ルーヴル美術館のガラスのピラ
ミッドおよび広場全体を美しく演出
しているのは、東芝の提供による
LED照明。

ルーヴル美術館
→P.111、P.188

ケ・ブランリー・ジャック・
シラク美術館→P.207

光のアーティスト、ヤン・ケ
ルサレの仕掛けによって、
どこか別の惑星にたどり着
いたかのように感じられる
ほど幻想的になる庭園。

on de Paris

©pyramide du Louvre, arch. I.M.Pei

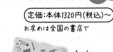

アクセスと交通

Accès et Transports

Photo : Station de metro

パリの空港

日本からパリに直行する人なら、パリの第1歩は空港で、ということになる。フランスの空の玄関となるシャルル・ド・ゴール空港と市内を結ぶ交通の便は非常によく、初めてのパリでも心配無用。車窓にモンマルトルの丘が見え隠れするようになれば、町はもう近い。

シャルル・ド・ゴール空港 ✈

北東に約25km →

Paris

南に約14km ⇩

オルリー空港 ✈

各空港からパリ市内へのアクセス
→P.72

パリ空港のウェブサイト
フライト情報から、アクセス、空港内ブティックの案内まで、パリ空港（CDG、ORY）の総合情報が得られる。
URL www.parisaeroport.fr

フランス入出国→P.424

空港案内

　パリには、**シャルル・ド・ゴール空港**Aéroport Charles de Gaulle（CDG）と**オルリー空港**Aéroport d'Orly（ORY）、ふたつの空港があり、日本から直行便または乗り継ぎ便で到着する場合、ほとんどシャルル・ド・ゴール空港を利用することになる。

シャルル・ド・ゴール空港（CDG）
Aéroport Charles de Gaulle

　シャルル・ド・ゴール空港が正式名称だが、所在地の地名から**ロワシー空港**Roissyとも呼ばれている。エールフランス航空をはじめ日本発の直行便は、この空港に発着する。シャルル・ド・ゴール空港には現在、ターミナル1とターミナル2のふたつの主要ターミナルと格安航空会社の便が発着するターミナル3がある。利用する航空会社によって、どのターミナルに発着するか異なるので注意が必要だ（下記）。各ターミナルは無料の無人電車CDGVAL（→P.67）によって結ばれている。

開港当時、宇宙船を思わせる未来的デザインが大きな話題となったターミナル1

おもな航空会社の発着ターミナル

発着ターミナル、ホールは変更されることがある。機内での案内をよく聞き、到着ホールの確認を。出発時は、念のため時間に余裕をもって空港に着きたい。

ターミナル 1	ターミナル 2
ANA All Nippon Airways（NH）	2B フィンエアー Finnair（AY）
アシアナ航空 Asiana Airlines（OZ）	ITA エアウェイズ ITA Airways（AZ）
エミレーツ航空 Emirates（EK）	2D ブリティッシュ・エアウェイズ
カタール航空 Qatar Airways（QR）	British Airways（BA）
キャセイパシフィック航空 Cathay Pacific（CX）	2E エールフランス航空
シンガポール航空 Singapore Airlines（SQ）	Air France（AF）　※日本発着便
SASスカンジナビア航空	日本航空 Japan Airlines（JL）
SAS-Scandinavian Airlines（SK）	大韓航空 Korean Airlines（KE）
タイ国際航空 Thai Airways（TG）	2F KLMオランダ航空
ルフトハンザ航空 Lufthansa（LH）	KLM Royal Dutch Airlines（KL）
エバー航空 Eva Airways（BR）	

ターミナル1　Terminal1

　ドーナツを積み重ねたような形の建物のターミナル1。その中央の空間を、動く歩道の入ったチューブが交差し、階を移動できるようになっている。SFの世界を思わせる構造がユニーク。

円形が特徴のターミナル1

RER空港駅、TGV空港駅へは、4分間隔で運行している無料の無人電車（CDGVAL）で移動することができる。2024年4月現在、施設の改修工事が行われている。

ターミナル2　Terminal2

　翼を広げたような形のターミナルで横に広がり、A～Gの7つのホールからなっている。
　エールフランスの日本直行便、日本航空、大韓航空などが発着するホールE（2E）は、3つのゲート（K,

日本との直行便が多く発着する2E

L,M）をもつ広大なホール。到着ゲートから入国審査カウンターおよび荷物受け取り所まで離れているので、ほかのホールよりも移動に時間がかかる。表示板を確認しながら進めば迷うことはないだろう。ターミナル2内の各ホール間は徒歩、または無

料のナヴェット（巡回バス）で移動できる。動く歩道が設置してある箇所もあり、荷物の多い旅行者には便利だ。

空港内では、英語併記の表示板を確認すれば迷う心配はない

ターミナル3　Terminal3

　格安航空会社（LCC）の便が発着するターミナル3。RER駅のあるCDGVALのRoissypôleに隣接し、Roissypôleから徒歩で約5分の所に位置する。出発前日や夜遅く空港に着いた場合の宿泊に便利なホテル（→P.68）も周辺に揃っている。

ターミナル間を結ぶCDGVAL

シャルル・ド・ゴール・ヴァル

各ターミナル間は、無料の無人電車CDGVALで移動できる。2ヵ所のパーキングを挟み、Terminal 1～Terminal 3／Roissypôle（RER駅）～Terminal 2（RER駅、TGV駅）の順で結んでいる。

CDGVALは4分間隔で運行。Terminal1～Terminal2間は約8分で移動可能

Column / Information　空港内にあるふたつの案内所

　CDG空港には、空港に関する案内所と観光に関する案内所の2種類がある。
　空港内の移動や施設、パリ市内へのアクセスについてなどは、空港インフォメーションへ。パリでの観光に関する情報を得るには、イル・ド・フランス観光案内所（→P.96）へ行ってみるといい。

ターミナル2Eの観光案内所

空港周辺のホテル

夜遅くに着いたときや、トラブルで急に出発が翌日に延期されたときなどは、空港周辺のホテルが便利。

H シェラトン・パリ・エアポート
ホテル&コンファレンスセンター
**Sheraton Paris Airport Hotel
& Conference Centre 4★**
ターミナル2に直結している。
MAP 本誌P68
TEL 01.49.19.70.70
URL sheraton.marriott.com
（日本語あり）

H ノボテル・パリ・シャルル・ド・
ゴール・エアポート
Novotel Paris CDG Airport 4★
RERのCDG1駅と直結。両ターミナ
ルへはCDGVALで。
MAP 本誌P68
TEL 01.49.19.27.27
URL novotel.accor.com

H イビス・パリ・シャルル・ド・ゴール・
エアポート
Ibis Paris CDG Airport 3★
上記「ノボテル」近く。
MAP 本誌P68
TEL 01.49.19.19.19
URL ibis.accor.com（日本語あり）

空港ターミナル見取図マーク一覧

- ℹ️ 空港インフォメーション
- ℹ️ イル・ド・フランス観光案内所
- 🛄 荷物受取所
- **H** ホテル
- 🚌 パリ行きバス停留所

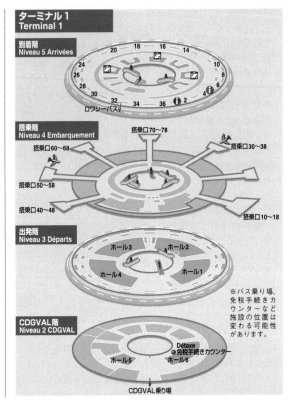

ターミナル1
Terminal 1

到着階
Niveau 5 Arrivées

20　18　16　14
24　　　　10
26　　　　8
28　　　　6
30　32　34　36　ℹ️ 2　ℹ️ 4
ロワシーバス↑

搭乗階
Niveau 4 Embarquement

搭乗口70〜78
搭乗口60〜68
搭乗口50〜58
搭乗口40〜48
搭乗口30〜38
搭乗口10〜18

出発階
Niveau 3 Départs

ホール3　ホール2
ホール4　ホール1

CDGVAL階
Niveau 2 CDGVAL

Détaxe
●免税手続きカウンター
ホール5　ホール6

CDGVAL乗り場↓

※バス乗り場、免税手続きカウンターなど施設の位置は変わる可能性があります。

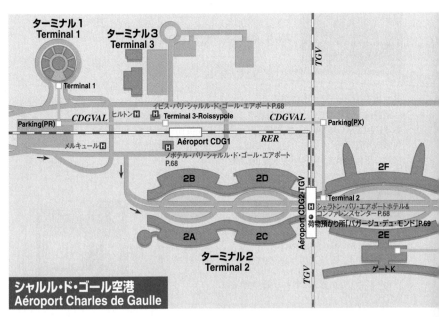

ターミナル1
Terminal 1

Terminal 1

ターミナル3
Terminal 3

Parking(PR)　**CDGVAL**　ヒルトン H

H イビス・パリ・シャルル・ド・ゴール・エアポートP.68
H Terminal 3-Roissypole　**CDGVAL**　□ Parking(PX)

メルキュール H

H Aéroport CDG1　**RER**

ノボテル・パリ・シャルル・ド・ゴール・エアポート
P.68

2B　**2D**　**2F**

2A　**2C**

Aéroport CDG2-TGV

Terminal 2
H シェラトン・パリ・エアポートホテル&
コンファレンスセンター P.68
● 荷物預かり所「バガージュ・デュ・モンド」P.69

2E

ターミナル2
Terminal 2

ゲートK

シャルル・ド・ゴール空港
Aéroport Charles de Gaulle

68

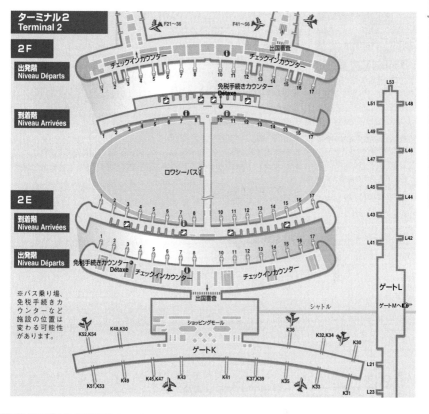

ターミナル2
Terminal 2

2F

出発階
Niveau Départs

チェックインカウンター　　チェックインカウンター

出国審査

免税手続きカウンター
Détaxe

到着階
Niveau Arrivées

ロワシーバス

2E

到着階
Niveau Arrivées

出発階
Niveau Départs

免税手続きカウンター
Détaxe　チェックインカウンター　チェックインカウンター

出国審査

ショッピングモール

ゲートK

K52,K54　K48,K50　　　　　　　　　　　　K36　　　K32,K34　　K30

K51,K53　K49　K45,K47　K43　　K41　K37,K39　K35　K33　　K31

F21〜36　　F41〜56

L53
L51　L48
L49
L47　L46
L45　L44
L43
L41　L42

ゲートL
ゲートMへ
シャトル
L21
L23

※バス乗り場、
免税手続きカ
ウンターなど
施設の位置は
変わる可能性
があります。

バガージュ・デュ・モンド Bagages du Monde
ターミナル2のTGV-RER駅の上階、シェラトン・ホテルの前に荷物預かり所がある。大きな荷物を預けて身軽になりたいときなど便利。
MAP 本誌P68　⏰ 7:00〜21:00　**休** 無休
料 スーツケース1つ3時間まで€5、6時間まで€8、12時間まで€14、24時間まで€18、2日間€28
CC MV　**URL** www.bagagesdumonde.com

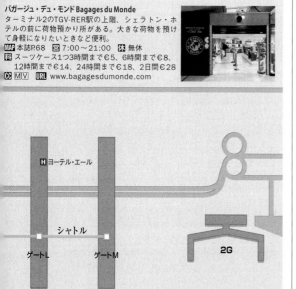

H ヨーテル・エール

シャトル

ゲートL　　ゲートM　　　　2G

ターミナル2の2E、2Fから市内へ行くバスの乗り場
2Eと2Fを結ぶ通路に、ロワシーバス（→P.72）のチケット券売機がある。バスの乗り場は外に出ていくつかあるなかのQuaiB。

ロワシーバスの券売機は紙幣（€5、€10、€20）、硬貨、ICチップ入りクレジットカード（MV）が使える

空港でレンタカーを借りて地方に出かけることもできる

ダンフェール・ロシュロー行き
のオルリーバス

空港内の観光案内所の活用
CDG空港の各ターミナル（1、2C、2D、2E、2F）、ORY空港のターミナル1／2、4にはイル・ド・フランス観光案内所（→P.96）がある。パリ・ヴィジット（→P.76）、パリ・ミュージアム・バス（→P.183）など、便利なパスも販売している。

オルリー空港（ORY）Aéroport d'Orly

オルリーには国際線のほとんどが発着するオルリー4と、国内線が発着するオルリー1、2と、それらをつなぐオルリー3の4つのターミナルに分かれている。ターミナル間は無料のナヴェットで移動が可能だ。パリ市内へは、シャルル・ド・ゴール空港よりも近く、交通手段はいくつかある。宿泊先の場所などを考慮し、便利な方法を選びたい（→P.72）。

国際線が発着するオルリー4

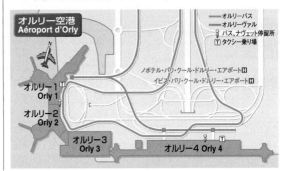

オルリー空港
Aéroport d'Orly

━━ オルリーバス
━━ オルリーヴァル
🚌 バス、ナヴェット停留所
Ⓣ タクシー乗り場

ノボテル・パリ・クール・ドルリー・エアポート Ⓗ
イビス・パリ・クール・ドルリー・エアポート Ⓗ

オルリー1 Orly 1
オルリー2 Orly 2
オルリー3 Orly 3　　オルリー4 Orly 4

覚えておきたい空港でのフランス語

（フランス語［読み方］日本語）

Aéroport	［アエロポール］	空港
Aérogare	［アエロガール］	ターミナル
Arrivée	［アリヴェ］	到着
Contrôle des Passeports	［コントロール デ パスポール］	入出国審査
Correspondance	［コレスポンダンス］	乗り継ぎ
Départ	［デパール］	出発
Douane	［ドゥアンヌ］	税関
Salle Livraison Bagages	［サル リヴレゾン バガージュ］	荷物受取所
Navette	［ナヴェット］	ターミナル間巡回バス
Centre médical	［サントル メディカル］	診察所
Nurserie（Espace Enfants）	［ナルスリー（エスパス アンファン）］	ベビールーム（キッズコーナー）
Chariot	［シャリオ］	カート
Bureau de change	［ビュロー ドゥ シャンジュ］	両替所
Distributeur de billets	［ディストリビュトゥール ドゥ ビエ］	ATM

（日本語　［読み方］フランス語）

私の荷物が見つかりません	［ジュ ヌ トゥルヴ パ モン バガージュ］ Je ne trouve pas mon bagage.
荷物紛失の窓口はどこですか？	［ウ エ ル ギシェ プール レ バガージュ ペルデュ］ Où est le guichet pour les bagages perdus?
これは税関申告する必要がありますか？	［ドゥ ジュ ル デクラレ ア ラ ドゥアンヌ］ Dois-je le déclarer à la douane?
荷物預かり所を探しているのですが	［ジュ シェルシュ ラ コンシーヌ］ Je cherche la consigne.
観光案内所はありますか？	［イ ア ティル アン ノフィス ドゥ トゥーリスム ア ラエロポール］ Y a-t-il un office de tourisme à l'aéroport?
パリへのバス乗り場はどこですか？	［ウ エ ラレ ドゥ ロトビュス プール パリ］ Où est l'arrêt de l'autobus pour Paris?

空港を出るまで

機内の荷物をまとめたら、いよいよ、旅の起点となる空港に降り立つ。空港をスムーズに出られるよう、流れを把握しておこう。（フランス入出国→P.424）

❶ 荷物受け取り

空港に到着したら、入国審査カウンターContrôle des Passeportsでパスポートを提示し、入国審査を受ける。その後、Bagagesの標識に従い荷物受取所へ。利用した便名が書かれたターンテーブルで、自分の荷物が回ってきたら受け取る。

荷物はターンテーブルの周りで待つ

❷ 税関申告

税金を支払う必要のある人は、税関申告書Déclaration en Douaneに必要事項を記入して、税関Douaneで申請する（フランス入国時における免税範囲→P.424）。必要がなければ、そのまま出口Sortieへ。

❸ 交通機関

パリ市内へ向かう交通手段はいくつかある（→P.72）。空港内には、RER、ロワシーバス、タクシーの乗り場表示が出ているので、矢印の方向へ進む。空港内の表示の多くは、英語が併記されている。

●預けた荷物が見つからなかったら
荷物が出てこなかったら、バゲージ・クレーム・サービス Service Bagagesへ行き、出発空港で荷物を預ける際にもらったバゲージ・クレーム・タグ（荷物預かり証）を見せて、荷物がない旨を伝える。航空会社が手配をしてくれ、荷物が見つかりしだい、滞在先に届けてくれる。バゲージ・クレーム・タグは荷物を受け取るまでなくさないように！

バゲージ・クレーム・タグは搭乗券などに張っておこう

●空港両替所
現金（ユーロ）の手持ちがない人は空港内の両替所を利用しよう。ただしレートは非常に悪いので最小限に。現金はなるべく日本で用意しておくことをおすすめする。クレジットカードのキャッシングができるATMも空港内にある。

行き先を確認してから乗れば安心

CDG空港～パリ市内間は30～50分

CDGターミナル2から北駅まで約25分

オペラ地区にホテルがあるなら
ロワシーバスが便利

空港から市内へのアクセス

空港からパリ市内までは、滞在するホテルへの行きやすさや、荷物の量、人数、料金、時間帯などの条件に合わせて選ぶといい。大きな荷物がある場合、パリ市内でメトロに乗り継ぐのはおすすめしない。特にふたり以上ならタクシーまたは空港〜ホテル間の送迎バスを利用しよう。

シャルル・ド・ゴール空港（CDG）→パリ市内

※2024年7/20〜9/8の期間は値上げが予定されている。

バス	**ロワシーバス** Roissybus URL www.ratp.fr/titres-et-tarifs/billet-aeroport	CDG→オペラ（パレ・ガルニエ） MAP 別冊P.24-1B（11, rue Scribe 9e）	所要：60〜75分。 6:00〜翌0:30（15〜20分間隔）に運行。 料 €16.60 1〜5ゾーンのバス・ナヴィゴ・デクーヴェルト、パリ・ヴィジット（→P.76）利用可能。ナヴィゴ・イージーでチャージ可。
鉄道	**RER B線** URL www.ratp.fr/titres-et-tarifs/billet-aeroport	CDG2→CDG1→RER B線の各駅（北駅など）	所要：北駅まで約25分。 4:50〜23:50（10〜20分間隔）に運行。 料 €11.80 1〜5ゾーンのバス・ナヴィゴ・デクーヴェルト、パリ・ヴィジット（→P.76）利用可能。
Taxi	所要：30〜50分。料 CDG→パリ右岸€56、CDG→パリ左岸€65の定額制※		

※空港〜パリ市内間のタクシー料金は定額制。パリの乗降場所がセーヌ川を挟んで北側の右岸 Rive Droite、南側の左岸Rive Gaucheのどちらなのかによって料金が決まっている。
（パリ右岸・左岸について→P.35）

オルリー空港（ORY）→パリ市内

※2024年7/20〜9/8の期間は値上げが予定されている。

バス	**オルリーバス** Orlybus URL www.ratp.fr/titres-et-tarifs/billet-aeroport	ORY→RER B M④⑥ ダンフェール・ロシュロー	所要：25〜30分。 6:00〜翌0:30（8〜15分間隔）に運行。 料 €11.50
鉄道	**RER B線** URL www.ratp.fr/titres-et-tarifs/billet-aeroport	ORY→アントニー（オルリーヴァルを利用） →RER B線の各駅（ダンフェール・ロシュロー、シャトレ・レ・アール、北駅など）	所要：アントニーまでオルリーヴァル（モノレール）で約8分。 6:00〜23:50（3〜7分間隔）に運行。 アントニーからパリ市内まで25〜35分。 料 €13.45（オルリーヴァル＋RER）
	メトロ	ORY→M⑭の各駅（オステルリッツ駅など） （2024年6月開通予定）	所要：パリ市内まで約30分。 料 €2.10〜
Taxi	所要：20〜40分。料 ORY→パリ左岸€36、ORY→パリ右岸€44の定額制※		

このほか、M⑦と連絡するトラムT⑦を利用することも可能。

はみだし！ 空港と市内を結ぶ公共交通手段の選択肢は少なく、RERのB線は激混み状態。身動きできない空港利用客を狙った犯罪も頻発している。安全を優先するなら、ロワシーバスか定額のタクシーを選びたい。

空港 ↔ 市内アクセスマップ

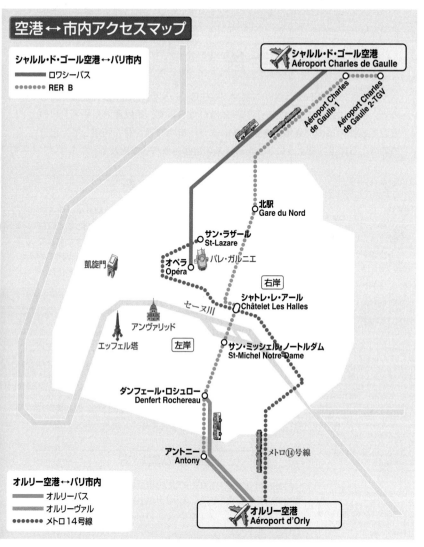

シャルル・ド・ゴール空港 ↔ パリ市内
- ▬▬▬ ロワシーバス
- ●●●● RER B

シャルル・ド・ゴール空港
Aéroport Charles de Gaulle

Aéroport Charles de Gaulle 1
Aéroport Charles de Gaulle 2-TGV

北駅
Gare du Nord

サン・ラザール
St-Lazare

凱旋門

オペラ
Opéra

パレ・ガルニエ

右岸

セーヌ川

シャトレ・レ・アール
Châtelet Les Halles

アンヴァリッド

左岸

エッフェル塔

サン・ミッシェル・ノートルダム
St-Michel Notre-Dame

ダンフェール・ロシュロー
Denfert Rochereau

アントニー
Antony

メトロ⑭号線

オルリー空港 ↔ パリ市内
- ▬▬▬ オルリーバス
- ▬▬▬ オルリーヴァル
- ●●●● メトロ14号線

オルリー空港
Aéroport d'Orly

Column Information | 空港と結ぶ新たな連絡鉄道を準備中

　2020年、シャルル・ド・ゴール空港とシャンゼリゼやモンパルナスを結んでいた空港バス「ル・ビュス・ディレクト」がサービスを停止した。結果、空港〜市内の交通手段の選択肢が少なくなってしまったせいか、とりわけRER B線の混雑がすさまじくなっている。

　将来、これに代わるものとなりそうなのが、現在準備が進められている「シャルル・ド・ゴール・エクスプレス Charles de Gaulle Express」だ。RER B線の路線を一部利用する直通電車で、終点のパリ東駅まで20分で結ぶ。反対運動から工事がストップしたこともあり、当初の計画より延び、2027年の開通を目指している。

パリの交通手段

パリはメトロ（地下鉄）、RER（高速郊外鉄道）、バスの各路線が発達しているので、移動に困ることはない。パリに着いたらまず、観光案内所やメトロの窓口で最新の市内交通地図を手に入れよう。市内交通を賢く利用して、自分の町のように歩けるようになったら、あなたはもうパリの達人！

メトロ、RER（1ゾーン）、
バス、トラム、モンマルトルの
ケーブルカーに共通の切符
Ticket t+

1回券：€2.15

RERで1ゾーン外へ行く場合は料金が変わってくる。行き先までの切符を買わなければならない。乗り越し精算というシステムはないので注意（→P.80）。

「Ticket t+」の使用範囲
●メトロ⇔メトロ
使用開始から1時間30分以内は乗り換え可能。ただし出札後の再入場は不可。
●メトロ⇔RER／RER⇔RER
使用開始から1時間30分以内は乗り換え可能。ただし出札後の再入場は不可。RERはゾーン1内のみ。
●バス⇔バス／バス⇔トラム
使用開始から1時間30分以内なら乗り換え可能。

パリ交通公団（RATP）のサイト
メトロ、RER、バス、トラムの路線図や時刻表、切符の種類など詳細情報が得られる。
URL www.ratp.fr

メトロの乗車券

パリでの交通手段を代表するのは、**メトロ**Métro（地下鉄→P.77）だろう。パリが初めての旅行者も、慣れてしまえば簡単に利用することのできる便利な交通機関だ。メトロと並んで利用価値の高い**RER**（高速郊外鉄道→P.80）は、パリ市内での利用ならメトロと共通の乗車券が使え、**バス**Bus（→P.83）はパリ郊外まで利用できる。

乗車券の種類

メトロの切符は「Ticket t+」と呼ばれる。紙の切符を購入するか、「ナヴィゴ・イージーNavigo Easy」と呼ばれる非接触型ICカードにチャージして利用することができる。メトロは距離に関係なく均一料金。「Ticket t+」1枚で乗ることができ、乗り換え自由だ。RERもパリ市内なら同一料金で乗車できる。

「Ticket t+」の10枚回数券（カルネ）が2022年に販売終了になるなど、ICカードへの切り替えが徐々に進められている。

乗車券の買い方

「Ticket t+」は、メトロやRERの駅にある有人の切符売り場、または自動券売機で買う。有人の切符売り場がない駅もある。バスに乗る場合は、メトロの駅で「Ticket t+」を買っておくといい。

駅の切符売り場

「Vente」の表示がある有人の切符売り場では、「Ticket t+」やパス類を買うことができる。支払いはクレジットカードのみのところもあるので、確認のこと。この表示がない窓口では切符の販売を行っていない。切符購入時の会話→P.81。

「Vente」の表示があれば切符購入可能

はみだし！ パリ五輪の開催前後期間（2024/7/20〜9/8）、パリ市の公共交通機関の料金が値上げされ、€2.15のTicket t+は€4に。期間中ナヴィゴの1日パス、1週間パスは販売されず、「Passe Paris 2024」（1日€16、1週間€70）が販売予定。

券売機

　券売機は英語表示にもできるので、基本的な仕組みさえわかれば、それほど難しくない。券売機は硬貨またはクレジットカードが使える。紙幣が使える機種もあるが数は少ない。

　RERで郊外に出る場合は、切符を選択する画面で、「Billets Région Ile de France」を選択して、目的地までの切符を購入する。

慣れるまでは空いている券売機を選ぶといい

タッチパネル式券売機の画面操作例
（2024年1月現在）

クレジットカード挿入口

コイン投入口

紙幣投入口

ICチップ付きのクレジットカードが使える。暗証番号の入力はここで

ナヴィゴ（→P.76）のチャージ用カード置き場

中央にあるローラーを回転させることで選択していく方式の券売機もある。「Valider」は「決定」、「Annuler」は「取り消し」

① 言語を選ぶ。希望する選択肢をタッチ

② ナヴィゴ・イージーなど非接触型ICカードのチャージを行うなら左、切符を買うなら右をタッチ

③「切符の購入」を選択した場合、切符の種類が示される。パリ市内の移動のみなら「Ticket t+」を選択

④ 割引料金の確認。10歳以上なら「plein Tarif／Full Fare（正規料金）」を選択し、次の画面で枚数を指定する

⑤ 料金が表示される

⑥ ②で「ナヴィゴ」を選択した場合は、パスの種類とゾーン（→P.76）を選択（パリ市内なら1〜2ゾーン）

⑦ 金額の表示。クレジットカードで支払うなら暗証番号（code）を入力する。「領収書receipt」が必要か答える

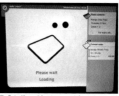

⑧「ナヴィゴ」チャージ中。チャージが終了するまでカードを動かさないこと

※2024年7/20〜9/8の期間の料金はウェブサイトで確認のこと。
🆄🆁🅻 www.ratp.fr

便利なパス

有効ゾーン内のメトロ、RER、バス、SNCF（国鉄）が乗り放題になるパスは、うまく使えば、かなりお得で便利。

名　称	ゾーン	料金	購入場所	買い方・使い方
パリ・ヴィジット Paris Visite（切符とリーフレット）	1〜3	1日券€13.95 2日券€22.65 3日券€30.90 5日券€44.45	メトロ、RERの有人切符売り場窓口、または券売機	旅行者向けのパス。使用期間（連続した有効日）の日付と氏名を記入して使う。 Nom　　姓 Prénom　名前 Jours du　開始日　au　最終日 一部観光スポットの割引特典があり、有人窓口でもらうリーフレットに詳細が記入されている。ウェブサイトからダウンロードも可能。🆄🆁🅻 www.ratp.fr/titres-et-tarifs/forfait-paris-visite メトロとRERの改札、バスでの使い方はTicket t+と同じ。 1〜5ゾーンはロワシーバス（→P.72）で使用可能。
	1〜5	1日券€29.25 2日券€44.45 3日券€62.30 5日券€76.25		
ナヴィゴ・イージー Navigo Easy		チャージする乗車券の種類によって異なる	ICカードはメトロ、RERの有人切符売り場窓口 チャージは券売機のほか専用チャージ機で。RATP公式アプリ（→P.429）でもチャージ可能	非接触型のICカードに乗車券をチャージして使う。Ticket t+1回券、10回回数券（€17.35）、1日バス、ロワシーバス、オルリーバス、Navigo Jeunes Week-End（はみだし参照）のチャージが可能。最初にICカードを購入する（€2）。写真は不要。
ナヴィゴ・デクーヴェルト Navigo Découverte（→P.82）（裏面に写真を張り、サインをする）	ナヴィゴ・ジュール Navigo Jour 1日パス	1〜2　€8.65	ICカードはメトロ、RERの有人切符売り場窓口 チャージは券売機のほか専用チャージ機で。RATP公式アプリ（→P.429）でもチャージ可能	非接触型のICカードにゾーン別パスをチャージして使う。 最初にICカードを購入（€5、横2.5×縦3cmの写真1枚が必要。写真は用意していくといい）。その後、駅のチャージ機、券売機でパスをチャージする。1日パスは当日から6日後まで、1週間パスは前の週の㊊からその週の㊐までチャージ可能。 1ヵ月パス（€86.40）もある。 1〜5ゾーンはロワシーバス（→P.72）で使用可能。
		1〜3　€11.60		
		1〜4　€14.35		
		1〜5　€20.60		
	ナヴィゴ・スメーヌ Navigo Semaine 1週間パス	€30.75 ※1〜5ゾーンが均一料金。㊊〜㊐で有効		

パスを買うときにはゾーンに注目

(RER路線図→🅼🅰🅿 別冊P.32〜33)

上記のパスを買うときに注意したいのが、「ゾーン Zone」だ。パリとその近郊を1〜5の区域に分けたもので、行き先がどのゾーンかによって料金が違ってくる。

1zone パリ市内（20区内）
2zone ブローニュの森などを含む、パリ市の周り
3zone ラ・デファンス、ソー公園など
4zone オルリー空港、ヴェルサイユ、サン・ジェルマン・アン・レーなど
5zone シャルル・ド・ゴール空港、ポントワーズ、ディズニーランド・パリ、フォンテーヌブロー、プロヴァン、ブルトゥイユ城など

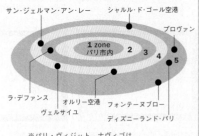

サン・ジェルマン・アン・レー　シャルル・ド・ゴール空港　プロヴァン
1 zone パリ市内　2　3　4　5
ラ・デファンス　オルリー空港　フォンテーヌブロー　ディズニーランド・パリ
ヴェルサイユ

※パリ・ヴィジット、ナヴィゴはゾーン内のSNCF路線にも使える

はみだし！ 「Navigo Jeunes Week-end」は、㊏ ㊐ ㊗にかぎり26歳未満ならゾーン内のメトロ、RER、バスが乗り放題になる1日乗車券。各種ナヴィゴにチャージして使う。1〜3ゾーン用€4.70〜。年齢を証明する書類を携帯すること。

メトロ（地下鉄）　Métro

パリのメトロは便利で機能的。全14路線あり、①から⑭号線までの数字がつけられている。パリ市内では、RER（高速郊外鉄道→P.80）の利用方法もメトロと同じなので、メトロとRERを乗りこなせれば、パリの町を縦横無尽に制覇できる。

路線の探し方

パリのメトロをスムーズに利用するには、**MAP**別冊P.2～3のメトロ路線図を活用しよう。駅の窓口でRATP（パリ交通公団）発行の無料路線図をもらうこともできる。

まず路線図をよく見て、乗る駅と降りる駅を探す。どちらの駅も同じ路線にあれば、そのまま降りる駅のある方向に乗ればいいし、いくつかの線を経由している場合は乗り換えが必要になるのは日本と同じ。

RATP発行の路線図は何種類かありサイズも大小ある。発行年を確認して最新版を手に入れたい

メトロは均一料金。「Ticket+」1枚で全線に使える（→P.74）。Navigo Easyにチャージして使うことも可能。有効時間は1時間30分。出札後の再入場は不可。

運行時間
5:30～翌1:15頃（金⊕、㊗の前日は2:15）。深夜は便数が減るので、時間に余裕をみたほうが安全。

メトロの検札
メトロの入口で使った「Ticket+」は、出口では必要ないが、最後まで必ず持っていること。検札係がチェックすることがある。万一持っていないと、罰金（€50）を取られる。

メトロ路線図を使いこなす

路線図の読み方

路線図では、メトロの①～⑭号線、RERの④～⑧線がそれぞれ色別に示されているのでわかりやすい。終着駅のところに何号線か書いてある。

駅名は変更になることもあるので、注意が必要だ。資料によっては、まだ旧駅名を使っていることもある。最新版で確認しよう。

太い線はRER。④～⑧線がある。この場合の赤は④線。

四角の中の数字は何号線かを示し、終着駅の脇には必ず書かれている。

黒い太字で書かれた駅名は終着駅名。この場合、⑪号線（茶色）の終着駅がChâteletになる。

大きな丸は乗り換え駅。大きな駅になればなるほど楕円形になり、さらにRERなど、ほかの路線に乗り換え可能。この場合メトロ①④⑦⑪⑭ Châtelet駅とRER④⑧⑩ Châtelet Les Halles駅がつながっていることになる。

路線の探し方例

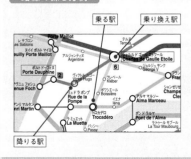

乗る駅　乗り換え駅

降りる駅

例えば、トロカデロTrocadéro駅からヴィクトル・ユゴーVictor Hugo駅まで行く場合。

まず、⑥号線でシャルル・ド・ゴール・エトワールCharles de Gaulle Etoile駅まで行き、②号線に乗り換え、ヴィクトル・ユゴー駅で降りればいい。このときチェックしておくポイントは、乗る路線番号とそれぞれの終着駅名だ。この場合は、⑥号線のシャルル・ド・ゴール・エトワール駅と②号線のポルト・ドーフィヌ駅。乗る方面の終着駅を覚えておくと、方向を間違わずに済む。

アクセスと交通

パリの交通手段　便利なパス／メトロ（地下鉄）

メトロの乗り方

① 改札

改札は無人。自動改札機にナヴィゴをかざすか切符を差し込み、切符の場合は取ってから、ターンスティールを押し、さらに目の前のドアを抜けて入る。ドアは自動開閉するものが多いが、このときタダ乗りをたくらむ人が一緒に通ろうとしてくることがあるので注意！

上左：ナヴィゴのみ対応する機械には切符は入れられないので注意
上右：切符を差し込むか、ナヴィゴをかざしてからターンスティールを押す
右：切符を入れると自動的に開くドアもある

② ホームへ

路線番号と終着駅名が書かれた表示があるので、自分の乗る路線の終着駅名をたどっていく（路線の探し方例→P.77）。

ホームに出る間際に、次の駅から終点までの全駅名が記された表示板（写真下）がある。ここで目当ての駅があるか確認しよう。路線番号は合っていても、方向が違っていると、この表示板に駅名が出てこないので、その場合は反対側のホームへ。

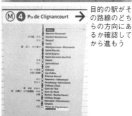

目的の駅がその路線のどちらの方向にあるか確認してから進もう

列車接近表示
ホームやホームドアには何分後に次の電車が来るかを知らせる電光掲示板もある。

③ 乗車

地下鉄は右側通行なので、電車は左側から入線（路線の終点などでは例外もある）。

ドアの種類
ドアは閉まるときは自動だが、開ける際は自動もしくは手動となる。手動の車両で回転式の取っ手が付いている場合は上に向かって引き上げる。押しボタン式のときは強く押すこと。外からも内側からも開けられる。

④ 降車

駅名を告げる車内アナウンスはないこともあるが、ホームには大きな駅名表示がいくつも出ているので、見落とす心配はない。

上：ホームにはその駅の駅名が大きく表示されているのでわかりやすいが、前後の駅名表示はない
下：ドアの上部に停車駅一覧があるので、どの駅の次に降りればいいか確認しよう

最近はドアが自動で開閉する車両がほとんど。一部の路線ではホームドアの設置も進められている。

 メトロの車内、駅構内はともに禁煙。車内の座席には数字が記され、「…Priorité」と書かれている席は優先席。数字は優先順位で1.傷痍軍人、2.高齢者、障がい者、3.妊婦および3歳未満の子供を連れた人の順になっている。

❺ 乗り換えの場合

路線番号と終着駅名が書かれた表示に従えばよい。多くの路線が交差するシャトレChâteletやモンパルナス・ビヤンヴニュMontparnasse Bienvenüeは、“乗り換えの迷所”とも呼ばれる駅。路線番号を間違えないようにしよう。

❻ 構内の出口へ

「Sortie（出口）」と書かれた大表示をたどる。メトロでは出口改札はないので、ドアからそのまま出ればよい。ドアは押す場合（写真右）と、自動で開く場合（写真左）がある。手動なら、後ろの人のために押さえて待っていてあげるのがマナー。

❼ 地上に出る

複数の出口がある場合は、その出口が面している通り名か、おもな建物が、出口表示に併記されている。広い通りの両側にメトロの出入口がある場合には、「Côté paire 偶数番地側」「Côté impaire 奇数番地側」と表示されていることもある。

●乗り換え駅を選ぶ

いくつもの線が乗り入れている大きな駅では、目的の路線のホームにたどり着くまで延々10分以上かかることもある。乗り換えやすい駅を選ぶことも、スムーズに移動するポイントだ。なるべく乗り入れ路線数の少ない駅を選ぶといい。

"Passage Interdit"と書いてある赤い表示は「進入禁止」。出口、または乗り換え表示と混同しないように。

●出口の探し方

大きな駅の場合、駅界隈の地図が張られているので、目的地に近い出口を確認することができる。

INFO Column
Information
「ただいま工事中！」のメトロの駅

パリのメトロでは、工事が盛んに行われていて、駅が閉鎖中の場合がよくある。何も知らずに乗っていたら、目的地の駅を素通りしてしまった！　ということも……。

　工事中のお知らせは駅のあちこちに張ってあるので、注意すればすぐわかる。改札付近やホームで「La station est

改装工事を知らせるポスター。閉鎖期間などが示されている

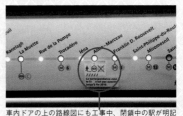

車内ドアの上の路線図にも工事中、閉鎖中の駅が明記されている

fermée（駅閉鎖中）」などのポスターを見かけたら、要チェック。車内にある路線図にも表示されているので、確認しよう。アナウンスもよく流れている。

高速郊外鉄道RER　Réseau Express Régional

パリ市内（1ゾーン）での利用なら、1〜2ゾーンのナヴィゴまたは「Ticket t+」で乗れる（→P.74）。メトロへの乗り換えもできる。郊外へ行く場合は、目的地までの切符を買わなければならない。乗り越し精算システムはなく、乗り越した場合は追加料金のほかに罰金が科せられる。

運行時間
通常5:30〜翌1:20頃。

パリ市内と近郊を結ぶエール・ウー・エールRER（高速郊外鉄道）。ディズニーランド・リゾート・パリやヴェルサイユ、空港などに行くのに利用できる。もちろん、パリ市内でも利用価値大。パリ市内での利用なら、切符の買い方、乗り方は基本的にメトロと同じだ。これに乗れば、パリ近郊の町（→P.375）への旅も速くて便利だ（路線図→ MAP 別冊P.32〜33）。

駅入口にはRERのマークが掲げられている

① 改札

メトロと異なる点は、出口、またはメトロとの乗り換え口にも改札があり、切符を自動改札機に通さなければ通過できないこと。くれぐれも切符はなくさないように。折り曲げたり、くしゃくしゃにするのも、もちろんだめ。旅行客の多いパリでは、最近、おもだった駅には、大きなスーツケースやベビーカーを引いた人が通れる広い改札もある。

●RER駅とメトロ駅のつながり
複数のメトロ駅と連結しているRER駅は、RERとメトロが複雑にからみ、乗り換えの距離が長くなっている（Châteletなど）。その場合、地上を歩いて移動するほうが早かったりすることも。

② ホームへ

ホームでは駅名が表示された電光掲示板があり、停車駅が表示される。同じ路線でも、行き先がいくつにも分かれているので、目的駅に停まるかどうか、必ず確かめてから乗ること。

路線によっては、長い車両train longと短い車両train courtがある。掲示板の最後に示されることも

●メトロからRERに乗り換えるとき
メトロからRERに乗り換えて1ゾーン外に行く場合、「Ticket t+」で改札を入ってそのまま目的地に行ってしまうと、外に出られなくなるので注意しよう。改札は無人で自動化されているうえ、精算できる窓口はない。検札係がいたりすると高い罰金を取られる。「乗り越し精算」というシステムがないので、どんなに説明してもだめだ。最初のメトロ駅で目的地までの切符を買っておくこと。「Ticket t+」で改札を入ってしまった場合は、面倒でも、メトロのゾーン内でいったん出て、目的地までのRERの切符を買い直すこと。

③ 乗車

ドアに付いているボタンを強く押すと開く。降りるときも同様。車内には停車駅一覧があるので、行き先と乗り換え駅の確認ができる。

覚えておきたい交通に関するフランス語

（フランス語［読み方］日本語）

フランス語	［読み方］	日本語
Billet	［ビエ］	切符
Recharge	［ルシャルジュ］	チャージ
Destination	［デスティナスィオン］	目的地
Direction	［ディレクスィオン］	行き先
Correspondance	［コレスポンダンス］	乗り換え
Entrée	［アントレ］	入口
Sortie	［ソルティ］	出口
Passage Interdit	［パッサージュ アンテルディ］	進入禁止
Poussez	［プセ］	押す
Tirez	［ティレ］	引く
Station de Métro	［スタスィオン ドゥ メトロ］	メトロの駅
Premier Train	［プルミエ トラン］	始発
Dernier Train	［デルニエ トラン］	終電
Plan de Métro	［プランドゥ メトロ］	メトロ路線図
Guichet de Métro	［ギシェ ドゥ メトロ］	メトロの切符売り場
Accès aux Quais	［アクセオ ケ］	改札口
Quai / Voie	［ケ / ヴォワ］	（駅の）ホーム
Consigne Automatique	［コンシーニュ オートマティック］	コインロッカー
Grève	［グレーヴ］	ストライキ

［読み方］
（日本語　フランス語）

日本語	フランス語
最寄りの駅はどこですか？	Où est la station la plus proche ?
メトロの切符はどこで買えますか？	Où peut-on acheter des billets de métro ?
終電は何時ですか？	A quelle heure part le dernier métro ?
切符1枚ください	Un billet, s'il vous plaît.
モビリスをください	Un Mobilis, s'il vous plaît.
パス・ナヴィゴ・イージーをください	Un passe Navigo Easy, s'il vous plaît.
ナヴィゴのチャージをしてください	Rechargez mon pass Navigo, s'il vous plaît.
メトロ路線図をもらえますか？	Puis-je avoir un plan de métro, s'il vous plaît ?
どこで乗り換えるのですか？	Où dois-je changer de ligne ?
ヴェルサイユまで行きたいのですが	Je voudrais aller à Versailles.
切符が改札を通りません	Mon ticket ne passe pas.

Column Information　特定の日のメトロ事情

●メトロ駅の閉鎖

　パリのメトロは特定の日に駅が閉鎖されることがあるので、注意が必要。

　7月14日の革命記念日（→P.104）には大パレードや花火が上げられる。それにともない、パレードの行われるシャンゼリゼ大通り近くや花火の上がるトロカデロ付近の駅では、メトロの駅が閉鎖される。例えば①号線のTuileriesは午前中、⑥ ⑨号線のTrocadéroは17:00以降は閉鎖され、

パリ観光に欠かせないメトロ

メトロは停車せずに通り過ぎてしまう。また、毎月第1日曜にはシャンゼリゼ大通りで歩行者天国（→P.105）が行われるので、①号線のGeorge Vなどはその間は閉鎖され、利用できなくなる。パリ交通公団（RATP）のサイトで確認しよう。

パリ交通公団（RATP）
URL www.ratp.fr

●大晦日～元日は無料

　12月31日の17:00から1月1日の12:00まで、メトロやバスなど公共交通機関は無料で利用できる。ただし、路線、駅は限られている。

アクセスと交通

パリの交通手段　高速郊外鉄道RER

トラム　Tramway

パリ市内なら、1〜2ゾーンのナヴィゴまたは「Ticket t+」（→P.74）が使える。1時間30分以内なら1枚の切符でバス⇔トラムの乗り換えが可能。メトロ、RERとの乗り換えは不可。

運行時間
5:00〜翌0:30頃。

環境に優しく、騒音も少ない市内交通として、近年導入が進むトラム。パリ交通公団RATPが運営するトラム路線のうちT3a、T3bなどは一部パリ市内を走る。T3aはサロン・デュ・ショコラなどのイベント会場となるPorte de Versaillesを通る。

パリ南部の環状道路に沿って走るT3aは旅行者も利用する機会が多い路線

① 乗車

「Ticket t+」やナヴィゴを持っていない場合は、停留所にある券売機で買える。ドアのボタンを押して乗車する。乗車したら「Ticket t+」を刻印機に差し込んで刻印すること。ナヴィゴは対応の機械に読み取らせる。

「Ticket t+」は刻印機を通す（右）
ナヴィゴはここにタッチ（左）

●トラム停留所の券売機
停留所にある券売機で、「Ticket t+」のほか、各種パス類も買え、ナヴィゴのチャージもできる。使い方はメトロの駅にある券売機と同じ（→P.75）。

② 降車

停留所に着いたら、ドアのボタンを押して自分でドアを開けて降車する。

ふたつのナヴィゴ、どっちがお得？

メトロ、RER、バスなどに乗れる非接触型ICカード「ナヴィゴ」は2種類ある（→P.76）。どちらも長所と短所があるので、旅のプランに合わせて選びたい。

ナヴィゴ・イージー Navigo Easy
ICカード（€2）に「切符」をチャージして使う。
＜長所＞
① 写真が不要なので、買ってすぐ使える
② 記名式でないので、譲渡可能
③ ナヴィゴ・デクーヴェルトより値段が安い
④ かさばらず収納しやすい
＜短所＞
4日以上利用するならナヴィゴ・デクーヴェルトの1週間パスがお得

イージー（左）
デクーヴェルト（右）

ナヴィゴ・デクーヴェルト
Navito Découverte
ICカード（€5）に1日または1週間パスの料金をチャージして使う。
＜長所＞
① 1〜4ゾーン用はヴェルサイユなどに使える
② 1〜5ゾーン用はヴェルサイユ、ディズニーランド・パリ、シャルル・ド・ゴール空港などに使える。ロワシーバスにも乗れる
③ 1週間パスは17回以上乗れば元（カード代含む）がとれる
＜短所＞
最初にICカードを購入して写真を貼る必要がある

(BUS) バス **Bus**

パリのバス路線は、市内全域にわたって、網の目のように走っている。バスは、景色を見ながら移動できるし、メトロのように階段の上り下りもなく、乗り換えで長い通路を歩く必要もない。疲れているときや重い荷物

バスを乗りこなせるようになったらもうパリ上級者

を持っているときにはありがたい。バス専用レーンがあるため、交通渋滞が激しい時間帯もバスの運行は比較的スムーズ。

バス停のあれこれ

MAP 別冊P.34～35のバス路線図で乗りたい路線の番号がわかったら、自分が今いる場所から最も近いバス停を探す。バス停は、標識が立っているだけのところと、屋根の付いた待合室風の2種類ある。いずれもバスの路線番号と、終点までの停留所名が示されている。場所によってはバス停が複数あるが、バス停に張られている界隈図で乗りたい路線のバスがどこから出ているか確かめるといい。

界隈図で路線やバス停の位置を確かめて。赤丸の「Vous êtes ici」は現在地のこと

パレ・ガルニエ近くのバス停。意外な場所に乗り換えなしで行けることもあるので、路線図をチェックしよう

パリ市内なら、1～2ゾーンのナヴィゴまたは「Ticket t+」（→P.74）が使える。パリ郊外へも1枚でOK（ロワシーバス、オルリーバス、深夜バスNoctilienなど一部路線を除く）。1時間30分以内ならバス⇔バス、バス⇔トラムの乗り換えが可能。メトロ、RERとの乗り換えは不可。

運行時間
通常7:00～20:30頃。深夜0:30頃まで運行している路線もある。

バス停に張られた2次元コードをスマホで読み取ると次のバスまでの待ち時間がわかる

バスを利用するときの注意点

①検札係が乗り込んでくることがあるので、「Ticket t+」は必ず刻印し、降りるまで捨てないこと。

②2両連結のバスは後部からも乗車できる。車の外側のボタンを押すとドアが開く。「Ticket t+」の刻印機とナヴィゴ読み取り機は後部ドアのそばにも備えられている。

③1枚の「Ticket t+」でバスを乗り継ぐ場合は、乗り換えるごとに刻印をする。最初の刻印から最後の刻印が1時間30分以内であること。

④メトロ同様優先席がある。

⑤パリの道路は一方通行の場合が多く、往路と復路では、一部別の道を通る路線も多い。

100%電力で走るバスやハイブリッドのバスが主流となっている

バスの乗り方

① バス停

各バス停には、路線番号とその路線コース、停車場所、時刻表が表示されている。乗り換えが必要な場合も、そこで確認しよう。

●バスだけの特権

市販の地図などに表示されている一方通行（sens unique）は一般車両のもので、反対方向のバスレーンが設けられているところもある。もちろん、一般車は通れないが、バスは大丈夫。

バス停にはいくつか路線図が張られている。時間帯に合ったものを確認しよう。Soiréesは夜（20:30〜0:30）、Noctilienは深夜の路線図

Dimanches et Fêtesの文字があったら日祝用。本数が減るため確認を

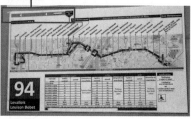

停留所に張られた行き先案内。94はバスの路線番号。現在地Vous êtes iciから矢印の方向へ走る。ここで、自分の行きたい停留所名があるかどうか確認する

② 乗車

停留所で待っていて、乗りたい路線番号のバスが来たら、前に出るなど合図をしよう。バスが停車してもドアが開かないときは、ドアの脇にある緑のボタンを押すこと。

「Ticket t+」の1回券は運転手から買うことができない。あらかじめチケットやパスを用意しておくこと。紙の乗車券は運転手の脇にある刻印機に挿入して刻印する。パリ・ヴィジットなども同様。ナヴィゴは対応の機械に読み取らせる。

緑のボタンを押して開けることもできる

メトロ同様、車内アナウンスはないので、車内の路線図を見ながら、現在の場所と自分の行き先を確認したい。

案内ディスプレイで次の停留所を表示しているバスも増えている。その場合はアナウンスもあるので安心。

「Ticket t+」は刻印機を通す（右）ナヴィゴはここをタッチ（左）

降車した際、停留所によっては、バス停界隈図があるので、ここで自分の居場所と目的地を確認すれば、動きやすいだろう。

③ 降車

降りたい停留所が近づいたら、車内にある赤いボタンを押す。車内前方に「arrêt demandé 次、停まります」と、表示される。

降車時にドアが開かない場合はドアの脇にある緑のボタンを押す

深夜バス

　ナイトライフも充実しているパリのこと。終バス、終電車に乗り遅れても、交通手段はある。深夜から朝方まで深夜バス「ノクティリアンNoctilien」が運行している。料金は2ゾーン以内なら「Ticket t+」1枚。それ以降は1ゾーンごとに1枚を追加する。また、乗り換えごとに1枚必要。

おすすめバス路線

　バスの利点は、乗り換えなしで目的地に行ける場合が多いこと。例えば左岸のリュクサンブール公園からパレ・ガルニエに行く場合、メトロだと乗り換えが必要だが、27番のバスに乗れば直行でき

パリを縦断する80番のバス

る。また外の景色が見えるので、どこを走っているかわかるし、土地勘がつきやすいというメリットも。

　下図は、観光に便利なバス路線の一例。なかにはエッフェル塔や凱旋門といった名所を通過し、観光バス並みの見事な車窓風景が見られる路線もあるので利用したい。

深夜バス Noctilien

47路線が0:30〜5:30に運行。運転間隔は路線により異なり、10分〜1時間。シャトレChâtelet（**MAP** 別冊P.26-2A）、リヨン駅、モンパルナス駅、サン・ラザール駅、東駅を拠点に郊外30kmまで運行している。路線図は下記ウェブサイトで。
URL www.ratp.fr/en/plan-noctilien

深夜バスが停まるバス停にはこのマーク

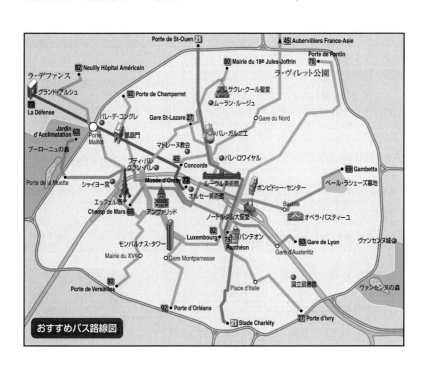

おすすめバス路線図

(TAXI) タクシー　**Taxi**

タクシー乗り場以外でも、手を挙げれば停まってくれることもあるが、つかまえにくい。

屋根の上のライトが緑は空車（上）、赤は乗車中（下）

荷物がたくさんあるときや、帰りが深夜になったときはタクシーが便利。ドレスアップして出かけるときなども、タクシーのほうが安心だ。

パリのタクシーの運転手は、目的地の住所を伝えるとおおかた理解してくれるので、口頭で道順を説明する必要はない。住所の書かれたカードなどを準備しておこう。

タクシー乗り場の見つけ方

タクシー乗り場には青地に白い文字で「Taxis」と書かれた標識が立っている。ただ、場所によってはなかなかタクシーが来ないこともある。ホテルを早朝出発するときなどは、前日にフロントに頼んでおいてホテルまで迎えに来てもらうほうがいいだろう（予約料€7が追加される）。

① 乗り方

ドアは日本と違って手動なので、自分で開ける。降りたあとは閉めるのを忘れないこと。通常、定員は3名。助手席に4人目が乗れるかどうかは交渉次第だ。5〜6人乗れる車種の場合、5人目から追加料金€5.50が加算される。

② 支払い

料金は、運転手の右側下方にあるメーターに表示される。チップは義務ではないが、気持ちよく利用できたら少々上乗せして渡そう。高額のお札は迷惑がられるので、小額のお札を用意しておくこと。台数は少ないが、クレジットカードを使える車もある。領収証が必要なら、"Un reçu, s'il vous plaît."と言おう。

●タクシーの料金

A、B、Cの3料金制（距離制と時間制の併用）になっている。1回乗車の最低料金は€8。

〈距離による計算方式〉
基本料金：€3
A料金：€1.22 / km
B料金：€1.61 / km
C料金：€1.74 / km

〈料金体系〉
1.パリ市内
　㊊〜㊏　10:00〜17:00：A料金
　　　　　17:00〜翌10:00：B料金
　㊐　0:00〜7:00：C料金
　　　　7:00〜24:00：B料金
　㊗　終日：B料金

2.パリ外周の3県（オー・ド・セーヌ、セーヌ・サン・ドニ、ヴァル・ド・マルヌ）およびヴィルパント展示場
　㊐　7:00〜19:00：B料金
　㊗　19:00〜翌7:00：C料金

3.それ以外（ヴェルサイユ、サン・ジェルマン・アン・レー、ディズニーランド・リゾート・パリなど）
　すべてC料金

〈予約料金〉
即時予約：€4
事前予約：€7

〈空港〜パリ市内〉
空港とパリ市内間のタクシー料金は定額制（→P.72）。スーツケースなど

大きな荷物、ペットに対する追加料金はない。

※車内には、車両の登録ナンバー、交通警察の電話番号、料金の詳細を記したステッカーが張ってある。これらをメモしておけば、万一の忘れ物の際に役立つ。

はみだし！

「ウーバーUber」は、専用アプリを使った相乗り配車サービス（日本語あり）。ドライバー、利用客ともに登録制にし、サービスの向上をうたっている。なお、パリ市の公認タクシーにも「Paris Taxis」（仏語）というアプリがある。

Vélo 自転車　*Vélo*

パリっ子たちのように自転車を移動に使ったり、風を感じながらパリの町を自由に走り回ったり。自転車は空気を汚さないエコでクリーンな乗り物として人気がある。観光の移動に自転車を使えば、効率よく回れるかもしれない。

ヴェリブ・メトロポール

© Alain Longeaud - Mieux

「ヴェリブVélib'」は、2007年に登場したレンタサイクルシステム。パリのいたるところに設置された無人駐輪場（ステーション）で、24時間自由に自転車を借りたり返したりできるというセルフサービス式で、パリジャンにかかわらず観光客にも幅広く利用されている。2018年1月には「ヴェリブ・メトロポール Vélib' Métropole」として大きくリニューアル。電動自転車も利用できるようになった。

ブルーは電動タイプのヴェリブ

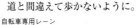
ノーマルタイプのヴェリブはグリーン

　パリでは自転車レーンの拡充が進められており、自転車利用者が増えている。専用レーンには自転車のマークが書かれているので、歩道と間違えて歩かないように。

自転車専用レーン

ボルヌと呼ばれる機械で登録してから使うヴェリブ・メトロポール。ICチップ付きクレジットカードが必要。ウェブサイトでも登録できる

ヴェリブ・メトロポール
使い方の詳細はウェブサイトで確認を。
URL www.velib-metropole.fr

自転車に乗るときの注意点＆覚えておきたい道路標識

①自転車は自動車の交通ルールが適用され、車道を走るのが基本。右側通行。歩道を走ると罰金の対象に。

②パリは一方通行の道が多いので、道路標識をよく確認して。一方通行の道や歩行者用の信号では、自転車を降りて押して歩くのはOK。

③自転車専用レーンが設けられているところもある。

自転車禁止のバスレーン

自転車共有のバスレーン

自転車専用レーン

車両進入禁止

自転車以外の車両進入禁止

徐行での走行が可能な歩道

パリの観光ツアー

長期滞在型の旅であれば、探していたものに出合う「偶然」を期待して、町を手探りで歩くのもいい。でも短い滞在なら、やはりパリの町を効率よく回りたいと思うはず。1年をとおして観光客が絶えないパリでは、魅力的な観光ツアーも多種ある。よい旅作りのためにも、積極的に参加したい。

●パリシティヴィジョン
MAP 別冊P.25-3C
M ①⑦Palais Royal Musée du Louvre
⑦⑭Pyramides
住 3, pl. des Pyramides 1er
TEL 01.44.55.60.00
URL www.pariscityvision.com

観光オプショナルツアー

　初めてのパリで効率よく町を知ろうと思ったら、観光バスを利用するのも悪くない。パリ市内を一周するツアーで土地勘を養うこともできる。ちょっと不安な夜の外出も、バスツアーなら安心。気分転換にパリを離れて遠出してみたいときに、近郊の観光地への半日ツアー、1日ツアーを利用するのもいいだろう。代表的なのは**マイバスMy Bus**、**パリシティヴィジョンPARISCityVISION**。マイバスは日本語案内付きの観光バスだ。申し込みは、各社の営業所、ウェブサイトで。

パリ市内半日観光ツアー

日本語のオーディオ・コメンタリーもしくはガイド付きで、パリ市内を回る。訪れるのは、ルーヴル美術館、シャンゼリゼ大通り、凱旋門、エッフェル塔、コンコルド広場など。ほとんどは車窓観光のみだが、パリ初日に、モニュメントの位置を覚えたり、地理感覚をつかむのにいい。ガイドによる案内やオーディオ・コメンタリーでは、それぞれのモニュメントの歴史や見どころについて知ることができる。じっくり見学したいところは、後日あらためて行ってみるといいだろう。

大型バスで走るシャンゼリゼ大通りは格別

パリ・ナイト・ツアー

夜になるとまた別の顔を見せるパリ。ひとり旅や女性だけの場合など、夜出歩くのがちょっと心配……という人は、ツアーがおすすめ。エッフェル塔、凱旋門など代表的な夜景ポイントをバスで回る「イルミネーションツアー」や、セーヌ川の遊覧船からライトアップされた美しいパリを眺め、フルコースのディナーを楽しむ「セーヌ川ディナークルーズ」など。

「ムーラン・ルージュ」など、ナイトクラブでのディナーショーもツアーなら気軽に参加できる。帰りが深夜になっても、ホテルまで送ってもらえるので安心。

パリ名物「ムーラン・ルージュ」のショー

●マイバス
MAP 別冊P25-2C
M ⑦⑭Pyramides
住 18, rue des Pyramides 1er
TEL 01.55.99.99.65（日本語）
URL www.mybus-europe.jp

グループ観光に便利な日本人のミニバス
●駝鳥便
駝鳥便は7人乗りの快適なミニバス。リクエストどおりどこへでも行ってくれる頼もしい日本人運転手だ。空港送迎やパリ市内観光から、南仏など地方旅行までおまかせ！
TEL 06.20.61.31.44（携帯）
料 空港送迎（片道）€200、パリ市内観光（9時間）€650、モン・サン・ミッシェル日帰り観光€980など
CC A J M V
E-mail dachokunimoto@ yahoo.co.jp
URL www.dachobin.com

Column Information　クラシックカーで巡るパリ

クラシックカーマニアの間で、今も人気の高いシトロエンの2CV（ドゥーシュヴォー）。このレトロな車でパリの町を巡る、運転手付きのツアーがある。観光名所を巡る定番コースのほかに「思いがけない散策Balade Insoupçonnée」コースもあり、知られざるパリの魅力に触れることができると人気だ。申し込みは2名以上。料金は1名€99.50〜。

パリ・オーセンティック Paris Authentic
URL www.parisauthentic.com

トリコロールのレトロなクラシックカーでお出かけ

ウェブサイトで申し込める

人気のモン・サン・ミッシェル
もツアーなら日帰り可能

パリ近郊日帰りツアー

　ヴェルサイユ宮殿や、フォンテーヌブロー城、ジヴェルニーのモネの家など、パリ近郊には見どころがいっぱい。自力で列車やバスを乗り継いで行くこともできるが、事前の下調べが大変で気苦労も多い。ツアーならバスに乗っているだけで目的地に行くことができるので楽ちんだ。また、歴史的な見どころでは、やはりガイドの解説があったほうがわかりやすい（日本語ガイドがないツアーもあるので要注意）。

ジヴェルニーの「モネの家」

　個人では日帰りが難しいフランスの地方へも、バスツアーなら1日で効率よく訪れることができる。最も人気の高いのが、モン・サン・ミッシェル1日観光や、ロワール古城巡り1日観光。ほかにシャンパーニュ地方やブルゴーニュ地方への旅、さらに隣国ベルギーまで足を延ばすブルージュ1日観光ツアーもある。

観光バスのツアー例　スケジュール、料金等は、変更される可能性がある。必ずウェブサイトで確認を。

	ツアー名	出発時間	所要時間	催行日	料金
パリシティヴィジョン	パリ・シティ・ツアー	14:00など	1時間30分	毎日	€29
	イルミネーションツアー	21:30	1時間30分		€32〜
	ヴェルサイユ宮殿と庭園ガイドツアー	8:45	5時間		€104〜
	市内観光とセーヌ川クルーズ	14:00など	2時間	最新のツアー情報は URL www.pariscityvision.com/jp で確認のこと	€39〜
	ディズニーランドの1日	9:00	11時間		€140〜
	パリ市内ナイトツアーとムーラン・ルージュショー	21:30	4時間30分		€170
マイバス	モン・サン・ミッシェル1日ツアー	7:05	14時間15分		
	モンマルトル散策付き！パリ市内観光午前ツアー	8:45	3時間15分		
	ヴェルサイユ宮殿観光（ガイド付き）	8:30	4時間	最新のツアー情報は URL mybus-europe.jp で確認のこと	
	印象派モネのアトリエと庭園ジベルニーツアー	7:45	5時間15分		
	ロワール地方の古城巡り1日ツアー（日本語公認ガイド、シュノンソー城など3つの古城入場付き）	7:20	12時間		
	フォンテーヌブローとバルビゾン	8:30	4時間30分		

市内パノラマ観光バス

レストランバスで食事も観光も

　観光しながら食事も取れる、そんな一挙両得のツアーが、「ビュストロノームBustronome」。美食家を意味する「ガストロノームGastronome」に由来しており、名所を眺めながら本格フレンチを楽しむことが

2階建てのパノラミックバス

できる。途中下車はできないが、車窓から見えるおもなモニュメントは、凱旋門、エッフェル塔、アンヴァリッド、グラン・パレ、パレ・ガルニエと、パリの基本的な観光スポットをおさえてくれている。走行ルートを示したシートが各席に置かれ、

ビュストロノームの天井はガラス張り

日本語オーディオガイドもある。料理は5品前後のコースで、季節ごとに替わるのでウェブサイトでチェックしよう。ランチツアーとディナーツアーがあり、それぞれ異なるパリの表情を楽しむことができる。

乗り降り自由の2階建て観光バスでパリ観光

　えんじ色の2階建て観光バス「ビッグ・バス・パリBig Bus Paris」は、ふたつのルートがあり、パリ市内10ヵ所のスポットを回るクラシックルートが人気。エッフェル塔から出発し、シャン・ド・マルス公園、パレ・ガルニエ、シテ島、ルーヴル美術館、凱旋門、シャンゼリゼ、グラン・パレ、トロカデロ広場という具合だ。ナイトツアーも開催しており、こちらは市内のイルミネーションスポットを巡る約2時間のコース。いずれも日本語を含む11ヵ国語のオーディオガイドがあり、パリの概要をつかむのに便利。

トゥートバスで巡るパリ

　「トゥートバスTootbus」はパリ交通公団（RATP）が運行している、パリらしいトリコロールカラーのオープンバス。1日、

トリコロールカラーでパリ気分UP！

または2、3日間乗り放題のチケットがある。

　乗降ポイントは11ヵ所。英語など5ヵ国語のアナウンス付きで、空を仰ぎながらパリ観光ができる。チケットはウェブサイトや車内で購入できる。

ビュストロノーム

ランチツアーは12:15出発。所要時間1時間45分。ディナーツアーは19:45と20:45出発。所要2時間45分。毎日運行。要予約。
凱旋門クレベール大通り角から出発。
MAP 別冊P.11-1C、P.22-2A
M ⑥Kléber
TEL 09.54.44.45.55
料 ランチ€70（飲み物別）
　　　€90（飲み物付き）
　　　ディナー€120（飲み物別）
　　　€150（飲み物付き）
URL www.bustronome.com

ビッグ・バス・パリ

9:30〜（場所によって異なる）の10〜15分おきに発車。全コースを乗り通すと約2時間。ナイトツアー付きのチケットもある。シャンゼリゼ（156, av. des Champs-Elysées）から21:15に出発。
料 大人1日€47、2日€78、
　　4〜12歳1日€26、
　　2日€43、
　　ナイトツアー付きは€33（4〜12歳€26）
URL www.bigbustours.com

シックなえんじ色の車体

トゥートバス

9:30〜（場所によって異なる）の15分おきに発車。年中無休。
料 大人1日券€44、
　　2日券€52、3日券€57、
　　4歳未満無料
URL www.tootbus.com

ガイド付きウオーキングツアー

パリ旅ツアー

パリ旅ツアー
料 ツアーにより異なる
URL www.paristabitours.com
（日本語）

「**パリ旅ツアー Paris Tabi Tours**」では日本語ガイド付きツアーを開催している。ルーヴル美術館の「有名な作品を巡るツアー」や、パリの町のそこここにある「アールヌーヴォーのスポット巡り」、モンマルトル界隈に絞った「パン屋さんとお菓子屋さん巡り」、パリ随一の規模を誇る蚤の市を案内する「クリニャンクールの蚤の市のツアー」、ロダン美術館の庭園やエッフェル塔、エリア内のグルメショップを巡る「エッフェル塔エリアのツアー」など。最少催行2名からの少人数プライベートツアーが人気だ。

フランス政府公認ガイドのコラさん（左）が案内してくれる。日本語が堪能なので安心

マイバスのプライベート観光

マイバス
料 ツアーにより異なる
URL mybus-europe.jp（日本語）

日本語案内付きの観光オプショナルツアーを催行している「マイバス」（→P.89）では、日本語公認ガイドによる「半日プライベート観光」を行っており、自分のペースでじっくり見学できると好評だ。案内してくれるのは、パリの町や歴史に精通した専属ガイド。フランス政府公認ガイドのみに許可されている、歴史的建造物や美術館でのガイディングも、このツアーなら可能だ。所要時間は4時間。移動は徒歩、または公共交通機関、タクシーなどのほか、専用車付きプランもある。プラン例としては、「シャンゼリゼ大通りと凱旋門、ニッシム・ド・カモンド美術館を訪れて」、「古き良きパリのパッサージュ」など。滞在ホテルまで迎えに来てくれ、パリ市内の希望の場所で解散できるのもうれしい。

Column Information パリ観光案内所で申し込めるツアー

パリに関する情報を提供しているパリ観光案内所（→P.96）のウェブサイトでも、ガイド付きツアー Visite guidée の申し込みを受け付けている。英・仏語のみになるが、たとえば、右記のようなツアーが紹介されている。内容は時期により変更されるのでウェブサイトで確認しよう。

URL parisjetaime.com/billets/
visites-thematiques-a-paris-c9000670

ツアーの例

●ル・コルビュジエの建築散歩
　近代建築の父と呼ばれるル・コルビュジエの作品を訪ねる。€17

●映画の舞台となったパリ巡り
　ウッディ・アレン監督の映画『ミッドナイト・イン・パリ』のロケ地などを訪れる。€15

●ベルヴィルのストリートアート巡り
　ベルヴィル地区を散策しながら、ストリートアートのスポットへ。€17

●秘密のモンマルトル巡り
　ルノワールに描かれた風車など、知られざるモンマルトルの名所を巡る。€16.50

ミーティング・ザ・フレンチ

パリのグルメを巡るさまざまなツアーがある

「ミーティング・ザ・フレンチ Meeting the French」が提供する英・仏語ガイド付きのツアーはとてもユニーク。普通の観光旅行では体験しづらい、パリの日常を紹介するツアーを行っている。

ミーティング・ザ・フレンチ
料 ツアーにより異なる
URL www.meetingthefrench. com

とりわけグルメツアーが充実しているのが特色のひとつ。たとえば「サン・ジェルマン・デ・プレのパティスリーとチョコレートツアー」や「ワイン＆チーズテイスティングツアー」など、ショップをめぐりながら、試食を楽しめるツアーがある。また、モンマルトル、カルチェ・ラタン、アリーグル市場、プレジダン・ウィルソンの市場など、フランスの食の伝統が息づくエリアや市場を散策。

界隈に詳しいガイドが説明してくれる

路地裏やパリ市民の生活に根付いた商店を巡るツアーも人気だ。ほかに、マカロンやパンを作るクッキング体験クラスも開催されている。所要時間は1時間30分〜3時間程度。

遊覧船

セーヌ川クルーズ

セーヌを船で行けば、地上を歩いているときには見えなかった風景が通り過ぎていく。アポリネールの詩にうたわれたミラボー橋、自由の女神が間近に見えるグルネル橋、明かりがともると最高に美しいアレクサンドル3世橋など、大小さまざまな橋を

セーヌから眺めると、パリはまた別の顔を見せてくれる

くぐり抜けて、船はゆっくりと進む。町を歩き疲れたら一度は乗ってほしい。パリの夜景を楽しみながら、ゆっくりと食事を取れる、ディナー付きナイトクルーズもおすすめだ。伝統的なフランス料理を、すばらしい雰囲気のなかで味わうことができるだろう。バレンタインデーやクリスマスなどの特別プランがある船も。

現存する最も古い橋ポン・ヌフをくぐる

とっておきの夜を演出してくれるディナークルーズ

バトー・ムーシュ Bateaux Mouches

セーヌ川クルーズの代名詞になっているくらい有名。暖かい日はオープンエアの2階席がおすすめ。食事付きのコースは要予約。ディナークルーズはフォーマルウエアで。

乗船場：アルマ橋Pont de l'Almaのたもと(右岸)
MAP 別冊P.11-2D Ⓜ⑨Alma Marceau
TEL 01.42.25.96.10
URL www.bateaux-mouches.fr(日本語あり)
料 プロムナードクルーズ€15、ランチクルーズ€80、ディナークルーズ€85〜
⚓ 毎日10:00〜22:30の約30分おきに出航(10〜3月は便数が減る)。所要1時間10分。ランチクルーズは⊕⊜㊗の12:30出航(所要約1時間45分)。ディナークルーズは毎日18:00、20:30出航(所要2時間15分)。

バトー・パリジャン Bateaux Parisiens

エッフェル塔の足元付近から出発する。運航コースはバトー・ムーシュと同じだが、1階建てでガラス屋根付きという点で異なる。プロムナードクルーズには日本語音声ガイドあり。

乗船場：イエナ橋Pont d'Iénaのたもと(左岸)
MAP 別冊P.11-2C Ⓜ⑥Bir Hakeim
TEL 01.76.64.14.45
URL www.bateauxparisiens.com
料 プロムナードクルーズ€18、ランチクルーズ€75〜115、ディナークルーズ€95〜149
⚓ 毎日10:00〜22:30のほぼ30分おき(10〜3月は便数減)。所要約1時間。ランチクルーズは12:45出航(所要約2時間)。ディナークルーズは18:15、20:30出航(所要1時間15分〜2時間30分)。ノートルダムの近くにも乗船場がある。
MAP 別冊P.26-3B

ヴデット・ド・パリ Vedettes de Paris

子供向けのプランやソムリエと乗るシャンパンの試飲イベントなど、企画が豊富。音声ガイドはフランス語と英語。

乗船場：Port de Suffren
MAP 別冊P.11-3C
Ⓜ⑥⑨Trocadéro ⑥Bir Hakeim
TEL 01.44.18.19.50
URL www.vedettesdeparis.fr
料 €20、4〜11歳€9
⚓ 毎日10:30〜19:00の30分〜1時間おきに運航。所要約1時間(季節によって便数は異なる)。その他イベントは問い合わせを。

 Column Information セーヌ川を走る水上バス

セーヌ川を運航する連絡船「バトビュスBatobus」。セーヌを走る水上バスで、セーヌ川沿いの主要な見どころを訪れるのに便利な9ヵ所の発着所がある。セーヌ川の遊覧を楽しみながら移動ができる。1日券があれば何度でも乗り降り自由。チケットはバトビュスの各発着所やウェブサイトで買える。

バトビュスの9つの発着所
- ●エッフェル塔 MAP 別冊P.11-2C
- ●アンヴァリッド MAP 別冊P.12-2A
- ●オルセー美術館 MAP 別冊P.12-2B、P.28-1A
- ●サン・ジェルマン・デ・プレ MAP 別冊P.13-3C、P.28-1B
- ●ノートルダム MAP 別冊P.19-1D、P.26-3B
- ●植物園/シテ・ド・ラ・モード・エ・デュ・デザイン MAP 別冊P.20-1A
- ●パリ市庁舎 MAP 別冊P.14-3A、P.26-3B
- ●ルーヴル MAP 別冊P.13-2C
- ●コンコルド広場 MAP 別冊P.12-2A

観光ポイント近くにある発着所

⚓ 毎日10:00〜19:00に25〜30分間隔で運航(曜日、季節によって異なる)
料 1日券€23、2日券€27
URL www.batobus.com

移動しながらセーヌ川クルーズも楽しめるバトビュス

エリア別ガイド

Photo：Jardin du Luxembourg

観光に役立つテクニック

風景に誘われるまま、地図を見ずに自由気ままに歩くのも楽しいパリだけど、ちょっと知っているだけで町歩きがグンとスムーズになるコツもある。パリならではの「町の仕組み」「町歩きのポイント」をご紹介。

パリ観光案内所

エッフェル塔近くにオープンしたSPOT24

パリの観光案内所はパリ市内に2ヵ所ある。パリ市庁舎にあった観光案内所は閉鎖され、エッフェル塔の近くに新たな案内所「SPOT24」がオープンした。2024年末までは、パリ五輪のグッズを販売するブティックを併設する。

観光ツアーの申し込み、催し物案内、そのほか各種問い合わせに答えてくれる。「パリ・ミュージアム・パス」（→P.183）などパス類の購入もできる。市内の地図や観光に関する資料などは無料でもらえる。

カルーゼル・デュ・ルーヴル内にある観光案内所

また2024年1月より、オルセー美術館の近くなど市内の12ヵ所にキオスク形の案内所「ル・キオスク・パリ・ジュテーム Le kiosques Paris je t'aime」が開設されている。絵はがきやグッズも買える。

SPOT24
🗺️ 別冊P.11-3C
Ⓜ ⑥Bir Hakeim
🚇 ⒸChamp de Mars Tour Eiffel
🏠 101, quai Jacques Chirac 15e
🕙 10:00〜18:00
🚫 無休

ルーヴル（カルーゼル・デュ・ルーヴル）
情報提供サービスのみ
🗺️ 別冊P.25-3D
Ⓜ ①⑦Palais Royal Musée du Louvre
🏠 99, rue de Rivoli 1er
🕙 11:00〜19:00
🚫 ⊗

パリ市観光局の公式ウェブサイト
🔗 parisjetaime.com

無料でもらえるパリの地図

「パリ愛してる（パリ・ジュ・テーム）」が合言葉

そのほかの観光案内所

イル・ド・フランス観光案内所
🔗 www.visitparisregion.com

シャルル・ド・ゴール空港2Eにある案内所

イル・ド・フランスの観光案内所は、CDG空港のターミナル1、ターミナル2（B/D、E、F）の各到着階にあり、空港に着いてすぐにパリの情報が得られる便利なスポット。「パリ・ミュージアム・パス」（→P.183）などパス類の購入もできる。CDG空港のほか、デパートの「ギャラリー・ラファイエット」（→P.340）内にもある。

観光に役立つヒント

おもな観光スポットや美術館の開館時間は10:00〜18:00が一般的。曜日によって夜間も開館しているところもあり、昼間よりすいていることも。観光スポットは祝日（→P.10、特に1/1、5/1、12/25）に休館することが多く、美術館は月曜か火曜が休館日のところが多い（下記表参照）。

観光施設にはたいてい学生、子供、シニアなど、各種割引料金が設定されている。国際学生証（→P.417）や身分証（パスポート）を提示して利用しよう。「パリ・ミュージアム・パス」（→P.183）を購入するのも一案だ。

また、オーディオガイドを貸し出ししているところでは、日本語ガイドがある場合もあり、鑑賞に役立つ。借りる際にはパスポート（原本）が必要な場合もあるので携帯しておこう。

美術館巡りに役立つテクニック→P.180

エッフェル塔（→P.120）など、事前にオンライン予約ができるところも増えている

おもな観光スポット & 美術館の休み、夜間開館早見表

	観光スポット & 美術館の休み	観光スポット & 美術館の夜間開館	デパートの夜間営業
月	▪ カタコンブ→P.155 ▪ オルセー美術館→P.196 ▪ ピカソ美術館→P.204 ▪ プティ・パレ→P.206 ▪ マルモッタン・モネ美術館→P.207 ▪ ロダン美術館→P.209 ▪ クリュニー美術館→P.210	▪ 凱旋門→P.102 　〜23:00（月〜日） ▪ エッフェル塔→P.120 　〜翌0:45（季節、曜日により異なる） ▪ モンパルナス・タワー→P.154 　〜23:30（月〜日、10〜3月の月〜木は〜22:30）	▪ ギャラリー・ラファイエット パリ・オスマンのグルメ→P.340 　〜21:30（月〜日） ▪ ラ・グランド・エピスリー・ド・パリ・リヴ・ゴーシュ→P.342 　〜21:00（月〜土）
火	▪ ルーヴル美術館→P.188 ▪ 国立近代美術館→P.202 ▪ オランジュリー美術館→P.205 ▪ ギュスターヴ・モロー美術館→P.212 ▪ ドラクロワ美術館→P.213	▪ カルティエ現代美術財団→P.217 　〜22:00	
水		▪ マイヨール美術館→P.220 　〜22:00	
木		▪ オルセー美術館 　〜21:45 ▪ 国立近代美術館 　〜23:00（企画展のみ） ▪ マルモッタン・モネ美術館 　〜21:00 ▪ ケ・ブランリー・ジャック・シラク美術館→P.207 　〜22:00	
金		▪ ルーヴル美術館 　〜21:45	
土 日	土曜・日曜に休館するスポットは少ないので、終日観光ができる。第1日曜が入場無料の美術館も（→P.181）	夜はイルミネーションツアー（→P.89）、ディナークルーズのほか、キャバレー（→P.242）やシャンソニエなどの楽しみも	日曜営業のデパートが増え、時間の限られた旅行者もショッピングをより楽しめるようになった

※暗くなってからのひとり歩きには十分注意しよう。移動にはタクシーを使うなどの用心を。

通り名プレートに注目！

通りの曲がり角には必ずプレートがあるのでチェック！

パリはどんな小さな道にもすべて名前がついている。必ず名前を記したプレートが掲げられているので、通り名を確認しながら行けば、迷うことなく歩ける。

ただ、似ている名前の通りも多くあり、「Rue Montmartre モンマルトル通り」と「Boulevard Montmartre モンマルトル大通り」は違う通りなので、表記全体を見るようにしよう。

通りを示す単語

A Rue（rue）リュ　最もよく使われる「通り」。　**B** Avenue（Av.／av.）アヴニュ　原則として並木のある大通りのことだが、本来の意味は名のある建築物などへ通じる道のこと。　**C** Boulevard（Bd.／bd.）ブルヴァール　幅の広い大通り。パリは昔、城壁に囲まれていて、その城壁跡の用地に造られたのがBoulevard。　**D** Place（Pl.／pl.）プラス, Square（Sq.／sq.）スクワール　「広場」。　● Passageパッサージュ, Alléeアレ　細い通り、路地。車の通らない狭い道。パッサージュは「屋根のあるアーケード街」も示す。　**E** Quaiケ　「河岸」のこと。セーヌの河岸名に出てくる。　● Impasseアンパス　「袋小路」。先は行き止まり。

区番号と郵便番号

パリは20までの区に分かれていて※、郵便番号も対応している。パリ市の郵便番号は「75番」で、5桁の郵便番号の下1〜2桁が区を示す。1区は「75001」、12区なら「75012」。本書では、住所の最後に書かれた数字が区を示している（1er=1区、2e=2区、3e=3区……20e=20区）。

※2020年4月より1〜4区は統合されて「パリ・サントルParis Centre」となった（→P.35）。住所には従来どおり75001〜75004の郵便番号が振られる。

プレートの上部に書かれた「8e Arr.」は「8区」のこと。Arrt.は「Arrondissement（区）」の略だ。ここを見れば、自分が何区にいるのかがすぐに確認できる

番地の仕組み

パリの番地表示は、セーヌ川に近いほうから始まり、セーヌを背に左側が奇数番号、右側が偶数番号になっている。1、2、3、4……と順番に並んでいるのではなく、奇数側と偶数側に分かれているのが大きな特徴だ。1番地の隣は3番地になる。同じ建物に入口がふたつ、もしくは3つある場合は、ふたつ目を「bis」、3つ目を「ter」と表示する。

町なかの地図の見方

パリの町なかには、区ごとの地図や、周辺図が掲示されていることがある。地図上の「Vous êtes ici ヴゼット・イシ（あなたはここにいます）」の表示が現在地だ。

町なかにある地図（左）　迷子になっても焦らずに現在地を探そう（上）

建物の階数表示

フランスでは建物の階数表示が日本と異なる。日本の2階をフランスでは1階と呼び、日本の3階を2階と呼ぶ。では、日本の1階は何と呼ぶ……？　正解は「地上階 rez-de-chaussée レ・ド・ショセ」。ホテル、美術館、デパートなど、いたるところで出合うことになるので覚えておこう。

日本式	フランス式
4階	3階 (niveau3)
3階	2階 (niveau2)
2階	1階 (niveau1)
1階	地上階 (rez-de-chaussée) または 0階 (niveau0)
地下1階	地階 (sous-sol) または −1階 (niveau-1)

ホテルのエレベーターで、フロントのある地上階に行くときは「0」を押す

ESPACE SERVICE CLIENTÈLE

デパートの店内案内表示。この階は日本式の2階に当たる。出口があるのは0階

案内板は船をこぐ櫂をイメージしたデザインになっていて、上部には、パリ市の紋章である帆船が刻まれている

黒い案内板を見かけたら

パリを歩いているとスタイリッシュな黒い案内板を見かけることがある。教会や美術館、通りの隅などに立っているこの案内板「Histoire de Paris」は、フィリップ・スタルクがデザインしたもので、その場所の歴史が記されたもの。フランス語のみだが、歴史的モニュメントの目印なので、注目してみよう。

パリのトイレ事情

パリでは、「トイレは見つかりにくいもの」と覚えておこう。地下鉄の駅にはなく（ほんの一部のみあり）、大型スーパーにも客用のトイレはない。町なかに設置されている無料の公衆トイレは、安全性、衛生面から緊急時以外は使いたくないもの。では、トイレが使える場所はどこ？それは、レストラン、カフェ、デパート、美術館、国鉄駅などだ。飲食店では基本的に客なら無料で利用できる。トイレに行きたくなったらカフェに入って、休憩を兼ねるのもいい。国鉄駅は有料（€1～2）だが、そのぶん、掃除もきちんとされていて安心して使える。

トイレの表示

トイレ	Toilettes	[トワレット]
	W.C.	[ヴェ・セー]
男性	Hommes	[オム]
	Monsieur	[ムッシュー]
	Messieurs	[メッシュー]
女性	Femmes	[ファム]
	Madame	[マダム]
	Dames	[ダム]

パリ市内に約400ヵ所ある無料公衆トイレ。ボタンを押すと扉が開く。使用後、外に出て扉を閉めると内部全体が洗浄される仕組み

99

シャンゼリゼ界隈
Avenue des Champs-Elysées

見逃せない観光スポット

凱旋門★★★ P.102
シャンゼリゼ大通り★★★ P.104
グラン・パレ国立ギャラリー★★ P.206
プティ・パレ★★ P.206

🚇 交通メモ
Ⓜ①②⑥Charles de Gaulle Etoileで下車すると凱旋門。カフェやブランド店が並ぶ、シャンゼリゼ大通りのショッピングエリアに行くならⓂ①George V、Ⓜ①⑨Franklin D. Roosevelt下車。Ⓜ①⑬Champs-Elysées Clemenceauで下りると、シャンゼリゼ大通りの東側エリア、コンコルド広場まで続く緑地ゾーンに出る。

🍴 グルメ
高級なイメージがあるが、気軽なチェーン店やファストフード店も揃い、手頃な値段で食事ができる。マカロンで有名な「ラデュレ」（→P.288）などスイーツの名店もある。

🛍 ショッピング
パリならではのブランドショッピングを楽しめる場所。「ルイ・ヴィトン」本店がシャンゼリゼ大通りにあるほか、セーヌ川に向かって延びるモンテーニュ大通りに入れば、有名ブランドのブティックが次々に現れる。

［ショッピングスポット］
モンテーニュ大通り　P.296

🎹 エンターテインメント
一度は体験してみたいのが、「クレイジー・ホース」といった一流キャバレー（→P.242）でのナイトショー。映画館も多く、アニメなど日本映画もよく上映されている。

🌙 夜と治安
パリきっての繁華街なので、スリなど盗難には気をつけたい。シャンゼリゼ大通りは遅くまで明るく、人通りも多いので、夜も安心して歩ける。第1日曜の歩行者天国では荷物チェックが行われ、セキュリティのレベルは比較的高い。日本国大使館（→P.437）もある。

🚻 トイレ
Ⓜ⑫Concordeなど一部のメトロ駅に無料トイレがある。

📷 フォトジェニックスポット4

1 シャンゼリゼ大通り側から見た凱旋門。逆光の場合は反対のグランダルメ大通り側から撮ればOK　2 並木が美しいシャンゼリゼ大通り。横断歩道の真ん中からの撮影は車に気をつけて　3 装飾が美しいアレクサンドル3世橋越しに見るグラン・パレ　4 凱旋門の屋上テラスは、シャンゼリゼ大通りやエッフェル塔を見晴らせる展望スポット。放射状に延びる通りと家並みが見事に調和している

"世界一華やかな並木道"と名高いシャンゼリゼ大通りをはじめ、ブランドブティックが並ぶモンテーニュ大通りなど、優雅なパリを満喫できるエリア。毎月第1日曜の歩行者天国のほか、革命記念日やクリスマス、ツール・ド・フランスといったイベントの舞台にもなる代表的な観光スポットだ。

MAP 別冊P.11-1C〜2D、P.22〜23

トラブル時のために覚えておきたい

在フランス日本国大使館

サン・ラザール駅

ST LAZARE Ⓜ
Ⓜ ST AUGUSTIN

Start! 凱旋門

ルイ・ヴィトン本店からスーパーマーケットまで何でもある

大統領官邸はココ

シャルル・ド・ゴール広場

Ⓜ KLEBER

ラデュレ

大統領官邸

マドレーヌ教会
MADELEINE Ⓜ

ギャラリーミュージアム バカラ

Ⓜ BOISSIERE

シャンゼリゼ劇場

高級ブランド店がズラリと並ぶ

シャルル・ド・ゴール像

グラン・パレ国立ギャラリー

クレマンソー像

シャンゼリゼ大通りの緑地ゾーン

プティ・パレ

Ⓜ CONCORDE

ウィンストン・チャーチル像

Ⓜ IENA

ALMA MARCEAU

コンコルド広場

アンヴァリッド橋

アレクサンドル3世橋

コンコルド橋

セーヌ川

アルマ橋

PONT DE L'ALMA

Ⓜ INVALIDES

モデルプラン

所要 🕐 約5時間30分

まずは凱旋門の屋上テラスからパリを一望してシャンゼリゼ大通りを制覇。そぞろ歩きが楽しいコース。

❶ 凱旋門に上る
→ 徒歩約5分

❷ シャンゼリゼ大通り散策
→ 徒歩約5分

❸「ラデュレ」でティータイム
→ 徒歩約10分

❹ モンテーニュ大通りで買い物
→ 徒歩約10分

❺ プティ・パレを見学
→ 徒歩約1分

❻ グラン・パレの企画展鑑賞

シャンゼリゼの歩き方

シャンゼリゼ大通りはシャルル・ド・ゴール広場からコンコルド広場に向けて緩やかな下り坂になっている。シャンゼリゼ大通りを歩くなら、凱旋門からスタートするのがおすすめだ。

シャンゼリゼの歩行者天国

歩行者天国の日(→P.105)は記念撮影に最適

凱旋門

Arc de Triomphe

凱旋門
Ⓜ①②⑥ **RER** Ⓐ
Charles de Gaulle Etoile
住 Pl. Charles de Gaulle 8e
🕐 10:00～23:00
（10～3月 は ～22:30、入
場は閉館の45分前まで）
休 5/8と7/14と11/11の午前、
1/1、5/1、12/25
料 €16、
18歳未満と11～3月の第1
🅱は無料
バス ミュージアム・バス使用可
（→P.183）
URL www.paris-arc-de-
triomphe.fr
所要時間は約1時間。

「凱旋門」とは、戦いに勝利したことをたたえ、その記念として造られた門のこと（→P.117）。その起源は古代ローマまで遡るが、世界で最もよく知られているのは、「**エトワールの凱旋門**」だろう。シャンゼリゼ大通りの

パリの歴史を静かに見守り続けてきた凱旋門

西端、シャルル・ド・ゴール広場の中央にどっしりと構える門は、まさに「栄光の門」と呼ぶのにふさわしい威厳を感じさせる。

　門の建設のきっかけとなったのは、1805年に勃発したオステルリッツの戦いだ。フランス軍は自分たちの倍の規模をもつ独墺露伊連合軍を迎え、皇帝ナポレオンの指揮のもと、オステルリッツで死闘の末、劇的な逆転大勝利を収めた。全ヨーロッパの予想をくつがえす、劣勢からの奇跡的大勝利だった。この勝利の記念としてナポレオンは、当時5本の大通りが集まっていた星型広場（エトワール）に、大凱旋門の建設を命じる。設計を担当したのはシャルグランで、1806年初頭に礎石が置かれた。しかし、工事は遅々として進まず、オーストリアからマリ

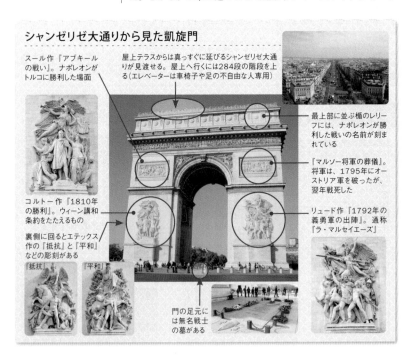

シャンゼリゼ大通りから見た凱旋門

スール作『アブキールの戦い』。ナポレオンがトルコに勝利した場面

屋上テラスからは真っすぐに延びるシャンゼリゼ大通りが見渡せる。屋上へ行くには284段の階段を上る（エレベーターは車椅子や足の不自由な人専用）

最上部に並ぶ楯のレリーフには、ナポレオンが勝利した戦いの名前が刻まれている

コルトー作『1810年の勝利』。ウィーン講和条約をたたえるもの

裏側に回るとエテックス作の『抵抗』と『平和』などの彫刻がある

『抵抗』『平和』

『マルソー将軍の葬儀』。将軍は、1795年にオーストリア軍を破ったが、翌年戦死した

リュード作『1792年の義勇軍の出陣』。通称『ラ・マルセイエーズ』

門の足元には無名戦士の墓がある

ア・ルイーズがナポレオンの2番目の妃として嫁いできたときは、ほんの50cmほど地上に顔を出した状態。ハリボテを載せてその場をしのぐ有様だった。

ナポレオン失脚後、王政復古までの4年間、工事は中断し、1836年にようやく完成を見た。その完成を待たずに亡くなったナポレオンは、死後19年たった1840年、イギリスより返還された棺に入ってセント・ヘレナ島から帰国し、大セレモニーとともにやっと門をくぐることができた。

1854年には、ナポレオン3世統治下でパリの都市改造が行われ、エトワールに新たに7本の大通りが開設された。さらに、イットルフによる同じデザインの建築物が周囲を取り巻き、凱旋門とエトワール（ド・ゴール）広場は現在の姿になった。1921年には、第1次世界大戦中に倒れた身元不明の戦死者のひとりが、戦死した兵士の代表として凱旋門直下に葬られた。それ以降、凱旋門は、祖国フランスのために命をささげたすべての人々の共通の記念碑となり、数々のセレモニーが行われている。

凱旋門の屋上に上れば、あらためてその壮大なスケールに圧倒されることだろう。ルーヴルまで真っすぐ延びていく、シャンゼリゼ大通りの眺めもすばらしい。

凱旋門へは地下通路を通って

横断歩道もない広場の真ん中に建つ凱旋門へは、地下通路を通って行く。シャンゼリゼ大通りか、反対側グランダルメ大通りAv. de la Grande Arméeからの階段を下り、ふたつの大通りを結ぶ地下通路の途中で上に出れば凱旋門の足元だ。

シャンゼリゼ大通り側の入口

無名戦士の墓の点火式
門の足元にある無名戦士の墓の追悼の炎と花は、絶やされることがない神聖なもの。毎日18:30から点火と献花のセレモニーが行われている。

アッティカの間
屋上の下部に当たる部屋は「アッティカの間 Salle de l'Attique」と呼ばれ、最新テクノロジーを使って凱旋門の歴史が紹介されている。ミュージアムショップもある。

地下通路を通って凱旋門へ

Column History • **フランス国歌『ラ・マルセイエーズ』**

シャンゼリゼ大通りから凱旋門を見ると右側にある彫刻、リュード作の通称『ラ・マルセイエーズLa Marseillaise』。フランス革命の義勇兵を表した作品で、兵士たちの上には、フリジア帽をかぶった自由の女神とも、勝

フリジア帽をかぶった女神に導かれる義勇兵

利の女神ともいわれる女性が彫られている。

『ラ・マルセイエーズ』とはフランス国歌のことで、「マルセイユの歌」という意味。なぜ「マルセイユの歌」がフランス国歌になっているのか。そこにはフランス革命

（→P.442）が深くかかわっている。

フランス革命下の1792年8月10日、パリ市民と義勇兵がチュイルリー宮殿を襲撃し、ルイ16世やマリー・アントワネットを捕らえた「チュイルリー宮襲撃事件」。この事件に参加したマルセイユの義勇兵が歌っていたのが、『ラ・マルセイエーズ』だったのだ。

この歌はそもそも、1792年4月、フランス革命政府がオーストリアへ宣戦布告し勃発したフランス革命戦争の際に、将校ルージェ・ド・リルが兵士の士気を鼓舞するための行進曲『ライン軍のための軍歌Chant de guerre pour l'Armée du Rhin』として生まれた。その後、歌は広まり、マルセイユの義勇兵が歌っていたことから『ラ・マルセイエーズ（マルセイユの歌）』と名づけられ、1795年7月14日にフランス国歌に制定された。

シャンゼリゼ大通り　Avenue des Champs-Elysées

シャンゼリゼ大通り
Ⓜ①②⑥ⓇⒶ
Charles de Gaulle Etoile
①George V
①⑨Franklin D. Roosevelt
Wi-Fi（→P.433）
ウインドーショッピングを楽しみながら歩くなら所要時間は1～2時間。

老舗ブラッスリー「フーケッツ」
シャンゼリゼ大通りとジョルジュ・サンク大通りがぶつかる一等地にあるのが、1899年創業の「フーケッツ」。1世紀以上もの年月にわたり、シャンゼリゼを見続けてきた店だ。
Ⓒ フーケッツ Fouquet's
MAP 別冊P.23-2C
住 99, av. des Champs-Elysées 8e
TEL 01.40.69.60.50
営 7:30～24:00
URL www.fouquets-paris.com

凱旋門からコンコルド広場にいたる全長約2kmの大通り。16世紀まで野原と沼地しかなかった場所を、17世紀の中頃に整備したのは、ヴェルサイユの造園で知られる庭園師ル・ノートル。その後18世紀初頭に「シャンゼリゼ」と命名された。ギ

世界で最も美しい通りとたたえられ、1年を通して観光客が絶えない

リシア神話の楽園から名を取ったエリゼの野、日本風にいえば「極楽浄土」が名前の由来というわけだ。1800年にはわずか6軒の館しかなかったらしいが、第2帝政、ナポレオン3世の時代から、シックでエレガントな通りに生まれ変わった。

マロニエとプラタナスの並木、緩やかな勾配をもつ広い舗道の両側には、ブティックやカフェが軒を並べる。自動車のショールームも、銀行も、またゆったりとした座席を誇る映画館もすべてが豪華。それでいて、どこか落ち着ける雰囲気がシャンゼリゼにはある。海外カジュアルブランド店やファストフード店、大型メディアショップ、スーパーマーケットなどが建ち並ぶようになったとはいえ、優雅さはまったく失われていない。

Column History　フランスで最も大切な祝日「革命記念日」

7月14日は、フランスの祝日「革命記念日」だ。日本ではこの日を「パリ祭」と呼ぶが、フランスには「パリ祭 Fête de Paris」などというものは存在しない。この言葉は往年の映画『巴里祭（原題「7月14日」）』（1933）からきたもので、日本でしか通じない。

当地フランスでは、革命記念日のことを、ただ「7月14日（キャトールズ・ジュイエ）」と呼んでいる。13日の前夜祭は、革命勃発の地バスティーユ広場に集い、夜を徹して歌い、踊る。14日当日はさまざまな催しが行われるが、何といってもいちばんの目玉は、シャンゼリゼ大通りの大パレード。凱旋門からコンコルド広場まで、車は完全にシャットアウトされて、両脇は見物客で埋まる。

午前中は軍事パレードだ。本物の戦車が地響きを立てて行進するさまはちょっと不気味。しばらくすると、フランス空軍機が、三色旗の煙を吐きながら頭上を飛び去る。普段は思いもよらないことかもしれないが、実はフランスが世界有数の軍事国家であることが

実感できるだろう。

パレードをぜひこの目で！という人は、混雑を覚悟して出かけること。開始の3～4時間前には行って、場所を確保しておかないと、人の頭しか見えないのでご注意を。

革命記念日のイベントは、夜空を彩る花火大会でクライマックスを迎える。例年22:00頃からトロカデロで行われる。もちろんこちらも地元の人たちに大人気で、エッフェル塔付近の道路や川沿い、橋の上では、午前中から場所取りが始まるほどだ。

7月14日の軍事パレード

シャンゼリゼの緑地帯

凱旋門からメトロ①⑨号線のFranklin D. Rooseveltまでは、有名ブランドからカジュアルブランドまで、多くのブティックが連なるショッピングエリアとなっており、華やかな雰囲気。その反対、ロン・ポワン・デ・シャンゼリゼからコンコ

プロムナードゾーンでは木陰のベンチでくつろぐ人も多い

1900年のパリ万博ではメイン会場となったグラン・パレ

現在はパリ市立美術館になっているプティ・パレ

ルド広場までは、それまでの華やかさとはガラリと変わって、店がなく、街路樹の連なる気持ちいい散策路となっている。この散策路とセーヌ川に挟まれた緑地帯の一角に、1900年のパリ万国博の会場として建てられた**グラン・パレ**（→P.206）と**プティ・パレ**（→P.206）がある。さらにセーヌ川へ進んで行くと、こちらも1900年のパリ万国博の際に完成した**アレクサンドル3世橋**（→P.44）が架かっている。世界で最も美しいといわれるシャンゼリゼ大通りを歩き通してみよう。

装飾の美しいアレクサンドル3世橋

シャンゼリゼの歩行者天国

歩行者天国の日には通りの真ん中を歩くことができる

シャンゼリゼ大通りでは2016年より、第1日曜に歩行者天国が実施されている。自動車の通行は禁止され、通りに入るには手荷物検査があるので、安心して楽しめる。

シャンゼリゼの歩行者天国
開 第1⑧ 11:00～18:00
（11～3月は10:00～17:00）
シャンゼリゼ大通りで歩行者天国が実施されている間、周囲の道路でも交通規制が行われる。メトロ①号線のGeorge Vなど閉鎖されるメトロ駅もある（→P.81）。

Column Pause Café ▶ シャンゼリゼの緑地帯に立つ3人

シャンゼリゼ大通りの緑地帯、メトロ①⑬号線のChamps-Elysées Clemenceau駅近くには、3つの像（**MAP**本誌P.101）がある。まずひとつ目は、グラン・パレの前のクレマンソー広場Pl. Clemenceauにある、シャルル・ド・ゴール像。シャルル・ド・ゴールはフランス陸軍の軍人で、1959～1969年に第5共和制初代大統領を務めた。

シャルル・ド・ゴール像

ふたつ目はシャルル・ド・ゴール像と道路を挟んだ対岸、プティ・パレの前にあるクレマンソー像。クレマンソーはフランスの政治家で、第1次世界大戦時には

首相を務め、ドイツに多額の賠償金を課す、ヴェルサイユ条約に調印した。

3つ目はウィンストン・チャーチル像。クレマンソー像とは反対側のプティ・パレの前にある。ウィンストン・チャーチルはイギリスの政治家で、第2次世界大戦の際にはシャルル・ド・ゴールの「自由フランス」を承認し、ともに戦った。彼の銅像には演説での言葉「われわれは決して降伏しない。We shall never surrender.」が彫られている。

クレマンソー像

ウィンストン・チャーチル像

エリゼ宮 Palais de l'Elysée

エリゼ宮
M ①⑬Champs-Elysées
Clemenceau
住 55, rue du Fg. St-Honoré
8e

ガブリエル大通りAv. Gabriel
側の門の上部にはフランスのシ
ンボルの雄鶏が輝いている

フォーブール・サントノレ通り
にたたずむエリゼ宮

高級ブティックが軒を連ねるフォーブール・サントノレ通りを歩いていると、高々と翻る三色旗と、金モールに全身を包んだ護衛兵が見え、ほかとは違う雰囲気が感じられる。

この重厚な建物、エリゼ宮は、1874年以来フランスの大統領官邸となっていて、一般には公開されていない。フランスが君主国家でなくなったために、正門前で行われる衛兵交代の儀式も普段は簡素なもの。大統領の在・不在は、警備の緊張感の度合いで察せられるあたり、いかにもフランス的だ。革命記念日(→P.104)には、シャンゼリゼ大通りでのパレードのあと、ここで祝宴が催される。

めまぐるしい時代の変遷を見てきたエリゼ宮の歴史は、1718年、エブルー公爵の邸に遡る。18世紀半ばには、ルイ15世の寵愛を受けたポンパドゥール公爵夫人のものに。

公爵夫人亡きあとは、何人かの貴族に次々と所有された。革命時には国立印刷所となって、多くの印刷物を世に出したかと思うと、執政官時代には舞踏学校に変じている。続いて、戦に業績をあげ、ナポレオンの妹カロリンヌと結婚したミュラー、ナポレオンの愛妻ジョゼフィーヌがそれぞれ短い滞在をした。そして1815年6月22日には、ワーテルローの戦いに敗れたナポレオンが、ここで2度目の退位宣言に署名をした。第2帝政時代には建物にかなりの手が加えられ、また、邸内に現在の歩行者専用の静かな通り、パリでも珍しい英国風の柱で飾られた**エリゼ通りRue de l'Elysée**が設けられた。

Column
Pause Café ＼ フランスのシンボルあれこれ

フランスのシンボルといえばトリコロールのフランス国旗を思い浮かべる人も多いだろう。フランス革命時に王を象徴する白と、パリ市の色である青と赤が組み合わされた。現在、この三色旗はすべての公共の建物に掲げられている。また、パリ市庁舎(→P.133)にも刻まれている標語「Liberté(自由)／Egalité(平等)／Fraternité(友愛)」も有名だろう。このほかにもフランスを象徴するものがある。

まずはフランスの自由の女神マリアンヌ。フランス共和国を擬人化した女性像で、自由を意味するフリジア帽をかぶっている。フランス革命以降、共和国の象徴として貨幣や切手、絵画に描かれてきた。特にドラクロワの『民衆を導く自由の女神(1830年7月28日)』

凱旋門に国旗が掲げられ
ることも

(→P.193)での頼もしい革命家の姿は広く知られている。

マリアンヌに次いで、雄鶏もフランスのシンボルとなっている。フランス人の祖先、ガリア人を意味するラテン語「gallus」が雄鶏を表す言葉でもあったため、ガリアとガリア人のシンボルとなった。中世には忘れ去られていたが、フランス革命時には広く使われた。その後、ナポレオン1世は「雄鶏には力強さがなく、フランスのような帝国の象徴になりえない」と拒否したが、19世紀末には雄鶏が施された鉄門がエリゼ宮の庭に作られ、現在では、サッカーやラグビーのフランス代表のエンブレムとなっている。

レピュブリック広場
(MAP 別冊P.14-1～2B)
のマリアンヌ

壁に描かれた雄鶏

モンテーニュ大通り
Avenue Montaigne

高級ブランドブティックが絢爛豪華に集まる　★ **MAP** 別冊 P.23-2D 〜 3D

モンテーニュ大通り
Ⓜ①⑨Franklin D. Roosevelt

「ポール・ポワレ」のタイル

　有名ブランドストリートとして知られるモンテーニュ大通り。フランスを代表する高級ブランドをはじめ、世界の一流ブランドショップが道の両側にびっしりと並んでいる。そこに高級ホテル「プラザ・アテネ」（→P.352）やシャンゼリゼ劇場、セレブが集まるカフェなども入り混じり、さながら通りにドレスコードがあるかのような華やかさだ。

　モンテーニュ大通りとフランソワ1世通りRue François 1erが交わる交差点の歩道上には4枚のタイルがはめ込まれており、1920〜30年代に活躍したデザイナーたちの名が刻まれている。コルセットを使わないドレスを作った「ポール・ポワレ」など、いずれも華やかなベルエポックの時代にモンテーニュ大通りをにぎわせたデザイナーだ。

ラ・ギャラリー・ディオール
La Galerie Dior

ディオールの美意識が凝縮されたギャラリー　★★ **MAP** 別冊 P.23-3D

ラ・ギャラリー・ディオール
Ⓜ①⑨Franklin Roosevelt
⑨Alma-Marceau
🚌ⒸPont de l'Alma
🏠 11, rue François 1er 8e
🕐 11:00〜19:00
（入場は17:30まで）
休Ⓣ、1/1、5/1、12/25
料 €12
URL www.galeriedior.com/ja
※ウェブサイトでの予約必須

　フランスを代表するファッションブランド「ディオール（DIOR）」の創設者クリスチャン・ディオールが、モンテーニュ通り30番地にメゾンを開いたのは1946年のこと。以来、創設時のエスプリが歴代のデザイナーによって受け継がれ、今もモード界のトップに君臨している。

　2022年3月、その特別な場所の一角にメゾンの歴史とコレクション、そしてさまざまなテーマに沿った企画を展示するギャラリーがオープンした。2000m²の広大なスペースには、1947年に発表され世界的な注目を浴びた「ニュールック」から始まるクチュール作品、ドレスから香水まで展示されている。またクリスチャン・ディオールの執務室、モデルたちのドレッシングルームも公開。メゾンのさまざまなアイテムを製作する職人の実演風景が見られる部屋もあり、継承されてきた「手わざ」に魅せられることだろう。エントランスの階段に沿って飾られたミニチュアドレス、純白のトワル（仮縫いの服）を展示した部屋など、ディスプレイの美しさはため息が出るほど。ディオールの世界観に満たされた空間そのものも味わいたい。

革新的なファーストコレクション「ニュールック」を象徴する「バー」スーツ © KRISTEN PELOU

ミニチュアドレスやアクセサリーをグラデーションがかかるよう展示した「ディオラマ」© KRISTEN PELOU

クリスチャン・ディオールの執務室 © KRISTEN PELOU

歴代のデザイナーによる夜会をイメージしたドレス展示 ©ADRIEN DIRAND

見逃せない観光スポット

交通メモ
パレ・ガルニエの最寄り駅Ⓜ③⑦⑧Opéra
で下車すれば、おもな見どころは徒歩圏内。
ルーヴル美術館の最寄り駅は、Ⓜ①Louvre
Rivoliではなく、Ⓜ①⑦Palais Royal Musée
du Louvreなので注意。

グルメ
パリきっての観光エリアだけあり、旅行者でも
入りやすい店がたくさんある。オペラ大通りか
ら北に延びるサンタンヌ通り界隈は、日本食
店集中エリア。和食が恋しくなったらここへ。

ショッピング
「ギャラリー・ラファイエット パリ・オスマン」
と「プランタン・オスマン本店」の2大デパー
ト、またブティックが並ぶサントノレ通りは要
チェック。
[ショッピングスポット]

エンターテインメント
オペラとバレエの殿堂「パレ・ガルニエ」は、
ぜひ一度体験してみたい。マドレーヌ教会
（→P.114）でのコンサートもおすすめ。

夜と治安
パレ・ガルニエでの公演は終演が深夜近くに
なることもあるが、メトロの利用客も多いの
で、それほど心配することはない。観光客が
多いエリアなので、スリには十分注意して。

トイレ
2大デパートのトイレが便利（一部有料）。カ
ルーゼル・デュ・ルーヴルには、有料のトイレ
「Point WC」がある。

フォトジェニックスポット4

❶ルーヴル美術館の入口となっているガラスのピ
ラミッド。モダンなモニュメントとクラシックな
建築の競演を楽しめる場所だ　❷まるで宮殿かと
思わせるパレ・ガルニエのフォワイエ　❸ガラス屋
根のパッサージュ（→P58）のなかでも、最も美し
いのは「ギャラリー・ヴィヴィエンヌ」　❹パリの
中心にあるコンコルド広場は、オベリスクと噴水
を入れて撮影するのがポイント

© Pyramide du Louvre, arch. I.M. Pei

パレ・ガルニエ、コンコルド広場、ルーヴル美術館という、パリを代表するランドマークを結ぶトライアングルは、まさにパリの黄金地区。デパートが隣り合うオスマン大通り、高級食材店が集まるマドレーヌ広場など、観光しながらショッピングも楽しめるエリアだ。

MAP 別冊P.12-1B～P.13-2D、P.24～25

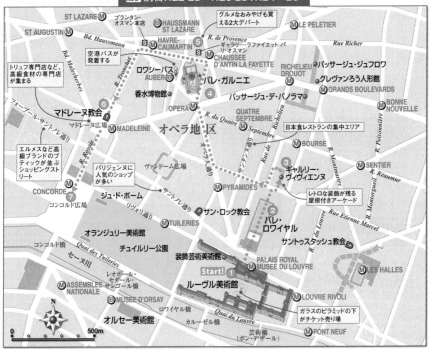

モデルプラン　所要 約6時間

ルーヴルでの名画鑑賞、バレエの殿堂パレ・ガルニエの見学、さらにショッピングも加わった欲張りプラン。

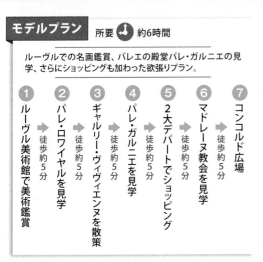

① ルーヴル美術館で美術鑑賞
→ 徒歩約5分

② パレ・ロワイヤルを見学
→ 徒歩約5分

③ ギャルリー・ヴィヴィエンヌを散策
→ 徒歩約5分

④ パレ・ガルニエを見学
→ 徒歩約5分

⑤ 2大デパートでショッピング
→ 徒歩約5分

⑥ マドレーヌ教会を見学
→ 徒歩約5分

⑦ コンコルド広場

ルーヴルから
オペラ地区の歩き方

必見の見どころがぎっしり詰まったエリアなので、効率よく歩きたい。ルーヴル美術館は入場時間を予約して行こう。デパートでのショッピングは、日曜でも可能だ。

雨の日の観光は
「パッサージュ」で

「パッサージュ」は18～19世紀に造られたガラス屋根のアーケード街。オペラ地区にはパッサージュが集まり、雨の日も散策を楽しめる。

コンコルド広場

★★★ **MAP** 別冊 P.12-2B、P.24-3A

Place de la Concorde

コンコルド広場
M ①⑧⑫Concorde

中央にはエジプトから贈られたオベリスクが建ち、ヒエログリフ（神聖文字）が鮮やかに浮かび上がる。オベリスクの足元に立って北に目を向ければ、ロワイヤル通りの奥にマドレーヌ教会が見える。西にはシャンゼリゼ大通りが延び、はるかに凱旋門を望む。東にはチュイルリー公園とルーヴル宮、南にはブルボン宮（国民議会）……。360度にすばらしい眺望が広がるこの広場は、まさにパリの「要」というにふさわしい場所。特に夜景の美しさは、パリでいちばんともいわれる。

もともとはルイ15世のために造られた広場で、「ルイ15世広場」と呼ばれていたが、フランス革命の勃発により、「革命広場」と名を変えた。中央にあったルイ15世の騎馬像は取り

オベリスクが建つコンコルド広場からはエッフェル塔も見える

払われ、代わりに置かれたのがギロチン台。1793年から1795年にかけて、ルイ16世、マリー・アントワネットを筆頭に、デュ・バリー夫人ら貴族たち、革命の指導者であったダントン、ロベスピエールなど、1119人がこの広場で処刑された。そんな血なまぐさい記憶を消し去るためだろうか、1795年には「調和」を意味する「コンコルド広場」と再び名を変え、現在にいたる。

心和む都心のオアシス

チュイルリー公園

★★★ **MAP** 別冊 P.12-2B、P.24-3A ～ P.25-3C

Jardin des Tuileries

チュイルリー公園
M ①Tuileries
①⑧⑫Concorde
開 4～9月　7:00～21:00
（6～8月は～23:00）
10～3月　7:30～19:30

かつてルーヴルの西側にあったチュイルリー宮殿の庭として、ヴェルサイユ宮殿の庭園を設計した造園家ル・ノートルによって設計された。典型的なフランス式庭園で、広い散歩道を中央に置き、左

ルーヴル宮の西側に広がる美しいフランス式庭園

右対称に造られている。ここから東にはカルーゼル凱旋門、西にはコンコルド広場のオベリスク、シャンゼリゼ、エトワールの凱旋門、その向こうには、ラ・デファンスのグランド・アルシュの白い姿が見える。すべてが一直線上に並んでいて、西へ西へと延びていった、パリの都市計画の一端を垣間見ることができる。

整然と配置された木々の間には、ギリシア、ローマの神々をかたどった石像、マイヨールによるブロンズ像などが置かれている。また、コンコルド広場側には、モネの『睡蓮』で有名な**オランジュリー美術館**（→P.205）、現代写真の企画展示ギャラリーである**ジュ・ド・ポーム**（→P.218）がある。

パリの中心にあり、観光客が歩き疲れたときひと休みするのにぴったりの公園

ナポレオンが最初に建てた元祖凱旋門 　★★ **MAP** 別冊 P.13-2C、P.25-3C

カルーゼル凱旋門　Arc de Triomphe du Carrousel

カルーゼル凱旋門
Ⓜ①⑦Palais Royal Musée
du Louvre

　ルーヴル宮の西に位置するこの門は、1805年のナポレオンの勝利を記念し、ペルシェとフォンテーヌのデザインによって、1808年に完成した。建築を担当したのは、ルーヴル美術館の初代館長でもあったドノン。ルーヴルの展示セクションのひとつに、その名が使われている。

　第1帝政時代の代表的建築物だが、ナポレオンはこの凱旋門が期待していたよりも小さかったことに不満を抱き、さらに大きな凱旋門（→P.102）の建設を命じた。エトワールの凱旋門が高さ約50mなのに対し、こちらは高さ19m。確かに戦勝記念碑としてはずいぶん小さく、ピンクと白の大理石を基調とした建築は、勇ましいというより優美な感じだ。

サイズは小さいが美しさではエトワールの凱旋門に勝るとも劣らないカルーゼル凱旋門

門の上には、ナポレオンがヴェネツィアから奪ってきた古代の馬のブロンズ像が飾られていたが、彼の没落後に返還され、ボシオ作のコピーに置き換えられた。門の各4面には、オステルリッツの戦いなど、ナポレオンの輝かしい戦績をたたえるレリーフが見られる。

中世の要塞から始まった宮殿 　★★ **MAP** 別冊 P.13-2C、P.25-3D

ルーヴル宮（ルーヴル美術館）　Palais du Louvre

ルーヴル宮
Ⓜ①⑦Palais Royal Musée
du Louvre
🏛 Pyramide du Louvre 1er

ルーヴル美術館→P.188

　ルーヴル美術館シュリー翼の半地下階には、「**中世のルーヴル**」（→P.190）という展示スペースがある。これは、ルーヴルの大改築のために発掘作業を行った際に出現したフィリップ・オーギュスト王（1165～1223）の要塞跡だ。ルーヴルは美術館である前にまず要塞、そして宮殿としての歴史があることがわかるだろう。

　1200年頃、フィリップ・オーギュスト王は、セーヌ川下流のノルマンディーからイギリスが侵入してくることを恐れ、パリを囲む城壁の前に要塞を建造した。それがルーヴル宮の始まりだ。14世紀になると、ルーヴル宮の外側にひと回り大きい城壁が築かれたため、ルーヴル宮は防御のための要塞から王の城館へと役割を変える。当時の王シャルル5世は細密画などを収集し、王のコレクションを基礎にした美術館としての土台が固まった。

ルーヴル美術館に隣接する施設「カルーゼル・デュ・ルーヴル」の地下にも、フィリップ・オーギュスト王の時代の城壁跡を観られる場所がある

　太陽王ルイ14世の統治下には、中世からの宮殿が消え、現在の形が完成する一歩手前まできていたが、王はヴェルサイユに宮廷を移し、ルーヴルは宮殿の役割を失う。同時に「絵画・彫刻アカデミー」が設置され、「芸術の国フランス」の基礎が作られていった。1793年8月10日、「共和国」となったフランスで、ルーヴルは美術館として再生する。20世紀末には当時の大統領ミッテランの「グラン・ルーヴル計画」による大改築が行われ、イオ・ミン・ペイ設計によるガラスのピラミッドが中庭に誕生。21世紀の現在もなお、世界最大の美術館として成長を続けている。

王宮から世界最大の美術館となったルーヴル宮。エントランスは1989年に完成したガラスのピラミッド

© pyramide du Louvre, arch. I.M. Pei

回廊に囲まれた中庭で優雅な散歩を ★★★ MAP 別冊 P.13-2C、P.25-2D

パレ・ロワイヤル
Palais Royal

パレ・ロワイヤル
Ⓜ ①⑦Palais Royal Musée du Louvre
🏠 8, rue Montpensier 1er
中庭
🕐 10〜3月　8:00〜20:30
　　4〜9月　8:00〜22:30

映画のロケにもよく使われるパレ・ロワイヤルの回廊

南側の中庭には、ダニエル・ビュレン作の白黒ストライプの円柱形のオブジェが並ぶ

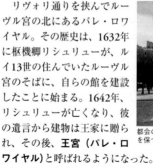

都会の真ん中にありながらも、静かな空間を保つパレ・ロワイヤル

リヴォリ通りを挟んでルーヴル宮の北にあるパレ・ロワイヤル。その歴史は、1632年に枢機卿リシュリューが、ルイ13世の住んでいたルーヴル宮のそばに、自らの館を建設したことに始まる。1642年、リシュリューが亡くなり、彼の遺言から建物は王家に贈られ、その後、**王宮（パレ・ロワイヤル）**と呼ばれるようになった。

ルイ13世の死後、王妃アンヌ・ドートリッシュは、5歳でフランス王に即位したルイ14世を連れてパレ・ロワイヤルに移り住む。しかし間もなく貴族が王室に反旗を翻すフロンドの乱が起こり、幼いルイ14世は命からがらパリを脱出することになった。ルイ14世はこのときの恐怖体験からパリを嫌い、後にパリから離れたヴェルサイユに絶対王政の象徴である大宮殿を建設することになる。

ルイ14世がヴェルサイユ宮殿に移ると、パレ・ロワイヤルはその弟オルレアン公フィリップに引き継がれる。その後、中庭を囲む回廊は商店街に改装され、レストランやカフェ、流行の商店が並ぶようになった。敷地内は警察の立ち入りが禁止されていたので、革命家や娼婦のたまり場ともなる。フランス革命の最初のデモ行進が出発したのもここからだった。

現在のパレ・ロワイヤルは、そんな喧騒の歴史があったとは思えないほど静かな場所。木々の緑と花壇の花が美しく、ショッピングや観光の合間のひと休みにぴったりの落ち着いた空間だ。

旧海軍本部が博物館に ★★★ MAP 別冊 P.12-2B、P.24-3A

オテル・ド・ラ・マリンヌ
Hôtel de la Marine

オテル・ド・ラ・マリンヌ
Ⓜ ①⑧⑫Concorde
🏠 2, pl. de la Concorde 8e
🕐 10:30〜19:00
　　（㊎〜21:30）
　　（入場は閉館の45分前まで）
🚫 1/1、5/1、12/25
💰 €17
🔗 www.hotel-de-la-marine.paris

コンコルド広場に面した「オテル・ド・ラ・マリンヌ」が、博物館に生まれ変わった。この建物は、ルイ15世の命で建てられ、1774年よりフランス王家の宝物や家具を保管する場所だった館。フランス革命後の1806年からは、海軍本部として使われていたが、CMN（フランス文化財センター Centre des monuments nationaux）による運営のもと、一般公開されることに。18世紀の華やかなサロンや調度品などを見ることができる。

修復によって建設当時の豪華な内装がよみがえった「名誉の間」
©Ambroise Tezenas-Centre des monuments nationaux

はみだし！　国立図書館（→P.171）の別館となっている国立図書館リシュリュー館。楕円形の美しい閲覧室オーバルルームは無料で見学できる。MAP 別冊 P.25-1C　URL www.bnf.fr/fr/richelieu

コルネイユやディドロが眠る教会　　　　　★★　**MAP** 別冊 P.13-2C、P.25-2C

サン・ロック教会
Eglise St-Roch

　サントノレ通りに面して建つ教会。歴史は古く、1653年、ルイ14世がまだ14歳だったとき、自ら教会の礎石を置いたという。建築家ル・メルシエが設計を担当するが、間もなく彼の死と資金難により、工事は中断。1706年、宝くじ販売によって資金ができてから再開された。財務官ローの寄付によって、屋根まで完成したのは1719年のこと。

　教会の奥行きは126mもあり、ノートルダム大聖堂に匹敵するほどの規模を誇る。内部では、豪華な装飾の施されたクーポール（丸天井）のある**聖母マリアの祭室**が見もの。ジュール・アルドゥアン・マンサールの作。

　正面の入口は、イエズス会様式に仕上げられたもの。18世紀、革命以前はパリで最もしゃれた教会だったという。そのせいか、ここに埋葬されることを望んだ著名人も多く、劇作家コルネイユ、ヴェルサイユの庭園を造園したル・ノートル、『百科全書』を著した文学者ディドロなどが眠っている。

サン・ロック教会
Ⓜ①Tuileries
　⑦⑭Pyramides
🏠 24, rue St-Roch 1er
🕐 8:30～19:00
URL www.paroissesaintroch.
fr

マンサール作の『聖母マリアの祭室』はバロックの典型

ショパンやシャネルも住人だった　　　　　★★　**MAP** 別冊 P.12-1B、P.24-2B

ヴァンドーム広場
Place Vendôme

　チュイリリー公園からパレ・ガルニエに向かう途中にある、パリでも有数の美しさを誇るこの広場は、ルイ14世のために造られた。設計者のアルドゥアン・マンサールは、中央に王の騎馬像を据え、周囲には見事に調和の取れた建物を配した。王の騎馬像は革命時になくなり、ナポレオンはその跡にオステルリッツにおける三帝会戦の勝利を記念し、柱を建てた。柱に使われた青銅は、対戦国のひとつプロシア軍から奪った戦利品の大砲をつぶしたもの。頂上には、シーザーの姿でローマの方向を睨むナポレオン像がある。この柱は、パリコミューン下、文化大臣となった画家クールベの主唱で、倒されたこともある。

　その豪華な雰囲気にふさわしく、「ブシュロン」、「モーブッサン」、「ヴァン・クリーフ＆アーペル」など、老舗高級宝飾店が軒を連ねている。12番地は**ショパン最後の家**（現在は宝石店「ショーメ」→P.236）、13番地は司法省、15番地は第2次世界大戦時のパリ解放の際、ヘミングウェイが駆けつけて泊まり、カンボン通り側にはココ・シャネルが常客として住んでいた世界最高級のホテル「リッツ・パリ」（→P.353）だ。ダイアナ元英国皇太子妃が最後の食事を取ったホテルでもある。

ヴァンドーム広場
Ⓜ①Tuileries
　③⑦⑧Opéra

パリで最も豪華といわれる広場

マドレーヌ教会
Eglise de la Madeleine

マドレーヌ教会
Ⓜ ⑧⑫⑭Madeleine
🏠 Pl. de la Madeleine 8e
🕐 9:30〜19:00
URL lamadeleineparis.fr
所要時間は約30分。コンサート（有料）が行われることもあり、スケジュールはウェブサイトのConcertsで確認できる。

聖女マドレーヌの彫像が浮かび上がるかのように見える

教会内の食堂でランチを
教会正面右側の壁沿いに行くと食堂がある。会員（年会費€10）なら€13.50、非会員でも€17.50で前菜、メイン、デザートが食べられる。最初にレジで料金を支払ったら、好きな席に座ればいい。
Ⓡ **フォワイエ・ド・ラ・マドレーヌ**
Foyer de la Madeleine
🕐 ㊊〜㊎ 11:45〜13:45
URL www.foyerdelamadeleine .fr

メインの南仏風牛肉の煮込み

ギリシア神殿のような様式美のマドレーヌ教会

コンコルド広場とパレ・ガルニエの間、パリの中心部に位置する教会。正面から見上げると、まるでアテネのパルテノン神殿のようだが、現役のカトリック教会で、大統領もここの教区民ということになる。

あまり教会らしくない造りになったのには、歴史的、政治的な理由がある。聖女マドレーヌ（マグダラのマリア）にささげる教会の建設が計画されたのは18世紀のこと。太陽王ルイ14世の曾孫であるルイ15世によって礎石が置かれ、建設が始まった。ところが建築家が相次いで他界するなど、何度も設計が変更されるうちにフランス革命が勃発、工事は中断してしまう。新たな形で建設の再開を指示したのは、皇帝となったナポレオンだった。基礎工事半ばで放置されている状態を見た彼は、「わが陸軍の栄光のシンボル」となる、古代ギリシア風の大殿堂を建設することを命じる。ナポレオン失脚後は、カトリックの教会に戻されたが、神殿スタイルはそのまま残ったというわけだ。

『キリストの洗礼』の大理石像

幅43m、奥行き108m、高さ30m。堂々とした円柱が並ぶ正面から内部に入ると、外観からはとても想像できない、厳かな教会空間が広がる。3つのクーポール（丸天井）にうがたれた窓から差し込む淡い光は、祭壇奥に配された彫像『聖マグダラのマリアの歓喜』を包み込むかのようだ。入ってすぐ左にあるリュード作『キリストの洗礼』と合わせて見ておきたい。

Column Pause Café　　教会でのコンサート

パリにはコンサートホール以外にも演奏を聴ける場所がある。サント・シャペル（→P.132）やサントゥスタッシュ教会（→P.135）、サン・ジェルマン・デ・プレ教会（→P.142）など多くの教会でコンサートが開かれている。宗教音楽にかぎらずクラシックを中心にピアノや室内楽、声楽曲など演目は多種多様。教会に張られたポスターやチラシをチェックしてみよう。歴史ある厳かな空間で聴く音楽は、最新のコンサートホールで聴くのとはまた違った感動があるだろう。た

だ、ホールと違って暖房などはないので、冬は防寒のための対策をしっかりと！

町なかに張られた教会のコンサートのポスター（上）　マドレーヌ教会でもコンサートが開かれている（右）

パレ・ガルニエ（ガルニエ宮） Palais Garnier

19世紀後半、ナポレオン3世は大規模なパリの都市改造計画を打ち出し、ルーヴル宮の北、商業、金融、ビジネスの中心だった地区に、貴族や資産家の社交場としてオペラ座の建設を命じた。

オペラ大通りの突き当たりに燦然と輝く

1861年、設計コンクールで選ばれた36歳の**シャルル・ガルニエ**は、多彩な表現を取り入れ、皇帝の好みに応えて「ナポレオン3世スタイル」を試み、1875年に完成した。

正面玄関は荘重で、王冠を抱いたような丸天井の頂に、竪琴を持つアポロンが見える。内部入口の大階段は、モザイク装飾の天井や大理石に覆われ、波のような優雅な曲線を描きながら迎えてくれる。

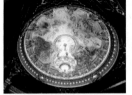

シャガールの天井画『夢の花束』が夢の世界へと誘ってくれる

赤と金で飾られたバルコニーをもつ2000席余りの大観客席。見上げると、1964年にシャガールが手がけた**天井画**があり、オペラの祭典が描写されている。中央に重々しく輝いているのは、8tのシャンデリア。地下の水槽、事故のあったシャンデリア、重い緞帳の奥に広がる舞台裏の迷路などが、『オペラ座の怪人』の物語を生んだ。ファントム専用の席「2階5番ボックス席」も存在する。

オペラ・バスティーユ（→P.139）の誕生により、パレ・ガルニエはバレエを中心に上演する劇場となった。それでも、やはりオペラはガルニエで観たいと望むファンの声に応えて、一部オペラが上演されている。

パレ・ガルニエ
Ⓜ③⑦⑧Opéra
🏠 Pl. de l'Opéra 9e
🕐 10:00～17:00
　（入場は閉館の45分前まで）
💰 €15、12～25歳€10
🈹 一部㊡、特別公演のある日
🔗 www.operadeparis.fr
※ウェブサイトでの予約が望ましい
所要時間は約1時間。タブレット型ガイド（日本語あり）は約1時間30分の内容で€8。

公演チケットの取り方→P.230

豪華絢爛なフォワイエ

ファントム専用の「2階5番ボックス席」は、小窓から部屋の様子をのぞくことができる

Column
Pause Café ▶ パレ・ガルニエでおみやげを

美術館にミュージアムショップがあるように、パレ・ガルニエにも関連グッズを販売するブティックがある。広々とした店内には、バレエやオペラに関する書籍や映像ディスク、グッズがずらり。ダンサーの写真集、バレエ用品のほか、季節によっては、劇場の屋根で採集されたハチミツも買える（入荷がある時期のみ）。
🕐 10:30～18:00（公演のある日は上演が始まるまでオープン）
🔗 boutique.operadeparis.fr

貴重なパレ・ガルニエ産のハチミツ（上）
バレエ用品からインテリアグッズまで、品揃え豊富（上右・下右）

香水博物館

Musée du Parfum

香水博物館
Ⓜ ③⑦⑧Opéra 🚊 ⒶAuber
🏠 9, rue Scribe 9e
🕐 9:00～17:30
　（㊐ ～17:00）
🈚 無休
💴 無料
🔗 musee-parfum-paris.
　　　　fragonard.com
ガイド付きツアー（英・仏語）
あり。

ユニークな香りの館

「フラゴナール・パルフュムール」（→P.306）は、南仏の町グラースにある1926年創業の香水メーカー。その名前は、フランス宮廷の調香師を父にもったグラース出身の偉大な画家、フラゴナールにちなんでつけられた。

世界から集めた香水瓶のコレクション

パリのパレ・ガルニエからすぐの所にある香水博物館は、フラゴナールのビジネスを受け継いだファミリーのひとり、ジャン・フランソワ・コスタが収集した、香水に関するコレクションを展示した博物館だ。邸宅風の館内に展示されているのは、香水の生産と抽出に使用される材料、蒸留装置、時代によって形状や材質が変化してきた香水瓶のコレクションなど。古代エジプトから現代まで3000年に及ぶ香水の歴史を知ることができる。

蒸留装置が展示された部屋

見学後は、博物館併設のブティックでショッピングを楽しめる。香水だけでなく、ロウソクや石鹸、コスメなどフラゴナールの商品が豊富に揃う店内で、香りのおみやげを探してみては。

グレヴァンろう人形館

Grévin

グレヴァンろう人形館
Ⓜ ⑧⑨Richelieu Drouot
　⑧⑨Grands Boulevards
🏠 10, bd. Montmartre 9e
🕐 ㊊～㊎　　9:00～19:00
　 ㊏㊐　　 9:30～19:00
　（月によって異なる）
　（入場は閉館の1時間前まで）
🈚 無休
💴 €19.50、5～18歳€14.50
　 パリ・ヴィジット所有者は
　 25％割引（→P.76）
🔗 www.grevin-paris.com

スターと記念写真を撮りまくり！

パッサージュ・ジュフロワ（→P.60）内にある、パリ唯一のろう人形館。1882年創業、130年以上の歴史を誇る。入ってすぐの音と光によるスペクタクル「蜃気楼の宮殿Palais des Mirages」は、1900年のパリ万博に展示されていたもので、1906年からグレヴァンろう人形館内に設置されている。

どこに誰がいるか探すのが楽しい

フランスの歴史を彩ってきた国王から現代の政治家、世界中の有名芸術家、スポーツ選手、ミュージシャン、映画俳優、フレンチシェフまで、あらゆる分野の著名人がろう人形となって飾られており、その数300体以上。毎年4～6体ずつ新しいろう人形が増えている。間近で見ても本物と見間違うほどのリアルさで、大人も子供も時間を忘れて楽しめる。

『星の王子さま』やバンド・デシネと呼ばれるフランスの漫画のキャラクターのろう人形も展示されている

チョコ・ストーリー・パリ
Choco Story Paris

チョコレートを食べるのはもちろん好きだけど、その奥深い世界をもっと知りたい！　そんなファンのために、チョコレートをあらゆる角度から紹介する博物館がある。ベルギーの大手メーカー、ベルコラード社が運営する博物館で、まさにチョコ尽くし。地上階では、約4000年前に起源をもつ

チョコレートでできた凱旋門
©Musee Gourmand Chocolat

チョコレートの歴史、カカオ豆を砕くための用具やカップのコレクションを展示。さらに地階では、チョコレート作りのデモ

チョコレートにまつわるさまざまな用具が展示されている

ンストレーション、そして試食へと続く。さりげない入口からは想像できないくらい規模が大きく、見応え十分。ブティックもあり、オリジナルグッズをおみやげにしてはいかが？

チョコグッズが揃うブティック

チョコ・ストーリー・パリ
M ⑧⑨Bonne Nouvelle
④⑧⑨Strasbourg St-Denis
住 28, bd. de Bonne Nouvelle 10e
開 10:00〜18:00
（入場は17:00まで）
休 1/1、12/25
料 €15、
学生と65歳以上€13
URL www.museeduchocolat.fr

エリア別ガイド 2

ルーヴルからオペラ地区

☕ **Column**
Pause Café ❘ パリに凱旋門はいくつある？

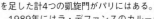

「凱旋門Arc de Triomphe」とは戦勝を記念して造られた門のことで、その歴史は古代ローマにまで遡る。パリでいちばん有名な凱旋門といえば、シャンゼリゼ大通りにある「エトワールの凱旋門」（→P.102）だろう。なんとパリにはこの有名な凱旋門のほかに3つの凱旋門がある。

ルーヴル宮の西にある「カルーゼル凱旋門」（→P.111）、ルイ14世がネーデルラント連邦共和国とのライン川での戦いの勝利を記念した「サン・ドニ門」（**MAP** 別冊P.14-1A）、ルイ14世のフランシュ・コンテでの戦勝を記念した「サン・マルタン門」（**MAP** 別冊P.14-1A）。この3つに「エトワールの凱旋門」

を足した計4つの凱旋門がパリにはある。

1989年にはラ・デファンスのカルーゼル凱旋門とエトワールの凱旋門を結ぶ延長線上に、グランド・アルシュ（→P.170）が造られた。日本では「新凱旋門」と呼ばれたが、こちらはその名の示すとおり大きな門であって、凱旋門ではないのでご注意を。

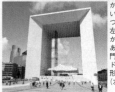
かつてパリを囲んでいた城壁の跡地に立つサン・ドニ門（上左）　サン・ドニ門から200mほど東にあるサン・マルタン門（上右）　グランド・アルシュは門の形をした巨大なビル（左）

エトワールの凱旋門（上）　カルーゼル凱旋門（右）

エッフェル塔界隈
Tour Eiffel

見逃せない観光スポット

エッフェル塔★★★ P.120
シャイヨー宮★★★ P.123
シャン・ド・マルス公園★★ P.123
市立近代美術館★★ P.208
ロダン美術館★★ P.209
アンヴァリッド★★ P.124
ケ・ブランリー・ジャック・シラク
　　　　　　　　美術館★★ P.207

🚉 交通メモ

エッフェル塔の最寄り駅はⓂ⑥Bir Hakeim、もしくはⓇⒸChamp de Mars Tour Eiffel。Ⓜ⑥⑨Trocadéroで下車、シャイヨー宮からイエナ橋を渡っていくのもいい。

🍴 グルメ

シャイヨー宮内の博物館のカフェなど、エッフェル塔の眺望が自慢の店がいくつかある。エッフェル塔にもレストランがあり、パリの町を見下ろしながら美食を楽しめる。

👜 ショッピング

スイーツ好きなら、チョコレートなどの名店が集まるサン・ドミニク通りへ。
[ショッピングスポット]
サン・ドミニク通り　P.335

🌙 夜と治安

エッフェル塔は深夜まで開いており、人通りも多いので、安心して夜景を楽しめる。ただし、エッフェル塔近くは、スリが多いので気をつけよう。

🚻 トイレ

市立近代美術館、パリ日本文化会館には無料のトイレがある。

📷 フォトジェニックスポット 4

❶撮影スポットが多数あるエッフェル塔だが、広がりのある写真ならシャン・ド・マルス公園から撮るのがおすすめ　❷初夏の頃にパリに行くなら、バラが満開のロダン美術館を見逃さないで。『考える人』のアングルに工夫を　❸ナポレオンが眠るアンヴァリッドのドーム教会は、穴場の夜景撮影スポット　❹アルマ橋のたもとにあるモニュメント「自由の炎」は、エッフェル塔をバックにした人気の自撮りスポット

観光客で絶えずにぎわうエッフェル塔周辺は、最も人気のあるフォトスポット。一帯はパリ万博の会場となった建物が残る歴史地区で、対岸に建つシャイヨー宮は、現在は博物館、レストランが入り、昔も今も人が集まる活気あるエリアだ。

MAP 別冊P.10-2B〜P.11-3D、P.12-3A

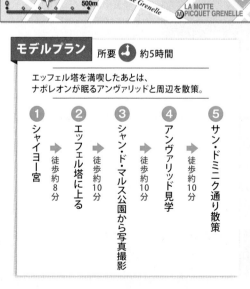

ギメ美術館
パリ市立モード美術館（ガリエラ宮）
IENA
自由の炎
ダイアナ妃事故現場に近く、記念碑のようになっている
市立近代美術館
ALMA MARCEAU Cours Albert 1er
パレ・ド・トーキョー
アルマ橋　セーヌ川　アンヴァリッド橋　アレクサンドル3世橋
Start!
建築・文化財博物館
トロカデロ広場
TROCADERO
シャイヨー宮
Avenue de New York
下水道博物館
Quai d'Orsay
PONT DE L'ALMA
INVALIDES
海洋博物館
人類博物館
R. B. Franklin
Av. des Nations Unies
イエナ橋
ケ・ブランリー・ジャック・シラク美術館
Rue de l'Université
おいしい店が集まるグルメストリート
Esplanade des Invalides
S
エッフェル塔
サン・ドミニク通り
ワイン博物館
PASSY
Av. du Président Kennedy
Avenue Bosquet
R. de Grenelle
LA TOUR MAUBOURG
アンヴァリッド
VARENNE
軍事博物館
ビル・アケム橋
Avenue de la Bourdonnais
CHAMP DE MARS TOUR EIFFEL
シャン・ド・マルス公園
サン・ルイ教会
ロダン美術館
ドーム教会
パリ日本文化会館
Rue de la Fédération
ECOLE MILITAIRE
Avenue de Tourville
ナポレオンの墓がここに
白鳥の小径
BIR HAKEIM
エッフェル塔を眺めるフォトジェニックスポット！
Quai de Grenelle
R. St-Charles
旧陸軍士官学校
Avenue de Lowendal
Avenue de Ségur
ST FRANÇOIS XAVIER
ヴィラージュ・スイス
DUPLEIX
Boulevard de Grenelle
LA MOTTE PICQUET GRENELLE
ユネスコ
N
0　　500m

モデルプラン

所要 🕐 約5時間

エッフェル塔を満喫したあとは、ナポレオンが眠るアンヴァリッドと周辺を散策。

① シャイヨー宮
➡ 徒歩約8分

② エッフェル塔に上る
➡ 徒歩約10分

③ シャン・ド・マルス公園から写真撮影
➡ 徒歩約10分

④ アンヴァリッド見学
➡ 徒歩約10分

⑤ サン・ドミニク通り散策

エッフェル塔界隈の歩き方

トロカデロ広場から歩き始め、いろんな場所からエッフェル塔の眺めを楽しもう。メリーゴーラウンドを入れた風景も人気だ（→P.122）。セーヌ川を渡って塔に上ったあとは、シャン・ド・マルス公園からの眺望を堪能。アンヴァリッド周辺では、グルメな散歩も。

パリ万博の建築物

このエリアには、エッフェル塔をはじめ、パリ国博覧会開催時に建てられた建築物がいくつも残っている。市立近代美術館、シャイヨー宮、パレ・ド・トーキョーももとは展示館だった。

エッフェル塔
Tour Eiffel

エッフェル塔
Ⓜ ⑥Bir Hakeim
　⑥⑨Trocadéro
🚃 ⓒChamp de Mars Tour Eiffel
住 5, av. Anatole France 7e
開 9:15～翌0:45、季節、曜
　日により異なる。入場は閉
　館の1時間前まで）
休 無休
料 2階まで（階段）€11.80、
　12～24歳€5.90、
　4～11歳€3
　2階まで（エレベーター）
　　€18.80、
　12～24歳€9.40、
　4～11歳€4.70
　最上階まで（エレベーター）
　　€29.40、
　12～24歳€14.70、
　4～11歳€7.40
　最上階まで（階段＋エレベー
　ター）€22.40、
　12～24歳€11.20、
　4～11歳€5.70
Wi-Fi
URL www.toureiffel.paris
　　　（日本語あり）
エレベーターを使うか階段を
上るかによるが、所要時間は
約2時間。天候状況などにより、
最上階まで上がれないことも
ある。

ウェブサイトで予約
日時指定のチケットをオンラ
イン予約（最上階へはエレベー
ター利用のみ）すると時間の節
約になる。予約した場合は指定
日時に「Avec Billet（チケット
あり）」、「Avec Réservation（予
約あり）」の入口に行くこと。
ただし、雨天でも予約後の変
更はできない。

エッフェル塔のレストラン
1階と2階にはレストランがあ
り、すばらしい眺望と一流の
味を楽しめる。予約はウェブ
サイトから。
URL www.toureiffel.paris/fr/
　　restaurants-boutiques
Ⓡ **マダム・ブラッスリー**
　Madame Brasserie
ティエリー・マルクスがプロ
デュースするレストラン。
営 12:00、13:30、18:30、
　21:00の開始時間から選択
　する
Ⓡ **ル・ジュール・ヴェルヌ**
　Le Jules Verne
営 12:00～13:30
　19:00～21:00（要予約）
休 7/14の夜
料 ムニュ€160（平日の昼の
　み）、€255、€275

　エッフェル塔のないパリの町を
想像できるだろうか。今や、パリ
のイメージを最も代表するこの塔
は、建設当時は大変なスキャンダ
ルを巻き起こした。

どこから見ても美しい「鉄の貴婦人」

　19世紀末、フランス革命100
周年を記念して、パリ万国博が開
催された。折しも産業革命の高揚
期にあり、目前に迫る20世紀の
ハイテクのシンボルとして、鉄の
記念碑を建てようと、あまたの案
のなかからギュスターヴ・エッ
フェルの設計案が採用される。ところが、パリの町にグロテス
クな鉄の塊を建てることへの反発は予想以上に激しく、著名人
たちの猛反発にあって工事は中断。それでもほかに代案がなく、
20年の存続期限を定めて工事が再開された。わずか26ヵ月の
突貫工事で、かろうじて間に合い、1889年5月6日に公式にオー
プンした。

　当初、賛否両論だったエッフェル塔に対するパリの世論は、
20年の歳月の間にしだいに風化していった。20年目の1909
年には、パリ市議会により、いったん取り壊し決議がなされた。
しかし、相前後して発明された無線通信に利用価値があるとわ
かり、1910年、大西洋を越えてアメリカ大陸との交信に成功

エッフェル塔は夜景も見逃せない。通常の
ライトアップのほか、毎正時に約5分間、
塔全体が点滅してキラキラと輝く

するや、存続が決定的になった。
　塔の最上階からパリ市街を
360°見渡す大パノラマは圧巻
だ。おのぼりさんと言われよ
うが、必ず塔の最上階まで上っ
てみたい。エレベーターで最
上階まで昇れるが、体力のあ
る人は2階までは階段で上っ
てみるのもおもしろいだろう。

投稿　塔の2階まで子供たちと上りました。鉄骨構造を間近で見られたのは、とてもいい経験でした。下りはエレベーター
　　　も利用でき、行きと異なる階段を下りることも可能です。（りん　'23）

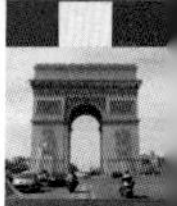

塔内や塔の下にはおみやげショップもある（→P.122）

数字で見るエッフェル塔の基本情報

年間訪問者数：約600万人（うち75%が外国人）
総重量：1万100t
建設費：780万フラン（当時の通貨）
投光器（ナトリウム灯）：336個
電球：2万個（日没後〜23:45の毎正時に5分間点灯）
エレベーターの数：地上から2階まで5基（うち1基はレストラン「ル・ジュール・ヴェルヌ」専用、1基は荷物用）、2階から最上階まで2基
エレベーターの速度：秒速2m
塗装用ペンキの量：60t（7年ごとに塗り替え）

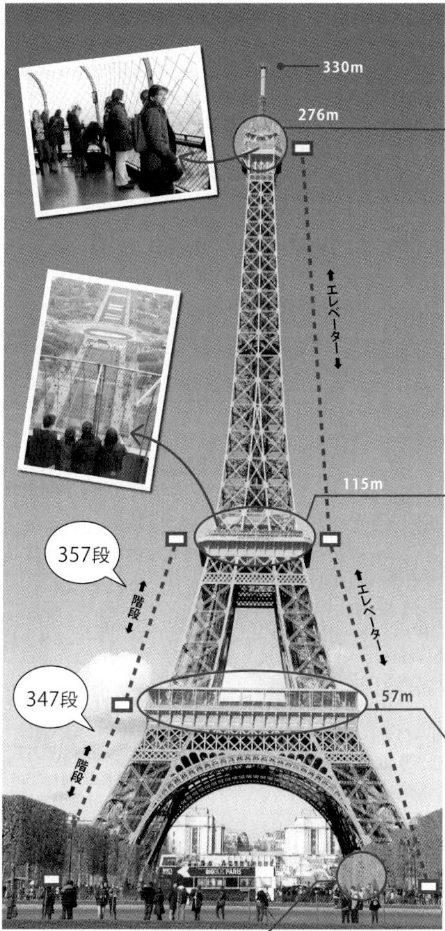

330m

276m

最上階 Sommet
最上階の展望台へはエレベーターで。グラスシャンパンを楽しめるシャンパンバー「バーラ・シャンパーニュ Bar à Champagne」がある。
[料]グラス€22〜

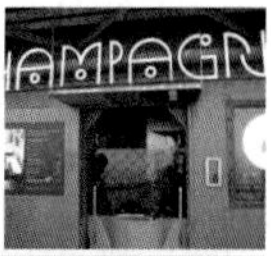

パリの主要モニュメントが見晴らせる

↑エレベーター↓

115m

2階 2e étage
1階からはエレベーターか階段で。高級レストラン「ル・ジュール・ヴェルヌ」（→P.120）へは、地上から専用エレベーターで行くことができる。

シャイヨー宮（→P.123）の眺め

357段

階段

↑エレベーター↓

57m

347段

階段

1階 1er étage
スリル満点の自撮りスポット「ガラスの床」がある。夏はテラスカフェがオープン。

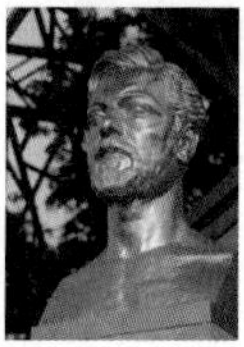

エッフェル塔の下にはエッフェル塔の設計者ギュスターヴ・エッフェルの像が置かれている。彫刻家ブールデルによる作品

エッフェル塔の周りにはテロ対策のため、柵と高さ約3mの防弾ガラスの壁が設置されている。塔の下へは誰でも入れるが、保安検査を受ける必要があり、行列ができるのでご注意を

パリのシンボル
エッフェル塔のおみやげ&おすすめ撮影スポット

パリらしいおみやげの代表、エッフェル塔グッズをゲットしたり、
いろいろな場所からカメラに収めたり、
自分だけのエッフェル塔の思い出を作ろう。

エッフェル塔モチーフのおみやげを探す

　パリに来たら、やっぱりひとつは買いたいエッフェル塔モチーフのグッズ。エッフェル塔内のオフィシャルショップには、ポストカードからテーブルウエア、ジュエリーまで多種多彩のグッズが。規模は小さいものの、塔の下にも公式ショップがある。上る時間のない場合でも、のぞいてみては。

❶オブジェ€10.99〜
❷ブランデー€12.90
❸歯ブラシ€4.99

エッフェル塔の周辺スポット

　パリでは遊園地などにかぎらず、駅前や広場、公園などにメリーゴーラウンドが設置されている。エッフェル塔側のイエナ橋のたもと（❸）と、セーヌ川を渡ったトロカデロ庭園側（❺）の2ヵ所にある。エッフェル塔の見え方が微妙に異なるので、乗り比べてみても。
　また、エッフェル塔の正面に位置するトロカデロ庭園には1万匹以上の魚がいるアクアリオム・ド・パリがあり、市民に親しまれている。

◆アクアリオム・ド・パリ Aquarium de Paris
MAP 別冊P.11-2C　M ⑥⑨Trocadéro
住 5, av. Albert de Mun 16e　開 10:00〜19:00（入場は18:00まで。⊕〜21:00 入場は20:00まで）
休 7/14　料 €27.50、学生と60歳以上€24
URL www.aquariumdeparis.com
※ウェブサイトから要予約

シャイヨー宮とアクアリオム・ド・パリのエントランス

エッフェル塔を撮る!

　エッフェル塔は330mの高さをもつ塔だけあって、いろいろな場所から見ることができ、撮影スポットのバリエーションが豊富。エッフェル塔を写真に収めるベストスポットは、セーヌ川対岸のトロカデロ庭園Jardin du Trocadéro。そして、シャイヨー宮（→P123）のテラスからの眺めはまさに絵はがきそのものだ。見る位置によって印象が変わるので、近くから遠くから、さまざまな表情のエッフェル塔を撮ってみよう。季節にもよるが、午前中はシャン・ド・マルス公園側から、午後ならトロカデロ広場側から撮ると順光に。

Ⓐシャイヨー宮からスタートがおすすめ　Ⓑシャン・ド・マルス公園から撮ると、空の青と芝生の緑が鮮やか　Ⓒメリーゴーラウンドと一緒に　Ⓓビル・アケム橋の上からジャンヌ・ダルク像と

ダイナミックな景観を堪能できる

シャイヨー宮

★★ MAP 別冊 P.10-2B

Palais de Chaillot

1937年のパリ万国博時に建設された建物で、大きく翼を広げたような形が特徴だ。アゼマ、ボワロー、カルリュによって設計された。セーヌ川に面した側には広いテラスがあり、アンリ・ブシャール作の『アポロン』などのブロンズ像が並ぶ。

内部は、シャイヨー劇場（→P.234）との3つの博物館で構成されている。

建築・文化財博物館
Cité de l'Architecture et du Patrimoine

フランス各地に残る中世建築の鋳造複製品、近現代建築の模型などを展示。中世以降のフランスの建築美術を、空間を体験しながら鑑賞できるようになっている。

実物大で再現された中世建築

人類博物館
Musée de l'Homme

2500m²という広大な展示スペースを使い、人類の進化、文明に関する多彩な資料を展示している。

大人から子供まで楽しめる

海洋博物館 Musée National de la Marine

海と船の好きな人におすすめの博物館。船や軍艦の模型、潜水艦の仕組み、海に関する絵画など、1000点以上のコレクションを展示している。

6年間に及んだ修復工事が2023年に完了し、海洋エネルギーなど新たな展示を加えて再開した。

ルイ15世の模型コレクションが展示されている

シャイヨー宮
Ⓜ ⑥⑨Trocadéro
1, pl. du Trocadéro et du 11 Novembre 16e

『アポロン』と壁面上部にはポール・ヴァレリーの言葉が金文字で装飾されたシャイヨー宮

建築・文化財博物館
→P.214

人類博物館
🕐 11:00〜19:00
🈲 火、1/1、5/1、7/14、12/25
💴 €15、26歳未満無料
URL www.museedelhomme.fr

海洋博物館
🕐 11:00〜19:00
（木は〜22:00、入場は閉館の1時間前まで）
🈲 火、1/1、5/1、7/14、12/25
💴 €15（ウェブサイトで予約すると€14）
URL www.musee-marine.fr

エッフェル塔の下に広がる憩いの場

シャン・ド・マルス公園

★★ MAP 別冊 P.11-3CD

Parc du Champ de Mars

エッフェル塔の下から旧陸軍士官学校まで続く24.5haの公園。マルスとは、ローマ神話に登場する火星の神、かつ軍神のこと。シャン・ド・マルスとは「軍神の野」という意味。かつては耕作地として利用され、パリで最初にジャガイモが植えられたのはここだった。18世紀には兵学校が建ち、練兵場として利用されたことでそう呼ばれるようになった。

現在では芝生が広がり、パリ市民や観光客の憩いの場となっている。

シャン・ド・マルス公園
Ⓜ ⑧Ecole Militaire

シンメトリーが美しい

アンヴァリッド
Ⓜ⑧La Tour Maubourg
⑬Varenne
🏠 Esplanade des Invalides
7e

軍事博物館、ドーム教会（ナポレオンの墓）
🕐 10:00～18:00
（入場は閉館の30分前まで）
🚫 1/1、5/1、12/25
💰 €15、18歳未満は無料、
第1⑥の18:00～22:00は
€10
パリ・ヴィジット所有者は
€3割引（→P.76）
🚌 ミュージアム・パス使用可
（→P.183）
🌐 www.musee-armee.fr
所要時間は約1時間。博物館の入場券でドーム教会にも入場可。

ナポレオン帽子をおみやげに
チケット売り場の横にあるインフォメーションではナポレオンの帽子を模した紙製の帽子をもらえるので、被って見学するのも楽しい。

角がふたつあるので二角帽子と呼ばれる

アンヴァリッドは、ルイ14世が負傷廃兵の収容施設として建てたもので、「廃兵院」と訳されている。現在は、ナポレオンの墓所があることで有名だ。

黄金色に輝く**ドーム教会**Eglise du Dômeはルイ9世の遺体を安置するために建てられたもので、マンサールの設計により1706年に完成。この教会の地下祭室中央が、ナポレオン1世の墓所となっている。緑色の花崗岩でできた台座の上に、赤い斑岩製の棺が置かれ、堂々たる墓所だ。地下に下りる入口には、有名なナポレオンの遺言が刻み込まれている。「余は、余がかくも愛したフランスの市民に囲まれて、セーヌ川のほとりに憩うことを願う」。

金色に輝く屋根が目を引くドーム教会（上）　その地下祭室に安置されたナポレオンの棺（下）

アンヴァリッドの一角には**軍事博物館**Musée de l'Arméeもあり、13世紀から第2次世界大戦までの武器や装飾品など、貴重な軍事コレクションを展示している。膨大な所蔵数を誇り、ナポレオンやフランスの歴史に興味のある人は必見だ。

「栄光の中庭」と呼ばれる中庭に置かれた大砲（左）ナポレオン1世の馬に使われていた美しい装飾の鞍（右）

Column
Pause Café
パリの自由の女神

アメリカのシンボル、自由の女神像。ニューヨークに立つこの女神像は、アメリカ独立100周年を記念してフランスから贈られたもの。1865年にその寄贈が発案され、資金難に陥りながらも、1886年にアメリカへ贈られた。彫刻家バルトルディによる作で、エッフェル塔の設計者ギュスターヴ・エッフェルも制作に関わっている。制作途中の1878年のパリ万博では資金集めの一環として女神像の巨大な頭部が展示され話題になった。

パリにも自由の女神像があり（→P.143）、セーヌ川の中の島の遊歩道、白鳥の小径の西端に立つ自由の女神像（**MAP** 別冊P.16-1B）は

フランス革命100周年、1889年のパリ万博の際にパリに住むアメリカ人から贈られたもの。アメリカからの返礼と友好の証として贈られたこのセーヌ川の女神像は、今日もはるかニューヨークの方角を見つめている。

セーヌ河畔に立つ自由の女神

🔰 はみだし！ オルセー美術館前からアルマ橋Pont de l'Almaまでのセーヌ河岸が「パルク・リヴ・ド・セーヌParc Rives de Seine」という遊歩道になっている。遊具などが設置され、子供から大人まで楽しめる。**MAP** 別冊P.11-2D、P.12-2AB

自由の炎

ダイアナ元英皇太子妃をしのぶ

★ **MAP** 別冊 P.11-2C

Flamme de la Liberté

セーヌ川に架かるアルマ橋Pont de l'Almaのたもとの広場にあるモニュメント。フランスとアメリカの友好を記念し、1987年にアメリカから贈られたもので、自由の女神（→P.124）の「トーチの炎」部分の原寸大のレプリカとなっている。

自由の炎
Ⓜ ⑨Alma Marceau
🏠 Pl. de l'Alma 8e

エッフェル塔をバックに撮れる人気の撮影スポット

1997年8月31日、このモニュメントの下のトンネルで、ダイアナ元英皇太子妃を乗せた車がパパラッチに追われ、事故を起こした。この事故により彼女は36歳という若さで亡くなり、多くの人が自由の炎へ献花に訪れた。没後20年以上経った現在でも彼女をしのぶ場所となっており、メッセージボードや花が置かれ、彼女の死を悼む人の訪問は絶えない。

命日には妃を偲んで多くの人が訪れる

下水道博物館

パリの地下世界

★ **MAP** 別冊 P.11-2D

Musée des Egouts de Paris

パリの下水道の歴史は古く、19世紀、ナポレオン3世の時代に遡る。オスマン知事による大々的な都市計画によって、パリが近代都市として形づくられた時代だ。下水道もその一環として改造され、セーヌ川が汚染されないように、巨大なネットワークが市内に巡らされた。パリの下水は、支管を流れ、いったん集められて浄化された後、セーヌ川に排出される。

下水道博物館
Ⓜ ⑨Alma Marceau
🚌 ⒸPont de l'Alma
🏠 Pont de l'Alma,
Esplanade Habib
Bourguiba 7e
🕐 10:00〜17:00
（入場は16:00まで）
休 ㊊、1/1〜1/15、5/1、12/25
料 €9、18歳未満無料
URL musee-egouts.paris.fr

地下500mの博物館

改装工事の後、2021年に再開した下水道博物館では、リュテティア（→P.442）から現代までの下水道の歴史を学ぶことができる。ユゴーの小説『レ・ミゼラブル』で主人公ジャン・バルジャンが逃げたパリの下水道の世界を体験してみよう。

Column
Pause Café
日仏文化交流の中心

メトロ⑥号線に乗っていると、エッフェル塔の横にガラス張りの近代的な建物が見えてくる。それが「パリ日本文化会館」だ。1997年に日本文化を紹介する目的で設立された。大小ホール、図書館、茶室などがあり、床面積延べ7500m²、地下を含め全11階建ての建物。能などの伝統芸能のほか、現代演劇、舞踏公演、

日本文化関連のシンポジウムが行われる。
エッフェル塔界隈での無料トイレスポットとして覚えておくのも役立つだろう。

◆パリ日本文化会館
Maison de la Culture du Japon à Paris
MAP 別冊P.10-3B Ⓜ ⑥Bir Hakeim
🏠 101bis, quai Jacques Chirac 15e
🕐 11:00〜19:00
休 ㊊ ㊗
料 入館のみなら無料
URL www.mcjp.fr（日本語あり）

おにぎりなど軽食も販売している

シテ島からマレ、バスティーユ

Ile de la Cité ~ Le Marais, Bastille

見逃せない観光スポット

ノートルダム大聖堂★★★ P.128
サント・シャペル★★★ P.132
ポンピドゥー・センター★★★ P.134
サン・ルイ島★★★ P.133
ヴォージュ広場★★★ P.136
ピカソ美術館★★★ P.204
バスティーユ広場★★ P.139
コンシェルジュリー★★ P.132

交通メモ

Ⓜ④Citéがノートルダム大聖堂の最寄り駅。マレ地区の散策はⒶ①St-Paulから始めるといい。Ⓜ①④⑦⑪⑭Châteletは多くの路線が乗り入れ、出口を見つけるのに苦労することも。初めてなら避けたほうが無難。

グルメ

マレ地区にはおしゃれなカフェやレストランが多数ある。ユダヤ料理店が多いのも特徴（→P.138）。サン・ルイ島名物「ベルティヨン」（→P.321）のアイスクリームはぜひ試したい。

ショッピング

デパートの「サマリテーヌ」や、フラン・ブルジョワ通りの店の多くは日曜も営業していて便利。
[ショッピングスポット]
フォーロム・デ・アール　P.135、P.343
フラン・ブルジョワ通り　P.298
ランビュトー通り　P.332
サマリテーヌ　P.342

夜と治安

人通りの多いエリアなので、夜も比較的安心して歩ける。「フォーロム・デ・アール」とポンピドゥー・センターの間は、少し雰囲気がよくない一画もあるので、早足で歩きたい。

トイレ

ポンピドゥー・センターのトイレは無料で使える。「フォーロム・デ・アール」にも有料だがトイレがある。

町角のアートを探し歩くのも楽しいマレ地区

📷 フォトジェニックスポット4

❶セーヌ川に浮かぶサン・ルイ島。遊覧船からベストショットを狙ってみては　❷大規模なリニューアルで生まれ変わったショッピングセンター「フォーロム・デ・アール」。曲線を多用した建築は、アングル次第でおもしろさアップ　❸れんがをあしらった館に囲まれたヴォージュ広場は、季節によって趣が変わる　❹ポンピドゥー・センターにある池は、ニキ・ド・サンファルやティンゲリーの作品で彩られたスポット

ノートルダム大聖堂の建つシテ島は、紀元前3世紀に遡るパリ発祥の地。マレ地区は豪奢な中世貴族の館と個性的なブティックで彩られた、散策が楽しい人気の地区だ。シテ島から右岸に渡った西側は、フォーロム・デ・アールを中心にした近代的な商業地区となっている。

MAP 別冊P.13-2～3D、P.14-2A～3B、P.26～27

モデルプラン

所要 約5時間

シテ島＆サン・ルイ島からマレ地区まで1日で回る集中プラン。広範囲なので2日に分けても。

① ノートルダム大聖堂
→ 徒歩約5分
② 「ベルティヨン」でアイスを買う
→ 徒歩約10分
③ バスティーユ広場
→ 徒歩約7分
④ フラン・ブルジョワ通り
→ 徒歩約10分
⑤ ポンピドゥー・センター
→ 徒歩約3分
⑥ フォーロム・デ・アール

シテ島、サン・ルイ島の歩き方

シテ島はノートルダム大聖堂から歩き始めるといい。ステンドグラスが見事なサント・シャペルも島内にある。サン・ルイ橋を渡ってサン・ルイ島に入ったら、サン・ルイ・アン・リル通りを散策。

マレ、バスティーユの歩き方

範囲は広いが、魅力的な場所が多く歩き飽きることがない。バスティーユ広場、ヴォージュ広場、フラン・ブルジョワ通りを散策したあとは、ポンピドゥー・センターを見学。「フォーロム・デ・アール」も歩いてすぐだ。

ノートルダム大聖堂

★★★ **MAP** 別冊 P.13-3D、P.26-3B

Cathédrale Notre-Dame de Paris

ノートルダム大聖堂
Ⓜ ④Cité
住 6, Parvis Notre-Dame 4e

※2019年4月15日の火災により大聖堂の一部が消失し、閉鎖中。再開は2024年12月の予定。

ノートルダム大聖堂略史
1163 建設開始
1239 聖ルイ王が聖遺物「茨の冠」をエルサレムから持ち帰る
1793 ファサードの一部が破壊される
1804 ナポレオン1世が戴冠式を行う
1845 ヴィオレ・ル・デュックによる修復開始
2013 創建850周年を記念し、9つの鐘が付け替えられた
2019 火災で屋根と尖塔を焼失
2020 修復工事が進められる

フランス国民の心の拠りどころでもある貴重な歴史遺産

　パリ発祥の地、シテ島に建つゴシック様式の大聖堂。フランス中世文化の美しい結晶であり、当時の豊かな精神文明に触れることのできる、至宝ともいえる建築物だ。「ノートルダム（われらの貴婦人）＝聖母マリア」にささげられたもので、荘厳な建築はもとより、彫刻やステンドグラスにおいても美術史上重要な位置を占めている。
　建設が始まったのは1163年。もともとここには「サンテティエンヌ」という名の古い教会があったのだが、首都によりふさわしい建造物をと望んだ、パリ司教モーリス・ド・シュリーの決断によって、壮大なスケールの大聖堂が建設されることになった。モデルにしたのは、ゴシック建築のさきがけとなった、パリ近郊にあるサン・ドニ・バジリカ大聖堂。ラテン十字を基本とした平面プラン（→P.130）、33mの高さをもつ天井の重力を吸収させるためのリブ・ヴォールトやフライング・バットレ

Column Information 〉 **ノートルダムの鐘**

　1831年に刊行され、今ではミュージカルや映画、ディズニー作品としても親しまれている『ノートルダムの鐘（原題ノートルダム・ド・パリ）』。あらすじを簡単に紹介しよう。
　ノートルダム大聖堂の司教補佐フロロは、前庭で踊る娘エスメラルダを見そめ、鐘撞き男カジモドに彼女を誘拐させようとする。しかし、彼女は近衛隊

ヴィクトル・ユゴーの代表作のひとつ

長フェビュスに恋してしまい、嫉妬したフロロはフェビュスを殺害、その容疑がエスメラルダにかけられる。彼女を愛するカジモドは大聖堂にかくまい助けようとするがかなわず、物語は悲劇的な結末を迎える。
　2019年4月の火災により、2024年春現在、鐘のある塔に上ることはできない。再び鐘を間近で見られる日を待ちたい。

エスメラルダへの思いを胸に秘めたカジモド

火災で失われた屋根全体を現在再建中

ノートルダム大聖堂の修復工事
2019年4月の火災を受けて、マクロン大統領は「5年で再建する」と明言。焼け落ちた屋根のデザインを広く公募するなど、修復計画が進められた。焼失した尖塔は元通りの形で再建されることになった。

ス（→P.131）など、ゴシックの高度な技術を駆使して建設を進め、最終的な工事が終了したのは14世紀初めのこと。奥行き100mを超えるスケールはもちろんのこと、3つのバラ窓を含む見事なステンドグラス、繊細なレリーフや彫刻が刻み込まれた傑作が誕生した。なかでもふたつの塔を左右に据えた西側正面のスタイルは、その後、フランスのゴシックの典型ともなった。

中世建築の復興に尽力したヴィオレ・ル・デュック
19世紀の建築家。古典建築だけがもてはやされていた時代、荒廃しきっていた中世の建築物を修復、復興することに力を注いだ。ノートルダム大聖堂もそのひとつ。ただ、オリジナルにはなかった彫像を尖塔に加えるなど、度が過ぎた改変は、時に批判の対象ともなった。

破壊と再生の歴史を経て

何世紀にもわたって信仰の中心となったノートルダム大聖堂だが、18世紀になると、美観を損なう改築が行われるなど、老朽化と相まって、もとの美しさが失われていく。さらに、フランス革命勃発時には、彫像が破壊されるなど多大な被害を受けて、衰退の一途をたどった。しかしその後、1804年にナポレオンがここで戴冠式を行い、ヴィクトル・ユゴー原作の小説『ノートルダム・ド・パリ（ノートルダムの鐘）』の大ヒットにより、国民の間でも復興を望む声が高まった。そして19世紀半ばに大聖堂の修復が行われることになった。工事に携わったのは、数々の中世建築をよみがえらせ、再評価への道筋をつけた建築家ヴィオレ・ル・デュック。失われた彫像の修復はもちろん、ステンドグラスや内陣など全面的な修理を行った。

火災による焼失と再建への道のり

2019年4月15日、ノートルダム大聖堂に火災が発生。屋根の大部分と尖塔が焼け落ちた。幸いバラ窓をはじめとするステンドグラスやファサード（正面）は被害を免れ、聖遺物である「茨の冠」など、貴重な宝物の数々も運び出されて無事だった。2024年4月現在、修復工事が進められており、荘厳な姿を再び拝観できる日が待たれる。

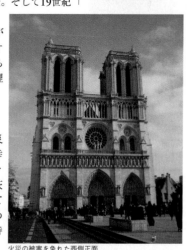

火災の被害を免れた西側正面

聖堂内

　　　ノートルダム大聖堂は、縦軸が横軸より長い「ラテン十字」の平面プランを基本としている。柱が連なり深い森を思わせる身廊を抜けると、神聖な祭壇のある東側奥の内陣へと導かれる。翼廊の両側に設置されたバラ窓も絶品。聖母子像をはじめとする彫像の数々も重要な美術品。

大聖堂のサイズ
幅40m　奥行き128m　高さ33m

ピエタ Pietà
聖母子像のひとつで、磔刑の後、十字架から降ろされたキリストを抱く聖母の姿が描かれている。

リブ・ヴォールト

尖頭アーチ

北のバラ窓 Rose Nord
1250年頃に制作されたもので、当時のオリジナルが大部分残っている貴重なステンドグラス。中央の聖母子を取り囲むのは旧約聖書に登場する人物たち。

周歩廊

内陣

宝物殿➡

聖歌隊席

聖具殿➡

翼廊

Porte Rouge

サン・ドニ像

Portail du Cloître

側廊　身廊　側廊

Portail St-Étienne

12世紀
13世紀
14世紀

聖母マリアのポルタイユ　最後の審判のポルタイユ　聖アンナのポルタイユ

聖堂内部 Intérieur
身廊から内陣に向かって柱が連なる様は、まるで深い森のよう。33mの高さをもつ天井を支えるのは壁ではなく、梁のように交差する「リブ・ヴォールト」と「尖頭アーチ」。重力を分散させるゴシック様式の技によって、大きなガラス窓を設けることが可能になり、ステンドグラスの隆盛につながった。

聖母子像 Vierge à l'Enfant
聖堂内に37ある聖母マリア像のひとつで、幼子イエスを抱き、「パリのノートルダム」と名づけられている（14世紀）。フランス革命中に破壊された13世紀の像に替わり、1818年ここに設置された。

再び塔からの眺めを楽しめるのはいつ？

西のファサード（正面） Façade ouest

最後の審判のポルタイユ

大聖堂の正面入口で3つのポルタイユ（門）がある。向かって右側が訪問者用入口になっている「聖アンナのポルタイユ」。左は出口になっている「聖母マリアのポルタイユ」。中央にあるのが「最後の審判のポルタイユ」で、天使ミカエルと悪魔によってすべての死者が天秤にかけられ、地獄行き（右）と天国行き（左）に分けられる場面が描かれている。

南のバラ窓 Rose Sud
新約聖書の物語を描いた84の部分から構成されているステンドグラス。直径13m、中央にはキリスト像、下部には16人の預言者が描かれている。

ゴシック建築

12～15世紀にイル・ド・フランスや北部の都市部を中心に発達したのがゴシック建築（→P.145）。重力を吸収させる構造など、当時の建築技術が結集して生まれた様式で、天に向ってそびえ立つ形状が特徴。結果、高い天井を利用したステンドグラスが発展し、厳かな光で満たされた内部空間は、地上における「神の家」となった。

キマイラの回廊
Galerie des chimères
北塔と南塔を結ぶ回廊に設置された伝説の怪物「キマイラ」。さまざまな形をしており、パリの町並みを見下ろすしぐさがおもしろい。

南塔 Tour Sud
「エマニュエル」と呼ばれる大鐘（総重量14t、鐘の舌だけで500kg）がある。

尖塔 Flèche
ヴィオレ・ル・デュックが設計した尖塔。高さ96m。2019年の火災で消失し、再建。

宝物殿 Trésor
キリストが磔刑に処されたとき、身につけていたとされる茨の冠などの聖遺物や、金銀細工が施された宗教関係の宝物が納められている。

北塔 Tour Nord

バラ窓の階 Etage de la rose
ステンドグラスが見事な中央のバラ窓を背景に、聖母子像が配されている。

西のファサード（P.130）

ポワン・ゼロ Point zéro
大聖堂前広場の石畳にはめ込まれた八角形の星印はパリのゼロ地点を示す。

南のバラ窓
（P.130）

フライング・バットレス Arc-boutant
フランス語で「アルク・ブータン」と呼ばれる。大聖堂の外側に設置され、天井を支えるリブ・ヴォールトの重力を吸収する役割を果たす、ゴシック特有の建築技術。

ガーゴイル Gargouille
雨樋の役目を果たしている怪物の彫刻。塔に設置された「キマイラ」とは別物だ。

諸王の階 Galerie des rois
ユダヤとイスラエルの王を表した28体の彫像。フランス革命時には、歴代の王と間違われて破壊された。

サント・シャペル

Ste-Chapelle

サント・シャペル
Ⓜ ④Cité
🏠 10, bd. du Palais 1er
🕐 4〜9月　9:00〜19:00
　10〜3月　9:00〜17:00
　（入場は閉館の40分前まで）
休 1/1、5/1、12/25
料 €13、18歳未満無料、
　コンシェルジュリーとの共
　通券€20
バス ミュージアム・パス使用可
　（→P.183）
URL www.sainte-chapelle.fr
所要時間は約1時間。入口でセ
キュリティチェックもあり、
入場までにかなり並ぶことを
考慮に入れて。日本語のオー
ディオガイド（€3）もある。

光の強さによって表情が変わる

「聖なる礼拝堂」という名のサ
ント・シャペル

シテ島にある、パリ最古の
ステンドグラスで知られる教
会。ルイ9世が、コンスタンティ
ノープルの皇帝から買い求め
たキリストの聖遺物、茨の冠
や十字架の木片（現在はノート
ルダム大聖堂に収蔵）などを納
めるために造らせた礼拝堂で、
完成は1248年。壁を最小限
に切り詰め、いわば鳥籠のよ
うな構造にし、燦然と輝くステンドグラスで埋め尽くした。ゴ
シック様式の極致ともいえる。礼拝堂は上下2層に分かれてい
る。下部は王家の使用人のためのもので、壁が厚く、窓も小さ
く、低いリブ・ヴォールト（→P.145）を列柱が支え堅固な造り
となっている。派手な彩色は19世紀に施された。

　狭い階段を上って上部の礼拝堂に出ると、そこは一面ステン
ドグラスに包まれた幻想的な世界。15の窓のステンドグラス
に描かれた、1113景もの場面をたどるのは大変なことだが、
正面に向かって左、創世記のアダムとイヴの物語くらいは、拾
い読みしてみたい。双眼鏡があると便利だ。

コンシェルジュリー

Conciergerie

コンシェルジュリー
Ⓜ ④Cité
🏠 2, bd. du Palais 1er
🕐 9:30〜18:00
　（入場は閉館の30分前まで）
休 5/1、12/25
料 €13、18歳未満無料、
　サント・シャペルとの共通
　券€20
バス ミュージアム・パス使用可
　（→P.183）
URL www.paris-conciergerie
　.fr

マリー・アントワネットの服の
展示も

該当箇所でタブレット型ガイド
「イストパッドHistoPad」（英・
仏語。無料）をかざすとマリー・
アントワネットの再現独房など
が見られる

お城のようだが実は牢獄

　セーヌ川の右岸からシテ
島を眺めると、とんがり屋
根の3つの塔をもつ、堅固な
建物が目に入る。これがコン
シェルジュリーだ。14世
紀にフィリップ美貌王が建
てさせたもので、**王室管理
府（コンシェルジュリー）**が
おかれていた。3つの塔は、右からボンベックの塔、銀の塔、シー
ザーの塔と呼ばれ、カペー王朝時代の名残が見られる。左端の
四角の塔には、戸外に取りつけられたもの
としてはパリ最古の公共の時計がある。

　フランス革命の様子を思い浮かべるの
に、コンシェルジュリーほどふさわしい
場所はない。1793年1月から1794年7月ま
での間に、2600名もの貴族や革命家たち
がここに収容され、断頭台へと送られた。

時計の付いた塔

そのなかには、1793年10月16日に38歳の若さで断頭台の露と
消えたマリー・アントワネット、ルイ15世の愛妾デュ・バリー
夫人、政治家ダントン、ジロンド党の花ロラン夫人がいた。

貴族の館が建ち並ぶ小さな島

サン・ルイ島

★★★ MAP 別冊 P.20-1A、P.27-3C

Ile St-Louis

セーヌ川のほとりは恋人たちのデートコース。サン・ルイ島は特にムード満点

シテ島と並んで、セーヌ川に浮かぶもうひとつの島がサン・ルイ島。観光客でにぎわうシテ島とは打って変わって、お隣のサン・ルイ島はひっそりと落ち着いた雰囲気だ。観光地の喧騒に疲れたら、シテ島からサン・ルイ橋Pont St-Louisを渡って、サン・ルイ島をのんびり歩いてみるといい。

17世紀の貴族の館が建ち並ぶこの島は、パリで最もステータスの高い高級住宅地とされている。観光名所はないが、島の中央を東西に貫くメインストリートの**サン・ルイ・アン・リル通り**Rue St-Louis en l'Ileには、おしゃれなギャラリーやサロン・ド・テが並び、散歩が楽しい場所だ。

数ある貴族の館のなかでもとりわけ美しいのが、**ランベール館**Hôtel Lambertで、ヴェルサイユ宮殿を造営したル・ヴォーの建築。18世紀にはヴォルテールが滞在したこともある。その近くの**ローザン館**Hôtel de Lauzunには文学者ゴーティエや詩人ボードレールが住み、ハッシッシ・パーティを繰り返していた。また、サン・ルイ・アン・リル通りにたたずむ小さな教会、**サン・ルイ・アン・リル教会**は静かな気持ちになりたい人にはぴったりの場所。内陣の両側面に並ぶ礼拝堂の中には、『受胎告知』、『キリスト降誕』など、美しい宗教画が飾られている。

サン・ルイ島
Ⓜ⑦Pont Marie

サンルイ島には、パリで一番有名なアイスクリーム屋「ベルティヨン」(→P.321)がある

メインストリートにあるサン・ルイ・アン・リル教会

質の高い企画展が行われることも

パリ市庁舎

★ MAP 別冊 P.14-3A、P.26-2B

Hôtel de Ville de Paris

ノートルダム大聖堂からセーヌ右岸に向かって橋を渡った所にある、重厚なルネッサンス様式の建物がパリの市庁舎だ。正面の時計の下には、フランスの標語とされる3つの言葉、「Liberté(自由)／Egalité(平等)／Fraternité(友愛)」の文字が刻まれている。現在の壮麗な市庁舎は、1871年に旧市庁舎が火災で焼失した後に再建されたもの。年に数回行われる特別企画展も人気。

ルネッサンス様式の豪奢な外観

パリ市庁舎
Ⓜ①⑪Hôtel de Ville
🏠5, rue de Lobau 4e

「パリ・ランデ・ヴー」でおみやげを
市庁舎のリヴォリ通り側にはギフトショップ「パリ・ランデ・ヴー Paris Rendz-vous」があり、エッフェル塔などをモチーフにした雑貨やおみやげを販売している。
🏠29, rue de Rivoli 4e

リヴォリ通りに面した入口

はみだし！ 市庁舎の近くにある「サン・ジャック塔Tour St-Jacques」(MAP 別冊P.26-2A)。1648年にはパスカルがこの塔上で気圧の実験を行い、大気には圧力があり、高度によってそれが異なることを実証した。上に上ることができる。

ポンピドゥー・センター　Centre Pompidou

ポンピドゥー・センター
Ⓜ ⑪Rambuteau
①④⑦⑪⑭Châtelet
①⑪Hôtel de Ville
Ⓡ ⒶⒷⒹChâtelet Les Halles
住 Pl. Georges Pompidou 4e
開 11:00～22:00
（スペースにより異なる。
美術館の企画展は®は
～23:00)
休 ⑭、5/1
料 無料（美術館は有料）
WI-FI
URL www.centrepompidou.fr
美術館に入らず、展望台と
ショップなどを楽しむだけな
ら所要時間は約1時間。2025
年より2030年まで改修工事の
ため休館予定。

国立近代美術館→P.202

開館当初は、配管むき出しの過
激な外観が物議を醸した

最上階のレストラン
ポンピドゥー・センターの最
上階にある「ジョルジュ」は、
コスト兄弟のプロデュースで
知られるスタイリッシュなレ
ストラン。美術館に入らない
場合は、センターの入口の左
側にある専用エレベーターで
上がれる。
Ⓢ ジョルジュ Georges
営 12:00～23:00
休 ⑪⑭
料 ア・ラ・カルト予算€40～
60
URL restaurantgeorgesparis.
com

国立近代美術館をはじめ、図書館などが入った総合文化芸術センター。リチャード・ロジャーズ（英）とレンゾ・ピアノ（伊）による奇抜なデザインは、1977年の開館当初から賛否両論あるものの、現在では万人に開かれた現代文化センターとして市民の支持を集めている。

大規模な改修工事が予定されている

センターは階によってセクションが分かれている。国立近代美術館へは透明チューブ状のエスカレーターで上がる。最上階には企画展会場とレストランがあり、ここからの眺めは最高だ。

2023年秋に改修工事が終了

ポンピドゥー・センター前のストラヴィンスキー広場Pl. Stravinskiの噴水にはニキ・ド・サンファルとジャン・ティンゲリーによるカラフルで、水を噴き出したりしながら動く16ものオブジェがある。

ル・フォーロム Le Forum（Niveau-1,0,1）

関西国際空港を手がけた建築家として日本でも有名なレンゾ・ピアノによって再構築された多目的スペース。チケット売り場のあるエントランスホール、映画館、書店、おみやげショップなどで構成されている。地階にはセンター所蔵の写真コレクションを展示する無料のギャラリースペースがある。

公共情報図書館 Bibliothèque Publique d'Information

（Niveau1,2,3）　文化センターの要ともいえる開架式図書館。Rue du Renard側から入る独立した入口があり、3階分のフロアを使っている。

国立近代美術館 Musée National d'Art Moderne

（Niveau4,5,6）　ルーヴル、オルセーと並ぶ、パリ三大美術館のひとつ。20世紀以降の代表的な美術作品を観ることができる。最上階では企画展が開催される（→P.202）。

フランス国立音響音楽研究所 I.R.C.A.M（別建物）

最新テクノロジーによる最先端の音と音楽の研究所。

Column Pause Café　ポンピドゥー・センターでおみやげを

地上階のショップには、センター関連商品があるのでチェックしてみよう。日本でも人気のある絵本『リサとガスパール』。リサの家族がポンピドゥー・センターに住んでいる設定なので、グッズが販売されることも。

マグカップや絵本などいろいろなグッズがある

　「Niveauニヴォー」とはフランス語で建物の「階」を意味する。Niveau 0とあれば地上階のこと。フランスと日本の階の数え方は異なるので気をつけよう。日本の1階、2階はフランスではそれぞれ0階、1階となる。（→P.99）

フォーロム・デ・アール

巨大市場の跡地にできたショッピングセンター　★　**MAP** 別冊 P.13-2D、P.26-2A

フォーロム・デ・アール　　　Westfield Forum des Halles

　「レ・アール」という地区名は、1969年までここに中央市場（レ・アール）があったことに由来する。1100年頃からこの界隈に市が立ち始め、フィリップ・オーギュスト王が1183年にここを常設市場としてから、パリ市民の台所として発展してきた。エミール・ゾラの小説『パリの胃袋』では、19世紀当時の中央市場の喧騒と活気が見事に描かれている。

　1969年、中央市場はパリの南7kmの所にあるランジスに移転した。その後、レ・アール地区は再開発によって大きく生まれ変わり、地下4階までの巨大ショッピングセンター「フォーロム・デ・アール」ができて以来、周辺一帯は若者が集まる繁華街に様変わりした。

　2016年には2度目の再開発プロジェクトにより、ショッピングセンター（→P.343）や映画館の入った複合施設「ラ・カノペ」として生まれ変わった。

フォーロム・デ・アール
Ⓜ Les Halles
Ⓜ ⒶⒷⒹChâtelet Les Halles
🏠 101, Porte Berger 1er
🕐 ㊊～㊏　　10:00～20:30
　　㊐　　　11:00～19:30
📶
URL www.westfield.com/en/france/forumdeshalles

森林をイメージし、曲線を多用した「ラ・カノペ」

サントゥスタッシュ教会

迫力あるオルガンコンサートが人気　★　**MAP** 別冊 P.13-2D、P.26-2A

サントゥスタッシュ教会　　　Eglise St-Eustache

　レ・アール地区の北西に高々とそびえる大伽藍。この教会の建設が始められたのは16世紀、100年かかって完成した。奥行き100m、幅43m、高さ33m。骨組みや全体の造りにゴシック様式が生きており、装飾はルネッサンス様式。正面は未完成のまま残されていたが、18世紀（1754年）にコリント風の柱

オルガンコンサートが人気

が据えられた。内部では17世紀のステンドグラスが見もの。また、8000本のパイプをもつオルガンは、屈指の名器といわれ、ときおり開かれる演奏会に多くの人を集めている。

サントゥスタッシュ教会
Ⓜ ④Les Halles
🏠 146, rue Rambuteau 1er
🕐 ㊊～㊎　　9:30～19:00
　　㊏　　　10:00～19:00
　　㊐　　　9:00～19:00
URL www.saint-eustache.org
日曜には無料のオルガン演奏も（17:00～）。

教会前の影像はアンリ・ド・ミラー作『L'Ecoute』

サン・ジェルヴェ・サン・プロテ教会

クープランのオルガンが見られる　★　**MAP** 別冊 P.14-3A、P.26-2B

サン・ジェルヴェ・サン・プロテ教会　Eglise St-Gervais St-Protais

　4世紀にミラノで殉教した聖ジェルヴェと聖プロテの兄弟にささげられたバジリカ堂堂が、6世紀初めにこの場所に建てられたのがこの教会の歴史の始まり。現在の教会は、1657年に完成したものだ。ファサード（正面）はパリで最初に古典様式を取り入れ、下からドーリア様式、イオニア様式、コリント様式と調和の取れた3層構造になっている。イオニア様式の柱に囲まれ、ふたりの聖者の彫刻が左右に置かれている。内部は、後期ゴシックフランボワイヤン様式の天井が美しい。特に中央奥、聖母マリア礼拝堂の天井は、穹窿（きゅうりゅう）の縁から延びた楔形（くさびがた）の石が絡み合い、華麗な雰囲気。16世紀のステンドグラスが残っており、入って右の第6番目の礼拝堂のグラスには兄弟の殉教が描かれている。

サン・ジェルヴェ・サン・プロテ教会
Ⓜ ①⑪Hôtel de Ville
🏠 13, rue des Barres 4e

ゴシックフランボワイヤンの装飾と美しいステンドグラスに囲まれた聖母マリアの礼拝堂

はみだし！　17～18世紀を通じて優れたオルガン奏者を8人も出した、クープラン家代々の演奏の場だったのがサン・ジェルヴェ・サン・プロテ教会。歴史的記念物に指定されているクープランのオルガンで、今でも演奏が行われている。

135

ヴォージュ広場
Place des Vosges

ヴォージュ広場
Ⓜ①⑤⑧Bastille

アーケード付きの回廊

ブルボン朝の創始者でもあるアンリ4世が造らせた、パリで最も古い広場のひとつ。パリを世界で最も美しい都にしたいという王の望みに従って、広場の建設が企画されたのは1605年のこと。王自身は暗殺者の刃に倒れ、広場の完成を見ることはできなかったが、1612年ルイ13世の時代に完成し、「王の広場Place Royale」と呼ばれた。広場は、南北にある王の館、王妃の館を含めて36のパヴィヨン（館）に囲まれている。れんがをあしらい、外観がすべて同じスタイルで統一されているのが大きな特徴で、広場を覆う芝生の緑と美しいコントラストを見せている。かつては社交の場、また貴族たちの決闘の場ともなったこの広場、1789年のフランス革命後は、「王」と名のつくものがことごとく排除されたため、現在の名称に改められた。広場を囲む建物の1階部分はアーケード付きの回廊となっており、画廊、骨董商、レストランなどが並ぶ。

調和の取れたたたずまいを見せるヴォージュ広場。週末には芝生の上で日光浴を楽しむ人々でいっぱいになる

ヴィクトル・ユゴー記念館
Maison de Victor Hugo

ヴィクトル・ユゴー記念館
Ⓜ①⑤⑧Bastille
🏠6, pl. des Vosges 4e
🕐10:00〜18:00
　（入場は17:30まで）
休 ㊊
料 無料（企画展開催時は有料）
URL www.maisonsvictorhugo.paris.fr
2021年6月にリニューアルオープンし、「カフェ・ミュロ」（→P.270）が併設された。

フランスが誇る19世紀最大の作家ユゴー。パリでは何度も引っ越しをしているが、1832〜1848年に家族とともに暮らしたヴォージュ広場6番地の家が記念館として公開されている。この間、アカデミー会員、上院議員にも選出されており、文人かつ政治家として栄光に包まれた時代だった。執筆活動も盛んで、詩編やロマン派演劇、そして世界中で愛読されている『レ・ミゼラブル』の前身となった『レ・ミゼール』も執筆している。家族が住んでいたのは3階。ユゴーや家族の肖像画が掲げられている。奥にある彼の書斎は数々の名作が生まれた記念すべき部屋だ。

ヴォージュ広場を囲む建物内にある

ヴォージュ広場を囲む館のひとつに掲げられたユゴーの家を示すプレート

中国趣味の調度品と壁面を覆う陶器で飾られた客間

カルナヴァレ博物館（パリ歴史博物館）Musée Carnavalet-Histoire de Paris

ショッピングストリートとしても有名なフラン・ブルジョワ通り（→P.298）に面した博物館。マレ地区に多数残る「貴族の館」（下記コラム）の代表格ともいえるカルナヴァレ館と、隣接するル・プルティエ・ド・サン・ファルゴー館の一部で構成され、ガロ・ローマ時代から20世紀にいたるまで、パリの歴史に関する貴重な資料の数々が揃う。16世紀ルネッサンス様式の優雅な趣を残すカルナヴァレ館には、ルイ14、15、16世時代の家具や調度品、セヴィニエ侯爵夫人がここで暮らした17世紀の絵画などを展示。

世紀の絵画などを展示。

4年に及んだ改修工事の後、フランス革命に関する展示室が充実。バスティーユ牢獄の模型や当時の様子を描いた絵画などから、時代の熱気が伝わってくるのようだ。

ルネッサンスの趣が残る館

ミュシャがデザインした宝石店を移設

カルナヴァレ博物館
Ⓜ①St-Paul
🏠 23,rue Sévigné 3e
🕐 10:00～18:00
（入場は17:15まで）
休 ⑲、1/1、5/1、12/25
料 無料
URL www.carnavalet.paris.fr

Column Pause Café　歴史が香るマレ地区

「マレMarais」とは沼沢地の意。セーヌの流れが徐々に変わり、そのために残された沼地だったことからその名がついた。中世の頃には開拓が進み、修道院なども建てられた。今も残る最古の館は**サンス館**。パリ大司教のパリの館として1475年から1519年に建てられた。

ルーヴル宮にも近いこの界隈は、国王の権威が強まるにつれて、その重要度を増してくる。とりわけ17世紀にヴォージュ広場（→P.136）が完成すると、マレ地区の人気は一気に高まり、貴族たちはこぞって美しい広場の近くに館を建てるようになった。例えば17世紀建築のシュリー公爵の館、**シュリー館**は、中庭を抜けてヴォージュ広場に出られる。このように、入り組んだ中世の路地と優雅な貴族の館が混在する、マレ独特の町並みが生まれた。

建てられた館のほとんどは、現在は市や国の所有となっており、博物館や図書館として使われ、当時の雰囲気を今に伝えている。

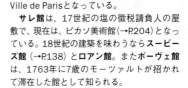
ラモワニョン館の庭

最も有名な**カルナヴァレ館**（上記）の隣にある**ラモワニョン館**は16世紀、アンリ2世の王女ディアヌ・ド・フランスによって建てられたルネッサンス様式の館。現在は**パリ市史料館**Bibliothèque Historique de la Ville de Parisとなっている。

サレ館は、17世紀の塩の徴税請負人の屋敷で、現在は、ピカソ美術館（→P.204）となっている。18世紀の建築を味わうなら**スービーズ館**（→P.138）と**ロアン館**。また**ボーヴェ館**は、1763年に7歳のモーツァルトが招かれて滞在した館として知られる。

◆マレ地区の貴族の館
サンス館 Hôtel de Sens
MAP 別冊P.14-3A、P.27-3C
🏠 1, rue du Figuier 4e

シュリー館 Hôtel de Sully
MAP 別冊P.14-3B、P.27-2D
🏠 62, rue St-Antoine 4e

ラモワニョン館 Hôtel de Lamoignon
MAP 別冊P.14-3B、P.27-2C
🏠 24, rue Pavée 4e

ロアン館 Hôtel de Rohan
MAP 別冊P.14-2A、P.27-1C
🏠 60, rue des Francs Bourgeois 3e

ボーヴェ館 Hôtel de Beauvais
MAP 別冊P.14-3A、P.27-2C
🏠 68, rue François-Miron 4e

マレに残る木骨組みの家（左）　サンス館（右）

狩猟自然博物館 — 狩猟に関する展示が充実

★ **MAP** 別冊 P.14-2A、P.26-1B

狩猟自然博物館 Musée de la Chasse et de la Nature

狩猟自然博物館
Ⓜ ⑪Rambuteau
住 62, rue des Archives 3e
開 11:00〜18:00
（9〜6月の㊌は〜21:30）
休 ㊊㊗
料 €11（企画展開催時€13）、
18歳未満と第1㊐は無料
URL www.chassenature.org

サレ館（→P.137、P.204）と同時代に建てられた**ゲネゴー館**Hôtel de Guénégaudを利用した博物館。1967年に当時の文化相アンドレ・マルローによって設立された。狩猟にまつわる絵画や先史時代からの古武具、アフリカやアメリカ、アジアの動物の剥製など、狩猟に関するさまざまな展示品がある。

先史時代からの狩猟に関する展示

迫力のある剥製

国立古文書博物館 — 18世紀の館を利用した博物館

★ **MAP** 別冊 P.14-2A、P.26-1B

国立古文書博物館 Musée des Archives Nationales

国立古文書博物館
Ⓜ ⑪Rambuteau
住 60, rue des Francs
Bourgeois 3e
開 10:00〜17:30
（㊏㊐は14:00〜）
休 ㊋、1/1、12/25
料 €5（企画展中は€8）、
第1㊐は無料

ジャンヌ・ダルクの手紙やマリー・アントワネットの遺書など、フランスの歴史に関わる貴重な展示品が並ぶ国立古文書博物館。博物館の入っている建物は、スービーズ公フランソワ・ロアンのために建てられた**スービーズ館**Hôtel de Soubiseで、18世紀の趣を残している。内装は華やかなロココ調で、『マリー・アントワネット』（2006）など映画撮影にも使われている。

華やかな内装も必見

Column Pause Café ＼ マレのユダヤ人街

マレ地区には、19世紀末以降迫害から逃れるために東ヨーロッパからやってきたユダヤ人が多く住み着いた。このあたりにはユダヤ教会（シナゴーグ）が多く、ユダヤ通りと呼ばれるロジエ通りRue des Rosiers（**MAP**別冊 P.27-2C）にはユダヤの星マークを掲げたユダヤレストランや食料品店が並んでいる。ユダヤ教の安息日は土曜なので、日曜に開いているお店が多いのもこの地区の特徴。

この地区の名物が、ヒヨコ豆をつぶして作ったコロッケのような「ファラフェルFalafel」。これを揚げナス、紫キャベツと一緒にピタパンに挟んだサンドイッチは、とても人気がある。「ラス・デュ・ファラフェル」はロジエ通りでもいちばんの人気店で、店頭にはいつも行列ができている。

◆ラス・デュ・ファラフェル L'As du Fallafel
MAP 別冊P.27-2C
住 34, rue des Rosiers 4e

ファラフェルは老若男女問わず大人気

ロジエ通りのユダヤ系書店（左）
ユダヤにルーツをもつベーグルを売るパン屋も（上）

バスティーユ広場

Place de la Bastille

広場の中心には7月革命記念柱が建つ。下部には納骨堂があり、見学が可能（→はみだし）

1789年7月14日、生活苦にあえいでいたパリの民衆は、王政を覆すために、ついに立ち上がった。目指すはバスティーユ監獄。襲撃は成功し、監獄は占拠された。フランス革命の発端となった事件だ。監獄は革命後解体され、現在の広場の中心には、1830年の7月革命で犠牲になった市民を追悼する**7月革命記念柱**Colonne de Juilletが建つ。

　フランス革命200周年記念前夜祭の1989年7月13日、バスティーユ広場の一角に**オペラ・バスティーユ**Opéra Bastilleが誕生した。150年前に造られたオペラ座のパレ・ガルニエ（→P.115）とは対照的な、超モダンなデザイン。歴史的な町パリに新しい息吹を吹き込む大改造計画（グラン・プロジェ）のひとつだった。この新オペラ座を設計したのは、1983年の国際設計コンクールで選ばれたカナダ国籍のカルロス・オット。彼はオペラ座を大衆化させ、労働者の集中する地区に、そのエネルギーに応えるべく、現代の素材であるガラス、メタルをふんだんに使った透明度の高い巨大な空間を誕生させた。

　新オペラ座の誕生後、バスティーユはパリの最先端を行く地区として変貌を遂げた。特に、昔の面影を残すラップ通りRue de Lappeと、前衛的な小劇場もあるロケット通りRue de la Roquetteは要チェック。家具職人のロフトを改造して住むアーティストも増えてきている。

バスティーユ広場
M ①⑤⑧Bastille

バスティーユ監獄の遺構
現在残るバスティーユ監獄の遺構は2ヵ所。メトロのバスティーユ駅⑤号線ボビニー行きホームに要塞の壁の一部が残っている。また、バスティーユ広場からアンリ・キャトル大通りBd. Henri IVを歩いていけば、セーヌ川沿いのスクアール・アンリ・ガリSquare Henri Galliという小公園で、塔の基盤の一部が保存されているのを見ることができる（**MAP** 別冊P.27-3D）。

オペラ・バスティーユ
ガイド付きツアー（仏語。所要約1時間30分）のみで見学可能。ウェブサイトでツアーの日時の確認、予約ができる。
住 pl. de la Bastille 12e
ツアーの集合場所
120, rue de Lyon
料 €17、25歳未満€12
URL www.operadeparis.fr

公演チケットの取り方→P.230

完成から30年以上を経て、すっかりパリの町並みに溶け込んだオペラ・バスティーユ

Column
Pause Café

高架線下のアトリエ街、ヴィアデュック・デザール

　バスティーユ広場近くの**ヴィアデュック・デザール**Viaduc des Arts（**MAP** 別冊P.21-1C〜2C）は、廃線となった高架鉄道の跡を再開発したアトリエブティック街。生地専門店、アクセサリー店、家具屋のアトリエ、アートギャラリーなどが並び、チェーン店であってもほかの店舗とは異なる雰囲気を醸し出している。2階、つまりかつて線路が通っていた部分は、緑の多い遊歩道になっていて、ところどころにある階段やエレベーターで上ることができる。パリの町並みを楽しみながらのんびり歩いてみたい。

19世紀の高架橋がアトリエ街に！

はみだし！ バスティーユ広場の中央に立つ7月革命記念柱内には、7月革命と2月革命の犠牲者を祀る納骨堂があり、ガイド付きツアーで訪問可能。**URL** www.colonne-de-juillet.fr

139

サン・ジェルマン・デ・プレから カルチェ・ラタン
St-Germain des Prés / Quartier Latin

見逃せない観光スポット

サン・ジェルマン・デ・プレ教会
★★★ P.142
オルセー美術館★★★ P.196
サン・シュルピス教会★★★ P.144
リュクサンブール公園★★★ P.143
パンテオン★★ P.147
クリュニー美術館★★ P.210
国立自然史博物館★★ P.148

🚇 交通メモ
Ⓜ④St-Germain des PrésもしくはⓂ④St-Michelを起点とすれば、効率的に歩ける。

🍴 グルメ
老舗文学カフェは一度は行ってみたい。スイーツの店も充実している。

👜 ショッピング
ファッションならサン・シュルピス通りへ。グルメ館が充実している「ル・ボン・マルシェ・リヴ・ゴーシュ」もおすすめ。
[ショッピングスポット]
サン・シュルピス通り　P.299
バック通り　P.334
ル・ボン・マルシェ・リヴ・ゴーシュ　P.342

📷 フォトジェニックスポット *4*

❶老舗文学カフェ「レ・ドゥー・マゴ」のテラス席は、パリのイメージそのもの
❷古い駅舎を改装して造られたオルセー美術館。かつてホームがあった場所で、今も駅の面影を残す中央通路や大時計など、フォトスポットとしても魅力的な場所　❸パリっ子のオアシス、リュクサンブール公園は、素顔のパリを撮りたいときに行きたい場所　❹サン・シュルピス教会は、ミサも行われる現役の教会。撮影マナーには気をつけよう

カルチェ・ラタンは活気あふれる学生街。サン・ミッシェル大通り周辺には映画館や気軽なカフェ、テイクアウトの店が並んでいる。東西に延びるサン・ジェルマン大通りには、かつて文化人や芸術家らが集ったカフェが今も残り、知的で洗練された雰囲気を醸し出している。

🌙 夜と治安

大学が集まる場所でもあり、治安は比較的よいエリア。夜、ライトアップされたノートルダム大聖堂を観に出かけるのもいいだろう。オルセー美術館の前では観光客をねらったスリが横行しているので注意。

🚻 トイレ

デパート「ル・ボン・マルシェ・リヴ・ゴーシュ」のトイレ（無料）は清潔でおすすめ。アラブ世界研究所のトイレも利用できる。Ⓜ⑩ Cluny-La Sorbonne駅にもトイレがある。

モデルプラン　所要 🕐 約4時間30分

ギャラリーやブティックを眺めながら気ままな町歩きを楽しみたい。

❶ サン・ジェルマン・デ・プレ教会

→ 徒歩約1分

❷ 「レ・ドゥー・マゴ」でカフェタイム

→ 徒歩約4分

❸ サン・シュルピス教会

→ 徒歩約1分

❹ サン・シュルピス通りで買い物

→ 徒歩とRERで約20分

❺ オルセー美術館

🗺 MAP 別冊P.12-2B〜P.13-3D、P.28〜29

サン・ジェルマン・デ・プレ教会 Eglise St-Germain des Prés

サン・ジェルマン・デ・プレ教会
Ⓜ ④St-Germain des Prés
住 3, pl. St-Germain des
Prés 6e
開 7:30〜20:00
（圓圓は9:30〜、田は8:30〜）
URL www.eglise-
saintgermaindespres.fr

人間サイズの祈りの場
サン・ジェルマン・デ・プレ教会の内部は、奥行き65m、幅21m、高さ19m。ノートルダム大聖堂に比べるととても小さい。ノートルダム大聖堂に代表されるゴシックの教会は、地上における神の国の実現を目指し、どこまでも高く、どこまでも大きな内部空間を造り上げた。それに比べると、ロマネスク建築のサン・ジェルマン・デ・プレ教会はいかにも人間的で、あたたかみを感じさせる。自らの内面と向き合い、静かに祈りをささげるにふさわしい場所といえるだろう。

歴史を感じさせる落ち着いた雰囲気の教会内部

左岸派のパリジャンたちにとっては心の灯台ともいえる教会。かつては濠と防塁に囲まれ、偉容を誇った大修道院だったが、その面影はもはやない。

鐘楼の下の入口をくぐると内部は意外と明るい。ロマネスク（→P.145）の身廊の天井に交差するゴシック様式のリブ・ヴォールトは、17世紀になって付け加えられたもの。ただ、ここにはゴシックの教会がもつ、計算され尽くした数学的絶対美はなく、そのぶん人間的だ。ゴシックに比べて、ロマネスクは人間の生身の感情をもっている。その穏やかな小宇宙の中に、デカルトが眠っている。フランス合理主義の源流を作った彼の墓碑は、ベネディクト派の碩学、マビヨンと並んでいる。まさに、哲学の町にふさわしい。

教会の起源は6世紀に遡る。メロヴィング朝の王クローヴィスの子、シルドベール王がスペイン遠征を行った際、サラゴサで殉教したサン・ヴァンサンの遺物を持ち帰り、パリ司教サン・ジェルマンがこれを納めるために建立したのが始まりだ。ちなみに、サン・ジェルマンは鐘楼の下に葬られた。

8世紀以降、ベネディクト会の修道院として隆盛を極め、「黄金のサン・ジェルマン」と呼ばれたが、9世紀にノルマン人の侵攻を受けて荒廃する。再建工事は990年から行われた。1021年に仮鐘楼、身廊、側廊が完成。12世紀になると、修道僧の収容能力を上げるために拡張。1163年にいったん完成をみた。17世紀には、修道院は大拡張され、城壁、物見の塔、防塁、濠を備えて武装され、最盛期を迎える。しかし革命時には、かなりの部分を焼失し、1821年よりおよそ30年かけて修復がなされて今日にいたっている。

はみだし！ パリの教会は、塔やクリプト（地下祭室）を除き、基本的に入場無料。でも、中世からの古い建築物だけあって、維持するのも大変だ。もし余ったコインがあったら、「トロンTronc」と書かれた献金箱に入れてあげよう。

リュクサンブール公園

★★★ **MAP** 別冊 P.19-1 〜 2C、P.29-3C

Jardin du Luxembourg

パリで最も美しい公園のひとつ。面積は25ha。もともとはマリー・ド・メディシス（ルイ13世の母）の居城、リュクサンブール宮の庭園であった。

大きな泉を中心にした幾何学的なフランス式庭園と、西南部の木々を自然のままに配置したイギリス式庭園からなる。どの季節に訪れても、四季折々の自然の美しさを楽しめる公園だ。春はマロニエの木に白い花が咲き、夏は日光浴をする人たちでいっぱいになる。秋になると、すばらしい紅葉が目にまぶしく、枯葉をカサカサと踏む音も心地よい。冬には葉の落ちた木々の合間から、たくさんの彫像が顔を出す。

この公園にある彫像は、19世紀の王ルイ・フィリップの頃からその数が増え始め、今では60体を超える。かつてのフランスの王妃、王女たち（マリー・ド・メディシスなど）の像は、大泉水の周りのテラス上に置かれている。このほか、著名な芸術家たち（ジョルジュ・サンド、ボードレール、ヴェルレーヌなど）、ギリシアやローマの神々の像、自由の女神像もある。

リュクサンブール公園
Ⓜ ④⑩Odéon
ⒷⒷ Ⓑ Luxembourg
開 日の出〜日の入り
（季節による）

リュクサンブール宮
イタリアからフランス王室に嫁いできたマリー・ド・メディシスが、故郷を懐かしんで建てさせた宮殿。フィレンツェのメディチ家の城、ピッティ宮を模している。現在はフランス国会上院として使われている。また、建物の一部がリュクサンブール美術館（→P.219）となっている。

色とりどりの花が美しい庭園を眺めながら日光浴

ニューヨークの自由の女神像はフランスから贈られたもの。パリにも自由の女神像があり（→P.124）、リュクサンブール公園のほか、オルセー美術館（→P.196）、白鳥の小径（→P.44）で出合える

Column
Pause Café ｜ 人形劇（ギニョル）を観よう

フランス人なら誰でも知っている人形劇の主人公がいる。それがギニョルguignol。リュクサンブール公園にはこのギニョルが大活躍する人形劇専門の小さな劇場がある。

切符を買って中に入ると、かわいらしいエプロンのおばさんが「子供は前の席に座って。大人は後ろね」とテキパキと席を振り分けてくれる。劇が始まる前から子供たちは興奮気味だ。幕が上がり、人形が飛び出すと「ギニョル！ギニョル！」の大合唱が始まる。『長靴をはいた猫』『ピノキオ』などおなじみの童話のなかにギニョルが入り込んだ設定なので、フランス語がわからなくても十分楽しめるだろう。テープに録音されたセリフと音楽に合わせて人形を動かしているのだが、ギニョルと子供の掛け合いの息もぴったり。人形劇の不思議な雰囲気を一度味わってみては？

◆リュクサンブール・マリオネット劇場
Théâtre des Marionnettes du Luxembourg
MAP 別冊P.19-1C
開 ㊌㊏㊐㊗、学校休暇期間
（上演時間、演目はウェブサイトで確認を）
图 €7.30
URL www.marionnettesduluxembourg.fr

劇場内はレトロな雰囲気たっぷり

サン・シュルピス教会　Eglise St-Sulpice

サン・シュルピス教会
Ⓜ ④St-Sulpice
住 2, rue Palatine 6e
開 8:00〜19:45
所要時間は約30分。パイプオルガンの音色が楽しめるコンサートも開かれることも。

『ダ・ヴィンチ・コード』で一躍有名になった教会
ベストセラー小説『ダ・ヴィンチ・コード』の主要舞台となったサン・シュルピス教会。教会には18世紀に設置された真ちゅうの子午線とオベリスクがあり、小説のなかではこの子午線がローズラインと呼ばれ、謎を解く重要な鍵となっている。

パリでも屈指の教会で、奥行き120m、幅57mの規模を誇る。この教会がパリの胎内に宿ったのは、パスカルやラシーヌ、デカルトが生き、ヴェルサイユ宮殿が造られた時代。しかし、完全な形で生まれるのには、ずいぶんと時間がかかった。

ルイ13世の王妃アンヌ・ドートリッシュが最初の石を置いたのが1646年。ルーヴル、ヴェルサイユ宮を設計したル・ヴォーを含む数名の建築家によって、工事が開始された。しかし、工事は何度も中断。1745年に一応の完成をみたが、1762年には火災のために一部損傷、1770年には落雷によって正面が破損するなど、被害が絶えなかった。最終的に、エトワールの凱旋門建設に従事したシャルグランの手によって修復され、現在のネオクラシックの風貌をもつにいたった。

この教会の歴史で忘れてならないのは、革命暦ブリュメールの18日（1799年11月9日）のクーデターが起こる3日前、ナポレオン・ボナパルトの栄誉を祝う宴が、700名を一堂に集めて行われたこと。クーデターの後、ボナパルト将軍は皇帝ナポレオンとなり、フランスの歴史の流れを大きく変えていくことになる。また、内部には、1856年にドラクロワによって描かれたフレスコ画があり、特に『ヤコブと天使の戦い』は有名だ。

『ヤコブと天使の戦い』は入ってすぐ右側に（上）　厳粛な時間が流れる内部（下）

Column Information ╲ **奇跡のメダイユ教会**

聖女に祈りをささげる人でいっぱいの礼拝堂

サン・ジェルマン地区の外れ、ごく普通のビルの谷間にある小さな教会。ここは聖母マリアのお告げを受けた修道女「**聖カタリーナ**」の遺体が腐らずに眠っている場所として、世界中から訪れる人が絶えない。聖カタリーナが身につけていた、聖母マリアを刻印したメダイユ（メダル）を持つ人には、大きな

恵みがあるといわれる。メダイユは売店Espace médaillesで購入できる。

◆奇跡のメダイユ教会
Chapelle Notre-Dame de la Médaille Miraculeuse
MAP 別冊P.28-3A
Ⓜ ⑩⑫Sèvres Babylone
住 140, rue du Bac 7e
開 7:45〜13:00、14:30〜19:00（㊋は昼休みなし）
売店は9:00〜13:00（㊐㊗9:15〜）、14:30〜18:30（㊋は昼休みなし）
URL www.chapellenotredame
delamedaillemiraculeuse.com（日本語あり）

ロマネスクとゴシック
中世アートはここに注目！

ヨーロッパ中世を代表するふたつの建築様式が、ロマネスクとゴシック。
互いにまったく異なる特徴をもっていて、見比べてみるとなかなかおもしろい。

アーチが奏でるリズムを体感
ロマネスク建築

　長い混乱の時期を抜け出し、ヨーロッパ社会がようやく安定し始めた11世紀、各地で聖堂や修道院の建築が大ブームになった。この頃の建築様式をロマネスクと呼ぶ。重い石造天井を支えるために壁は厚く、入口や窓などの開口部は小さい。それだけに内部は薄暗いが、窓から入り込むわずかな光が石と戯れる様子は幻想的でさえある。直方体や円錐など、単純な幾何学的形態を組み合わせ、半円アーチや円柱を連続的に使った空間構成には、シンプルな論理性が感じられる。

　ロマネスク聖堂は12世紀まで巡礼路沿いを中心に盛んに造られたが、後に別の様式で建て替えられてしまったものが多く、都市部にはほとんど残っていない。サン・ジェルマン・デ・プレ教会（→P.142）はパリに残る数少ない例で、内陣はゴシック様式に修復されているが、鐘楼と外陣はロマネスク。

斜め後ろから見たノートルダム大聖堂。ほとんどガラスでできた薄い壁を重厚なフライング・バットレスが外側で支えている（2024年春現在閉鎖中。12月再開予定）

　同時に、聖堂は次第に巨大化し、天井が高く、奥行きが深くなっていく。フランスを代表するゴシック建築のひとつ、**ノートルダム大聖堂**（→P.128）は、内部空間の巨大さに圧倒される。高層ビルなどなかった当時の人々の驚きはどれほどのものだっただろう。

　窓が大きくなったことはステンドグラスの発達にもつながった。そのひとつの到達点といえるのが、**サント・シャペル**（→P.132）。ここでは、天井と床以外は、すべてステンドグラスで埋め尽くされている。

　なお、一見してロマネスクかゴシックかわかりにくいときは、窓などの開口部が半円アーチならロマネスク、尖頭アーチならゴシックと考えるといい。

簡素さが魅力のサン・ジェルマン・デ・プレ教会

壮麗なステンドグラスを完成させた
ゴシック建築のすご技

　ゴシック様式は、12世紀中頃、パリを中心とした北フランスで発祥し、急速に全ヨーロッパに広がった。ゴシックの三要素といわれる構造上の特徴は、**1.尖頭アーチ、2.交差リブ・ヴォールト**（X字型のアーチで支えられた石造天井）、**3.フライング・バットレス**（壁を外側から支える飛び梁）。これらの新技術により、壁にかかる重量は軽減され、ロマネスクの構造では困難だった大きな窓を設けることが可能になり、聖堂内は光で満たされるようになったのだ。

サント・シャペルはまさにガラスの小箱（上）
扉口の側壁を飾る表情豊かな人像円柱もゴシックの特徴のひとつ。シャルトルの大聖堂（→P.403）の「王の扉」（左）

ソルボンヌ
Sorbonne

ソルボンヌ
Ⓜ ④St-Michel
⑩Cluny La Sorbonne
一般の人は大学敷地内に入ることはできない。

Ⓢ ソルボンヌ大学のブティック
MAP 別冊P.29-2D
🏠 10, rue de la Sorbonne 5e
🕐 10:00〜12:45
14:00〜17:30
🚫 ⊕ 🅷 🅿
URL www.sorbonne.fr/
la-sorbonne/boutique

学生や教員たちでにぎわうカフェが並ぶラ・ソルボンヌ広場

1253年、神学者ロベール・ド・ソルボンが、神学を志す貧しい学生のための学寮を創設した。それがソルボンヌの始まり。以来、西欧の知の拠点として、数々の哲学者や文学者を輩出してきた。世界大学連合の総会で議席番号第1番の栄誉にあずかるパリ大学は、現在13の総合大学に分かれ、そのうち3校が「ソルボンヌ」の名を残す。

構内にある、建築家ルメルシエの手による礼拝堂は、17世紀前半のジェズイット様式で、几帳面で端正な造りだが、威厳よりもむしろ親しみすら覚えるほど。かのルイ13世の宰相リシュリューが眠っているのもこの礼拝堂だ。ヴィクトル・クザン通りRue Victor Cousinに面した礼拝堂左の入口から中庭を横切って建物内に入ると、シャヴァンヌの大天井画をもつ**大講堂**Grand Amphithéâtreがあり、通常の会議、式典、および国際会議などに使用されている。

また、近くにはソルボンヌ大学のグッズを買えるブティックがあり、誰でも利用できる。

サン・セヴラン教会
Eglise St-Séverin

サン・セヴラン教会
Ⓜ ④St-Michel
⑩ⒷⒸSt-Michel Notre-Dame
🏠 1, rue des Prêtres St-Séverin 5e
🕐 9:30〜19:30
（🅷は9:00〜20:00）
URL saint-severin.com

ギリシア料理店が並ぶにぎやかな通りに残された、ひときわ静かな空間。それがサン・セヴラン教会だ。その歴史は古く、前身となる礼拝堂が建てられたのは、6世紀のこと。ノルマン人によって破壊されて以来、

さまざまな時代の建築様式が見られる教会

何度も改装が加えられたが、基本はゴシックフランボワイヤン様式でまとめられている。横幅が広いのに奥行きがないのは、教会の背後にサン・ジャック通りがあり、どうしても奥行きが取れなかったせいだ。ほかの教会と比べるとややバランスは悪いけれど、むしろのびのびした広さが感じられて、不思議な魅力がある。左右のステンドグラスもすばらしい。

Column History
パリに残るローマの遺跡

リュテス闘技場

パリは昔、ローマの要塞都市だった。現存する数少ない遺跡のひとつが、クリュニー美術館横のローマ浴場跡。また、植物園近くには円形の**リュテス闘技場**Arènes de Lutèce（**MAP** 別冊P.20-2A）がある。小さくてあまり目立たないため、観光客は少なく、近所の少年たちの遊び場になっているが、パリにも紀元1世紀末の遺跡が残されていることを知っておきたい。

偉人たちの霊廟

パンテオン

★★ **MAP** 別冊 P.19-1D

Panthéon

ドーム天井とギリシア風の柱をもつ新古典主義の傑作

パンテオンは、パリの守護聖女ジュヌヴィエーヴを祀った丘の古い教会を、18世紀にルイ15世が病の回復を祝って再建したもの。奥行き110m、高さ83m、ドームの重さ約1万tといわれる堂々としたモニュメントだ。外壁にあった42個の窓は、フランス革命時に壊され、現在は見ることができない。正面上部に「フランスに尽くした人々のために」と書かれていることからわかるように、地下は偉人、哲学者たちの廟になっている。

クリプト（地下祭室）にはまず入口に、共和党の指導者レオン・ガンベッタの心臓が入った赤褐色の大壺がある。中に入ると、ひんやりとした空気が漂い、上部を支える円柱がひときわ印象的。

壺に収められたレオン・ガンベッタの心臓

この入口のすぐ右側に、「自然に帰れ」と説いたジャン・ジャック・ルソーの木製の棺があり、向かいには啓蒙思想家ヴォルテールの棺が、永遠の論敵のごとく対面している。中央を進むと、奥左右に文豪ヴィクトル・ユゴーとゾラが、仲よく同じ部屋で永遠の眠りについている。

1851年、地球の自転を証明するために、フーコーがドームに振り子を設置して公開実験を行った。現在、同じ型の振り子が設置されている。ドームからは360度、パリのすばらしい眺めを楽しめる。

フーコーの振り子

パンテオン
Ⓜ⑩Cardinal Lemoine
ⓇⒷLuxembourg
🏠Pl. du Panthéon 5e
🕐4～9月 10:00～18:30
　10～3月 10:00～18:00
　（入場は閉館の45分前まで）
🈺1/1、5/1、12/25
💴€13
　パリ・ヴィジット所有者は
　€11.50（→P.76）
🚌ミュージアム・パス使用可
　（→P.183）
🔗www.paris-pantheon.fr

ドーム
階段206段、35mの高さ。
💴€16.50（入場料込み）
パンテオンの見学は所要約1時間。ドーム見学は所要約45分。

パスカルやラシーヌが眠る

サンテティエンヌ・デュ・モン教会

★ **MAP** 別冊 P.19-1D

Eglise St-Etienne du Mont

パンテオンの裏、聖ジュヌヴィエーヴの丘に建つ教会。ジュヌヴィエーヴとは、5世紀の蛮族侵入に際しパリを守って活躍し、パリの守護聖女となった聖人。彼女の墓を納めた教会だ。

教会の歴史は中世まで遡る。この丘にすでにあった聖ジュヌヴィエーヴ教会に加えて、13世紀、聖エティエンヌにささげる教会が造られたが、やがて手狭になって増設され、現在の形となったのは17世紀のこと。一段高くなるごとに退く3段階の異なった形の切妻屋根、聖エティエンヌの殉教やキリスト復活の場面を描いたファサードを支えるユニークな4本の柱、背後にそびえる物見やぐらのような鐘楼。ほかには例のない不思議な組み合わせが印象的だ。

中に入ると、内陣と身廊の間に置かれた仕切りが目に入る。これは「ジュベJubé」と呼ばれ、パリでは唯一この教会だけに現存している。幅9mのアーチ状で、優美な曲線を描く両脇のらせん階段にいたるまで、唐草模様、植物や花弁をモチーフとした透かし彫り細工が施されている。

サンテティエンヌ・デュ・モン教会
Ⓜ⑩Cardinal Lemoine
🏠Pl. Ste-Geneviève 5e
🕐8:30～19:30（㊊は14:30～、㊌は～22:00、㊏㊐は～20:00、季節によって異なる）
🈺学校休暇期間の㊊
🔗www.sainteetienne dumont.fr

「ジュベ」は内陣の手前にある

はみだし！ パンテオンにはノーベル物理学賞を受賞したキュリー夫妻も祀られている。マリー・キュリーはパンテオンに棺が置かれた初めての女性。2021年にはレジスタンスの一員、ジョゼフィン・ベーカーが初の黒人女性として祀られた。

国立自然史博物館　Muséum National d'Histoire Naturelle

国立自然史博物館
Ⓜ ⑤⑩ ⒽⒷ ©Gare d'Austerlitz
⑦Censier Daubenton
⑦⑩Jussieu
住 Pl. Valhubert 5e
URL www.mnhn.fr
URL www.
jardinesplantesdeparis.fr

植物園
開 7:30〜20:00（冬は短縮）
休 無休　料 無料

絶滅動物が回るメリーゴーラウンド

大温室
開 10:00〜18:00（冬は短縮）
　（入館は閉館の1時間前まで）
休 ⓧ、1/1、5/1、12/25
料 €9

動物園
開 9:00〜18:00（冬は短縮）
　（入館は閉館の1時間前まで）
休 12/25、1月に3週間
料 €22

動物園のオランウータンの親子

進化大陳列館
住 36, rue Geoffroy St-Hilaire
5e
開 10:00〜18:00
　（入場は閉館の1時間前まで）
休 ⓧ、1/1、5/1、12/25
料 €13

鉱物陳列館
住 36, rue Geoffroy St-Hilaire
5e
開 10:00〜18:00（冬は短縮）
　（入場は閉館の1時間前まで）
休 ⓧ、1/1、5/1、12/25
料 €9

古生物学館
住 2, rue Buffon 5e
開 10:00〜18:00
　（入場は閉館の1時間前まで）
休 ⓧ、1/1、5/1、12/25
料 €12

広大な敷地内に植物園、動物園、3つの展示館、研究機関をもつ自然史博物館。18世紀末創立の歴史ある博物館だけあって、どの建物も古めかしく独特の雰囲気がある。

植物園 Jardin des Plantes

この植物園は、もともとルイ13世の時代、王の主治医が薬草植物園として造ったもの。中央には、幾種類もの花々に彩られたフランス式庭園が広がっている。小さなバラ園もあり、花の季節は

フランス式庭園の中に季節の花が咲く

一つひとつ香りを味わいながら歩くのが楽しい。熱帯植物が生い茂るジャングルを再現した**大温室**Grandes Serresはパリに現存する最古の鉄骨建築。

動物園 Ménagerie

1794年に開園した世界で最も古い動物園のひとつ。小動物や希少動物を中心に約200種の動物が集められている。オランウータンの親子やレッサーパンダは子供たちの人気者。

進化大陳列館 Grande Galerie de l'Evolution

1898年、ジュール・アンドレによって建設された旧動物学館が前身。第2次世界大戦で被害を受け、長らく閉鎖されていたが、1994年にリニューアルオープンした。3階まで吹き抜けの大空間を生かし、動物の進化の過程と多様性をダイナミックな展示で見せてくれる。

迫力満点の展示が人気

鉱物陳列館 Galerie de Géologie et de Minéralogie

ブラジルで採取された巨大水晶をはじめ、美しく神秘的な鉱物がずらりと並び、鉱物マニアには見逃せない。

古生物学館 Galeries de Paléontologie et d'Anatomie Comparée

クジラ、キリンなど巨大なものからカエルやカメまで、あらゆる脊椎動物の骨がところ狭しと並ぶ迫力満点の博物館。2階には恐竜など絶滅動物の骨や化石もある。

イスラム教徒の心のふるさと　　　　　　　★★ MAP 別冊 P.20-2A

モスク　　　　　　　　　　　　　Grande Mosquée de Paris

　ここにはかつて慈善病院があったが、第1次世界大戦でフランスに味方したイスラム教徒をたたえ、フランス政府の援助によって、1922年から1926年にかけてモスクが建てられた。高さ33mの四角い塔（ミナレット）と入口の上にある星と月のマークが目印だ。入口を入ると庭がある。右にはモスクの正門があり、そこを入ると、回廊で囲まれた泉のある中庭に出る。

　回廊の壁には、極彩色の花模様のモザイクやアラベスク模様のイスラムの詩、漆喰の透かし彫りが施されている。オリエント特有の装飾が、異国情緒を醸し出している。イスラム教は偶像崇拝を禁じているので、彫像も画像もない。その代わり、すばらしい幾何学模様や、植物をデザインしたモザイクで飾られている。見学者は奥の礼拝場には入れないが、中庭から垣間見ることができる。礼拝場の左側に奥まった部分があり、そこがメッカの方向を示す場所。信者はその方向に向かって礼拝する。男性は左側、女性は右側と決められているそうだ。

　モスクの一画にはサロン・ド・テもあるので、甘いミントティーを飲みながら、ゆったり流れる時間を感じてみたい。

モスク
M ⑦Place Monge
住 2bis, pl. du Puits de l'Ermite 5e
開 9:00～18:00
休 金、イスラム教の祝
料 €3
URL www.grandemosqueedeparis.fr

一歩入ると別世界が広がる

パリの空に溶け込む建築空間　　　　　　★★ MAP 別冊 P.20-1A、P.27-3C

アラブ世界研究所　　　　　　　　　Institut du Monde Arabe

　アラブ世界との文化交流を目的として建てられた地上10階、地下3階、総ガラス張りの建物。図書館、シネマテーク、また企画展を行う**Ima博物館**Musée de l'Imaがある。

　企画展も興味深いが、何といっても建築自体がユニークだ。壁面を覆うガラスのパネルは、太陽の光に応じて自動的に開閉し、さまざまなパターンを描く。モスクのモザイクを思わせるようなアラベスク模様を描いたり、幾何学的な姿を呈したり。建物全体が軽やかな可動空間となって、パリの空に溶け込んでいくようだ。設計者のジャン・ヌーヴェルは以前こう言った。「見えるものの背後にある見えないものを見る必要がある」。ソリッドな建築物ではなく、見えない光を呈示する空間は、まさにヌーヴェルの言葉を体現しているといえる。

　また、屋上テラスからの眺望は最高。訪れる観光客が少ないので、広がる景色を静かに堪能できる穴場的スポットだ。

パネルの開閉の原理はカメラの絞りと同じ。近くに寄ってじっくり観察してみよう

アラブ世界研究所
M ⑦⑩Jussieu
住 1, rue des Fossés St-Bernard 5e
開 10:00～18:00（土・日・祝は～19:00）
休 月、5/1
URL www.imarabe.org

Ima博物館
開 10:00～18:00（土・日・祝は～19:00）（入場は閉館の45分前まで）
休 月、5/1
料 企画展によって異なる
パス ミュージアム・パス使用可（→P.183）

屋上テラス
開 10:00～18:00
休 月
料 無料

建築好きなら一見の価値あり

レジオン・ドヌール勲章博物館　Musée de la Légion d'Honneur

レジオン・ドヌール勲章博物館
- Ⓜ ⑫Solférino
- 🚈 ⒸMusée d'Orsay
- 🏠 2, rue de la Légion d'Honneur 7e
- 🕐 13:00〜18:00
（入場は17:30まで）
- 休 ㊊㊋、1/1、5/1、11/1、12/25
- 料 無料

レジオン・ドヌールを創設した
ナポレオンの胸像

レジオン・ドヌールは、1802年にナポレオンによって創設されたフランスの最高勲章。軍人や民間人の卓越した功績を表彰している。レジオン・ドヌールには5つの階級があり、1等グラン・クロワGrand Croix、2等グラントフィシエGrand Officier、3等コマンドゥールCommandeur、4等オフィシエOfficier、5等シュヴァリエChevalierと分かれている。フランス人だけでなく、外国人にも贈られ、日本人にも授与されている。古くは伊藤博文などが授賞。近年では小説家の大江健三郎と歌舞伎俳優、五代目坂東玉三郎がコマンドゥールを、2016年には映画監督の北野武がオフィシエを授賞した。フランスと日本の経済発展や文化交流に功績のあった人物に贈られている。

博物館にはさまざまな勲章が展示され、そのコレクションを見て回るだけでも楽しめる。勲章制度の歴史の展示や、各国の勲章制度についても知ることができる。

勲章の豊富なコレクション

 Column Cinéma　｜　映画の舞台となったホテル

映画の主人公が住んでいたホテル

エリック・ロメールの『獅子座』（1962）で売れない音楽家の主人公が暮らしていたのは、サン・ジェルマン・デ・プレの「オテル・ド・セーヌ」（→P.362）。このホテル、今ではエレガントな3つ星になっており、とても貧乏青年が長期滞在できるような宿ではない。

ルイ・マルの『鬼火』（1963）で、モーリス・ロネ演じる、アルコール依存症治療中の主人公が、入院前に住んでいたという設定になっているのが、「オテル・デュ・ケ・ヴォルテール」（**MAP** 別冊P.28-1A）。一時退院した主人公がホテルのバーに立ち寄るシーンもある。現在のホテルの入口回りや、サロン、バーの雰囲気は、映画が撮影された頃とあまり変わっていないような気がする。最近のパリでは珍しくなった古きよき時代の匂いを残す貴重なホテル。

詩人シャルル・ボードレールやオスカー・ワイルド、作曲家リヒャルト・ワーグナーが滞在したこともある「オテル・デュ・ケ・ヴォルテール」（2024年春現在工事中）

ホテル名がそのまま映画のタイトルに

パリのホテルを舞台にした映画で最も有名なのが、マルセル・カルネの『北ホテル』（1938）だろう。下町の安宿に暮らす人々の悲喜こもごもを描いた戦前フランスの代表作だ。映画の大部分はスタジオでのセット撮影だが、モデルとなった「北ホテル」（→P.166）は、1991年まで労働者たちの住む木賃宿として存在していた。一度は取り壊しの話も出ていたが、映画ファンの熱心な保存運動が実を結び、レストランとして生まれ変わった（→P.268）。改装後はやや雰囲気が変わったが、運河沿いに建つ姿を見ると、アルレッティの名セリフ「アトモスフェール、アトモスフェール！」が脳裏によみがえってくる。

ディーバが泊まった最高級ホテル

高級ホテルに目を向けると、ジャン・ジャック・ベネックスの『ディーバ』（1981）が、映像の美しさで際立っていた。主人公の若い郵便配達員が憧れのオペラ歌手に会うために訪れたのが、「ル・ロワイヤル・モンソー・ラッフルズ・パリ」（→P.352）だ。ホテルから出たふたりが朝のチュイルリー公園を散歩するシーンは、パリを描いた映像のなかで最も美しいもののひとつだろう。

パリ左岸を彩る
ふたつのカフェ文化

パリを語るうえで欠かすことのできない存在のひとつがカフェ。
そして、カフェの歴史を語るうえで欠かすことのできない場所といえば、
サン・ジェルマン・デ・プレとモンパルナスだ。

パリを代表する文学カフェが集まる
サン・ジェルマン・デ・プレ

　サン・ジェルマン・デ・プレのカフェの華や
かな歴史は、1950年代に実存主義の生みの親
ジャン・ポール・サルトルが「**カフェ・ド・フ
ロール**」（→P.284）にやってきたことから始ま
る。彼はフロールの2階を自分の書斎とし、そ
れだけでなく人と会う応接間としても利用して
いた。そこにボーヴォワールがいたことも当然
で、彼らの文学仲間や芸術家が集まり、「フロー
ル」は彼らの議論の場となった。ちなみにサル
トルは「**レ・ドゥー・マゴ**」（→P.285）の建物
の5階に住み、ボーヴォワールは2階に住んでい
た。彼女は、公的に人に会うときは「レ・ドゥー・
マゴ」、プライベートの場合は「フロール」で、
と使い分けていたという。また「**ブラッスリー・
リップ**」（→P.263）はヘミングウェイの作品『移
動祝祭日』にも登場し、著名人の集まる高級ブ
ラッスリーとして名高い。

行きつけのカ
フェができれば、
パリ滞在がより
楽しくなる

ヴァヴァン交差点の4つのカフェ
モンパルナス

　時は20世紀になったばかりのモンパルナス。
ボヘミアンたちの住む所となったこの界隈は、
場末と盛り場の雰囲気が入り混じる、享楽的な
下町だった。アポリネール、マックス・ジャコ
ブなど、キラ星のごとき詩人たちは、「**ラ・クロー
ズリー・デ・リラ**」（**MAP** 別冊P.19-2C）に夜ご
と集い、モディリアニ、スーティン、シャガール、
ザッキンなど現代絵画の巨匠たちは、いまだ世
に知られることなく、「**ラ・ロトンド**」（→P.285）、
「**ル・セレクト**」（→P.286）、「**ル・ドーム**」、「**ラ・クー
ポール**」（**MAP** 別冊P.18-2B）でくだを巻いていた。
また、亡命中のレーニン、トロツキーや、スト
ラヴィンスキー、サティら音楽を志向する青年
たちも、芸術と自分の将来を熱っぽく語り合っ
た。さらには、ヘミングウェイ、藤田嗣治、ピ
カソ、アインシュタインも仲間に加わった。

国立美術学校の学生が
集まる「ラ・パレット」
（**MAP** 別冊P.28-1B）は
1903年創業のレトロ
ムードあふれるカフェ

Vavin駅を降りる
と、真っ先に目に
飛び込んでくる
「ラ・ロトンド」
（右）　現在はパリ
を代表するブラッ
スリーとして有名
な「ラ・クーポー
ル」（下左右）店
内にはサルトルと
ボーヴォワールの
写真も

1880年創業の「ブラッ
スリー・リップ」。今は
カフェというより、文化
人の客が多いレストラン
になっている

モンパルナス
Montparnasse

見逃せない観光スポット

ヴァヴァン交差点のカフェ★★ P.151
モンパルナス・タワー★★ P.154
モンパルナス墓地★★ P.177
カルティエ現代美術財団★★ P.217
ブールデル美術館★★ P.209
カタコンブ★★ P.155

モンパルナスの歩き方

芸術家たちゆかりのカフェが集まるヴァヴァンの交差点や、モンパルナス墓地を散策したら、クレープ屋が集まるモンパルナス通りをチェック。モンパルナス・タワーからの眺めは、夜がおすすめだ。

🚇 交通メモ

おもな見どころは Ⓜ④⑥⑫⑬Montparnasse Bienvenüeから徒歩圏内にある。カタコンブに行くなら Ⓜ④⑥Denfert Rochereau下車。出口は入口と異なるので注意。

🍴 グルメ

ブルターニュ地方への玄関口となっているモンパルナス駅の周辺には、ブルターニュ名物であるクレープの店が集まっている。またモンパルナス・タワーには、パリの眺望を楽しみながら食事ができるレストランがある。ヴァヴァンの交差点には、モディリアニや藤田嗣治、ヘミングウェイなどが通っていたカフェが今も残る。

🛍 ショッピング

水・土曜はエドガー・キネ大通りで食品のマルシェが立ち、見ているだけでも楽しい。モンパルナス駅前にあるスーパー「モノプリ」は品揃えが豊富で、プチプラみやげを買うのに便利。

🌙 夜と治安

劇場や映画館が多く、夜遅くまでにぎわっているので、歩いていて危険を感じることはあまりない。観光名所が少なく、地元の人がほとんどなので、観光客目当てのスリなども少ないようだ。

🚻 トイレ

国鉄モンパルナス駅には有料のトイレがある。ヴァヴァンの交差点のカフェで、ひと休みを兼ねて利用してもいい。

📷 フォトジェニックスポット3

1高いところからパリの眺望というとエッフェル塔が思い浮かぶが、塔の入った夜景ならモンパルナス・タワーからの眺めがベスト。夕暮れからスタンバイ、少し明るさが残る時間のほうが、空の色がきれいに出る　**2**ヴァヴァンの交差点にあるカフェのなかでも、テントの色が鮮やかな「ラ・ロトンド」　**3**モンパルナス墓地からタワーを見上げて

どんなエリア？

20世紀初頭、モンマルトルと同じく世界から芸術家が集まった地域で、ゆかりのカフェや墓地を訪れる人も多い。クレープリーの集まるモンパルナス通り、エドガー・キネの市場など気取らないパリの顔がのぞける。近年人気のカタコンブもあり、ディープな観光を楽しもう。

MAP 別冊P.18-2A～P.19-3C

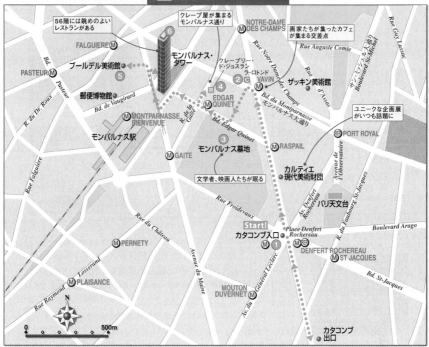

- 56階には眺めのよいレストランがある
- クレープ屋が集まるモンパルナス通り
- 画家たちが集ったカフェが集まる交差点
- ユニークな企画展がいつも話題に
- 文学者、映画人たちが眠る

モデルプラン

所要 約5時間

「カタコンブ」見学やカフェタイムを入れつつ、最後はタワー屋上からパリの夜景を。

① カタコンブ見学
→ 徒歩約15分

② 「ラ・ロトンド」でカフェタイム
→ 徒歩約5分

③ モンパルナス墓地を散策
→ 徒歩約5分

④ 「クレープリー・ド・ジョスラン」でクレープ
→ 徒歩約20分

⑤ ブールデル美術館見学
→ 徒歩約8分

⑥ モンパルナス・タワーで夜景を満喫

個性的な小美術館が点在

モンパルナスには、誰もが知っているような観光名所はない。ただ、「ブールデル美術館」など、小規模だが魅力的な美術館がいくつかあり、それほど混まないのでじっくり鑑賞したい人におすすめ。

モンパルナスではクレープを

モンパルナス・タワー　Tour Montparnasse

モンパルナス・タワー
Ⓜ ④⑥⑫⑬Montparnasse
　Bienvenüe
住 33, av. du Maine 15e
開 9:30〜23:30（10〜3月の
　㊊〜㊍は〜22:30）
休 無休
料 ㊊〜㊎€22（ウェブ予約
　€18）、㊏ ㊐ ㊗と学校休
　暇期間€23（ウェブ予約
　€19）
　パリ・ヴィジット所有者は
　25％割引（→P.76）
URL www.
　tourmontparnasse56.com

タワー内のレストラン
56階のレストラン「ル・シ
エル・ド・パリ」を利用する
場合はレストラン専用のエレ
ベーターで無料で昇れる。
食事は要予約だが、朝食と
ティータイムは予約なしでも
OK。
Ⓡ ル・シエル・ド・パリ
　Le Ciel de Paris
TEL 01.40.64.77.64
営 8:30〜翌0:30
料 朝食セット€18、€26
　昼ムニュ€35（㊊〜㊏）、
　€45、
　夜ムニュ€79、€145

パリの夜景を見ながらロマン
ティックなディナーを

エッフェル塔を眺める最も高い
展望台

パリでは珍しい近代的なビル

空に手が届きそうな屋上テラス

タワーという名がついているけれど、実際は56階と59階にテラスをもつビル。1969年、かねてからプランが練られていたモンパルナス再開発プロジェクトの一環として、もと駅のあった場所に建設が開始された。4人の建築家が設計に当たり、1972年に完成、210mの高さを誇る。

このビルの建つモンパルナスは、かつてモディリアニなど、エコール・ド・パリの画家たち、そして文人たちがたまり場にしていたカルチェ。そんな憧れをもってやってきてみると、パリの古い町並みとはおよそ似合わない無機的なビルがそびえていて、少々失望するかもしれないが、ここの上からの眺めは最高だ。

ビル内はほとんどオフィスとして使われているが、56階の展望デッキと屋上テラスは一般に開放されている。56階へはエレベーターがわずか38秒で運んでくれる。56階からは階段で屋上へ。屋上テラスからは、天気がよければ40km先までの視界が開け、パリの全貌を望むことができる。特にすばらしいのは、夕刻から夜にかけて。エッフェル塔の向こうに夕日が沈んで、空が暗くなってくると、ぽつりぽつりと町の灯がともり、さまざまなモニュメントがライトアップに浮かび始める。毎正時のエッフェル塔のシャンパンフラッシュに合わせて訪れるのがおすすめ。

パリの中の冥土

カタコンブ

★★　MAP 別冊 P.19-3C

Catacombes de Paris

　カタコンブは、ガロ・ローマ期（120年～5世紀末）に使われていた採石場跡を利用し、パリ市内の共同墓地に葬られていた無縁仏600万体を納骨した地下墓地。1785年から100年かかって移したという。

　細いらせん階段を下りていくと、そこは地下道。1年をとおして約14℃に保たれ、湿気の多いよどんだ空気が漂っている。地下水のたまった穴などをのぞきながら暗い道を進んでいくと、カタコンブに行き着く。通路の両壁に沿って、脛骨や頭蓋骨が整然と、ときには模様までつけられて並んでいる。かなり奥行きがあり、壁面がびっしりと骸骨で埋め尽くされている様は、壮観。慰霊碑や死者にささげられた詩も掲げられている。地下道は複雑に入り組んでいるため、見学コース以外は柵でふさがれている。くれぐれも柵をこじあけたりしないように！

怖がりの人は気をつけて！

実際この迷路に迷い込み、骸骨になってしまった例もあるほどだ。体力や心臓に自信のない人はご用心。何しろここは、"l'Empire de la Mort（冥土）"なのだから……。

カタコンブ
Ⓜ④⑥Ⓑ
Denfert Rochereau
🏠1, av. du Colonel Henri
Rol-Tanguy 14e
（出口は21bis, av. René
Coty MAP 本誌P.153)
🕐9:45～20:30
（入場は19:30まで）
※入場者数制限あり
🚫Ⓡ、1/1、5/1、12/25
💶€29、18～26歳€23
　オーディオガイド（英・仏語）付き
URL www.catacombes.paris.fr
ウェブサイトで1週間前までに要予約。全行程1.5km。所要時間は約1時間。入口と出口が異なるので注意。

中央に立つライオン像が目印のダンフェール・ロシュロー広場にカタコンブの入口がある

マニア必見のコレクション

郵便博物館

★　MAP 別冊 P.18-2A

Musée de la Poste

　長期にわたる改装工事を経て、2019年にリニューアルオープンした郵便博物館。最初にエレベーターで4階まで上がり、各フロアを見学しながら下りてくるルートになっている。

　古代エジプトやローマ時代から現代にいたるまでの通信手段や郵便の歴史が展示されている。郵送用の船、列車、飛行機の模型のほか、郵便配達人の制服、靴、馬車などもあり、時代を追って郵便がどのように変わってきたかわかる。

　なかでもすばらしいのは切手に関するコレクション。図案画、消印、そして1849年以降フランスで発行された切手など数多く所蔵している。

郵便博物館
Ⓜ④⑥⑫⑬Montparnasse
Bienvenüe
🏠34, bd. de Vaugirard 15e
🕐11:00～18:00
（入場は17:15まで）
🚫Ⓐ、1/1、5/1、12/25
💶€9（企画展開催時は€12）
URL www.museedelaposte.fr

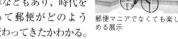

郵便マニアでなくても楽しめる展示

シャガールなど著名な画家の原画展示も

ブティックではフランスの郵便局「ラ・ポストLa Poste」のオリジナルグッズも見つかる。ブティックのみの利用も可能

パリ天文台
子午線上に望むパリ

★ MAP 別冊 P.19-3C

Observatoire de Paris

パリ天文台
Ⓜ ④⑥ RER Ⓑ
Denfert Rochereau
RER Ⓑ Port Royal
住 61, av. de l'Observatoire
14e
URL www.
observatoiredeparis.psl.eu
※2024年3月現在、工事のため閉館中。

正面玄関前にあるル・ヴェリエ
の像

パリ天文台は1667年の夏至の日に計画され、1672年に完成。2017年には創設350年を迎えた。医者クロード・ペローによる設計で、防火と保磁性のため、木・鉄材は使わずに造られたという。現役のものとしては世界で最古の天文台だ。建物の四辺は、東西南北の正四方位に一致し、南正面はパリの緯度（北緯48度50分11秒）を示す。ここから北にオブセルヴァトワール大通

17世紀から続く天文台

りAv. de l'Observatoireが延び、リュクサンブール宮、さらにサクレ・クール聖堂を望む眺めは見事だ。この一直線上にパリを南北に結ぶ基準子午線（東経2度20分17秒）が通っている。

パリ天文台の建物の前にはフランスの天文学者ウルバン・ジャン・ジョゼフ・ル・ヴェリエUrbain Jean Joseph Le Verrierの像が立っている。彼は海王星の位置を計算によって予測し、海王星の発見に貢献した。パリ天文台の台長も務めた。

カンパーニュ・プルミエール通り
芸術家たちが住んだ通り

★ MAP 別冊 P.19-2C

Rue Campagne Première

カンパーニュ・プルミエール通り
Ⓜ ④⑥ Raspail

1950年代末に始まった映画運動ヌーヴェル・ヴァーグ。ゴダールなど若い作家たちによって、ロケ撮影中心の新しい手法が切り開かれた。モンパルナスはその運動の舞台となった場所のひとつ。カンパーニュ・プルミエール通りはゴダールの『勝手にしやがれ』（1960）のラストシーンで使われた。また、この通りにはランボーやウージェーヌ・アジェ、マン・レイ、藤田嗣治、モディリアニなど多くの芸術家が住んだことでも知られる。

『勝手にしやがれ』のラストシーンで主人公ミッシェルが走った通り

Column
Pause Café ｜ パリ国際見本市会場

パリの南端、ポルト・ド・ヴェルサイユにあるパリ国際見本市会場。1年をとおしてさまざまな見本市が開かれ、なかでもチョコの祭典「サロン・デュ・ショコラ」（→P.325）が

広大な見本市の会場にさまざまなブースがところ狭しと建つ

有名。2月には国際農業見本市（→P.412）があり、フランス中の農産物や家畜が会場に集まり、一般客からも注目されている。また「パリ・マンガParis Manga」などマンガのイベントも開催されている。

◆パリ国際見本市会場
Paris Expo Porte de Versailles
MAP 別冊P.16-3B
Ⓜ ⑫Porte de Versailles
住 1, pl. de la Porte de Versailles 15e

ほとばしる若き情熱のたまり場
芸術家たちのモンパルナス

19世紀末から20世紀初頭にかけてのモンパルナス。
シャガール、藤田嗣治、モディリアニ……、若い芸術家たちが集った場所だった。
彼らは夜ごとモンパルナス大通りのカフェに集い、時間を忘れて語り合った。

シャガールも住んでいた
芸術家たちのアトリエ「ラ・リュシュ」

　モンパルナスの外れに、十二角形のユニークな形をしたアパルトマンがある。その形状から「ラ・リュシュ La Ruche（蜂の巣）」と呼ばれるこの建物は、彫刻家ブッシェが私財を投げ打って、貧しい芸術家たちのために造ったものだ。

　住人となったのは、おもに「エコール・ド・パリ」と呼ばれる一派の人々。なかにはシャガール、モディリアニといった未来の巨匠たちもいた。また、キュビスムの画家レジェ、彫刻家ブランクーシとザッキン、マックス・ジャコブ、アポリネールといった作家たちも、ここに住んでいた。互いのエネルギーを糧として啓発し合った彼らは、やがて、独自のスタイルを確立していった。内部の見学はブッシェBoucherのアトリエのみ可能で、展示が行われている。

◆ラ・リュシュ La Ruche
MAP 別冊P.17-3C
Ⓜ ⑫Convention
🏠 2, Passage de Dantzig 15e
URL fondation-laruchesseydoux.com

昔の雰囲気が残る場所

　TGVアトランティック線が開通して以来、再開発が進められてきたモンパルナスに、20世紀初頭の名残を探すのは難しい。ただ、ひとつだけ、そんな時代の趣を残す場所がある。「シュマン・デュ・モンパルナスChemin du Montparnasse」（MAP 別冊P.18-2B）という名の小道だ。今も芸術家たちのアトリエが並ぶこの小道を散歩すれば、20世紀初頭のモンパルナスの空気を感じとることができるだろう。

ツタのからまる小道の両脇にアトリエが並ぶ

木々に囲まれた「ラ・リュシュ」

シャガール、モディリアニ、藤田嗣治など、モンパルナスに集った芸術家たち

モンマルトル
Montmartre

見逃せない観光スポット

🚆 交通メモ

Ⓜ⑫AbbessesまたはⓂ②Anversで下車し、徒歩またはケーブルカーで丘に上る。階段や坂道が多いので、観光用ミニバス「プチトラン」を利用するのも一案。

🍴 グルメ

映画『アメリ』の舞台となった「カフェ・デ・ドゥー・ムーラン」では、映画に登場したクレーム・ブリュレが食べられる。サクレ・クール聖堂周辺には、昔ながらの歴史あるレストランも残る。

🛍 ショッピング

モンマルトルの丘の麓からオペラ地区に向かう坂道マルティール通りは、食材やスイーツの店が集まるグルメストリート。ランチにも利用できる。
[ショッピングスポット]
マルティール通り　P.333

🎹 エンターテインメント

赤い風車で有名なキャバレー「ムーラン・ルージュ」では、華麗なフレンチ・カンカンを観ることができる。歴史あるシャンソニエ「オ・ラパン・アジル」もあり、シャンソンの名曲をたっぷり聴かせてくれる。

🌙 夜と治安

Ⓜ②⑫Pigalleの北側一帯は歓楽街で、夜に女性ひとりで歩くのはすすめられない。「ムーラン・ルージュ」のナイトショーは、観光バスツアーに参加すれば、ホテルまで送ってくれるので安心だ。

🚻 トイレ

モンマルトルの丘に登るケーブルカー乗り場の近くに有料トイレがある。

📷 フォトジェニックスポット 4

❶モンマルトルの丘に上る前にケーブルカー乗り場近くから撮影。メリーゴーラウンドとセットでサクレ・クール聖堂を撮ると、レトロな雰囲気のある写真に　❷フレンチ・カンカンで有名なムーラン・ルージュの赤い風車は必須の撮影ポイント　❸カップルなら迷わず「ジュ・テーム」の壁で記念撮影　❹Ⓜ⑫Abbessesのらせん階段はかなり長いが、階段に沿ってかわいい壁画が描かれている

MAP P.6-2B〜P.7-3D、P.30〜31

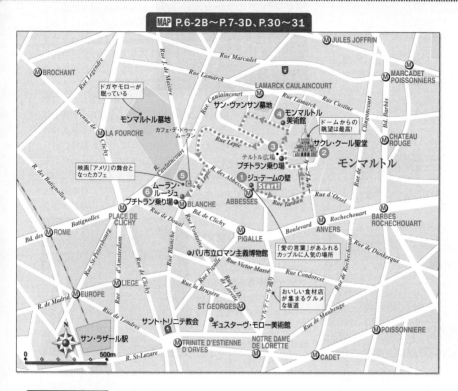

モデルプラン　所要 約5時間

聖堂からの眺望を楽しんだり、美術館に入ったり、モンマルトルをじっくり楽しむプラン。

1 ジュ・テームの壁
→徒歩とケーブルカーで約10分

2 サクレ・クール聖堂のドームに上る
→徒歩約3分

3 テルトル広場散策
→徒歩約2分

4 モンマルトル美術館見学
→徒歩約15分

5 「カフェ・デ・ドゥー・ムーラン」でクレーム・ブリュレ
→徒歩約3分

6 ムーラン・ルージュ前で記念写真

モンマルトルの歩き方

徒歩もしくはケーブルカーで丘の上に上ったら、サクレ・クール聖堂とテルトル広場を起点に、界隈の散策を楽しもう。下りるときは映画『アメリ』のカフェがあるルピック通りを通るのもいい。

石畳の道が多い地区

中心部では少なくなってきた「石畳の道」が、今も残るモンマルトル。サクレ・クール聖堂が垣間見える路地など、ノスタルジックな雰囲気が漂う。坂道や階段も多いので、歩きやすい靴で散策を楽しもう。

159

サクレ・クール聖堂

Basilique du Sacré Cœur

サクレ・クール聖堂
Ⓜ ⑫Abbesses
⑫Anvers
住 35, rue du Chevalier de la
Barre 18e
開 6:30～22:30
URL www.sacre-coeur-
montmartre.com

ドーム
開 10:00～20:30
（季節によって異なる）
料 €8
所要時間は聖堂だけなら約30
分。ドームに上る（階段300段）
なら約1時間。

青空に映える白いドーム、サクレ・クール聖堂

正面に向かって右側には剣を掲
げたジャンヌ・ダルクの像が

ドームからはパリのすばらしい
眺めが楽しめる

白く輝くビザンチンスタイルの教会。モンマルトルの丘の上に建っているうえ、ドームの高さ83m、奥行き85mとサイズも大きいので、市内のいたるところから、その姿を見られる。

教会の建設は、1871年のパリ・コミューンの後に議会で決定され、キリストの御心にささげられた、「聖なる心（サクレ・クール）」という名がつけられた。アバディの設計のもと、1875年に工事が開始され、完成したのは1919年のこと。正面入口の上には、5mの高さをもつ緑の騎馬像がふたつあり、それぞれ聖ルイ王とジャンヌ・ダルクを表している。教会内部は広々としていて、480m²の天井にきらめくモザイクは「神の御心へのフランスの尊仰」を表現している。ステンドグラスは1944年の爆撃で破壊され、その後、修復された。鐘楼の鐘は、サヴォワ地方で鋳造され、1895年に奉納されたもの。19トンもあり、現存するものとしては、最も重いものに属する。内部を見学し終わったら、白亜のドームに上ってみよう。

天井の美しいモザイク画

☕ Column
Pause Café ╲ プチトランで楽々観光

モンマルトルを楽しく一周

モンマルトルは自分の足で歩き回ってこそ、その魅力を味わうことができる。とはいっても、急な階段や坂道が続き、ちょっとつらいという人には、蒸気機関車の形をした観光用ミニバス「プチトラン」がおすすめ。

モンマルトルの見どころを約40分で一周する。英・仏語の解説付きでシャンソンのテープも流れるので、言葉がわからなくても十分楽しめる。見どころポイントをおさえてひと回りするので、散策時間があまりないときに

も便利だ。乗り場はメトロBlanche駅とテルトル広場近くの2ヵ所ある。

◆プチトラン Petit Train
MAP 別冊P.30-2B、P.31-2C
開 10:00～18:00（10～1月は～17:00）
30分または1時間間隔　休 1月の㊊～㊎
料 €10、12歳未満€5
URL promotrain.fr

プチトランのほかにもう1台「モンマルトランMontmartrain」も走っている。プチトランとはほぼ同じルートを走るが、乗り場が異なるので注意。
料 €10　URL www.lemontmartrain.fr

今も画家が集まる

テルトル広場

★★★　**MAP** 別冊 P.7-2C、P.31-2C

Place du Tertre

観光客と絵売りであふれるテルトル広場

エリア別ガイド7　モンマルトル

テルトル広場
Ⓜ⑫Abbesses

テルトル広場の似顔絵描き
広場では、スケッチブックを片手に似顔絵描きたちが、片言の日本語で「似顔絵描くよ」と話しかけてくる。イヤならばキッパリ断ろう。記念に描いてもらうときも、飾ってある作品を見て、自分の好みに合う画風の人に頼むといい。値段の交渉は、最初にしておくこと。
広場で似顔絵や絵画販売ができるのはパリ市の許可証をもつ正規の作家だけ。広場の外側で画板をもって立ち歩き、客引きをしているのは違法のニセ絵描きだ。ボッタクリ、スリの危険もあるので要注意。

みやげ用の絵もたくさんある

テルトル広場は、モンマルトルが1860年にパリ市に編入されるまで村の中央広場だった。3〜5番地がかつての村役場。

19世紀末から20世紀初めにかけて、パリ中心街に比べて家賃が安いモンマルトルに、多くの画家たちが移り住んだ。ルノワール、ロートレック、ピカソ、モディリアニ、ユトリロ、ゴッホなど、モンマルトルを愛し、その風景を描いた画家たちの名前を挙げればきりがないほど。近代美術の流れを変える作品の多くがモンマルトルで生まれたといえる。

時は過ぎ、モンマルトルが芸術の拠点だった時代は終わった。現在のテルトル広場には、みやげ用の絵売りや似顔絵描き、そしてたくさんの観光客であふれている。かつてののどかな芸術村の面影をしのぶなら、観光客の少ない早朝に訪れよう。広場周辺に点在する芸術家たちの足跡をたどって散策するのもいいだろう（→P.162）。

☕ **Column**
Pause Café ＼ **パリのブドウ畑**

フランスは有数のワイン生産国であるが、そのほとんどはボルドーやブルゴーニュなどの地方だ。パリで造られるワインがあったなら、飲んでみたいと思う人もいるだろう。

モンマルトルの丘の上、老舗シャンソニエの前に、狭いながらも立派なブドウ畑、「クロ・モンマルトルClos Montmartre」が広がる。
ここではガメイ種とピノ・

シャンソニエ「オ・ラバン・アジル」（→P.238）近くに広がる（**MAP** 別冊 P.31-1C）

ノワール種が植えられていて、パリ産、いや、モンマルトル産のワインが造られているのだ。

毎年10月には、酒神バッカスにささげる収穫祭Fête des Vendangesが行われる（'24は10/9〜10/13）。朝から音楽隊がやってきて陽気に演奏会が始まり、民族衣装を着た人々のパレードが繰り広げられる。

収穫されたブドウは、18区区役所の酒倉で仕込まれワインとなる。翌年の春に競売にかけられるが、もともと収穫量が少ないので、「幻のワイン」となっているそう。

10月に開催される収穫祭のパレード ©Paris Tourist Office-Amélie Dupont

はみだし! メトロAbbesses駅は地下30mに位置し、パリで最も深くにある駅。ホームと地上を結ぶらせん階段には、かわいい壁画（→P.158）が描かれているが、かなり長いのでご注意を。体力に自信のない人はエレベーターがおすすめ。

人々を魅了する理由を探して
モンマルトル散策

石畳の階段、懐かしいシャンソンが漏れ聞こえる路地裏、
異国情緒漂うサクレ・クール聖堂……。
いつか観た映画や絵画のなかの風景を、自分の足で歩いてみよう。

ユトリロやピカソも常連
だった老舗のシャンソニ
エ「オ・ラパン・アジル」
（上）
マティス、ドガ、モディ
リアニ、アポリネールら
が暮らしていた共同アト
リエ「洗濯船」跡。ピカソ
がキュビスムを告知す
る記念碑的作品「アヴィ
ニョンの娘たち」を制作
した場所だ。当時の木造
アパートは1970年に焼
失し、現存しない（中）
「ムーラン・ド・ラ・ギャ
レット」の名を冠したレ
ストランも（下）

小高い丘がひとつの地区になったモンマルト
ル。「パリの中の小さな村」ともいわれるこの
丘には、いちばんの見どころであるサクレ・クー
ル聖堂を除けば、目立ったモニュメントがある
わけではない。にもかかわらず多くの旅人たち
をひきつけるのは、誰をも懐かしい気持ちにさ
せる、ノスタルジックな風景のせいだろうか。
聖堂へと続く長い階段、狭く入り組んだ路地。
どこを切り取っても絵になるモンマルトルは、
あてもなく散策するのにぴったりの場所だ。

どこまでも懐深く
画家たちを育んだ丘

モンマルトルは、多くの芸術家に愛された場
所でもある。19世紀半ば、家賃の安いモンマル
トルに住んだ芸術家のなかには、ピカソやゴッ
ホもいた。彼らが制作に励んだアトリエ「洗濯
船 Le Bateau-Lavoir」（**MAP** 別冊P.31-2C）は焼
失してしまったが、ルノワールの作品の舞台と
なったダンスホール「ムーラン・ド・ラ・ギャ
レット Moulin de la Galette」の風車（**MAP** 別冊
P.30-2B）は今も残る。木漏れ日の下、夢見心地
で踊る女性たちを思い浮かべながら歩きたい。

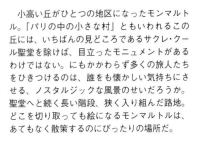

サクレ・クール聖堂から眺めるパリの風景。歴史を感じさせる石造りの町並み、その中か
ら顔をのぞかせる高層ビル。ここからは、「歴史あるパリ」と「進化を続けるパリ」の両
方が手に取るようにわかる（上）
SNSで話題になった「沈む家」の撮影スポットはケーブルカー乗り場の近く（上右）
サクレ・クール聖堂まで、行きはケーブルカー（フニクレールFuniculaire）が楽（下右。メ
トロの切符Ticket t+、バス・ナヴィゴ使用可）。帰りは徒歩がおすすめ

芸術家たちが通ったシャンソニエ「オ・ラパン・アジル」(→P.238)、ゴッホが『モンマルトルのガンゲット』で庭を描いたレストラン「オーベルジュ・ド・ラ・ボンヌ・フランケットAuberge de la Bonne Franquette」(**MAP**別冊P.31-2C)、ユトリロが描いた「コタン小路Passage Cottin」(**MAP**別冊P.31-1D)、さらに、ピカソのアトリエ(**MAP**別冊P.31-2C)やゴッホと弟テオが住んだアパート(**MAP**別冊P.30-2B)など、モンマルトルが芸術の町だった頃をしのばせる場所を探してみるのもいい。

映画のワンシーンのような
モンマルトルの素顔に触れるなら

2001年に公開された映画『アメリ』が大ヒットを記録すると、舞台となったモンマルトルはさらなるにぎわいに。ロケ地となった「カフェ・

テルトル広場では自分の絵を売る画家の姿も。何気ない風景が絵になるモンマルトル

デ・ドゥー・ムーラン」(→P.287)や、八百屋「オ・マルシェ・ド・ラ・ビュットAu Marché de la Butte」(**MAP**別冊P.31-2C)もいまやモンマルトルの名所となっている。カフェのあるルピック通り界隈は、サクレ・クール聖堂周辺と違って観光客も少なく、庶民的な商店街の雰囲気をたっぷり味わえる。

新たな芸術の丘の
町角アートに注目!

メトロのアベス駅を出た所にある小さな公園の一角に青いタイルの壁がある。これはフレデリック・バロンの作品「ジュ・テームの壁Le Mur des je t'aime」(**MAP**別冊P.31-2C)だ。青い壁に300もの言語で「愛している」と書かれている。分断するイメージが強い壁も、ここでは平和と愛のメッセージボードとなっている。

また、作家マルセイル・エイメがモンマルトルで暮らした家の前には、彼の小説『壁抜け男Le passe-muraille』をモデルにしたジャン・マレーによる彫刻もある(**MAP**別冊P.31-2C)。

近年ここにアトリエを構えるクリエイターも増え、新たな芸術の丘となりつつある。石畳の路地を歩くと、ユニークな壁絵やオブジェを見つけることも。のんびり散策を楽しみながら、自分だけのお気に入りの場所を見つけてみては。

映画『アメリ』の舞台としても人気スポットになったモンマルトルの丘

『アメリ』のロケ地巡りのハイライトは「カフェ・デ・ドゥー・ムーラン」(左)コリニョンの八百屋は実在する!「オ・マルシェ・ド・ラ・ビュット」(下)

アメリが映画を観ていた映画館がここ。「シネマ・ステュディオ・ヴァンテュイット」(→P.237)は1928年オープンの、パリ最古の映画館のひとつ

「ジュ・テームの壁」は612枚のタイルを使った大がかりな作品(上左) 日本語の「愛しています」も(上右) マルセル・エイメ広場Place Marcel Ayméにある「壁抜け男」(左)

パリ市立ロマン主義博物館　Musée de la Vie Romantique

パリ市立ロマン主義博物館
Ⓜ ②⑫Pigalle
住 16, rue Chaptal 9e
開 10:00～18:00
休 ®、1/1、5/1、12/25
料 無料(企画展は有料)
URL museevieromantique.
　　paris.fr

ロマン派の雰囲気が色濃く残る

Ⓒ ローズ・ベーカリー
営 10:00～17:30
休 ®、1/1、5/1、12/25

モンマルトルの麓、ピガールの繁華街から少し入った所、**Rue Chaptal**にある。この館に30年間住んでいたロマン派画家のアリ・シェフェールがロマン派を主張する文化人を集め、議論を楽しんでいたという。その顔ぶれは「男装の麗人」といわれた作家ジョルジュ・サンドから、ドラクロワ、ショパン、フロベール、リスト、ロッシーニまでそうそうたるメンバーだった。

ジョルジュ・サンドの孫によって寄贈された遺品が展示された部屋は、殊に興味深い。

サロン・ド・テには「ローズ・ベーカリー」(→P.271)が入り、夏には庭の花に囲まれたテラスでティータイムを楽しめる。博物館に入らなくても利用できる。

花が美しい庭も人気

サン・ピエール・ド・モンマルトル教会　Eglise St-Pierre de Montmartre

サン・ピエール・ド・モンマルトル教会
Ⓜ ⑫Abbesses
住 2, rue du Mont-Cenis 18e
開 9:00～12:00、
　　15:00～18:00
休 ®
URL www.saintpierrede
　　montmartre.net

パリ最古の教会のひとつ

サクレ・クール聖堂の西側に建つ小さな教会。修道院創設の一環として教会が建設されたのは12世紀。パリに現存する教会建築としては最も長い歴史をもつもののひとつで、中世には多くの巡礼者たちを迎えた。フランス革命時に

マックス・アングランによるモダンなステンドグラス(1952～1953)も観ておきたい

破壊されたが20世紀初頭に再建。ゴシック建築様式の内部は、パリきっての観光地の中心にあることを忘れてしまうほど静かで、サクレ・クール前の喧騒に疲れた旅人の心を癒やしてくれる。

画家ユトリロの葬儀はここで行われ、オランジュリー美術館(→P.205)には彼が描いたこの教会の絵がある。

**Column
Cinéma**　｜　映画とモンマルトル

モンマルトルを舞台にした映画は多い。中心地から外れた下町っぽさと、かつて栄えたミュージックホールの名残さと、自由な雰囲気が人々を虜にするのだろう。その代表のひとつ、ムーラン・ルージュ(→P.242)は、古くはジャン・ルノワールの『フレンチカンカン』

時代を超えて、人々に夢を与えるムーラン・ルージュ

(1955)、近年では『ムーラン・ルージュ』(2001)と、時代は変わっても題材にしたいと思わせる魅力がある。

『アメリ』(2001)でも、ジャン・ピエール・ジュネ監督の「人情あふれるモンマルトルを描きたかった」という言葉どおり、ほかでは出せなかったであろう空気を作品に添えている。それは時代や技法は異なってもフランソワ・トリュフォーが『大人は判ってくれない』(1959)で人々のありのままの生活を写したときと変わらない感覚なのだろう。モンマルトルには変わらない下町の魅力があるのだ。

はみだし！ モンマルトルの丘の中腹にある小さな「サン・ヴァンサン墓地Cimetière St-Vincent」(MAP 別冊P.31-1C)には画家ユトリロが妻とともに眠っている。画家ウージェーヌ・ブーダンや映画監督マルセル・カルネらの墓もある。

もうひとつのパリ Découvrir un autre Paris

パリは2度目、3度目という人におすすめの「もうひとつのパリ」。
有名観光地だけではない、ディープなパリを味わい尽くそう。

見逃せない観光スポット

📷 フォトジェニックスポット5

🌙 夜と治安

地区にかかわらず、夜、人通りの少ない場所に行くことは避けたい。森などを散策するなら明るいうちに。ラ・ヴィレット公園にあるフィラルモニー・ド・パリでのコンサートで夜遅くなるときは十分注意して。

1 運河巡りの船も行き交うサン・マルタン運河は、ノスタルジックな雰囲気 **2** アールヌーヴォー様式の邸宅巡りを楽しめるパッシー地区 **3** ブーローニュの森に出現した現代建築「フォンダシオン・ルイ・ヴィトン」 **4** ラ・ヴィレット公園にある球体映画館「ジェオッド」は、周囲の風景と空が映り込む姿をパチリ **5** ラ・デファンス地区にある「グランド・アルシュ」は門を思わせる巨大なオフィスビル

サン・マルタン運河
Canal St-Martin

サン・マルタン運河
Ⓜ ③⑤⑧⑨⑪République
⑤Jacques Bonsergent

北ホテル
現在はレストラン「オテル・
デュ・ノール」（→P.268）と
して営業している。
MAP 別冊P.14-1B
🏠 102, quai de Jemmapes
10e

映画『北ホテル』(1938)
(→P.150) のワンシーンがよみ
がえってくるよう

パリで最もノスタルジックな風情がある場所のひとつ

サン・マルタン運河 Canal St-Martin

　サン・マルタン運河は、パリ北東部のウルク運河Canal de l'Ourcqとセーヌ川を結ぶ河川交通のために掘られた運河で、1825年に開通した。運河沿いには、マルセル・カルネ監督の映画で有名な**北ホテル**Hôtel du Nordがたたずみ、すぐそばには緩やかな弧を描く鉄製の歩道橋が架かっている。架けられてから100年以上たっているが、パリ市が毎年ペンキを塗り替えて大事にしているもの。橋の上に立って眺めると、同じ型の小さな鉄橋がほかにも見える。静かで、叙情あふれる景色だ。

「北ホテル」は、現在はおしゃれな
レストラン。テラス席では運河沿い
の風景を楽しめる

　そんなパリの下町、サン・マルタン運河界隈がやがて「パリでホットなスポット」として挙げられるように。流行に敏感な若者がこの界隈に目をつけたことから、おしゃれなカフェやバー、若手アーティストたちのアトリエ、ブティックが続々とオープンした。近年は人気ネット配信ドラマの舞台にもなり、ロケ地巡りを楽しむ人の姿も。特に夏の運河沿いは、読書や日光浴を楽しむ若者や家族連れでいっぱいになる。

　流行のスポットとなった今も、川は静かに流れ、遊覧船は趣ある鉄橋の下をゆっくりと進む。パリの中心から少し外れるだけあり、そこには「パリの日常」がある。

運河沿いはパリっ子お気に入りの夕涼みスポット

ラ・ヴィレット貯水池 Bassin de la Villette

　サン・マルタン運河沿いを北に向かって歩いていくと、やがてパリ最大の人工池であるラ・ヴィレット貯水池に出る。19世紀初頭に、サン・マルタン運河とウルク運河を結んで航行する船のドックとして造られた。

　貯水池の手前の広場には、**ラ・ロトンド・スタリングラード La Rotonde Stalingrad**と呼ばれる円形の不思議な建物が建っている。18世紀末にパリに入って

ラ・ヴィレット貯水池
Ⓜ ②⑤⑦ Stalingrad
　②⑤ Jaurès

ラ・ロトンド・スタリングラード
MAP 別冊P.8-2B
🏠 6-8, pl. de la Bataille de Stalingrad 19e
URL larotondestalingrad.com

くる物品から税金を徴収するために建てられた関門の一部で、「幻視の建築家」として知られるニコラ・ルドゥー（1736〜1806）の、現存する数少ない作品のひとつだ。ただし、建築後すぐにフランス革命が起こってしまったため、関所として使われたのはわずか数年間。兵舎や塩倉庫として利用されたあとは長らく放置されていたが、2011年にレストランとして再生した。200年前の建築とは思えないモダンな空間で食事やディスコを楽しめるとあって、人気のスポットになっている。夜のライトアップに浮かび上がる姿は何とも幻想的で美しい。

　ラ・ヴィレット貯水池の両岸には映画館MK2（→P.237）が2館向かい合って建つ。また、夏には人工ビーチ「パリ・プラージュ」（→P.414）が出現し、日光浴やボート遊びの家族連れでおおいににぎわう。

広々としたラ・ヴィレット貯水池（上）　幻想的な姿のラ・ロトンド・スタリングラード（下）

Column Pause Café　サン・マルタン運河クルーズ

　サン・マルタン運河にもクルーズ船があり、セーヌ川クルーズとはまた違った情緒を味わうことができる。上流と下流では25mの高低差があるので、途中の水門で水位調整をしながらゆっくりと進んでいく。所要時間は約2時間30分なので、半日ののんびり過ごしたいときにおすすめ。要予約。

カノラマ（上）とパリ・カナル（下）水位調整の様子を橋の上から眺めるのも楽しい。ガイドの説明（仏・英語）付き

カノラマ Canauxrama
バスティーユ広場近くのアルスナル港とラ・ヴィレット貯水池を結ぶ。
乗船場：●アルスナル港　**MAP** 別冊P.27-2D
🏠 50, bd. de la Bastille 12e
●ラ・ヴィレット貯水池　**MAP** 別冊P.8-2B
🏠 13, quai de la Loire 19e
📞 01.42.39.15.00
💶 €23
🕐 アルスナル港発→14:30
　ラ・ヴィレット貯水池発→9:45
　（季節、曜日によって異なる）
URL www.canauxrama.com

パリ・カナル Paris Canal
オルセー美術館前のアナトール・フランス河岸とラ・ヴィレット公園を結ぶ。
乗船場：●オルセー美術館前　**MAP** 別冊P.12-2B
●ラ・ヴィレット公園　**MAP** 別冊P.9-1D
📞 01.42.40.96.97
💶 €23、15〜25歳と60歳以上€20
🕐 オルセー美術館前発→10:00
　ラ・ヴィレット公園発→14:30
URL www.pariscanal.com

パッシー地区　　　　　　　　　　　　　　Passy

パッシー地区
Ⓜ ⑨La Muette
⑥Passy

パリ16区、セーヌ川を挟んでエッフェル塔の対岸一帯の高級住宅地がパッシー地区。BCBG（Bon Chic Bon Genreを略したブルジョワファッションを示す言葉）の発祥の地であり、それを地でいくマダムたちが、優雅にショッピングを楽しむ姿を多く見かける。

　La Muette駅から続く**パッシー通り**Rue de Passyは、「クリストフル」などのブランドブティックが多く並ぶ通り。一方、カジュアルウエアを多く扱う地元密着型のショッピングセンター「**パッシー・プラザ**Passy Plaza」には、マダム予備軍の上品な若い子たちが集まり、雰囲気がいい。有名ブランドのリサイクル店が多いのもこの地区の特徴で、マダムたちが一度袖をとおしただけの洋服を売りに出す、というところに理由があるようだ。流行とは無縁の、ノーブルな雰囲気のなかでショッピングを楽しみたいという人におすすめのエリア。

　豪華なお屋敷が建ち並ぶ界隈を「いったいどんな人が住んでいるんだろう？」と想像しながら歩くのも一興。ギマール設計のアールヌーヴォー建築群（→P.222）や、ル・コルビュジエが建てたラ・ロッシュ＝ジャンヌレ邸（→P.215）もあり、建築ファンは見逃せない。

アールヌーヴォー建築をはじめ、豪華な邸宅が建ち並ぶ

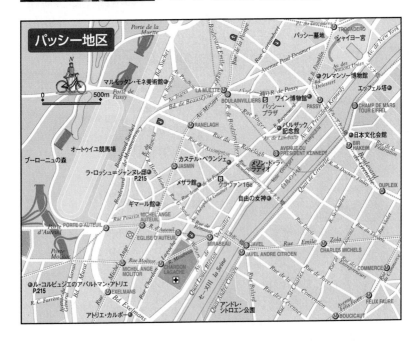

ワイン博物館 Le M. Musée du Vin

倉庫の造りをうまく利用した趣ある博物館

フランスの地方でワインの産地には必ずといっていいほどある、ワインに関する博物館がパリにもある。パッシー駅のすぐ近くにあるが、住宅地の一角の目立たない場所にあり、ちょっとわかりにくいので注意。もと修道院だった1700m²の建物は、博物館になる前はエッフェル塔にあるレストランのワイン倉庫だったという。石造りの内部は迷路のように入り組んでいて、貴重なボトルのコレクションやワイン造りの道具などが展示されている。2023年に運営が変わり、改装工事の後、リニューアルオープンした。2時間でワインの基本がひととおり学べるワイン教室も開催している。ワインバーや約200種類のワインが揃うレストランもある。

ワイン博物館
🅼 別冊P.10-3B／本誌P.168
Ⓜ ⑥Passy
🏠 5, square Charles Dickens 16e
🕐 10:00〜18:00
休 ⑥、1/1、5/1、12/25
€15
URL www.lemparis.com

ワイン教室で知識を深めよう

バルザック記念館 Maison de Balzac

作家にちなんだ企画展も行われる

『ふくろう党』で文壇にデビューして以来、「人間喜劇」と称されることになる一連の小説を執筆したバルザック。それと並行し、社交サロンへの出入り、乱費、旅行、女性関係と、多忙な生活を送った作家だ。引っ越し魔としても有名で、パリでは11回も引っ越している。現在記念館となっているパッシーの家は、晩年の1840年から1847年まで生活した場所。改装工事を経てカフェを併設、2019年7月に再開した。

この家は、もともと18世紀に造られた宮廷画家の館（現存していない）に付随していた簡素なもの。ここで、『暗黒事件』『従兄ポンス』『従妹ベット』などが生まれた。トルコ石をちりばめた杖など、作家の生活がしのばれるさまざまな資料が展示されている。

バルザック記念館
🅼 別冊P.10-3B／本誌P.168
Ⓜ ⑥Passy
🏠 47, rue Raynouard 16e
🕐 10:00〜18:00
（入場は17:30まで）
休 ⑥、1/1、5/1、12/25
€9
URL www.maisondebalzac. paris.fr

修正指示が入った校正刷り

クレマンソー博物館 Musée Clemenceau

二度にわたりフランスの首相となり、ジャーナリスト、美術愛好家としても知られたジョルジュ・クレマンソーのアパルトマンが、博物館として公開されている。モネとも親しく、オランジュリー美術館に「睡蓮の間」（→P.205）が誕生したのは、モネがクレマンソーに国家寄贈を申し入れたのがきっかけ。生前のままに保存された書斎や寝室には、膨大な書籍、美術作品が置かれ、有能な政治家だけでなく、一流の文化人でもあったクレマンソーの横顔がうかがえる。

クレマンソー博物館
🅼 別冊P.10-3B／本誌P.168
Ⓜ ⑥Passy
🏠 8, rue Benjamin Franklin 16e
🕐 14:00〜17:30
（入場は17:00まで）
休 ⑥⑧、8月
€6、19〜25歳€3、18歳未満無料
URL musee-clemenceau.fr

美術品が置かれた書斎

バルザック記念館の展示で印象的だったのは、削除線や引き出し線、加筆だらけでほとんど解読不可能になった校正刷り。バルザックの仕事ぶりの一端をうかがうことができる貴重な資料です。（東京都　青谷匡美 '23）

ラ・デファンス

La Défense

ラ・デファンス
Ⓜ① **RER**Ⓐ
　La Défense(Grande Arche)
メトロで行く場合はパリ市内
から切符1枚(Ticket t+)で行け
るが、RERの場合はゾーン2と
なり、「La Défense」までの
切符を買わなければならない。

　ラ・デファンスは、1958年に建設が始まったパリ郊外の新開発地区。ルーヴル宮からコンコルド広場を経て凱旋門を結ぶ「パリの歴史軸Axe historique」の延長線上に建設された。林立する超高層ビルには4000もの企業がオフィスを構えている。ビジネスマン以外に、パリ中心部では見られない前衛的な建築物を見に訪れる観光客の姿も多い。ラ・デファンスのシンボルであるグランド・アルシュや、歩道を飾る数々の彫刻（ミロ、セザール etc.)などを見て回るのも楽しい。

グランド・アルシュ Grande Arche

　1989年、フランス革命200年の記念の年に誕生し、ラ・デファンスのランドマークとなっている。高さ110m、幅106m、奥行き112mという巨大なもので、門のように見えるが実はオフィスビル。内部の見学はできない。

「大きなアーチ」という名のとおり巨大なグランド・アルシュ

ラ・ヴィレット公園

Parc de la Villette

科学・産業シティ
Ⓜ⑦Porte de la Villette
住 30, av. Corentin Cariou
19e
開 10:00～18:00
　　(㊐は～19:00)
休 1/1、5/1、12/25
料 エクスポジション€13
バス エクスポジション、プラネ
タリウム、潜水艦アルゴ
ノートのみミュージアム・
バス使用可(→P.183)
URL www.cite-sciences.fr

ジェオッド
※2024年3月現在、改装工事
のため閉館中。

音楽博物館
住 221, av. Jean-Jaurès 19e
開 12:00～18:00
　　(㊏は10:00～)
休 ㊊、一部㊗
料 €10
バス ミュージアム・バス使用可
　　(→P.183)
URL philharmoniedeparis.fr

　パリ北東部のラ・ヴィレット公園は、旧食肉市場の跡地に造られた未来志向の総合エリア。公園全体に点在する赤い立方体は「フォリFolie(気まぐれ)」と呼ばれ、ビデオアトリエやカフェなど、さまざまな形で使われている。夏には野外映画祭やジャズ・フェスティバルも開かれる(→P.414)。

科学・産業シティ Cité des Sciences et de l'Industrie

　1986年に開館した体験型科学博物館。最先端の科学技術を紹介する大空間**エクスポジションExpositions**、子供が科学に親しめる**子供館Cité des Enfants**、プラネタリウムなどから構成されている。なかでも最大のアトラクション、**ジェオッドGéode**は、直径36mの巨大な球形映画館だ。

巨大な球体の映画館ジェオッド

シテ・ド・ラ・ミュージック - フィラルモニー・ド・パリ Cité de la Musique - Philharmonie de Paris

　ジャン・ヌーヴェル設計のフィラルモニー・ド・パリ(→P.233)と、シテ・ド・ラ・ミュージックからなる施設。17世紀から現代までの豊富な楽器のコレクションを誇る**音楽博物館Musée de la Musique**と、コンサートホールを抱える巨大音楽スポット。

パリ管弦楽団の本拠地フィラルモニー

はみだし!　ラ・ヴィレット公園の「グランド・アールGrande Halle」は、公園内で唯一19世紀の面影を残す建物。かつてパリ中央市場を移転する際、19世紀の建築を破壊したことへの反省から、外組みを保存したまま内部を改造している。

ブドウ畑とワイン倉庫が流行スポットに   ★★ MAP 別冊 P.21-2CD ～ 3CD

ベルシー地区 Bercy

　ブドウ畑があり、ワイン倉庫が建ち並んでいたベルシー地区は、かつては「パリの中の田舎」のイメージを引きずっていた。変化の兆しが現れたのは1980年代のこと。まず、ミッテラン元大統領が推し進めた「パリ大改造計画」によってスリムな財務省（→P.226）が誕生。さらに、シラク元大統領がパリ市長時代にベルシー地区再開発を計画し、**ベルシー体育館**（現アコー・アリーナ）を皮切りに工事を進めた。

専門店が並ぶ「ベルシー・ヴィラージュ」は、⑭号線Cour St-Emilion駅からすぐ

　1998年にメトロ⑭号線が開通し、ここベルシーを通過するようになると、開発にも熱が入り、急成長を遂げる。メトロCour St-Emilion駅前には、もともとあったワイン倉庫を改造したショッピング街、**ベルシー・ヴィラージュ** Bercy Village（→P.343）がオープンし、大型映画館「UGCシネ・シテ・ベルシー」ができた。

　国立の映画資料館**シネマテーク・フランセーズ** Cinémathèque Française（→P.237）もこの地に移転。館内にある**メリエス博物館** Musée Mélièsでは、映画発祥の地フランスならではの多彩な展示が楽しめるほか、フィルムライブラリーなどが入っている。

フランク・ゲーリー設計のシネマテーク・フランセーズ

　人々の憩いの場として親しまれている**ベルシー公園** Parc de Bercyでは、春になるとピクニックを楽しむ人々の姿が見られる。ベルシー地区からセーヌ対岸のトルビアック地区Tolbiacにかけて、国立図書館（→P.226）をはじめインパクトのあるビルが増えているので、デザインウオッチングもおもしろい。

ベルシー地区
Ⓜ ⑥⑭Bercy
⑭Cour St-Emilion

メリエス博物館（シネマテーク・フランセーズ内）
MAP 別冊P.21-3C
Ⓜ ⑥⑭Bercy
🏠 51, rue de Bercy 12e
🕐 12:00～19:00
　（土）（日）祝は11:00～）
㊡ 5/1、12/25
💶 €10、18～25歳€7.50
🚌 ミュージアム・パス使用可（→P.183）
URL www.cinematheque.fr

のんびりした時間を過ごせるベルシー公園

　1880～1920年頃にヨーロッパでポピュラーとなった、移設可能な遊具でできた移動遊園地。ベルシー地区にある移動遊園地博物館には、当時使われていた遊具が展示されている。俳優でディーラーのジャン・ポール・ファヴァンは、19世紀末～20世紀初頭の遊具を収集することに情熱を傾け、当時の縁日の様子を再現すべく博物館を作った。展示されている

ワイン倉庫を改装している

回転木馬やメリーゴーラウンドなどの遊具は、鑑賞するだけでなく、実際に遊ぶことができる。見学は要予約。所要約1時間30分。

◆**移動遊園地博物館 Musée des Arts Forains**
MAP 別冊P.21-3D
Ⓜ ⑭Cour St-Emilion
🏠 53, av. des Terroirs de France 12e
予約 見学は予約制（ウェブサイトで要予約）
💶 €18、4～11歳€12
URL arts-forains.com

大人も楽しめる

はみだし! 　ドミニク・ペロー設計の「国立図書館Bibliothèque Nationale」が13階セーヌ河岸に建っている。18階建てのタワー4棟からなり、まるで4冊の開いた本が向かい合うかのようなデザインだ。MAP 別冊P.21-3C URL www.bnf.fr

171

ブーローニュの森　　　Bois de Boulogne

パリの西にある約850haの広さをもつすばらしい森。カシワをはじめとして、マロニエ、大カエデ、アカシアの木々が美しい。森の中には数多くの湖や池、滝、手入れの行き届いた庭園、スポーツ施設、競馬場などがあり、パリ市民の憩いの場所となっている。昔はカシワの木ばかりだったので、ルーヴル（カシワ）の森と呼ばれ、パリに居城を構えた王族にとっては最も近場で格好の狩猟地だった。14世紀頃からブーローニュと呼ばれるようになったが、当時は盗賊や密猟者が出入りしており、物騒な所だった。一般市民が安心して散歩できるようになったのは、長いパリの歴史から見れば、つい最近のこと。ナポレオン3世の治世（1852～1870）には、パリを大改造したオスマン男爵によって、森は公園へと根本的に造り替えられた。あまりにも広大で、多目的機能をもった公園だから、1日ではすべてを回りきれない。自分の好みに合った場所に焦点を絞って訪れよう。

アンフェリウール湖に浮かぶ中州にはレストランもある

アクリマタシオン公園
MAP 本誌P.173-A
Ⓜ ①Les Sablons
　　①Porte Maillot
開 10:00～18:00
　（日によって11:00～）
休 無休
料 €7、アトラクション乗り
　放題€46～
URL www.
　jardindacclimatation.fr

フォンダシオン・ルイ・ヴィトン
MAP 本誌P.173-A
→P.216

**ロンシャン競馬場とオートゥイ
ユ競馬場**
MAP 本誌P.173-B
Ⓜ ⑩Porte d'Auteuil
URL www.france-galop.com

競馬ファン憧れのロンシャン競馬場
© Paris Tourist Office - Amélie Dupont

ローラン・ギャロス
MAP 本誌P.173-B
Ⓜ ⑩Porte d'Auteuil
住 2, av. Gordun Bennett
　16e
URL www.rolandgarros.com

アクリマタシオン公園 Jardin d'Acclimatation

メリーゴーラウンドなどの乗り物のほか、人形劇、動物たちとの触れ合いなどさまざまなアトラクションが楽しめる遊園地。ポルト・マイヨ駅前から遊園地入口まで「プチトラン」（€3.50）も走っている。

家族連れにおすすめ

フォンダシオン・ルイ・ヴィトン Fondation Louis Vuitton

公園に隣接する場所にあり、ブーローニュの森の名所のひとつとなっている美術館。斬新な建築スタイルは、それ自体が作品として一見の価値がある。

ロンシャン競馬場とオートゥイユ競馬場
Hippodrome de Longchamp et Hippodrome d'Auteuil

ブーローニュの森は競馬ファンなら一度は訪れたい場所だ。ロンシャン競馬場では毎年7月14日にパリ・グランプリ・レース、10月の第1日曜に凱旋門賞レースが行われる。オートゥイユは障害物レース専門の競馬場で、パリ大障害レースが名高い。

ローラン・ギャロス Stade Roland Garros

赤土のコートで知られるテニスファンの聖地、ローラン・ギャロス。試合のない期間は、スタジアムの施設を見学するツアーも実施している。ショップもあり、公式グッズを買うことができる。

全仏オープンはもちろん、パリ五輪のテニス競技会場としても使われるスタジアム

バガテル公園 Parc de Bagatelle

花が好きな人なら、何といっても
この庭園を散策するにかぎる。バラ園
Roseraieが最も有名で、5月下旬から
6月中旬がすばらしい。6月には国際
バラ・コンクールも開かれる。3月中
旬から4月にかけてはチューリップ、
5月にはアイリス、6月から7月初旬に
はスイレンが見頃。

花の季節に訪れたい

バガテル公園
MAP 本誌P.173-A
Ⓜ①Porte Maillotから、
244番のバスでBagatelle-
Pré Catelan下車
🕘9:30～18:30（夏は延長）
💶€2.60（10～3月は無料）

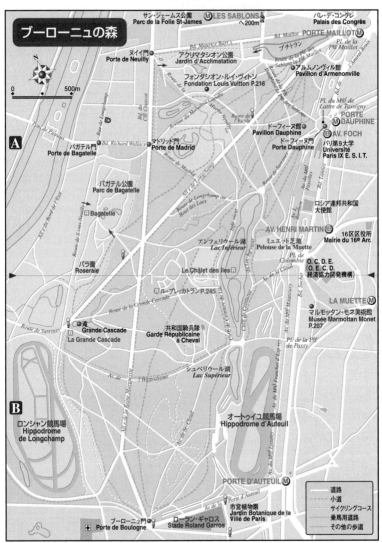

ヴァンセンヌの森　Bois de Vincennes

ヴァンセンヌの森
Ⓜ①Châeau de Vincennes
　⑧Porte Dorée
Ⓡ Ⓐ Nogent sur Marne
　Ⓐ Joinville le Pont
　Ⓐ Fontenay sous Bois

動物園
Ⓜ⑧Porte Dorée
🕐10:00～17:00
　（季節や曜日により異なる）
🚫11/5、1月に約3週間
💴€22
🔗www.
　parczoologiquedeparis.fr

ヴァンセンヌ城
Ⓜ①Château de Vincennes
🏠1, av. de Paris 94300
　Vincennes
🕐10:00～18:00
　（9/23～5/20は～17:00）
　（入場は閉館の45分前まで）
🚫1/1、5/1、12/25
💴€13
🎫ミュージアム・パス使用可
　（→P.183）
🔗www.chateau-de-
　vincennes.fr

パリ花公園
Ⓜ①Château de Vincennes
🕐9:30～17:00（夏は延長）
💴€2.60（10～3月は無料）

パリの東、環状線のすぐ外側に位置するヴァンセンヌの森。ちょうど反対側にあるブーローニュの森ほど有名ではないけれど、気取りがなくて親しみやすい。メトロ⑧号線Porte Dorée駅で降り、森に入るとすぐ目の前に広がるのが、森で一番大きな湖、ドーメニル湖Lac Daumesnil。ここでボート遊びを楽しむのもいいだろう。

動物園 Parc Zoologique

ドーメニル湖の東にある、敷地面積14.5haの動物園。広大な園内は5つのゾーンに分かれ、180種類、1000以上もの動物がゆったり配置されている。ピクニック気分で訪れたい。

キリンはパリでも大人気

ヴァンセンヌ城 Château de Vincennes

森の北端にある。パリで最も古く重要な歴史的建造物だが、訪れる人は少ない。フィリップ・オーギュスト王が造った城をもとに、カペー王朝、ヴァロワ王朝の王たちが増築し、好んで

17世紀まで王の城だった

使った城だ。いかめしい14世紀の天守閣や16世紀の礼拝堂、そして、17世紀に造られ、太陽王ルイ14世がハネムーンの場所としても使った、王と王妃の館などを見ることができる。

パリ花公園 Parc Floral de Paris

ヴァンセンヌ城のそばにある。1200種もの花が栽培され、どの季節に訪れても美しい花を見ることができる。

緑豊かな都会のオアシス
パリの公園

Les plus beaux parcs de Paris

元気いっぱいに遊ぶ子供、ベンチで日なたぼっこする老婦人、読書中の紳士、何十分もくっついたまま動かないカップル……。公園にはパリの素顔がある。

ビュット・ショーモン公園

下町ベルヴィルの丘陵にあるこの公園は、「はげ山Mont Chauve」と呼ばれていたかつての石切場が、19世紀後半、オスマン知事のパリ大改造時に整備されたもの。起伏に富んだ地形を利用して、人工の大自然が造り上げられた。イギリス式庭園があるかと思えば小さな滝や鍾乳洞まであり、サン・マルタン運河から水を引いて造られた人工池では、白鳥や鴨が戯れている。池の中央にそそり立つ岩山に登るのは、ちょっとしたアドベンチャー気分。頂上の展望台からの眺望もすばらしい。周辺のベルヴィル一帯からモンマルトルの丘、さらに郊外のサン・ドニまでのパノラマが楽しめる。

ビュット・ショーモン公園 Parc des Buttes Chaumont
MAP 別冊P.9-3CD
Ⓜ ⑦Buttes Chaumont ⑦Botzaris

モンソー公園

凱旋門から歩いて15分ほどの高級住宅街にある美しい公園。自由思想の高揚が見られた18世紀後半、オルレアン公（後のルイ・フィリップ2世）の命で造られた。依頼を受けたカルモンテルは、自由奔放なオルレアン公の要求に応えるべく、劇作家、画家としての才能をフルに発揮。古代エジプト、ローマ、中世、そして18世紀にいたる、あらゆる時代への賛美を込め、異国情緒も加えた庭園を生み出した。中国風寺院、中世の廃墟、オランダの風車、滝の

流れるイギリス風洞窟などなど。その多くは失われてしまったが、小さなピラミッド、古代ローマの海戦場を模した楕円の池（ノーマシーNaumachie）、そこに影を落とすコリント式柱廊のいくつかに、18世紀当時の姿がしのばれる。

モンソー公園 Parc Monceau
MAP 別冊P.6-3A
Ⓜ ②Monceau

モンスーリ公園

パリの南、14区の外れにある公園で、国際大学都市に面している。1878年に開園した。自然を生かしたイギリス式庭園をもつ。ビュット・ショーモン公園同様、起伏の多い公園だ。28種類の樹木がおよそ1200本。開園以来の大木もある。公園の中央部には、アラビア風のバルド宮Palais du Bardoが建っている。木造の建物で、1867年の万博のとき、チュニス（チュニジアの首都）のバルド宮を模して造られた。

モンスーリ公園 Parc Montsouris
MAP 別冊P.5-3C
Ⓜ ④Porte d'Orléans ⒭Ⓔ ⒷCité Universitaire

そのほかの公園
●チュイルリー公園→P.110
●リュクサンブール公園→P.143
●植物園→P.148
●ラ・ヴィレット公園→P.170
●ベルシー公園→P.171

廃墟風の円柱が神秘的な雰囲気を醸し出すモンソー公園

豊かな樹木と湖が美しいモンスーリ公園

池の中央に岩山がそそり立つ。都会にいることを忘れそうなダイナミックな景観が魅力のビュット・ショーモン公園

© Paris Tourist Office　Marc Bertrand

ペール・ラシェーズ墓地　Cimetière du Père Lachaise

ペール・ラシェーズ墓地
Ⓜ ②③Père Lachaise
🏠 8, bd. de Ménilmontant
20e
🕐 3月中旬〜10月
　　　　8:00〜18:00
　（⊕ 8:30〜、⊕ 9:00〜）
　11月〜3月中旬
　　　　8:00〜17:30
　（⊕ 8:30〜、⊕ 9:00〜）
URL pere-lachaise.com

①アポリネール
　Apollinaire（詩人）
②バルザックBalzac（作家）
③ボーマルシェ
　Beaumarchais（劇作家）
④サラ・ベルナール
　Sarah Bernhardt（俳優）
⑤ビゼー Bizet（作曲家）
⑥マリア・カラス
　Maria Callas（歌手）
⑦クロード・シャブロル
　Claude Chabrol（映画監督）
⑧ショパンChopin（作曲家）
⑨コローCorot（画家）
⑩ドラクロワ
　Delacroix（画家）
⑪イサドラ・ダンカン
　Isadora Duncan（舞踊家）
⑫マリー・ローランサン
　Marie Laurencin（画家）
⑬モディリアニ
　Modigliani（画家）
⑭モリエール
　Molière（劇作家）
⑮イヴ・モンタン
　Yves Montand（俳優）
　シモーヌ・シニョレ
　Simone Signoret（俳優）
⑯ジム・モリソン
　Jim Morrison（歌手）
⑰エディット・ピアフ
　Edith Piaf（歌手）
⑱マルセル・プルースト
　Marcel Proust（作家）
⑲スーラSeurat（画家）
⑳オスカー・ワイルド
　Oscar Wilde（作家）

パリ最大の墓地。17世紀半ばには、ジュズイット（イエズス）会修道士の安息所だった。革命直前、修道士たちは追われ、1803年にパリ市当局に渡って墓地となる。ジュズイット会士でもあったルイ14世の聴聞告解師、神父フランソワ・デクス・ド・ラ・シェーズの名が、そのまま墓地の名として残った。

イヴ・モンタンの墓。認知されていない娘とその母の要望で、DNA鑑定のため掘り返されたことがある

　この墓地はパリ・コミューンの終焉の地でもある。世界最初の純粋共産主義政権といわれたパリ・コミューンは、1871年3月18日、モンマルトル砲台の大砲を市民が奪うことに始まる。そしてわずか2ヵ月後の5月28日、生き残ってこの墓地に立てこもったコミューン側市民147人の虐殺によって終わりを告げた。彼らが追い詰められ、次々と銃弾に倒れた墓地の壁は、**コミューン兵士の壁**Mur des Fédérésと名づけられ、左翼の人たちの巡礼地になっている。

モンマルトル墓地　Cimetière de Montmartre

　モンマルトルの丘を車で上っていくと、たいてい、この墓地の横を走る橋のようになった道を通る。パリ滞在中、目にする可能性の最も高いのがこの墓地だろう。中央入口は、ムーラン・ルージュのそば、**Bd. de Clichy 118番**から始まる**Av. Rachel**の突き当たり。門を入ってすぐの所に、全体の区画図があるのはほかの墓地と同様だが、その横に有名人の墓の所在をアルファ

ベット順に一覧表で掲示してあるのが、この墓地の親切な点だ。例えば「ダリダDalida」を探すと、「18区画の何番」と示してある。あとは、区画図で見当をつけて探すといい。パリでは、墓にも住所があるのだ。

訪れる人が多いのは、モンマルトルに住んでいた、永遠の美女ダリダの墓。墓標の前には生きているかのごとき彼女の像が立ち、ファンのささげる花が取り囲んでいる。

モンマルトル墓地
Ⓜ②⑬Place de Clichy
🏠 20, av. Rachel 18e
🕐 8:00〜17:30
（⊕ 8:30〜、㊐ 9:00〜）
（季節と曜日によって異なる）

ダリダの墓

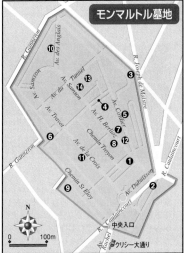
モンマルトル墓地

①ベルリオーズBerlioz（作曲家）
②ダリダDalida（歌手）
③エドガー・ドガEdgar Degas（画家）
④アレクサンドル・デュマAlexandre Dumas（作家）
⑤ゴーチェGautier（詩人、批評家）
⑥ゴンクール兄弟Goncourt（作家）
⑦ジャック・リヴェットJacques Rivette（映画監督）
⑧ハイネHeine（詩人）
⑨ルイ・ジューヴェLouis Jouvet（俳優）
⑩オッフェンバックOffenbach（作曲家）
⑪スタンダールStendhal（作家）
⑫フランソワ・トリュフォーFrançois Truffaut（映画監督）
⑬ギュスターヴ・モローGustave Moreau（画家）
⑭ニジンスキーNijinski（舞踊家）

ジェーン・バーキンとゲンズブールの墓がある　　★★　MAP 別冊 P.18-2 〜 3B

モンパルナス墓地　　Cimetière du Montparnasse

ジェーン・バーキンは娘のケイト・バリーとともに眠る

前記2ヵ所の墓地は、敷地が起伏に富み木立も多いが、ここモンパルナス墓地は平坦で、木も比較的少ない。そのためにとても明るく感じられ、公園のようだ。エミール・リシャール通りRue Emile Richardが南北に走り、敷地の3分の2を西に、3分の1を東に分けている。2023年に亡くなったジェーン・バーキンもここに眠っている。

モンパルナス墓地
Ⓜ⑥Edgar Quinet
④⑥Raspail
🏠 3, bd. Edgar-Quinet 14e
🕐 8:00〜17:30
（⊕ 8:30〜、㊐ 9:00〜）
（季節と曜日によって異なる）

モンパルナス墓地

①ボードレールBaudelaire（詩人）
②ブールデルBourdelle（彫刻家）
③ブランクーシBrancusi（彫刻家）
④シトロエンCitroën（事業家）
⑤ジャック・ドゥミJacques Demy（映画監督）
⑥デュラスMarguerite Duras（作家）
⑦セルジュ・ゲンズブールSerge Gainsbourg（歌手）
⑧ジェーン・バーキンJane Birkin（歌手）
⑨サルトルJean=Paul Sartre（哲学者）
　ボーヴォワールShimone de Beauvoir（作家）
⑩アンリ・ラングロワHenri Langlois（映画人）
⑪モーパッサンMaupassant（作家）
⑫アラン・レネAlain Resnais（映画監督）
⑬エリック・ロメールEric Rohmer
　（映画監督：本名Maurice Schérer）
⑭マン・レイMan Ray（写真家）
⑮サン・サーンスSt-Saëns（作曲家）
⑯サント・ブーヴSte-Beuve（批評家）
⑰ジーン・セバーグJean Sebergs（俳優）
⑱スーティンSoutine（画家）
⑲トリスタン・ツァラTristan Tzara（詩人）
⑳ザッキンZadkine（彫刻家）

もうひとつのパリの顔
パリのエスニックタウン

パリを初めて訪れた人が驚くのは、行き交う人々の人種や民族の多様性だろう。
フランスには19世紀以降、世界中から移民を受け入れてきた歴史がある。
移民たちが多く住む町角は、まさにもうひとつの"パリの顔"。

もはや国民食!?
パリで味わうエスニック料理

パリに来たならやっぱり味わいたいのはフランス料理やかわいいスイーツ。でも毎日そんな食事が続いたなら、食べたくなるのがあっさりしたアジア料理。ベトナムがフランスの植民地だったことや、アフリカからの移民を大量に受け入れてきた歴史により、パリにはエスニック料理が食べられるレストランが数多くある。米粉麺に鶏や牛でだしを取ったスープのかかったベトナム料理「フォー」や北アフリカ料理「クスクス」(→P.275)はパリっ子にも愛されている。

各国料理レストラン→P.275

盛大な春節祭が行われる
パリの2大チャイナタウン

13区のイヴリー大通りAv. d'Ivry周辺に、パリらしからぬ高層ビルが建ち並ぶ一帯がある。これらのビルは1960年代に管理職向けの高級住宅として建設されたが、その後オイルショックなどの不景気により賃貸住宅に変えられスラム化。折しも1975年、インドシナから大量の中国系難民がパリに流れ込み、借り手のなかったマンション群に住み着き、パリ最大のチャイナタウンが形成された(**MAP** 別冊P.5-3C)。

ここには100軒以上のレストランがあるが、ほとんどがベトナム、カンボジア料理。アジアの食材なら何でも揃うといわれるスーパー「陳氏商場(Tang Frèresタン・フレール)」(**MAP** 別冊P.5-3C **住** 48, av. d'Ivry)にいると、ここがパリだということを忘れてしまいそうだ。

手頃な値段で栄養満点なクスクス(左) フォーには生のモヤシやミントなどが付いて旅行中の野菜不足解消にも(上)

もうひとつのチャイナタウンは、パリ北東部のベルヴィルBelleville(**MAP** 別冊P.15-1CD)にある。移民の町としての歴史はこちらのほうが古く、中華レストランのほか、クスクスなどが食べられる北アフリカ系の店も多い。腹ごなしの散歩には、高台にある見晴らしのいいベルヴィル公園から、パリの眺めを楽しもう。

さらにディープな
その他の外国人街

北駅裏からメトロ④号線Château Rouge駅にかけての一帯は、アフリカ、アラブ系の移民が多く住む地区。メトロ駅を出るとそこはもうアフリカンワールド。アフリカ食料品の屋台やレストラン、カラフルなテキスタイルの店、アフリカンスタイルのヘアサロンが建ち並ぶ。

また、パリのインド人街は、10区のフォーブール・サン・ドニ通りRue de Fg. St-Denis周辺にある。アーケード商店街のパッサージュ・ブラディ(→P.61)には安くておいしいインド料理店がひしめいている。

4区のマレ地区にはユダヤ人が多く住み、ユダヤ教会やユダヤレストランが集まっている。

マレのユダヤ人街→P.138

赤や黄色の看板が目立つ13区の中華街(上) 中国の正月「春節祭」のパレードも開かれる(右)

リトル・インディアと呼ばれるパッサージュ・ブラディ(右) パッサージュの西側にはガラス屋根が付いている(上)

美術館
ガイド

Musées

Photo：Petit Palais

美術館巡りに役立つテクニック

パリはアートの宝庫だ。ルーヴル、オルセーなどの巨大美術館から、個人コレクションの小さな美術館、現在のアートシーンを見せてくれるユニークな画廊まで、たくさんのアートスポットがある。興味の赴くまま、感性に任せて巡るのも楽しいが、ちょっとしたコツをつかめば、充実した美術鑑賞ができるはず。

チケット購入は？

年齢割引の利用

さすが芸術教育に力を入れている国だけあって、ルーヴルをはじめパリの美術館のほとんどは18歳未満が無料。子供連れの家族で行ってもそれほど負担にならない。また、年齢割引（26歳未満、シニアなど）を設けている美術館も多い。年齢を証明するため、パスポートは携帯しておこう。
なお、EU在住の26歳未満は、フランスのすべての国立美術館が無料になるが、残念ながらこれはEU外の住民には適用されない。

窓口が混んでいたら

チケット売り場に長蛇の列ができている一方、券売機はガラガラにすいていることも。操作に不安があって窓口に並ぶ人が多いのかもしれないが、英語表示を選べるものが多いので、券売機も利用してみるといい。ただし、券売機はICチップ入りクレジットカードでのみ使える。

国立近代美術館の券売機。割引チケットは買えない。英語表示あり。対応クレジットカードは A J M V

便利なネット予約

ルーヴル美術館やオルセー美術館、ピカソ美術館などの美術館や企画展のチケットは、ウェブサイトから予約が可能。希望する日時、枚数を指定して申し込むと確認のメールが届く。指示に従ってURLにアクセスすると、チケットの2次元コードが表示される仕組み。手数料がかかる場合もある。

希望日時を選んで申し込むピカソ美術館のウェブサイト

無料の市立美術館

パリの市立美術館は常設展が基本的に無料。チケットを購入する必要はないが、同時に有料の企画展を開催していることも多く、窓口で常設展示を示す「permanenteペルマナント」、「collectionコレクシオン」などと伝えて、無料チケットを発券してもらう必要がある場合や、寄付として€2〜5求められることも。

TRAVEL TIPS

常設展が無料のおもな美術館
プティ・パレ（パリ市立美術館）
市立近代美術館、ブールデル美術館
コニャック・ジェイ美術館、ザッキン美術館

美術館巡りのコツ

入場料無料の日曜も

誰でも気軽に芸術に触れられるよう、特定の曜日に無料開放している美術館がある。一部の美術館は、第1日曜が入場料無料（企画展は有料）になる。予約必須の美術館もあるので、ウェブサイトで確認しよう。

第1日曜が無料のおもな美術館
オルセー美術館、国立近代美術館
ピカソ美術館、オランジュリー美術館
ドラクロワ美術館

TRAVEL TIPS

休館日を確認して

パリでは年中無休の美術館は少なく、月曜か火曜の休館が多い。お目当ての美術館がある場合は、スケジュールを立てる際に必ずチェックしておこう。

おもな美術館の休館日
ルーヴル美術館：㊋
オルセー美術館：㊊
国立近代美術館：㊋
ピカソ美術館：㊊
オランジュリー美術館：㊋

TRAVEL TIPS

時間帯はいつがいい？

ルーヴルなどの人気美術館は、ウェブサイトで予約しても、同じ時間帯の予約人数が多いと並ぶことになる。朝一番より夕方のほうが空いているので、1日かけてじっくり観る予定でなければ、遅い時刻を選ぶのも一案。

ナイトミュージアムで静かに鑑賞

美術館のなかには、曜日によって開館時間を延長しているところがある。昼間は団体客で混雑している人気美術館も、夜なら比較的すいているので、ゆっくり作品と向き合うことができる。

夜もオープンしているおもな美術館
ルーヴル美術館：㊎ 〜21:45
オルセー美術館：㊍ 〜21:45
国立近代美術館：㊍ 〜23:00

TRAVEL TIPS

@ pyramide du Louvre, arch. I.M. Pei
イルミネーションが美しい夜のルーヴル美術館

閉館時間に注意

閉館時間は職員の帰る時間。ほとんどの美術館は、閉館30分〜1時間前にチケットの販売を終了する。閉館の10〜15分前からは展示室を順次、閉め始めるところも。落ち着いて鑑賞したかったら、最低1時間は取りたい。

企画展も要チェック

パリは世界中からすばらしい作品が集まるアートの都。常設展示だけでも見応えがあって時間が足りないくらいだが、そのときだけしか観られない「企画展Exposition Temporaire」にも注目してみて。ルーヴル、オルセー、国立近代美術館をはじめ、ほとんどの主要美術館では、1年をとおして意欲的な展覧会を行っている。グラン・パレ国立ギャラリー、カルティエ現代美術財団など企画展専門の美術館もあり、アートファンのみならず幅広い層に人気がある。

企画展の情報収集
新オープンの美術館や美術展情報を調べるなら、以下のウェブサイトが便利。

●パリ市観光案内所
URL parisjetaime.com
英語で検索する場合、「MENU」のタブから「EVENTS」→「EXHIBITIONS IN PARIS」のページへ。

●メゾン・デ・ミュゼ・デュ・モンド
URL www.mmm-ginza.org
フランスを中心に世界の美術館、博物館を紹介する日本語サイト。ユニークな美術館の紹介も。

フランスの美術館情報を日本語で得られる

グラン・パレ国立ギャラリーの企画展は毎回大きな話題に

館内では…

フラッシュのほか自撮り棒
での撮影も禁止の場合も

マナーを守って 楽しく作品鑑賞

大声でしゃべらない、館内を走らない、
などという基本的なことはもちろんだが、
マナー違反でいちばん目立つのは写真
撮影。写真撮影が認められている美術
館でも、作品保護のためにも絶対にフ
ラッシュをたかないこと。オートフラッシュ
がオフになっているか入館前に確かめて
おこう。

上着を預けて身軽に

美術館によってはクロークやコインロッ
カーを備えているところもある。とりわけ
冬の館内は、暖房が効いて暑く感じられ
るほど。階段の上り下りも多いので、コー
トを預けておくと身軽に鑑賞できる。

ルーヴル美術館の無料コイ
ンロッカー。暗証番号を自
分で設定するシステムに
なっている

手荷物は最小限に

入館する際、ほとんどの美術館で手荷
物検査を受けなければならない。これは
公共の場の安全を保つためのセキュリ
ティチェックなので、指示に従おう。人
気の美術館ではここですでに長蛇の列
ができることもある。時間に余裕をもつ
のはもちろんのこと、持ち物を最小限に
しておくことがベスト。美術館によって、
持ち込みできる荷物の大きさや個数の指
定があったり、「手さげ型のみ」など、か
ばんのタイプを限定するところもある。スムー
ズに入場するためにも、事前にチェッ
クしておくといい。

手荷物検査への協力
を呼びかける張り紙

ルーヴル美術館の手荷物
制限は55×35×20(cm)

オーディオガイドを活用

美術館によっては、日本語のオーディオ
ガイドが用意されていることも。膨大な
コレクションのなかでも、見逃せない作
品についてわかりやすく解説してくれる
ので、より楽しく鑑賞することができる。
借りる際にパスポート
（原本）が必要な場
合もある。

ニンテンドー3DSを使っ
たルーヴル美術館のオー
ディオガイド(→P.188)

ランチも美術館で

美術鑑賞の合間に利用したい、レストラ
ンのある美術館も多い(→P.270)。さす
がグルメの国フランス、質、量ともに保
証付き。しかも値段は手頃だ。ジャック
マール・アンドレ美術館(→P.212)のよ
うに、すてきなサロン・ド・テ(ティールー
ム)を備えたところもある。

2024年春現在
工事のため休館
中。2024年9
月再開予定

グッズをおみやげに

ほとんどの美術館はミュージアムショップ
を併設していて、絵はがきや展示品のカ
タログ、関連グッズなどを販売している
のでチェックしてみよう(→P.186)。

『モナ・リザ』
のグッズが
並ぶルーヴ
ル美術館内
のショップ

パリ・ミュージアム・パス

ミュージアム・パス2日券。スマートフォンにダウンロードして使うEチケット版もある

パリ・ミュージアム・パスって？

「パリ・ミュージアム・パス Paris Museum Pass」は、パリと近郊の50以上の美術館などに入場できる便利なパス。訪ねたい美術館の大部分がカバーされているほか、凱旋門やサント・シャペルなどの観光名所やパリ郊外にあるスポットでも利用できる。予約が必要な美術館はウェブサイトで時間を指定すること。

URL www.parismuseumpass.fr

パスが買える場所は？

購入はパリ観光案内所、または主要美術館で。Eチケットもあり、ウェブサイトでも購入できるので、少しでも時間を節約したい人は買っておくといい。パスが使える美術館と史跡のリストはウェブサイトで確認を。パス購入時にもリストがもらえる。

- - - - - - - - - - - - - - - -

パリで
パリ市内およびシャルル・ド・ゴール空港内の観光案内所（→P.96）、パスが使える主要美術館などで購入できる。

日本で
販売価格はホームページを参照。
パリ・ミュージアム・パス ジャポン
URL parismuseumpass-japon.com

TRAVEL TIPS

パスの使い方

パスは2日券（48時間€62）、4日券（96時間€77）、6日券（144時間€92）の3種類がある。裏面に使用開始日を自分で記入し、美術館の入口で提示する。常設展のみ有効で、企画展には入場できないことが多い。

- - - - - - - - - - - - - - - -

パスを無駄なく使うには
連続した期間に有効なので、2日券なら連続した2日間で使う。一度使用を開始すると中断できないので、休館日の多い㊊㊋を避けるのがベター。ストライキなど臨時休館の場合でも払い戻しはない。

TRAVEL TIPS

パスが使えるおもな美術館＆観光スポット

1　建築・文化財博物館→P.214
2　ギメ美術館→P.214
3　凱旋門→P.102
4　ニシム・ド・カモンド美術館→P.217
5　贖罪教会
6　ギュスターヴ・モロー美術館→P.212
7　オテル・ド・ラ・マリンヌ→P.112
8　オランジュリー美術館→P.205
9　装飾芸術美術館→P.211
10　ルーヴル美術館→P.188
11　コンシェルジュリー→P.132
12　サント・シャペル→P.132
13　ノートルダム大聖堂の塔※→P.128
14　科学・産業シティ→P.170
15　音楽博物館→P.170
16　技術工芸博物館

17　ユダヤ教芸術歴史博物館
18　国立近代美術館→P.202
19　ピカソ美術館→P.204
20　メリエス博物館→P.171
21　移民史博物館
22　ヴァンセンヌ城→P.174
23　ケ・ブランリー・ジャック・シラク美術館→P.207
24　アラブ世界研究所→P.149

25　アンヴァリッド→P.124
26　ロダン美術館→P.209
27　オルセー美術館→P.196
28　ドラクロワ美術館→P.213
29　クリュニー美術館→P.210
30　パンテオン→P.147

※修復工事が終了するまで閉鎖

パリ近郊にもヴェルサイユ宮殿（→P.382）などパスが使えるスポットがある

ルネッサンスから20世紀までパリの名画でたどるミニ美術史

知っておくと美術館巡りがより楽しくなる基本的な用語と歴史をご紹介。
パリの歴史（→P.442）と合わせて見れば、作品が生まれた背景も知ることができる。

美術様式と代表的な作品

ダ・ヴィンチ作「聖母子と聖アンナ La Vierge à l'Enfant avec sainte Anne」(1503-1519頃、ルーヴル)

1500年代　ルネッサンス

15〜16世紀にイタリアから広まった芸術文化運動。人間性をたたえた古典美術への回帰、遠近法を駆使した手法が大きな特徴。

ボッティチェリ作「若い婦人に贈り物を捧げるヴィーナスと三美神 Vénus et les Trois Grâces offrant des présents à une jeune fille」(1483-1485頃、ルーヴル)

1600　バロック

均衡の取れた構図を「美」としたルネッサンス美術に対して、バランスよりも躍動感を大切にしたことから、ダイナミックな作品が次々と生まれた。

ルーベンスの連作「マリー・ド・メディシスの生涯 Vie de Marie de Médicis」(1622-1625、ルーヴル)

1700　ロココ

18世紀、ブルボン朝の宮廷から生まれた優美で享楽的な雰囲気をまとった美術様式。フラゴナール、ヴァトーなどが代表的な作家。

新古典主義

18世紀中頃から始まった古典回帰の様式。アングルを代表とする理想美、ダヴィッドなどの歴史画が有名。

アングル作「泉 La Source」(1856、オルセー)

1800　ロマン主義

18世紀末より、静謐な新古典主義と対抗するように生まれた様式。ドラクロワ、ジェリコーなど、ドラマティックで臨場感のある表現を得意としている。

ドラクロワ作「民衆を導く自由の女神（1830年7月28日）La Liberté guidant le peuple (28 Juillet 1830)」(1830、ルーヴル)

写実主義

「理想化」を拒否し、対象を美化しないリアリズムに徹した。神話の人物ではなく現実の一般庶民をありのまま描いたクールベはその代表。

クールベ作「セーヌ河畔の娘たち Les Demoiselles des bords de la Seine (été)」(1857、プティ・パレ)

印象派

19世紀後半にフランスで起こった革新的な芸術運動。外光のもとで刻々と変化する色や形を描く手法は、当時の常識を覆し、現代絵画に通じる道筋を作った。

ルノワール作「ムーラン・ド・ラ・ギャレットの舞踏会 Bal du Moulin de la Galette」(1876、オルセー)

モネ作「日傘の女 Femme à l'ombrelle」(1886、オルセー)

ポスト印象派

「後期印象派」とも呼ばれる。印象派に続いて登場した、セザンヌ、ゴッホ、ゴーギャンを総称しているが、作風はまったく異なる。

ゴッホ作「自画像 Portrait de l'artiste」(1889、オルセー)

1900　エコール・ド・パリ

モディリアニ、藤田嗣治など、20世紀初頭、パリで活躍した外国人画家を中心としたグループ。モンパルナスを制作の場としていた。

モディリアニ作「青い目の女性 Femme aux yeux bleus」(1918頃、市立近代)

20世紀美術

複数の視点を同じ画面に収めた「キュビスム」（ピカソなど）、大胆な筆致で「野獣（フォーヴ）」に例えられた「フォーヴィスム」（マティスなど）といった具象にとどまらないさまざまな手法、様式が誕生した。

セザンヌ作「リンゴとオレンジ Pommes et oranges」(1899、オルセー)

2000

目指すあの絵はここにある！

美術館の都合により、時期によっては作品を展示していないこともあります

アーティスト、作品別、美術館早わかり帳（50音別）

アングル Jean-Auguste-Dominique Ingres（1780-1867）
オダリスクUne Odalisque（1814、ルーヴル）

クールベ Gustave Courbet（1819-1877）
画家のアトリエL'Atelier du peintre（1854-1855、オルセー）

ゴーギャン Paul Gauguin（1848-1903）
美しきアンジェールLa belle Angèle（1889、オルセー）
アレアレアArearea（1892、オルセー）

ゴッホ Vincent van Gogh（1853-1890）
オヴェールの教会L'église d'Auvers-sur-Oise, vue du chevet（1890、オルセー）
自画像Portrait de l'artiste（1889、オルセー）

シスレー Alfred Sisley（1839-1899）
ポール・マルリーの洪水L'inondation à Port-Marly（1876、オルセー）

スーラ Georges Seurat（1859-1891）
サーカスLe cirque（1890-1891、オルセー）

セザンヌ Paul Cézanne（1839-1906）
水浴Baigneurs（1890頃、オルセー）
トランプをする人々Les joueurs de cartes（1890-1895、オルセー）

ダヴィッド Jacques-Louis David（1748-1825）
ナポレオン1世の戴冠式Le Sacre ou le Couronnement（1806-1807、ルーヴル）

ダ・ヴィンチ Léonard de Vinci（1452-1519）
聖母子と聖アンナLa Vierge à l'Enfant avec sainte Anne（1503-1519頃、ルーヴル）
モナ・リザPortrait de Lisa Gherardini, épouse de Francesco del Giocondo（La Joconde）（1503-1519頃、ルーヴル）

デュフィ Raoul Dufy（1877-1953）
電気の妖精La Fée Electricité（1937、市立近代）

ドガ Edgar Degas（1834-1917）
青い踊り子たちDanseuses bleues（1890、オルセー）
カフェにてDans un café（1875-1876、オルセー）

ドラクロワ Eugène Delacroix（1798-1863）
7月28日-民衆を導く自由の女神Le 28 Juillet:La Liberté Guidant le peuple（1830、ルーヴル）

ピカソ Pablo Picasso（1881-1973）
読書する女La liseuse（1920、国立近代）
ドラ・マールの肖像Portrait de Dora Maar（1937、ピカソ）

フェルメール Johannes Vermeer（1632-1675）
レースを編む女La Dentellière（1669-1670頃、ルーヴル）

ボナール Pierre Bonnard（1867-1947）
浴室の裸婦Nu dans le bain（1936、市立近代）

マティス Henri Matisse（1869-1954）
赤いキュロットのオダリスクOdalisque à la culotte rouge（1924-1925頃、オランジュリー）
豪奢Le Luxe I（1907、国立近代）

マネ Edouard Manet（1832-1883）
オランピアOlympia（1863、オルセー）
草上の昼食Le déjeuner sur l'herbe（1863、オルセー）

ミケランジェロ Michel-Ange（1475-1564）
瀕死の奴隷Captif "l'Esclave mourant"（1513-1515、ルーヴル）

ミレー Jean-François Millet（1814-1875）
落穂拾いDes glaneuses（1857、オルセー）
晩鐘L'Angélus（1857-1859、オルセー）

モディリアニ Amedeo Modigliani（1884-1920）
デディの肖像Portrait de Dédie（1918、国立近代）
ポール・ギヨームの肖像Paul Guillaume, Novo Pilota（1915、オランジュリー）

モネ Claude Monet（1840-1926）
印象、日の出Impression, Soleil levant（1872、マルモッタン・モネ）
睡蓮Nymphéas（1914-1918、連作:オランジュリー）

モリゾ Berthe Morisot（1841-1895）
ゆりかごLe berceau（1872、オルセー）

モロー Gustave Moreau（1826-1898）
出現L'Apparition（不明、ギュスターヴ・モロー）

ラ・トゥール Georges de La Tour（1593-1652）
ダイヤのエースを持ついかさま師Le Tricheur à l'as de carreau（1635-1638頃、ルーヴル）

ラファエロ Raphaël（1483-1520）
聖母子と幼き洗礼者聖ヨハネLa Vierge à l'Enfant avec le petit St-Jean-Baptiste（1507-1508頃、ルーヴル）

ルソー Henri Rousseau（1844-1910）
戦争La Guerre（1894頃、オルセー）

ルノワール Auguste Renoir（1841-1919）
ピアノに寄る少女たちJeunes filles au piano（1892、オルセー）
ムーラン・ド・ラ・ギャレットの舞踏会Bal du Moulin de la Galette（1876、オルセー）

ロートレック Henri de Toulouse-Lautrec（1864-1901）
踊るジャンヌ・アヴリルJane Avril dansant（1892頃、オルセー）

ロダン Auguste Rodin（1840-1917）
地獄の門La Porte de l'Enfer（1880-1890頃ブロンズ:ロダン、1880-1917石膏原型:オルセー）
接吻Le Baiser（1882頃、ロダン）

ゴーギャン作『アレアレア』

マネ作『草上の昼食』
© Musée d'Orsay, Paris, France / Bridgeman Art Library

ルソー作『戦争』

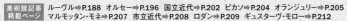

オリジナルグッズも見つかる
ミュージアムショップでおみやげショッピング

パリの美術館では、ポストカードや展示品のカタログ以外にも、
おみやげに買いたくなるようなグッズが充実している。
作品鑑賞のあとはミュージアムショップへ！

ルーヴル美術館 →P.188、P.195

なんといってもレオナルド・ダ・ヴィンチの『モナ・リザ』
グッズが種類豊富！ 絵画に忠実なものからデフォルメされ
たイラストのものまでたくさん見つかる。

Boutique du Louvre

買い物時間をしっかり確保して行きたい

『モナ・リザ』
布バッグ
€24.95

ルーヴルの布バッグ
€15.95

ドラクロワ『民衆を導く自
由の女神』マイクロファイ
バークロス €5.95

『モナ・リザ』
クリアファイル€5.90

ドラクロワ『民衆を導く自由
の女神』ジグソーパズル
€12.95

『モナ・リザ』の唇
になれるかな～？

『モナ・リザ』
リップクリーム
€4.95

『モナ・リザ』
チョコレート
€7.95

『モナ・リザ』
ソックス
各€12.95

「パレ・デ・テ」
（→P.331）との
コラボティー！

「ルーヴル美術館」紅茶 1箱€12.90
（リーフティーは€16.50）

オランジュリー美術館 →P.205

モネの『睡蓮』グッズが豊富。マルモッタ
ン・モネ美術館（→P.207）にもある

『睡蓮』マイクロファイバークロス
€6

『睡蓮』
ボールペン
€3.20

『睡蓮』クリアファイル
€5.90

ショップで買い物したらカフェ
でお茶も

画集コーナーも充実している

オルセー美術館 →P.196

入口を入った所と最上階フロアにショップがある。
印象派作品のグッズが人気。

比較的ゆったりと買い物できる
最上階フロアのショップ

ゴッホの力強い
筆のタッチが
迫力満点！

ゴッホ『星月夜』
エコバッグ
€14.99

モネ『アルジャントゥイユ
のひなげし』布バッグ
€24.95

「オルセー美術館」
マグネット
€8.50

モネ『睡蓮』
ソックス €12.95

モネ『左を向いた日傘の女』
ノート €5.90

ゴッホ『ローヌ川の星月夜』
布バッグ €24.95

「オルセー美術館」
ノート €5.90

そのほかの美術館

カルナヴァレ博物館 →P.137
展示された看板の
マグネット €4.90

ピカソ美術館 →P.204
『花束を持つ手』（左）と
『帽子の女性』（右）の
マグカップ各€12.95

マルモッタン・
モネ美術館
→P.207
モネ『印象、日の出』
ソックス €13

クリュニー美術館
→P.210
『貴婦人と一角獣』のさ
まざまなグッズがある
財布 €26.90〜（右）

郵便博物館 →P.155
La Poste カラー（黄色）の缶
入りミントタブレット
€2.90

21世紀もパリを代表する美術館であり続ける ★★★ MAP 別冊 P.13-2C、P.25-3D

ルーヴル美術館 Musée du Louvre

ルーヴル美術館
Ⓜ ①⑦Palais Royal Musée
du Louvre
住 Musée du Louvre 1er
開 9:00〜18:00
（㊎ 〜21:45）（入場は閉
館の1時間前まで）
休 ㊋、1/1、5/1、12/25
料 ドラクロワ美術館（→P.213）
との共通券（48時間以内）
€22、18歳未満無料、7・
8月を除く第1㊐の18:00
以降と7/14は無料
Wi-Fi
パス ミュージアム・パス使用可
URL www.louvre.fr
※ウェブサイトからの予約が
望ましい（入場無料の日は必
須）。予約なしでは入場は保証
されない。ミュージアム・パ
ス保有者はウェブサイトで時
間指定することが必要。

　12世紀以来、歴代国王の宮殿であったルーヴル宮が、美術館として初めて一般公開されたのは、フランス革命後の1793年のこと。歴代の国王のコレクションに、ナポレオン1世がイタリア遠征から持ち帰った「戦利品」が加わり、やがてその名は世界に知られるようになった。

　1980年代より始まった大ルーヴル改造計画によって、ルーヴルは新しい時代を迎える。1989年、中庭中央にガラスのピラミッドが登場、今やパリを代表する景観となっている。また、2012年にはイスラム美術展示室が新設されるなど、ルーヴルは常に進化し続けている。

　一度訪れたことがある人でも、再訪せずにはいられない美の宮殿。その所蔵作品はゆうに30万点を超え、主要作品を観て回るだけでも数日はかかる。あらかじめ目当ての作品の展示室をチェックしておくのが賢明だ。

 Column Art 効率よく回るために

とにかく膨大なコレクションを誇るルーヴル美術館。できるだけ効率よく回るためのコツをいくつか紹介しよう。
①館内見取り図を入手する

　ナポレオンホールの案内所で、まず館内見取り図をもらおう。日本語版もあり、ウェブサイトからダウンロードもできる。

②オーディオガイドを利用
　ルーヴル美術館のオーディオガイドはニンテンドー3DSに内蔵されたもの。作品解説やインタラクティブマップ上に現在地が示され、広い館内で迷うこともない。レンタル料は€6。

日本語で解説を聞けるニンテンドー3DS内蔵型のオーディオガイド。パスポートが必要

 パリで美術館巡りをするなら「パリ・ミュージアム・パス（→P.183）」は絶対おすすめ。各所で優先的に入場できました。ルーヴルは、パスがあっても早めに予約を。（大阪府　アレックス23 '23）

館内案内

見学の前に、ルーヴルの構造をつかんでおこう。

①主要入口は2ヵ所

ガラスのピラミッド
中庭にあるガラスのピラミッド。いつも長蛇の列ができている（予約の有無で列が分かれる）。この下がチケット売り場のあるナポレオンホール。
©pyramide du Louvre, arch. I.M. Pei

カルーゼル・デュ・ルーヴル
ルーヴルに隣接する地下ショッピングセンター「カルーゼル・デュ・ルーヴル」から入れる（ウェブサイトで予約した人のみ）。

ルーヴル美術館の入口は上記ふたつ。パッサージュ・リシュリューPassage Richelieuにも入口があるが（**MAP** 本誌P.191）、ここは特別会員専用。入場券やミュージアム・パスでは入れないので注意しよう。

②展示室へのアクセスポイントは「ナポレオンホール」

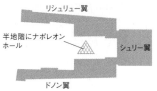

ガラスのピラミッドの真下にあるナポレオンホールは、展示室へのアクセスポイントとなっている。総合案内所やチケット売り場もここにある。ミュージアム・パス（→P.183）があれば、入場券を買う列に並ばなくて済む。

③展示室は3つのセクションで構成

ルーヴルの展示室は、コの字型になった建物が3つのセクションに分けられ、それぞれシュリー、リシュリュー、ドノンと名づけられている。3つのセクションへは、いずれもナポレオンホールからアクセスする（入場すれば中でつながっている）。

```
                リシュリュー翼

半地階にナポレオン          ▲        シュリー翼
ホール

                ドノン翼
```

カルーゼル・デュ・ルーヴルへのアクセス

入口は3ヵ所ある。
1. メトロの駅Ⓜ①⑦Palais Royal Musée du Louvreに直結している
2. リヴォリ通り99番地に入口がある
3. カルーゼル凱旋門の横にある階段から

カルーゼル・デュ・ルーヴルからの入口はガラスの逆さピラミッドがあるホールにある

ナポレオンホールにある案内所で館内見取り図（→P.188）がもらえる

特定エリアのクローズ日に注意

日によって特定のエリアが閉まっていることがある。お目当ての作品がある場合はウェブサイトで展示室の開閉スケジュールを確認しておこう。英語なら「VISIT」のタブから「Map, entrances & directions」へ。その中の「Museum map」で確認できる。

ルーヴル美術館、必見の三大作品

数多くの名作のなかでも、必見の作品はこちら。絶対見逃さないで！

1 モナ・リザ
La Joconde

提供：Artothek/アフロ

世界で最も有名な絵のひとつ。レオナルド・ダ・ヴィンチ作。
→P.192

2 ミロのヴィーナス
Vénus de Milo

ギリシア彫刻の美しさが凝縮した作品。
→P.191

3 サモトラケのニケ
La Victoire de Samothrace

大規模な修復作業が完了し、さらに美しい姿に。
→P.193

作品案内

半地階 Niveau -1

ルーヴル宮の歴史も観ることができる階。リシュリュー翼のふたつの中庭は彫刻展示室となっており、地下でありながら、ガラス屋根から自然光が差し込む開放的な空間で作品を鑑賞できる。

『マルリーの馬』
Chevaux de Marly（1745）
ギョーム・クスト1世作
彫刻展示スペースとなっている「マルリーの中庭」にある。原題は『馬丁に制される馬』。パリ郊外にルイ14世が建設したマルリー城の中庭に据えられたもので、18世紀末パリに運ばれた。ダイナミックな動きが臨場感いっぱいに表現されている

『聖ルイ王の洗礼盤』
Bassin dit < Baptistère de Saint Louis >
（1325〜1340）作者不詳
装飾に覆われたタライで、イスラム美術の傑作といわれる。聖ルイ王（ルイ9世）によってフランスに持ち込まれたことからこの名前に。表面に彫り込まれた場面表現や文様が美しい

中世のルーヴル
Louvre médiéval
13世紀、ルーヴル宮がパリを守る要塞だった頃の壁と天守閣の一部が残されている。ルーヴルの大リニューアル時に発掘されたもの

貸し出し中の作品も
名作揃いの美術館だけに、作品が貸し出されることも多い。フランス東部のランスLens、アラブ首長国連邦のアブダビに分館があり、一部の作品はこちらに展示されている。
ルーヴル・ランス分館
URL www.louvrelens.fr
ルーヴル・アブダビ
URL www.louvreabudhabi.ae

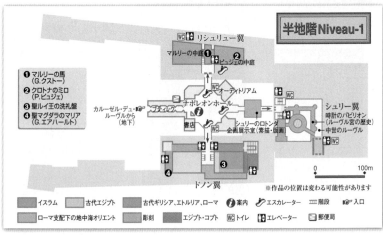

半地階Niveau-1

WC リシュリュー翼
マルリーの中庭 ❶
ビュジェの中庭

❶マルリーの馬
（G.クスト）
❷クロトナのミロ
（P.ビュジェ）
❸聖ルイ王の洗礼盤
❹聖マグダラのマリア
（G.エアルハート）

WC オーディトリアム

ナポレオンホール
カルーゼル・デュ・ルーヴルから（地下）　プティギング　ⓘ

書店

シュリー翼
時計のパビリオン
（ルーヴル宮の歴史）
←中世のルーヴル

シュリーのロトンダ
企画展示室（素描・版画）

❸
❹
ドノン翼

0　　　100m

※作品の位置は変わる可能性があります

■ イスラム　■ 古代エジプト　■ 古代ギリシア、エトルリア、ローマ　ⓘ案内　エスカレーター　階段　入口
■ ローマ支配下の地中海オリエント　■ 彫刻　■ エジプト・コプト　WC トイレ　エレベーター　郵便局

はみだし ルーヴル美術館では、改修工事などのために一部の展示室が閉鎖されることがある。どうしても観たい作品があるときは、ウェブサイトに掲載されている見取り図で見学可能か確認しておこう（→P.189）。

1階 Niveau 0

古代ギリシア、古代オリエントなど、1階は古代美術の宝庫。さらに16〜19世紀のミケランジェロ作品も加わり、彫刻で観るべきものが多い。歴史上の重要な史料も展示されている。

『翼の付いた雄牛』
Taureau androcéphale ailé（紀元前721〜705）
作者不詳
「コルサバードの中庭」と呼ばれる展示室にある。メソポタミアの王サルゴン2世が紀元前706年に建てた宮殿にあったもので、堂々としたたたずまいは、敵を威嚇する効果ももっていた

『ミロのヴィーナス』
Vénus de Milo
（紀元前150〜125）作者不詳
1820年、キクラデス諸島のミロス（ミロ）島で発見された。紀元前100年頃の作品とされ、「アフロディテ（ヴィーナス）」と呼ばれるのは、その裸体の美しさから。しかし、失われた腕や女神を象徴するものの不足、その仕草から多くの憶測が生まれ、今も謎に包まれている

『ハムラビ法典』
Code de Hammurabi
（紀元前1792〜1750　バビロン第1王朝時代）作者不詳
第6代王ハムラビが、太陽神シャムシュの前に立ち、法典を授与されている場面が刻まれている。その下には、「目には目を、歯には歯を」で名高い条文が刻まれている

『奴隷』Esclave rebelle
（1513〜1515）
ミケランジェロ・ブオナローティ作
2体からなる未完の彫像のひとつで『抵抗する奴隷』。教皇ユリウス2世の墓を装飾するために制作されたが、予算縮小で最初の案が流れ、さまざまな経緯を経てフランスに。高ぶる感情がにじみ出る肉体の描き方が見事。もう一体は『瀕死の奴隷』で官能性さえ感じさせる

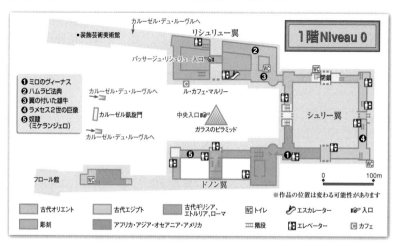

1階 Niveau 0

- ❶ ミロのヴィーナス
- ❷ ハムラビ法典
- ❸ 翼の付いた雄牛
- ❹ ラメセス2世の巨像
- ❺ 奴隷（ミケランジェロ）

カルーゼル・デュ・ルーヴルへ
リシュリュー翼
装飾芸術美術館
パッサージュ・リシュリュー入ロ
カルーゼル・デュ・ルーヴルへ
カルーゼル凱旋門
ル・カフェ・マルリー
カルーゼル・デュ・ルーヴルへ
中央入ロ
ガラスのピラミッド
シュリー翼
閉鎖
フロール館
ドノン翼
0　100m
※作品の位置は変わる可能性があります

- 古代オリエント
- 古代エジプト
- 古代ギリシア、エトルリア、ローマ
- 彫刻
- アフリカ・アジア・オセアニア・アメリカ
- WC トイレ
- エスカレーター
- 入口
- 階段
- エレベーター
- C カフェ

はみだし！　1日かけて見学するなら、館内のカフェ「アンジェリーナ」（リシュリュー館）でランチをとっても。一角にある「ル・カフェ・マルリー」（→P.286）は、夜のライトアップを見る特等席。

191

2階 Niveau 1

『モナ・リザ』をはじめ、世界的に知られる名画が集まるのが2階。特にドノン翼は必見。『ナポレオン1世の戴冠式』、『カナの婚礼Les Noces de Cana』など大作もあって見応え十分だ。

提供：Artothek／アフロ

『モナ・リザ』を観るなら混雑覚悟で

『モナ・リザ』を観るのを楽しみにルーヴルを訪れた人は、展示室の混雑ぶりに驚かされることだろう。77cm × 53cmとそれほど大きな作品ではないので、作品を取り巻くようにできた人垣の後ろから鑑賞するのは容易ではない。ゆっくり作品と向き合いたい人は、開館時間が延長される金曜の夜間が、比較的すいていておすすめ

『モナ・リザ』
La Joconde
（1503〜1519）
レオナルド・ダ・ヴィンチ作
ダ・ヴィンチが生涯、手放さなかった作品のひとつで、晩年、フランソワ1世の招きによってフランスを訪れた際に持参し、そのままフランスの財産となった

『聖母子と幼き洗礼者聖ヨハネ（美しき女庭師）』
La Vierge à l'Enfant avec le petit St-Jean-Baptiste（La Belle Jardinière）
（1507〜1508頃）
ラファエロ・サンティ作
『モナ・リザ』と同じグランドギャラリーにある、ラファエロの名作。牧歌的な風景のなかで、聖母と幼子イエス（画面左）、洗礼者ヨハネ（右）が描かれている。ラファエロの膨大な作品のなかでも、慈愛に満ちた「聖母子像」はとりわけ人気が高い

『ナポレオン1世の戴冠式』
Sacre de l'empereur Napoléon 1er et couronnement de l'impératrice Joséphine dans la cathédrale Notre-Dame de Paris, le 2 décembre 1804.
（1806〜1807）ダヴィッド作
1804年12月2日、パリのノートルダム大聖堂で行われたナポレオン1世の戴冠式の様子を描いた作品。場面では、ナポレオン自身が、皇妃ジョゼフィーヌに戴冠する様子が描かれ、その権力を誇示するためにさまざまな脚色が施されている。登場人物は150名を超えるなど、そのスケールは圧倒的

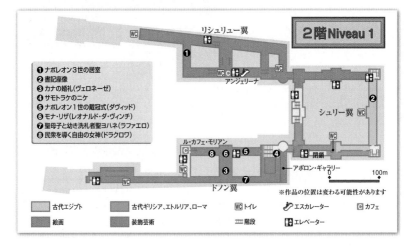

2階 Niveau 1

リシュリュー翼
シュリー翼
ドノン翼
アンジェリーナ
ル・カフェ・モリアン
アポロン・ギャラリー
開館
100m

① ナポレオン3世の居室
② 書記座像
③ カナの婚礼（ヴェロネーゼ）
④ サモトラケのニケ
⑤ ナポレオン1世の戴冠式（ダヴィッド）
⑥ モナ・リザ（レオナルド・ダ・ヴィンチ）
⑦ 聖母子と幼き洗礼者聖ヨハネ（ラファエロ）
⑧ 民衆を導く自由の女神（ドラクロワ）

※作品の位置は変わる可能性があります

古代エジプト　古代ギリシア、エトルリア、ローマ　WCトイレ　エスカレーター　C カフェ
絵画　装飾芸術　階段　エレベーター

『民衆を導く自由の女神（1830年7月28日）』
La Liberté guidant le peuple（28 juillet 1830）
（1830）ウジェーヌ・ドラクロワ作

三色旗を持って民衆を鼓舞しているのは、フランス共和国と自由を象徴する女性アイコン「マリアンヌ」。ドラマチックな構成、激しい動きは、ロマン主義の画家ドラクロワならでは

『サモトラケのニケ』
Victoire de Samothrace
（紀元前190頃）作者不明

ドノン翼の1階と2階を結ぶ階段踊り場にあるギリシア彫刻。ニケとはギリシア神話に登場する勝利の女神のこと。船の船首に立つ女神の姿で、海戦の勝利を記念した献上品と見られる。2015年には大規模な修復作業が完了し、輝きを取り戻した

『書記座像』 Le scribe accroupi
（紀元前2620～2500）作者不詳

古代エジプト美術部門の代表作。左手でパピルスを持ち、右手には筆記用具があったと見られる。細やかな細工が施された目と、鮮やかな色の肌で、強烈なインパクトを残す作品

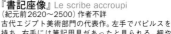

『ナポレオン3世の居室』
Appartements Napoléon Ⅲ（19世紀）

フランス最後の皇帝の座についたナポレオン3世が、居室として使ったルーヴルの部屋が公開されている。第二帝政時代の華やかな内装が見もの

 Column
Art

『モナ・リザ』の秘密

　世界で最も有名な絵といわれる『モナ・リザ』。その美しさだけでなく、多くの謎をもつことでも知られ、日々、彼女をひとめ見ようとルーヴルに足を運ぶ人は絶えない。

　見る角度によって表情の変わる『モナ・リザ』のほほ笑みは、謎のひとつとされ、長年、いくつもの研究がなされてきた。しかし、最新技術での解析により、複数の透明な色彩の層を重ねるスフマートという手法によって生み出されていたことが判明。謎のひとつが解き明かされたのだった。

　絵のモデルについても多くの議論を呼んでいるが、イタリア、フィレンツェの織物商人

の妻、リーザ・ゲラルディーニだと考えられている。日本では『モナ・リザ』と呼ばれるが、作品名は『フランチェスコ・デル・ジョコンドの妻、リーザ・ゲラルディーニの肖像Portrait de Lisa Gherardini, épouse de Francesco del Giocondo』という長いもの。

フランスでは苗字をフランス語にした『ラ・ジョコンドLa Joconde』と呼ばれている。

捉えどころのないほほ笑み 提供：Artothek/アフロ

⌐⌐ **3階** Niveau 2 ⌐⌐

14〜19世紀のフランス絵画、フランドル、ドイツ、オランダ絵画の展示室がある。ここまで訪れる人は少なく、フェルメールの名画などをゆったりと見学できるのが魅力だ。

『ヴィルヌーヴ・レザヴィニョンのピエタ』
Pietà de Villeneuve-lès-Avignon
（1450〜1475）
アンゲラン・カルトン作
「ピエタ」とは、十字架から降ろされたキリストの遺骸を抱く聖母マリアの悲しみを描いたもの。繊細な線描、緻密な構図など、15世紀プロヴァンス派の傑作といわれる作品

『レースを編む女』
La Dentellière
（1669〜1670頃）
ヨハネス・フェルメール作
日本でも人気の高いオランダの画家フェルメールの作品。室内の日常的場面が細やかに表現されている。縦24cm、横21cmと超ミニサイズだが、ルーヴルが所蔵する名作のひとつ

おなかがすいたら
ルーヴル館内には、「アンジェリーナ」や「ル・カフェ・モリアン」などのカフェがあり、軽食もとることができる。ミュージアム・パスを持っていても、一度退館すると再入場できないので、館内でひと休みしよう。見学時間を決める際には、食事をどうするかも考慮したい。

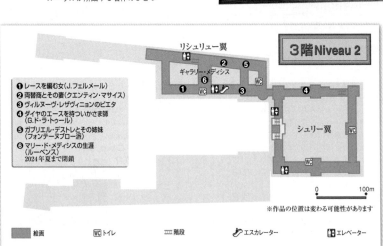

3階 Niveau 2

リシュリュー翼
ギャラリー・メディシス

❶ レースを編む女（J.フェルメール）
❷ 両替商とその妻（クエンティン・マサイス）
❸ ヴィルヌーヴ・レザヴィニョンのピエタ
❹ ダイヤのエースを持ついかさま師（G.ド・ラ・トゥール）
❺ ガブリエル・デストレとその姉妹（フォンテーヌブロー派）
❻ マリー・ド・メディシスの生涯（ルーベンス）2024年夏まで閉鎖

シュリー翼

0 ─── 100m
※作品の位置は変わる可能性があります

▮ 絵画　WC トイレ　▦ 階段　🛷 エスカレーター　🛗 エレベーター

『ダイヤのエースを持ついかさま師』
Le Tricheur à l'as de carreau
（1635〜1638頃）
ジョルジュ・ド・ラ・トゥール作
中央の女性が左のふたりと組んで、右端の男性をだ
まそうとしている。ジョルジュ・ド・ラ・トゥールは、
光の効果で画面を劇的に見せるのが得意な画家。こ
こでも何かが起こりそうな気配が感じられる

『マリー・ド・メディシスの生涯』
Vie de Marie de Médicis
（1600〜1625）
ピーテル・パウル・ルーベンス作
アンリ4世の正妻であったマリー・ド・メ
ディシスの生涯を描いた24枚の連作で、
「ギャラリー・メディシス」一室を使って展
示されている。バロックの巨匠、ルーベン
スによって、これ以上ないほどドラマチッ
クに脚色されている。2024年3月現在、修
復のため展示室が閉鎖されている

『ガブリエル・デストレとその姉妹』
Gabrielle d'Estrées et une de ses sœurs
（1575〜1600）作者不詳
ガブリエル・デストレ（右）はアンリ4世の寵姫。そ
の姉妹とされる女性が乳房をつまむ仕草は、ガブ
リエルが懐妊したことの象徴と解釈されている。
16〜17世紀フォンテーヌブロー派の代表作

ART Column / Art　パリみやげも買えるブティック

　ショッピングセンター
「カルーゼル・デュ・ルー
ヴル」側の入口から入り、
ナポレオンホールに向かう
通路にルーヴルのブティッ
クがある。ミュージアム
グッズ（→P.186）のほかに、
エッフェル塔の置物など、
パリみやげとなる雑貨も
売っているので、チェック
してみて。

19世紀の美術宮殿に変身した終着駅 ★★★ **MAP** 別冊 P.12-2~3B、P.28-1A

オルセー美術館 Musée d'Orsay

オルセー美術館
Ⓜ ⑫Solférino
🚉 ©Musée d'Orsay
🏠 Esplanade Valéry
Giscard d'Estaing 7e
🕐 9:30～18:00
（木 ～21:45）（入場は
閉館の1時間前まで）
🚫 ⑪、5/1、12/25
💶 €14、18歳未満と第1⑪
（要予約）は無料
Wi-Fi
バス ミュージアム・パス使用可
URL www.musee-orsay.fr
※ウェブサイトからの予約が
おすすめ（その場合は€16）。
予約あり、なし、ミュージア
ム・パス所持者など、細かく
入口が分かれている。

©Musée d'Orsay / Patrice Schmidt

入場に長蛇の列ができることも

ミュージアムショップ
入ってすぐの所にメインの
ショップがある（→P.187）。そ
のほか臨時のショップコーナー
が設けられることもあるので要
チェック。

　ルーヴルと並び、パリを代表する美術館。1900年に建てら
れた駅の建築空間をそのまま利用し、1986年に開館した。造
りのユニークさもさることながら、印象派を中心としたコレク
ションのすばらしさで高い人気を得ている。一部年代がずれる
こともあるが、原則的には1848年から1914年までの作品が
展示され、ルーヴル、国立近代美術館と合わせて観ることで壮
大な美術史の旅を体験できるのも魅力だ。

館内案内

　入口を入った所にある案内所では、館内の見取図をもらえる
（日本語あり。ウェブサイトからダウンロード可能）。吹き抜け
になった中央通路の両脇に展示室が並ぶ構造となっており、地
上階（Niveau 0）、2階（Niveau 2）、5階（Niveau 5）、さらに改装
工事で加わったパヴィヨン・アモン（Pavillon Amont時計塔内
の展示スペース）に分かれて展示されている。

彫刻ギャラリーとなっている屋内テラス（左）
代表作が揃うゴッホの展示室（中）© Musée d'Orsay / Sophie Boegly
先駆的な作品である『草上の昼食』も展示されている。ガラス製のベンチは吉岡徳仁作
（→P.201）（右）© Musée d'Orsay / Sophie Boegly

開館直後のオルセー美術館に行ったら、入口前に長蛇の列が。同じ日の閉館2時間前の16:00に再訪すると、並ば
ずに入れました。有名作品を観るだけなら夕方がおすすめ。（兵庫県　ちぇぷ　'23）

5階 Niveau 5

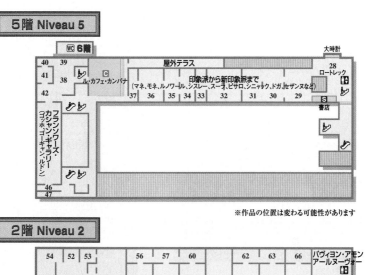

WC 6階

大時計

屋外テラス

ル・カフェ・カンパナ C

印象派から新印象派まで
(マネ、モネ、ルノワール、シスレー、スーラ、ピサロ、シニャック、ドガ、セザンヌなど)

40 39
41 38
42

37 36 35 34 33 32 31 30 29

28 ロートレック

S 書店

フランソワーズ・カシャン・ギャラリー
(ゴッホ、ゴーギャンなど)

46
47

※作品の位置は変わる可能性があります

2階 Niveau 2

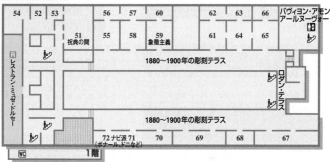

54 52 53

51 祝典の間

56 57 60
55 58 59 象徴主義

62 63 66
61 64 65

パヴィヨン・アモン
アールヌーヴォー

R レストラン・ミュゼ・ドルセー

1880～1900年の彫刻テラス

ロダン・テラス

1880～1900年の彫刻テラス

72 ナビ派 71
(ボナール、ドニなど)

70 69 68 67

WC 1階

※作品の位置は変わる可能性があります

地上階 Niveau 0

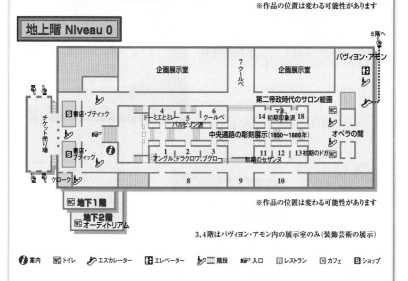

5階へ

企画展示室

7 クールベ

企画展示室

パヴィヨン・アモン

チケット売り場

S 書店・ブティック

4 ドーミエとミレー
5
6 クールベ
バルビゾン派

第二帝政時代のサロン絵画

14 初期印象派 18
マネ、

WC

オペラの間

S 書店・ブティック
i

中央通路の彫刻展示(1850～1880年)

1 2 3
アングル、ドラクロワ、ブグロー

11 12 13 初期のドガ
初期のセザンヌ

WC

クローク

8 9 10

WC 地下1階

WC 地下2階
オーディトリアム

※作品の位置は変わる可能性があります

3、4階はパヴィヨン・アモン内の展示室のみ(装飾芸術の展示)

i 案内　WC トイレ　エスカレーター　エレベーター　階段　入口　R レストラン　C カフェ　S ショップ

作品案内

地上階 Niveau 0

彫刻が展示された中央通路Allée Centrale des Sculpturesに下りてすぐ左側には企画展示室、またバルビゾン派、クールベ、初期印象派（マネ、モネなど）などの展示室がある。

© Musée d'Orsay, Paris, France / Bridgeman Art Library

『落穂拾い』
Des glaneuses（1857）ジャン・フランソワ・ミレー作
農民たちをモデルに、あるがままの姿を描いた、当時としては画期的な作品。自然と農村の暮らしにモチーフを求めたミレーたち画家グループは、パリ郊外のバルビゾン村（→P.399）で制作したことから「バルビゾン派」と呼ばれる

© Musée d'Orsay, Paris, France / Bridgeman Art Library

『画家のアトリエ』
L'Atelier du peintre（1854〜1855）
ギュスターヴ・クールベ作
対象を美化することなく描いた写実主義の画家、クールベの代表作。中央で風景画を制作しているクールベを囲む人物が誰であるかを含め、謎に満ちた作品

『泉』 La Source（1856）
ジャン・オーギュスト・ドミニク・アングル作
19世紀半ば、印象派が登場する直前、女性の理想美を描いた作品のひとつ。当時は、神話に登場する女神など、美化された架空の女性を題材とすることがほとんどだった。陶器を思わせるなめらかな肉体描写が特徴

『オランピア』
Olympia（1863）
エドゥアール・マネ作
モデルとなっているのは娼婦。裸婦像といえば、古典的なヴィーナス像を描くことが常識だった時代、娼婦を扱ったことでスキャンダルを巻き起こした。マネの作品はおもに最上階にあるが、初期の作品が一部地上階に展示されている

オルセーの南側にある時計塔（パヴィヨン・アモン）内には、装飾芸術、絵画作品が展示されている。最上階では、かつての駅舎をしのばせる大時計のすき間から、美しいパリの町を眺めることができる。大時計は写真撮影スポットとしても人気！

2階 Niveau 2

中央通路を見下ろす彫刻テラスTerrasse des sculpturesには、ロダン、ブールデル、ポンポンなどの彫刻作品が展示されている。また、装飾品や家具などアールヌーヴォー作品の展示室も興味深い。

『ステュムパリデスの鳥を仕留めるヘラクレス』
Héraklès tue les oiseaux du lac Stymphale
(1909) アントワーヌ・ブールデル作
『弓を引くヘラクレス』の名称で知られる作品。力強い表現で高く評価され、ブロンズ版がさまざまな場所に置かれることになった

アールヌーヴォー Art Nouveau（19紀末）
19世紀末の芸術運動から生まれた、アールヌーヴォー様式（→P222）の家具などが展示されている。エミール・ガレやルネ・ラリックの装飾品、パリのメトロ駅入口をデザインしたエクトル・ギマールの家具などは観ておきたい

『シロクマ』
Ours blanc (1923-1933)
フランソワ・ポンポン作
19世紀、動物をリアルに造形する「アニマリエ」と呼ばれる芸術家のグループが登場、その流れを汲む彫刻家ポンポンの代表作。シンプルなフォルムで躍動感を表現している

5階 Niveau 5

マネ、モネ、ルノワールなど印象派の珠玉の作品群が、自然光を取り入れた空間に展示されている。フランソワーズ・カシャン・ギャラリーでは、ゴッホ、ゴーギャンなど後期印象派の作品を観ることができる。

『オヴェールの教会』
L'église d'Auvers-sur-Oise, vue du chevet
(1890) フィンセント・ファン・ゴッホ作
ゴッホ終焉の地となったパリ近郊の町、オヴェール・シュル・オワーズ（→P405）の教会。自殺の直前に描かれたもので、色彩やタッチに不安な内面性が感じられる

『自画像』Portrait de l'artiste (1889)
フィンセント・ファン・ゴッホ作
ゴッホは自画像をいくつも制作している。渦巻きのような背景と激しいタッチで、画家の心象風景が浮かび上がるかのよう

『美しきアンジェール』
La belle Angèle (1889)
ポール・ゴーギャン作
アルルでの共同生活を夢見たゴッホと決別し、ゴーギャンはブルターニュ地方の町ポン・タヴェンで制作する。この絵は、浮世絵から影響を受けた大胆な構図で、ポン・タヴェン時代の傑作のひとつ

『草上の昼食』
Le déjeuner sur l'herbe
（1863）
エドゥアール・マネ作
当初のタイトルは『水浴』。ティツィアーノ、ラファエロの古典作品から想を得たものだが、着衣の男性と裸体の女性という構図、女性の挑発的な視線など、問題作として世間を騒がせた

『左を向いた日傘の女』
Femme à l'ombrelle tournée vers la gauche
（1886）
クロード・モネ作
モネの最初の妻カミユをモデルに描かれた作品。「戸外の人物画の習作」とタイトルに加えられているが、その後、人物画を描くことは一切なくなる

『ムーラン・ド・ラ・ギャレットの舞踏会』
Bal du Moulin de la Galette
（1876）
オーギュスト・ルノワール作
ルノワールの代表作のひとつ。モンマルトルにあったダンスホール「ムーラン・ド・ラ・ギャレット」の様子を描いた作品。木漏れ日の表現は、それまでにないもので、大きなインパクトを与えた

『ルーアンの大聖堂』
La cathédrale de Rouen. Le portail et la tour Saint-Romain, effet du matin （1893）
クロード・モネ作
連作として描かれたもので、季節、時間、天候によって移り変わるほんの一瞬の様相を捉えている

『田舎のダンス』と『都会のダンス』
Danse à la campagne et Danse à la ville
（1883）
オーギュスト・ルノワール作
2作並べて展示されている。左はルノワールの妻となるアリーヌがモデルになった『田舎のダンス』、右はユトリロの母でもある画家シュザンヌ・ヴァラドンがモデルとなった『都会のダンス』。ドレスのシルエットや素材の違いを見るのもおもしろい

『14歳の踊り子』
Petite danseuse de 14 ans
（1921～1931）エドガー・ドガ作
バレリーナをモデルにした絵で知られるドガだが、没後、そのアトリエから未発表の彫刻作品が多数見つかった。衣装を身につけたこの像は、そのなかで唯一「印象派展」に出品された作品

© Musée d'Orsay / Sophie Boegly

『首吊りの家』
La maison du pendu, Auvers-sur-Oise
（1873）
ポール・セザンヌ作
後期印象派の画家でありながら、その前衛的な構成力からピカソなど現代の画家に大きな影響を与えたセザンヌ。生涯のほとんどを南仏で過ごしたが、パリ時代の作品として最も有名なもののひとつ

美術鑑賞後のお楽しみは
オルセー美術館には、中階に豪華な内装のレストラン（→P.271）、最上階に大時計裏のスペースを使った「ル・カフェ・カンパナ」がある。ブラジル出身のカンパナ兄弟が手がけた斬新な内装は、エミール・ガレとアールヌーヴォーからインスピレーションを受けて、幻想的な水中世界をイメージしたもの。

ART楽 Column Art 印象派の展示室に日本人の作品が

　改装工事によって生まれ変わった印象派の展示室に、常設展示作品として加わったものがある。それは展示室に置かれたガラスのベンチ。吉岡徳仁の作品《Water Block》だ。まるで水の波紋を閉じ込めたかのような様相を見せるガラス。光の屈折によって表情を変える影。移ろいゆく光と水辺の風景を追い続けた印象派の作品に寄り添いながら、訪れる人に幸せな場所を提供している。

ルノワールの代表作のひとつ『ムーラン・ド・ラ・ギャレットの舞踏会』と《Water Block》
写真提供TOKUJIN YOSHIOKA INC

世界屈指の近代美術館　★★★　MAP 別冊 P.13-2D、P.14-2A、P.26-2B

国立近代美術館　Musée National d'Art Moderne

国立近代美術館
- Ⓜ ⑪Rambuteau
- ①④⑦⑪⑭Châtelet
- ①⑪Hôtel de Ville
- RER ⒶⒷⒹChâtelet Les Halles
- 住 Pl. Georges Pompidou
4e
- 開 11:00～21:00
（㊍は企画展のみ～23:00）
- 休 ㊋、5/1
- 料 €15、18～25歳€12、
18歳未満と第1㊐（予約推
奨）は無料
- パス ミュージアム・パス使用可
- URL www.centrepompidou.
fr
※ウェブサイトからの予約が
おすすめ。
2025年夏より改修のため休
館予定。

国立近代美術館の展示スペース
5階(Niveau4)
1960年以降現在までの作品
6階(Niveau5)
20世紀初頭～1960年の作品
7階(Niveau6)
企画展示室

所蔵作品数は10万点以上。当
然すべてを一度に展示するこ
とはできないため、年に数回
作品の展示替えが行われる。
目当ての作品があるなら、入
館前に確認しておくといいだ
ろう。

2024年のおもな企画展
● ヴェラ・モルナール展
'24 2/28～10/26
● ブランクーシ展
'24 3/27～7/1

国立近代美術館への入口は
「MUSEE」の文字が目印

　ポンピドゥー・センター（→P.134）の5、6、7階を占める国立近代美術館は、パリ3大美術館のひとつ。20世紀初頭から現在までの美術の展開を追うことができる。展示作品は、フォーヴィスム（マティス）からキュビスム（ピカソ、ブラック）、抽象派（カンディンスキー）、エコール・ド・パリ（モディリアニ、シャガール、藤田嗣治）、シュルレアリスム（ダリ、マグリット）、ポップアート（ウォーホル）、ヌーヴォー・レアリスム（イヴ・クライン）と続き、現在の造形美術活動にいたる。常設展のほか、企画展にも定評があり、話題を呼んでいる。

フォーヴィスム

　フォーヴィスムは、野獣（フォーヴ）のように激しい色と筆使いによる、荒々しい作品が特徴だ。主導者であるマティスは、『豪奢I Le Luxe I』（1907）で、省略された描写、平面性を見せているが、やがて『模様のある背景の装飾的人体Figure décorative sur fond ornemental』（1925～1926）のような作品を生み出す。この絵をよく見ると、壁の模様と床とが一体化し、裸婦は床に座っているようにも、宙に浮いているようにも見える。ルネッサンス以来の絵画は、奥行きをもたない2次元の平面の上に、3次元空間を再現しようと試みてきたのだが、マティスは逆に絵画の平面性を強調しているのだ。

キュビスム

　ピカソを中心とするキュビスムの画家の絵では、立体（キューブ）が画面全体を支配している。ブラックの『果物とトランプのある静物Compotier et cartes』（1913）や、グリスの『朝食のあるテーブルLe petit déjeuner』（1915）を見ると、対象物は一つひとつさまざまな視点から見られ、抽象化されている。ピカソは初め、『女の胸像Buste de femme, Etude pour les Demoiselles d'Avignon』（1907）程度に人物を幾何学的形態のうちに捉えていたが、しだいにモデルが何なのかわからなくなるまで、その抽象化を進めることになる。

開放的な空間のなかで、現代美術に触れることができる

抽象派

ロシア生まれのカンディンスキーの作品『白の上に II Auf Weiss II』（1923）などを見ると、幾何学的表現が明確になり、シャープな線が主になっている。スイス人のクレーは『リズミカルRhythmisches』（1930）など、情緒的な美しい作品を残している。幾何学的抽象化は、さまざまな画家によって盛んに試みられたが、オランダ人のモンドリアンは、なかでも直線と三原色による最も単純化された形を求めた画家だ。

シュルレアリスム

抽象派とは違って、具体的なイメージを使いながら、現実にはあり得ない世界を抽出したのが、シュルレアリスムの画家たちだ。マグリットの『赤いモデルLe modèle rouge』（1935）をはじめ、エルンスト、タンギー、デ・キリコは、私たちを幻想的世界へと誘ってくれる。

大戦後の美術

第2次世界大戦後のヨーロッパの美術を見ると、デュビュッフェのように、ユーモアのセンスのなかにナチスの恐怖を内包した作品が目につく。

デュビュッフェの三次元絵画『冬の庭』

戦後のアメリカは、現代美術の一大拠点となったが、なかでもポロックは、激しいアクションで絵の具を垂らして描くという独自の技法（アクションペインティング）を生み出した。『ナンバー26A 黒と白Number 26 A, Black and White』（1948）など、混沌としたイメージが創造されている。

1960年代に入ると、大衆文化の普及にともない、日常社会を取り込んだいわゆるポップアートが出現。ウォーホルやリキテンシュタイン、オルデンバーグの作品には、消費文化の匂いと、ポップな軽快感が漂う。

1960年代のフランスで起こった、ポップアートに相当する芸術運動がヌーヴォー・レアリスム（新現実主義）。アルマンやティンゲリーは、日常の廃棄物を寄せ集めたオブジェ（アッサンブラージュ）に芸術的な意味を吹き込んだ。また、イヴ・クラインが自ら「インターナショナル・クライン・ブルー」と名づけた深い青は、地中海の空と海を思わせる。

 Column Art | 彫刻家ブランクーシのアトリエ

ポンピドゥー・センターの外側に、レンゾ・ピアノの設計による、彫刻家コンスタンティン・ブランクーシ（1876〜1957）のアトリエがある。ブランクーシは晩年、モンパルナスにアトリエを構えていたが、地区の整備計画のために取り壊されることが決まった。そこで彼はアトリエをそのまま再現公開することを条件として、全作品を国家に寄贈することを遺言として残した。『無限の柱』、『空間の鳥』など彼の代表作が並ぶアトリエは、生前の状態とほぼ同じ。アトリエの空間そのものがひとつの芸術作品のようだ。

アトリエ・ブランクーシ Atelier Brancusi
MAP 別冊P26-2B
🕐 14:00〜18:00
休 ⊗、5/1
料 無料
※2024年3月現在休館中

再現されたアトリエ

ピカソ美術館　Musée Picasso Paris

ピカソ美術館
Ⓜ ⑧Chemin Vert
　⑧St-Sébastien Froissart
　①St-Paul
住 Hôtel Salé
　5, rue de Thorigny 3e
開 9:30 ～ 18:00
　（第1圏は～ 22:00）
　（入場は閉館の45分前）
休 圓、1/1、5/1、12/25
料 €16、
　18歳未満と第1圏は無料、
　パリ・ヴィジット所有者は
　€2割引（→P.76）
バス ミュージアム・パス使用可
URL www.
　museepicassoparis.fr

カフェになっているテラスでひ
と休み ©Yuji Ono

ミュージアムショップ
作品をモチーフにしたグッズ
がある（→P.187）。

「サレ館（塩の館）」という17世紀の館を改造して1985年に開館。2014年に約5年に及んだ改装工事が終了し、ピカソの誕生日である10月25日にリニューアルオープンした。約5000点（絵画約300点、彫刻約250点、3900点を超えるデッサンと版画など）の所蔵作品は、1973年にピカソが亡くなった後、相続税と引き換えに、遺族からフランス国家に寄贈されたもの。開館時の膨大な準備費用は、国とパリ市によって賄われ、貴重な作品の数々が世界中に散らばることなく、画家が長年暮らしたパリの地にとどまった。

　2009年に開始された改修工事は、建築家のジャン・フランソワ・ボダンが担当。サレ館の歴史ある造りを生かしつつ、展示スペースを地下まで拡大。ピカソ自身が所蔵していたマティスやモディリアニの作品も、展示に加わった。コレクションの規模はもちろん、初期から晩年にいたるまで、ピカソの作品を一度に観ることができる場所として、美術ファンをひきつけている。

多彩なスタイルのピカソを味わおう
　ピカソは、幾度も制作スタイルを変えたことで知られる。美術館には、1895年から1972年までの作品が、時代とテーマに沿って展示され、その変遷をたどるのもおもしろい。

　代表的な作品を紹介しよう。まず「モノクロームの時代」、なかでも「青の時代」の代表作『**自画像**Autoportrait』（0.2室）。ナイーブな描写は、別の時代の自画像と比べると、劇的なスタイルの変化に驚くはず。アフリカ美術の影響を受けた時代を経て、続く「キュビスム」では、『**ギターを弾く男**Homme à la guitare』（0.6室）などが並び、ピカソワールドが全開だ。

　数々の女性遍歴を重ねたピカソが描く女性像も魅力的だ。1.7室に展示された、ドラ・マールDora Maarやマリー・テレーズMarie Thèreseの肖像画は、鮮やかな色彩に釘づけになるはず。ほかに、マネの作品をもとにした『**草上の昼食**Le déjeuner sur l'herbe』（2.7室）や、彫刻作品の『**ヤギ**La Chèvre』（2.6室）、茶目っ気たっぷりの陶器なども。作品の数がとにかく多いので、見学に2時間はみておきたい。

17世紀の館にピカソの作品がゆったりと並べられる

マレ地区の静かな一角にそっとたたずむ　©Béatrice Hatala

オランジュリー美術館　Musée de l'Orangerie

ここには、印象派の画家のなかでも、最も光の変化を追求したモネの大作『睡蓮Nymphéas』が8枚ある。第1次世界大戦の勝利を記念して、フランス国家に寄贈されたもので、80歳近いモネが白内障を克服して完成させた力作だ。オランジュリー美術館は、『睡蓮』のために、内部を改造して作品を待っていた。死後、一般に公開されることを、モネが望んだからだ。彼は、1926年に86歳でこの世を去るまで、最後の仕上げに力を尽くした。

オレンジ（オランジュ）など柑橘類のための温室がここにあったことから「オランジュリー」と名づけられたという

このほか、146点の作品が展示されているが、これらは、画商ポール・ギヨームとその妻、彼女の2番目の夫ジャン・ヴァルテールによって寄贈されたもの。コレクションを作品数順に挙げると、ドラン、ルノワール、スーティン（20点以上）、セザンヌ、ピカソ、マティス、ユトリロ（10点以上）、アンリ・ルソー、ローランサン、モディリアニ（5点以上）、それにモネ、シスレー、ゴーギャン、ヴァン・ドンゲンが加わる。印象派からフォーヴィスム、キュビスムを経て1930年までのパリ派にいたるという、まさしく「芸術の都、パリ」時代の作品だ。

モネの『睡蓮』

ふたつの楕円形からなる大広間の壁いっぱいに、8点の作品が掲げられている。2001年から6年間に及ぶ大改装工事により、「睡蓮の間」は天井から自然光の降り注ぐ空間に生まれ変わった。鑑賞者はあたかもモネのジヴェルニーの庭（→P.404）に招かれ、きらめく水辺を歩いているような気分になる。

『睡蓮』の原語タイトルは"Nymphéas"。サンスクリット語に語源をもつnénupharという仏語男性名詞を、モネが、ラテン・ギリシア語化した女性名詞に変えて、絵のタイトルにしたものだ。ナンフェアとはニンフ（ギリシア神話に登場する妖精）の意。特に水の精を表し、若く美しい女性や花嫁はよくニンフにたとえられる。スイレンの花そのものが東洋生まれで神秘的なのに加えて、この詩的なタイトルは、鑑賞者をさらに深遠な世界へと導いてくれる。

オランジュリー美術館
M ①⑧⑫Concorde
住 Jardin des Tuileries 1er
開 9:00～18:00
（金～21:00、入場は45分前まで）
休 火、7/14の午前、5/1、12/25
料 €12.50、18歳未満と第1日（要予約）は無料
WiFi
パス ミュージアム・パス使用可
URL www.musee
　　-orangerie.fr

ミュージアムショップ
『睡蓮』をモチーフにしたグッズなどがある（→P.186）。

日差しが差し込む展示室（上）モネの庭に迷い込んだような気分になれる、「睡蓮の間」（左）

芸術愛好家は必ずチェックしたい質の高い企画展

★★ MAP 別冊 P.12-2A

グラン・パレ国立ギャラリー　Galeries Nationales du Grand Palais

グラン・パレ国立ギャラリー
Ⓜ①⑬Champs-Elysées Clemenceau
🏠 3, av. du Général Eisenhower 8e
URL www.grandpalais.fr

グラン・パレ国立ギャラリーの改装工事中にシャン・ド・マルス公園に建てられた臨時施設「グラン・パレ・エフェメール Grand Palais Ephémère」でもイベントが開催されている
MAP 別冊 P.11-3D

建物そのものがすでに美術品のようなたたずまい

　グラン・パレは、1900年のパリ万国博のメイン会場として建てられた。シャンゼリゼ大通りとセーヌ川に挟まれた、緑の多い静かな一角にある。

　イオニア様式の円柱が並ぶ正面には数々の彫刻が施され、いかにも美術の殿堂らしい格調高い雰囲気。また、鉄骨とガラス張りの丸屋根はセーヌ河畔からもひときわ目立ち、**アレクサンドル3世橋**（→**P.44**）とともに、19世紀末の時代の空気を伝えるモニュメントとなっている。

　グラン・パレ内には、企画展専門の美術館であるグラン・パレ国立ギャラリーがあり、毎年4～5回の企画展を開催している。どの展覧会もフランスらしい独自の視点に基づいた興味深いものばかり。常設展とはひと味違う美術鑑賞をしたいとき、ぜひ出かけてみよう。

美術の逸品を秘めた小宮殿

★★ MAP 別冊 P.12-2A

プティ・パレ（パリ市立美術館）Petit Palais - Musée des Beaux-Arts de la Ville de Paris

プティ・パレ
Ⓜ①⑬Champs-Elysées Clemenceau
🏠 Av. Winston Churchill 8e
🕙 10:00～18:00
　（㊎㊏は企画展のみ～20:00）
　（入場は閉館の45分前、企画展は1時間30分前まで）
🚫 ㊐、1/1、5/1、7/14、11/11、12/25
💴 無料（企画展は有料）
URL www.petitpalais.paris.fr

中庭の回廊には雰囲気のいいカフェテリアもある

　グラン・パレ（上記）と同様に1900年、万国博会場として建てられた。名前は「プティ（小さい）」でも、実際は立派な美の宮殿だ。入口を入って左の階段を上ると、広々としたホールが常設展示室になっている。明るい展示空間で作品を鑑賞することができる。モザイクを敷き詰めた床、天井のレリーフもまた見事だ。

　展示品は、絵画・彫刻のみならず、七宝、タピストリーなど多岐にわたっている。絵画では、19世紀から20世紀初頭の作品に見応えがあるものが多い。モネの『**ラヴァクールの日没**Soleil couchant sur la Seine à Lavacourt, effet d'hiver』、セザンヌの『**水浴する3人の女たち**Trois baigneuses』など印象派の傑作も揃っている。

　ジョルジュ・クレラン作『**サラ・ベルナールの肖像**Portrait de Sarah Bernhardt』、ガレのガラス工芸作品、ギマールの家具など、20世紀初頭のベル・エポックのパリを彷彿とさせる一連の展示もお見逃しなく。

19世紀末にタイムスリップしたよう

モネの代表作を所蔵する ★★ **MAP** 別冊 P.4-2A ／ 本誌 P.173-B

マルモッタン・モネ美術館 Musée Marmottan Monet

高級住宅地として名高い16区パッシーの先、ブーローニュの森に近い閑静な地区にある。美術史家ポール・マルモッタンの邸宅が、そのまま美術館になったものだ。マルモッタン夫妻によって集められたナポレオン時代の調度品や絵画のコレクションに加えて、後年、数々の印象派の作品が寄贈され、現在の形となった。とりわけ、モネの息子ミッシェルが遺贈した父親の作品群のおかげで、印象派ファンにとって見逃せない美術館となっている。

何といっても圧巻なのが、モネの展示室。印象派の曙を告げる『**印象、日の出**Impression, Soleil levant』（1872）をはじめ、『**ルーアンの大聖堂**Cathédrale de Rouen. Effet de soleil. Fin de journée』（1892）や『**雪の中の列車**Le train dans la neige. La locomotive』（1875）、そして、ジヴェルニーの庭（→P.404）で描かれた『睡蓮』や『太鼓橋』の連作など、初期から晩年までのモネの最も重要なコレクションが所蔵されている。モネを愛する人は必ず訪れたい美術館だ。

その他、ルノワール、シスレー、シニャックなどの作品があるほか、印象派随一の女性画家として近年再評価が著しいベルト・モリゾの作品を80点も所蔵している。

美術史家ポール・マルモッタンの邸宅がそのまま美術館に
©Musée Marmottan Monet Paris

マルモッタン・モネ美術館
M ⑨La Muette
RER ©Boulainvilliers
住 2, rue Louis Boilly 16e
開 10:00～18:00
（木は～21:00）（入場は閉館の1時間前まで）
休 1/1、5/1、12/25
料 €14、25歳未満の学生と18歳未満は€9
URL www.marmottan.fr
※ウェブサイトからの予約がおすすめ。

モネの絵画技法の変遷が手に取るようにわかる
©Yves Forestier

アジアやアフリカの美術を集めた個性派 ★★ **MAP** 別冊 P.11-2C

ケ・ブランリー・ジャック・シラク美術館 Musée du Quai Branly-Jacques Chirac

エッフェル塔に近いブランリー河岸（ケ・ブランリー）にある美術館。広大なスペースに、アフリカ、アジア、アメリカ、オセアニアの各地から集められた美術品が展示されている。コレクションの総数は30万点に上り、そのうち約3500点を展示。ピカソなど現代画家にも影響を与えた原始美術の魅力に触れることができる。

彫刻、装飾品など多岐にわたる展示

ケ・ブランリー・ジャック・シラク美術館
M ©Pont de l'Alma
住 37, quai Branly 7e
開 10:30～19:00
（木は～22:00）
休 月、5/1、12/25
料 €14、第1日は無料、18歳未満は€9
バス ミュージアム・パス使用可
URL www.quaibranly.fr

ガラスを多用した斬新な造りは、アラブ世界研究所などを設計したジャン・ヌーヴェルが手がけたもの。船を思わせる細長い建物の外側に突き出たカラフルなキューブなど、建築デザインの面でも関心を集めている。外壁に植栽を施した「垂直庭園」もユニーク。日没後は、庭園の光のインスタレーションが点灯し、とても美しい（→P.63）。

植物学者パトリック・ブランによる垂直庭園も見もの

カフェからはエッフェル塔が間近に見える

セーヌ河岸に建つモダンアートの殿堂 ★★ MAP 別冊 P.11-2C
市立近代美術館 Musée d'Art Moderne de la Ville de Paris

市立近代美術館
- Ⓜ ⑨Iéna
- 🏠 11, av. du Président Wilson 16e
- 🕐 10:00～18:00
  （⊛は企画展のみ～21:30）
  （入場は閉館の45分前まで）
- 休 ㊊、1/1、5/1、12/25
- 料 無料（寄付として€5求められる。企画展は有料）
- URL www.mam.paris.fr

エッフェル塔を望むテラスはカフェになっている

エッフェル塔を間近に望むセーヌのほとりに建つ美術館。1937年の万国博開催時に建てられた「パレ・ド・トーキョー」の東棟を利用している。少数精鋭の魅力的なコレクションで知られる近・現代美術館となって

20世紀を中心とした近代美術の宝庫

おり、キュビスム、フォーヴィスム、エコール・ド・パリの作品が展示されているほか、ユニークな企画展を行っている。

常設作品のなかでも必見はラウル・デュフィRaoul Dufyの『電気の妖精La Fée Electricité』。高さ10m、幅60mの巨大な作品で、250枚のパネルが壁を埋め尽くしている。1937年のパリ万国博の際、電気館の装飾画として描かれ、電気が誕生するまでの壮大な歴史を鮮やかな色彩で表現している。キュリー夫妻や発明家エジソンといった偉人たちも登場し、科学者たちへのオマージュともなっている。

ほかに、マティスの『ダンスLa Danse』、エッフェル塔をモチーフにした連作で有名なソニア＆ロベール・ドローネーの『リズムRythmes n°1』も観ておきたい。

自由な発想のアートギャラリー ★★ MAP 別冊 P.11-2C
パレ・ド・トーキョー Palais de Tokyo

パレ・ド・トーキョー
- Ⓜ ⑨Iéna
- 🏠 13, av. du Président Wilson 16e
- 🕐 12:00～22:00
  （⊛は～24:00）
- 休 ㊋、1/1、5/1、12/25
- 料 €12、18～25歳と学生と60歳以上€9、18歳未満無料
- URL www.palaisdetokyo.com

1937年のパリ万博時に建てられた「パレ・ド・トーキョー」の西棟にある、コンテンポラリーアートの展示スペース。2002年のオープン以来、ヨーロッパの先端的アートの中心地として人気を博している。このギャラリーのユニークなところは、あらゆる意味で境界線が引かれていないこと。広大なスペースには固定された仕切りがなく、アーティストたちは、空間を自由に使うことができる。美術、映像、音楽など、ジャンルにとらわれることもない。ヘッドホンで音楽を聴いたり、壁絵を描いたりと、見学者が体験し、参加できる企画も多い。

おしゃれなレストランやポップなデザインが楽しいカフェ、高感度なアート本やグッズが手に入る書店も併設している。いつ訪れても刺激に満ちた場所だ。

地上2階、地下2階の広大なスペースは、まさに現代アートの実験場

光をとらえて石は主張する

ロダン美術館
Musée Rodin

18世紀の邸宅「ビロン館」がそのまま美術館に

ロダンが1908年から1917年に亡くなるまでを過ごした館。現在は、ロダンの作品を一堂に集めた美術館として親しまれている。ロダンのアトリエの再現や、古代美術とロダンの作品を比較する展示室がある。

バラの名所としても知られる庭園に置かれた『考える人』

館内には、ロダンの初期の作品や、ドキッとするような『接吻Le Baiser』、両手を組み合わせた象徴的な『大聖堂La Cathédrale』など、多数展示されている。

庭園に置かれた大作、『地獄の門La Porte de l'Enfer』は未完成に終わったものだが、作品を構成するいくつかの彫像は、その後それぞれ独立した作品となった。一番有名なのは、おなじみ『考える人Le Penseur』。

ロダンの弟子であり恋人であったカミーユ・クローデルの作品や、ロダンが収集したゴッホ、ルノワールの作品も展示。特にゴッホの『タンギー爺さんLe Père Tanguy』は見逃せない。

ロダンが使っていた当時の状態に再現されたアトリエ

ロダン美術館
Ⓜ ⑬Varenne
🏠 77, rue de Varenne 7e
🕐 10:00～18:30
　（入場は17:45まで）
📅 ㊡、1/1、5/1、12/25
💰 €14、
　18歳未満と10～3月の第
　1㊐は無料
🚌 ミュージアム・パス使用可
🔗 www.musee-rodin.fr
※ウェブサイトからの予約がおすすめ（その場合は€15）。

ブールデルの魅力に触れるアトリエ美術館

ブールデル美術館
Musée Bourdelle

ロダンと並ぶ近代彫刻の巨匠アントワーヌ・ブールデル。師ロダンを敬愛しながらも、早くからロダンの影響を離れ、建築的でモニュメンタルな作風を確立した。モンパルナスの静かな一角に、ブールデルが1885年から亡くなるまでの45年間を過ごしたアトリエ兼住居があり、現在はブールデル美術館として公開されている。2022年に改修工事が完了。カフェ（→P.270）も併設された。

中庭に面した回廊や奥の広間には、代表作の『弓を射るヘラクレスHéraklès archer』など、神話をテーマにしたモニュメンタルな作品が展示されており、ダイナミックな表現に圧倒される。彫刻だけでなく、デッサンや絵画も多数展示され、興味深い。

ロダンやアナトール・フランスといった、同時代人の胸像も制作しているが、なかでも『ベートーヴェンの頭像Tête de Beethoven』は秀逸。唇をきりっと固く結び、音楽家の内面がにじみ出ているかのようだ。

ブールデル美術館
Ⓜ ④⑥⑫⑬Montparnasse
　Bienvenüe
🏠 18, rue Antoine
　Bourdelle 15e
🕐 10:00～18:00
　（常設展の入場は17:40まで）
📅 ㊡、1/1、5/1、12/25
💰 無料（企画展は有料）
🔗 www.bourdelle.paris.fr

『弓を射るヘラクレス』は力強い表現

クリュニー美術館

古代ローマに出合い、中世の寓話に酔う ★★ MAP 別冊 P.19-1D、P.29-2D

Musée de Cluny - Le monde médiéval

クリュニー美術館

M ⑩Cluny La Sorbonne
④St-Michel
RER ⑧©St-Michel Notre-
Dame
住 28, rue du Sommerard
5e
開 9:30～18:15
（第1と第3木は～21:00）
（入館は閉館の30分前まで）
休 月、1/1、5/1、12/25
料 €12、18歳未満と第1日
は無料
パス ミュージアム・パス使用可
URL www.musee
-moyenage.fr

豊富な中世美術のコレクション

リニューアルで外観も一新した
美術館
© M. Denancé / musée de Cluny -
musée national du Moyen Âge

カルチェ・ラタンのにぎやかなサン・ミッシェル広場から、セーヌ川を背に、サン・ミッシェル大通りを歩いていくと、朽ち果てたローマ建築の遺跡が現れる。これは3世紀頃、セーヌの船主たちの同業組合によって建てられた公共浴場Les Thermesの跡。パリがはるか昔、ローマの要塞都市だったことを示す貴重な名残だ。かつては壮大だったローマ建築も、ローマ帝国の滅亡とともに破壊された。その後14世紀に、ブルゴーニュで勢力を誇っていたクリュニー大修道院長に買い取られ、近くの学校に通う修道僧のための館が建てられた。フランス革命後は、美術収集家の手に渡り、彼の死後、膨大な中世美術のコレクションとともに、国家が所有することとなった。これが、廃墟の奥にあるクリュニー美術館だ。

　展示室には、ノートルダム大聖堂や、サン・ジェルマン・デ・プレ教会から移された彫刻やレリーフ、調度品など、中世の美術品がぎっしり。2022年5月には約7年におよんだ改修工事を経てニューアルオープン、より見学しやすくなった。

ART Column Art 〉 不思議な魅力漂う『貴婦人と一角獣』

　クリュニー美術館に展示されているタピストリー『**貴婦人と一角獣**La Dame à la Licorne』。中部フランスの城館内で発見され、ジョルジュ・サンドの著作で取り上げられたことで広く知られるようになった。半円形の部屋には、同じテーマで6つのバリエーションをもつタピストリーが掲げられている。深紅の地色の上に織り込まれた優雅な貴婦人、そして彼女の両側にはライオンと一角獣。背景には、草花や動物がちりばめられ、まさに楽園の雰囲気。6帳のうち5帳は、人間の5つの感覚、「視覚」「聴覚」「味覚」「嗅覚」「触覚」を寓話的に表現したものだといわれている。残る1帳は、女性が首飾りを宝石箱にしまう、あるいは取り出そうとしている様子が描かれている。『私の唯一の望みにA mon seul désir』という題名がつけられ、その意味は謎に包まれたままだ。

『貴婦人と一角獣La Dame à la Licorne』(左)
© photo RMN / R.G.Ojeda / distributed
by Sekai Bunka Photo 『私の唯一の望みに』(上)

ルーヴルの一角にある装飾・デザインの美術館　★★ MAP 別冊 P.13-2C、P.25-3C

装飾芸術美術館　Musée des Arts Décoratifs

20世紀初頭に開館した歴史ある美術館。ルーヴル宮の一角に居を構え、装飾芸術全般にわたる作品を所蔵、展示している。約10年間にも及んだ大工事を経て、展示スペースはさらに拡張され、常設展だけでも6000m²を確保する。膨大な所蔵品のなかから厳選された約6000点のコレクションが、常時公開されている。

天窓からの自然光を取り入れたギャラリー

展示室は、吹き抜けになったホールを取り囲むギャラリー沿いに並ぶ。中世、ルネッサンス期から、ルイ14世、マリー・アントワネットの生きた17～18世紀、アールヌーヴォーとアールデコ、そして現代にいたるまでに区分され、時代を追って装飾芸術の歴史をたどることができる。このほか、モードやテキスタイルに関する所蔵品だけでも15万点を数える。3世紀から現代にわたる服飾品や織物が揃うほか、ラクロワ、ディオール、サンローランといった、フランスを代表するクチュリエの作品も所有している。また、広告ポスターについては、フランスに初めてポスターが登場した18世紀中頃から現在にいたるまでの作品が約10万点。これらのコレクションは、テーマに応じ、期間を限定して企画展として一般公開される。

装飾芸術美術館
M ①⑦Palais Royal Musée du Louvre
住 107, rue de Rivoli 1er
開 11:00～18:00（木～土は企画展のみ～21:00、日は～20:00）（入場は閉館の45分前まで）
休 月、1/1、5/1、12/25
料 €15、26歳未満は無料、ニシム・ド・カモンド美術館（→P.217）との共通券€22
バス ミュージアム・パス使用可
URL madparis.fr
※ウェブサイトからの予約が望ましい。

女性に人気の装飾芸術美術館

椅子のデザインの変遷

古典建築と現代アートの融合　★★ MAP 別冊 P.13-2D

ブルス・ド・コメルス ピノー・コレクション　Bourse de Commerce-Pinault Collection

オリジナルの建物の構造をそのまま生かして設計された
Drapeau, décembre 2020 ©Studio Bouroullec
Courtesy Bourse de Commerce - Pinault Collection Photo Studio Bouroullec

2021年5月、レ・アール地区に新たなアートスポットが誕生した。パリ市の提案を受けて、19世紀の商品取引所「ブルス・ド・コメルス」を復元し、美術館として再生することを決断したのは、実業家でアートコレクターでもあるフランソワ・ピノー氏。日本を代表する建築家のひとり、安藤忠雄が設計を担当し、1万点を超えるピノー氏の現代アートコレクションを展示するユニークな空間として生まれ変わった。

ブルス・ド・コメルス ピノー・コレクション
M ④Les Halles
RER ABDChâtelet Les Halles
住 2, rue de Viarmes 1er
開 11:00～19:00（金は第1土～21:00）
休 火、5/1
料 €14、第1土の17:00～21:00無料
URL www.pinaultcollection.com

夢の世界へのショートトリップ

★★

ギュスターヴ・モロー美術館　Musée National Gustave Moreau

ギュスターヴ・モロー美術館
Ⓜ ⑫Trinité d'Estienne
　d'Orves
🏠 14, rue de la
　Rochefoucauld 9e
開 10:00～18:00
休 ②、1/1、5/1、12/25
料 €8（企画展開催時は€10）、
　18歳未満と第1⑪は無料
　（企画展を除く）
バス ミュージアム・パス使用可
URL musee-moreau.fr
※ウェブサイトからの予約が
おすすめ。

モローのアトリエ兼自宅がその
まま美術館に

モロー『出現 L'Apparition』
©Musée Gustave Moreau, Paris, France / Bridgeman Art Library

　モロー自身が青年時代から晩年まで住んだ家で、没後、彼の遺言によって、コレクションとともに国家に寄贈された。美術館の主要な部分をなしているのは、モローが晩年に建て増ししたアトリエの2階部分で、おもに大画面の作品が展示されている。殉教者の血に染まる百合を玉座にした聖母を描いた『神秘の花Fleur mystique』(1890)などが見もの。

　らせん階段を上って3階へ。窓に面した壁には、幻想的な『ソドムの天使Les Anges de Sodome』(1872～1875)がかかっている。広間の中央と4階の窓の下には400枚ものデッサンを収めた可動パネル付き家具があり、興味深い。3階での必見作品は、『踊るサロメSalomé dansant』(1876)と『一角獣Les Licornes』(1888)。極めて装飾性の高い作品だ。全面を覆うアラベスク模様。まるでカンバスの上に、ごく薄いレースをかぶせたかのように見える。モローの神話画や聖書画の世界を思う存分堪能しよう。

パリで最も優雅な気分に浸れる

★★

ジャックマール・アンドレ美術館　Musée Jacquemart-André

ジャックマール・アンドレ美術館
Ⓜ ⑨St-Philippe du Roule
　⑨St-Augustin
　⑨⑬Miromesnil
🏠 158, bd. Haussmann 8e
※2024年3月現在、改修工事のため休館中。2024年9月再開予定。
URL www.musee
-jacquemart-andre.com

18世紀フランスの画家ナティ工作『マルキーズ・ダンタン』
© Musée Jacquemart-André

　銀行家であったアンドレと、妻であり画家であったジャックマールの収集した美術品が、ルイ16世様式と第2帝政様式を取り入れた豪華極まりない彼らの邸宅に展示されている。おもに18世紀のフランス美術と、イタリアルネッサンスの美術を所蔵しているが、このすばらしい作品群が、決して大げさでなくさらっと陳列されているところに品のよさを感じる。

　ルーベンスや、フラゴナール、ボッティチェリなどの絵画をはじめ、陶器、ティエポロのフレスコ画、ゴブラン織りのタピストリー、贅を尽くした調度品、さらに温室などといったスペースもあり、ふたりのプライベートルームまでも公開されている。驚くことに、ふたりが美術品を収集するために充てた年間の資金は、ルーヴル美術館のそれをはるかに上回るという。

　夫婦のダイニングルームは、ティールームとなっている。タピストリーに囲まれ、ブルジョワの生活を想像しながら、幸せなひとときを過ごしたいものだ。

夫妻のコレクションが豪華な部屋に並ぶ

マレ地区の邸宅で観る18世紀美術コレクション ★★ MAP 別冊 P.14-3A、P.27-2C
コニャック・ジェイ美術館 Musée Cognacq-Jay

エルネスト・コニャックは、屋台商人から身を起こし、デパート「サマリテーヌ」(→P.342)を創設した人物。彼とその妻ルイーズ・ジェイが収集し市に寄贈したコレクションを展示するのがこの美術館。もとはパレ・ガルニエ近くにあったが、マレ地区の瀟洒な邸宅ドノン(1575年建造)に移された。

所蔵品は、すべて18世紀のヨーロッパ美術。当時の貴族の暮らしぶりをしのばせる優美なインテリアに囲まれ、パステル画の巨匠モーリス・カンタン・ド・ラ・トゥールの作品や、ブーシェ、フラゴナールなど、フランス・ロココを代表する画家たちのきらりと光る小品が並ぶ。ヴェネツィア景観画の第一人者、アントニオ・カナレットの作品も見逃せない。

マレ地区の瀟洒な館ドノン館を利用した美術館

コニャック・ジェイ美術館
M ①St-Paul
住 8, rue Elzévir 3e
開 10:00～18:00
　（入場は17:15まで）
休 ㊊、1/1、5/1、12/25
料 無料（企画展は有料）
URL www.museecognacqjay.
　　　　　　paris.fr

パステル画の巨匠モーリス・カンタン・ド・ラ・トゥール作『Portrait de la Présidente de Rieux』(左)　18世紀のすばらしい家具調度や工芸品も必見(右)
©Musée Cognacq-Jay

ロマン派の巨匠のアトリエ ★★ MAP 別冊 P.13-3C、P.28-2B
ドラクロワ美術館 Musée National Eugène Delacroix

サン・ジェルマン・デ・プレ教会脇のアベイ通りRue de l'Abbayeから、フルスタンベール通りRue de Furstenbergに入った所。映画の舞台としても使われることの多い静かな一角にこの美術館はある。ドラクロワが晩年、サン・シュルピス教会の壁画（→P.144）制作のために移り住んだ家とアトリエを、一般に公開しているものだ。

肖像など小作品のほか、モロッコ旅行で買い求めた品々、日記などが展示されている。また、彼と交流のあった女流作家ジョルジュ・サンドの肖像画も観られる。19世紀ロマン派の大御所ドラクロワが愛したアトリエや住まいの様子がうかがい知れて、ファンにはうれしいかぎり。

ドラクロワ美術館
M ④St-Germain des Prés
住 6, rue de Furstenberg
　6e
開 9:30～17:30
　（第1㊍は～21:00）
休 ㊋、1/1、5/1、12/25
料 €9、
　ルーヴル美術館（→P.188）
　との共通券（48時間以内）
　€22、
　第1㊐と7/14は無料
URL www.musee-
　　delacroix.fr
※ウェブサイトからの予約が望ましい。

ジョルジュ・サンドの肖像画も展示されている(左)　『砂漠のマドレーヌ』(右)

晩年の作品はここで制作された

Eugène DELACROIX『Madeleine au désert』Huile sur toile. 1845 Paris, musée national Eugène Delacroix

ギメ美術館　Musée National des Arts Asiatiques - Guimet

日本の美術作品も数多く所蔵

ギメ美術館
Ⓜ ⑨Iéna
🏠 6, pl. d'Iéna 16e
🕙 10:00～18:00
（入場は17:15まで）
🚫 ⓐ、1/1、5/1、12/25
💴 €13、
18歳未満と第1⽇は無料
🚌 ミュージアム・パス使用可
URL www.guimet.fr

リヨンの実業家エミール・ギメ（1836～1918）のコレクションから発足した、ヨーロッパ屈指の東洋美術館。

美術館の創立の発端は、ギメの世界一周の旅に遡る。フランス文部省からの依頼で、世界の宗教を研究するために旅に出たギメは、持ち帰った数々の美術品、資料をもとに、リヨンに宗教美術館を造った。日本を訪れたのは1876年のこと。宗教画300点、宗教彫刻600点を持ち帰り、1879年にインド、中国での収集品と合わせてリヨンでコレクションを発表したという。1889年に、美術館はパリに移転した。現在、ギメ美術館は、ヨーロッパにおける東洋美術研究の中心となっている。

所蔵品はどれもすばらしいが、特にカンボジアのコレクションが充実しているほか、内戦で多くの美術品が失われたアフガニスタンの展示が興味深い。また、インド美術のコレクション（紀元前3～19世紀）では、『踊るシバ神Shiva Natarâja』（インド南東11世紀）のコズミックダンスは軽やかで、しかも優雅だ。中国陶磁器や日本、朝鮮の美術も展示されている。

コレクションのなかでも人気の高い『踊るシバ神』

建築・文化財博物館　Cité de l'Architecture et du Patrimoine

建築・文化財博物館
Ⓜ ⑥⑨Trocadéro
🏠 1, pl. du Trocadéro et du
11 Novembre 16e
🕙 11:00～19:00
（ⓣは～21:00）
（入場は閉館の40分前まで）
🚫 ⓐ、1/1、5/1、7/14、
12/25
💴 €9、18～25歳€6、
18歳未満は無料
🚌 ミュージアム・パス使用可
URL www.
citedelarchitecture.fr

貴重な建築や彫像を後世に伝えるために造られたもの

2007年、シャイヨー宮内にできた博物館。「フランス歴史建造物美術館」に収められていた中世建築の鋳造複製コレクションに、近現代建築の模型が加わり、12世紀から現代までのフランス建築史上の傑作をすべて紹介する壮大な博物館となった。

ヴェズレーのサント・マドレーヌ・バジリカ聖堂など、実物大で再現され、複製であることを忘れてしまうほどの迫力。近現代建築の

忠実に再現された中世建築の複製

コーナーでは、ル・コルビュジエ作の集合住宅『ユニテ・ダビタシオンUnité d'Habitation』（フランスでは「シテ・ラデューズCité Radieuse（輝く都市）」とも呼ばれる）の部屋の一部の実物大模型が展示され、実際に内部空間を体験できる。

近代建築の父
ル・コルビュジエの作品巡り

2016年、ル・コルビュジエの作品がユネスコの世界遺産に登録された。パリには登録対象となった作品や彼が実際に住んだアトリエが残り、いくつかは公開されている。建築ファンならずともぜひ訪れて、その魅力に浸ってみたい。

絵を鑑賞するためのスロープが設置されたギャラリー（ラ・ロッシュ邸）

ラ・ロッシュ＝ジャンヌレ邸、
ル・コルビュジエのアパルトマン・アトリエ

　16区の閑静な住宅地、少し奥まった小道に面してル・コルビュジエが手がけた白亜の邸宅がある。手前にあるのがジャンヌレ邸で、現在ル・コルビュジエ財団の事務局として使われている。奥に建つのはル・コルビュジエの友人であったラウル・ラ・ロッシュの依頼で建てられた邸宅で、一般公開されている。高い吹き抜けになったエントランスホール、外光をたっぷりと取り込む連続窓。そして、美術コレクターでもあったラ・ロッシュの希望で設計されたギャラリーでは、緩やかなスロープが階上へと誘う。ル・コルビュジエが考えた「建築の散歩道」は、1923年に造られたとは思えないほどのモダンさだ。

　その近くでは、1934～1965年に彼自身が住み、アトリエとして使ったアパルトマンも公開されている。その空間作りの自由さには、誰もが魅了されることだろう。

ル・コルビュジエの代表作サヴォワ邸

　ル・コルビュジエの提唱した「ピロティ、屋上庭園、自由な平面、水平連続窓、自由な立面」という近代建築の5原則を具現化したことで知られるのが、サヴォワ邸。実際に内部に身を置いてみると、その快適さ、美しさが実感できる。これは写真や図面だけでは決して味わえないもの。建築に興味のある人は必ず訪れてほしい場所だ。RER Ⓐ線の終点Poissyまで行き、3番のバスでVilla Savoye下車。そこから徒歩5分ほど。

80年以上前の建築とは思えない、モダンかつ洗練されたデザインのサヴォワ邸

ラ・ロッシュ＝ジャンヌレ邸
Maison La Roche - Janneret
🗺 本誌P.168　Ⓜ ⑨Jasmin
🏠 10, square du Docteur Blanche 16e
　（入口は55, rue du Docteur Blanche 16e）
🕐 10:00～18:00
🈶 ⑦ ⓑ ㊗、8/1～8/22、12/23～1/1
💴 €10、学生€5
🔗 www.fondationlecorbusier.fr
※ウェブサイトから要予約

ル・コルビュジエのアパルトマン・アトリエ
Appartement-Atelier de Le Corbusier
🗺 本誌P.168　Ⓜ ⑩Porte d'Auteuil
🏠 24, rue Nungesser et Coli 16e
🕐 10:00～13:00、13:30～18:00

🈶 ⑦～⑩ ⓑ、⑩ の午前、㊗、
7/20～8/3、12/23～1/3
💴 €10、学生€5、
🔗 www.fondationlecorbusier.fr
※ウェブサイトから要予約

サヴォワ邸 Villa Savoye
🗺 地図外　Ⓐ5線 Poissyから50番のバス
🏠 82, rue de Villiers 78300 Poissy
🕐 10:00～17:00（5～8月は～18:00）
🈶 ⑦、1/1、5/1、12/25
💴 €9、18歳未満、1～3月と11・12月の第1⑦は無料
🚌 ミュージアム・バス使用可
🔗 www.villa-savoye.fr
※ウェブサイトからの予約がおすすめ

緑の庭に誕生した新アートスポット

★★　MAP 別冊 P.4-1A ／本誌 P.173

フォンダシオン・ルイ・ヴィトン
Fondation Louis Vuitton

フォンダシオン・ルイ・ヴィトン
Ⓜ①Les Sablons
🏠8, av. du Mahatma
　Gandhi 16e
🕐展覧会によって異なる
🚫㊋、1/1、5/1、12/25、
　展覧会によって異なる
💴展覧会によって異なる
🔗www.
　fondationlouisvuitton.fr

シャトルバスでのアクセス
シャルル・ド・ゴール広場
近くから専用シャトルバス
(Navette) が約20分間隔で運
行している。
MAP 別冊 P.22-2B
🏠44, av. de Friedland 8e

Ⓡ **ル・フランク Le Frank**
🕐12:00～19:00
　(夜は予約制)
🚫㊌
💴昼ムニュ€28、€39
🔗www.restaurantlefrank.
　　　　　　　　　　fr

パリの西に広がるブー
ローニュの森にある、斬
新なデザインの建築物。
その名が示すように、
LVMH(モエ・ヘネシー・
ルイ・ヴィトン)が仕掛
けた巨大ギャラリーだ。
設計したのは、ビルバオ
のグッゲンハイム美術

森の緑とのコントラストが美しい
©Iwan Baan2014 ©Gehry Partners LLP

館や、パリのシネマテーク・フランセーズを手がけた建築家
フランク・ゲーリー。3600枚ものガラスパネルを使った、
ベールを思わせる屋根の下に11の展示室があり、コンテンポ
ラリーアートを軸とした企画展を開催。新しいアートの発信地
として注目を浴びている。併設のレストラン「ル・フランクLe
Frank」は、パリ市内の星付きレストランのシェフが監修して
いる。美術鑑賞のあとに訪れたい。

古きよきパリに出合える場所

★★　MAP 別冊 P.7-2C、P.31-1C

モンマルトル美術館
Musée de Montmartre

モンマルトル美術館
Ⓜ⑫Lamarck Caulaincourt
🏠12, rue Cortot 18e
🕐10:00～19:00
　(入場は閉館の45分前まで)
🚫無休
💴€15、
　18～25歳の学生€10、
　10～17歳€8
🔗museedemontmartre.
　　　　　　　　　fr

光あふれるヴァラドンのアトリエ

17世紀に建てられたモンマル
トル最古の邸宅で、1960年よ
り美術館として使われている。
1875～1877年にはルノワー
ルが住み、代表作のひとつであ
る『ムーラン・ド・ラ・ギャレッ
ト』もここで制作された。隣接
する邸宅まで展示スペースがあり、ここに住んでいたシュザン
ヌ・ヴァラドンと息子ユトリロのアトリエが当時のままに復元
されている。モンマルトルをテーマにした企画展も行っている。
サロン・ド・テ「カフェ・ルノワール」では、夏はルノワール
が『ぶらんこLa balançoire』を描いた中庭でお茶を楽しめる。

モードの歴史がわかる

★　MAP 別冊 P.11-2C

イヴ・サン・ローラン美術館
Musée Yves Saint Laurent

イヴ・サン・ローラン美術館
Ⓜ⑨Alma Marceau
🏠5, av. Marceau 16e
🕐11:00～18:00
　(㊌は～21:00)
🚫㊊、1/1、5/1、12/25
💴€10、
　10～18歳と学生€7
🔗museeyslparis.com
　　　　(日本語あり)
※ウェブサイトからの予約が
望ましい。

2008年に亡くなった世界的ファッションデザイナー、イヴ・
サン・ローランの業績を紹介する美術館。彼が手がけたドレス
やアクセサリー、デッサンのほか、仕
事場だったアトリエの再現など、見ど
ころがいっぱい。貴重なコレクション
とともにモードの歴史を肌で感じるこ
とができる。

間近でじっくり見ることが
できる美しいドレスの数々

フランス装飾芸術の神髄に触れる
ニシム・ド・カモンド美術館　Musée Nissim de Camondo

★ MAP 別冊 P.6-3A

8区のモンソー公園近くにある個人美術館。20世紀初頭の大金融業者モワーズ・ド・カモンド伯爵が、第1次世界大戦で戦死した息子ニシムを追悼するため、1935年、自邸とすべてのコレクションを装飾芸術協会に寄贈したものだ。

ヴェルサイユのプチ・トリアノンを模して建てられた邸宅内は、ルイ15世、ルイ16世様式の家具や絵画、タピストリー、陶磁器などの貴重な美術品で埋め尽くされている。フランス室内装飾芸術に興味のある人は必見。

18世紀の美術品で埋め尽くされた大書斎。当時の貴族の生活に思いをはせたい Photo L.S. Jaulmes

ニシム・ド・カモンド美術館
- Ⓜ ②③Villiers
- 🏠 63, rue de Monceau 8e
- 🕐 10:00～17:30
  （入場は16:45まで）
- 休 Ⓜ ⓣ、1/1、5/1、12/25
- 料 €13、
  26歳未満は無料、
  装飾芸術美術館（→P.211）との共通券€22
- バス ミュージアム・パス使用可
- URL madparis.fr/Musee-Nissim-de-Camondo-125
※ウェブサイトからの予約がおすすめ。
2024年7/25より改修のため休館予定

現代アートのユニークな企画展に注目
カルティエ現代美術財団　Fondation Cartier pour l'art contemporain

★ MAP 別冊 P.19-3C

ひときわ目を引くガラス張りの建物

貴金属ブランドのカルティエが1984年に設立した現代美術財団。建物の設計を担当したのはジャン・ヌーヴェル。アルミニウムの枠とガラスによるファサードが美しい光の効果を生み出している。開館以来、世界の若手アーティストに作品発表の機会を提供してきた。村上隆をはじめ、ここで紹介されたことをきっかけに世界的アーティストとなった作家は少なくない。「ビートたけし展」(2010)、「森山大道DAIDO TOKYO展」(2016)、「石上純也 Freeing Architecture展」(2018)などユニークな企画展は常に注目の的だ。

カルティエ現代美術財団
- Ⓜ ④⑥Raspail
- 🏠 261, bd. Raspail 14e
- 🕐 11:00～20:00
  （ⓣは～22:00）
- 休 Ⓜ
- 料 €11、13歳未満無料
- URL www.fondationcartier.com

セーヴル磁器の逸品を集めた
セーヴル国立磁器美術館　Sèvres Manufacture et Musée Nationaux

★ MAP 地図外

フランス・ロココを象徴する女性といえば、ポンパドゥール夫人。1758年、彼女が設立した王立セーヴル磁器工場は、現在にいたるまでフランス宮廷文化の美を伝え続けている。

セーヴル磁器は、"セーヴル・ブルー"に代表される鮮やかな色彩と、装飾性の高い形態、華麗な絵柄が特徴。現在の工場に併設されたこの美術館では、ポンパドゥール夫人やマリー・アントワネットらが愛用したセーヴル磁器の逸品と、フランス内外から集められた陶磁器コレクションを観ることができる。

フランス宮廷文化の美

セーヴル国立磁器美術館
- Ⓜ ⑨Pont de Sèvres
  メトロ⑨号線の終点Pont de Sèvresから徒歩5分。またはトラムT2のMusée de Sèvres下車すぐ。
- 🏠 2, pl. de la Manufacture 92310 Sèvres
- 🕐 10:00～13:00
  14:00～18:00
- 休 ⓣ、1/1、5/1、12/25
- 料 €7、
  18歳未満と第1Ⓜは無料
- バス ミュージアム・パス使用可
- URL www.sevres citeceramique.fr

現代写真を紹介する広大なスペース

★ MAP 別冊 P.14-3A、P.27-2C

ヨーロッパ写真美術館　Maison Européenne de la Photographie

18世紀の邸宅が現代写真の美術館に

ヨーロッパ写真美術館
- Ⓜ①St-Paul
- 🏠5-7, rue de Fourcy 4e
- 🕐11:00〜20:00
  （㊍は〜22:00）
  （入場は閉館の30分前まで）
- 休㊊、1/1、5/1、
  12/25、展示替えの期間
- 料€13、学生と30歳未満€8、
  65歳以上€10
- URL www.mep-fr.org

貴族の館や小さな美術館が点在するマレ地区の一角、18世紀の古い邸宅がモダンに改装され、現代写真の美術館となった。さまざまなメッセージをもった写真の数々が、シンプルな空間のなかに見事に溶け込んでいる。フランスは写真発祥の地だけあって、写真は芸術の重要なひとつのジャンル。見学者には熱心なファンも多い。写真の展示室のほか、1万点以上の写真集が収められた図書館やビデオテークも完備。常設展のほか特別展も催されている。特に、隔年11月頃に開催される写真月間には、おもしろい企画展が期待できそうだ。

写真の表現世界をじっくり味わってみよう

現代写真専門のギャラリー

★ MAP 別冊 P.12-2B、P.24-3A

ジュ・ド・ポーム　Jeu de Paume

ジュ・ド・ポーム
- Ⓜ①⑧⑫Concorde
- 🏠1, pl. de la Concorde 8e
- 🕐11:00〜19:00
  （㊌は〜21:00）
- 休㊊、1/1、5/1、7/14、
  12/25
- 料€12、学生と25歳未満と
  65歳以上€9
- URL jeudepaume.org
- ※ウェブサイトからの予約がおすすめ。

ミュージアムカフェ「ローズ・ベーカリー」（→P.271）があり、ケーキや軽食を楽しめる。

チュイルリー公園のコンコルド側、オランジュリー美術館とちょうど対になる形で建つジュ・ド・ポーム。1986年までは印象派美術館として多くの名作を展示していたが、コレクションがオルセー美術館に移されたため、1991年に現代アートの企画展専門美術館として再スタート。さらに2004年、写真専門のギャラリーに生まれ変わった。重厚な外観とはうって変わって、内部は開放的でモダンな造り。コンテンポラリーな作品を中心に、意欲的な企画展が開かれている。

"写真の殿堂"として注目されている

彫刻家のアトリエを再現

★ MAP 別冊 P.18-3B

アンスティチュ・ジャコメッティ　Institut Giacometti

アンスティチュ・ジャコメッティ
- Ⓜ④⑥Raspail
- 🏠5, rue Victor Schœlcher 14e
- 🕐10:00〜18:00
  （入場は17:20まで）
- 休㊊、1/1、5/1、12/25、
  展示替えの期間
- 料€9、学生€3、展覧会初日は無料
- URL www.fondation-
  giacometti.fr
- ※ウェブサイトからの予約がおすすめ。

20世紀を代表するスイスの彫刻家アルベルト・ジャコメッティ。そのアトリエが2018年6月、彼がかつて住んでいたモンパルナスに再現された。装飾芸術家のポール・フォロがアトリエとしていたアールデコの建物を改装している。ジャコメッティのアトリエは、写真家ロベール・ドワノらの写真を元に再現され、彼の死後、夫人によって保管されていたデッサンや壊れやすい石膏など、今まで公開されたことのない作品も展示されている。

当時のまま再現されたアトリエ
©Alberto Giacometti Estate / JASPAR , 2019

話題の企画展がめじろ押し
リュクサンブール美術館
★ **MAP** 別冊 P.19-1C、P.29-3C　Musée du Luxembourg

1750年に開館したフランスで最初の美術館。パリジャンの憩いの場、リュクサンブール公園の一角に建ち、質の高い企画展を年2回開催している。人気のある展覧会のときは長い行列ができることもあるので、日時指定入場券の予約をしておくほうがいい。ガイド付きツアーもある。

パリ市民に人気のリュクサンブール美術館

リュクサンブール美術館
- Ⓜ️ ⑩Luxembourg
- 🏠 19, rue de Vaugirard 6e
- 🕐 10:30～19:00
  （㊊は～22:00）
  （入場は閉館の45分前まで）
- ❌ 5/1、12/25、展示替えの期間
- 💶 €14、16～25歳€10、16歳未満無料
- 🔗 museeduluxembourg. fr
- ※ウェブサイトからの予約がおすすめ。

幻想的なダリ・ワールド
ダリ・パリ
★ **MAP** 別冊 P.7-2C、P.31-2C　Dalí Paris

モンマルトルのテルトル広場からすぐの所に、スペイン生まれのシュルレアリスム画家、サルヴァドール・ダリのギャラリーがある。1920年代の終わりにモンマルトルの住人になったダリは、パリでシュルレアリストらとの交流を深め、作品を生み出した。このギャラリーでは

フランスで最大級のダリのコレクションが展開されている。2018年には改装工事が終了し、リニューアルオープン。彫刻、版画、家具調度品などの作品が展示されている。広々とした空間に、ダリの夢幻的な世界が広がる。

ダリ・ワールドの広がる美術館

ダリ・パリ
- Ⓜ️ ⑫Abbesses
- 🏠 11, rue Poulbot 18e
- 🕐 10:00～18:00
- ❌ 12/25
- 💶 €16、8～26歳と学生€13
- 🔗 www.daliparis.com
- ※ウェブサイトからの予約が可能。

ART | Column Art ▶ **名画のモデルとなった場所巡り**

さまざまな画家たちに、作品の舞台を提供してきたパリ。今も、描かれた当時の面影を残す場所がいくつもあり、映画のロケ地巡りのように訪ね歩くのも楽しい。

例えば、モネが描いた『サン・ラザール駅』（写真左）。パリで最も古い駅で、高速列車TGVの発着がない分、駅の構造やホームの

たたずまいなど、絵と重なる部分を今も見ることができる（写真中）。

この駅からル・アーヴル行きの列車に乗れば、モネの『睡蓮』が描かれたジヴェルニー（→P.404、写真右）や、『ルーアンの大聖堂』（→P.200）の舞台であるルーアンを訪ねることも可能だ。

彫刻家のアトリエが美術館に
ザッキン美術館

★ MAP 別冊 P.19-2C　Musée Zadkine

ザッキン美術館
Ⓜ ④Vavin ⓇⒺⓇ ⒷPort Royal
住 100bis, rue d'Assas 6e
開 10:00～18:00
　（入場は17:30まで）
休 ⑧、1/1、5/1、12/25
料 €9、18歳未満無料
URL www.zadkine.paris.fr

ベラルーシ（帝政ロシア領）生まれの彫刻家オシップ・ザッキン。彼が1928年から1967年に亡くなるまで使っていた住居兼アトリエが、没後、膨大な作品とともにパリ市に遺贈され、美術館として公開されるようになった。作品は、展示室だけでなく、緑に覆われた中庭にも置かれている。代表作である『破壊された都市のトルソー Torse de la Ville détruite』のほか、1本の木に複数の人物像を彫り込んだ『ブドウの収穫 Les Vendanges』など、さまざまな素材を使った作品を観ることができる。

モンパルナスの静かな一角にある美術館

彫刻家の元モデルが開いた美術館
マイヨール美術館

★ MAP 別冊 P.28-2A　Musée Maillol

マイヨール美術館
Ⓜ ⑫Rue du Bac
住 59-61, rue de Grenelle 7e
開 10:30～18:30
　（㊌は～22:00）
　（入場は閉館の1時間前まで）
休 企画展開催期間以外
料 €16.50、
　学生と19～25歳€14.50
URL www.museemaillol.
　com
※ウェブサイトからの予約がおすすめ。

ロダン以後の最も優れた彫刻家のひとり、マイヨールの重要作品を集めた美術館。彼の最晩年のモデルでありミューズであったディナ・ヴィエルニー（1919～2009）が1995年に開いた。ふたりが出会ったのは、マイヨール75歳、ディナ15歳の時。以来ディナはモデルとして、ときにコレクターとして芸術家を支え続ける。大規模な改装工事を経て、現在は、現代美術を中心とした企画展専門のギャラリーとなっている。マイヨールの作品も最上階に常設展示されている。

おしゃれなグルネル通りに建つ

 Column Art　アートの世界に浸れる「アトリエ・デ・リュミエール」

2018年4月、19世紀の鋳物工場を改装して作られた「アトリエ・デ・リュミエール」がオープン。140台ものプロジェクターを使って、壁や床の総面積3300m²、高さ10mの空間に巨大な映像が映し出される。音楽に合わせ、会場いっぱいに広がる絵画は大迫力。新たなアート体験ができると話題になっている。ウェブサイトから要予約。

まるで絵画の世界に入ったかのような体験

アトリエ・デ・リュミエール
Atelier des Lumières
MAP 別冊 P.15-2C
Ⓜ ⑨Voltaire
　②③Père Lachaise
住 38, rue St-Maur 11e
開 10:00～20:00
　（日によって異なる）
休 1月上旬～2月上旬
料 €17、
　12～25歳と学生€15
URL www.atelier-lumieres.com

口コミ＆取材レポート
美術館見学のトレンドは？

長いコロナ禍での閉館期間を経て再開したパリの美術館は、多くの見学者を迎えている。閉館期間に改装工事が行われたり、システムが変わったところも。実際に行ってみて、知っておくと役に立つ情報を紹介しよう。

予約したほうがいい美術館が増えた

　以前からウェブサイトから予約できる美術館はあったが、コロナ禍で入場者数の制限が行われることが多くなり、予約システムがより広まった印象だ。ルーヴル美術館にいたっては、時間帯を予約していても、長蛇の列に並ばなければならないほど。予約なしでは、入れたとしても、かなり待たされることになる。混雑する美術館は、予約しておくのが賢明だ。

©pyramide du Louvre, arch. I.M. Pei
ルーヴル美術館の地上入口はいつも長蛇の列

カルーゼル・デュ・ルーヴルにあるルーヴル美術館の入口は予約客専用になった

ゆったり見学できるナイトミュージアム

　たとえばルーヴル美術館は金曜のみ21:45まで開館している。入口前の長蛇の列も、夕方には少し短くなっているので、予約なしでもそれほど待たずに入れる可能性が高い。見学が終わる頃には、ライトアップされたガラスのピラミッドを見ることができるかも！

©pyramide du Louvre, arch. I.M. Pei
ルーヴル美術館の見学は夜景とセットで

小さな美術館巡りがおすすめ

　混雑する美術館を避けて、小さな美術館を巡るのも、アフターコロナのアート散歩におすすめだ。印象派の呼び名が生まれるきっかけとなった作品ががあるマルモッタン・モネ美術館（→P.207）、幻想的な世界が広がるギュスターヴ・モロー美術館（→P.212）、隠れ家的雰囲気のドラクロワ美術館（→P.213）、画家のアトリエが再現されたモンマルトル美術館（→P.216）など。いずれも静かな空間でじっくりと作品に向き合うことができる。

ルノワールが『ぶらんこ』を描いた中庭があるモンマルトル美術館

ミュージアムカフェ＆レストランが続々オープン

　2020〜2022年は、美術館・博物館のオープンとリニューアルオープンが続き、パリには新名所が続々と誕生した。そのいくつかはカフェやレストランを併設し、見学後のひとときを楽しむことができる（→P.270）。

新しくカフェやレストランを併設したおもな美術館
●ブルス・ド・コメルス ピノー・コレクション
　→P.211
●カルナヴァレ博物館→P.137
●ヴィクトル・ユーゴー記念館→P.136、P.270
●クリュニー美術館→P.210

ヴィクトル・ユーゴー記念館のリニューアルオープンに合わせて併設された「カフェ・ミュロ」
©Jean-Baptiste Millot

町角のアートを探して
パリ建築散歩

建築は、町を歩いているだけで触れることのできる、とても身近なアート。
「町全体が美術館」と表現されることもあるパリは、まさに建築作品の宝庫だ。
ときにはお決まりの観光コースを外れて、建築散歩に出かけてはいかが?

ディテールも
チェック!

アールヌーヴォーを巡る

19世紀末に登場し、一世を風靡した「アールヌーヴォー」。
メトロの入口、建築、内装など、暮らしに密着したものが多く、
パリの町を散策しながら、探し歩くのも楽しい。

アールヌーヴォー建築なら
パッシー地区のアパルトマン

　フランスのアールヌーヴォーを代表する建築家がエクトル・ギマール（1867〜1942）。彼とその一派が設計した建築物は、パッシー地区に集中している。ほとんどが個人宅なので中に入ることはできないが、番地を頼りに作品をのんびり探し歩くのも悪くない。例えば、1898年、ギマールが28歳のときに建てた集合住宅『カステル・ベランジェ Castel Béranger』は、パリ初のアールヌーヴォー建築にしてギマールの代表作のひとつ。

アールヌーヴォー調の通り
名プレートとギマールのサ
イン（上）　カステル・ベラ
ンジェ（右）

ギマール設計の建物にあるバー
「クラヴァン16e」（左）　メザラ館（下）

16区のアールヌーヴォー

ギマールがデザインしたアールヌーヴォー建築の住所（16区）

❶ 14, rue Jean de la Fontaine（カステル・ベランジェ 1898）
❷ 11, rue François Millet（1910）
❸ 60, rue Jean de la Fontaine（メザラ館 1911）
❹ 3, square Jasmin（1922）
❺ 18, rue Henri-Heine（1926）
❻ 2, villa Flore（1926）
❼ 122, av. Mozart（ギマール館 1912）
❽ 8, av. de la Villa-de-la-Réunion（1908）
❾ 142, av. de Versailles & 1, rue Lancret（1905）
❿ 39, bd. Exelmans（アトリエ・カルポー 1895）

（数字は地図位置を示す）

「アールヌーヴォー」って何?

　「アールヌーヴォー Art Nouveau」とは、「新しい芸術」の意味。1895年パリに開店した同名のモダンな店にちなんで名づけられた。花や植物をモチーフとしたり、曲線を多用していることが特徴。この新しいデザイン運動はヨーロッパ中に広まったが、長続きせず、わずか10年ばかりで消えてしまった。その短い期間に造られた作品を、今もパリで観ることができる。

最も身近な作品
メトロ駅のデザイン

1900年のパリ万博に合わせてパリにメトロが開通。ギマールに入口のデザインが依頼された。1900年から1913年までの間に167の駅が造られたが、現存するのは90ほど。ふたつの型があり、植物の茎をぐにゃりと曲げた感じのランプと柵で構成されたものと、大きな庇を張り出したものに分かれる。前者はバスティーユ駅など各所で見られるが、後者は、モンマルトルのアベス駅と、ブーローニュの森のポルト・ドーフィヌ駅のみ完全な形で残っている。

ギマールによるメトロの入口（左、下）。鉄の植物のようなデザインがパリの町並みに溶け込んでいる

大きなガラス屋根と張り出した庇をもつメトロ12号線アベス駅入口は、ギマールのデザインが今も完全な形で残っている貴重な例だ（上）

静かな祈りの場
教会建築もチェック！

アールヌーヴォー建築でユニークなものといったら、教会だろう。モンマルトルの丘の麓、前述のアベス駅を出た所にあるサン・ジャン・ド・モンマルトル教会がまず挙げられる。れんが造りに見えるが、パリで初めての鉄筋コンクリート教会建築だ （MAP 別冊P31-2C）。また、マレ地区にはギマールがデザインしたユダヤの教会堂シナゴーグがある（MAP 別冊P.27-2C）。

ギマール作のシナゴーグ（上、1914） アナトール・ド・ボドが設計したサン・ジャン・ド・モンマルトル教会（右、1904）

© WE ARE CONTENT

レストランやデパートでも
アールヌーヴォー

観光よりショッピングあるいはグルメといった人でも、知らず知らずのうちにアールヌーヴォーに触れている。パリの2大デパート「ギャラリー・ラファイエット」（→P340）や「プランタン」（→P341）の天井を飾るステンドグラスのドームや、2021年に複合施設に生まれ変わったデパート「サマリテーヌ」の装飾、「ブイヨン・ラシーヌ」といった1900年前後に開店したレストランと、アールヌーヴォーの内装が残る店はたくさんある。

19世紀末から20世紀初頭にかけて建てられた「サマリテーヌ」（→P.342）メインビルの外壁。1905〜1907年に設置されたガラス天井もアールヌーヴォー様式だ（上） アールヌーヴォー様式の内装が残る「ブイヨン・ラシーヌ」（MAP 別冊P.29-2D）（左）

現代建築のデザイン性に迫る

20世紀初頭、ル・コルビュジエによる近代的な住宅建築が誕生して以来、
高いデザイン性をもった数々の建築物が、パリの町に誕生している。
町歩きのなかで楽しめる、現代建築の代表作を紹介しよう。

アートする鑑賞空間
ミュージアムデザイン
＋＋＋＋＋＋＋

1977年、斬新なデザインで賛否両論を巻き起こしたポンピドゥー・センターから、2014年、ブーローニュの森に登場したフォンダシオン・ルイ・ヴィトンまで、建築そのものが見どころとなっているミュゼがパリにはたくさんある。ガラスを駆使し、光の効果を利用した工業的なもの、歴史的建造物をリノベーションし、外観はそのままにスタイリッシュによみがえらせたものなど、所蔵作品と合わせて、アートな空間を楽しみたい。

フランク・ゲーリーの設計によって誕生したフォンダシオン・ルイ・ヴィトンはガラスパネルの屋根が特徴的（上、右）

19世紀末の鉄骨建築を利用した進化大陳列館

可動式パネルを用いるなど随所に斬新な工夫が見られるジャン・ヌーヴェル作のアラブ世界研究所

ケ・ブランリー・ジャック・シラク美術館もジャン・ヌーヴェルが手がけた作品

機能性にも重点がおかれたポンピドゥー・センター

覚えておきたい代表的な建築家

●ル・コルビュジエLe Corbusier（1887〜1965）
近代建築の父と呼ばれる。代表作は「サヴォワ邸」（→P.215）など。2016年、作品が世界遺産に登録。

●ジャン・ヌーヴェルJean Nouvel（1945〜）
「カルティエ現代美術財団」（→P.217）、「アラブ世界研究所」（→P.149）、「フィラルモニー」（→P.233）など、ガラスを多用した作品を多数設計している。

●フランク・ゲーリーFrank Gehry（1929〜）
「シネマテーク・フランセーズ」（→P.237）、「フォンダシオン・ルイ・ヴィトン」（→P.216）など、曲面を組み合わせたユニークな形が特徴的。

●レンゾ・ピアノRenzo Piano（1937〜）
リチャード・ロジャーズと組んで設計した「ポンピドゥー・センター」のユニークさは今も色褪せない。

ほかに、ドミニク・ペローDominique Perrault（国立図書館）などの作品を見ることができる。

古典的な外観は残し、内部に現代的な空間を配した「ブルス・ド・コメルス」（上）
コンクリートで造られた円形の壁を配した、吹き抜けのギャラリー「ロトンド」（左）

　2024年開催の五輪に向けて、町の整備が進められたパリ。美術館も新たにオープンしたり、リニューアル工事が終了して続々と再開した。なかでも話題を呼んだのは、商品取引所の建物の内部を改装した「ブルス・ド・コメルス ピノー・コレクション」だ。安藤忠雄が設計を担当、19世紀の建築を生かした、ユニークな現代アートギャラリーが誕生した。長期にわたり閉館していた、カルナヴァレ博物館やクリュニー美術館も装い新たに再開している。

光によって色が変わるアルミニウム素材を使ったクリュニー美術館の新しい壁。中世の扉にあったレース柄の装飾をあしらっている

建築家フランソワ・シャティヨンの事務所と建築チーム「スノヘッタ」、内装担当のナタリー・クリニエールが組んで改修を行ったカルナヴァレ博物館

パリで活躍する日本人建築家たち

　パリに登場した新たな施設のいくつかは、日本人建築家によって設計されている。安藤忠雄設計の「ブルス・ド・コメルス」（上記）のほかにも、さまざまな場所で活躍中だ。例えば「サマリテーヌ」のリヴォリ通り側の設計は、日本人建築家ユニットSANAAが担当、装飾的なセーヌ側（→P.223）とは打って変わり、周囲の景色を取り込むシンプルなデザインだ。郊外には、坂茂が設計した音楽ホール「ラ・セーヌ・ミュージカル」もある。

©Laurent Blossie

サマリテーヌのリヴォリ館はSANAAが設計（上左）
ブルス・ド・コメルスの地下展示室（下右）
パリ郊外にある坂茂設計のラ・セーヌ・ミュージカル（下左）

美しく機能的な 公共建築
✛ ✛ ✛ ✛ ✛ ✛ ✛

1980年代初頭にミッテラン大統領の提唱で始まった「グラン・プロジェ」（パリ大改造計画）により、パリは個性的なモニュメントでいっぱいになった。ルーヴルのガラスのピラミッド（I.M.ペイ、1989）、オペラ・バスティーユ（C.オット、1989）、ラ・ヴィレット公園（B.チュミ、1983）、グランド・アルシュ（J.O.スプレッケルセンほか、1989）などは皆この計画によって誕生したものである。

それ以降も公共建築の威力は衰えず、独創的な現代建築を巡る旅は、まだまだ続きそうだ。

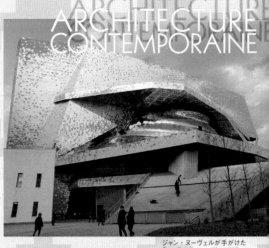

ジャン・ヌーヴェルが手がけた「フィラルモニー・ド・パリ」

ジャコブ＋マクファーレン設計の「シテ・ド・ラ・モード・エ・デュ・デザイン」。夜は幻想的な姿を見せる

ポール＆リューが設計、近未来的な話題になったシャルル・ド・ゴール空港ターミナル1

1988年、セーヌにせり出すように建てられた財務省はP.シュメトフ&B.ユイドブロ設計

レ・アール地区の再開発プロジェクトで、2016年に生まれ変わった「フォーロム・デ・アール」。1万8000枚のガラス板を使用した、「ラ・カノペ」と呼ばれる巨大な天蓋に覆われている

ベルシー公園にあるシネマテーク・フランセーズはフランク・ゲーリーが設計した旧アメリカン・センターを利用したもの（1994）

本を立てた形にデザインしたドミニク・ペロー作の国立図書館（1994）。手前は橋脚のないシモーヌ・ド・ボーヴォワール橋

エンターテインメント

Entertainment

Photo：Théâtre Mogador

エンターテインメント

パリにはふたつの顔がある。昼の顔と夜の顔だ。陽光を受けて輝いていた町並みが、すっぽりと闇に包まれると、今度は青白いイルミネーションが夜のパリを照らし出す。パリでは、夜8時を過ぎたら、大人の時間。昼間の汗をシャワーで流し、ときにはドレスアップして出かけよう。さあ、今宵はどちらへ？

多彩なパリのエンターテインメント

ジャズクラブで大人の夜を

パリのエンターテインメントといえば、まずオペラ、バレエ。日本ではチケット代が高くなかなか気軽に行けないオペラ、バレエも、パリでは身近な存在。最上のオプティマOptima席は日本円にして約3万円と決して安くはないが、3000円程度で観られる席もあるからファンには夢のようだ。ほかにも、クラシック、ジャズ、ロックなどのコンサートは毎日、町のどこかで開かれていて、さすが芸術が生活のなかに根づいている国、と感心させられる。教会や美術館、歴史的建造物など、ホール以外の場所で聴くコンサートも、ヨーロッパらしい雰囲気満点でおすすめだ。

パリならではの大人の楽しみ、「ムーラン・ルージュ」や「クレイジー・ホース」など、一流キャバレーのナイトショーも一度は体験してみたい。

夕食のあと、ちょっと大人っぽく、ナイトクラブに繰り出すのもいい。パリの夜が最高に盛り上がるのは、深夜1時を過ぎてから。心ゆくまで楽しもう。

「パレ・ガルニエ」(→P.232)で世界最高のオペラ、バレエを楽しみたい

モダンかつ格調高い雰囲気の「オペラ・バスティーユ」(→P.232)

パリに来たら一度は行ってみたい「ムーラン・ルージュ」(→P.242)

情報をキャッチするには

今、パリで何を観るか、何を聴くか、どこで踊れるか。パリの最新エンターテインメント情報の収集に欠かせないのが、イベント情報誌『ロフィシェル・デ・スペクタクル』(→P.429)。1週間の全映画館の上映プログラム、あらゆる種類のコンサート、芝居、スペクタクル、イベントを網羅している。フランス

インターネットでパリのイベント検索
ロフィシェル・デ・スペクタクル
[URL] www.offi.fr

パリ観光案内所のウェブサイト
[URL] parisjetaime.com

語で書かれているので、読解には多少の慣れが必要だが、大事なのは演目、会場名、時刻だけなので何とかなるだろう。日付に関する単語は覚えておこう（→P.450）。

このほか、ホテルのレセプションや観光案内所（→P.96）に置いてある英語の無料情報誌や、イベントのチラシなども情報収集の役に立つ。

チケットを入手

インターネットで

国立オペラ座をはじめほとんどの劇場やコンサートホールでは、各公式サイトからオンライン予約が可能。お目当ての演目があって出発前に確実にチケットを取っておきたい場合は便利だ。チケット料金はクレジットカード決済で、€2〜3の予約手数料がかかることがある。チケットは日本まで郵送してくれる場合もある。仏・英語が苦手な人には利用しにくいのが難点。

プレイガイドで

コンサートやライブのチケットは、「フナック」など大型メディアショップ内のプレイガイドを利用することもできる。また、パリには、「キオスク・テアトル」というプレイガイドがあり、演劇の当日チケットが半額で買える。何かフランス演劇を観てみたいという人は、まず半額チケットで試してみては？

電話で予約

コンサート、芝居の大半は、電話予約が可能だ。予約が取れたら、あとは開演時間までに窓口に行って料金を払い、チケットを受け取る。電話予約はフランス語ができないから不安、という人はホテルのコンシェルジュに頼んで電話してもらうといい。その際、€2〜5程度のチップを。

劇場窓口で

チケットはもちろん窓口で直接買うこともできる。この場合、座席配置図を見ながら席を選べる。前売り開始は演目によって異なる。売れ残ったぶんが、当日売りとなる。

パリのプレイガイド
フナックFnac
MAP 別冊P.23-2C
住 74, av. des Champs-
Elysées 8e
営 10:00〜20:30
（日11:00〜20:00）
このほかフォーロム・デ・アール店（**MAP** 別冊P.26-2A）、モンパルナス店（**MAP** 別冊P.18-1B）、テルヌ店（**MAP** 別冊P.22-1A）など、店舗多数。
URL www.fnac.com
（オンライン販売あり）

キオスク・テアトル
Kiosque Théâtre
マドレーヌ広場にある。
MAP 別冊P.24-2A
営 12:30〜14:30
（日は〜15:45）、
15:00〜19:30
休 月、一部祝
URL www.kiosqueculture.com

マドレーヌ広場にあるキオスク・テアトル

腹が減っては夜遊びできぬ!?

芝居やコンサートは、19:00〜20:00頃始まって、1時間30分〜3時間かかるのが普通。ちょうど食事時間にかかってしまう。この日はレストランでフルコースというのはちょっとムリ。サンドイッチでも食べておなかをもたせて、芝居がはねてからあらためて遅い夜食le Souper（ル・スーペ）を取るのがいいだろう。ブラッスリーやビストロのなかには、深夜まで営業している店がある。例えば、パレ・ガルニエ近くの「ル・グラン・カフェ・カピュシーヌ」（→P.263）は深夜1時まで営業。先ほ

どまでの余韻に浸って傾けるワインは、ついグラスを何杯も重ねてしまうことだろう。
映画は、終映が24:00頃になるよう時間が組まれているので、普通に夕食を取ってから出かけても間に合う。週末は最終回の開始が24:00頃からという映画館もある。
ゆっくりとディナーを楽しみ、その後さらに夜をエンジョイしたいというあなたには、ジャズクラブ、ラウンジバー、あるいはそのハシゴといった楽しみ方も可能。
パリの夜は長い。心ゆくまでお楽しみを！

夢のような空間で本場のオペラを堪能しよう
パリ・オペラ座への招待

パリにはふたつの国立オペラ劇場がある。19世紀以来の歴史がある「パレ・ガルニエ」、1989年に完成した「オペラ・バスティーユ」。どちらも、世界トップクラスのオペラ、バレエを、驚くほど手頃な料金で観ることができる。

チケットを手に入れよう

　オペラ座のシーズンは、9月上旬から翌年7月中旬まで。この時期にパリを訪れるならオペラ、バレエ鑑賞をスケジュールに入れてみては？　反対に夏休み時期はオフシーズンとなり、上演される機会が少ないので注意しよう。プログラムはパリ・オペラ座のウェブサイトで確認できる。

チケット予約はパリ・オペラ座のウェブサイトで

　お目当ての公演は、日本で予約しておくのがベスト。公演の2〜4ヵ月前から、パリ・オペラ座のウェブサイトでオンライン予約が可能（発売日は公演により異なる）。とりわけパリ・オペラ座バレエ団の公演は人気が高いので、早めにスケジュールをチェックしておきたい。チケットは公演の2週間前までの予約なら自宅まで郵送してくれるが、それ以降は現地窓口で受け取る。自宅で印刷することも可能。

●パリ・オペラ座
URL www.operadeparis.fr

　チケットを現地で買う場合は、直接オペラ座のボックス・オフィスへ。各公演初日の1〜2ヵ月前から発売される。座席表を見ながら好きな席が選べるが、人気の公演は完売になっていることが多い。

　事前のネット販売や窓口販売で完売になった

世界一美しいオペラハウスといわれるパレ・ガルニエ。幕の上がる前からもう夢の世界

来日公演もあるが、やはり本場で観たい、パリ・オペラ座バレエ団の公演

2024シーズンプログラム（抜粋）

プログラムは、パリ・オペラ座のウェブサイト内にある「カレンダー」で確認できる。オペラやバレエに馴染みがないという人も、重厚な趣のある劇場での観劇は、忘れられない体験となること間違いなし。初心者なら、モーツァルト、プッチーニの作品のように、ストーリーがわかりやすく、楽曲がよく知られているものを選ぶのがおすすめ。バレエなら、『白鳥の湖』、『眠りの森の美女』、『くるみ割り人形』など、正統派の古典なら初めてでも楽しめるはず。

パレ・ガルニエ

オペラ

コシ・ファン・トゥッテ
'24／6月10日〜7月9日

放蕩児の遍歴（ストラヴィンスキー）
'24／11月30日〜12月23日

バレエ

ジゼル
'24／5月2日〜6月1日

青ひげ公の城（ピナ・バウシュ振付）
'24／6月20日〜7月14日

オネーギン（ジョン・クランコ振付）
'25／2月8日〜3月4日

オペラ・バスティーユ

オペラ

ファルスタッフ（ヴェルディ）
'24／9月10日〜30日

蝶々夫人（プッチーニ）
'24／9月14日〜10月25日

魔笛（モーツァルト）
'24／11月2日〜23日

バレエ

白鳥の湖
'24／6月20日〜7月14日

眠れる森の美女
'25／3月8日〜7月12日

場合、当日券はない。ただ、直前にキャンセルの戻りチケットが出ることも。また、ウェブサイトには行けなくなった人のリセールコーナーもある。最後まで諦めずにトライしよう。

憧れのオペラ座へ

待ちに待った公演日。気になる服装だが、ドレスコードはないので、初日、ガラ公演以外なら正装の必要はなく、日本のオペラ、バレエ鑑賞と同じように考えていい。ドレスで着飾った人は意外に少なく、安い席ならジーンズ姿の人もいるほど。でもせっかくパリで観劇するのだから、劇場の雰囲気に合わせてほんの少しおしゃれをすると気持ちよく過ごせるだろう。

当日は開演45分前までに劇場に着いておきたい。開演に遅れると幕間まで入れないこともあるので、時間に余裕をもって入場したい。かさばる荷物はクロークに預けて。案内係にチケットを見せれば座席まで案内してくれ、当日の配役表を渡してくれる。この係員は公務員なのでチップは不要。

幕間の休憩時間には、広大な劇場内を探検するのもよし、バーコーナーで紳士淑女に交じって優雅にシャンパングラスを傾けるのもよし。パリ・オペラ座ならではの豪華な雰囲気を思いおもいに楽しもう。

パレ・ガルニエの大階段

観劇の思い出に取っておきたいプログラムとチケット

荘厳なオペラ、バレエの殿堂

パレ・ガルニエ Palais Garnier

　1875年に完成した壮麗なバロック様式の劇場。クラシックからコンテンポラリーまで幅広いレパートリーをもち、世界のバレエをリードするパリ・オペラ座バレエ団の公演が中心。豪華で重厚な雰囲気のなか、個性あふれるエト

ワール（トップダンサー）たちによって作り出される夢の世界に浸りたい。バロック・オペラの復刻上演など、オペラ公演も行われている。
　なお、建築当時は社交の場としての役割のほうが大きかったため、舞台の見やすさはあまり配慮されていない。安い席だと舞台がまったく見えないこともあるので注意。

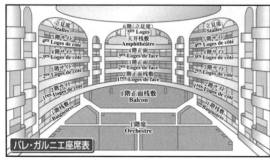

MAP 別冊P.13-1C、P.24-1B
Ⓜ ③⑦⑧Opéra
住 Pl. de l'Opéra 9e
TEL 08.92.89.90.90
URL www.operadeparis.fr

2024料金例　詳細は公演ごとに異なるので、購入時に確認のこと

公演内容	Optima	カテゴリー1	カテゴリー2	カテゴリー3	カテゴリー4	カテゴリー5	カテゴリー6
オペラ	€200	€180	€150	€90	€50	€25	€10
バレエ	€170	€150	€115	€70	€35	€12	€10
コンサート	€30	€25	€20	€18	€15	€10	€10

最新設備の中で斬新な演出のオペラを

オペラ・バスティーユ Opéra Bastille

　地上7階、地下6階建て、2745席を有し、ハイテク設備と最高の音響を誇る巨大オペラ劇場。一番安い席からもきちんと見える設計に

なっている。毎シーズン発表される新演出のオペラには、世界中のオペラファンの熱い視線が集中。それだけにチケット争奪戦も熾烈だ。大がかりな舞台装置が必要なバレエ作品もここで上演される。

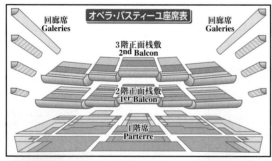

MAP 別冊P.20-1B、P.27-2D
Ⓜ ①⑤⑧Bastille
住 Pl. de la Bastille 12e
TEL 08.92.89.90.90
URL www.operadeparis.fr

2024料金例　詳細は公演ごとに異なるので、購入時に確認のこと

公演内容	Optima	カテゴリー1	カテゴリー2	カテゴリー3	カテゴリー4	カテゴリー5	カテゴリー6	カテゴリー7
オペラ	€200	€180	€163	€145	€125	€100	€70	€50
バレエ	€170	€150	€135	€120	€100	€65	€35	€25
コンサート	€60	€75	€65	€60	€50	€35	€25	€22

Entertainment

コンサートホール／劇場

古典劇から前衛的な現代劇まで。さらに、オペラ、ダンス、オーケストラ、一流アーティストのリサイタル……と、パリの舞台芸術は百花繚乱。世界中から観客が集まるのでお目当ての公演は早めに予約を。オンライン予約が便利。

Théâtre

すべてにおいて最高品質のホール

Philharmonie de Paris
フィラルモニー・ド・パリ

ラ・ヴィレット MAP 別冊P.9-1D

ラ・ヴィレット公園（→P.170）の中にある、ジャン・ヌーヴェルの設計によるホール。パリ管弦楽団の拠点となっており、大ホールは2400席。デザイン、人間工学、音響において最高品質を誇る。レストランやカフェも充実。

Ⓜ ⑤Porte de Pantin
🏠 221, av. Jean Jaurès 19e
☎ 01.44.84.44.84
URL philharmoniedeparis.fr
予約はウェブサイトで。

モーリス・ドニの天井画も必見

Théâtre des Champs-Elysées
シャンゼリゼ劇場

シャンゼリゼ界隈 MAP 別冊P.23-3D

1913年オープン。同年、バレエ・リュスにより世界初演されたストラヴィンスキーの『春の祭典』は、あまりの前衛性により大スキャンダルを巻き起こした。フランス国立管弦楽団や国内外のオーケストラ公演が行われるほか、オペラ上演も盛ん。

Ⓜ ⑨Alma Marceau ①⑨Franklin D. Roosevelt
🏠 15, av. Montaigne 8e
☎ 01.49.52.50.50
URL www.theatrechampselysees.fr
予約はウェブサイト、電話（⽉～金 11:00～18:00、土 14:30～18:00）、または劇場窓口（⽉～土 12:00～19:00～、⽇公演の2時間前）で。

パリ市立のオペラ劇場

Théâtre du Châtelet
シャトレ劇場

レ・アール MAP 別冊P.26-2A

1862年オープンの名門オペラ劇場。オペラ、バレエ、ピアノリサイタル、ジャズやポップスのコンサートから『レ・ミゼラブル』などのミュージカルまで、多彩なプログラムを提供している。

Ⓜ ①④⑦⑪⑭Châtelet
🏠 1, pl du Châtelet
☎ 01.40.28.28.40
URL www.chatelet.com
予約はウェブサイトまたは電話（祝を除く⽉～金 10:00～13:00、14:30～17:30）で。劇場窓口は公演の1時間30分前に当日券のみ。

ピアノリサイタル中心のホール

Salle Gaveau
サル・ガヴォー

シャンゼリゼ界隈 MAP 別冊P.23-1D

シャンゼリゼ劇場、サル・プレイエルと並ぶコンサートホール御三家のひとつ。ピアノや室内楽にぴったりの小ホールで、出演者もえりすぐり。ロン・ティボー・クレスパン国際音楽コンクールの会場としても長く使われてきた。

Ⓜ ⑨⑬Miromesnil
🏠 45-47, rue la Boétie 8e
☎ 01.49.53.05.07
URL www.sallegaveau.com
予約はウェブサイト、電話または劇場窓口（⽉～金 10:00～18:00）で。

6000人収容のロックコンサート会場

Le Zénith
ル・ゼニット

ラ・ヴィレット MAP 別冊P.9-1D

パリの北東部のラ・ヴィレット公園（→P.170）内にあるコンサートホール。国内外の人気ロックアーティストのコンサートが行われる。日本のラルク・アン・シエルやX Japanのパリ公演もここで行われた。

Ⓜ ⑤Porte de Pantin ⑦Porte de la Villette
🏠 211, av. Jean Jaurès 19e
URL le-zenith.com
チケット予約サイトもしくは「フナック」などのプレイガイド（→P.229）で販売。

歴史ある古典劇の殿堂

Comédie-Française
コメディ・フランセーズ

ルーヴル界隈　**MAP** 別冊P.25-2C

1680年にルイ14世の命でモリエールによって創設された劇団コメディ・フランセーズ。1799年から、ここパレ・ロワイヤルの一角を本拠地としている。おもにフランスの古典劇を中心に上演。ぜひ本物のフランス演劇を味わってみたい。

Ⓜ ①⑦Palais Royal Musée du Louvre
🏠 Pl. Colette 1er
☎ 01.44.58.15.15
URL www.comedie-francaise.fr
予約はウェブサイト、電話または劇場窓口（月〜土 11:00〜18:00。発売初日は不可）で。

話題の演劇、ダンス公演が観られる

Théâtre National de Chaillot
シャイヨー劇場

トロカデロ　**MAP** 別冊P.10-2B

古くは寺山修司率いる天井桟敷の『奴婢訓』の上演や、11代目市川海老蔵の襲名披露が行われるなど、日本演劇とも縁が深い劇場。ほかにも歴史に残る前衛的な作品を紹介してきた。現在もダンス、演劇の意欲的なプログラムが組まれている。

Ⓜ ⑥⑨Trocadéro
🏠 1, pl. du Trocadéro 16e
☎ 01.53.65.30.00（予約）
URL theatre-chaillot.fr
予約はウェブサイト、電話または劇場窓口（月〜金 11:00〜18:00、土 14:30〜18:00）で。

話題の現代舞踊はここで

Théâtre de la Ville
パリ市立劇場

レ・アール　**MAP** 別冊P.26-2A

ヨーロッパを代表するコンテンポラリーダンスの殿堂。かつて女優サラ・ベルナールが本拠地にしていたことでも知られる。現在は、世界の著名振付家の活動の拠点となっている。年間会員が多く、人気公演はなかなか予約が取りにくい。

Ⓜ ①④⑦⑪⑭Châtelet
🏠 2, pl. du Châtelet 4e
☎ 01.42.74.22.77
URL www.theatredelaville-paris.com
予約はウェブサイト、電話または劇場窓口（月〜土 11:00〜19:00）で。

ヨーロッパの先鋭的な作品を上演

Théâtre de l'Odéon
オデオン座

サン・ジェルマン・デ・プレ　**MAP** 別冊P.29-3C

1782年にコメディ・フランセーズの劇場としてオープン。現在はコメディ・フランセーズから離れ、ヨーロッパと中東各国の劇団が上演している。パリで最も先鋭的なプログラムを組むと評判。演劇ファンは必ずチェックしたい。

Ⓜ ④⑩Odéon
🏠 Pl. de l'Odéon 6e
☎ 01.44.85.40.40
URL www.theatre-odeon.eu
予約はウェブサイト、電話、または劇場窓口（火〜土 14:00〜18:00）で。

パリでミュージカルを観るなら

Théâtre Mogador
モガドール劇場

サン・ラザール駅周辺　**MAP** 別冊P.6-3B

『レ・ミゼラブル』、『ライオン・キング』など、ブロードウェイミュージカルのフランス語版上演で知られる劇場。ほかにもマシュー・ボーンの『スワン・レイク』など、エンターテインメント性の高い演目を中心に上演している。

RER ⒶAuber ⒺHaussmann St-Lazare
Ⓜ ⑫Trinité d'Estienne d'Orves
🏠 25, rue de Mogador 9e
☎ 01.53.33.45.30
URL www.theatremogador.com
予約はウェブサイト、または劇場窓口で。

魅惑のフレンチサーカス

Cirque d'Hiver Bouglione
シルク・ディヴェール・ブーグリオンヌ

マレ　**MAP** 別冊P.14-2B

北マレの静かな界隈にたたずむサーカス小屋。北駅を設計したJ.I.イットルフの設計で1852年に建てられた。10月中旬から3月中旬にサーカス公演がある。空中ブランコに綱渡り、哀愁漂うクラウン芸のノスタルジックな世界を楽しみたい。

Ⓜ ⑧Filles du Calvaire
🏠 110, rue Amelot 11e
☎ 01.47.00.28.81
URL www.cirquedhiver.com
予約はウェブサイトで。

世界のパフォーミングアートを紹介
Théâtre de Gennevilliers
テアトル・ド・ジュヌヴィリエ

ジュヌヴィリエ　**MAP** 地図外

フランス現代演劇を代表する演出家ダニエル・ジャンヌトーが芸術監督を務める国立演劇センター。岡田利規率いるチェルフィッチュ公演、平田オリザ作品のフランス語上演など、世界の演劇を紹介している。
©Cyrille Weiner

- **M** ⑬Gabriel Péri
- 🏠 41, av. des Grésillons, 92230 Gennevilliers
- **TEL** 01.41.32.26.26
- **URL** theatredegennevilliers.fr
- 予約はウェブサイト、電話または劇場窓口（㊊～㊎ 13:00～18:00）で。

前衛的な作品も上演
Théâtre des Bouffes du Nord
ブッフ・デュ・ノール劇場

北駅・東駅周辺　**MAP** 別冊P.8-2A

パリの北部、10区のインド人街近くに建つ、雰囲気のある劇場。『マハバーラタ』などの話題作を演出した、イギリスの演出家ピーター・ブルックが本拠地として有名になった。演劇のほか、舞踊公演、クラシックのコンサートなども開かれている。

- **M** ②La Chapelle
- 🏠 37bis, bd. de la Chapelle 10e
- **TEL** 01.46.07.34.50
- **URL** www.bouffesdunord.com
- 予約はウェブサイト、電話または劇場窓口（㊊～㊎ 17:00～19:00、㊏14:00～19:00）で。

イヨネスコを50年以上もロングランしている
Théâtre de la Huchette
ユシェット座

カルチェ・ラタン　**MAP** 別冊P.26-3A、P.29-1D

カルチェ・ラタンの裏通りにあるわずか80席ほどの小劇場。イヨネスコの『禿の女歌手』と『授業』を、1957年からなんと半世紀もの間、ほぼ毎日上演している。今でも週末は満席になるというから驚きだ。

- **M** ④St-Michel
- 🏠 23, rue de la Huchette 5e
- **TEL** 01.43.26.38.99（予約）
- **URL** www.theatre-huchette.com
- 予約はウェブサイトまたは電話で。

ヴァンセンヌの森の中の小劇場
Théâtre du Soleil
テアトル・デュ・ソレイユ

ヴァンセンヌの森　**MAP** 本誌P.174

ヴァンセンヌの森にある古い爆薬庫（カルトゥシュリー）を改造した小劇場。2023年の来日公演が話題となった演出家、アリアーヌ・ムヌーシュキン率いる「太陽劇団」の本拠地。ほかにいくつかの劇団のアトリエがある。

- **M** ①Château de Vincennes
- 🏠 Cartoucherie 12e
- **TEL** 01.43.74.24.08
- **URL** www.theatre-du-soleil.fr
- 予約は電話（毎日 11:00～18:00）で。メトロ駅から劇場へは、公演時間に合わせて無料バスが出る。

ルノー工場跡地に誕生した音楽の総合施設
La Seine Musicale
ラ・セーヌ・ミュージカル

ブーローニュ・ビヤンクール　**MAP** 地図外

©Laurent Blossier

2017年、セーヌ川の中州にあるセガン島に音楽複合施設「ラ・セーヌ・ミュージカル」が誕生。日本人建築家、坂茂氏が設計を手がけ、クラシック音楽専用のホールや最大6000人を収容できる大ホールがある。バレエやミュージカルなどの公演も行われる。

- **M** ⑨Pont de Sèvres
- 🏠 Ile Seguin 92100 Boulogne-Billancourt
- **TEL** 01.74.34.53.53
- **URL** www.laseinemusicale.com
- 予約はウェブサイトまたは劇場窓口（㊋～㊐ 11:00～19:00）で。

☕ **Column**
Pause Café

パリで聴くクラシック

　パリ管弦楽団Orchestre de Parisは、名実ともにフランスを代表するオーケストラ。ラ・ヴィレット公園内のフィラルモニー・ド・パリ（→P.233）を本拠地としている。そのほか、在パリのオーケストラとしては、**フランス国立管弦楽団**Orchestre National de France、**フランス放送フィルハーモニー管弦楽団**Orchestre Philharmonique de Radio France、**コンセール・ラムルー管弦楽団**Orchestre Lamoureuxなどがある。

パリ音楽散歩①
ショパンの足跡をたどって

ピアノの詩人ショパン。ポーランドに生まれながらも、生涯の多くの時間をパリで過ごし、この町で最期を迎えた。故国への思いを胸に抱きながら、数々の名曲を誕生させた作曲家の足跡をたどってみよう。

故国を離れてフランスへ

　1810年、ポーランドの小さな村で生まれたショパンは、ワルシャワ音楽院で学んだ後、20歳でウィーンに旅立つ。ところがその直後、当時ポーランドを分割支配していたロシアに対してワルシャワ市民が蜂起、結局鎮圧され降伏するという事件が起きる。ショパンはこの後、再び故国に戻ることはなかった。

　パリでの生活を始めたのは、1831年9月のこと。ポワソニエール通り27番地（**MAP**別冊P.13-1D）に1年間住み、サル・プレイエルで初演奏も行った。やがて、リストの紹介で作家ジョルジュ・サンドと出会ったことが、ショパンの音楽人生を大きく変えることになる。強くひかれ合ったふたりは、冬はパリ、夏はサンドの別荘があるノアンで過ごすようになった。当時の住まいはオルレアン広場9番地（**MAP**別冊P.7-3C）。同じ広場の奥、5番地にはサンドが住んでいた。サンドの庇護のもと、自由な創作活動の場を得たショパンは、『マズルカ』をはじめ、次々と作品を世に送り出す。ところが1847年、ふたりの関係は終わりを告げる。深く傷ついたショパンは創作意欲を失ったうえ、健康状態も悪化の一途をたどった。

　ヴァンドーム広場12番地（**MAP**別冊P.24-2B）は、1849年10月17日にショパンが結核で亡くなった場所。ペール・ラシェーズ墓地（→P.176）

ペール・ラシェーズ墓地にあるショパンの墓（左）ショパンが息を引き取ったヴァンドーム広場12番地（現宝石店ショーメ）（上）

に埋葬されたが、心臓だけは、彼自身の希望で、ワルシャワの聖十字架教会に納められた。

小さな記念館「サロン・ショパン」

　19世紀、パリに亡命したポーランド人たちはサン・ルイ島にあるランベール館にたびたび集い、ショパンも演奏を行っていた。同じ島内にある「ポーランド歴史文学協会」には、ショパンの遺品を展示する「サロン・ショパン」があるほか、コンサートも開かれている。

　このほか、音楽博物館（→P.170）にはショパンのピアノがあり、ファンならぜひ訪れたい。

ポーランド歴史文学協会（ショパン記念館）
Société Historique et Littéraire Polonaise
MAP 別冊P.27-3C　**Ⓜ** ⑦Pont Marie
住 6, quai d'Orléans 4e
TEL 01.55.42.83.83
開 14:00～18:00（要予約）　**休** 月 ⊕ 日
料 €7、学生と65歳以上€4、18歳未満無料
URL www.bibliotheque-polonaise-paris-shlp.fr

肖像画、楽譜、遺髪など、ショパンゆかりの品々が展示されたポーランド歴史文学協会の「サロン・ショパン」

ドラクロワが描いた肖像画の複製。隣にはジョルジュ・サンドが描かれていたが、別れた後、作品も分割された（左上）協会に寄贈されたプレイエル社のピアノ（左下）直筆楽譜のコピーも見ることができる（オリジナルは協会が保管）（上）

Entertainment

映画館

パリは映画天国。パリ市内だけで100軒近い映画館がある。ロードショーがメインのシネコンのほか、再上映や監督特集を組む個性派映画館も多い。平日でも最終上映は22時台なので、夕食後にふらりと訪れることもできる。

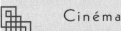

Cinéma

運河沿いのシネコン2館
MK2 Quai de Seine & Quai de Loire
MK2ケ・ド・セーヌ&ケ・ド・ロワール

サン・マルタン運河 **MAP** 別冊P8-2B

パリのシネコンチェーンのなかでもアート系の映画を多く上映するMK2。夜景の美しいナイトスポットとして人気のラ・ヴィレット貯水池沿いに、2館が向かい合って建つ。「ケ・ド・ロワール」は、映画関連書籍と映像の品揃えが豊富な書店を併設。

Ⓜ②⑤⑦Stalingrad ②⑤Jaurès
🏠 14, quai de la Seine 19e／
　　7, quai de la Loire 19e
💴 一般€12.90
🔗 www.mk2.com

『アメリ』の舞台にもなった
Cinéma Studio 28
シネマ・ステュディオ・ヴァンテュイット

モンマルトル **MAP** 別冊P30-2B

前衛的な映画を上映するアート系の映画館として1928年に開館。ジャン・コクトーやルイス・ブニュエルらが足しげく通ったという。昨今では映画『アメリ』の撮影場所として話題に。「金曜の夜、アメリはときどき映画に行く」その映画館がここ。

Ⓜ②Blanche ⑫Abbesses
🏠 10, rue Tholozé 18e
☎ 01.46.06.47.45
💴 一般€10、学生€8.50
🔗 www.cinema-studio28.fr

映画愛好家は必ずチェック
Cinémathèque Française
シネマテーク・フランセーズ

ベルシー **MAP** 別冊P21-3C

ベルシー地区にある国立の映画資料館。保存されている映画は、なんと4万本以上。3つの上映ホールがあり、監督特集、俳優特集、特定の国特集など、テーマ別にプログラムが組まれている。日本では観られない作品も多い。

Ⓜ⑥⑭Bercy
🏠 51, rue de Bercy 12e
☎ 01.71.19.33.33
休 Ⓕ、5/1、12/25、8月
💴 一般€7、18～25歳€4
🔗 www.cinematheque.fr

パリを代表する名画座
Cinéma du Panthéon
シネマ・デュ・パンテオン

カルチェ・ラタン **MAP** 別冊P29-3D

1907年にオープンした、パリ最古の映画館のひとつ。上映作品はアート系の新作が中心で、作家や映画監督を招いてのディスカッションもよく行われている。この界隈には名画座が多く、いつ訪れても世界中の名作、佳作に出会えるはず。

ⓇⒺBLuxembourg
🏠 13, rue Victor Cousin 5e
☎ 01.40.46.01.21
💴 一般€9.50、学生と65歳以上€7.50
🔗 www.whynotproductions.fr/pantheon

Column
Cinéma

**パリで上映中の
シネマ情報を収集するには**

　映画情報は毎週水曜に町角のキオスクなどで発売される情報誌『ロフィシェル・デ・スペクタクル』のウェブサイト（→P228）でも得られる。「Cinéma」ページにその週にパリで上映される映画が全部載っている。表記はフランス語だけだが、慣れればなんとか解読できるだろう。気をつけたいのは、外国映画はフランス語に吹き替えられる場合があること。「VOSTFR」（オリジナル版フランス語字幕付き）、「VF」（フランス語版または吹き替え版）の表示に注意しよう。

はみだし! 映画ファンはフォーロム・デ・アール内の「フォーロム・デジマージュForum des Images」のプログラムも要チェック。
MAP 別冊P.26-2A　💴 一般€7.20、30歳未満と学生、60歳以上€5.80　🔗 www.forumdesimages.fr

Entertainment
ジャズクラブ／シャンソニエ

第2次世界大戦後、ヨーロッパにおけるジャズの中心地となったパリ。今も多くのジャズクラブがあり、毎晩のように世界のトップアーティストが演奏している。昔懐かしいシャンソンを聴きたくなったら「シャンソニエ」に行こう。

Club de Jazz Chansonnier

老若男女問わず大人気
Duc des Lombards
デュック・デ・ロンバール
レ・アール **MAP** 別冊P26-2A

若者から熟年まで幅広い年齢層のジャズファンが集う老舗ジャズクラブ。仕事帰りにビールを飲みながら気軽にジャズを楽しむ客が多い。ライブは1日2回、75分ずつ。

- Ⓜ ①④⑦⑪⑭Châtelet
- 🏠 42, rue des Lombards 1er
- 📞 01.42.33.22.88
- 🕐 ㊊〜㊏ 19:30〜、22:00〜
- 💰 €29〜41（プログラムによる）、学生と25歳未満€7引き
- URL ducdeslombards.com
  ウェブサイトから予約可能。

映画『ラ・ラ・ランド』のロケ地
Caveau de la Huchette
カヴォー・ド・ラ・ユシェット
カルチェ・ラタン **MAP** 別冊P29-1D

カルチェ・ラタンのど真ん中にある。1947年の開業以来、多くの有名ミュージシャンを迎えてきた。ジャンルはモダンジャズからロックまでと幅広く、ダンスもできるので、あらゆるタイプの客が集まっている。観光客の姿も多い。

- Ⓜ ④St-Michel
- 🏠 5, rue de la Huchette 5e
- 📞 01.43.26.65.05
- 🕐 21:00〜
- 💰 ㊐〜㊍€14、㊗の前日と㊎㊏€16、25歳未満の学生€10
- URL www.caveaudelahuchette.fr

ジャズファンは必ずチェックしたい有名店
New Morning
ニュー・モーニング
北駅・東駅周辺 **MAP** 別冊P14-1A

10区の狭い通りに建ち、外観はガレージのようだが、1981年のオープン以来数々の大物アーティストが演奏してきた有名店。満席になることが多いのでなるべく予約をしてから出かけたい。

- Ⓜ ④Château d'Eau
- 🏠 7-9, rue des Petites Ecuries 10e
- URL www.newmorning.com
  ウェブサイトから予約可能。

ピカソやユトリロも通ったシャンソニエ
Au Lapin Agile
オ・ラパン・アジル
モンマルトル **MAP** 別冊P31-1C

モンマルトルの有名なシャンソン酒場。その昔、売れない画家たちが通い詰めたことでも知られる。『バラ色の人生』や『オー・シャンゼリゼ』など、おなじみの曲も演奏されるので、観光客も楽しめる。皆で歌って盛り上がろう。予約がおすすめ。

- Ⓜ ⑫Lamarck Caulaincourt
- 🏠 22, rue des Saules 18e
- 📞 01.46.06.85.87
- 🕐 21:00〜翌1:00 休 ㊊㊌㊐
- 💰 1ドリンク込み€35、26歳未満の学生€25（㊏㊗除く）
- URL au-lapin-agile.com ウェブサイトから予約可能。

INFO Column Information

「オ・ラパン・アジル」では看板の絵もチェック！

「オ・ラパン・アジル」の看板となっている、鍋から飛び出したウサギの絵は、画家アンドレ・ジルによって描かれたもの。「ジルのウサギ（Lapin à Gille）」と呼ばれ、やがて、店の名称「Lapin agile（跳ねうさぎ）」としても使われるようになった。絵のオリジナルは、モンマルトル美術館（→P.216）に保管されている。

パリ音楽散歩②
シャンソンで巡るパリ

『バラ色の人生』で知られるシャンソン歌手エディット・ピアフと、スキャンダラスな行動で社会を挑発したセルジュ・ゲンズブール。対照的なふたりの曲を思い浮かべつつ、ゆかりの地を巡ってみよう。

ピアフが生まれた20区のベルヴィルには、パリの町を見渡せる公園がある（上）　『バラ色の人生』はピアフの代表曲のひとつ（左）　ペール・ラシェーズ墓地に眠る（右）

下町生まれのピアフ

　メトロに乗車していると、アコーディオンを持ったミュージシャンが乗り込んできて、演奏を始めることがある。よく歌われるのが『パダム・パダム』というピアフの曲。モンマルトルにあるシャンソニエ「オ・ラパン・アジル」（→P.238）でも、ピアフの代表曲は定番だ。

　そんな国民的歌手は、1915年12月19日、下町情緒漂うベルヴィルで生まれた（MAP 別冊P.15-1D 住72, rue de Belleville 20e）。父は曲芸師、母は流しの歌手。幼い頃から父と放浪し、大道芸人として暮らしたピアフが世に出るきっかけをつかんだのは20歳のとき。エトワール（シャルル・ド・ゴール広場）近くで歌っていて、キャバレー経営者の目にとまり、ピアフ（雀の俗語）の名でデビュー。その後、本名を付け加えてエディット・ピアフと名乗り、ミュージックホールに出演、大人気を得る。さらにコクトーが彼女のために書き下ろした『美しき薄情者』をブッフ・パリジャン座で演じ、大成功を収めた。1944年には、ムーラン・ルージュ出演中、イヴ・モンタンを見出し、数年間、恋人関係となる。

　1949年に事故死した愛人のボクサー、マル

セル・セルダンをしのび、『愛の讃歌』をサル・プレイエルで歌い、オランピア劇場でもリサイタルを開いた。1953年以降は16区で暮らし、1962年に再婚したが、翌1963年10月10日、旅先のグラースで死去。ペール・ラシェーズ墓地（→P.176）に埋葬された。

カリスマ的アーティスト、ゲンズブール

　死後30年以上を経た今も根強い人気があるゲンズブール。ユダヤ人移民の両親をもつパリ生まれで、歌手デビューしたのは1958年。メトロ11号線、ポルト・デ・リラ駅で終日切符を切り続ける改札係を歌った『リラの門の切符切り』で一躍有名に。自ら歌うだけでなく、フランス・ギャルなど女性歌手に楽曲を提供し、数々のヒットを記録した。性的な意味を含ませたスキャンダラスな歌詞や華やかな女性関係がクローズアップされることが多いが、楽曲の音楽性は高く、コアなファンが多い。3人目のパートナー、ジェーン・バーキンとの間に生まれた娘は女優シャルロット・ゲンズブールだ。

　1991年に死去。モンパルナス墓地（→P.177）の墓は、彼の曲にちなんだメトロの切符やメッセージで埋められ、訪れるファンの熱い思いが伝わってくる。また、長年暮らした家も公開され、予約が取れないほどの人気に（→P.12）。

2010年に誕生したセルジュ・ゲンズブール公園（MAP 別冊P.5-1D）（上）　モンパルナス墓地にある墓はファンからの供え物でいっぱい（左）

メゾン（左）とミュゼ（上）が同じ通りにある　MAP 別冊P.28-1A～1B
©Alexis Raimbault

はみだし！　ピアフの遺品やゆかりの品を展示する「ピアフ博物館Musée Edith Piaf」は予約したうえで訪問可能。MAP 別冊P.15-2C 住5, rue Crespin du Gast 11e 電01.43.55.52.72

239

普段着のパリを楽しもう
「パリの夜」の遊び方

観光客向けのエンターテインメントもいいけれど、最新エリアでパリっ子ならではのナイトライフを体験してみてはいかが？　はやりのカクテルバーで「アペロ」のあとは、旬のクラブもチェック。最先端スポットでも、敷居はそれほど高くないお店ばかり。すてきな音楽と喧騒が混じり合う、旬なパリの夜を気軽に楽しもう！

　パリっ子流のナイトライフ、まずカクテルバーからスタートしてみよう。アペロ＝アペリティフ（食前酒）はディナー前の19:00頃から、仲間たちと集まるのが定番だ。

話題のカクテルバーに繰り出そう

　近年スタイリッシュなカクテルバーが増加中のパリ。なかでも話題を集めているのが、2023年、サン・ジェルマン・デ・プレに登場した「クラヴァン」。LVMHグループの「モエ・ヘネシー」が、アールヌーヴォー建築の中にある16区のバー（→P222）とともに手がけたカクテルバーだ。17世紀に建てられた5階建ての建物の中に、アールヌーヴォー風の1階、大理石と鏡に囲まれたモダンな2階、ボトル入りカクテルが並ぶ3階と、それぞれ異なるコンセプトをもつ3つのバーがある。シャンパンやジン、ラムなどを使ったクラシックなカクテルから、花やハーブなどを組み合わせたオリジナルカクテルまで揃う。ノンアルコールカクテルもあるのでお酒が苦手な人でも楽しめる。

　ほかに、「エクスペリメンタル・カクテル・クラブ」など、マレ地区や北マレを中心にオリジナルレシピのカクテルを味わえるバーが点在し、夜のひとときを過ごすことができる。

クラヴァン CRAVAN
- **MAP** 別冊P.28-2B
- **M** ④Saint-Germain-des-Prés
- **住** 165,bd.St-Germain 6e
- **営** 17:00〜翌1:00　**休** 月・日
- **料** カクテル€12〜45、料理€7〜28
- **CC** A M V　**予約** 望ましい
- **URL** www.cravanparis.com

◆その他のカクテルバー

エクスペリメンタル・カクテル・クラブ
Experimental Cocktail Club
- **MAP** 別冊P.26-1A
- **住** 37, rue St-Sauveur 2e
- **URL** www.experimentalgroup.com

カンデラリア Candelaria
- **MAP** 別冊P.27-1C
- **住** 52, rue de Saintonge 3e
- **URL** www.candelaria-paris.com

ル・マリー・セレスト Le Marie Celeste
- **MAP** 別冊P.27-1C
- **住** 1, rue Commines 3e
- **URL** www.lemaryceleste.com

シェリー・バット Sherry Butt
- **MAP** 別冊P.27-2D
- **住** 20, rue Beautreillis 4e
- **URL** www.sherrybuttparis.com

内装にも注目したいカクテルバー
「クラヴァン」
©Alice Fenwick（左）
©Vincent Leroux（中・右）

Entertainment

ナイトクラブ

パリ市内で最先端の音楽が楽しめる、おすすめナイトスポットをご紹介。大型ディスコからロック系のライブが評判の老舗、ユニークなクラブまで。コンセプトも客層もさまざまな人気アドレスをピックアップ！

Clubbing

有名キャバレー併設の大型クラブ

La Machine du Moulin Rouge
ラ・マシーン・デュ・ムーラン・ルージュ

モンマルトル **MAP** 別冊P.30-2B

前身はビートルズも演奏したという伝説のクラブ「ロコ」。2010年にムーラン・ルージュの傘下に入ったが、エレクトロを中心に充実した音楽プログラムを変わらず提供する。コンサートホールとダンスフロア、バーの3つのスペースがある。

- Ⓜ ②Blanche
- 住 90, bd. de Clichy 18e
- TEL 01.53.41.88.89
- 営 金 ± 24:00～翌6:00
  （そのほかの日はイベントによって異なる）
- 料 イベントによって異なる
- URL www.lamachinedumoulinrouge.com

エレクトロ音楽に特化したスペース

FVTVR
フュチュール

オステルリッツ駅界隈 **MAP** 別冊P.20-2B

セーヌ河岸にある「シテ・ド・ラ・モード・エ・デュ・デザイン」の地下に2024年オープン。テクノからヒップホップまで多彩なジャンルのステージを企画している。同施設の屋上にはナイトクラブ「ワンダーラスト」もある。

- Ⓜ ⑤⑩Austerlitz
- 住 34, quai d'Austerlitz 13e
- TEL 07.87.75.24.58
- 営 金 ± 23:00～翌6:00
- 料 イベントによって異なる
- URL dice.fm/venue/fvtvr-pvlk

ラ・ヴィレット貯水池のクラブスペース

La Rotonde Stalingrad
ラ・ロトンド・スタリングラード

サン・マルタン運河 **MAP** 別冊P.8-2B

ラ・ヴィレット貯水池に面した18世紀の歴史的建造物「ラ・ロトンド」を改装したイベント・カフェ・レストラン。クラブイベントは、おもに金・土曜の夜、施設内の「Mini Club」で。さまざまなジャンルの音楽が楽しめる。

- Ⓜ ②⑤⑦Stalingrad ②⑤Jaurès
- 住 6-8, pl. de la Bataille de Stalingrad 19e
- TEL
- 営 木②19:00～翌2:00 金 ± 22:00～翌6:00
- 料 イベントによって異なる
- URL larotondestalingrad.com

Column Information

オペラと美食を満喫

生歌と美食に酔いしれよう

オペラ鑑賞というと正装してオペラ座で音楽に集中するイメージだが、音楽と美食の出合いを楽しめる場として誕生した「ベル・カント・パリ」では、本格フランス料理のフルコースとオペラを一緒に楽しめる。さっきまで料理を運んでいたエプロン姿のサービス係が歌い出す。彼らは皆プロのオペラ歌手。すぐそばで生歌を聴けるので、迫力満点。歌われる楽曲は毎日変わるが、親しみやすい曲が中心なので、オペラに詳しくなくても心配無用。『椿姫』の「乾杯の歌」は必ず歌われるので、勉強していくのがおすすめ。ウェブサイトで要予約。

◆ベル・カント・パリ
Bel Canto Paris
- MAP 別冊P.26-3B Ⓜ ⑦Pont Marie
- 住 72, quai de l'Hôtel de Ville 4e
- TEL 01.42.78.30.18
- 営 19:30～ 休 無休
- 料 €98（飲み物別） URL lebelcanto.com

レストランがステージに

Entertainment

キャバレー／ナイトショー

パリならではの夜の楽しみとして一度は体験してみたい一流キャバレーでのナイトショー。えり抜きの美男美女ダンサーによる華やかなレビューは、洗練された芸術として、カップルでも女性だけでも楽しめる。

Cabaret

Moulin Rouge
ムーラン・ルージュ

モンマルトル **MAP** 別冊P.30-2B

モンマルトルの丘の麓の「赤い風車(ムーラン・ルージュ)」。プロポーション抜群のダンサーたちが繰り広げる豪華絢爛な世界を楽しもう。フィナーレを飾るのは大迫力のフレンチ・カンカン。その見事なアクロバット、健康的なお色気に圧倒される。

Ⓜ ②Blanche
🏠 82, bd. de Clichy 18e
☎ 01.53.09.82.82
💴 ディナーショー(19:00〜)€225〜、ドリンクショー(21:00〜、23:00〜)€88〜
URL www.moulinrouge.fr
ウェブサイトから予約可能。

Crazy Horse
クレイジー・ホース

シャンゼリゼ **MAP** 別冊P.23-3C

シャンゼリゼに近い有名なキャバレー。女性ダンサーの肉体美には定評がある。音と光による演出と、粒揃いのダンサーたちが作り上げる洗練された舞台を楽しみたい。ほかのキャバレーに比べ小さいが、そのぶんステージに近いのが魅力。

Ⓜ ⑨Alma Marceau
🏠 12, av. George V 8e　☎ 01.47.23.32.32
🕐 20:00〜、22:30〜(⊕は19:00〜、21:30〜、23:45〜)
💴 シャンパン付きショー€135〜、ショーのみ€115〜
URL www.lecrazyhorseparis.com
ウェブサイトから予約可能。

Paradis Latin
パラディ・ラタン

カルチェ・ラタン **MAP** 別冊P.20-1A

1889年、エッフェル塔が完成した年に開業した老舗のキャバレー。フレンチ・カンカン発祥の店といわれる。現在はクリエイティブなショーを展開している。またディナーでは3つ星シェフ、ギ・サヴォワとコラボしたメニューを味わえる。

Ⓜ ⑩Cardinal Lemoine
🏠 28, rue du Cardinal Lemoine 5e
☎ 01.43.25.28.28
💴 ランチショー(12:30〜)€140、ディナーショー(19:30〜)€175、ショーのみ(21:30〜)€90
URL www.paradislatin.com
ウェブサイトから予約可能。

Column
Information

映画やミュージカルの舞台となったパリのキャバレー

　ジャン・ルノワール監督の『フレンチ・カンカン』(1954)は、創設時のムーラン・ルージュを題材とした作品。2001年には、バズ・ラーマン監督がミュージカル映画『ムーラン・ルージュ』(2001)を完成させた。19世紀のモンマルトルを舞台にしたこの作品は高い評価を受け、舞台化もされた。ほかに、フレデリック・ワイズマン監督の『クレイジーホース・パリ 夜の宝石たち』(2012)がある。

Column
Information

予約は？ 服装は？
一流キャバレーに行くなら

　このページで紹介した一流キャバレーのナイトショーは原則的に予約が必要。出発前に各店のウェブサイトから予約しておくか、前日までに電話予約をしておこう(英語OK)。

　服装は正装が必要とされているが、ジーンズとスニーカー以外ならまず大丈夫。夜遅くホテルに帰るのが不安という人は、ホテル送迎付きのツアーに参加するのも一案だろう(→P.89)。

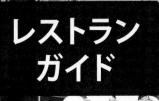

レストラン
ガイド

Restaurants

レストランを楽しむテクニック

食べることは旅の楽しみのひとつ。今夜は何を食べようかと考えるとき、昼間の観光の疲れもどこかに飛んでいって、新たな期待と好奇心でいっぱいになる。パリはこの期待に100%応えてくれる町だ。美食の都という名にふさわしい、うっとりするような料理の数々を旅の思い出に加えよう。

レストランQ&A

Q 予約なしで入るコツは？

A 予約なしで行く場合、開店ちょうどの時間に行けば、入れる可能性が高い。レストランの一般的な営業時間は、昼12:00〜14:00、夜19:30〜23:00（本書では、調査でラストオーダーの時間として回答を得られたところは、L.O.と表記）だが、パリで店が混み始めるのは、昼は13:00〜、夜は20:00を過ぎてから。ノンストップで営業しているブラッスリーなどは、時間をずらせばおおむね入れる。

Q 予約は必要？

A カフェやブラッスリー、予約不可のレストラン以外は、入口で必ず予約しているかどうか聞かれる。空いていたほうがスムーズに入れる。3つ星レストランともなると、世界中から予約が入るので、日程が決まったら早めに席をおさえたい。ウェブサイトから予約できる店も増えている。また、ネット予約ができるグルメサイト「ザ・フォーク」を利用しても。
ザ・フォークThe Fork
URL www.thefork.com

Q たばこは吸ってもいい？

A フランスでは公共の閉じられた空間での喫煙が禁止されている。レストランやカフェは特例的に喫煙所の設置を認められているが、基本的に店内は禁煙（テラスや中庭など屋外席では喫煙可能）。たばこを吸いたい人は、食後にテラス席のあるカフェなどに場所を変えてからにしよう。食事中に喫煙のために席を外すのはマナー違反なのですすめられない。

カフェでも喫煙できるのはテラス席だけ

Q チップはどうする？

A フランスでの飲食代金はサービス料が含まれているので、チップは義務ではない。ただし高級店では、食事代の5〜10%を目安に、紙幣でチップを置く習慣が残っている。大衆的な店ではおつりの小銭を残す程度でOK。

レストランやカフェでの支払いはテーブルで

Q シェアしたいときは何と言う？

A ひとりひと皿が原則のフランス料理。でも、前菜のサラダなど、注文時にシェアしたいことを伝えればOKな店もある。「À partager, s'il vous plaît. シェアでお願いします」と言ってみよう。

店選びのコツ

店のタイプと予算から

食事をする店は、旅のプランや予算に合わせて選ぶといい。

[高級レストラン]

ミシュラン星付きクラスのレストラン。予算は昼€100～200、夜€200以上。料理からサービスまで、すべてを最高レベルで味わえる。

[中級レストラン]

一般的なフレンチのレストラン。予算は€50～100。ドレスコードなど気にすることなく、十分雰囲気を味わえる。

[ビストロ]

伝統料理を手頃な値段で味わいたければ、庶民的なビストロBistrotへ。予算は€50以下。テーブルのクロスは布でなく紙、メニューは手書きと気取らない雰囲気。

[ブラッスリー]

短時間で軽く済ませたいときは、ノンストップ営業のブラッスリーBrasserieが便利。もとはアルザス料理を出すビアホールを指したが、今はさまざまな料理と飲み物を楽しめる。

グルメガイドを参考に

おいしいレストラン選びのバイブルとして知られる『ミシュランMichelin』。毎年、厳密な調査のもとで格付けが行われ、その評価に世界中のグルメが注目している。購入は主要洋書店やAmazonなどのオンライン書店で。

『ミシュラン・フランス』（€29）

実際に店を見て

ガイドブックに載っている場合、扉にその表紙を張っている店もあるので、ひとつの目安になるだろう。その年の最新ガイドであるかがポイントだ。また、ほとんどのレストランが店頭にメニューを掲示している。フランスでは内容と値段をじっくり検討して店を決めるのが一般的だ。

『ミシュラン』の星付きレストラン

『ミシュラン』で星を得るか失うかは、レストランの運命を決定するといってもいいほど。2024年版で3つ星と認定されたパリの店は以下の10店だ。

[3つ星レストラン]
アレノ・パリ Alléno Paris（→P.261）
エピキュール Epicure（→P.261）
アルページュ Arpège（MAP 別冊P.12-3A）
ケイ Kei（MAP 別冊P.25-2D）
ピエール・ガニェール Pierre Gagnaire（MAP 別冊P.22-2B）
プレニチュード Plénitude（MAP 別冊P.13-3D）
ランブロワジー L'Ambroisie（MAP 別冊P.27-2D）
ル・ガブリエル LeGabriel（MAP 別冊P.12-1A）
ル・サンク Le Cinq（MAP 別冊P.23-3C）
ル・プレ・カトラン Le Pré Catelan（MAP 本誌P.173-B）

そのほか2024年版の2つ星は15店、1つ星は95店。

[おもな2つ星レストラン]
レストラン・ギ・サヴォワ Restaurant Guy Savoy（→P.261）
ル・グラン・レストラン Le Grand Restaurant（→P.261）
レストラン・ル・ムーリス アラン・デュカス Restaurant Le Meurice - Alain Ducasse（→P.261）
ル・ジュール・ヴェルヌ Le Jules Verne（→P.120）

[おもな1つ星レストラン]
ソルスティス Solstice（→P.260）
トゥール・ダルジャン Tour d'Argent（→P.262）
フレデリック・シモナン Frédéric Simonin（→P.262）
ラ・ダム・ド・ピック La Dame de Pic（→P.262）
ラトリエ・ド・ジョエル・ロブション L'Atelier de Joël Robuchon（MAP 別冊P.28-1A）
レストラン・アクラム Restaurant Akrame（MAP 別冊P.24-1A）

高級レストランの楽しみ方

せっかくパリに来たのだから、憧れの星付きレストランにも行ってみたいもの。パリの高級レストランは、日本の老舗料理店のように「一見さんお断り」ということはなく、誰にでも広く門戸を開いている。ちょっとしたマナーを知っていれば、楽しいひとときを過ごせるはずだ。

1 レストランに行くまで

星付きレストランに行くなら予約が必要。そのうえで、前日に予約の再確認をしよう。男性はネクタイ着用が基本。女性は自由に考えていいが、同行する男性に釣り合った品のある服装が理想。

予約について➡P.244

ヴォワチュリエ（駐車係）のいるレストランもある

2 入店して席に着くまで

まずはあいさつ。「Bonjourこんにちは」あるいは「Bonsoirこんばんは」を忘れずに。席はすでに決まっているので、名前を言えば案内してくれる。給仕が先に椅子を引いてくれたほうが上席なので、カップルの場合は女性を、男性同士、女性同士なら招かれたほうが先に着席する。

勝手に席に着かないこと。給仕のリードに従おう

3 料理を注文する

席に着くとアペリティフ（食前酒）をすすめられ、メニューも同時に渡される。アペリティフをいただきながら、メニューを吟味しよう。フレンチレストランの料理名には凝ったものが多く、すべてを理解するためにはかなりの語学力が必要だ。でも、星付きレストランのスタッフなら英語が話せるので心配はいらない。わからないことがあれば何でも相談してみよう。

メニューの見方➡P.250

アペリティフは何を頼めばいい？ ➡ シャンパンやキール（白ワインとカシスのリキュールのカクテル）が一般的。アルコールに弱い人は"ノンアルコール sans alcool（サンザルコール）"を頼むといい。

4 ワインを注文する

料理の注文が終わると、ソムリエがワインリストを持ってくる。自信があれば自分で選べばいいが、そうでなければソムリエに希望条件を伝えて選んでもらうのがいちばん。アルコールに弱い人は無理にワインを頼む必要はない。ミネラルウオーターを注文しよう（→P.248）。水の銘柄にこだわりがなければ、炭酸なしplateか炭

  はみだし! 高級レストランの場合ドレスコードが気になるところだが、実際は本当にフォーマルな格好という人はめったにいない。男性はジャケットとネクタイ、女性は"きちんとした"格好であれば失敗はないだろう。

酸入りgazeuseを指定するだけでいい。

ワインは開栓前にラベルを確認し、招待した人など代表者がテイスティングを行う。注文どおりのワインかどうか確かめるだけの儀式なのだから緊張することはない。ひと口飲んで「C'est bon.（またはGood）」と言えば、全員のグラスにワインが注がれる。高級レストランではソムリエか給仕が様子を見てサービスしてくれるので、

客が自分でワインを注ぐということはない。客同士で注ぎ合うことも避けよう。

ワインの楽しみ方➡P.253

ワインを注いでもらうときはグラスを持たないこと

5 料理を楽しむ

さあ、いよいよ料理が運ばれてきた。基本的なマナーは日本と同じ。料理だけでなく、レストラン全体の雰囲気をまるごと楽しもう！

本場のフランス料理は想像以上に量が多い。主菜も半ばにさしかかった頃にはすでにおなかいっぱいになっているかもしれない。全部食べきれないときは英語ででも「とても

ナイフとフォークを揃えておけば"終わりました"という合図になる

グラスをカチンと鳴らすのはマナー違反。持ち上げるだけにして

おいしかったけれど、おなかがいっぱい」と言って下げてもらえばよい。だからといってデザートを注文するのをためらうことはない。デザートは別腹、それは給仕人もわきまえている。

6 チーズとデザート　チーズの楽しみ方➡P.252

主菜の皿が下げられると、チーズをすすめに来る。ワインは残しておくか、なくなっていたらチーズに合うものを追加してもいい。すでにおなかいっぱいという人はチーズを飛ばしてデザートに進んでかまわない。

デザートが済んだところでコーヒーを

注文する。デザートとコーヒーが一緒のテーブルに載ることはない。もちろん紅茶やハーブティーでもいいし、必要なければ何も頼まなくていい。

チーズはどれだけ頼んでも同料金。いろいろな種類を少しずつ試すといい

7 お勘定

すっかり満足したところで、「L'addition, s'il vous plaît. お勘定お願いします」と頼む。勘定書を受け取ったら、招待者が内容を確認して、着席のままクレジットカードで払うのがフランス式。なお、

フランスではレストランの料金にはサービス料が含まれているので、チップは義務ではない。高級店で渡す場合は、食事の5～10%でキリのいい金額を紙幣で渡すとスマートだ。

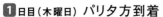

パリ初心者さん向け
1週間お食事プラン

おいしいものが食べたい！
でも、パリのレストランって高級店ばかり？
予約が必要なの？
どんな店に行ったらいい？ などなど
不安が尽きない初心者も多いのでは。
1週間のお食事プランでイメージをつかんでみよう。

■1日目（木曜日）パリ夕方到着

【夕食】到着直後、パリ初日から複雑なメニューと格闘するのは避けたいなら、**カジュアル店**（→P.272）、**チェーン店**に行くのもいい。気軽な雰囲気で、緊張せずに旅の疲れを癒やせる。

■2日目（金曜日）観光中心の1日

【朝食】観光プランを確認しながらホテルの朝食室で。ホテルの朝食は「パン、コーヒーまたは紅茶、ジュース」といった簡単なものが一般的（→P.350）。
【昼食】朝から歩いて、12時前にはおなかペコペコ。**大人気ビストロ**（→P.267）でも、オープンと同時に行けば入れることが多い。お昼時、混み出すのは12:30〜13:00頃、夜なら20:30頃。その前なら入りやすい。

【夕食】お昼にボリューム満点のビストロ料理を食べた日の夜は、**ワインバー**（→P.277）の一品料理とワインで軽めはいかが？

ランチが気に入ったら、ディナーでリピートしても

■3日目（土曜日）美術館巡り

【昼食】美術鑑賞の合間にランチ。**ミュゼにあるレストラン**（→P.270）は、豪華でおしゃれな内装なのに、観光客が多い場所柄、気後れせずに入りやすいのが魅力だ。
【お茶】優雅な**サロン・ド・テ**（→P.288）で甘いお菓子を食べながら、本物のアートに出合った興奮を語り合いたい。
【夕食】実は、パリで食べる**エスニック料理**はレベルが高い。もはやフランスの国民料理といってもいいくらいのクスクス、野菜たっぷりのタジン（→P.275）も、パリで食べてみたいもののひとつ。

オルセー美術館のレストランはゴージャス気分を味わえる

🔍 **コースの組み立て方を覚えよう**
ブラッスリーやカジュアルなチェーン店などでは1品での食事もOKだが、フランス料理は数品でコース仕立てにするのが基本だ。前菜（Entrée アントレ）、メイン（Plat プラ）、デザート（Dessert デセール）を組み合わせる。
●前菜+メイン+デザート
●前菜+メイン
●メイン+デザート

🔍 **初心者はまず「ムニュmenu」に注目！**
「ムニュ」は、セットメニューのこと。品数と内容によって料金が決まっているので（追加料金が必要なものもある）、観光客にもわかりやすく、おすすめ。あらかじめ提示された料理のなかから選べばいい。

🔍 **行きたい店が満席だったら**
予約がないと入れないようなら、その場で翌日以降の予約をするといい。たいてい英語も通じるし、電話予約より簡単！

🔍 **手書きの黒板メニューもコワクない!?**
フランス語で書かれた黒板メニューしかない店でも、メニュー構成は基本と同じ（→P.250）。店のスタッフは英語を話す人も多いので、コミュニケーションを取りながら、オーダー自体も楽しみたい。
（→P.269）

🔍 **水道水とミネラルウオーター**
レストランでミネラルウオーターを頼むと有料だが、庶民的な店なら無料の水道水（carafe d'eau カラフ・ドー）を頼んでもまったく問題ない。

水道水はcarafe d'eau（カラフ・ドー）

高級レストランの場合はミネラルウオーターを頼むこと。
●炭酸なし（plate プラット）
エビアンEvian、ヴィッテルVittelなど
●炭酸入り（gazeuse ガズーズ）
ペリエPerrier、バドワBadoitなど

4 日目（日曜日）日曜日のパリ

【昼食】最近人気なのが**週末ブランチ**。食事時間が長めに設定され、朝食セットよりも充実した内容が好評だ。カフェやサロン・ド・テ（→P.284）をチェックしてみよう。

【夕食】日曜日もオープンしている年中無休の**ブラッスリー**（→P.263）は、営業時間が長いのがうれしい。24時間店なら食事時間がズレてしまったときも安心して利用できる。

5 日目（月曜日）ゆったりペースでのんびり

【朝食】気に入った**カフェ**でゆっくり朝食を取るのもパリらしい時間だ（→P.281）。たいていのカフェで朝食セットを出している。

【昼食】おいしい**パンとお総菜**を買って、公園で食べるのもピクニック気分で楽しい。バゲットコンクール優勝店（→P.48）のバゲットもぜひ試してみたい。

【夕食】冬のパリで食べたいのが**生ガキ**（→P.265）。そのほかのシーズンなら**海の幸の盛り合わせ**で豪華気分を味わうのもいい。

6 日目（火曜日）ショッピング三昧

【昼食】ショッピングの合間に立ち寄るのに便利なのが、**デパートのレストラン**（→P.340）。カジュアルなレストランやカフェテリアが利用価値大！

【夕食】フレンチが続いたなと思ったら、食べ慣れた**アジア料理や和食**（→P.276）で胃を休めても。

7 日目（水曜日）帰国前日

【夕食】ちょっとおしゃれしてパリ最後のディナーを。**高級レストラン、星付きレストラン**（→P.261）では、直前に予約確認が必要になることもあるが、ホテルのコンシェルジュにお願いしておけば対応してもらえる。

✎ 日曜営業のレストランが多い界隈
休む店が多い日曜に覚えておくと便利なのが、メトロのサン・ミッシェル駅（**MAP** 別冊P.29-1D）周辺。サン・ミッシェル広場から続く小さな脇道、Rue de la HuchetteやRue X. Privasに、レストランがびっしりと連なっている。アラブやトルコ、ギリシア料理の店が多く、学生や観光客でにぎわっている。そのほか、シャンゼリゼ大通り、チャイナタウン（中華街）も（→P.178）。

食事メニューが充実しているカフェはランチ利用もおすすめ

✎ お総菜を買うなら
お総菜は、スーパーマーケット「モノプリ」（→P.345）や、「ストレー」（→P.318）など有名店で買うのもおすすめ。チーズ（→P.328）、デザート（→P.308）、ワイン（→P.329）も買えば、フルコース！ バターやオリーブオイルにこだわっても。

ランチだけでなくホテルの部屋での夕食にもいい

✎ 高級店の予約
早めの予約が望ましいが、パリ到着後に予約するなら、ホテルのフロントスタッフにお願いするのもいい。パリ初日に依頼しておきたい。高級レストランの楽しみ方、ドレスコードについてはP.246も参考に。

ⒶⒷⒸ レストランでの会話

[読み方]
（日本語　フランス語）

予約をお願いします	[ユンヌ　レゼルヴァシォン　スィル　ヴ　プレ] Une réservation, s'il vous plaît.
明日19時、3人でお願いします	[ドゥマン　ア　ディズヌヴール　プール　トロワ　ペルソンヌ] Demain, à 19 heures, pour 3 personnes.
予約した鈴木です	[ジェ　レゼルヴェ　オ　ノン　ドゥ　スズキ] J'ai réservé au nom de Suzuki.
日本語（英語）のメニューはありますか？	[アヴェ　ヴ　デ　カルト　アン　ジャポネ　アンアングレ] Avez-vous des cartes en japonais (en anglais)?
おすすめ料理はどれですか？	[ケ　ス　ク　ヴ　ルコマンデ] Qu'est-ce que vous recommandez ?
（メニューを指さして）これにします	[ジュ　プラン　サ] Je prends ça.
水道水をください	[ユンヌ　カラフ　ドー　スィル　ヴ　プレ] Une carafe d'eau, s'il vous plaît.
グラスワインはありますか？	[エス　ク　ジュ　プ　アヴォワール　アン　ヴェール　ドゥ　ヴァン] Est-ce que je peux avoir un verre de vin ?
とてもおいしかったです	[セテ　トレ　ボン] C'était très bon.
お勘定お願いします	[ラディシォン　スィル　ヴ　プレ] L'addition, s'il vous plaît.

à la carte / menu
フランス料理 メニューの見方

渡されたメニューを開いてみたものの、並んだフランス語がまったくわからないという人も多いだろう。でも、一見難しそうに見えるメニューだが、全体の構成自体はどの店も同じ。ア・ラ・カルトのなかから選んで自分でコースを組み立ててもいいし、あらかじめおすすめ料理で構成されたムニュ（セットメニュー）があれば、内容と料金から自分に合ったものを選べばいい。ムニュはお得な料金設定になっている。ここでは基本的なメニューの構成と単語を紹介しよう。

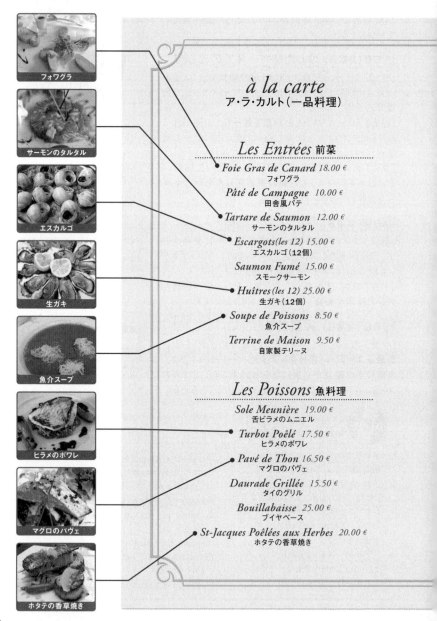

フォワグラ

サーモンのタルタル

エスカルゴ

生ガキ

魚介スープ

ヒラメのポワレ

マグロのパヴェ

ホタテの香草焼き

à la carte
ア・ラ・カルト（一品料理）

Les Entrées 前菜

Foie Gras de Canard 18.00 €
フォワグラ

Pâté de Campagne 10.00 €
田舎風パテ

Tartare de Saumon 12.00 €
サーモンのタルタル

Escargots(les 12) 15.00 €
エスカルゴ（**12個**）

Saumon Fumé 15.00 €
スモークサーモン

Huîtres (les 12) 25.00 €
生ガキ（**12個**）

Soupe de Poissons 8.50 €
魚介スープ

Terrine de Maison 9.50 €
自家製テリーヌ

Les Poissons 魚料理

Sole Meunière 19.00 €
舌ビラメのムニエル

Turbot Poêlé 17.50 €
ヒラメのポワレ

Pavé de Thon 16.50 €
マグロのパヴェ

Daurade Grillée 15.50 €
タイのグリル

Bouillabaisse 25.00 €
ブイヤベース

St-Jacques Poêlées aux Herbes 20.00 €
ホタテの香草焼き

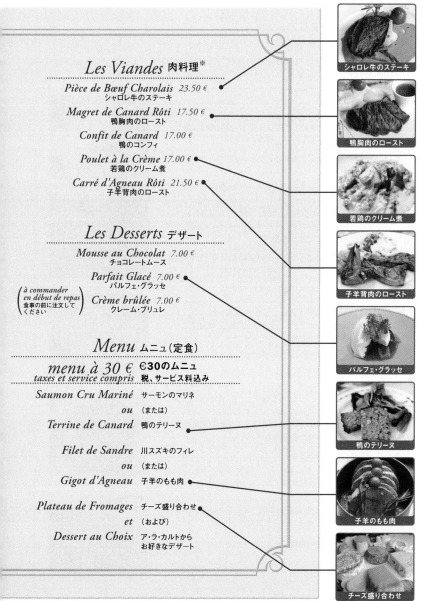

Point-1 「ア・ラ・カルト」で選ぶ
フランス料理は「前菜＋メイン＋デザート」のコース仕立てにするのが基本。「ア・ラ・カルト（一品料理）」でコースを組み立てる場合は、各カテゴリーから選んでいく。コースの構成はおなかのすき具合に合わせて決めればいい。
- ●前菜＋メイン2品（肉と魚）＋デザート＝4品
- ●前菜＋メイン1品（肉か魚）＋デザート＝3品
- ●前菜＋メイン1品＝2品
- ●メイン1品＋デザート＝2品

Point-2 「Menu」で選ぶ
ムニュとは、前菜、メイン、デザート（またはチーズ）のセットメニュー（定食）のこと。あらかじめ決められた料理のなかから選べばいい。セット料金が決まっており、一品料理を個別に注文するよりもお得な設定になっている。
- ●Menu rapide お急ぎムニュ
- ●Menu dégustation シェフ特選ムニュ
- ●Menu gastronomique 美食家向けのムニュ
- ●Formule 簡略化されたムニュ（本日の一皿＋デザートなど）

Les Viandes 肉料理※

Pièce de Bœuf Charolais 23.50 €
シャロレ牛のステーキ

Magret de Canard Rôti 17.50 €
鴨胸肉のロースト

Confit de Canard 17.00 €
鴨のコンフィ

Poulet à la Crème 17.00 €
若鶏のクリーム煮

Carré d'Agneau Rôti 21.50 €
子羊背肉のロースト

Les Desserts デザート

Mousse au Chocolat 7.00 €
チョコレートムース

Parfait Glacé 7.00 €
パルフェ・グラッセ

Crème brûlée 7.00 €
クレーム・ブリュレ

(*à commander en début de repas* 食事の前に注文してください)

Menu ムニュ（定食）

menu à 30 € €30のムニュ
taxes et service compris 税、サービス料込み

Saumon Cru Mariné サーモンのマリネ
ou （または）
Terrine de Canard 鴨のテリーヌ

Filet de Sandre 川スズキのフィレ
ou （または）
Gigot d'Agneau 子羊のもも肉

Plateau de Fromages チーズ盛り合わせ
et （および）
Dessert au Choix ア・ラ・カルトからお好きなデザート

シャロレ牛のステーキ
鴨胸肉のロースト
若鶏のクリーム煮
子羊背肉のロースト
パルフェ・グラッセ
鴨のテリーヌ
子羊のもも肉
チーズ盛り合わせ

※肉の焼き加減（cuissonキュイッソン）のフランス語を覚えておこう。レア＝bleuブル、ミディアム・レア＝saignantセニャン、ミディアム＝à pointア・ポワン、ウェルダン＝bien cuitビヤン・キュイ

251

チーズの楽しみ方

　フランスでは、チーズは日本の漬物と同じように、毎日のテーブルになくてはならないもの。種類は300～400にも上り、毎日違ったチーズを食べても、1年で全種類味わうのは難しいが、せっかくフランスに来たのなら、少しずつでも味わってみたい。

チーズとワインのマリアージュ

　チーズの種類と、相性のいいワインを紹介しよう。もしも、主菜でワインをすっかり飲み干してしまっていたら、新たに追加注文してほしい（▶以下は組み合わせたいワイン）。

白カビタイプ

　日本でもおなじみのカマンベールCamembert、ブリBrieなど。マイルドで食べやすく、そのクリーミーな舌触りは最高。熟れ頃になると香りが強くなり、濃厚な味わいに。

▶コート・デュ・ローヌCôtes du Rhôneなどのミディアムボディの赤ワイン

青カビタイプ

　世界三大青カビチーズのひとつで、フランスの青カビチーズのなかでも最も有名なのがロックフォールRoquefort。クセが強く、ピリッとした刺激がある。

▶スパイシーなゲヴュルツトラミネールGewürztraminer（白）、甘口の貴腐ワインのソーテルヌSauternes（白）

ウォッシュタイプ

　外側を洗って熟成させてある。リヴァロLivarot、ポン・レヴェックPont l'Evêqueなど。クセのある匂いとは裏腹に、中はクリーミーでまろやかな味。

▶ブルゴーニュやボルドーなどフルボディの赤、またはムルソーMeursault（白）

シェーヴルタイプ

　ヤギの乳で作られるチーズ。カベクーCabécou、サント・モールSte-Maureなど。若いうちはクリーミーでねっとりしているが、熟成が進むとコクのある味わいとなる。

▶ロワール産の軽めの赤か白

ハードタイプ

　サン・ネクテールSt-Nectaire、トムTomme、コンテComté、カンタルCantalといった硬質のチーズ。

▶フルーティな赤か辛口の白

はみだし! チーズ用語：secセック（=ハード）、demi-secドゥミ・セック（=セミハード）、lavéラヴェ（=ウォッシュ）、affinéアフィネ（=熟成）、fraisフレ（=フレッシュ）、brebisブルビ（=羊乳）、bleuブルー（=青カビタイプ）

ワインの楽しみ方

フランス語ではワインと料理の組み合わせを"マリアージュ（結婚）"と呼び、相性のいい組み合わせは"ボン・マリアージュ（よい結婚）"と表現するほど。

ワインと料理の合わせ方

◆サラダ
フレッシュな白が無難。ワインはドレッシングの酢と相性がよくない。

◆海の幸
辛口の白またはシャンパン。柔らかなブーケのSancerre、力強いほうがよければChablisもいい。Muscadetとの相性もいい。

◆魚料理
一般的には辛口の白。でも、大事なのは魚自体よりもソース。強い香りのソースには、個性の強いワインを。例えば、Pouilly Fumé、Hermitageの白。また、繊細な味の魚にはバランスの取れたMontrachet、Meursaultの白など。

◆肉料理
鶏、豚、子牛、ウサギといった淡白な肉は、辛口の白からアルザス、ボージョレなど、軽いものなら何でも合う。牛、羊など赤い肉になると、相性がいいのはMédocやPauillacなどボルドーの赤。また、鴨には南西部のCahorsがよく合う。野ウサギやイノシシといったジビエ（野禽類）には、力強いChâteauneuf du Papeもいい。

◆チーズ→P.252も参照
一般的には赤だが、ぴったりするのは同じ地方産のワイン。

◆デザート
甘口でアルコール度の高いワイン。SauternesやPorto、Pineau des Charentesなどがいい。

フランスワインの産地と種類
- ●ボルドー Bordeaux
  コクのある赤が中心
- ●ブルゴーニュ Bourgogne
  赤白ともに力強い高級ワイン
- ●アルザス Alsace
  フルーティな白ワイン
- ●シャンパーニュ Champagne
  発泡性の高級ワイン
- ●ロワール Loire
  さわやかな白ワインやロゼ
- ●コート・デュ・ローヌ
  Côtes du Rhône
  良質な赤ワイン。白もある
- ●ボージョレ Beaujolais
  ボージョレ・ヌーヴォーで一躍有名になった軽めのワイン
- ●貴腐ワイン
  ある種のカビが付いたブドウから造った白ワイン。甘く、アルコール度が高い。ボルドー地方のソーテルヌが有名

庶民的なレストランで
ワインを少し飲みたいときは
グラスワインVerre de Vinか、柄の付いた陶器（ピシェ）やガラス瓶（カラフ）に入ったハウスワインVins de Maisonを頼むといい。量は注文する。
- ●50cℓ＝500㎖
  「アン・ドゥミ un demi」
- ●25cℓ＝250㎖
  「アン・キャール un quart」

ワインのテイスティング
テイスティングは、「デギュスタシオンdégustation」。ソムリエがまずラベルを見せ、注文したものかどうか確認をする。それから栓を抜き、ワインを注いで試飲させる。飲んでみて、特に問題がなければ、"Oui ウイ"とか"C'est bon.セ ボン"と言えばいい。その後ワインは各自のグラスに注がれる。

フランスワインの種類

A.O.C.（原産地統制名称ワイン）
「Appellation d'origine controlée」の略で、特別に指定された区域でできる特定の種類のブドウで造られ、醸造の過程まで厳しくコントロールして熟成されたワイン。Mis en bouteille au Châteauはシャトー元詰めでボルドーにかぎる。Mis en bouteille à la Propriété もしくはDomaineは自園所有醸造家元詰め。EUの規定に従い、A.O.P.（Appellation d'origine protégée）と表示されているものもある。

IGP（地理的表示保護ワイン）
「Indication géographique protégée」の略で、かつては「Vins de Pays」の表示が使われていた。生産地域やブドウの種類に規定があるが、A.O.C.より緩やか。原産地にこだわらず質の高いワインを造る生産者も増えており、なかには高価なものもある。

Vins de table（テーブルワイン）
原産地の表示が必要なく、ブドウ品種などの規定に縛られず、自由に造られたワイン。

A.O.C.ワインのラベル
- ①ビンテージ（収穫年）
- ②マルゴー地区（マルゴー村ということ。「シャトー・マルゴー」と混同しないように）
- ③A.O.C.の名称を表示
- ④自園所有醸造家元詰め

このほかに "Grands Crus Classés（グラン・クリュ・クラッセ）"などとあれば、かなりいいワイン。

253

最近では、英語のメニューを置く店が多くなり、さらに日本語のメニューのある店も増えた。とはいうものの、下町のビストロはもちろんのこと、フランス語のメニューしかない店のほうが圧倒的に多いのは事実。ただでさえ料理名は難解なのに、黒板に手書きされたものは、達筆過ぎて判読できないものばかりで、アルファベットさえ読み取れない。あ〜困った。ここはソース名や調理方法まで書かれたメニュー全部を読み取ろうなどとは思わずに、素材など肝心なところだけでもおさえてみよう。

ＡＢＣ 料理名

(フランス語［読み方］日本語)

前菜	consommé	［コンソメ］	コンソメ
Entrées	escargot	［エスカルゴ］	エスカルゴ
［アントレ］	foie gras d'oie maison	［フォワ グラ ドワ メゾン］	自家製のガチョウのフォワグラ
	hareng de la Baltique	［アラン ドゥ ラ バルティーク］	バルト海産のニシン（酢漬けなど）
	ratatouille	［ラタトゥイユ］	ニース風の野菜のトマト煮込み
	rillettes	［リエット］	豚などの肉のペースト
	saumon fumé	［ソーモン フュメ］	スモークサーモン
	terrine maison	［テリーヌ メゾン］	自家製テリーヌ
	terrine de poisson	［テリーヌ ドゥ ポワソン］	魚のテリーヌ
	velouté	［ヴルーテ］	とろみのあるポタージュ
魚料理	bouillabaisse	［ブイヤベス］	ブイヤベース
Poissons	quenelle	［クネル］	リヨン名物の魚・鶏のすり身料理
［ポワソン］	raviolis de homard	［ラヴィオリ ドゥ オマール］	オマールのラビオリ
	sole meunière	［ソル ムニエール］	舌ビラメのムニエル
肉料理	andouillette	［アンドゥイエット］	臓物を詰めたソーセージ
Viandes	cassoulet	［カスレ］	白インゲンと鴨の煮込み料理
［ヴィヤンド］	blanquette	［ブランケット］	牛、子羊、鶏を使ったクリーム煮
	bœuf bourguignon	［ブッフ ブルギニョン］	牛肉の赤ワイン煮込み
	canard à l'orange	［カナール ア ロランジュ］	鴨のオレンジソース
	confit de canard	［コンフィ ドゥ カナール］	鴨もも肉の脂漬け
	navarin	［ナヴァラン］	羊肉の赤ワイン煮込み
	pot-au-feu	［ポトフ］	肉と野菜の煮込み
	steak frites	［ステーク フリット］	フレンチフライ付きステーキ
	steak tartare	［ステーク タルタル］	生肉（牛、馬）のたたき。卵黄、玉ネギ、ケッパーを混ぜて食べる
野菜（付け合わせ）	crudités	［クリュディテ］	生野菜のサラダ
Légumes	haricot vert	［アリコ ヴェール］	サヤインゲン
［レギューム］	salade verte	［サラド ヴェルト］	グリーンサラダ
デザート	baba	［ババ］	ラム酒などシロップに漬けたケーキ
Desserts	bavarois	［バヴァロワ］	ババロア
［デセール］	crème caramel	［クレーム カラメル］	プリン
	glace	［グラス］	アイスクリーム
	millefeuille	［ミルフイユ］	ミルフィーユ
	mousse au chocolat	［ムース オ ショコラ］	チョコレートムース
	œufs à la neige	［ウ ア ラ ネージュ］	砂糖を加えたメレンゲをカスタードソースに浮かべたもの。イル・フロッタントともいう
	profiteroles	［プロフィットロール］	小さいシューに熱いチョコレートソースをかけたもの
	sorbet	［ソルベ］	シャーベット
	soufflé	［スフレ］	スフレ
	tarte aux pommes	［タルト オ ポム］	リンゴのタルト

材料・調理方法など（アルファベット順）

A

abats	［アバ］	内臓
abricot	［アブリコ］	アンズ
agneau	［アニョー］	子羊
agneau de lait	［アニョードゥレ］	乳飲み子羊
ail	［アイユ］	ニンニク
airelle	［エレル］	クランベリー
à la maison	［アラメゾン］	自家製
à la paysanne	［アラペイザンヌ］	田舎風
à la provençale	［アラプロヴァンサル］	プロヴァンス風の
amande	［アマンド］	アーモンド
ananas	［アナナ］	パイナップル
anchois	［アンショワ］	アンチョビ
anguille	［アンギーユ］	ウナギ
anis	［アニス］	アニス
artichaut	［アルティショー］	アーティチョーク
asperge	［アスペルジュ］	アスパラガス
aubergine	［オベルジーヌ］	ナス
avocat	［アヴォカ］	アボカド

B

banane	［バナーヌ］	バナナ
bar	［バール］	スズキ
basilic	［バズィリク］	バジリコ
beignet	［ベニェ］	衣をつけて揚げたもの
beurre	［ブール］	バター
bisque	［ビスク］	（エビの）ポタージュ
blanquette	［ブランケット］	ホワイトシチュー
bœuf	［ブッフ］	牛肉
boudin	［ブーダン］	豚の血入りソーセージ
braisé	［ブレゼ］	ワインやだし汁でゆっくり蒸し煮すること
brie	［ブリ］	ブリ・チーズ
brochet	［ブロシェ］	カワカマス
brochette	［ブロシェット］	串焼き
brocoli	［ブロコリ］	ブロッコリー

C

cabillaud	［カビヨー］	タラ
caille	［カイユ］	ウズラ
camembert	［カマンベール］	カマンベール
canard	［カナール］	鴨
caneton	［カヌトン］	子鴨
canette	［カネット］	ひな鴨
carotte	［カロット］	ニンジン
cassis	［カスィス］	カシス（黒スグリ）
caviar	［カヴィアール］	キャビア
céleri	［セルリ］	セロリ
cèpe	［セープ］	セップ茸
cerise	［スリーズ］	サクランボ
cervelle	［セルヴェル］	脳みそ
champignon	［シャンピニョン］	マッシュルーム
chaud	［ショー］	温製の
chèvre	［シェーヴル］	ヤギ
chevreuil	［シュブルイユ］	子鹿
chicorée	［シコレ］	チコリ
chocolat	［ショコラ］	チョコレート

chou	［シュー］	キャベツ
choux à la crème	［シューアラクレーム］	シュークリーム
ciboulette	［スィブレット］	アサツキ
citron	［スィトロン］	レモン
citron vert	［スィトロンヴェール］	ライム
cœur	［クール］	心臓
concombre	［コンコンブル］	キュウリ
confit	［コンフィ］	低温の油で火を通したもの
confit	［コンフィ］	洋酒や砂糖、ヴィネガーに漬けた果実
coq	［コック］	雄鶏
coquille St-Jacques	［コキーユサンジャック］	帆立貝
côte	［コート］	背肉、骨付き肉
courgette	［クルジェット］	ズッキーニ
crabe	［クラブ］	カニ
crème anglaise	［クレームアングレーズ］	カスタードソース
crème pâtissière	［クレームパティスィエール］	カスタードクリーム
crêpe	［クレープ］	クレープ
cresson	［クレッソン］	クレソン
crevette	［クルヴェット］	小エビ
cru	［クリュ］	生の
crustacés	［クリュスタセ］	甲殻類
cuisse	［キュイス］	鶏やカエルのもも肉

D

daurade	［ドラード］	タイ
dinde	［ダンド］	雌七面鳥
duxelles	［デュクセル］	マッシュルーム、エシャロットをバターで炒め、クリームを加えたもの

E

échalote	［エシャロット］	エシャロット
éclair	［エクレール］	エクレア
écrevisse	［エクルヴィス］	淡水ザリガニ
émincé	［エマンセ］	肉などの薄切り（エスカロープよりも薄い）
en croûte	［アンクルート］	パイ皮包み焼き
endive	［アンディーヴ］	チコリ
entrecôte	［アントルコート］	牛の背肉
épaule	［エポール］	肩肉
épinard	［エピナール］	ほうれん草
escalope	［エスカロープ］	薄切り肉
escargot	［エスカルゴ］	カタツムリ
espuma	［エスプーマ］	泡状にしたもの
estragon	［エストラゴン］	エストラゴン
étuvée	［エチュヴェ］	蒸し煮した

F

faisan	［フェザン］	キジ
farci	［ファルスィ］	詰め物
faux-filet	［フォーフィレ］	ロース肉
fenouil	［フヌイユ］	フェンネル

F
figue	[フィグ]	イチジク
filet	[フィレ]	ヒレ肉、魚のおろし身
foie	[フォワ]	肝臓
foie gras	[フォワ グラ]	フォワグラ
fraise	[フレーズ]	イチゴ
framboise	[フランボワーズ]	木イチゴ
fricassée	[フリカッセ]	炒めてからフォン(だし)で煮込んだもの
frites	[フリット]	フライドポテト
friture	[フリチュール]	揚げ物、フライ
froid	[フロワ]	冷製の
fruits de mer	[フリュイ ドゥ メール]	海の幸
fumée	[フュメ]	薫製にした

G
garni	[ガルニ]	付け合わせた
gâteau	[ガトー]	ケーキ、菓子
gelée	[ジュレ]	ゼリー
gésier	[ジェズィエ]	砂肝
gibier	[ジビエ]	野禽類
gigot	[ジゴ]	羊のもも肉
girolle	[ジロル]	ジロール茸
glace	[グラス]	アイスクリーム
gratiné	[グラティネ]	グラタンにした
grenade	[グルナード]	ザクロ
grenouille	[グルヌイユ]	カエル
grillé	[グリエ]	グリル、網焼きした
grondin	[グロンダン]	ホウボウ
groseille	[グロゼイユ]	スグリ

H
haché	[アシェ]	細かく刻んだ
haricot blanc	[アリコ ブラン]	白インゲン豆
haricot vert	[アリコ ヴェール]	サヤインゲン
herbes	[エルブ]	香草(ハーブ)
hollandaise	[オランデーズ]	卵黄で作る温かい乳化ソース
homard	[オマール]	オマールエビ
huître	[ユイトル]	カキ

J
jambon	[ジャンボン]	ハム
julienne	[ジュリエンヌ]	千切り

K
ketchup	[ケチャップ]	ケチャップ

L
laitue	[レテュ]	レタス
langouste	[ラングスト]	伊勢エビ
langoustine	[ラングスティーヌ]	手長エビ
langue	[ラング]	舌
lapin	[ラパン]	ウサギ
lard	[ラール]	豚脂
laurier	[ローリエ]	ローリエ
lentille	[ランティーユ]	レンズ豆
lieu	[リュー]	タラ
lièvre	[リエーヴル]	野ウサギ
lotte	[ロット]	アンコウ
loup	[ルー]	スズキ

M
magret	[マグレ]	鴨やガチョウの胸肉
maïs	[マイス]	トウモロコシ
mandarine	[マンダリーヌ]	ミカン
mange-tout	[マンジュトゥ]	キヌサヤ
mangue	[マング]	マンゴー
maquereau	[マクロー]	サバ
marinée	[マリネ]	マリネした
marron	[マロン]	栗
mayonnaise	[マイヨネーズ]	マヨネーズ
médaillon	[メダイヨン]	円形厚切り
menthe	[マント]	ミント
meringue	[ムラング]	メレンゲ
meunière	[ムニエール]	粉をつけてバターでソテーする調理法
miel	[ミエル]	ハチミツ
mijoter	[ミジョテ]	ことこと煮る
moelle	[ムワール]	骨髄
morille	[モリーユ]	モリーユ茸
morue	[モリュ]	タラ
moule	[ムル]	ムール貝
mousse	[ムース]	すり身やピューレを泡立てたクリームや卵白でふっくらさせたもの
mousseline	[ムスリーヌ]	泡立てて軽さを出したもの
moutarde	[ムタルド]	マスタード
muscat	[ミュスカ]	マスカット
myrtille	[ミルティーユ]	ブルーベリー

N
navet	[ナヴェ]	カブ
noisette	[ノワゼット]	ヘーゼルナッツ
noix	[ノワ]	クルミ
noix de coco	[ノワ ドゥ ココ]	ココナッツ
noix de St-Jacques	[ノワ ドゥ サン ジャック]	ホタテ貝
nouilles	[ヌイユ]	麺

O
œuf	[ウフ]	卵
œuf au plat	[ウフ オ プラ]	目玉焼き
œuf dur	[ウフ デュール]	固ゆで卵
œuf mollet	[ウフ モレ]	半熟卵
œuf poché	[ウフ ポシェ]	ポーチドエッグ
oie	[オワ]	ガチョウ
oignon	[オニョン]	玉ネギ
olive	[オリーヴ]	オリーブ
orange	[オランジュ]	オレンジ
ormeau	[オルモー]	アワビ
oursin	[ウルサン]	ウニ

P
palourde	[パルルド]	アサリ、ハマグリ
pamplemousse	[パンプルムース]	グレープフルーツ
pané	[パネ]	パン粉をつけた
papillote	[パピヨット]	紙包み焼き
pâté	[パテ]	肉や魚のすり身を型でオーヴン焼きしたもの
pavé	[パヴェ]	四角に切った肉や魚
pêche	[ペッシュ]	桃
petit pois	[プティ ポワ]	グリーンピース
petit salé	[プティ サレ]	塩豚
pigeon	[ピジョン]	鳩
pigeonneau	[ピジョノー]	子鳩
piment	[ピマン]	唐辛子

pintade	[パンタッド]	ホロホロ鳥		sauge	[ソージュ]	セージ
pistache	[ピスタッシュ]	ピスタチオ		saumon	[ソーモン]	サーモン、サケ
poché	[ポシェ]	水やブイヨンでゆ でた		sauté	[ソテ]	炒めたもの
				seiche	[セーシュ]	甲イカ
poêlé	[ポワレ]	蒸し焼き		sel	[セル]	塩
poire	[ポワール]	洋梨		selle	[セル]	鞍下肉
poireau	[ポワロー]	冬ネギ		sésame	[セザム]	ゴマ
poivre	[ポワーヴル]	こしょう		soja	[ソジャ]	大豆
poivre vert	[ポワーヴル ヴェール]	グリーンペッパー		sole	[ソル]	舌ビラメ
poivron	[ポワヴロン]	ピーマン		st-pierre	[サン ピエール]	マトウダイ
pomme	[ポム]	リンゴ		sucre	[シュクル]	砂糖
pomme de	[ポム ドゥ	ジャガイモ		suprême	[シュプレム]	鶏などの胸肉
terre	テール]					
porc	[ポール]	豚肉	**T**	terrine	[テリーヌ]	テリーヌ型で作っ たパテ
potiron	[ポティロン]	カボチャ				
poularde	[プーラルド]	肥育鶏		tête	[テート]	頭
poule	[プル]	鶏肉		thon	[トン]	マグロ
poulet	[プレ]	若鶏		thym	[タン]	タイム
poulpe	[プルプ]	タコ		tiède	[ティエド]	半温製
prune	[プリュヌ]	プラム		tomate	[トマト]	トマト
pruneau	[プリュノー]	干しプラム		tournedos	[トゥルヌド]	脂身を回りに巻きつ け糸でしばって焼い
R radis	[ラディ]	大根				た牛のヒレ肉
ragoût	[ラグ]	煮込み		tripe	[トリップ]	牛、子牛の胃袋
raie	[レ]	エイ		truffe	[トリュフ]	トリュフ
raisin	[レザン]	ブドウ		truite	[トリュイット]	マス
ravigote	[ラヴィゴット]	フレンチドレッシン グに玉ネギ、ピク ルス、パセリなどを 入れたもの		turbot	[チュルボ]	ヒラメ
			V	vapeur	[ヴァプール]	蒸すこと
				veau	[ヴォー]	子牛
ris de veau	[リ ドゥ ヴォー]	子牛の胸腺肉		vichyssoise	[ヴィシソワーズ]	ジャガイモのピュー レで作った冷たい
riz	[リ]	米				スープ
rognon	[ロニョン]	腎臓		vinaigre	[ヴィネグル]	酢
romarin	[ロマラン]	ローズマリー		vinaigrette	[ヴィネグレット]	ビネグレット
romsteck	[ロムステック]	(牛の)ランプ肉				(ドレッシング)
roquefort	[ロックフォール]	羊のブルーチーズ		volaille	[ヴォライユ]	家禽・鶏肉
rôti	[ロティ]	焼く、ローストにする				
rouget	[ルジェ]	ヒメジ		**用語・区分語**		
S sabayon	[サバイヨン]	卵黄とバターのソ ース		réservation	[レゼルヴァシオン]	予約
				spécialité	[スペシャリテ]	名物料理
sandre	[サンドル]	川スズキ		carte	[カルト]	メニュー
sanglier	[サングリエ]	イノシシ		menu	[ムニュ]	セットコース
sardine	[サルディン]	イワシ		à la carte	[ア ラ カルト]	一品料理
sarrasin	[サラザン]	ソバ粉		amuse	[アミューズ]	先付け
sauce ailloli	[ソース アイヨリ]	ニンニク入りマヨ ネーズ		petite entrée	[プティタントレ]	軽い前菜
				entrée	[アントレ]	前菜
sauce	[ソース	殻ごとのオマール		hors-d'œuvre	[オードゥーヴル]	前菜
américaine	アメリケーヌ]	エビのソース		potage	[ポタージュ]	スープ
sauce au	[ソース オ	白ワインのソース		plat principal	[プラプランシパル]	メインディッシュ
vin blanc	ヴァン ブラン]			poissons	[ポワソン]	魚料理
sauce	[ソース	ホワイトソース		poissons	[ポワソン]	魚介料理
béchamel	ベシャメル]			et crustacés	エ クリュスタセ]	
sauce beurre	[ソース ブール	白ワインとバター		viandes	[ヴィヤンド]	肉料理
blanc	ブラン]	のソース		grillade	[グリヤード]	グリル料理
sauce nantua	[ソース ナンチュア]	エビの殻をつぶし て作ったソース		plat du jour	[プラ デュ ジュール]	本日の一品
				fromage	[フロマージュ]	チーズ
sauce	[ソース	トリュフ入りソース		petits fours	[プティフール]	小口菓子
périgueux	ペリグー]			dessert	[デセール]	デザート
saucisson	[ソスィソン]	ソーセージ				

Brasserie Martin
ブラッスリー・マルタン
華やかな雰囲気で気取りのない料理を

`レビュブリック広場界隈`　**MAP** 別冊 P.15-2C

© Lucile Derveaux

厳選したフランス食材を使った料理
© Guillaume Blot

M ⑨ St-Ambroise ③ Rue St-Maur
住 24, rue St-Ambroise 11e　**TEL** 01.48.05.34.36
営 9:00 ～ 24:00（朝食 8:30 ～ 11:00、ランチ 12:00 ～ 14:30、ディナー 19:00 ～ 22:30）
休 12/24 ～ 12/26、12/31 夜　**料** ア・ラ・カルト 予算昼約€25、夜約€35　**CC** AMV　**予約** 望ましい
英 **Wi-Fi** **URL** nouvelle gardegroupe.com/fr/brasserie-martin

パリで人気ビストロを手がけるヌーヴェル・ギャルドグループが2022年7月、パリ東部のガルデット広場にオープン。古い料理道具を飾ったテーブル席、回転する串焼き肉が見えるカウンター、ガラス天井の明るいスペース、広場に面したテラスと、雰囲気が異なる130席を用意。ランチは伝統的な牛肉のタルタルや日替わりの魚料理、フランス各地のソーセージなど、ディナーは鶏肉や子羊肉の串焼きがスペシャリテ。ワインはオーガニックや自然派が中心で、カクテルも豊富だ。

Brasserie du Louvre - Bocuse
ブラッスリー・デュ・ルーヴル＝ボキューズ
名店「ボキューズ」がパリに進出

`ルーヴル界隈`　**MAP** 別冊 P.25-3C

リヨン郊外にある名店「ポール・ボキューズ」が手がけるパリ初のブラッスリーが、リニューアルオープンした「オテル・デュ・ルーヴル」の1階にオープン。ピスタチオ入りソーセージのパイ包み、カワカマスのすり身で作るクネル、ブレス産鶏肉のワインとキノコのソース、"おばあちゃんのワッフル"といった看板料理はもちろん、エスカルゴやムール貝のパスタ、フランス産牛肉のバーガーなども。名店が継承する本格的な料理を、気取らない雰囲気のなかで味わいたい。

ルーヴル美術館の目の前。古きよき料理が揃う
© Brasserie du Louvre - Bocuse

M ①⑦ Palais Royal Musée du Louvre
住 Pl. André Malraux 1er　**TEL** 01.44.58.37.21
営 12:00 ～ 15:00、軽食 15:00 ～ 18:00、18:00 ～ 22:30　**休** 無休　**料** ア・ラ・カルト予算約€60
CC ADJMV　**予約** 必須　**英** **Wi-Fi** **URL** www.maisons-bocuse.com

---

Pouliche
プーリッシュ
ベジタリアンのためのメニューがある

`レビュブリック広場界隈`　**MAP** 別冊 P.14-1A

実力派シェフ、アマンディーヌ・シェニョさんが、環境に配慮して栽培された素材を厳選し、盛りつけた美しい料理を提案。コース料理のみで、内容はその日の仕入れによって異なる。メインは肉、魚、ベジタリアンのなかから選び、前菜とデザートはシェアするスタイルだ。毎週水曜には100%ベジタリアン・メニュー、また日曜はローストチキンをメインにしたメニューを提供している。

アマンディーヌ・シェニョさんの作り出す料理はアート作品のよう

©Anne-Claire Héraud

M ③⑧ Strasbourg St-Denis
住 11, rue d'Enghien 10e　**TEL** 01.45.89.07.56
営 12:15 ～ 14:00（⊕ ～ 15:15）、19:15 ～ 22:00
休 ⊕の夜、8月に2週間、クリスマス
料 昼ムニュ €30（⊕ €35）、夜ムニュ €62
CC AMV　**予約** 必須　**※** **URL** www.poulicheparis.com

Canard & Champagne
カナール・エ・シャンパーニュ
パッサージュにある鴨料理の店

オペラ地区 **MAP** 別冊 P.13-1C

美しいアーケード街パッサージュ・デ・パノラマ（→P.60）にあるレストラン。19世紀の装飾が残る歴史的建造物という趣のある空間、もしくはパッサージュに張り出したテラス席で鴨料理をいただける。定番のマグレ・ド・カナール（鴨の胸肉のステーキ）、カリっと焼き上げたコンフィなど、ボリュームも十分。夜は、料理に合うグラスシャンパン付きのコースがおすすめだ。

フルポーションかハーフを選べるマグレ・ド・カナール

Ⓜ ③⑧ Grand Boulevard
🏠 57, Passage des Panoramas 2e
☎ 09.83.30.06.86
🕐 12:00 ～ 14:00、19:00 ～ 22:30
🈺 1/1、12/24、12/25 　料昼 €19、€23、€29、夜 €30、€38、€69　ＡＭＶ 予 望ましい ❄
URL www.frenchparadox.paris

Auberge Pyrénées Cévennes
オーベルジュ・ピレネー・セヴェンヌ
正統派の伝統料理を出すビストロ

バスティーユ界隈 **MAP** 別冊 P.14-2B

©Auberge Pyrénées Cévennes

100年以上の歴史をもつ建物内にあり、地方のオーベルジュを思わせるような内装が魅力的なビストロ。酸味のあるドレッシングをかけたポワローネギ、仔牛のクリーム煮ブランケット、豚肉や鴨肉をインゲン豆とともに煮込んだカスレ、ホタテのポワレと、ていねいに調理された正統派メニューがずらりと並ぶ。春はアスパラガス、秋はキノコと、旬の素材を使った料理を目当てに訪れるファンも多い。

豚足のパン粉焼きなど伝統的なビストロ料理を提供する、オーナーシェフのピエール・ネクルヴェルニュさん

Ⓜ ⑤ Oberkampf 　🏠 106, rue de la Folie Méricourt 11e
☎ 01.43.57.33.78 　🕐 12:00 ～ 13:30、19:00 ～ 22:15 　🈺 ⓑ ⓓの昼、ⓑ、8月、12/23 ～ 1/3
料 昼ムニュ €29、夜ムニュ €39、€79、€115
ＣＣ ＡＭＶ 予 望ましい
URL auberge-pyrenees-cevennes.fr

Mimosa
ミモザ
太陽を感じる地中海料理

コンコルド広場界隈 **MAP** 別冊 P.12-2B

© ALEXANDRE TABASTE

© Charlotte Brunet

© BENEDETTA CHIALA

ピエージュがレシピを監修。魚のうろこ焼き（右）

コンコルド広場に開館した博物館「オテル・ド・ラ・マリンヌ」（→P.112）内にあり、2つ星レストランを営むジャン・フランソワ・ピエージュがプロデュース。南フランスの地中海料理で、「自然、喜び、太陽」がテーマ。地中海産マグロのマリネ、南仏産レモン風味のタラ、アンチョビソースとオマールエビ、子牛とトマトとオリーブのピザ、ハーブソースを添えた牛肉ステーキなど。店名にちなんで、ゆで卵とマヨネーズの料理「ウフ・ミモザ」も複数の味を揃えている。

Ⓜ ①⑧⑫ Concorde
🏠 2, rue Royale 8e（Hôtel de la Marine 内）
☎ 01.53.93.65.52
🕐 12:00 ～ 14:00(L.O.)、19:00 ～ 22:00(L.O.)
🈺 ⓓの夜 　料 ア・ラ・カルト予算約 €80
ＣＣ ＡＭＶ 予 望ましい ❄ 📶
URL mimosa-rueroyale.com

レストランガイド

フランス料理　おすすめレストラン

Le Severo
ル・セヴェロ
パリで肉料理を食べるならココ

`モンパルナス`　`MAP` 別冊 P.18-3B

肉モードの日はぜひここへ！

14区の静かな通りに面したレストラン。肉ラバーの間ではその品質とおいしさで評判の店だ。黒板メニューには、さまざまな部位のステーキが10種類ほど記載されている。30〜80日間店内のセラーで熟成した肉もあり、凝縮したうま味を味わえる。前菜は季節のサラダのほか、テリーヌやブルターニュ産の臓物ソーセージ「アンドゥイユ」もおすすめだ。2〜3人でシェアできる骨付きリブリースのステーキも。日本語メニューもあるのがうれしい。

Ⓜ ④ Mouton Duvernet ⑬ Pernety
住 8, rue des Plantes 14e
TEL 01.45.40.40.91
営 12:00 〜 13:30 (L.O.)、19:30 〜 21:30 (L.O.)
休 ⊕ ⊛ ⑭、復活祭と 11・12月に各1週間、7月最終週より3週間
料 ア・ラ・カルト予算約€50　CC JMV
予約 望ましい　日　Wi-Fi　URL www.lesevero.fr

Bouillon République
ブイヨン・レピュブリック
安くておいしい庶民派ブラッスリー

`レピュブリック広場界隈`　`MAP` 別冊 P.14-2B

フランス料理を素早く、気軽に食べられるレストラン。エスカルゴ、フォワグラ、オニオングラタンスープ、フライドポテトとステーキ、鴨のコンフィ、レモンのタルトなど、フランスでおなじみの料理ばかり。前菜は€2.50〜、メイン料理€8.50〜、デザートは€2.80〜とリーズナブルだが、食材の新鮮さと自家製にこだわっている。チーズやデザート、ワインもふくめて気軽にフルコースを楽しみたい。20世紀初めに造られた美しい木彫りの壁に囲まれて、450席がずらりと並ぶ様子も圧巻だ。

ブッフ・ブルギニオン（上）やシュークルートも
© Benoit Linero

Ⓜ ③⑤⑧⑨⑪ République
住 39, bd. du Temple 3e　TEL 01.42.59.69.31
営 12:00 〜 24:00 (L.O.)　休 無休
料 ア・ラ・カルト予算約€20〜
CC MV　予約 望ましい　英　Wi-Fi　✶
URL bouillonlesite.com/bouillon-republique

Solstice
ソルスティス
実力派シェフの創造性あふれる料理

`カルチェ・ラタン`　`MAP` 別冊 P.19-2D

レストランやワインバーのシェフとして活躍し、東京にもビストロを構えるM.O.F.料理人エリック・トロションが初めて自身の店を開業。22年にミシュラン1つ星を獲得した。韓国出身の夫人がソムリエとサービスを担当し、韓国のアーティストが手がけた食器や椅子が使われている。料理はおまかせコースのみで、韓国のゴマ油や香辛料、日本の出汁、ピクルスやハーブなども組み合わせたクリエーション豊かな料理が味わえる。

鮮やかで繊細な料理を提供するトロション

Ⓜ ⑦ Censier Daubenton　TEL 09.88.09.63.52
住 45, rue Claude Bernard 5e
営 12:00 〜 13:30 (⊕のみ)、19:30 〜 21:00
休 ⊕ ⑭ ㊗、5/5 〜 5/13、7/21 〜 8/4 ('24)
料 ムニュ€150、€220　CC AMV　予約 必須
英　Wi-Fi　✶　URL solsticeparis.com

おしゃれして行きたい 高級レストラン

世界中のグルメが認めるパリの高級レストラン。超一流の味とサービスの神髄を心ゆくまで味わいたい。

変わらぬ美食を提供し続ける
Restaurant Guy Savoy
レストラン・ギ・サヴォワ

サン・ジェルマン・デ・プレ　**MAP** 別冊P.29-1C

セーヌ川に面した造幣局（モネ・ド・パリ）にあり、18世紀に建てられた由緒ある建造物を改装した店内はそれぞれ趣の異なる個室に分かれている。伝統とモダンが調和する優雅な雰囲気のなかで、世界最高級の美食を堪能したい。

©Laurence MOUTON

Ⓜ ⑦Pont Neuf **住** Monnaie de Paris - 11, quai de Conti 6e **TEL** 01.43.80.40.61
営 12:00～13:30（L.O.）、19:00～21:30（L.O.）
休 圓圀 **料** ムニュ€680
CC Ａ Ｄ Ｊ Ｍ Ｖ 予約 必須 英 Wi-Fi ✂
URL www.guysavoy.com

新シェフを迎えた18世紀創業のレストラン
Alléno Paris
アレノ・パリ

シャンゼリゼ界隈　**MAP** 別冊P.12-2A

スターシェフ、ヤニック・アレノが自身の名を冠してリニューアルオープンしたレストラン。2015年へとミシュラン3つ星を維持している。19世紀後半に再建された豪奢な館で、伝統に現代的なひねりを加えた料理を味わいたい。

©Philippe Vaurès

Ⓜ ①⑬Champs-Elysées Clemenceau
住 Pavillon Ledoyen - 8, av. Dutuit 8e
TEL 01.53.05.10.00
営 19:00～21:30 **休** 圓圀
料 ムニュ€420
CC Ａ Ｍ Ｖ 予約 必須 英 Wi-Fi ✂
URL www.yannick-alleno.com

リュクスな空間で味わう最高のフレンチ
Restaurant le Meurice Alain Ducasse
レストラン・ル・ムーリス アラン・デュカス

ルーヴル界隈　**MAP** 別冊P.24-3B

パラスホテル「ル・ムーリス」内の2つ星レストラン。フレンチの巨匠アラン・デュカスが監修し、食材の力をシンプルに的確に引き出した料理を提案している。内装はヴェルサイユ宮殿からインスピレーションを受けており、豪奢でロマンティック。

© pmonetta Panoramique

Ⓜ ①Tuileries
住 228, rue de Rivoli 1er **TEL** 01.44.58.10.55
営 19:00～21:30
休 圓圀、2月に2週間、8月
料 ムニュ€350、€400
CC Ａ Ｊ Ｍ Ｖ 予約 必須 英 Wi-Fi ✂
URL www.alainducasse-meurice.com

料理、雰囲気とも最高級
Epicure
エピキュール

シャンゼリゼ界隈　**MAP** 別冊P.12-1A

© Claire Cocano

パラスの称号をもつ最高級ホテル「ル・ブリストル・パリ」内にある。3つ星へと導いたシェフ、エリック・フレションの引退後も、新鮮な食材を用いた繊細な料理を提供し続けている。窓越しに眺める庭園もすばらしい。

Ⓜ ⑨⑬Miromesnil ⑨St-Philippe du Roule
住 112, rue du Fg. St-Honoré 8e
TEL 01.53.43.43.40 **営** 12:00～13:30（L.O.）、19:30～21:30（L.O.）**休** 圓圀 **料** ア・ラ・カルト予算約€500 **CC** Ａ Ｊ Ｍ Ｖ 予約 必須 英 Wi-Fi ✂
URL www.oetkercollection.com/fr/hotels/le-bristol-paris/restaurants-et-bar/epicure

---

独立後も2つ星をキープした人気シェフ
Le Grand Restaurant
ル・グラン・レストラン

シャンゼリゼ界隈　**MAP** 別冊P.12-1A

7区で2つ星レストランのシェフをしていたジャン・フランソワ・ピエージュがシャンゼリゼ大通りの近くに開いた店。25席というちんまりした空間で、ミジョテ・モデルヌ（現代の煮込み）と題した最新調理法の料理がいただける。

©Khanh Renaud

Ⓜ ①⑧⑫Concorde ⑧⑫⑭Madeleine
住 7, rue d'Aguesseau 8e **TEL** 01.53.05.00.00
営 12:30～13:30、19:00～22:00（圓圀18:00～）
休 圓圀の昼、圓圀
料 昼ムニュ€166、€246、夜ムニュ€326～466
CC Ａ Ｍ Ｖ 予約 必須 ✂
URL jeanfrançoispiege.com/le-grand-restaurant

INFO Column Information

高級レストランで朝食を

　高級レストランは、料理だけでなく、内装やサービスも一流。雰囲気だけでも味わってみたい、という人は、オペラ界隈にある「ドゥルーアン」で朝食を試してみては？　8:00～10:30に提供。€14、€22、€26の3種類から選べる。

◆ドゥルーアン Drouant
権威のある文学賞のひとつ「ゴンクール賞」の発表会場としても知られるレストラン。アールデコ様式の階段など優雅な内装が残る。

MAP 別冊P.25-1C **URL** drouant.com

3つ星女性シェフがパリに進出
La Dame de Pic
ラ・ダム・ド・ピック

1つ星（'24）／ルーヴル界隈　**MAP** 別冊P.13-2C

フランス南東部ヴァランスで3つ星レストランを営むアンヌ・ソフィー・ピックが2012年にオープンしたパリ店は、優雅で女性的な雰囲気。香りをテーマにした料理はコースのみで、ニンジンとオレンジ花水、ビーツとコーヒーといった味と香りを組み合わせた繊細で驚きのある料理が味わえる。シソやソバ茶、かぼす、柚子といった香りたつ和の素材も取り入れられているので、そのバランスを思う存分楽しみたい。

Ⓜ ① Louvre Rivoli
🏠 20, rue du Louvre 1er
☎ 01.42.60.40.40
🕐 12:00 ～ 13:30、19:00 ～ 21:00
休 8/15の週
料 ムニュ€95、€120（月～木昼のみ）、€159、€195
CC AMV
予約 必須 英 ✳
URL www.anne-sophie-pic.com

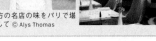
地方の名店の味をパリで堪能して © Alys Thomas

セーヌの眺めと鴨料理を堪能
Tour d'Argent
トゥール・ダルジャン

1つ星（'24）／カルチェ・ラタン　**MAP** 別冊P.27-3C

創業1582年、数々のセレブリティを迎えてきた名店。昭和天皇も皇太子時代に食された鴨料理をはじめ、現代的センスを加えた伝統料理を味わえる。シテ島を望む最高のロケーションにあり、美景を満喫できる。改装工事を終え、2023年再開。

© Matthieu Salvaing

Ⓜ ⑦Pont Marie ⑩Cardinal Lemoine
🏠 15, quai de la Tournelle 5e
☎ 01.43.54.23.31
🕐 12:00～13:00 (L.O.)、19:00～21:00 (L.O.)
休 ⑥ ⑧ 料 昼ムニュ€150、夜ムニュ€360、€440
CC AMV 予約 必須 英 Wi-Fi ✳
URL tourdargent.com

パリ最古の建物で食事を楽しむ
Auberge Nicolas Flamel
オーベルジュ・ニコラ・フラメル

1つ星（'23）／レ・アール　**MAP** 別冊P.26-1A

1407年に建てられたパリに残る最古の建造物の中にあるレストラン。1つ星シェフのアラン・ジュアムがオーナーとなり、2021年にリニューアルオープンした。「感性と瞬間の料理」をコンセプトに、独創的な料理を提供している。

© Stéphane Riss

Ⓜ ⑪Rambuteau 🏠 51, rue de Montmorency 3e
☎ 01.42.71.77.78 🕐 12:15 ～ 13:15 (L.O.)、19:15 ～ 21:00 (L.O.) 休 ⑥ ⑧、1/1、8月に2週間、クリスマスに1週間
料 昼ムニュ€58、夜ムニュ€98、€138、€168
CC AMV 予約 望ましい
英 Wi-Fi ✳ URL auberge.nicolas-flamel.fr

日仏の食材が見事に調和
Frédéric Simonin
フレデリック・シモナン

1つ星（'24）／シャンゼリゼ界隈　**MAP** 別冊P.22-1A

ジョエル・ロブションのレストランでシェフを務めたフレデリック・シモナンが、2010年に独立開業した店。翌年にはミシュラン1つ星を獲得した。フランスの旬の素材に、日本の野菜や香辛料などを取り入れた、繊細でモダンな料理が味わえる。

Ⓜ ②Ternes
🏠 25, rue Bayen 17e ☎ 01.45.74.74.74
🕐 12:00～14:00、19:30～22:00
休 ⑥ ⑧ 料 平日昼ムニュ€55、€72、夜ムニュ€125、€165、€195
CC AMV 予約 望ましい 英 Wi-Fi ✳
URL fredericsimonin.com

🐾 **Column**
INFO **Information**

星付きシェフの料理をテイスティングできる！

若手シェフから3つ星スターシェフまで、一堂に会する美食の祭典「テイスト・オブ・パリTaste of Paris」。2015年から始まったイベントで、2025年は改装工事が終わり、リニューアルオープンしたグラン・パレ（→P.206）で開催される予定。シェフたちの料理がお試しサイズのポーションで提供される。3つ星レストランの料理を「テイスト」できる、夢のようなイベントだ。2025年は5/8～5/11に開催予定。

URL paris.tastefestivals.com

ブラッスリー
深夜営業の店もある

ビアホールを意味する「ブラッスリーBrasserie」。アールヌーヴォー調の内装の店が多く、ベルエポックの雰囲気を楽しめる。

内装もチェックしたい
Grande Brasserie
グランド・ブラッスリー

バスティーユ広場界隈　MAP 別冊P.27-2D

バスティーユ広場近くにオープン。ベルエポック期のフレスコ画やモザイクの床が残る店内に真っ白なナプキンを敷いたテーブルと黒いレザーのソファーが並び、クラシックな雰囲気が漂う。魚介類の盛り合わせ、レバーのテリーヌ、エスカルゴのコロッケ、ブルゴーニュ風豚のほほ肉、牛肉のタルタル、クレーム・ブリュレや卵白のデザート「イル・フロッタント」などメニューもブラッスリーらしい料理ばかりだ。

Ⓜ ①⑤⑧ Bastille
🏠 6, rue de la Bastille 4e
☎ 09.75.80.99.72
🕐 12:30～23:00（ランチ 12:30～14:30、ディナー19:00～23:00）🈶 12/24、12/25
🍴 昼ムニュ€22、夜ムニュ€50
CC AMV
予約 望ましい　Wi-Fi ❖
URL www.grandebrasserie.fr

© Lisa Klein Michel

©Salomé_rateau

デザートの「ババ」や「ウフ・マヨネーズ」

パレ・ガルニエでの観劇後に訪れたい
Le Grand Café Capucines
ル・グラン・カフェ・カピュシーヌ

オペラ地区　MAP 別冊P.24-1B

パレ・ガルニエ近く、カピュシーヌ大通りに面したブラッスリー。早朝から深夜までにぎわっている。ステンドグラスの天井、アールヌーヴォーのインテリアがとても美しく、雰囲気たっぷり。豪華なシーフードの盛り合わせやエスカルゴ料理を。

Ⓜ ③⑦⑧ Opéra
🏠 4, bd. des Capucines 9e
☎ 01.43.12.19.00
🕐 7:00～翌1:00 🈶 無休
🍴 昼ムニュ€19.90、夜ムニュ€24.50
CC AMV　予約 望ましい　英 Wi-Fi ❖
URL www.legrandcafe.com

映画の舞台ともなった老舗
Brasserie Lipp
ブラッスリー・リップ

サン・ジェルマン・デ・プレ　MAP 別冊P.28-2B

1880年創業の老舗で、イヴ・モンタン主演の映画『ギャルソン！』（1983）の撮影にも使われた。この店を愛したヘミングウェイは、原稿料が入ると必ず足を運んだそう。歴史が刻まれた内装など、老舗ならではの雰囲気を味わいたい。

Ⓜ ④St-Germain des Prés
🏠 151, bd. St-Germain 6e
☎ 01.45.48.53.91
🕐 9:00～翌2:00 🈶 無休
🍴 ア・ラ・カルト予算約€45
CC ADMV　予約 望ましい　英 Wi-Fi
URL www.brasserielipp.fr

フランス流豚足料理を
Au Pied de Cochon
オ・ピエ・ド・コション

レ・アール　MAP 別冊P.13-2D

「ピエ・ド・コション」とは豚の足の意。テーブルの脚やドアノブまで豚の足をデザインしてあり、愛らしい。3階まである広々とした店内は明るく活気に満ちている。名物の豚足料理や、パリでいちばんと評判のオニオングラタンスープを試したい。

Ⓜ ④Les Halles
🏠 6, rue Coquillière 1er
☎ 01.40.13.77.00
🕐 8:00～翌5:00 🈶 無休
🍴 昼ムニュ€19.90、€26、ア・ラ・カルト予算約€50
CC AMV　予約 望ましい　日 Wi-Fi ❖
URL www.pieddecochon.com（日本語あり）

気取らない雰囲気が魅力
Brasserie des Prés
ブラッスリー・デ・プレ

サン・ジェルマン・デ・プレ　MAP 別冊P.29-2C

©Bastien Lattanzio

サン・ジェルマン大通りから入る静かな石畳の小道に面したブラッスリー。2階建て、220席ある空間のほかに、開放的なテラス席もある。パテのパイ包み、豚足のコロッケなど上級のビストロ料理を陽気な雰囲気の店内で楽しめる。

Ⓜ ④⑩Odéon　🏠 6, cours du Commerce St-André 6e
☎ 01.42.03.44.13
🕐 9:00～翌0:00（ランチ12:00～14:30、ディナー19:00～22:30）🈶 12/24～12/26、12/31の夜
🍴 ア・ラ・カルト予算€30～40
CC AMV　予約 望ましい　英 Wi-Fi ❖
URL lanouvellegarde.com/fr/brasserie-des-pres

はみだし！ カキはフランス語で「ユイットルhuître」、カキの殻をむく人は「エカイエécailler」。品書きに記されているNo.はカキの大きさを示していて、数字が小さいほど身が大きい。

コスパ抜群の本格フレンチ

Narro
ナロ

€€€／カルチェ・ラタン **MAP** 別冊P.19-2D

カジュアルかつしっかりとしたフランス料理を楽しめる店。食材は天然物をすすんで使い、パリらしい空間で厳選したナチュラルワインと共に食事できる。ランチはパリのなかでもリーズナブルな価格設定。メニューは毎週変わる。夜は品数や食材が豪華に。テラス席のほかに地下には10人前後まで入れる個室がある。竹田和真シェフの料理は見た目にも華やかでSNSで話題になることが多い。

Ⓜ ⑦ Place Monge ⑩ Cardinal Lemoine
住 72, rue du Cardinal Lemoine 5e
TEL 09.73.24.07.95
営 12:00～14:00（L.O.）、19:00～22:00（L.O.）
休 ⑪の夜、⑭、不定休あり
料 昼ムニュ€29～、夜ア・ラ・カルト予算€50～
CC AMV 予約 望ましい
URL www.restaurantnarro.fr（日本語あり）

日本語でのオーダーができるので安心

旅情を誘う豪華レストラン

Le Train Bleu
ル・トラン・ブルー

€€€／リヨン駅 **MAP** 別冊P.21-2C

シャンデリアが輝きフレスコ画が飾られた店内は、歴史的建造物にも指定されており、19世紀の空気が伝わってくる。駅構内にあるので、列車と行き交う人々のざわめきを身近に感じながら、映画のワンシーンに入り込んだ気分になれる。

Ⓜ ①⑭ RER ⒶⒹ Gare de Lyon
住 Pl. Louis Armand 12e（リヨン駅構内）
TEL 01.43.43.09.06
営 11:15～14:30（L.O.）、19:00～22:30（L.O.）
休 無休 料 ムニュ€55、€74、€120
CC ADJMV 予約 望ましい 日 Wi-Fi ※
URL www.le-train-bleu.com

オーヴェルニュ料理

Ambassade d'Auvergne
アンバサード・ドーヴェルニュ

€€€／レ・アール **MAP** 別冊P.26-1B

オーヴェルニュ地方の料理を食べられるレストラン。名物のアリゴは、ゆでたジャガイモにチーズ、ニンニク、バターを合わせた郷土料理。客の目の前で糸を引かせながら、アツアツを取り分けてくれるパフォーマンスが楽しいので試してみたい。

© david grimber

Ⓜ ⑪ Rambuteau
住 22, rue du Grenier St-Lazare 3e
TEL 01.42.72.31.22 営 12:00～14:00（L.O.）、19:30～22:00（L.O.、⑭⑮～22:30 L.O.）
休 無休 料 昼ムニュ€22.50、夜ムニュ€53
CC AMV 予約 望ましい 英 Wi-Fi ※
URL ambassade-auvergne.fr

Column
Information

パリで食べる「フランス地方料理」

フランスの地方料理は、専門のレストランだけでなく、ビストロやブラッスリー、カフェでも食べることができる。なかにはすっかりポピュラーになって、定番メニューのひとつとなっているものも。代表的な料理を紹介しよう。

ニース風サラダ
Salade Niçoise
野菜、ツナ、オリーブ、ゆで卵が入ったボリュームたっぷりのサラダ。南仏のニース料理だが、今では全国で食べられる

シュークルート
Choucroute
ザワークラウト（発酵キャベツ）をソーセージなどと煮たアルザス料理。ブラッスリーの定番メニューともなっている

鴨のコンフィ
Confit de canard
脂漬けにした鴨のもも肉をカリっと焼き上げた南西部の料理。ビストロのメニューにもよく登場する定番料理

ブッフ・ブルギニョン
Bœuf bourguignon
牛肉をワインで煮込んだブルゴーニュ料理。「ポリドール」（→P.268）では、たっぷりのマッシュポテトが添えられている

何度も通いたくなる店

Kigawa
キガワ

€€€／モンパルナス　**MAP** 別冊P.18-3B

リヨン駅近くのレストランで経験を積んだオーナーシェフ紀川倫広さんが独立、2011年にオープンした。季節感を感じられるクラシックなフランス料理をおまかせコースで楽しめる。少量ずつ多くの皿で味わいたい人にぴったり。

M ⑬Pernety ④Mouton Duvernet
住 186, rue du Château 14e　**TEL** 01.43.35.31.61
営 12:15～13:00 (L.O.)、19:30～21:00 (L.O.)
休 ⑪ ⑪
料 昼ムニュ€50～、夜ムニュ€90～
CC AMV　**予約** 必須　Wi-Fi　✕
URL kigawa.fr

ていねいに仕上げた優しい料理

H. Kitchen
アッシュ・キッチン

€€€／サン・ジェルマン・デ・プレ　**MAP** 別冊P.18-1A

フランスで経験を積んだ北口英範シェフが、2012年にオープンした店。長期間熟成させた牛肉をはじめとした厳選食材に、ユズや味噌といった和の素材も隠し味に使ったていねいな料理が評判だ。リーズナブルな価格のランチがうれしい。

M ⑩⑬Duroc
住 18, rue Mayet 6e　**TEL** 01.45.66.51.57
営 12:00～14:00 (L.O.)、19:30～21:30 (L.O.)
休 ⑪の昼、⑪
料 昼ムニュ€32、€35、ア・ラ・カルト予約約€70
CC AMV　**予約** 望ましい　Wi-Fi　✕
URL www.hkitchen.fr (日本語あり)

グルメなパリジャンに愛される店

Le Sot l'y Laisse
ル・ソ・リ・レス

€€€／東部　**MAP** 別冊P.15-3D

東京の「メゾン・ポール・ボキューズ」で料理長を務めた土井英治さんが2011年にオープン。店名は鶏の股関節のあたりにある肉の名称。希少部位を使ったスペシャリテはもちろん、季節の素材を的確な火入れで仕上げた料理はどれもすばらしい。

M ②Alexandre Dumas
住 70, rue Alexandre Dumas 11e
TEL 01.40.09.79.20　**営** 12:30～13:30 (L.O.)、19:30～21:30(L.O.)　**休** ⑪昼、一部祝、2月に1週間、8月に3週間、クリスマスに数日間　**料** 昼ムニュ⑪～金€38、⊕€49、夜ムニュ€79　**CC** MV
予約 必須　日　Wi-Fi　✕

生産者との繋がりを大切にした一皿

Etude
エチュード

€€€／シャンゼリゼ界隈　**MAP** 別冊P.11-2C

「アガペ」などの名店を経て2013年、山岸啓介シェフがオープンしたレストラン。納得のいく生産者とのみ取引するという、シェフの情熱が伝わる料理を楽しめる。ブルゴーニュワインの品揃えも充実している。

M ⑥Boissière
住 14, rue du Bouquet de Longchamp 16e
TEL 01.45.05.11.41
営 12:30～14:00 (L.O.)、20:00～21:30 (L.O.)
休 ⑪の昼、⑪
料 昼ムニュ€80、夜ムニュ€130、€160
CC AMV　**予約** 必須　Wi-Fi　✕
URL restaurant-etude.fr

サン・ラザール駅の美食スポット

Lazare
ラザール

€€／オペラ地区　**MAP** 別冊P.6-3B

3つ星レストラン「エピキュール」(→P.261)で長年シェフを務めたエリック・フレションがプロデュース。朝食、ランチ、ティータイム、アペリティフ、ディナーと、用途に応じて利用できる。人気店なので予約は早めに。

M ③⑫⑬⑭St-Lazare
住 Parvis de la Gare St-Lazare, Rue Intérieure 8e
TEL 01.44.90.80.80
営 8:00～22:00 (⊕祝 11:45～)　**休** 無休
料 ムニュ€48
CC AMV　**予約** 望ましい　英　✕
URL lazare-paris.fr

INFO Column
Information

冬のパリで生ガキ三昧！

冬グルメの決定版といえば、新鮮な生ガキ。カキや魚介類を食べるなら、ブラッスリーや専門店で冷えた白ワインとともに味わいたい。

◆レキューム・サントノレ L'Ecume St-Honoré
魚屋さんにあるオイスターバー。新鮮なカキを手頃な値段で食べることができる。
MAP 別冊P.24-2B
住 6, rue du Marché St-Honoré 1er
TEL 01.42.61.93.87　**営** 9:30～20:00 (金⊕⑪～22:00)　**休** ⑪⑪、7月中旬～8月中旬　**料** 生ガキ6個＋ワイン€15.90　**予約** 望ましい
CC 　**URL** www.ecume-saint-honore.fr

駅前の本格派ワインビストロ
Le Petit Sommelier
ル・プティ・ソムリエ
€€／モンパルナス **MAP** 別冊P.18-2B

一見、どこにでもある普通のブラッスリー。ところが、ワインリストを開けてその充実度にびっくり。フランス産を中心に、ボトル約800種類、グラス25種類のワインが揃う。ノンストップで営業しているので、夕刻、ハムなどをつまみにグラスで楽しむのもいいし、ブッフ・ブルギニョン（牛肉の赤ワイン煮込み）や、シャロレ牛のタルタルステーキなどのビストロ料理で、ディナーを取ることも可能だ。

Ⓜ ④⑥⑫⑬ Montparnasse Bienvenüe
🏠 49, av. du Maine 14e
☎ 01.43.20.95.66
🕐 11:00 ～ 23:00
休 ⑰、1/1、8/15、12/24、12/25
料 ムニュ €39
CC Ⓐ Ⓜ Ⓥ 予約 望ましい 英 Wi-Fi ✖
URL www.lepetitsommelier-paris.fr

ココット鍋で出てくるブッフ・ブルギニョン

人気シェフの料理を大テーブルで
Pierre Sang In Oberkampf
ピエール・サング・イン・オベルカンフ
€€／レピュブリック周辺 **MAP** 別冊P.14-2B

韓国系フランス人であるシェフは、自らのルーツである韓国の味覚とフランス料理を融合したオリジナルレシピを創案。コース料理はその日の仕入れやシェフのアイデアによって変わる。料理は本格派だが、リーズナブルな値段で味わえるのがうれしい。

© Pierre Sang

Ⓜ ⑤⑨ Oberkampf
🏠 55, rue Oberkampf 11e ☎ 09.67.31.96.80
🕐 12:00 ～ 15:00、夜は 19:00 ～と 21:30 ～の 2 回制
休 ⑰～⑯の昼
料 昼ムニュ €19、€29、€39、夜ムニュ €44
CC Ⓐ Ⓜ Ⓥ 予約 必須
URL pierresang.com

カエル料理に舌鼓
Roger la Grenouille
ロジェ・ラ・グルヌイユ
€€／サン・ジェルマン・デ・プレ **MAP** 別冊P.29-2C

カエル料理専門店。店名のグルヌイユとはカエルのことだ。ニンニクとバジル風味やクリームソース煮込みなどいろいろあるが、淡泊な肉なのでどれも食べやすく仕上がっている。油で揚げた天ぷらは衣がふわっとしておいしい。

© Angia Vaudron

Ⓜ ④St-Michel ④⑩Odéon
🏠 26-28, rue des Grands Augustins 6e
☎ 01.56.24.24.34 🕐 12:00～14:00 (L.O.)、19:00～22:30 (L.O.、⑥・⑰は24:00)
休 ⑰の昼 料 ア・ラ・カルト予算約€50
CC Ⓐ Ⓜ Ⓥ 予約 望ましい 英 Wi-Fi ✖
URL www.roger-la-grenouille.com

古きよきパリの面影が残る
Bouillon Chartier Grands Boulevards
ブイヨン・シャルティエ・グラン・ブルヴァール
€／オペラ地区 **MAP** 別冊P.13-1D

1896年創業の大衆レストラン。店内は創業当時から変わらないという。前菜€1～、メイン€7～というリーズナブルな料金が人気で夜は長蛇の列に。19:00前には入りたい。混んできたらどんどん相席になるのも大衆食堂ならではの楽しみ。

Ⓜ ⑧⑨Grands Boulevards
🏠 7, rue du Fg. Montmartre 9e
☎ 01.47.70.86.29 🕐 11:30～24:00 休 無休
料 ア・ラ・カルト予算約€16 CC Ⓐ Ⓓ Ⓙ Ⓜ Ⓥ
予約 不可 ✖ URL www.bouillon-chartier.com
＜その他＞
MAP 別冊P.18-2B 59, bd. du Montparnasse 6e

✏ Column
INFO Information

歴史的建造物で食事を楽しむ

「ブイヨン・シャルティエ・グラン・ブルヴァール」は、19世紀創業当時の内装が残り、店そのものも見る価値のあるレストランだ。リヨン駅構内にある「ル・トラン・ブルー」（→P.264）も、19世紀のゴージャスな内装で訪れる人を魅了している。ともに歴史的建造物に指定されており、食事とともにその雰囲気を味わいたい。

何度でも通いたい ビストロ

伝統料理を庶民的な雰囲気のなかで楽しめるビストロ。最近は、高級店から独立したシェフがビストロをオープンすることも多い。

高級ビストロにリニューアル
Le Grand Véfour
ル・グラン・ヴェフール

オペラ地区　MAP 別冊P.25-2C

パレ・ロワイヤルで18世紀から続く格式あるレストランが2021年5月、高級ビストロとして新たな歴史をスタート。高級店の技術と繊細さはそのままに、旬の素材を生かした料理を提案している。ランチには日替わり料理の手軽なセットも用意。午後のティータイム（15:00〜17:00）にはレストランと同じデザートが味わえる。歴史的建造物にも指定されている由緒ある空間や回廊にあるテラスで、一流の味を堪能して。

Ⓜ ①⑦ Palais Royal Musée du Louvre
🏠 17, rue de Beaujolais 1er
☎ 01.42.96.56.27
🕐 12:15 〜 13:45（L.O.）、19:00 〜 21:30（L.O.）
休 ⑭ ⑮、8 月に 3 週間、12/24、12/25
料 ア・ラ・カルト予算€80 〜
CC Ⓐ ⒹⒿⓂⓋ 望ましい ❄
URL www.grand-vefour.com

パレ・ロワイヤルの回廊が100席のテラスに © Grand Véfour

老舗で味わう伝統の味
La Fontaine de Mars
ラ・フォンテーヌ・ド・マルス

エッフェル塔界隈　MAP 別冊P.11-3D／本誌P.335

1908年創業。赤と白のテーブルクロスなど、これぞパリのビストロという雰囲気。料理も、子牛のブランケット（クリーム煮）やカスレ、日曜のみの鶏肉のローストなど、伝統の味を守り続けている。天気がいい日は静かなテラス席がおすすめ。

Ⓜ ⑧Ecole Militaire
🏠 129, rue St-Dominique 7e　☎ 01.47.05.46.44
🕐 12:00〜15:00（⑥ ⑦ 〜15:30）、19:00〜23:00
休 1/1、12/24、12/25、12/31　料 本日のみのブランケット€25、ア・ラ・カルト予算約€60　CC ⒶⓂⓋ 予約 望ましい 英 Wi-Fi ❄
URL www.fontaine-de-mars.com

味、雰囲気ともにパリらしさ満点
La Boissonnerie
ラ・ボワッソヌリー

サン・ジェルマン・デ・プレ　MAP 別冊P.29-2C

市場街にほど近い人気ビストロ。かつて魚屋だった頃の内装が今も残る。魚料理のほか肉料理やサラダまで、幅広い料理が気軽に味わえる。ワインショップを経営するオーナーが選んだワイン、石窯で焼いた自家製フォカッチャも自慢。

Ⓜ ⑩Mabillon ④St-Germain des Prés
🏠 69, rue de Seine 6e　☎ 01.43.54.34.69
🕐 12:30〜14:25（L.O.）、19:00〜22:25（L.O.）
休 12/24〜1/3
料 ア・ラ・カルト予算約€30
CC ⒶⒿⓂⓋ 予約 望ましい 英 Wi-Fi ❄
URL www.fishlaboissonnerie.com

伝統を守り続けるビストロ
Chez Monsieur
シェ・ムッシュー

マドレーヌ界隈　MAP 別冊P.24-2A

花模様の美しいタイルの床や古いカウンターなど、1940年代の創業時のレトロな面影が残るビストロ。オニオングラタンスープ、子牛のブランケット（クリーム煮込み）、舌ビラメのムニエルなど、フランスの伝統料理の王道が揃っている。

Ⓜ ⑧⑫⑭Madeleine
🏠 11, rue du Chevalier de St-Georges 8e
☎ 01.42.60.14.36　🕐 12:00〜14:30（L.O.）、19:00〜22:30（L.O.）　休 12/24、12/25　料 ア・ラ・カルト予算約€80、子牛のブランケット€34
CC ⒶⓂⓋ 予約 望ましい 英 Wi-Fi ❄
URL www.chezmonsieur.fr

1854年創業の歴史ある店
Au Petit Riche
オ・プティ・リッシュ

オペラ地区　MAP 別冊P.13-1C

170年の歴史をもつ老舗レストラン。ロワール地方のワインと料理がスペシャリテで、自家製フォワグラやロワール産鴨のローストから特製クロック・ムッシューまでメニューは幅広い。入口付近はワインと軽食が楽しめるバーになっている。

©Ilya KAGAN
@ilyafoodstories-export

Ⓜ ③⑧Richelieu Drouot
🏠 25, rue Le Peletier 9e
☎ 01.47.70.68.68
🕐 12:00〜14:00、19:00〜22:30
休 なし　料 昼メニュ €30、夜メニュ €37、€44
CC ⒶⓂⓋ 予約 必須 ❄
URL www.restaurant-aupetitriche.com

伝統料理からカジュアルまで
Aux Prés
オ・プレ
サン・ジェルマン・デ・プレ　**MAP** 別冊P.28-2B

© James McDonald

11区にパティスリー
（→P.319）も構える人
気シェフ、シリル・リ
ニャックがオーナーの
ビストロ。肉のグリル
のほか、チーズ・バー
ガーやロブスター・ロー
ルなど軽めの一皿も食
べることができる。デ
ザートにはミルフイユ
もおすすめ。

Ⓜ ④St-Sulpice
住 27, rue du Dragon 6e　**TEL** 01.45.48.29.68
営 12:00〜14:30、19:00〜23:00（19:00〜と21:
30〜の2回制）　**休** 無休
料 ア・ラ・カルト予算約€70
CC A D M V　**予約** 望ましい　**英**
URL restaurantauxpres.com

ノスタルジックな雰囲気が残る店
Le Casse Noix
ル・カス・ノワ
エッフェル塔界隈　**MAP** 別冊P.11-3C

人気店「ラ・レガラード」
出身のピエール・オリ
ヴィエ・ルノルマンに
よるビストロ。さわや
かなレモン風味のホタ
テのマリネから、牛ほ
お肉のポトフ風といっ
たボリューム感のある
一品まで、フランス料
理の伝統の素材と味を
気軽に楽しめる。

Ⓜ ⑥Dupleix　**住** 56, rue de la Fédération 15e
TEL 01.45.66.09.01
営 12:00〜14:00（L.O.）、19:00〜22:00（L.O.）
休 ⊕ ®、一部®、8月に約4週間
料 ムニュ€42、ア・ラ・カルト予算約€50
CC A D M V　**予約** 望ましい　**英**
URL www.le-cassenoix.fr（日本語あり）

バスクの食材を使った人気ビストロ
La Cantine du Troquet Dupleix
ラ・カンティーヌ・デュ・トロケ・デュプレックス
エッフェル塔界隈　**MAP** 別冊P.17-1C

バスク料理が人気のビ
ストロの支店。気どら
ない屋内席、開放的な
テラス席ともにいつも
常連客でいっぱいだ。
豚肉や子羊肉からマテ
貝やタイ、チーズまで、
バスク地方を中心とす
る食材を使った料理は、
量もたっぷりで食べ応
えあり。

Ⓜ ⑥Dupleix
住 53, bd. de Grenelle 15e
営 12:00〜15:00、19:00〜22:45
休 一部®
料 ア・ラ・カルト予算約€50
CC M V　**予約** 不可　**Wi-Fi**
URL www.lacantinedutroquet.com

かわいい看板犬がお出迎え
Le Bouledogue
ル・ブルドッグ
レ・アール／ランビュトー通り　**MAP** 別冊P.26-1B／本誌P.332

1996年のオープン以
来、店名の由来となっ
たブルドッグが代々看
板犬を務めるカフェレ
ストラン。著名人もよ
く訪れる店で、昔なが
らのビストロの趣が残
る。ポトフ、鴨のコン
フィなど、伝統料理の
味には定評があり、ボ
リュームもたっぷり。

Ⓜ ①Rambuteau
住 20, rue Rambuteau 3e　**TEL** 01.40.27.90.90
営 12:00〜15:30（L.O.）、19:00〜23:30（L.O.）
休 ®、2月に2日間、8月に3週間
料 ア・ラ・カルト予算€35〜45
CC A M V　**予約** 望ましい　**日**　**Wi-Fi**
URL www.lebouledogue.fr

Cinéma Information　映画に登場するレストラン

　フランス映画はもちろん、各国の映画ロケ
地として選ばれるパリ。映画の舞台に使われ
たレストランを訪れるのも旅の楽しみのひと
つだ。イヴ・モンタン主演の『ギャルソン』
（1983）で使われた「ブラッスリー・リップ」
（→P.263）や下記のレストランで映画の世界
へトリップしてみては？

◆ル・トラン・ブルー
Le Train Bleu →P.264
リュック・ベンソン監
督の映画『ニキータ』
（1990）、コメディ映画
『Mr. ビーン カンヌで大迷
惑？』（2007）に登場する。
豪華な店内はスクリーン
映えNo.1。

◆ポリドール Polidor
1845年創業、ユゴー
やヘミングウェイ、
ランボーらが通ってい
た老舗。映画『ミッド
ナイト・イン・パリ』
（2011）の撮影で使わ
れた。
MAP 別冊P.29-2C
住 41, rue Monsieur le Prince 6e
URL www.polidor.com

◆オテル・デュ・ノール Hôtel du Nord
マルセル・カルネ監督の映画『北
ホテル』（1938）の舞台となった
ホテルを改装したカフェ・レスト
ラン（→P.150、P.166）。
MAP 別冊P.14-1B
住 102, quai de Jemmapes 10e
URL www.hoteldunord.org

Menu en tableau noir

黒板メニューの読み方

ビストロでは印刷された冊子メニューがなく、黒板に日替わり料理を書いているところも多い。手書きのフランス語は、一見解読不可能にも思えるが、基本的な構成はどこも同じ（メニューの見方→P.250）。仕組みを覚えればオーダーも意外と簡単にできる。

料理単語→P.254

組み合わせ方

前菜 Entrée
メイン Plat
デザート Dessert

● 前菜＋メイン＋デザート
● 前菜＋メイン
● メイン＋デザート
● メイン＋グラスワイン＋カフェ・グルマン

前菜

サーモンのタルタル Tartare de saumon
テリーヌ Terrine
スープ Soupe
フォワグラ Foie gras
サラダ Salade　など

メイン

豚足 Pied de porc
子羊の鞍下肉 Selle d'Agneau
牛の背肉 Entrecôte
メカジキ Espadon
タイ Daurade
マグロ Thon　など

デザート

コンテチーズ Comté
リンゴのサブレ Sablé aux pommes
チョコレートのクネル（円筒形にまとめたもの）Quenelles chocolat　など

単品で頼んだときの値段

前菜 Entrée　メイン Plat　デザート Dessert

レストラン、ビストロ、カフェで食事をするときは、パンは頼まなくても無料で提供される。もちろんお代わりも可能。気さくなビストロではミネラルウオーターではなく水道水を頼んでも問題ない（→P.248）

食後のコーヒーはセットメニューに入っていないので別に頼むのが普通。小さなデザートとコーヒーがセットになった「カフェ・グルマンCafé Gourmand」がある店も

ミュゼのレストラン、サロン・ド・テ

パリには魅力的なレストランを備えた美術館も多い。
モダンでスタイリッシュなレストランから、
美術作品が飾られたサロン・ド・テまで、芸術鑑賞と合わせて訪れたい。

カフェ・ミュロ Café Mulot

　改修工事を終えて2021年6月にリニューアルオープンしたヴィクトル・ユゴー記念館（→P.136）内にオープン。サン・ジェルマン・デ・プレ地区にある人気パティスリー・総菜店「メゾン・ミュロ」が手がけており、同店のデザートやヴィエノワズリーはもちろん、サラダやキッシュ、クロックムッシュー、クロワッサンのサンドイッチといった軽食、ホットドリンクやワインを用意。博物館に入らなくても利用でき、ユゴーの作品『海の労働者』をモチーフにした壁紙に囲まれた店内、または中庭のテーブルで静かに過ごすことができる。

MAP 別冊 P.27-2D **M** ① St-Paul ①⑤⑧ Bastille
住 6, pl. des Vosges 4e **TEL** 01.82.83.03.80
営 10:00 ～ 17:45（冬は 11:00 ～）　**休** ⑰、1/1、5/1、12/25　**料** コーヒー €2.80 ～、ケーキ €9.80、キッシュ €9.50、昼ムニュ €25 ～　**CC** AMV　**Wi-Fi**
URL www.cafe-mulot.com

高い天井が心地いい店内（左）と中庭（右）。パティスリーを楽しみながらユゴー作品を学ぶイベントも開催
© Jean-Baptiste Millot

マドモワゼル・アンジェリーナ Mademoiselle Angelina

　パリの人気サロン・ド・テ「アンジェリーナ」（→P.289）がリュクサンブール公園内で手がける店。穀物と野菜のサラダやアボカドトースト、クロック・ムッシュー、キノコのラビオリといった軽食が楽しめる。有名なモンブランのほかエクレアやクレープなどのスイーツ、ドリンクはホットチョコレートやカクテルもある。リュクサンブール美術館（→P.219）の特別展に合わせたデザートも発表される。

アボカドトーストと特製アイスティー（左）、ミルフイユ（右）
@ anneemmanuelle thion

MAP 別冊 P.29-3C **M** ④ St-Sulpice
住 19, rue de Vaugirard 6e **TEL** 01.46.34.31.19
営 10:00 ～ 18:45（⑰～ 21:45）　**休** 12/25
料 紅茶 €8、ケーキ €10 ～、朝食セット €5.20 ～、昼ムニュ €26　**CC** AMV　**Wi-Fi** ※
URL www.angelina-paris.fr/adresses/mademoiselle-angelina

やわらかい色調でまとめた店内と広々としたテラス席
© angelina

ル・ローディア Le Rhodia

　『ベートーヴェンの頭像』などの作品で知られる彫刻家アントワーヌ・ブールデルの美術館（→P.209）にあるカフェレストラン。ブールデルの娘、ローディアが暮らしていた2階に、2022年春にオープンした。ローディアの夫ミッシェル・デュフェがデザインしたアールデコ様式の内装も見ておきたい。

MAP 別冊 P.18-2A **M** ④⑥⑫⑬ Montparnasse Bienvenüe
住 18, rue Antoine bourdelle 15e
営 10:00 ～ 18:00（週末のブランチ 11:30 ～ 16:00）
休 ⑰、一部㊗　**料** ア・ラ・カルト予算約 €25
CC MV　**Wi-Fi**
URL lerhodia-bourdelle.fr

セビーチェや旬の野菜を使った一品を味わえる
©Marielle Gaudry

カフェ・ジャック Café Jacques

　エッフェル塔が目の前にそびえるケ・ブランリー・ジャック・シラク美術館（→P.207）の庭園内にあるカフェ・レストラン。ランチタイムには、新鮮な季節の食材を生かした料理やエクレアやフルーツのタルトを提供。天気がよい日には、緑に囲まれたテラス席でゆったり過ごすことができる。

MAP 別冊 P.11-2C　**Ⓡ** Pont de l'Alma
住 27, quai Jacques Chirac, 7e
☎ 01.47.53.68.01　**営** 10:30 ～ 18:00
（土・日～ 18：30）、4 ～ 8 月は 11:00 ～ 19:00
休 月、5/1、12/25（7・8 月以外の学校休暇中は月も営業）
料 コーヒー €2.90 ～、紅茶 €5.10 ～、昼ムニュ €29
～
CC A M V　**予約** 望ましい　**英**　**Wi-Fi**　**※**
URL www.quaibranly.fr/fr/informations-pratiques/
venir/restaurants

©Elements groupe　© Merci Bien

ガラス張りの明るい店内。エッフェル塔を眺められるテラス席もある
© Merci Bien

ローズ・ベーカリー Rose Bakery

　コンコルド広場に面した現代写真専門ギャラリー、ジュ・ド・ポーム（→P.218）には、オーガニック食材で作る料理や総菜、イギリス風菓子が人気のサロン・ド・テが出店。サラダやキッシュ、評判が高いキャロットケーキやチーズケーキ、

スコーンはもちろん、ディナーの食前酒も楽しめる。

MAP 別冊 P.24-3A
Ⓜ ①⑧⑫ Concorde
住 1, pl. de la Concorde
1er
営 11:00 ～ 18:30
（火～ 19:30）
休 月、1/1、5/1、7/14、
12/25
料 コーヒー €3 ～、紅茶 €5、ケーキ €3.50 ～、軽食 €5 ～
CC M V　**予約** 不可　**英**　**※**
URL jeudepaume.org/visite/cafe-terrasse
※ローズ・ベーカリーは、パリ市立ロマン主義博物館
（→ P.164）、バルザック記念館（→ P.169）にも出店している。

レストラン・ミュゼ・ドルセー
Restaurant Musée d'Orsay

　オルセー美術館（→P.196）の2階にあるレストラン。「オルセー駅」として建設された1900年当時、併設されたホテルのダイニングだった場所だ。艶やかな天井画に彩られた内装は、宮殿の大広間を思わせる豪華さ。料理も本格的で、名作鑑賞の合間に、贅沢なひとときを過ごすことができる。

MAP 別冊 P.28-1A
Ⓜ ⑫ Solférino　**Ⓡ** Ⓒ Musée d'Orsay
住 Esplanade Valéry Giscard d'Estaing 7e
営 ランチ 11:45 ～ 14:35、サロン・ド・テ（木は除く）
15:00 ～ 17:30、ディナー（木のみ）19:00 ～ 21:30
休 月、5/1、12/25
料 昼ムニュ €31、木の夜ムニュ €49（グラスシャンパン付き）
CC A M V
予約 不可　**英**　**Wi-Fi**　**※**
URL www.musee-orsay.fr

気軽に優雅なひとときを楽しめるのは美術館内のレストランならでは

4 ～ 10月にはチュイルリー庭園側にテラス席が設けられる
©Nicolas Matheus

Sapid
サピド
料理界の巨匠によるベジタブル料理

北駅・東駅周辺　MAP 別冊 P.7-3D

©Bertille Chabrolle

©Bertille Chabrolle

食堂をイメージし、内装も食器もレトロな雰囲気

©Bertille Chabrolle

フランス料理界の重鎮アラン・デュカスが2021年9月にオープン。「おいしくて手頃で、素早く、持続可能な料理」を追求し、素材のほとんどが植物性。パリ近郊をはじめとする生産者から取り寄せている。レンズ豆のボロネーゼ、穀物キヌアと野菜のサラダ、根セロリのバーガーなど、スパイスやハーブを組合わせた繊細で驚きのある料理が多い。注文はタッチパネル式で皿の受け取りや返却は客自身が行う。相席テーブルが並ぶアットホームな雰囲気で、料理のテイクアウト、食材の購入もできる。

Ⓜ ⑦ Poissonnière
住 54, rue de Paradis 10e　℡ 01.81.89.18.95
営 12:00 ～ 14:00、19:00 ～ 22:00（土・日のブランチ 11:00 ～ 15:00）　休 日の夜、8/9 ～ 8/26（'24）、年末年始に 2 週間
料 昼ムニュ €22、€26、夜ムニュ €54
CC AMV　予約 必須　WiFi　　
URL www.sapid.fr

Café Mirette
カフェ・ミレット
手頃な値段で質の高いランチを

サン・ラザール駅周辺　MAP 別冊 P.6-3B

サン・ラザール駅近く、パスティスのメーカーとして知られるペルノ・リカール財団のオフィスビルの1階にある。人気レストラン「ル・バントリュシュ」がプロデュースする店で、界隈で勤める人たちでいつもいっぱいのランチスポットだ。前菜、肉・魚料理ともに上質の素材を上品に仕上げていながら、リーズナブルな値段なのも人気の理由。ギャラリーを併設しており、アートな雰囲気も漂う。開放的なテラス席もおすすめだ。

ギャラリーが併設されたおしゃれなカフェ・レストラン

Ⓜ ③⑫⑬⑭ St-Lazare
住 1,cours Paul Ricard 8e
営 11:00 ～ 19:00（土～ 18:00）
休 日、祝、8 月に 3 週間、12/24 ～ 1/1
料 昼 €21 ～　CC MV　予約 要予約　WiFi　　
URL www.fondation-pernod-ricard.com/en/cafe-mirette

Klügen
クリューゲン
本場ブルターニュの味をパリで

バスティーユ周辺　MAP 別冊 P.21-1C

庶民的なアリーグルの市場のすぐ近くにあるクレープリー。有塩バターをたっぷり使い、香ばしく焼き上げたソバ粉のガレットがおいしいと評判の店。おすすめはハム、エメンタールチーズ、キノコなどさまざまな具材を包んだ「コンプレット」。ブルターニュの町レンヌの名物「ガレットソシス（ソーセージを生地で巻いたもの）」や、サーモントラウトやハムを巻いた前菜「ロール」なども試してみたい。

冷製クレープの「ロール」などユニークな一品も

Ⓜ ⑧ Ledru Rollin　住 9,rue Antoine Vollon 12e
℡ 09.82.57.17.96　営 12:00 ～ 14:30、19:30 ～ 22:30（土 12:00 ～ 22:30、日 12:00 ～ 21:30）
休 日の夜、8 月に 1 週間、12/25 ～ 1/1　CC MV
料 ガレット €9.60 ～
予約 望ましい　WiFi　　URL krugenparis.com

ひとりでも入りやすい カジュアルレストラン

"おひとり様"がフラリと入るのにぴったりなカジュアル店をご紹介。予約を取らないところも多いので、当日の気分で選びやすい。

今日は「肉モード」という日はここへ
Le Relais de l'Entrecôte
ル・ルレ・ド・ラントルコート

モンパルナス　**MAP** 別冊P.18-2B

メインのメニューは1種類、「クルミ入りサラダ＋リブロースステーキ、ポテトフライ」のみというステーキの専門店。秘伝のソースを添えたステーキは軟らかくておいしい。2回に分けてサービスされるからボリュームも十分。デザートは種類豊富にある。

Ⓜ④Vavin　住 101, bd. du Montparnasse 6e
TEL 01.46.33.82.82
営 12:00～14:30 (L.O.)、(土)(日)(祝) ～15:00 (L.O.)、18:45～23:00 (L.O.)　休 12/31の夜、1/1
料 ムニュ(ステーキセット) €29
CC Ⓜ︎ⓋⓋ　予約 不可　英
URL www.relaisentrecote.fr

サンドイッチも大人気
Le Petit Vendôme
ル・プティ・ヴァンドーム

オペラ地区　**MAP** 別冊P.24-2B

パリの中心地にありながら庶民的な雰囲気が残る店。素朴な伝統料理を出すランチ時はあっという間に常連客で満席に。「ジュリアン」のパンを使うサンドイッチはテイクアウト客で行列ができるほどだ。午後はハムの盛り合わせなど軽食も。

Ⓜ③⑦⑧Opéra ⑧⑫⑭Madeleine
住 8, rue des Capucines 2e　TEL 01.42.61.05.88
営 8:00～23:00 (L.O.、(土)(日) ～16:30、(祝)10:00～) (ランチ12:00～)　休 1/1、12/25
料 ア・ラ・カルト予算€35～40　CC ⒶⓂ︎Ⓥ
予約 望ましい　英　URL lepetitvendome.fr

「居酒屋」スタイルのタパスバー
Freddy's
フレディーズ

サン・ジェルマン・デ・プレ　**MAP** 別冊P.29-2C

「ラ・ボワッソヌリー」(→P.267)の向かいにある同経営のタパスバー。長いカウンターの中からは炭火焼きの香ばしい香りが漂う。黒板には旬の素材を使ったつまみのメニューが並び、ワインとともに味わいたい。

Ⓜ⑩Mabillon
住 54, rue de Seine 6e　TEL なし
営 12:30～14:30 (L.O.)、18:30～22:30 (L.O.)
休 1/1、1/2、12/24、12/25、12/31
料 ア・ラ・カルト予算約€30
CC ⒶⓂ︎Ⓥ　予約 不可
英　Wi-Fi

行列ができるサンドイッチ店
Micho
ミショー

オペラ地区　**MAP** 別冊P.25-2C

©Micho

パレ・ロワイヤルからすぐの所にあるサンドイッチの店。ビジネススクールを経て料理の世界に入ったジュリアン・セバグがプロデュース。マミッシュ(→P.49)のパンを使い、特に野菜にこだわったクリエイティブな具材を楽しめる。

Ⓜ⑦⑭Pyramides
住 46, rue de Richelieu 1er
営 12:00～15:00、19:00～22:30
休 一部(祝)
料 サンドイッチ€12～15.50
CC Ⓜ︎Ⓥ　予約 不可　英
URL micho.fr

パリでは珍しい食べ放題
BOULOM
ブロム

モンマルトル　**MAP** 別冊P.7-1C

シェフ、ジュリアン・ドゥブエが開いたパン屋併設のレストラン。店名は「食事ができるパン屋」という仏語の略だ。前菜、メイン、チーズ、デザートがすべて食べ放題で、ワインなど飲み物は別料金。おいしい料理を好きなだけ食べられる。

Ⓜ⑫Jules Joffrin ⑬Guy Môquet
住 181, rue Ordener 18e　TEL 01.46.06.64.20
営 12:00～14:30 ((土)(日) 11:30～15:00)、19:30～22:30　休 無休
料 昼ビュッフェ€32、夜ビュッフェ€48、(土)(日)のブランチ€56　CC Ⓜ︎Ⓥ
予約 望ましい　Wi-Fi 英　URL www.boulom.net

オーガニックデリの人気店
Café Bogato
カフェ・ボガトー

マレ地区　**MAP** 別冊P.26-2B

©chez bogato

カラフルなスイーツで人気の「シェ・ボガトー」(→P.320)のカフェ。優しい色合いでまとめられた店内で、週替わりのタルトやサラダ、チーズとハムを挟んだクロック・ブリオッシュなど、軽めのランチを取るのにおすすめ。

Ⓜ①⑪Hôtel de Ville
住 5, rue St-Merri 4e
営 8:30～19:00　休 (月)
料 昼ムニュ€19　Wi-Fi
CC Ⓜ︎Ⓥ　予約 不可　英
URL chezbogato.fr/content/
36-coffee-shop-cafe-bogato

はみだし！ ファストフード店やテイクアウトができる店に行くと、「持ち帰り？　店内で食べる？」と聞かれる。店内で食べるなら「シュル・プラス sur place」、持ち帰りは「ア・アンポルテ à emporter」と覚えておこう。

「クレープ通り」の人気店
Crêperie de Josselin
クレープリー・ド・ジョスラン

モンパルナス　**MAP** 別冊P.18-2B

クレープリーがいくつも並ぶモンパルナス通りで、最も人気がある店。ランチタイムは混み合うので、少し時間をずらして行くといい。卵やチーズが入った塩味のクレープとデザートクレープを1品ずつ頼むのがおすすめ。シードルと合わせて。

Ⓜ ⑥Edgar Quinet
🏠 67, rue du Montparnasse 14e
☎ 01.43.20.93.50
🕐 11:30〜23:00（㊋17:30〜）
休 ㊌の昼、㊐、1月に2週間、8月に3週間
料 昼ムニュ€15、ア・ラ・カルト予算約€20
CC MV　予約 不可　日　英

クロック・ムッシュー専門店
Faste
ファスト

レピュブリック広場界隈　**MAP** 別冊P.14-1A

©FASTE

シェフ、ニコラ・デュケノワがプロデュースする「クロック・ムッシュー」の専門店。エリック・カイザーのパンを使い、サーモンやキノコ、トリュフ風味のソースなどバリエーション豊かな具を挟んだグルメサンドに仕上げている。

Ⓜ ④Château d'Eau
🏠 52, rue du Faubourg St-Martin 10e
☎ 09.74.97.29.62
🕐 12:00〜23:00　休 ㊐　料 クロック・ムッシュー€10〜（+€2でサラダかデザート付きに）
CC A D J M V　予約 不可　英　Wi-Fi　※
URL www.faste-restaurant.fr

素材にこだわるギリシアサンド
Filakia
フィラキア

レ・アール　**MAP** 別冊P.13-2D

ギリシアのカジュアルフード「スブラキ（肉の串焼き）」のピタパンサンドが人気の店。野菜もたっぷり入っているので、バランスのとれた食事が気軽にとれる。カリッと香ばしいフリット（ポテトフライ）もおいしいので、セットがおすすめ。

Ⓜ ③Sentier ④Etienne Marcel
🏠 9, rue Mandar 2e　☎ 01.42.21.42.88
🕐 11:30〜15:00（L.O.）、18:30〜22:30（L.O.）
休 1/1、12/24、12/25、12/31、8月に1週間
料 昼ムニュ€16、ピタパンサンド€11〜
CC MV　予約 不可　英
URL filakia.fr

季節で変わる具材が楽しみ
Picto
ピクト

オペラ地区　**MAP** 別冊P.13-1D

©guillaume et laurie

旬の野菜や厳選された素材を使い、注文を受けてから作るサンドイッチの店。子羊をやわらかく煮込んだナヴァランを挟んだシェフ特製サンドなど、こだわりの具材が好評。コーヒーは「クチューム」（→P.287）の本格コーヒーを楽しめる。

Ⓜ ⑧⑨Grands Boulebards
🏠 159, rue Montmartre 2e　☎ 01.45.08.17.52
🕐 11:30〜15:00
休 ㊏㊐
料 サンドイッチ€6.50〜
CC A M V　予約 不可　英　Wi-Fi　※
URL www.picto.paris

贅沢素材のロールサンド
Homer Lobster
オメール・ロブスター

レ・アール／ランビュトー通り　**MAP** 別冊P.26-2B／本誌P.332

©Kim Garel

アメリカ生まれのロブスターサンドの専門店がパリにも登場した。ブリオッシュ生地のパンに挟む具は、ロブスター、カニ、エビのなかから選べる。自家製マヨネーズもしくはレモンバターで和えたロールサンドは高級感たっぷり。

Ⓜ ⑪Rambuteau
🏠 21, rue Rambuteau 4e
🕐 12:00〜22:00（㊎㊏〜22:30）
休 無休
料 ムニュ€24、€29、ロブスターロール€20
CC A M V　予約 不可　英　Wi-Fi
URL www.homerlobster.com

Column
Information

イートインのあるパンのチェーン店

「ポール」や「ブリオッシュ・ドレ」といったパンのチェーン店もおすすめ。イートインスペースがある店舗もある。シャ

2店が並ぶシャンゼリゼ大通り店（MAP P.23-2C）

ンゼリゼ大通りなど人が集まるエリアや国鉄駅構内にあり、気軽に利用できる。

◆ポール Paul　URL www.paul.fr
◆ブリオッシュ・ドレ Brioche Dorée
URL www.briochedoree.fr

🔍はみだし！　食事を簡単に済ませたいときなどに便利なのがデパート内のセルフ・サービス・レストラン。「ギャラリー・ラファイエット」（→P.340）などにある。

各国料理レストラン

フレンチにちょっと飽きたら、フランス以外の国の料理はいかが？食べ慣れたアジア料理などホッとする味にも出合える。

カジュアルイタリアンならここ！

Fuxia
フクシア

イタリア料理／オペラ地区　MAP 別冊P.24-2B

パリ市内に数店舗あるイタリアンのチェーン店。「パリのパスタはゆで過ぎ」という定説を覆す本格イタリアンが気軽に食べられる。リゾットやパスタひと皿でもOKなのがうれしい。前菜盛り合わせやサラダとアペリティフを楽しむのもおすすめ。

- Ⓜ ⑦⑭Pyramides ①Tuileries
- 🏠 42, pl. du Marché St-Honoré 1er
- ☎ 01.42.61.45.46
- ⏰ 10:00～翌1:00（ランチ11:00～）
- 休 1/1、12/24の夜、12/25、12/31
- 料 パスタ€13～19、ピザ€13～19、リゾット€16
- CC MⅤ 予不 英 ⚡
- URL fuxia.fr

本格的なレバノン料理の店

Maison Noura
メゾン・ヌラ

レバノン料理／シャンゼリゼ界隈　MAP 別冊P.23-3C

高級ブティックが並ぶモンテーニュ大通りからほど近い場所にある。パリのレバノン料理の店の先駆け的存在として、中東の香りを届け続けている。「メセ」と呼ばれる、さまざまな前菜を盛り合わせたものがスペシャリテ。

©Maison Noura

- Ⓜ ⑨Alma Marceau
- 🏠 21, av. Marceau 16e
- ☎ 01.47.20.33.33
- ⏰ 11:00～15:00、19:00～24:00
- 休 8月の一定期間
- 料 昼ムニュ€32、夜ムニュ€68、€84
- CC AMⅤ 予望ましい 英 ⚡
- URL maison.noura.com

ムール貝がおいしいチェーン店

Léon
レオン

ベルギー料理／サン・ジェルマン・デ・プレ　MAP P.29-2C

ベルギー名物であるムール貝料理のチェーン店。ココット鍋いっぱいのムール貝を揚げたてのフライドポテトとともに楽しめる。定番のムール貝ワイン蒸しはもちろん魚介料理のメニューも充実。カジュアルで入りやすいのも魅力だ。

- Ⓜ ⑩Mabillon
- 🏠 131, bd. St-Germain 6e
- ☎ 01.43.26.45.95
- ⏰ 11:45～23:00　休 無休
- 料 ムール貝のココット€13.90～19.90
- CC MⅤ 予望ましい 英 ⚡
- URL brasserie.restaurantleon.fr

Column Information

パリで味わう
エスニックフード

パリで一度は食べてみたいのが、「クスクス Couscous」「タジンTajine」など北アフリカ料理。クスクスは、デュラム小麦粉から作られた粒状のスムールsemouleに、野菜スープや肉、ヒヨコ豆、薬味などをかけて食べる。タジンは、肉と野菜を円錐形のタジン鍋で蒸し煮したもの。食材の凝縮したうま味をそのまま味わえる。

Column Information

各国料理を気軽に楽しめるフードコート

さまざまなジャンルから好きな料理を選んで食べることのできるフードコートが、今、パリで人気を呼んでいる。例えば、2022年モンパルナス駅の近くにオープンした「フード・ソサエティ・パリ・ゲテFood Society Paris Gaîté」は、3500m²の広大な空間に、クレープ、ハンバーガー、韓国料理など、さまざまなスタンドが入っている。スマートフォンでQRコードを読み込んで注文、スタンドに並ぶ必要がないのも特徴だ。ひとりでも入りやすく、利用価値大。

◆フード・ソサエティ・パリ・ゲテ
- MAP 別冊P.18-2B　Ⓜ ⑩Mabillon
- 🏠 68, av.du Maine 14e
- ⏰ 8:00～翌1:00　休 12/25
- CC 店舗による Wi-Fi ⚡ URL foodsociety.fr

◆その他のフードコート
フードコート・リヴォリ（カルーゼル・デュ・ルーヴル内）
- MAP 別冊P.25-3D　🏠 99, rue de Rivoli 1er

「クリューゲン」（→P.272）のガレット・ソシス（左）。店舗は入れ替えがある

はみだし！ お醤油の味が恋しくなったときは中華街に行ってみるのもいい。13区のチャイナタウン（→P.178）では、ベトナム系、カンボジア系、タイ系など各種の店が並んでいる。日曜も営業している店が多く、値段も手頃だ。

日本料理レストラン

寿司や天ぷらからラーメンまで、日本食はフランス人にも大人気。箸を器用に使うパリジャンと並んで食べる和食もオツなもの。

パリジャンに人気の日本の味
Zen
善

ルーヴル界隈 **MAP** 別冊P.25-2C

気軽に食べられる日本食が評判の店。餃子、カレー、とんかつ、丼物、寿司など多彩なメニューが勢揃いし、さながら「味の名店街」。昼は開店と同時に席が埋まるほどだ。夜は居酒屋風となり、天ぷらなど一品料理が充実している。

Ⓜ ⑦⑭Pyramides
🏠 8, rue de l'Echelle 1er ☎ 01.42.61.93.99
🕐 12:00～14:30 (L.O.)、19:00～22:00 (L.O.)
休 ⑪㊗、8月に3週間
CC AMV 昼は不可、夜は望ましい 日 ⚙
URL www.zenrestaurantparis.fr

本格さぬきうどんをパリで
Sanukiya
さぬき家

ルーヴル界隈 **MAP** 別冊P.25-2C

北海道産のうどん粉、香川県産の醤油を使用したコシの強い本格うどんが評判の店。温・冷うどんのほか、ぶっかけ、ざるなど種類豊富でトッピングもいろいろある。鶏ごぼうご飯、揚げ物、卵焼きが付く定食セットは18:00まで注文可能だ。

Ⓜ ⑦⑭Pyramides
🏠 9, rue d'Argenteuil 1er
☎ 01.42.60.52.61
🕐 11:30～22:00 (L.O.)
休 第2㊌の昼、8月に3週間、年末年始に1週間
料 昼ムニュ€14～、うどん€11～、丼€15～22
CC MV 予不可 ⚙

女性シェフの心配りが感じられる
Chez Miki
シェ・ミキ

オペラ地区 **MAP** 別冊P.25-1C

2007年にシェフの三木綾子さんがオープンしたレストラン。前菜2品、メイン1品、ご飯付きで€20のランチが好評だ。フォワグラと大根の照り焼きやイワシのマリネ、カボチャのコロッケなど、ていねいに作られた味わいにほっとする。

Ⓜ ③Quatre Septembre ⑦⑭Pyramides 🏠 5, rue de Louvois 2e ☎ 01.42.96.04.88 🕐 12:00～14:30 (L.O.)、18:00～22:00 (L.O.) 休 ㊋㊌
料 昼ムニュ€20、一品料理€15～ CC AMV
予 昼は不可、夜は望ましい 日 部英 ⚙
<その他> 2号店「柚子Yuzu」
MAP別冊P.12-3B 🏠 33, rue Bellechasse 7e

エッフェル塔近くで絶品塩ラーメンを
Ryukishin Eiffel
龍旗信

エッフェル塔界隈 **MAP** 別冊P.11-3D

2019年11月、塩ラーメン専門店「龍旗信」がパリに2店舗目をオープン。あっさりとしたなかに深いコクがあるスープで、鴨と豚の2種類のチャーシューもおいしい。トッピングの味玉、餃子や鶏の唐揚げなどのおつまみもパリジャンに人気だ。

Ⓜ ⑧Ecole Militaire 🏠 20, rue de l'Exposition 7e
☎ 01.45.51.90.81 🕐 12:00～14:30 (L.O.)、18:30～21:30 休 ㊊ ㊐ ㊗ 料 ラーメン€16.50～18.50、つけ麺€18、ラーメン+餃子または鶏の唐揚げセット€23 CC AMV 部英 ⚙
<その他>
MAP P.25-2C 🏠 59, rue de Richelieu 2e

日仏の架け橋
MEDIACAFE
メディアカフェ

サン・マルタン運河界隈 **MAP** 別冊P.14-1A

日本語情報誌『オヴニー』編集部がある「エスパス・ジャポン」(→P.429) 内にオープン。ていねいに手作りされたおにぎりやお総菜など家庭の味が好評。おにぎり1個€2.50など良心的な値段設定もうれしい。テイクアウトのお弁当も。

Ⓜ ⑤Jacques Bonsergent
🏠 12, rue de Nancy 10e ☎ 01.47.00.77.47
🕐 12:00～19:00 (⊕～18:00) 休 ㊐ ㊊ ㊗
料 日替わりセット€10、お総菜€3、日本茶€3.50、アイスコーヒー€4
CC MV 予不可 Wi-Fi
URL www.espacejapon.com/mediacafe

🥖 **Column Information**
INFO

日本の食料品を買うなら

日本食が食べたいけれどレストランに行くほどでもなく、日本の食品を買いたい……というときには、オペラ地区に行ってみよう。

◆京子 Kioko
食料品、食材が充実していて、パリ在住の日本人に特に親しまれている店。
MAP 別冊P.25-2C
🏠 46, rue des Petits Champs 2e
☎ 01.42.61.33.65
🕐 10:00～20:00 (㊐ 11:00～19:00)
休 ㊊ ㊗ CC JMV URL www.kioko.fr

はみだし! もはや日本人のソウルフードといっても過言ではないラーメン。オペラ大通り近くのサンタンヌ通りRue Ste-Anne (MAP 別冊P.25-2C) とその周辺にはラーメン店が数多くある。

Le Barav
ル・バラヴ
持ち込みもできる気さくなバー

レピュブリック広場界隈　MAP 別冊 P.14-2B

日によって変わるグラスワインはボルドーなど「地方」で選ぶ

Ⓜ ③⑤⑧⑨⑪ République
住 6, rue Charles François Dupuis 3e
TEL 01.48.04.57.59
営 17:00 ～ 22:30（L.O.）
休 ⊕ⓂⓂ、8月に15日間
料 グラスワイン€4.50 ～ 7、一品料理€6 ～ 16
CC ⅯⅤ　予約 不可
URL www.lebarav.fr

ワインバーを意味する「バーラ・ヴァンBar à Vin」を略したというシンプルな店名にふさわしく、純粋にワインとつまみを楽しめる店だ。イベリコ豚のハム、シェーヴルチーズのサラダなどのつまみ、ワインとも手頃な価格なのもうれしい。隣接したワインショップで好きな1本を選び、持ち込むことも可能（持ち込み料が必要）。ブラインドテイスティングも行っていて、地方、ブドウの品種、アペラシオン（原産地）の3つを当てられたらそのワイン1本が無料に！ ワイン好きなら挑戦してみては？

Avant Comptoir du Marché
アヴァン・コントワール・デュ・マルシェ
常連客に混じって気軽に一杯

サン・ジェルマン・デ・プレ　MAP 別冊 P.29-2C

屋内市場の入ったマルシェ・サン・ジェルマンの一角にあるワインバー。カウンターで注文して持ってきてもらうシステムで、活気ある店内は常連客でいつもいっぱいだ。豚肉のローストをキャラメリぜした一品やひと口大のコロッケ、牛肉のカルパッチョなど、小皿料理をいくつか頼んでグラスワインを楽しみたい。オデオン広場には立ち飲みスタイルの姉妹店がある。

「軽め」など好みを伝えればおすすめのワインを選んでくれる

Ⓜ ⑩ Mabillon　住 14, rue Lobineau 6e
営 12:00 ～ 23:00　休 無休
料 グラスワイン€5.50 ～、料理€5 ～ 15
CC ⒶⅯⅤ　予約 不可
URL camdeborde.com/en/restaurants/avant-comptoir-du-marche
＜その他＞ アヴァン・コントワール・ド・ラ・テール
Avant Comptoir de la Terre
MAP 別冊P.29-2C　住 3, carrefour de l'Odéon 6e

Fulgurances en face
フュルギュランス・アン・ファス
若手生産者のワインを扱う

バスティーユ界隈　MAP 別冊 P.15-3D

注目の若手シェフが交代で料理を担当するレストラン「フュルギュランス」が、同じ通りに開いているワインショップ兼ワインバー。若い生産者たちが手掛けるフランス産を揃えており、まだ知られていないドメーヌのワインに出合える可能性も。旬の食材を使ったコロッケやラビオリといった小皿料理やデザートも用意。夕食前の軽い1杯にも、また2軒目としても気軽に利用できる。

©Fulgurance en face
日本に輸入されていないワインに出合えるかも

Ⓜ ⑨ Rue des Boulets
住 5, rue Alexandre Dumas 11e　TEL 01.45.68.92.52
営 19:00 ～ 24:00　休 ⊕ ⓂⒷ
料 グラスワイン€8 ～、料理€6 ～ 15
CC ⅯⅤ　予約 不可
URL fulgurances.com/les-restaurants/wine-bar-paris/

ワインバー

自然派ワインが人気
Le Verre Volé
ル・ヴェール・ヴォレ
サン・マルタン運河界隈 🗺 別冊P.14-1B

400種類を超えるビオワインの品揃えを誇る人気店。壁一面に並んだワインと、常に満席という客たちのにぎわいのなか、熱気あふれる下町のワイン屋の雰囲気を味わえる。おいしいと評判の料理とワインのマリアージュを楽しんで。

Ⓜ ⑤Jacques Bonsergent
🏠 67, rue de Lancry 10e ☎ 01.48.03.17.34
🕐 12:30～14:00 (L.O.)、19:30～22:30 (L.O.)
休 1/1、1/2、12/24の夜、12/25、12/31の夜
料 グラスワイン€6.50～12、一品料理€17～30
CC DJMV 予約 望ましい 英 Wi-Fi ※
URL www.leverrevole.fr

こだわりのワインがたくさん
Les Papilles
レ・パピーユ
カルチェ・ラタン 🗺 別冊P.19-2C

壁の棚にワインがびっしりと並ぶ店内には、こぢんまりとしたテーブル席が整然とセッティングされている。オーナーこだわりのワインセレクションを心ゆくまで楽しみたい。おつまみや食事も充実している。ワインだけでなく食材の販売も。

Ⓜ ⑧Luxembourg
🏠 30, rue Gay Lussac 5e ☎ 01.43.25.20.79
🕐 12:00～13:45 (L.O.)、18:30～21:45 (L.O.)
休 ⑧ ⑧、1/1、7月下旬～8月下旬、クリスマス期間
料 グラスワイン€4.80～、昼ムニュ€30、夜ムニュ€42、一品料理€22～
CC AMV 予約 望ましい Wi-Fi URL www.lespapillesparis.fr

クラシックなワインビストロ
La Robe et le Palais
ラ・ローブ・エル・パレ
レ・アール 🗺 別冊P.26-2A

ワインは白か赤かどちらかの希望を伝えると、料理に合った銘柄を選んでくれる。店内にはブドウに関するグッズが飾られ、ワインの木箱を使ったテーブルなど雰囲気も抜群。鴨料理やアンガス牛のタルタル、熟成肉のステーキなど肉料理が充実。

Ⓜ ①④⑦⑪⑭Châtelet
🏠 13, rue des Lavandières Ste-Opportune 1er
☎ 09.55.59.69.39 🕐 12:00～14:30、19:00～22:30 (L.O.) 休 ⑧の昼、⑧
料 グラスワイン€7～9、一品料理€24～45
CC AMV 予約 望ましい 英 Wi-Fi ※
URL www.robeetlepalais.fr

Column Information

ワインバーで頼みたい定番おつまみ

一般的なワインバーでは夜は冷製のおつまみしかないというところも多い。たいていの店にあるのが「チーズfromage」や「シャルキュトリーcharcuterie」だ。シャルキュトリーとは、おもに豚肉や豚の内臓から作ったハム、サラミ、ソーセージ、テリーヌなどの加工食品のこと。しっかりとした味でワインによく合う。

Column Information クラフトビールがパリで流行中

数年前からクラフトビールの人気が高まり、個性的なビールを造る小規模醸造所が急増。パリには醸造所を併設して生ビールを提供する"ブリュー・パブ"も登場している。

◆レ・キューヴ・ド・フォーヴ
Les Cuves de Fauve
ホップを多く使ったIPAやフルーツ入り、樽熟成など16種が味わえる。4種を試せるセット、アーティストがデザインした缶ビールも充実している。食事メニューが充実している。

🗺 別冊P.15-3C Ⓜ ⑧Ledru Rollin
🏠 64, rue de Charonne 11e ☎ 07.49.05.95.96
🕐 17:30～24:00 (休 ～翌1:00、⑤ ～翌2:00、⑥

⑧ 11:30～) 休 8月に1週間、年末に1週間 料 ビール25cl €5.20～、50cl €6.50～ CC AMV Wi-Fi
URL fauvebiere.com/pages/cuves-de-fauve

◆ル・バー・フォンダモンタル
Le Bar Fondamentale
ビール醸造教室も開いている「ラ・ブラッスリー・フォンダモンタル」のバー。ペールエール、褐色のダブル、小麦ビール、ジンジャーエールなど20種を常備。

🗺 別冊P.31-3C Ⓜ ②⑫Pigalle
🏠 6, rue André Antoine
🕐 17:00～翌2:00 (⑧ ～22:00、
⑧ ～24:00、⑥ ～翌1:00、⑤ 16:00～22:00)
休 8月 料 ビール1pinte €7～、1/2pinte €4～
CC MV (現金不可) URL www.lbf-biere.fr

カフェガイド

Cafés

Photo：Café Crème

カフェを楽しむテクニック

17世紀末、オデオンに1軒のカフェが誕生した。以来、上流の人々の社交場として、学生、画家たちの議論の場として、カフェはパリジャンの生活に欠かせないものとなった。コーヒーを飲むだけでなく、食事やアルコールを楽しんだり、1日中時間を問わず何度でも足を運びたい場所だ。

カフェの基本ルール

ノンストップで早朝から深夜まで営業

カフェの営業時間は、一般的に7:30頃から深夜まで。昼休みはなく、ノンストップで営業している。クロック・ムッシューなどの軽食は、どの時間帯でも食べることができる。

注文の仕方

カウンターなら、直接バーの店員に「Un café, s'il vous plaît. コーヒー（エスプレッソ）お願いします」と言えばいい。
テーブルの場合は、店員が注文を聞きにくるまで待つ。呼ぶときは、手を挙げて「S'il vous plaît.」または「Monsieur」と声をかける。

座る席は自由

カフェでは、係が席まで案内するということはなく、どこに座ろうと自由。席の種類は、一般的なカフェの場合「カウンターcomptoir」、「店内席salle」と「テラスterrasse」の3種類。カウンターでの立ち飲みのほうが、テーブル席より€0.50くらい安くなる。店内席とテラス席は同額のことが多い。

先に払うと、支払い済みのしるしにレシートを破ってくれることも

値段の目安

コーヒー（エスプレッソ）1杯の平均的な値段は€3〜5。中心部を外れればもう少し安くなるが、観光地にあるカフェや有名店などでは多少高くなり、€4〜6。カフェ・クレームやショコラ・ショーは€5〜6、そのほかの飲み物はもう少し高くなる。サロン・ド・テでの紅茶の相場は、ポットサービスで€8ほど。

お勘定はテーブル担当の店員に

会計はテーブルで済ませるのが原則に、カフェの店員はそれぞれ担当のテーブルが決まっているので、基本的に注文を取りに来た人に支払う。ほかの人に声をかけても無視される可能性があるので、担当の店員の顔を覚えておこう。
支払うタイミングに決まりはない。伝票が置かれていなければ、担当の店員に「L'addition, s'il vous plaît. お勘定お願いします」と言って催促する。急ぐときは、飲み物を持ってきたときその場で払ってしまおう。

カフェを使いこなす

朝食をカフェで

カフェでは11:00頃まで「プティ・デジュネPetit Déjeuner（朝食）」のセットを用意している。クロワッサンやタルティーヌ（バゲットを半分に切ってバターとジャムを塗ったもの）とコーヒーといった簡単なものから、卵料理を選べるボリュームたっぷりのセットまで楽しめる。

ランチタイムには テーブルの多くが食事用に

リーズナブルな値段で楽しめるランチスポットでもあるカフェ。12:00前から14:30くらいまで、一部のテーブルにクロス代わりのペーパーシートが敷かれ、ナイフとフォークがセッティングされる。この時間帯は、コーヒーだけだと入れないこともあるので注意しよう。

たばこが吸える席は？

カフェ店内の喫煙は、法律で禁止されており、屋外になるテラス席のみ喫煙が可能。"コーヒーとたばこは切っても切れない仲"という人も、テラス席以外では吸えないので注意。

チップは必要？

飲食代金にはサービス料が含まれているので、チップを支払う必要はない。ただ、おつりの小銭を残すことはよくある。

紅茶を飲みたければ サロン・ド・テ へ

カフェで紅茶を頼むと、ほぼ100％お湯を添えたティーバッグが出てくる。紅茶党なら、リーフティーがポットでサービスされるサロン・ド・テがおすすめ。

「ハッピーアワー」で お得にアペロ

夕方から夜の早い時間にかけて、ドリンクが割安になる「ハッピーアワー」。パリのカフェでも導入している店があり、アペロ（アペリティフ＝食前酒）をお得な値段で楽しめる。

281

カフェの定番メニュー

観光や買い物途中のコーヒーブレイクだけでなく、朝、昼、夜の食事、
時間外の軽食にも利用できるカフェ。
「カフェの定番」の飲み物と食べ物を紹介しよう。
カフェでのメニュー選びに役立てて。

ドリンク

温かい飲み物

カフェ・クレーム
Café Crème
エスプレッソに泡立てたミルクを
たっぷり入れたもの。メニューに
「カフェ・オ・レcafé au lait」とは
書かれていないので注意しよう。

カフェ・エクスプレス
Café Express
「アン・カフェUn café」といえ
ば、エスプレッソのこと。大きな
カップで欲しければ「グラン・カ
フェgrand café」。薄めのコー
ヒーをたっぷり飲みたいときは、
お湯で薄めた「カフェ・アロンジェ
café allongé」を。

カフェ・ノワゼット
Café Noisette
エスプレッソに泡立てたミルク
を少し入れたもの。冷たい牛
乳の入ったポットが添えられる
こともある。

テ Thé
紅茶。ミルクティーは「テ・オ・レthé
au lait」、レモンティーは「テ・オ・シト
ロンthé au citron」。ハーブティーは
「アンフュジョンinfusion」。

ショコラ・ショー
Chocolat Chaud
ホット・チョコレート（ココア）のこと。
濃厚で甘く、フランスでは人気の飲
み物。寒さの厳しい冬には格別。

シトロン・プレッセ
Citron Pressé
搾りたてのレモン汁に好みで水と砂糖を加
えて飲む。オレンジ果汁なら「オランジュ・
プレッセorange pressée」。

夏のカフェを
彩ります

冷たい飲み物

マンタロー
Menthe à l'Eau
ミントシロップを水で薄めたもの。
甘いソーダ割りは「ディアボロ・
マントdiabolo menthe」。

ヴェール・ド・ヴァン
Verre de Vin
グラスワイン。赤は「ヴァン・ルージュvin rouge」、白は「ヴァン・ブランvin blanc」。グラスシャンパンは「クープ・ド・シャンパーニュcoupe de champagne」という。

ビエール Bière
ビール。小ジョッキは「アン・ドゥミun demi」と注文する。生ビールは「プレッシオンpression」。

モナコ
Monaco
ビールにグレナディンシロップを加えた赤いカクテル。

パナシェ
Panaché
ビールのレモネード割り。ビールの苦味が抑えられて、さわやかな飲み心地。

ヴァン・ショー
Vin Chaud
ホットワイン。甘味がつけてあり、飲みやすく、冬の寒い日にぴったり。シナモンが添えられる。

サラダ Salade
ゆで卵やアンチョビが入った「ニース風サラダsalade niçoise」、フォワグラが入った「ランド風サラダsalade landais」などいろいろな種類がある。

キッシュ
Quiche
サクサクしたタルトにホウレンソウ、ベーコンなどの具を詰め、卵の生地を流して焼く。サラダが添えられていることが多い。

クロック・ムッシュー
Croque Monsieur
パンにハムとチーズを挟み、上にベシャメルソースをのせて焼いたもの。目玉焼きをのせると「クロック・マダムcroque madame」。

オムレット
Omelette
オムレツは軽食の人気メニュー。チーズ、ハム、ジャガイモ、キノコなど、中に入れる具の種類も豊富。

タルティーヌ Tartine
同じ単語でふたつの意味がある。ひとつは野菜やチーズ、ハム、サーモンなどバリエーション豊富な具をのせたオープンサンド（左）。もうひとつは朝食の一品。バゲットを半分に切って、バター、ジャムを塗ったもの（上）。

Café de Flore
カフェ・ド・フロール
サルトルの書斎にもなった

サン・ジェルマン・デ・プレ **MAP** 別冊 P.28-2B

さまざまな芸術家、文化人たちが語り合ったカフェの1階席（左）。2階席は観光客が少なく落ち着いた雰囲気

Ⓜ ④ St-Germain des Prés
住 172, bd. St-Germain 6e
TEL 01.45.48.55.26
営 7:30 ～翌 1:30 休 無休
料 コーヒー €4.90、ケーキ €12 ～ 15、一品料理 €9.80 ～
CC AMV 英 Wi-Fi ✖
URL cafedeflore.fr（日本語あり）

「レ・ドゥー・マゴ」（→P.285）とともに、サン・ジェルマン・デ・プレ地区のシンボル的存在のカフェ。創業は1887年といわれる。20世紀初頭、アポリネールがカフェの1階に雑誌の編集室を設けたことがきっかけとなり、編集者たちが集う場所となった。その後も、画家や作家、映画関係者たちが通い、会話を楽しんだ。なかでも哲学者のサルトルは、一日中カフェで過ごすこともあったという。今でも文化人たちに愛されている。カップなどのグッズも販売している（→P.286）。

Shakespeare and Company Café
シェイクスピア・アンド・カンパニー・カフェ
コーヒーを片手に読書タイム

カルチェ・ラタン **MAP** 別冊 P.29-1D

学生街として知られるカルチェ・ラタンの中心にある老舗有名書店「シェイクスピア・アンド・カンパニー」が隣にオープンしたカフェ。焙煎に定評のある「カフェ・ロミCafé Lomi」の香り高いコーヒーのほか、ケーキや軽食メニューも充実している。店内は広くないので、自然と相席風になり、カジュアルで親密な空気に心地よく包まれる。窓際のカウンターは「本

とコーヒー」が似合う特等席だ。窓からの景色を楽しみつつ、自分の世界に浸れる。オリジナルの布製バッグはおみやげにぴったり。

天気のいい日はテラス席でおしゃべりを楽しんで

Ⓜ ④ St-Michel RER Ⓒ St-Michel Notre-Dame
住 37, rue de la Bûcherie 5e TEL 01.43.25.95.95
営 9:30 ～ 19:00（⊕ 圓 ～ 20:00) 休 12/25
料 コーヒー €3 ～、ケーキ €3 ～
CC ADJMV 英
URL www.shakespeareandcompany.com/cafe

Café Charbon
カフェ・シャルボン
著名人も姿を現す下町カフェ

レビュブリック周辺 **MAP** 別冊 P.15-2C

オベルカンフ通りに面した、この界隈の人気カフェ・ブラッスリー。19世紀の建物を改装しており、開放感のある高い天井、磨き込まれたカウンター、モザイクタイルの床、照明、手書きの黒板メニューなどの一つひとつが、趣のあるカフェの心地よい空気感をつくり出している。毎日通うお気に入りに挙げるパリジャンも多い。昼から深夜までノンストップで食事が取れ、ウェブサイトでの予約も可能だ。

重厚なカウンターの装飾も要チェック

Ⓜ ③ Parmentier 住 109, rue Oberkampf 11e
TEL 01.43.57.55.13 営 8:00 ～翌 2:00（㊎ ⊕ ～翌 5:00) 休 無休 料 コーヒー €2.30、ケーキ €5 ～ 9、一品料理 €10 ～ 35、圓のブランチ（12:00 ～）€26
CC MV 英 Wi-Fi ✖
URL www.lecafecharbon.fr

Les Deux Magots
レ・ドゥー・マゴ
店の歴史を見てきた中国人形

`サン・ジェルマン・デ・プレ` `MAP` 別冊 P.28-2B

　サン・ジェルマン・デ・プレ教会の向かいにある左岸を代表するカフェのひとつ。店名の「レ・ドゥー・マゴ」とは、ふたつの人形のこと。このカフェの創業は19世紀に遡るが、それまでは中国の絹を扱う店だった。店内に飾られていた中国人形がそのまま店名の由来となった。多くの作家たちに愛された文学カフェでもあり、80年以上続く独自の文学賞「ドゥー・マゴ賞」を毎年選出していることでも知られる。

2体の中国人形が店の中央に (左)

Ⓜ ④ St-Germain des Prés
🏠 6, pl. St-Germain des Prés 6e　☎ 01.45.48.55.25
🕐 7:30～翌1:00　🈵 無休
💰 コーヒー€5、ケーキ€14～16、朝食セット€14～35、昼ムニュ (月)～(金)11:30～17:30) €38
CC AMV　英　Wi-Fi　✖　URL www.lesdeuxmagots.fr

Café Crème
カフェ・クレーム
ハートがいっぱいの店内

`マレ地区` `MAP` 別冊 P.14-2B

　思わず写真をシェアしたくなるフォトジェニックなカフェ。背もたれがハートになった椅子やカラフルなカップなど、絵になるポイントがあちこちに。布製のオーナメントや季節の花々で飾られた店内は、ナチュラルな雰囲気。バナナやキウイを使ったヘルシーなスムージーやフルーツを載せたフレンチトーストなど、朝食からアペリティフまで、居心地のよい空間で楽しめる。ノンアルコールのモクテルも数種類。ランチなら、サーモンや卵を載せた塩味のワッフルを試してみては？

スムージーなど果物を使ったドリンクが人気

Ⓜ ③⑤⑧⑨⑪ République
🏠 4, rue Dupetit-Thouars 3e
🕐 7:00～翌2:00　🈵 無休
💰 朝食€13、スムージー€6.80～
CC AMV
URL cafecrememarais.paris

La Rotonde
ラ・ロトンド
かつてダンス場も兼ねていた

`モンパルナス` `MAP` 別冊 P.18-2B

外観、内観とも鮮やかな赤を基調としている。歩道に張り出した開放的なテラス席も大人気

　1903年に開業して以来、ほかのモンパルナスのカフェと同様、多くの文化人、芸術家が集まり、夜な夜な芸術論に興じた (→P.151)。そのなかには、作家のフィッツジェラルド、画家ピカソ、モディリアニ、詩人コクトー、作曲家ガーシュインなどがいた。また、このカフェのある建物の一室で、フランスを代表する作家シモーヌ・ド・ボーヴォワールが生まれている。生ガキや海の幸の盛り合わせ、タルタルステーキなど、本格的なブラッスリー料理も楽しめる。

Ⓜ ④ Vavin
🏠 105, bd. du Montparnasse 6e
☎ 01.43.26.48.26
🕐 7:30～24:00　🈵 無休
💰 コーヒー€3.50、海の幸盛り合わせ€38～
CC AJMV
Wi-Fi
URL larotonde-montparnasse.fr

ルーヴル美術館の一角にある

Le Café Marly

ル・カフェ・マルリー

ルーヴル界隈 **MAP** 別冊P.25-3D

ルーヴル美術館、リシュリュー翼1～2階にある、ファッションモデルや業界人をはじめ、パリの若手文化人が集まる人気カフェ。ガラスのピラミッドが眺められるテラス席は特に雰囲気がいい。週末の夜ともなるととても混むので、予約がおすすめ。

Ⓜ ①⑦Palais Royal Musée du Louvre
🏠 93, rue de Rivoli 1er ☎ 01.49.26.06.60
🕗 8:00～翌2:00 休 無休
🍴 コーヒー€5～、クロック・ムッシュー€19、オムレツ€16～
CC AMV 英 Wi-Fi
URL cafe-marly.com

ブランチが大人気

Le Fumoir

ル・フュモワール

ルーヴル界隈 **MAP** 別冊P.13-2C

ルーヴル美術館のすぐ近く、本格的な料理が楽しめるカフェ。壁一面に本が並ぶ書斎風の奥の部屋が居心地よく、おしゃれなパリジャンたちで常ににぎわっている。パンがおいしい日曜のブランチは、大満足の内容で人気が高い。

Ⓜ ①Louvre Rivoli
🏠 6, rue de l'Amiral Coligny 1er
☎ 01.42.92.00.24
🕗 9:00～翌1:00 休 8月
🍴 コーヒー€2.50～3、朝食セット€10～、昼ムニュ€36、⊕のブランチ(11:00～15:00)€32
CC AJV 英 Wi-Fi URL lefumoir.com

こだわりの自家焙煎コーヒー

L'Arbre à Café

ラルブル・ア・カフェ

レピュブリック周辺 **MAP** 別冊P.15-2C

星付きレストランや著名なパティシエたちも使っている自家焙煎コーヒーのメーカー。オベルカンフ通りにある2号店はカフェのスペースが充実。希少なグラン・クリュ豆のエスプレッソやブレンドなどコーヒーの奥深い世界を楽しめる。

Ⓜ ③Parmentier
🏠 61, rue Oberkampf 11e ☎ 01.88.33.91.81
🕗 10:00～14:00、15:00～19:00(⊕ ～18:00)
休 ⊕、一部祝
🍴 コーヒー€3～
CC AMV Wi-Fi
URL www.larbreacafe.com

コクトーも常連だった

Le Select

ル・セレクト

モンパルナス **MAP** 別冊P.18-2B

モンパルナスのカフェ文化の中心的存在。芸術家やボヘミアンっぽい人が多く集まる「大人」の雰囲気をもつカフェだ。テラスの明るい雰囲気と、奥のテーブルやカウンター周りのダークでアンニュイな雰囲気の違いに趣を感じる。

Ⓜ ④Vavin
🏠 99, bd. du Montparnasse 6e
☎ 01.45.48.38.24
🕗 7:00～翌2:00(⊛ ～翌3:00) 休 無休
🍴 コーヒー€3.70、昼ムニュ(平日)€25
CC AMV Wi-Fi
URL www.leselectmontparnasse.fr

コーヒー好きが集まる小さなオアシス

Ten Belles

テン・ベルズ

サン・マルタン運河界隈 **MAP** 別冊P.14-1B

パリではコーヒーの質にこだわるロースターカフェが急増中。オーナーのひとり、トマ・ルゥさんが共同で立ち上げたベルヴィル焙煎所から届けられる日替わりの豆を使った、フィルターコーヒーが味わえる。自家製のお菓子もおいしい。

Ⓜ ⑤Jacques Bonsergent
🏠 10, rue de la Grange aux Belles 10e
☎ 09.83.08.86.69
🕗 8:30～17:30 (⊕ ⊕ 9:00～18:00)
休 クリスマスに1週間
🍴 コーヒー€4～ CC MV
URL www.tenbelles.com

Column Information

老舗カフェで
グッズのおみやげを買う

カフェで使われているコーヒーカップなどをおみやげにしては。「カフェ・ド・フロール」（→P.284）や「レ・ドゥー・マゴ」（→P.285）など老舗カフェの食器を家でも使えば、パリのカフェ気分に浸れる。

「カフェ・ド・フロール」の商品ケース(上)「レ・ドゥー・マゴ」の灰皿(下)

パリで本格派のコーヒーを
Coutume
クチューム

サン・ジェルマン・デ・プレ　**MAP** 別冊P.18-1A

アントワーヌ・ネティアンさんとトム・クラークさんが開いた自家焙煎の本格カフェ。サイフォン式やフィルター式、水出しのコーヒーを味わうことができる。エチオピアなどの小さな農園から輸入する豆のコーヒーを最高の状態で提供している。

M ⑬St-François Xavier ⑩Vaneau
住 47, rue de Babylone 7e　**TEL** 09.88.40.47.99
営 8:30～17:30（⊕ ⑧ 9:00～18:00）
休 一部⑧
料 コーヒー€3～、ケーキ€4.50～6
CC MV　**英**
URL www.coutumecafe.com

INFO Column
Information

作家たちが集った伝説の店「プロコープ」

1686年の創業時はコーヒーを飲ませる店だったため、現存する「パリ最古のカフェ」として知られる。18世紀には作家やジャーナリストたちが集った。現在は定番料理から伝統レシピに基づいたものまで楽しめるレストランに。

◆ル・プロコープ
Le Procope
MAP 別冊P.29-2C
住 13, rue de l'Ancienne Comédie 6e
URL www.procope.com

アカデミックな雰囲気に浸って
Les Editeurs
レゼディトゥール

サン・ジェルマン・デ・プレ　**MAP** 別冊P.29-2C

「出版者」という店名のとおり、壁一面に本がぎっしりと並ぶライブラリーのようなカフェ。夏は広い通りに面したテラスも人気で、冷たい飲み物のメニューが充実しているのがうれしい。昼から深夜までノンストップで食事が取れる。

M ④⑩Odéon　**住** 4, Carrefour de l'Odéon 6e
TEL 01.43.26.67.76　**営** 8:00～翌2:00
休 無休　**料** コーヒー€3.50、ケーキ€11～19、朝食セット€11.90、€19.90、ムニュ（12:00～24:00 L.O.）€44.90、⊕ ⑧のブランチ（11:00～16:30 L.O.）€29.50　**CC** AMV
英　**Wi-Fi**　**※**　**URL** lesediteurs.fr

人気映画ロケ地
Café des Deux Moulins
カフェ・デ・ドゥ・ムーラン

モンマルトル　**MAP** 別冊P.30-2B

大ヒット映画『アメリ』の舞台（→P.290）となったのが下町風情の残るノスタルジックエリア、モンマルトル。ヒロインのアメリが働いていた場所として知られるのがこのカフェだ。スペシャリテはもちろんアメリの大好物クレーム・ブリュレ。

M ②Blanche
住 15, rue Lepic 18e　**TEL** 01.42.54.90.50
営 7:00～翌2:00（⊕ ⑧ 9:00～）
休 無休
料 コーヒー€2、クレーム・ブリュレ€8.90
CC AMV　**英**　**Wi-Fi**
URL cafedesdeuxmoulins.fr

ケーキミックス専門店のカフェ
Café Marlette
カフェ・マルレット

モンマルトル／マルティール通り　**MAP** 別冊P.31-3C／本誌P.333

マルレットは、誰でも失敗なく作れるケーキミックスのブランド。その粉を実際に使って作ったお菓子を出すカフェとしてオープンしたのがここ。100％ナチュラルな素材を使ったスイーツを楽しめる。気に入ったらミックスを買って手作りしても。

M ②⑫Pigalle
住 51, rue des Martyrs 9e　**TEL** 01.48.74.89.73
営 8:30～17:00（⊕ ⑧ 9:30～18:00）
休 1/1、12/25　**料** コーヒー€2.50、ケーキ€2.50～5、朝食セット€14.50、ブランチ（9:30～15:00）€27
CC ADMV　**Wi-Fi**
URL www.marlette.fr

バスティーユ界隈の元気カフェ
Pause Café
ポーズ・カフェ

バスティーユ界隈　**MAP** 別冊P.15-3C

映画『猫が行方不明』に登場した（→P.290）ことで知られる。ビジネスマンからクリエイターまで幅広い層の人たちが集う。天気のいい日は広い店内もテラスもぎっしり満席になる。朝早くから夜遅くまで地元の憩いの場として大活躍のカフェだ。

M ⑧Ledru Rollin
住 41, rue de Charonne 11e
TEL 01.48.06.80.33
営 8:00～翌2:00（⑧ 9:00～20:00）
休 12/24の夜、12/25、12/31の夜
料 コーヒー€3、ケーキ€6～
CC AMV　**Wi-Fi**

Ladurée Champs-Elysées
ラデュレ・シャンゼリゼ店
老舗パティスリーのサロン・ド・テ

`シャンゼリゼ大通り` `MAP` 別冊 P.23-2C

サロン・ド・テ、ブティックともに豪華なシャンデリアが飾られ、高級感漂う空間に　©HADRIEN FAVREAU PHOTOGRAPHIE

Ⓜ ①George V
🏠 75, av. des Champs-Elysées 8e
☎ 01.40.75.08.75　🕐 8:00〜22:00
休 無休　🍴 紅茶€10〜、ケーキ€11〜、朝食セット€22〜　CC AJMV 英 Wi-Fi ⛄
URL www.laduree.fr
＜その他＞
MAP別冊 P.24-2A 🏠 16-18, rue Royale 8e
MAP別冊 P.28-1B 🏠 21, rue Bonaparte 6e

1862年創業、マカロンで知られる老舗パティスリーのシャンゼリゼ大通り店が、2024年1月にリニューアルオープン。木目柄の大理石の床やカウンター、花の装飾が施された大階段と、より美しく、明るく生まれ変わった。1階はテイクアウトもできるコーヒーショップとパティスリー、通りに面したレストラン、2階はティータイムにはピアノ演奏も行われるティーサロンとレストランのほか、デザート専門のバーカウンターも新設された。

Le Jardin Secret
ル・ジャルダン・スクレ
花に囲まれたサロン・ド・テ

`マレ地区` `MAP` 別冊 P.26-1B

「ボンタンBontemps」というパティスリーの店内にあるサロン・ド・テ。ピンクを基調とした部屋の壁際には花瓶がずらりと並び、まるで花畑にいるかのよう。隠れ家的な雰囲気も感じさせ、「秘密の庭」という店名にふさわしい。

店名と同じサブレ菓子「ボンタン」や旬のフルーツを使ったスイーツとともに、緑あふれる空間で静かなティータイムを。日曜はバラエティ豊かなブランチ（11:45と13:45の2回、要予約）を楽しめる。

庭を思わせるティールーム（左）肉料理やフルーツたっぷりのデザートが付くブランチ（右）　©Bontemps

Ⓜ ③⑪ Arts et Métiers
🏠 57, rue de Bretagne 3e　☎ 01.42.74.11.55
🕐 12:00〜18:00（⊕12:00〜18:30、⑤11:45〜18:00）
休 ⑱ ⑫、7月下旬〜8月下旬　🍴 紅茶€8、ボンタン4種セット€12、⑱のブランチ€25
CC MV　URL bontemps.paris/jardin-secret

Butterfly Room
バタフライ・ルーム
高級ホテルのサロン・ド・テ

`コンコルド広場` `MAP` 別冊 P.24-3A

©Victor Bellot

高級ホテルのスイーツを販売するパティスリーが続々オープンしているパリ。コンコルド広場に面したパリ屈指の高級ホテル「オテル・ド・クリヨン」でも「バタフライ・パティスリー」（→P313）がオープン。併設されたサロン・ド・テ「バタフライ・ルーム」では、一流ホテルらしい高級感あふれる空間で、シェフパティシエ、マチュー・カルランのスイーツを味わうことができる。

ホットチョコレートやカクテルとスイーツを合わせても

Ⓜ ①⑧⑫ Concorde
🏠 6, rue Boissy d'Anglas 8e
☎ 01.44.71.15.17
🕐 11:00〜19:30　休 無休
🍴 コーヒー€9〜、ホットチョコレート€15、ミルフイユ€18　CC AMV 英 Wi-Fi ⛄
URL www.rosewoodhotels.com/en/hotel-de-crillon

老舗サロン・ド・テ

Angelina

アンジェリーナ

ルーヴル界隈　**MAP** 別冊P.24-3B

1903年創業、モンブラン、ショコラ・ショー（ココア）で知られる老舗店。その濃厚ながら上品な味わいを、ココ・シャネルなど多くの著名人が通った優雅なインテリアの本店で堪能したい。食事メニューもあるのでランチ利用にも便利。

Ⓜ①Tuileries 🏠 226, rue de Rivoli 1er
☎01.42.60.82.00　営7:30～19:00（土・日 8:00～19:30）休無休 料紅茶€8、モンブラン€10、ショコラ・ショー€8.90、ブランチ€43
CC A J M V　英 Wi-Fi ❋ URL www.angelina-paris.fr
＜その他＞
MAP 本誌 P.334 🏠 108, rue du Bac 7e（ショップのみ）

クラシックなお菓子をお茶とともに

Le Grand Café Sébastien Gaudard

ル・グラン・カフェ・セバスチャン・ゴダール

北駅・東駅周辺　**MAP** 別冊P.7-3D

「クラシックへの回帰」を提唱するパティシエ、セバスチャン・ゴダール（→P.316）が2023年にオープンした3号店。サロン・ド・テではスペシャリテのパティスリーを、ゴダールが厳選した上質なフレーバーティーとともに味わえる。

Ⓜ⑦Poissonnière 🏠 59, rue du Fg. Poissonnière 9e
☎01.71.18.24.70　営10:00～19:00 休月
料紅茶€7.50～、ケーキ€5.40～ CC M V
英 Wi-Fi ❋ URL www.sebastiengaudard.com
＜その他＞
MAP 別冊P.25-3C 🏠 1, rue des Pyramides 1er

クラシックな空間でお茶を

Carette Paris

カレット・パリ

トロカデロ　**MAP** 別冊P.10-2B

エッフェル塔の眺めがいいトロカデロ広場に面した老舗。お菓子のおいしさでも知られ、ショーケースにはケーキやマカロンが並ぶ。サンドイッチや卵料理、サラダも軽食も充実しているので、ティータイムだけでなく1日中どの時間も利用しやすい。

Ⓜ⑥⑨Trocadéro
🏠 4, pl. du Trocadéro 16e ☎01.47.27.98.85
営7:00～23:00 休無休
料ケーキセット€14 CC A M V
英 Wi-Fi ❋
＜その他＞
MAP 別冊P.27-2D 🏠 25, pl. des Vosges 3e

老舗紅茶店のサロン・ド・テ

Mariage Frères

マリアージュ・フレール

マレ地区　**MAP** 別冊P.26-2B

1854年にパリで創業した、日本でもよく知られている老舗紅茶店のサロン・ド・テ。スコーンやケーキ、サンドイッチなどとともに、種類豊富な紅茶をいただける。塩味のスナックとスイーツを合わせたアフタヌーンティーセットもある。

Ⓜ①Hôtel de Ville
🏠 30, rue du Bourg Tibourg 4e
☎01.42.72.28.11
営12:00～19:00 休1/1、5/1、12/25
料紅茶€10～、アフタヌーンティーセット€45～
CC A D J M V
URL www.mariagefreres.com

焼き菓子がおいしい和系サロン

L'Heure Gourmande

ルール・グルマンド

サン・ジェルマン・デ・プレ　**MAP** 別冊P.29-1C

パッサージュ・ドーフィヌという中庭風の小道に面した静かなサロン・ド・テ。鉄瓶でサーブされるたっぷりのお茶とともに、タルトなどシンプルな焼き菓子を楽しんで。優しい光が差し込む空間は心地よく、豊かな気持ちで過ごすことができる。

Ⓜ④⑩Odéon
🏠 22, Passage Dauphine 6e
☎01.46.34.00.40
営11:30～19:00
料紅茶€6～7、ケーキ€5.80～9、ブランチ（11:30～16:00）€28.80
CC M V

英国式サロン・ド・テ

The Tea Caddy

ザ・ティー・キャディー

カルチェ・ラタン　**MAP** 別冊P.19-1D

1928年創業、ノートルダム大聖堂近くの老舗サロン・ド・テ。こぢんまりとした店内には静かな時間が流れ、落ち着いた雰囲気。英国式のたっぷりのクリームが添えられたスコーンやアップルパイなどを、香り高い紅茶とともに楽しみたい。

Ⓜ④St-Michel
🏠 14, rue St-Julien le Pauvre 5e
☎01.43.54.15.56
営11:00～19:00 休無休
料紅茶€6.20、ケーキ€6.50～8.50、土・日のブランチ（11:00～15:00）€28.80
CC M V 英 Wi-Fi URL the-tea-caddy.com/en

名シーンがよみがえる
映画に登場するカフェ

パリは、さまざまな映画作品に舞台を提供してきた。なかでも「カフェ」が登場する作品をいくつか紹介しよう。

出会いの場面にふさわしいカフェ

ヌーヴェル・ヴァーグ（1950年代に始まった映画運動）の作品からハリウッドの超大作まで、ジャンルを問わず、映画のロケ地として使われ続けているパリ。カフェも重要な舞台のひとつだ。パリらしいシーンを構成するのにぴったりの場所だ。

映画のポスター以外にもトイレ前のスペースに関連グッズが飾られている「カフェ・デ・ドゥー・ムーラン」

◆カフェ・デ・ドゥー・ムーラン
Café des Deux Moulins →P.287
日本でも大ヒットした映画『アメリ』（2001）で、主人公が働いていたカフェ。映画のポスターが張られ、モンマルトルの名所にもなっている。映画に登場したデザートを、クレーム・ブリュレはぜひ味わってみたい。

クレーム・ブリュレの表面を、映画のアメリと同じようにスプーンで割るのがお約束

◆ポーズ・カフェ Pause Café →P.287
セドリック・クラピッシュ監督の作品『猫が行方不明』（1996）に登場するカフェとして知られる。バカンスから帰ってきたら、預けていた猫がいなくなっていた。猫を探す過程での出会いが描かれた作品で、舞台となった11区の人気カフェだ。

趣のある室内席、パリらしいテラス席、ともに居心地がいい

◆ル・セレクト Le Select →P.286
作家ヘミングウェイが常連だったというモンパルナスのカフェ。ヌーヴェル・ヴァーグの監督たちにも愛された、ジャン・リュック・ゴダールの『勝手にしやがれ』（1960）などに登場している。同じ界隈にあり、現在はレストランとなっている「ル・ドーム」もロケ地としてよく使われる。

ヘミングウェイの作品でも描かれている

◆ラ・ロトンド La Rotonde →P.285
ジャック・ベッケル監督の作品で、画家モディリアーニの生涯を描いた『モンパルナスの灯』（1958）に登場する（実写ではなくセット撮影）。生前、なかなか作品が認められなかったモディリアーニ。映画にもあるように、カフェでデッサンを売ることもあったという。

赤いテントとテラス席が目印

◆カフェ・ド・フロール
Café de Flore →P.284
サン・ジェルマン・デ・プレを代表する文学カフェのひとつ。ジャン・ユスターシュ監督の映画『ママと娼婦』（1996）では、ジャン・ピエール・レオが演じるアレクサンドルの日課（カフェ・ド・フロールで新聞を読む）の場所として登場する。

文化人が集ったカフェとして知られる

◆レ・ドゥー・マゴ Les Deux Magots →P.285
体に障がいをもつ大富豪フィリップと新しい介護人ドリスの交流を描いた『最強のふたり』（2011）で、ふたりの心が触れ合う重要なシーンが撮影されたのがここ。ガトー・ショコラにナイフを入れるとチョコレートが溶け出し、ドリスが「生焼けじゃないか」と文句を言うなど、コミカルな場面も。

カフェ・ド・フロールと並ぶカフェの名店

ショッピングガイド

Shopping

Photo：Sézane　©BALAY LUDOVIC

ショッピングに役立つテクニック

モードの発信地、パリにやってきた！　思いきってブランド品を買うもよし、パリならではのお気に入りを探すもよし。流行のエリアでウインドーショッピングするだけでも、十分にパリのエスプリを満喫できるはず。

ショップの基本情報

営業時間

一般的には19:00には閉店、日曜はお休み。祝日も休む店が多い。ただ、最近デパートなど一部の大型店で日曜営業が導入され、観光客にも便利になってきた。日曜に買い物がしたいときは、シャンゼリゼ大通りやマレ地区の中心部、また年中無休のショッピング街「フォーロム・デ・アール」（→P.343）、「カルーゼル・デュ・ルーヴル」（→P.343）も覚えておくといい。

Horaires d'Ouverture
営業時間

du Lundi　月曜から
au Samedi　土曜まで
Le Dimanche　毎週日曜

HORAIRES D'OUVERTURE
DU LUNDI AU SAMEDI 9H00-21H00
LE DIMANCHE 9H00-20H00

営業時間の表示がわかると便利
（曜日の仏語→P.450）

免税について

フランスではEU圏外からの旅行者がひとつの店で1日に€100.01以上（店によって異なる）の買い物をすると、12〜18.6%の間接税（TVA 付加価値税）の還付を受けられる。買い物をし、条件を満たしていたら、免税書類の作成を依頼しよう（→P.430）。

免税手続きは「Tax Free」の表示がある店で

クレジットカード

パリはたいていの店でクレジットカードが使える。一般の店では、VISAかマスターを持っていれば比較的安心だ。少額でも使える店が多いが、最低利用金額が決まっている店もある。現金での支払いを受け付けない店も出てきており、常に持っているようにしたい。

ICチップ入りのカードを使う場合はPIN（暗証番号）の入力が必要になるので、番号を覚えておくこと。タッチ決済が可能な店ではPINの入力は不要。

また、自分のカードの利用限度額、利用可能残高を確認しておこう。一時的に限度額を引き上げてもらえる場合もあるので、カード発行金融機関に問い合わせを。

使用可能なカードの種類は店頭のステッカーなどで確認

ショップにも「バカンス」

パリでのバーゲンは年2回と決まっていて（→P.293）、そのバーゲン後の2月中旬〜3月初旬、8月に長い休みを取る店も多い。冬と夏のバカンス期間には気をつけよう。

そのほかフランスの祝祭日（→P.10）にも注意が必要。キリスト教関係の祝日が多くあり、すべての祝日を休む店もあれば、一部の祝日のみ休業とする店もある。年によって変わる移動祝祭日もある。

旅行日程が決まり、行きたい店もはっきりしていたら、臨時休業などないか直接問い合わせておくと確実だ。ウェブサイトに載っているメールアドレスから質問してみるといい（英語可）。クリスマスや年末年始も確認してから行けば安心だ。

店頭に張られた「冬休みCongés d'Hiver」のお知らせ

買い物のコツとマナー

モンテーニュ大通り

バーゲンを賢く利用

パリのバーゲンセールは、1月上旬〜2月中旬と6月中旬〜7月の年2回実施される。フランス語で「ソルドSoldes」と呼ばれるこのバーゲン期間には30〜50%オフになるので、「服はソルドでしか買わない」というパリジェンヌも多い。早い者勝ちなのでスタートと同時に行くのもいいが、その後どんどん値下がりするので、出遅れて逆にいいこともある。買い物をとことん楽しみたい人はソルドに合わせてスケジュールを組むのもいい。

SOLDES

お目当てのショップがあるなら、ソルドのスケジュールを問い合わせておこう

フランス語であいさつを

お店に入ったら「ボンジュール Bonjour（こんにちは）」とあいさつしよう。どの店でも、あいさつのひと言は最低限のマナー。「ハロー Hello」と英語で言ってもいいが、あいさつくらいはフランス語で言いたいもの（→P.448）。
店を出るときは、買い物した、しないにかかわらず「メルシィ Merci（ありがとう）」あるいは「オ・ルヴォワール Au revoir（さようなら）」とあいさつを。店内を物色して何も言わずに店を出るのはエチケット違反だ。

商品を見るときは

高級ブティックなどでは、客が商品に勝手に手を触れることは非常に嫌がられる。「プヴェ・ヴ・ム・モントレ・サ Pouvez-vous me montrer ça ?（これを見せていただけますか）」と店員さんに頼んで取ってもらうこと。
何を買うのか決めずに店に入り、「ク・デジレ・ヴ Que désirez-vous?（何かお探しですか）」などと尋ねられたら、「エ・ス・ク・ジュ・プ・ルギャルデ・スィル・ヴ・プレ Est-ce que je peux regarder, s'il vous plaît?（ちょっと見てもいいですか）」と言えばいい。

ブランドの紙袋は
スリの標的

高級ブランド店で買い物をして、大きな袋を持ったままメトロに乗れば、スリの格好の標的になる。すぐに目立たない袋に入れ替えるか、タクシーでホテルへ一度戻ったほうがいい。

セルフレジにチャレンジ！

スーパーマーケット（→ P.344）やデパートのグルメ館などで、セルフレジの導入が加速している。なかには日本語表示に切り替えられるものもあるので、積極的に使ってみよう。バーコードを読み取らせて、合計金額をクレジットカードなどで支払う方法は日本と同じだ。精算後、万引きを防ぐため、セルフレジの出口でレシートをスキャンする場合もあるので、捨てないように。

ショッピングストリートで
効率よく店巡り

一流ブランドブティックが集まるフラン・ブルジョワ通り（→ P.298）やサントノレ通り（→ P.299）のほか、スイーツ、ジャムなどグルメな店が連なるマルティール通り（→ P.333）などのストリートを歩けば、散策を楽しみながら、いろんな店でおみやげも買える。

ショッピングのトレンドは？

トートバッグが大人気

最近パリの町を歩いていると、布製のトートバッグを肩掛けしている人とすれ違うことが多い。なかでも人気なのは、英語の書店として有名な「シェイクスピア・アンド・カンパニー」（→P.284）のトート。ほかに「サマリテーヌ」などのデパート、ルーヴルなど美術館でもオリジナルのトートバッグを販売しているので、ミュージアムショップをチェックしてみては。

イラストの色違い版もある（€16）

セカンドハンドを買っておしゃれもサステナブルに

食品ロスを規制する法律が制定されるなど、環境保全への取り組みを進めているフランス。ファッションの世界でも、大量廃棄を防ぎ、よいものを長く身に付けようと、セカンドハンドやビンテージの人気が高まっている（→P.26）。

オンリーワンの掘り出し物が見つかるかも

映画やドラマの登場アイテムが流行

映画やドラマに登場したファッションアイテムが流行することも。例えば「ポレーヌ」のバッグは、ネット配信ドラマに登場して大人気の商品に。パリの本店はいつも混雑しており、入口には列ができることも。パリジェンヌにも人気のブランドだ。

「ポレーヌ」のブティック

ポレーヌPolène
MAP 別冊 P.25-1C
住 69, rue de Richelieu 2e
URL www.polene-paris.com

限定アイテムも出るコラボ企画

ブランドとアーティストが期間限定でコラボする企画がよく行われている。例えば2024年1/9〜2/18には、デパート「ル・ボン・マルシェ・リヴ・ゴーシュ」（→P.342）が現代アーティスト、ダニエル・ビュレンのインスタレーションを開催。クラシックな空間がビュレンのストライプと膨大な数の「カレ（四角のパネル）」を展示したギャラリーに。コラボを記念した限定トートバッグも販売された。

デパートのウィンドウにも「カレ」の展示が

「駅」もショッピングスポットに

パリでは数年前より主要駅の大リニューアル工事が行われている。駅舎の改修に加え、商業施設が新たに併設されることが多くなっており、駅構内が「駅なか」ショッピングモールに変身中だ。洋服やコスメ、アクセサリーのほか、マカロンやチョコレートなどのスイーツの店も入り、おみやげショッピングにも利用できそう。レストランもあるので、ショッピング後のランチも楽しめる。

工事が終了したサン・ラザール駅（上）とモンパルナス駅（下）併設のショッピングモール

必需品＆便利品

エコバッグ

環境汚染対策が進むフランス。2016年からはスーパーマーケットや小売店でのレジ袋など使い捨てのプラスチック袋の使用が禁止となった。日用品の買い物はもちろん、おみやげショッピング、蚤の市でも活躍するエコバッグは今や必需品。おしゃれな布バッグを用意しているブティックも多いので、そのままおみやげにしても喜ばれる。

保冷用品

種類豊富なチーズやバターをおみやげに購入する人が増えている。要冷蔵の乳製品を持ち帰るなら、保冷剤＆保冷バッグがあると便利だ。密閉容器もあれば匂い移りの対策にもなる。液体扱いになるので、帰国時は必ず預け入れ荷物に。

チーズは店でパック処理してもらおう

密閉容器

上述のようにチーズのような臭いの強い食品を持って帰るのに重宝する密閉容器。ほかにポプリのサシェや石鹸などの香りをほかの荷物に移したくないときにも役に立つ。ハンドクリームのようなチューブ状のコスメも型崩れを防ぐことができて便利。繊細なデザインのアクセサリーはミニサイズ、食品は大きめ、などサイズの異なる容器があるとなおいい。

クリアファイル

毎年発売されるバレンタイン切手シートや、美術展で購入した絵葉書やブックマークなど折り目を付けたくない物は、クリアファイルに入れて持って帰ると安心だ。クリアファイルは軽くてかさばらないので、持参しても荷物にはならない。パリの美術館でもミュージアムグッズとして販売しているので、おみやげとして購入した物を使ってもいいだろう。

ルーヴル美術館などで買えるミュージアムグッズのクリアファイル

ラゲッジチェッカー

つい買い物をしすぎてしまったとき、気になるのが重量。預け入れ荷物は23kgを超えると超過料金を支払わなければならない。空港で発覚した場合、荷物の詰め替えをその場でやらなければならず、とても面倒。心配な人はスーツケースの重量を測ることのできるラゲッジチェッカーを持っていくと安心だ。

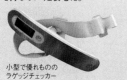

小型で優れものの
ラゲッジチェッカー

瓶類を持ち帰るときは

ワインなどの液体は、飛行機の機内に持ち込むことができないので、預け入れ荷物となるスーツケースに入れなければならない。割れないようにするには、気泡緩衝材や衣服を瓶に巻いて、スーツケース内で転がらないようしっかり固定すること。気泡緩衝材は日本から持っていこう。

パリ産のクラフトビールをおみやげにしては？

有名ファッションブランド

世界のモードの先端をいくパリには、フランスを代表する高級ブランドはもちろん、世界各国の有名店が集結している。パリ旅行の大きな目的のひとつが「有名ブランド本店でのショッピング！」という人も多い。せっかくパリに来たのだから、憧れのフレンチブランドで思いっきりショッピングを楽しもう。

高級フレンチブランド

ルイ・ヴィトン
Louis Vuitton

URL fr.louisvuitton.com
TEL 09.77.40.40.77

[シャンゼリゼ本店]
MAP 別冊P.23-2C
住 101, av. des Champs-Elysées 8e

[モンテーニュ店]
MAP 別冊P.23-3D
住 22, av. Montaigne 8e

[サン・ジェルマン・デ・プレ店]
MAP 別冊P.28-2B
住 170, bd. St-Germain 6e

モンテーニュ店

シャネル
Chanel

URL www.chanel.com

[本店]
MAP 別冊P.24-2A
住 31, rue Cambon 1er
TEL 01.44.50.66.00

[モンテーニュ店]
MAP 別冊P.23-2D
住 51, av. Montaigne 8e
TEL 01.87.21.50.33

[フォーブール・サントノレ店]
MAP 別冊P.12-1B
住 21, rue du Fg. St-Honoré 8e

フォーブール・サントノレ店

エルメス
Hermès

URL www.hermes.com

[フォーブール・サントノレ本店]
MAP 別冊P.12-1B
住 24, rue de Fg. St-Honoré 8e
TEL 01.40.17.46.00

[ジョルジュ・サンク店]
MAP 別冊P.23-2C
住 42, av. George V 8e
TEL 01.47.20.48.51

[セーヴル店]
MAP 別冊P.28-3A
住 17, rue de Sèvres 6e
TEL 01.42.22.80.83

ジョルジュ・サンク店

セリーヌ
Céline

URL www.celine.com
TEL 01.70.48.92.92

[モンテーニュ本店]
MAP 別冊P.23-2D
住 53, av. Montaigne 8e

[グルネル店]
MAP 別冊P.28-2A
住 16, rue de Grenelle 7e

グルネル店

ディオール
Dior

URL www.dior.com

[モンテーニュ本店]
MAP 別冊P.23-3D
住 30-32, av. Montaigne 8e
TEL 01.57.96.19.47

[シャンゼリゼ店]
MAP 別冊P.22-2B
住 127 av. des Champs-Elysées 8e

パリの2大ブランドストリート

　パリにはブランド店が集中している通りがふたつある。ブランド店をはしごしたい人におすすめなのが、「モンテーニュ大通りAvenue Montaigne」（**MAP** 別冊P.23-2D〜3D）と「フォーブール・サントノレ通りRue du Faubourg St-Honoré」（**MAP** 別冊P.12-1A〜1B、P.24-2A）。この2大ストリートを中心に、そのほかのアドレスも回れば、ブランドショッピング計画は万全！

モンテーニュ大通り

サン・ローラン
St-Laurant
URL www.ysl.com

【フォーブール・サントノレ店】
MAP 別冊P.12-1B
住 38, rue du Fg. St-Honoré 8e
TEL 01.42.65.74.59

【サン・シュルピス店】
MAP 別冊P.28-2B／本誌P.299
住 6, pl. St-Sulpice 6e
TEL 01.43.29.43.00

【モンテーニュ店】
MAP 別冊P.23-2D
住 53, av. Montaigne 8e
TEL 01.53.83.84.68

【サントノレ店】
MAP 本誌P.299
住 213, rue St-Honoré 1er
TEL 01.76.70.90.00

サン・シュルピス店

サントノレ店

カルティエ
Cartier
URL www.cartier.com

【本店】
MAP 別冊P.24-1B
住 13, rue de la Paix 2e
TEL 01.70.65.34.00

【フォーブール・サントノレ店】
MAP 別冊P.12-1B
住 17, rue du Fg. St-Honoré 8e
TEL 01.58.18.00.88

【シャンゼリゼ店】
MAP 別冊P.22-2B
住 154, av. des Champs-Elysées 8e
TEL 01.40.74.01.27

ジバンシー
Givenchy
URL www.givenchy.com

【モンテーニュ店】
MAP 別冊P.23-3D
住 36, av. Montaigne 8e
TEL 01.44.43.99.90

【フォーブール・サントノレ店】
MAP 別冊P.12-1B
住 28, rue du Fg. St-Honoré 8e
TEL 01.42.68.31.00

モンテーニュ店

ランバン
Lanvin
URL www.lanvin.com

【フォーブール・サントノレ店】
MAP 別冊P.12-1B
住 22, rue du Fg. St-Honoré 8e
TEL 01.44.71.31.73

ロンシャン
Longchamp
URL www.longchamp.com

【サントノレ本店】
MAP 別冊P.24-2A／本誌P.299
住 404, rue St-Honoré 1er
TEL 01.43.16.00.16

人気ヨーロピアンブランド

プラダ Prada
URL www.prada.com
MAP 別冊P.23-3D　**住** 10-12, av. Montaigne 8e　**TEL** 01.47.23.31.91
MAP 別冊P.24-2A　**住** 6, rue du Fg. St-Honoré 8e　**TEL** 01.58.18.63.30
MAP 別冊P.28-2A　**住** 7, rue de Grenelle 6e　**TEL** 01.45.48.53.14

グッチ Gucci
URL www.gucci.com
MAP 別冊P.23-2D　**住** 60, av. Montaigne 8e　**TEL** 01.56.69.80.80
MAP 別冊P.24-2A　**住** 2, rue du Fg. St-Honoré 8e　**TEL** 01.44.94.14.70

マックス・マーラ Max Mara
URL jp.maxmara.com
MAP 別冊P.23-3D　**住** 31, av. Montaigne 8e　**TEL** 01.47.20.61.13
MAP 別冊P.24-2A／本誌P.299　**住** 408-410, rue St-Honoré 8e　**TEL** 01.42.61.75.67

ロエベ Loewe　**URL** www.loewe.com
MAP 別冊P.23-2D　**住** 46, av. Montaigne 8e　**TEL** 01.53.57.92.50

人気ショッピングストリート

たとえお目当てのブランドがなくても、ぶらぶら歩きながらウインドーディスプレイを見るのもお買い物の楽しさ。パリには個性あふれる店がひしめく魅力的なストリートがいくつもある。なかでも気ままなショッピングにぴったりな通りを紹介しよう。各店の情報は掲載ページでチェックして。

フラン・ブルジョワ通り

Ⓜ ①St-Paul
[マレ MAP 別冊P.14-3AB、P.27-2C]

若者が集まるマレ地区の中心的通り。フレンチカジュアルブランドの支店、セレクトショップ、アクセサリーや靴、アート小物のショップが豊富。周辺の小さな通りも見逃せない。マレ地区には、すてきなカフェが多いのでひと休みも楽しい。

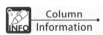

Rue des Francs Bourgeois

Ⓢバレ・デ・テ P.331
Rue Barbette

フラゴナール パルフュムール P.306
ザディグ・エ・ヴォルテール
Ⓢ シャネル・ボーテ
Ⓢ アントワーヌ・エ・リリ P.302
Ⓢ レペット
Ⓢ サンドロ
Ⓢ スマジ
Ⓢ セッスン
Ⓢ エステバン
Ⓢ クロー・ティ・ピエルロ
Ⓢ ユニクロ
Ⓢ コントワー・デ・コトニエ P.304
Ⓢ フランセスカ・タム・タム

Rue Elzévir
Rue Payenne

バンドラ
Rue Pavée
Rue des Rosiers

フラン・ブルジョワ通り
カルナヴァレ博物館
Ⓢ サテリット P.305
Ⓢ エキプ P.305

Rue de Séviné
Rue de Turenne
Rue de Turenne

ホーム・オトゥール・デュ・モンド P.304
セシル・エ・ジャンヌ
Ⓢ コーダリー
Ⓢ カンペール
Ⓢ マージュ
Ⓢ ミエル・ファクトリー P.330
Ⓢ レ・ネレイド P.305

0   100m

ST-PAUL Ⓜ

Column / Information

歴史散歩もショッピングも楽しめる「フラン・ブルジョワ通り」

フラン・ブルジョワ通りは、貴族の館（→P.137）が数多く残るマレ地区にある。趣のあるマレ地区散歩の途中でショッピングもできるとあって、観光客にも人気が高い。日曜も営業している店が多いので、特に日曜は狭い通りに人があふれてにぎわう。落ち着いて買い物をしたいなら、平日がおすすめだ。

サントノレ通り　Ⓜ①Tuileries
[ルーヴル界隈 **MAP** 別冊P.12-1B〜P.13-2C、P.24-2AB〜P.25-2C]

ファッションブランドから雑貨、人気チョコレート店まで建ち並ぶ。カジュアル感と高級感がほどよくミックスしたショッピング通り。ロワイヤル通りを越えて西側は、高級ブランドが並ぶフォーブール・サントノレ通り(→P.296)へとつながる。

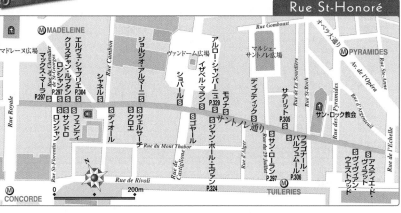

サン・シュルピス通り　Ⓜ④St-Sulpice ⑩Mabillon
[サン・ジェルマン・デ・プレ **MAP** 別冊P.19-1C、P.28-2B〜P.29-2C]

サン・シュルピス教会の脇、隙間的な場所にこぢんまりと位置する短い通り。リーズナブルでありながら上品なショップが多い。同じ雰囲気の、インテリアや家庭用品の専門店も揃う。

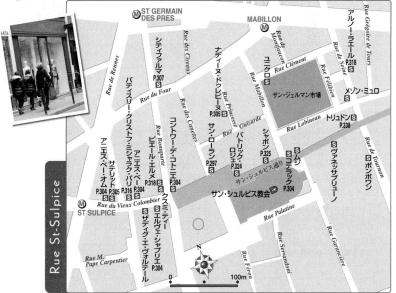

コスモポリタンなパリでは、有名ブランドのブティックであればほとんどの店で英語が通じる。しかし、あなたは今パリにいて、憧れのパリジャンに交じって買い物を楽しんでいる。この機会を利用して、英語に少しでもフランス語を加えて話をしてみたいもの。店の人も一生懸命聞いてくれるに違いない。

ⒶⒷⒸ 買い物に関する単語

（日本語　フランス語　[読み方]）

[店の種類]

店	magasin/boutique	[マガザン / ブティック]
デパート	grand magasin	[グラン マガザン]
スーパーマーケット	supermarché	[シュペルマルシェ]
仕立て屋	tailleur	[タイユール]
皮革製品店	maroquinerie	[マロキヌリー]
靴屋	magasin de chaussures	[マガザン ドゥ ショシュール]
おもちゃ屋	magasin de jouets	[マガザン ドゥ ジュエ]
おみやげ屋	magasin de souvenirs	[マガザン ドゥ スーヴニール]
菓子屋	pâtisserie	[パティスリー]
パン屋	boulangerie	[ブーランジュリー]
総菜屋	traiteur	[トレトゥール]
免税店	magasin hors-taxe	[マガザン オール タクス]

[衣服]　vêtement　[ヴェットマン]

日本語	フランス語	[読み方]
サイズ	taille	[タイユ]
大きさ	mesure	[ムジュール]
ブラウス（女性用）	chemisier	[シュミジエ]
ワイシャツ（男性用）	chemise	[シュミーズ]
セーター	pull-over	[ピュロヴェール]
ポロシャツ	polo	[ポロ]
Tシャツ	T-shirt	[テー シャルツ]
ジーンズ	jeans	[ジーン]
ドレス／ワンピース	robe	[ローブ]
コート	manteau	[マントー]
レインコート	imperméable	[アンペルメアブル]
スカーフ／マフラー	foulard	[フラール]
靴下	chaussettes	[ショセット]
女性用靴下	bas	[バ]
ストッキング	collant	[コラン]
スーツ	costume / ensemble	[コスチュム／ アンサンブル]
上着	veste	[ヴェスト]
ベスト	gilet	[ジレ]
ネクタイ	cravate	[クラヴァット]
スカート	jupe	[ジュプ]
ズボン	pantalon	[パンタロン]
ベルト	ceinture	[サンチュール]
帽子	chapeau	[シャポー]
下着	sous-vêtement	[スー ヴェットマン]
ブラジャー	soutien-gorge	[スティアン ゴルジュ]
ハンカチ	mouchoir	[ムショワール]
靴	chaussures	[ショシュール]
ブーツ	bottes	[ボット]
ハンドバッグ	sac à main	[サッカ マン]
財布	portefeuille	[ポルトフイユ]

[薬局／化粧品屋]　pharmacie / parfumerie　[ファルマシー／ パルフュムリー]

日本語	フランス語	[読み方]
かみそり	rasoir	[ラゾワール]
くし	peigne	[ペーニュ]
シャンプー	shampooing	[シャンポワン]
石鹸	savon	[サヴォン]
歯ブラシ	brosse à dents	[ブロス ア ダン]
歯磨き粉	pâte dentifrice	[パット ダンティフリス]
ティッシュ	kleenex	[クリネックス]
ヘアトニック	lotion capillaire	[ロション キャピレール]
化粧品	produits de beauté	[プロデュイ ドゥ ボーテ]
オー・デ・コロン	eau de cologne	[オードゥ コローニュ]
香水	parfum	[パルファン]
口紅	rouge à lèvres	[ルージュ ア レーヴル]
ほお紅	rouge à joues	[ルージュ ア ジュ]
ファンデーション	fond de teint	[フォンドゥ タン]
アイシャドー	fard à paupières	[ファーラ ポピエール]
マニキュア	vernis à ongles	[ヴェルニ ア オングル]

[宝石店]　bijouterie　[ビジュトリー]

日本語	フランス語	[読み方]
指輪	bague	[バーグ]
ネックレス	collier	[コリエ]
ブレスレット	bracelet	[ブラスレ]
ブローチ	broche	[ブロシュ]
ペンダント	pendentif	[パンダンティフ]
イヤリング	boucles d'oreilles	[ブクル ドレイユ]
宝石	bijou	[ビジュー]
サンゴ	corail	[コライユ]
真珠	perle	[ペルル]
誕生石	pierre de naissance	[ピエール ドゥ ネサンス]
プラチナ	platine	[プラティヌ]
銀	argent	[アルジャン]
金	or	[オール]
純金	or pur	[オール ピュール]
真ちゅう	laiton	[レトン]
アクセサリー	accessoires	[アクセソワール]

[文房具]　papeterie /　[パペトリー]　本屋／　librairie /　[リブレリー]　キオスク　kiosque　[キオスク]

日本語	フランス語	[読み方]
鉛筆	crayon	[クレヨン]
ペン	stylo	[スティロ]
手帳	carnet	[カルネ]
便せん	papier à lettres	[パピエラ レットル]
封筒	enveloppe	[アンヴロップ]
本	livre	[リーヴル]
地図	carte / plan	[カルト／ プラン]
レコード	disque	[ディスク]
CD	CD	[セーデー]
雑誌	magazine	[マガジヌ]
新聞	journal	[ジュルナル]
たばこ	cigarette	[シガレット]
ライター	briquet	[ブリケ]

[素材／タイプ]	matière /genre	［マティエール / ジャンル］
綿	coton	［コトン］
絹	soie	［ソワ］
麻	lin	［ラン］
毛	laine	［レイヌ］
革	cuir	［キュイール］
スエード	daim	［ダン］
厚い	épais(se)	［エペ(ス)］
薄い	fin / fine	［ファン / フィヌ］
高い	haut(e)	［オー(ト)］
低い	bas(se)	［バ(ス)］
明るい	clair(e)	［クレール］
暗い	foncé(e)	［フォンセ］

[その他の用語]		
流行の	à la mode	［ア ラ モード］
最新の	dernier modèle	［デルニエ モデール］
伝統的な	traditionel(le)	［トラディショネル］
人気の	populaire	［ポピュレール］
試着する	essayer	［エセイエ］
購入する	acheter	［アシュテ］
取り換える	échanger	［エシャンジェ］
値引きする	baisser le prix	［ベッセ ル プリ］
贈り物	cadeau	［カドー］
包む	emballer	［アンバレ］
現金で	en liquide	［アン リキッド］
クレジットカード	carte de crédit	［カルト ドゥ クレディ］
説明書	brochure	［ブロシュール］
	explicative	エクスプリカティヴ］
見本	échantillon	［エシャンティヨン］
領収書	reçu	［ルシュ］

ABC よく使うフレーズ

［読み方］
（日本語　フランス語）

何かおすすめの物はありますか?	［ヴレ ヴ ム ルコマンデ ケルク ショーズ］ Voulez-vous me recommander quelque chose ?
これを見せていただけますか?	［プヴェ ヴ ム モントレ サ］ Pouvez-vous me montrer ça ?
ちょっと見ているだけです。	［ジュ ルギャルド サンプルマン］ Je regarde simplement.
試着してみていいですか?	［プレ ジュ エセイエ スシ］ Pourrais-je essayer ceci ?
これに決めます。	［ジュ プラン スシ］ Je prends ceci.
もう少し大きい(小さい)のはありますか?	［アヴェ ヴ ル メーム モデール メ プリュ グラン / プティ］ Avez-vous le même modèle, mais plus grand / petit ?
高過ぎます。	［セ トロ シェール］ C'est trop cher.
いくらですか?	［セ コンビヤン］ C'est combien ?
このカードが使えますか?	［エ ス ク ヴ ザクセプテ セット カルト ドゥ クレディ］ Est-ce que vous acceptez cette carte de crédit ?
免税書類を作成していただけますか?	［プリエ ヴ ランプリール レ パピエ ドゥ ラ デタックス］ Pourriez-vous remplir les papiers de la détaxe ?
別々に包んでくれますか?	［プヴェ ヴ レ ザンバレ セパルマン］ Pouvez-vous les emballer séparément ?

色・柄
（　）は女性形

白 blanc(he) ［ブラン(シュ)］	黒 noir ［ノワール］	赤 rouge ［ルージュ］	青 bleu(e) ［ブルー］	黄 jaune ［ジョーヌ］	緑 vert(e) ［ヴェール(ト)］
紫 violet(te) ［ヴィオレ(ット)］	橙 orange ［オランジュ］	水色 bleu clair ［ブルークレール］	ピンク rose ［ローズ］	ベージュ beige ［ベージュ］	茶 marron ［マロン］
グレー gris(e) ［グリ(ーズ)］	金 or ［オール］	銀 argent ［アルジャン］	チェック à carreaux ［ア カロー］	水玉 à pois ［ア ポワ］	縞 rayé(e) ［レイエ］

生成り
écru(e)
［エクリュ］

無地
uni(e)
［ユニ］

サイズ表

洋服／女性	フランス	34	36	38	40	42	44
	日本(号)	5	7	9	11	13	15
靴／女性	フランス	36	36.5	37	37.5	38	38.5
	日本(cm)	23	23.5	24	24.5	25	25.5
靴／男性	フランス	41.5	42	42.5	43	43.5	44
	日本(cm)	25.5	26	26.5	27	27.5	28

Repetto
レペット
バレリーナシューズで大人気

靴／オペラ地区　**MAP** 別冊 P.24-1B

オペラ店にある「ラトリエ・レペット」では、ベース素材や色を選んでセミオーダーすることができる

M ③⑦⑧ Opéra
住 22, rue de la Paix 2e　**TEL** 01.44.71.83.12
営 10:00 ～ 19:00（㊐ 11:00 ～ 18:00）
休 一部㊐　**CC** AJMV
URL www.repetto.com
＜その他＞
MAP 本誌 P.298
住 51, rue des Franc Bourgeois 4e

1947年創業、2017年に70周年を迎えた「レペット」は、世界的振付家ローラン・プティの母親であるローズ・レペットが始めたバレエ用品の老舗。プロ用の商品だけでなく、通常の靴やバッグも扱っており、なかでも人気なのは「サンドリヨンCendrillon」と呼ばれるタウン用のバレリーナシューズ。レペットの靴を愛した女優ブリジット・バルドーのために開発されたもので、シンプルで飽きないデザインとカラーの豊富さで、ファンの多い定番商品となっている。

Fabrique by Ambali
ファブリック・バイ・アンバリ
一点もののオーダーメイドが可能

洋服／サン・マルタン運河界隈　**MAP** 別冊 P.14-1A

ファッションデザイナーの石井実佳子さんが手がけるブランドの路面店。自分の感性を大切にする大人の女性に向けて、トレンドに流されない洗練されたフレンチスタイルのファッションを提案している。刺繍など日本の伝統技術を生かしたものもあり、手仕事の美しさに魅了される。アポイント制で、オーダーメイドも受けている。コーヒーをいただきながら、ゆったりとした気持ちでデザインについて相談できるのも魅力。完成した商品は、日本への発送も可能だ。

映画やドラマの舞台となったサン・マルタン運河界隈に店を開いた石井実佳子さん。メールでの問い合わせも可能

M ⑤ Jacques Bonsergent ④ Château d'Eau
住 51, rue des Vinaigriers 10e
TEL 06.33.19.72.30
営 11:00 ～ 19:00（㊏ 14:00 ～）
休 ㊐、1/1、5/1、12/25、8月に約 10 日間
CC AMV　**✉** mika@ambaliparis.com
URL www.fabriquebyambali.com

Sézane
セザンヌ
パリで絶大な支持を受ける人気ブランド

洋服／マレ　**MAP** 別冊 P.26-2B

デザイナーのモルガン・セザロリーさんが立ち上げたブランド。当初はオンライン販売のみだったが、人気に火がつき、路面店をオープンした。ファッション、コスメ、アクセサリーからインテリア雑貨まで、パリのアパルトマンを思わせるゆったりとした空間にディスプレイされている。シンプルだがトレンド感のあるデザインでアレンジを楽しめること、またリーズナブルな価格も人気の理由だ。

週末には行列ができるほど人気のあるセザンヌのマレ店は2023年にオープン　©BALAY LUDOVIC

M ⑪ Hôtel de Ville
住 33, rue des Blancs Manteaux 4e
営 11:00 ～ 20:00（㊐ 10:00 ～ 19:00）
休 ㊊㊐、8/14、8/15　**CC** AMV
URL www.sezane.com
＜その他＞
MAP 別冊 P.13-1D　**住** 1, rue St-Fiacre 2e

Merci
メルシー
衣食住のすべてにこだわる

`セレクトショップ／北マレ` **MAP** 別冊 P.27-1C

北マレのおしゃれ＆カルチャーの中心的存在となっている有名なセレクトショップ。3フロアある広大なスペースにファッション、雑貨、文房具からキッチンツール、ガーデン用品、インテリア家具まで多くのアイテムが揃う。地上階のイベントスペースは、毎回のテーマごとに商品やレイアウトがガラリと変わり、常に新しい発見があって楽しい。カフェもあり、1日中にぎわっている。

エントランスの中庭に置かれた赤い車が目印

M ⑧ St-Sébastien Froissart
住 111, bd. Beaumarchais 3e
TEL 01.42.77.73.58
営 10:30 ～ 19:30（金・土 ～ 20:00、日 11:00 ～ 19:00）
休 一部祝 **CC** A M V **Wi-Fi**
URL merci-merci.com

Thanx God I'm a V.I.P.
サンクス・ゴッド・アイム・ア・ヴイアイピー
人気の高まるセカンドハンドの店

`セレクトショップ／レピュブリック広場界隈` **MAP** 別冊 P.14-1A

サステナブルなおしゃれを楽しむのが最近のパリのトレンド。セカンドハンドを扱う店のなかでも、センスがよくクオリティの高い商品が見つかると人気なのが当店だ。店内には、洋服、靴、帽子からアクセサリーまでぎっしり。いずれも共同オーナーのシルヴィさんによって選ばれたもので、ブランドの知名度ではなく、質とデザインを重視しているという。好みに合う掘り出し物が見つかるかも。

誰もがV.I.P.になった気分で買い物を楽しんでほしい、という願いが店名の由来

M ③⑤⑧⑨⑪ République
住 12, rue de Lancry 10e
営 14:00 ～ 20:00
休 月 日、一部祝
1 月最初の 1 週間、7 月最終土～ 8 月最終土
CC A M V
URL thanxgod.com

La Cerise sur le Chapeau
ラ・スリーズ・シュル・ル・シャポー
自分らしい帽子をセミオーダー

`帽子／サン・ジェルマン・デ・プレ` **MAP** 別冊 P.28-3A

自分に似合う形と色の組み合わせがきっと見つかる

パリで帽子が欲しいと思っているなら、セミオーダーを体験してみるのも楽しい。自分の好みの形、素材、色、リボンを選んで仕上げてもらうことができる。その組み合わせは無限大。店内のサンプルを参考にしたり、スタッフの意見を聞きながら自分に似合う形と色を探していくのが楽しい。予約なしで受付可能。仕上げに48時間かかるため平日の早い時間のオーダーがおすすめ。旅行期間の最初に依頼すれば、帽子を被ってパリを歩くこともできるのがうれしい。

M ⑩⑫ Sèvres Babylone
住 46, rue du Cherche Midi 6e
営 11:00 ～ 19:00 **休** 月 日 祝
料 フエルトタイプ€250、麦わらタイプ€210 ～
CC A M V **Wi-Fi**
URL www.lacerisesurlechapeau.com

上品なフレンチカジュアル
agnès b.
アニエス・ベー

洋服／サン・ジェルマン・デ・プレ　**MAP** 別冊P.28-2B／本誌P.299

フレンチカジュアルといえば、このブランド。細めの幅が上品なボーダーシャツやスウェット素材のカーディガンなどの定番アイテムをはじめ、流行にとらわれない色やモチーフが魅力。シンプルなデザインなのでコーディネートも楽しみたい。

Ⓜ④St-Sulpice　住6, rue du Vieux Colombier 6e
TEL 01.44.39.02.60
営 10:00～19:30（土～20:00）　休 日、一部祝
CC A J M V　WiFi
URL www.agnesb.eu
＜その他・メンズ（オム）＞
MAP 本誌P.299　10-12, rue du Vieux Colombier 6e

日常に取り入れたいカジュアルブランド
Cotélac
コテラック

洋服／サン・シュルピス通り　**MAP** 別冊P.29-2C／本誌P.299

"現代女性のための、個性的で、ほんの少しボヘミアンなスタイル"がコンセプト。きれいなシルエット、明るく淡い色合い、懐かしいプリントなど、カジュアルにも、フェミニンにもアレンジができて、毎日のコーディネートに加えたい洋服が揃う。

Ⓜ④St-Sulpice ⑩Mabillon
住 30, rue St-Sulpice 6e
TEL 01.42.88.09.13
営 10:00～19:00
休 日、祝
CC A M V　WiFi
URL www.cotelac.fr

「ベンシモン」のコンセプトストア
Home Autour du Monde
ホーム・オトゥール・デュ・モンド

洋服／フラン・ブルジョワ通り　**MAP** 本誌P.298

フレンチカジュアルのブランド「ベンシモンBensimon」がファッションからインテリア、雑貨までトータルで提案するコンセプトストア。くったりした風合いと、ナチュラルで美しい色の定番スニーカーは色違いで欲しくなる。

Ⓜ①St-Paul
住 8, rue des Francs Bourgeois 3e
TEL 01.42.77.06.08
営 11:00～19:00（日 13:00～）
休 一部祝
CC A M V　WiFi
URL www.bensimon.com

パリ、フランスを代表するブランド
Comptoir des Cotonniers
コントワー・デ・コトニエ

洋服／フラン・ブルジョワ通り　**MAP** 本誌P.298

パリ市内に数多くの店舗がある人気ブランド。いいものを長く着る、色や柄で遊び、自分なりのベーシックをもつ……そんなパリのエッセンスの詰まったアイテムが日本人にもぴったり。着こなしのバリエーションが広がるデザインが人気だ。

Ⓜ①St-Paul
住 33, rue des Francs Bourgeois 4e
TEL 01.42.76.95.33　営 11:30～19:00
休 無休　WiFi
URL www.comptoirdescotonniers.com
＜その他＞
MAP 本誌P.299　12, pl. St-Sulpice 6e

迷うほどのカラーバリエーション
Hervé Chapelier
エルヴェ・シャプリエ

バッグ／サン・ジェルマン・デ・プレ　**MAP** 別冊P.28-2B／本誌P.299

カラフルな色使いの舟形トートバッグやポーチでおなじみのブランド。色の組み合わせ、形、サイズのバリエーションが豊富なので、いくつも欲しくなってしまう。軽くて耐久性があるのも特徴。日本では手に入らないタイプを見つけたい。

Ⓜ④St-Sulpice ④St-Germain des Prés
住 1, rue du Vieux Colombier 6e
TEL 01.44.07.06.50
営 10:15～13:00、14:00～19:00　休 日 祝
CC A J M V　WiFi　URL www.hervechapelier.com
＜その他＞
MAP 本誌P.299　390, rue St-Honoré 1er

驚きの軽量トート
Jack Gomme
ジャック・ゴム

バッグ／北マレ　**MAP** 別冊P.27-1C

ふたりのデザイナー、ソフィとポールが始めたブランド。使い勝手のいい大きなトートは、丈夫なうえに、驚くほど軽い素材で作られている。カジュアルでクールな装いが好きな大人にぴったり。ふたりの顔のイラストが入ったユニークな柄のものも。

Ⓜ⑧St-Sébastien Froissart
住 1, impasse St-Claude 3e　TEL 01.42.78.73.45
営 11:00～14:00、15:00～19:00（日 11:00～13:00、
14:00～15:00）　休 日、1/1、5/1、11/1、夏期休業あり
CC A D J M V　WiFi　URL www.jackgomme.com
＜その他＞
MAP 別冊P.18-2B　住 13, rue Bréa 6e

キュートランジェリーの決定版
Fifi Chachnil
フィフィ・シャシュニル
ランジェリー／サン・ジェルマン・デ・プレ MAP 別冊P.28-2A

鮮やかで甘いピンク色にあふれたかわいいブティック。一歩店内に入ると、ロマンティックなランジェリーの数々に夢中になってしまうのは、デザイナー、フィフィの魔法だ。思いきりスイートな気分に浸れるランジェリーにうっとり。

- M ④St-Sulpice ⑩⑫Sèvres Babylone
- 住 34, rue de Grenelle 7e
- TEL 01.42.22.08.23
- 営 11:00～19:00
- 休 月 日 祝
- CC AJMV
- URL fifichachnil.paris

デザインも人気のオーガニック服
Ekyog
エキヨグ
洋服／フラン・ブルジョワ通り MAP 本誌P.298

フランス中に店舗がある、エコとトレンドが共存したデザインが人気のオーガニック・クローズのブランド。オーガニックのコットンやウール、リネン、シルクのほか、環境に配慮して加工されたレザーなどを使っている。

- M ①St-Paul
- 住 23, rue des Francs Bourgeois 4e
- TEL 01.42.78.22.60
- 営 11:00～19:30（⑪ 13:00～）
- 休 一部祝 CC MV
- URL www.ekyog.com

人気ブランドのコンセプトショップ
Les Néréides
レ・ネレイド
アクセサリー／レ・アール MAP 別冊P.27-2C

南仏のニースで始まった人気アクセサリーブランド。半貴石を使ったビジュー・ファンタジーは、花や植物のモチーフを中心としたデザインで、ディテールの細かさに定評がある。セカンドラインのポップな「N2」の商品も揃っている。

- M ①St-Paul
- 住 30, rue Sévigné 4e
- 営 10:00～13:00、14:00～19:00
  （水～土はノンストップ、⑪ 13:00～19:00）
- 休 一部祝
- CC AJMV Wi-Fi
- URL www.lesnereides.com

デザイン性の高さが魅力
Satellite
サテリット
アクセサリー／フラン・ブルジョワ通り MAP 本誌P.298

ビーズやラインストーンをたくさん使ったゴージャスなエスニックタイプから、甘くて優しい色合いの可憐なものまで、幅広いデザインのアクセサリーが揃う。シンプルな洋服とコーディネートして、ポイントになるようなものが見つかる。

- M ①St-Paul 住 23, rue des Francs Bourgeois 4e
- TEL 01.40.29.41.07 営 10:30～19:30
- 休 1/1、12/25 CC ADMV Wi-Fi
- URL www.satelliteparis-boutique.com
- ＜その他＞
- MAP 本誌P.299 314, rue St-Honoré 1er
- MAP 本誌P.299 10, rue du Vieux Colombier 6e

ロマンティックな夢の世界
Nadine Delépine
ナディーヌ・ドゥレピーヌ
アクセサリー／サン・ジェルマン・デ・プレ MAP 別冊P.28-2B／本誌P.299

デザイナーのナディーヌさんのこだわりがあふれる手作りのアクセサリーは、繊細で愛らしいものばかり。花柄のプリントやパステルな色使いのバッグと合わせて揃えたくなる。ウインドーには個性的な人形が飾られ、夢の世界へと誘ってくれる。

- M ⑩Mabillon
- 住 14, rue Princesse 6e TEL 01.40.51.81.10
- 営 11:00～19:00（火 金 14:00～）
- 休 ⑪ 1/1、5/1、7/14、8/15、12/25
- CC AJMV Wi-Fi
- URL www.nadinedelepine.com

Column Information

アクセサリーに関するフランス語

日本語	フランス語	[読み方]
アクセサリー	Bijou	[ビジュー]
ネックレス	Collier	[コリエ]
指輪	Bague	[バーグ]
ブレスレット	Bracelet	[ブラスレ]
ブローチ	Broche	[ブロッシュ]
イヤリング	Boucles d'Oreilles	[ブックル ドレイユ]
ピアス	Boucles d'Oreilles Percés	[ブックル ドレイユ ペルセ]
ペンダント	Pendentif	[パンダンティフ]

南仏の香りが広がる
Fragonard Parfumeur
フラゴナール・パルフュムール
香水／オペラ地区　**MAP** 別冊P.24-1A

香水の産地として知られる、コート・ダジュール地方の町グラースにある香水工場の直営ブティック。パリ市内に7店舗あるうち、香水博物館（→P.116）近くにあるオスマン店は、ファサードのクラシックな木彫の装飾が印象的な大型店舗。オリジナルの香水はもちろん、香り豊かな石鹸、化粧品、インテリア雑貨、ファッションまで、「南仏の暮らしの美学」を体現したようなフラゴナールの世界が息づいている。

Ⓜ ③⑦⑧ Opéra ⓇⒺ Ⓐ Auber
住 5, rue Boudreau 9e　☎ 01.40.06.10.10
営 10:00 ～ 19:30
休 無休　CC Ⓐ Ⓙ Ⓜ Ⓥ
URL www.fragonard.com
＜その他＞
MAP 別冊P.28-2A　住 196, bd. St-Germain 7e
MAP 本誌 P.299　住 207, rue St-Honoré 1er
MAP 本誌 P.298　住 51, rue des Francs Bourgeois 4e

香水以外にインテリア小物、雑貨、洋服も人気

南仏生まれの人気ブランド
L'Occitane en Provence
ロクシタン・アン・プロヴァンス
フレグランス／レ・アール　**MAP** 別冊P.24-1B

すべての製品をローズやラベンダー、オリーブなど天然素材から作る、プロヴァンス生まれの癒やし系コスメブランド。ミニサイズの練り香水やハンドクリーム、石鹸などは、おみやげにも最適。日常生活に南仏の香りを取り入れて。

Ⓜ ③⑦⑧ Opéra ⓇⒺ Ⓐ Auber　住 8, rue Halevy 9e
☎ 01.40.17.91.43
営 10:30 ～ 20:00（㊐ 11:00 ～ 19:30）
休 一部㊗　CC Ⓐ Ⓙ Ⓜ Ⓥ
URL www.loccitane.com（日本語あり）
＜その他＞
MAP 別冊P.26-3B　住 1, rue d'Arcole 4e

南仏の香りに包まれて
Source de Provence
スルス・ド・プロヴァンス
フレグランス／マレ　**MAP** 別冊P.26-1B

2023年5月にオープンしたフレグランスの店。南仏プロヴァンスで生産されるオリジナルのフレグランスは、99%天然由来。ラベンダーのシャンプーやボディローションなど、普段の暮らしを豊かにしてくれる香りグッズがいっぱい。

Ⓜ ③⑪ Temple
住 65, rue de Bretagne 3e
☎ 01.83.64.06.06
営 10:30 ～ 13:00、14:00 ～ 19:00
休 ㊐、1/1、5/1、8月に10日間
CC Ⓜ Ⓥ
URL www.sourcedeprovence.com

復活した老舗香水店
Oriza L. Legrand
オリザ・ルイ・ルグラン
香水／オペラ地区　**MAP** 別冊P.24-1A

ルイ15世の時代に創業、王室御用達として名を馳せた香水ブランドを2012年に復刻。当時の香りがよみがえった。店内にはクラシカルなデザインの香水が並び、まるで小さなミュージアムのよう。レトロなパッケージの石鹸も人気。

Ⓜ ③⑨ Havre Caumartin
住 34bis, rue Vignon 9e
☎ 01.71.93.02.34
営 10:30 ～ 19:00（㊏ 11:00 ～ 19:00）
休 ㊐ ㊗
CC Ⓐ Ⓜ Ⓥ
URL www.orizaparfums.com

センス抜群のレトロなコスメ店
Officine Universelle Buly
オフィシーヌ・ユニヴェルセル・ビュリー
コスメ／サン・ジェルマン・デ・プレ　**MAP** 別冊P.28-1B

19世紀初めに創業した香水店を現代に復刻させたコスメショップ。昔の薬局を思わせるインテリアの中に、天然素材と最新技術を融合したスキンケア用品、アルコール不使用の香水、石鹸、キャンドルなどが並ぶ。パッケージデザインもレトロ。

Ⓜ ④ St-Germain des Prés
住 6, rue Bonaparte 6e　☎ 01.43.29.02.50
営 11:00 ～ 19:00
休 ㊐、5/1、7/14、8/15　CC Ⓐ Ⓓ Ⓙ Ⓜ Ⓥ
URL buly1803.com
＜その他＞
MAP 別冊P.27-1C　住 45, rue de Saintonge 3e

Produits de beauté

まとめ買いもおまかせ!
ドラッグストアでおみやげコスメ

パリジェンヌたちが普段使いのコスメを買うのはどこ?
リーズナブルな値段のものを求めるなら、ドラッグストアに行ってみよう。

大人気の激安店

パリジェンヌに人気の店。サン・ジェルマン・デ・プレで日常コスメを買うなら絶対ココ!と、太鼓判を押されているのが「シティファルマ」。店内は籠を持って歩き回るのが困難なほど混雑している。

◆シティファルマ Citypharma
MAP 別冊P.28-2B／本誌P.299
Ⓜ④St-Germain des Prés ⑩Mabillon
🏠 26, rue du Four 6e ☎ 01.46.33.06.09
🕐 8:30～21:00
🈺 無休 **CC** MⓋ
URL pharmacie-citypharma.fr

格安ドラッグストアならカルチェ・ラタンにある「ファルマシー・モンジュ」も人気。店舗が大きく、商品を選びやすい。

◆ファルマシー・モンジュ Pharmacie Monge
MAP 別冊P.20-2A Ⓜ⑦Place Monge
🏠 1, pl. Monge 5e ☎ 01.43.31.39.44
🕐 8:00～20:00 🈺 無休 **CC** MⓋ
URL pharmacie-monge.fr

そのほかのおすすめ店

ビオ製品が充実し、安心・安全品質のものが見つかるチェーン店やスーパーマーケットも。

◆モノプリ Monoprix →P.345
◆マドモワゼル・ビオ Mademoiselle bio
MAP 別冊P.27-2D
Ⓜ①⑤⑧Bastille
🏠 31, rue St-Antoine 4e
☎ 01.48.87.87.50
🕐 10:00～19:30 (日 ～18:00)
🈺 無休
CC DMⓋ
URL www.mademoiselle-bio.com

拭き取るメイク落とし
「Bioderma」250ml
€7.99

アルガンオイル
「Melvita」(左)
€11.48
「Natessance」(右)
€8.49

リップクリーム左から
「Avène」€3.98
「Bioderma」€2.50
「Nuxe」€3.98
「Uriage」€3.99

フローラルウオーター
「Laino」(右)€2.45
「Sanoflore」(左)€9.78

シティファルマ

マルセイユ石鹸
「Marius Fabre」€3.49

ハンドクリーム
「Caudalie」75mℓ €6.89

モノプリ

リップクリーム
「Monoprix」
€1.29～

石鹸「Monoprix」
€3.95

アルガンオイル
「Monoprix」
€7.95

ハンドクリーム「Monoprix」
(左)€2.95 (右)€2.49

覚えておきたいコスメ単語

ケア soin [ソワン]	美容液 sérum [セロム]
乾燥肌 peau sèche [ポー・セッシュ]	メイク落とし démaquillant [デマキヤン]
敏感肌 peau sensible [ポー・サンシブル]	保湿クリーム crème hydratante [クレーム・イドラタント]
脂性肌 peau grasse [ポー・グラス]	ハンドクリーム crème pour les mains [クレーム・プール・レ・マン]
化粧水 lotion [ローション]	リップクリーム baume pour les lèvres [ボーム・プール・レ・レーヴル]

投稿 「フォーロム・デ・アール」(→P.343) 内にあるドラッグストア「Pharmacie du Forum des Halles」は品揃え豊富でリーズナブル、広々としてゆっくり買い物できました。(神奈川県 FeiFei '23)

307

みんな恋する パリの幸せ

ハイレベルなパティスリーやショコラトリーが集まるパリは
スイーツファンにとって、まさにパラダイス。
この町でしか味わえない、お気に入りを見つけてみて。

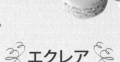

定番スイーツセレクション
★★★★★★★★★★★★★★★★

時代を超えて長く愛される「定番」のお菓子。
パリで食べておきたいベーシックなお菓子を一挙ご紹介。

マカロン
Macaron

アーモンド粉をベース
にした生地を丸く焼き、
クリームを挟んだものが
「マカロン・パリジャン」

マカロンローズにローズ風
味のクリーム、ライチ、フ
ランボワーズを挟んだマカ
ロンケーキ「イスパハン」。
€10～ **J**

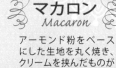

シーズンごとにフレーバー
の組み合わせが替わるマカ
ロンも。€2 **G**

> おみやげ
> にも

エクレア
Eclair

長細い生地にクリームを詰めたシュー菓子
の代表格。中のクリームと同じ風味のフォン
ダン（砂糖衣）をかけるのがお約束

パッションフルーツのエクレア
など、華やかなデコレーション
がトレンド。€6.50～ **I**

> 華やかに
> 飾って

チョコレートの名店なら
ではの濃厚かつなめらか
なクリームがたっぷり。
€7 **K**

シュークリーム
Chou à la Crème

「シュー」とはキャベツのこと。キャベツの形
をしたシューの皮にクリームを詰めたもの
がシュークリーム

> パリ色の
> シュー！

ベレー帽をかぶったような砂糖
衣がかわいらしいシュークリー
ム。6個入り€12.90 **F**

パリ・ブレスト
Paris Brest

半分に切ったシュー生地にクリームを挟んだ
もの。パリ～ブレスト間の自転車レースから生
まれたことからリング形が基本

> クリーム
> たっぷり

香ばしいプラリネクリームを
挟み、ローストしたアーモン
ドと粉砂糖で飾った伝統のパ
リ・ブレスト。€6.10 **B**

プラリネクリームを載せたエクレア形の
パリ・ブレスト。€6.40 **A**

新ショップ情報まで

スイーツ

タルト
Tarte

クッキー生地の型に季節の
フルーツやクリームなどの
フィリングを詰めたお菓子

ぜんぶ
食べたい！

マスカルポーネクリームにバニラ
の香りを効かせた「アンフィニマ
ン・ヴァニーユ」。€10〜 **J**

定番菓子の「タルト・シトロン」が
スタイリッシュに変身！
1人用€7〜 **M**

おしゃれ系

季節の果物を
使ったタルト
は、毎回変わる
デザインも
楽しみ
€14〜 **D**

©Bernhard Winkelmann

ミルフイユ
Millefeuille

薄く焼いた生地を3層にし、間に
クリームを挟んだお菓子

鮮度も
大切

さくさくの食感が味
わえるミルフイユ。
€7.20 **L**

バニラクリームと
ミルクジャムのミル
フイユ。
€14 **H**

©victorbellot

ルリジューズ
Religieuse

大きさの異なるシューを積み重ねた
お菓子。「修道女」を意味する

コロン
として
かわいい

淡いピンクのフォン
ダンを衣裳のように
まとった「バラのル
リジューズ」。
€12 **C**

©Ladurée

モンブラン
Mont Blanc

アルプス山脈最高峰の名前から取った、
栗のクリームを使ったお菓子

ふわふわ
ムース
入り

軽いメレンゲと栗のクリームを
使ったカップ入りのモンブラン。
€6.50 **A**

濃厚なマロンクリームでメレン
ゲと生クリームを包んだ伝
統のモンブラン。€7.90 **E**

SHOP LIST

A ジル・マルシャル →P.315
B セバスチャン・ゴダール →P.316
C ラデュレ →P.288
D リッツ・パリ・ル・コントワール →P.314
E アンジェリーナ →P.289

F オデット →P.319
G パン・ド・シュクル →P.318
H バタフライ・パティスリー →P.313
I レクレール・ド・ジェニー →P.319
J ピエール・エルメ →P.318

K ラ・メゾン・デュ・ショコラ →P.324
L カール・マルレッティ →P.318
M ラ・パティスリー・シリル・リニャック →P.319

Coordination：Chiaki Mitomi

309

大人気チョコレートセレクション
★★★★★★★

大人から子供まで、一番親しまれているスイーツといえばチョコレート。
名ショコラティエたちが作る逸品ショコラをじっくり味わってみて。

ボンボン・ショコラ
Bonbon Chocolat

ひと口サイズのチョコレート。中にはガナッシュやナッツのペーストが入っている。スパイスやフルーツで香り付けしたものも多い

香ばしい
アーモンド
入り

シャンパン
にも合う！

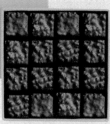

伝統的な「ロシェ（ナッツ入りのボンボン・ショコラ）」。ミルクチョコレートとダークチョコレートの2種ある。
32個入り €58 Ⓐ

キャラメルがとろ～り溶け出すドーム型のチョコ「ドゥミ・スフェール」。
9個入り €27 Ⓐ

伝統製法で作られたプラリネなど、安定したおいしさのボンボン・ショコラ。
16個入り €22 Ⓒ

シラカバの樹液で作るプラリネ入りのスティック。素材を凝縮した個性的な味わいも。6本入り €13 Ⓑ

@ Simon Detraz

フルーツやハーブなど、素材の新鮮さが伝わってくるボンボン。特にミントは鮮烈な味わい。
9個入り €14 Ⓓ

保存性のよい
メタリック
ケース入り

キャラメルやフルーツソースが詰まった「スフェール」。6個入り €12 Ⓚ

手帳型の
ボックスが
おしゃれ

小さなピラミッド形のボンボン・ショコラに、スパイスやハーブのエッセンスが詰まっている。
15個入り €16～ Ⓛ

©Thomas Duval

板チョコ
Tablette chocolat

カカオの産地別ショコラなど、ボンボン・ショコラに負けないくらい多彩なバリエーションを楽しめる。日持ちがよいのも魅力

カカオの産地別ミニサイズの板チョコを積み上げた「ピラミッド」。カラフルでおみやげにおすすめ。ミニ・ピラミッド・デ・トロピック €5.90、ラ・ピラミッド・デ・トロピック €19.90 **F**

パリの石畳をイメージ。エルサルバドルなど希少なカカオ豆のタブレットに注目。
80g（左）€8.20～、25g（右）各€2.60～ **E**

© Les Copains de Bastien

隣接する工房でカカオ豆の焙煎から手がけるビーン・トゥ・バーの高級ショコラ。板チョコ €12～ **G**

パリっぽいおみやげにぴったり

その他のチョコレート
Chocolat divers

ボンボン・ショコラ、板チョコのほかにも、個性豊かなチョコレートがいっぱい

カラフルで楽しいイラストのパッケージが目を引くオーガニックの板チョコ。
€6.95～ **H**

花びら状のチョコレートが詰まった「ペタル・ド・ショコラ」。ローズとジャスミンの組み合わせもある。€22 **J**

アーモンドとヘーゼルナッツのプラリネを、刻みアーモンド入りのチョコレートで包んだ「ブシェット・オ・プラリネ」。
€24 **I**

Nouveau!

新オープンの店をチェック!

毎年新しいパティスリーがオープンするパリ。
なかでも気になる話題の店を紹介しよう。

Text：Chiaki Mitomi

老舗店の新たな挑戦
ルイ・フーケ（モンテーニュ店）
Louis Fouquet – Montaigne

2023年10月Open!

1852年創業、画家のモネや藤田嗣治、デザイナーのクリスチャン・ディオールらもファンだったというショコラトリー。2023年、創業者の名を冠した「ルイ・フーケ」に改名し、ロゴやインテリアを一新、ブランド店が並ぶモンテーニュ大通りにもショップをオープンした。少量ずつ手仕事で作るプラリネやガナッシュをチョコレートで包んだボンボン・ショコラ、現在も銅鍋で作るパート・ド・フリュイなど、ていねいに作られた商品が並ぶ。

ボンボン・ショコラはガナッシュやプラリネなど22種

ボンボン・ショコラ
€8（4個入）〜

宝石店のような店内。陳列台はチョコレート作りに使われる機械をイメージしてデザイン

パート・ド・フリュイ
€8（6個入）〜

MAP 別冊P.23-3D
M ⑨ Alma Marceau
住 6,av,Montaigne 8e
TEL 06.80.11.83.74
営 11:00〜14:00, 15:00
　〜19:30
　（月）11:00〜19:30）
休 日
CC A.M.V
URL louisfouquet.fr

©Louis Fouquet

宝石のようなチョコレート
ジャド・ジュナン
Jade Genin

2022年11月Open!

名ショコラティエとして知られるジャック・ジュナン（→P.322）の娘であるジャド・ジュナンさんがオペラ通りに開いた店。弁護士から転身したキャリアにも注目が集まっている。動物由来の素材や白砂糖を使わないピラミッド型のチョコレートがスペシャリテだ。コリアンダーやカモミールといった個性的なフレーバーも試してみたい。

©STEPHANE GRANGIER

©Thomas Duval

ボンボン・ショコラ
€16（15個入り）〜

真っ白な壁にゴールドの装飾が映える。植物性の素材だけを使った、凝縮した味と香りが特徴

©Malthusian Belt

MAP 別冊P.24-2B
M ⑦⑭Pyramides
住 33, av. de l'Opéra 2e
TEL 09.87.07.17.79
営 11:00〜19:00（土）〜19:30、
（日）11:30〜18:30）
休 8/7〜9/1（'24）
CC A.M.V
URL www.jadegenin.fr

パリの幸せスイーツ　新オープンの店をチェック！

一流ホテルの味を気軽に
バタフライ・パティスリー
Butterfly Pâtisserie

2023年
4月
Open!

パリ屈指の名門ホテルである「オテル・ド・クリヨン」がホテル内にオープンしたパティスリー。レストランのシェフパティシエであるマテュー・カルランが手がける極上スイーツを味わえる夢のような店。テイクアウトできるのはもちろん、併設されたティーサロンでホットチョコレートやカクテルとともに楽しむことも可能だ。

©Victor Bellot

フルーツのタルト、ミルフイユ、焼き菓子、チョコレートが並ぶ

©VirginieGarnier

ミルフイユ（上）はさっくりとした生地にバニラクリームとミルクジャムを挟んだオリジナルレシピ。レモンやイチゴのタルト、濃厚なチョコレート菓子など、見た目もエレガント。パティスリーは€9〜。

©LaurenLuxenberg

MAP 別冊P.24-3A
M ①⑧⑫Concorde
住 6, rue Boissy d'Anglas 8e
TEL 01.44.71.15.17
営 11:00〜19:30
休 無休
CC A D J M V
URL www.rosewoodhotels.com/en/hotel-de-crillon/dining/butterfly-patisserie

©LaurenLuxenberg

南仏の香り漂うショコラ
エルベ・ル・ショコラ
LB Le Chocolat

2023年
9月
Open!

南仏ムージャンのチョコレートブランド「エルベ・ル・ショコラ」がパリに進出。南仏出身のM.O.F.（フランス最優秀職人）ショコラティエであるポール・オキバンティさんがシェフを務め、南仏産アーモンドや柑橘、ハーブを使ったボンボン・ショコラやタブレット、スティックタイプのチョコレートが評判だ。カラフルなボックスはおみやげや贈り物に喜ばれそう。マカロンや焼き菓子もある。

白と茶色の明るい外観

2人の兄弟が経営。花型のチョコレートは祝日やイベントに合わせて販売される

MAP 別冊P.11-3C、本誌P.335
M ⑧Ecole Militaire
住 120, rue St-Dominique 7e
TEL 01.83.94.59.32
営 9:30〜20:00
休 8月
CC A M V
URL lblechocolat.fr

ヘーゼルナッツやトウモロコシ入りなどタブレットは17種（各€6.50）。食べやすい25gのスティックタイプのチョコレートは1箱2本入り（€5）。おみやげにもぴったり

©LB LE CHOCOLAT

Tapisserie
タピスリー
人気レストランのスイーツ

`バスティーユ界隈` MAP 別冊 P.15-3C

©Benjamin Schmuck

木を使ったナチュラルな内装（左）。©Benjamin Schmuck　オーナーのベルトラン・グレボーさんとテオフィル・プリアさん（右）© Alexandre Guirkinger

1つ星レストラン「セプティム」や魚料理専門店「クラマト」のオーナーシェフが手がけるパティスリー。季節感と素材本来の味を大切にし、植物や花を使ったオリジナル菓子が人気を集めている。スペシャリテは「クラマト」で提供しているメープルシロップのタルトと、イネ科の野草ハルガヤ風味のバニラクリーム入りのシュー菓子。チョコレート入りデニッシュやクイニーアマンなどヴィエノワズリーもある。すべてオーガニックやフェアトレードの材料を選んでいる。

M ⑨Charonne ⑧Ledru-Rollin
住 65, rue de Charonne 11e
TEL 01.55.28.79.43
営 8:30〜19:00（⊕ 9:30〜19:30、⊕ 9:30〜17:00）
休 8月に2週間 CC AMV
URL www.tapisserie-patisserie.fr

Ritz Paris Le Comptoir
リッツ・パリ・ル・コントワール
最高級ホテルの味を気軽に

`ルーヴル界隈` MAP 別冊 P.24-2A

最高級ホテル「リッツ・パリ」のケーキやヴィエノワズリーを楽しめるパティスリー＆ティーサロン。ホテルで提供しているマーブルケーキやハチミツ味のクリームを挟んだマドレーヌ形のケーキのほか、スティック状のミルフイユなどを揃えている。専用ボックスが用意されているマドレーヌはおみやげにもぴったり。同店のケーキをイメージしたドリンクも看板商品だ。朝食からティータイムまで、店内でも楽しむことができる。

シェフパティシエのフランソワ・ペレさんが手がける繊細なパティスリー
©Bernhard Winkelmann

MAP 別冊P.24-2A
M ⑧⑫⑭Madeleine
住 38, rue Cambon 1er
TEL 01.43.16.30.26
営 8:00〜19:00 休⊕⊕ CC AMV
URL www.ritzparislecomptoir.com/fr

Lenôtre Bastille
ルノートル・バスティーユ
ヴィエノワズリーも人気

`バスティーユ広場界隈` MAP 別冊 P.27-2D

現代フランス菓子の父と称されるガストン・ルノートルが1957年に創業したパティスリーの支店。2019年にリニューアル、イートインコーナーも設置された。ルノートルが開発したパティスリーのほか、季節やイベントごとに発表される創作菓子や素材にこだわったチョコレートも話題だ。パティシエが常駐して仕上げを行っているので、常にフレッシュな菓子を味わうことができる。

パンやヴィエノワズリー、総菜、ワインも揃う
© Lenôtre

M ①⑤⑧ Bastille
住 10, rue St-Antoine 4e
TEL 01.53.01.91.91
営 9:00〜20:00 休 無休
CC ADMV Wi-Fi
URL www.lenotre.com

Jeffrey Cagnes
ジェフリー・カーニュ
老舗店の元シェフが開いた店

`MAP` パリ西部　`MAP` 別冊 P.6-2A

ジェフリー・カーニュは、パリの老舗パティスリー「ストレー」(→P.318)の元シェフパティシエ。店には、厳選素材を惜しみなく使った伝統的なケーキや焼き菓子が並ぶ。チョコレートやレモン、エキゾチックフルーツのフレーバーを揃えたタルト、ピスタチオやヘーゼルナッツのクリームを絞ったシュー菓子、ココナッツ入りのチョコレートバーなど。ホットドックに見たてたブリオッシュなど、ユニークなデザインの菓子も人気だ。

職人の手仕事を大切にし、本物の味を届けたいというカーニュさん　©Kevinrazyfoodography

Ⓜ ⑬Brochant ⑭Pont Cardinet
🏠 24, rue des Moines 17e
☎ 01.46.06.94.62
🕐 8:00 ～ 20:00 (⑪ ～ 19:00)
休 ウェブサイトで確認のこと　CC `MV`
URL jeffreycagnes.fr

Le Meurice Cédric Grolet
ル・ムーリス・セドリック・グロレ
芸術品レベルの美しいお菓子

`MAP` ルーヴル界隈　`MAP` 別冊 P.24-3B

チュイルリー公園近くにある名門ホテル「ムーリス」の主任パティシエであり、数々の世界的な賞に輝くスターシェフ、セドリック・グロレ。従来、レストランでしか味わえなかった彼のお菓子を、2018年、一般向けに販売開始。当初は店の前に長蛇の列ができ、1～2時間待ちとなるほど、大きな話題となった。現在はウェブサイトで時間を指定し予約すれば並ばずに買える。スペシャリテは、3週間おきに内容を変える「フルーツの彫刻」。フルーツのクリームやジュレをチョコレートで包んだもので、ため息が出るほど美しい。

©pmonetta

セドリック・グロレは今最も注目されているパティシエのひとり

Ⓜ ① Tuileries
🏠 6, rue de Castiglione 1er
☎ なし
🕐 12:00 ～ 18:00 (商品がなくなるまで)　休 ⑪ ②
CC `A``D``J``M``V`
URL cedric-grolet.com/meurice

Gilles Marchal
ジル・マルシャル
こまやかさが伝わる上質のお菓子

`MAP` モンマルトル　`MAP` 別冊 P.31-2C

ジルさんのセンスが光るパティスリーは種類も豊富

Ⓜ ⑫ Abbesses
🏠 9, rue Ravignan 18e
☎ 01.85.34.73.30
🕐 8:30 ～ 13:00、14:00 ～ 19:00 (⑪ ⑪はノンストップ)
休 ⑪ ②、8月は変更あり
CC `MV`
URL gillesmarchal.com

「ラ・メゾン・デュ・ショコラ」のシェフパティシエとして活躍したジル・マルシャルさんがオープンしたパティスリー。ガラス張りの明るい店内に美しいお菓子がずらりと並ぶ。オペラやモンブランなどリッチなテイストのパティスリー、多彩なフレーバーを揃えたケイク、バニラが香るクリーム入りシュケットなど、いずれも繊細な味わいに魅了されるはず。マドレーヌや手つみフルーツのジャムなど、特別なおみやげを見つけたいときにもおすすめだ。

Sébastien Gaudard
セバスチャン・ゴダール
「伝統菓子のルネッサンス」を目指す

`マルティール通り` `MAP` 別冊 P.7-3C ／ 本誌 P.333

©Michael Adelo

マルティール通りのランドマーク的存在ともいえる人気店

Ⓜ ⑫ Notre-Dame de Lorette
🏠 22, rue des Martyrs 9e
☎ 01.71.18.24.70
🕐 10:00 〜 20:00
（土 9:00〜、日 9:00〜19:00）
休 無休
CC M V
URL www.sebastiengaudard.com

「フォション」のシェフパティシエを務めるなど華やかな経歴で「パティスリー界の貴公子」と呼ばれたセバスチャン・ゴダールの店。自ら内装にも関わったというこだわりの店内には、正統派の菓子が昔ながらの形でガラスケースに並ぶ。かつては斬新な菓子で注目を集めていたが、「今作りたいのはシンプルな伝統菓子」という思いが高く評価されている。板チョコも人気。チュイルリー店と「ル・グラン・カフェ・セバスチャン・ゴダール」（→P.289）にはサロン・ド・テが併設されている。

Fou de Pâtisserie
フー・ド・パティスリー
スイーツの逸品セレクトショップ

`レ・アール` `MAP` 別冊 P.26-1A

　フォーロム・デ・アールからすぐ、老舗パティスリー、エスカルゴ専門店などが集まるグルメストリート、モントルグイユ通りにある。同名のパティスリー専門誌が運営するセレクトショップで、小さい店ながらショーケースには厳選されたスイーツの逸品が並び、その美しさにうっとりすることは間違いなし。「ピエール・エルメ」（→P.318）、「ユーゴ・エ・ヴィクトール」（→P.323）、「アンジェリーナ」（→P.289）など名店のほか、「コンフィチュール・パリジェンヌ」（→P.330）のジャムも扱っていて、食べ比べもショッピングもここで済ませられる。

有名店のお菓子を取り合わせて買うことができる

Ⓜ ④ Les Halles
🏠 45, rue Montorgueil 2e ☎ 01.40.41.00.61
🕐 10:00 〜 20:00 休 1/1、5/1
CC A M V
URL www.foudepatisserieboutique.fr
＜その他＞
MAP 本誌 P.333 🏠 36, rue des Martyrs 9e

Pâtisserie Christophe Michalak Paris
パティスリー・クリストフ・ミシャラク・パリ
スターパティシエの2号店

`マレ` `MAP` 別冊 P.26-2B

　パラス・ホテル「プラザ・アテネ」の元シェフパティシエ、クリストフ・ミシャラクの2号店。1号店でも販売しているカップ入りの菓子「コスミック」などに加えて、塩バターのキャラメルクリーム入りのシュー菓子「ルリジューズ」、8人用の伝統菓子（ミルフイユ、レモンのタルト、パリ・ブレスト、ババなど）も揃えている。ロックのイメージで仕上げられた個性的な形やデザインにも注目。板チョコやキャラメル、オリーブとチョコレートを組み合わせたクッキー、パン用ペーストなどは、おみやげにもぴったり。

Photo: ©Christophe Michalak

キャラメルが効いた「ルリジューズ」

Ⓜ ①⑪ Hôtel de Ville
🏠 16, rue de la Verrerie 4e ☎ 01.40.27.90.13
🕐 11:00 〜 19:00 休 1/1、12/25
CC A M V
URL www.christophemichalak.com
＜その他＞
MAP 本誌 P.299 🏠 8, rue du Vieux Colombier 6e

L'Epicerie des Atelier du Bristol
レピスリー・デザトリエ・デュ・ブリストル
名門ホテルのスイーツを味わえる

オペラ地区 MAP 別冊 P.12-1A

©Claire Cocano

大統領府エリゼ宮にほど近い場所にある高級ホテル「ル・ブリストル」内にオープン。ホテルが誇るパティスリーやチョコレート、パン、スパイスミックスを販売している。ホテルの名前があしらわれたエクレアや、鍵の形をモチーフにした軟らかいバニラ風味のお菓子「ポルト・クレ」など、ホテルならではの生菓子が並ぶ。高級感のあるボンボン・ショコラやギモーヴは、おみやげにぴったり。

©Studio des Fleurs
Laurent Fau

©Claire Cocano
ショーケースや内装にも重厚な雰囲気が漂う

Ⓜ ⑨⑬ Miromesnil
🏠 114, rue du Fg. St-Honoré 8e
☎ 01.53.43.43.74 営 10:00 ～ 19:00
休 月 ⑧ CC ADIJMV Wi-Fi
URL www.oetkercollection.com/fr/hotels/
le-bristol-paris/l-hotel/les-ateliers

86 Champs
キャトルヴァン・シス・シャン
ピエール・エルメとロクシタンのコラボ

シャンゼリゼ大通り MAP 別冊 P.23-2C

「ピエール・エルメ」（→P.318）のサロン・ド・テ兼ショップと、コスメブランド「ロクシタン・アン・プロヴァンス」（→P.306）のコラボレーションで2017年、シャンゼリゼ大通りにオープンした。扇状のショーケースにテイクアウト用のマカロンや生菓子がずらりと並んでいる。奥のサロン・ド・テでは「イスパハン」「モガドール」といった人気菓子を再構成したミルフイユやパフェ、ドリンクなど、サロン・ド・テならではのメニューが味わえる。パティシエが目の前で準備してくれるのがうれしい。「ロクシタン」とのコラボ香水をイメージした限定マカロンも要チェック。

サロン・ド・テには「イスパハン・ラテ」も
©Matthien Salvaing

Ⓜ ① George V 🏠 86, av. des Champs-Elysées 8e
☎ 01.70.38.77.38 営 10:30 ～ 22:00（⊛ ⊛ 10:00
～ 23:00、日 10:00 ～ 22:00）
休 無休 CC ADIJMV Wi-Fi
URL www.86champs.com

Yann Couvreur
ヤン・クヴルール
作りたてのお菓子をデザート感覚で

レピュブリック広場界隈 MAP 別冊 P.14-1B

©Laurent Fau

©LaurentDupont
クヴルールさんのお菓子はノスタルジーを感じさせる。クイニ・アマンの生地を薄く切って層にしたミルフイユ

パリの5つ星ホテル「プランス・ド・ガル」でシェフパティシエとして活躍したヤン・クヴルール。日常生活に溶け込んだパティスリーを作りたいという気持ちから、イートインのあるカジュアルな雰囲気の店をオープン。お菓子は郊外のアトリエでベースを作り、店頭で最後の仕上げをするので、フレッシュな味わいが保たれている。なかでもレストラン時代からのスペシャリテ、ミルフイユは注文を受けてから作るテイクアウト不可の味。その他ケーキ類も充実している。

Ⓜ ⑪ Goncourt
🏠 137, av. Parmentier 10e
☎ なし
営 8:00 ～ 20:00 休 一部㊗
CC MV
URL www.yanncouvreur.com
＜その他＞
MAP 別冊 P.27-2C 🏠 23bis, rue des Rosiers 4e

続々と新規店をオープン
Pierre Hermé
ピエール・エルメ

サン・ジェルマン・デ・プレ　MAP 別冊P.28-2B／本誌P.299

カリスマパティシエ、ピエール・エルメの店。バラのマカロンとローズクリーム、ライチ、フランボワーズを使ったバラ色のケーキ「イスパハンIspahan」が定番。シャンゼリゼ大通りの「86 Champs」（→P.317）やボーパッサージュ（→P.334）店も。

Ⓜ ④St-Sulpice 🏠 72, rue Bonaparte 6e
TEL 01.45.12.24.02 ☎ 11:00～20:00
(⑤㊐ 10:00～、㊐ 10:00～19:00) 休 無休
CC AMV
＜その他＞
MAP 別冊P.24-3A 🏠 4, rue Cambon 1er
MAP 別冊P.24-2B 🏠 39, av. de l'Opéra 2e

素材の組み合わせが斬新
Pain de Sucre
パン・ド・シュクル

レ・アール／ランビュトー通り　MAP 別冊P.26-1B／本誌P.332

3つ星レストラン「ピエール・ガニエール」から独立したナタリー・ロベールさんとディディエ・マトレーさんの店。ふたりが作るお菓子、ハーブやスパイス、花を巧みに使い、彩り豊かで創意に満ちたもの。上品な味わいに仕上げている。

Ⓜ ⑪Rambuteau
🏠 14, rue Rambuteau 3e
TEL 01.45.74.68.92
☎ 10:00～20:00
休 ㊋㊌㊍、8月（2024年8/1～8/12は営業）
CC MV
URL www.patisseriepaindesucre.com

パイ皮の食感が絶妙なミルフイユ
Carl Marletti
カール・マルレッティ

カルチェ・ラタン　MAP 別冊P.19-2D

「カフェ・ド・ラ・ペ」のシェフパティシエだったカール・マルレッティさんが、当時からのパートナー、ジャン・ミッシェル・コバンさんと組んでオープンした店。エクレアなどクラシックな菓子と、繊細な感覚で仕上げたオリジナルの菓子が揃う。

Ⓜ ⑦Censier Daubenton
🏠 51, rue Censier 5e
TEL 01.43.31.68.12
☎ 10:00～19:00（㊐～13:30）
休 ㊊㊗、8月
CC AMV Wi-Fi
URL www.carlmarletti.com

モンマルトルの人気店が左岸に進出
Arnaud Larher
アルノー・ラエール

サン・ジェルマン・デ・プレ　MAP 別冊P.29-2C／本誌P.299

M.O.F.（フランス最優秀職人）の称号をもつアルノー・ラエールさんが、サン・ジェルマン・デ・プレ界隈に3店舗めをオープン。奥行きのあるモダンな空間に、パティスリーはもちろん、マカロン、チョコレート、焼き菓子などを幅広く揃える。

Ⓜ ⑩Mabillon 🏠 93, rue de Seine 6e
TEL 01.43.29.38.15 ☎ 11:00～19:00（㊏10:00～）
休 ㊐㊗、1/1、5/1、7/14、8/15
CC AJMV URL www.arnaudlarher.com
＜その他＞
MAP 別冊P.30-1B 🏠 53, rue Caulaincourt 18e
MAP 別冊P.30-1B 🏠 57, rue Damrémont 18e

シンプルベーシックの定番
Stohrer
ストレー

レ・アール　MAP 別冊P.13-2D

ポーランドの菓子職人ストレーが1730年に開いた、老舗中の老舗パティスリー。ラム酒を利かせた「ババ・オ・ラム」、クリームがおいしい「ピュイ・ダムール」など、変わらない味が人々に愛され続けている。店舗は歴史的建造物に指定されている。

Ⓜ ④Etienne Marcel
🏠 51, rue Montorgueil 2e
TEL 01.42.33.38.20
☎ 8:00～20:30（㊐～20:00）、
　1/1、12/24、12/25、12/31は短縮
休 5/1　CC AMV
URL stohrer.fr

誰にあげても喜ばれる
Boissier
ボワシエ

サン・ジェルマン・デ・プレ／バック通り　MAP 別冊P.12-3B／本誌P.334

1827年創業。レトロな味わいの丸缶に詰まった花びら状のチョコ「ペタル・ド・ショコラ」（→P.311）や、宝石のような小粒のボンボンで知られる名店。復活祭など季節の行事に合わせた限定チョコも人気だ。高級感のあるパッケージも魅力的。

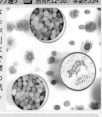

Ⓜ ⑫Rue de Bac
🏠 77, rue du Bac 7e
TEL 01.43.20.41.89
☎ 11:00～13:30、14:00～18:30
休 ㊐㊗
CC AMV
URL maison-boissier.com

コロンとかわいいシュークリーム
Odette
オデット
カルチェ・ラタン **MAP** 別冊P.19-1D

創業者のフレデリックさんが、おばあちゃんの味を再現したいと開いたシュークリーム専門店。現在はフランチャイズ方式で店舗を増やしている。2階がサロン・ド・テになっていて、小ぶりでカラフルなシュークリームをコーヒーとともに味わえる。

Ⓜ ④St-Michel ⒷⒸSt-Michel Notre-Dame
🏠 77, rue Galande 5e
☎ 01.43.26.13.06
🕐 10:00～20:00 (金～日 9:00～)
🚫 無休
💳 MV
🔗 www.odette-paris.com

アート作品のようなエクレア
L'Eclair de Génie
レクレール・ド・ジェニー
マレ **MAP** 別冊P.27-2C

「フォション」のシェフパティシエだったクリストフ・アダンがオープンしたエクレア専門店。カラフルでクリエイティブなエクレアはまるでアート作品。フォンダン(砂糖衣)とクリームにはフルーツやナッツを使い、華やかに仕上げている。

Ⓜ ①St-Paul
🏠 14, rue Pavée 4e
☎ 01.42.77.86.37
🕐 11:00～19:00
🚫 一部㊡
💳 ADJMV
🔗 www.leclairdegenieshop.com

女性ならではの繊細なスイーツ
Nanan
ナナン
バスティーユ界隈 **MAP** 別冊P.15-3C

3つ星店「ピエール・ガニェール」で出会った作家由希子さんとソフィー・ソヴァージュさんの店。アップルブロッサムの花を載せた「ポム」、オーベルニュ産の栗を使った「マロン・パッション」など、繊細なお菓子とヴィエノワズリーが並ぶ。

Ⓜ ①⑤⑧Bastille
🏠 38, rue Keller 11e
☎ 09.83.41.38.49
🕐 10:00～19:30 (日 9:00～13:30)
🚫 ㊊ ㊋、夏季休暇あり
💳 MV(€6.50～) 📶

芸術品のような美しいお菓子
Cédric Grolet Opéra
セドリック・グロレ・オペラ
オペラ地区 **MAP** 別冊P.24-2B

©Pierre Monetta

名門ホテル「ル・ムーリス」のシェフ・パティシエ、セドリック・グロレ(→P.315)によるパティスリー＆パン屋。午前中はクロワッサンやヴィエノワズリー、午後はパティスリーなどを提供。2階のサロン・ド・テはウェブサイトで要予約。

Ⓜ ③⑦⑧Opéra
🏠 35, av. de l'Opéra 2e
🕐 9:30～18:00
🚫 ㊐ ㊊
💳 AMV
🔗 cedric-grolet.com/opera/

人気料理人のパティスリー
La Pâtisserie Cyril Lignac
ラ・パティスリー・シリル・リニャック
バスティーユ界隈 **MAP** 別冊P.21-1D

©Yann Deret

人気料理人シリル・リニャックが、「フォション」の元シェフパティシエ、ブノワ・クヴランを迎えてオープン。エクレア、ミルフイユなど、伝統菓子にちょっとしたアレンジを加えたものが人気。デザイン性が優れていることでも定評がある。

Ⓜ ⑧Faidherbe Chaligny ⑨Charonne
🏠 24, rue Paul Bert 11e ☎ 01.55.87.21.40
🕐 7:00～20:00 (月 ～19:00)
🚫 無休 💳 AV
🔗 www.gourmand-croquant.com
＜その他＞
MAP 別冊P.23-3C 🏠 2, rue de Chaillot 16e

北部の町リールの老舗がパリに
Méert
メール
マレ **MAP** 別冊P.27-1C

ノール地方の町リールで250年の歴史をもつパティスリーのパリ店。スペシャリテはバニラ味の「ゴーフル」(→P.53)。1枚から買える。生地のしっとり感とクリームのシャリシャリ感の絶妙なハーモニーを味わいたい。レトロな内装もすてき。

Ⓜ ①St-Paul
🏠 16, rue Elzévir 3e ☎ 01.49.96.56.90
🕐 10:30～13:30、14:00～19:00
(日 はノンストップ)
🚫 ㊊、1/1、5/1
💳 AMV 📶
🔗 www.meert.fr

スイーツ

まるで夢の世界のお菓子
Chez Bogato
シェ・ボガトー
マレ 別冊P.26-2B

動物をかたどったマジパンを載せたカップケーキ、目玉焼きやレゴの形のケーキなど、絵本の世界から飛び出したような菓子ばかり。アイシングクッキーなどに名前を書いてくれるサービスも。併設のカフェ（→P.273）では手頃な値段でランチをとることができる。

Ⓜ①⑪Hôtel de Ville
住 5, rue St-Merri 4e
TEL 09.86.64.13.54
営 8:30〜19:00
休 ⑧
CC Ⓜ Ⓥ　Wi-Fi
URL chezbogato.fr

軽い口当たりのメレンゲ菓子
Aux Merveilleux de Fred
オ・メルヴェイユ・ド・フレッド
エッフェル塔周辺／サン・ドミニク通り 別冊P.11-3D／本誌P.335

サクサクに焼いたメレンゲにクリームをたっぷり塗って、削ったチョコレートをかけたお菓子がスペシャリテ。チョコレート、キャラメル、チェリーなどのフレーバーがあり、ふわふわ感がやみつきになる。ラム酒が効いたゴーフルもおすすめ。

Ⓜ⑧La Tour Maubourg
住 94, rue St-Dominique 7e
TEL 01.47.53.91.34
営 7:30〜20:00
休 ⑧
CC Ⓜ Ⓥ
URL auxmerveilleux.com（日本語あり）

ヴィエノワズリーも大好評
Philippe Conticini
フィリップ・コンティチーニ
サン・ジェルマン・デ・プレ 別冊P.12-3B

名パティシエ、フィリップ・コンティチーニの店。ユズとベルガモットを使ったタルトやパリ・ブレストなどの生菓子、サブレのほか、クロワッサン、ブリオッシュなどのヴィエノワズリー、ナッツを使ったペーストも販売している。

© kevin Rauzy @kevinrauzyfoodgraphy

Ⓜ⑫Rue du Bac
住 37, rue de Varenne 7e
TEL 01.43.20.04.99
営 10:00〜19:00（⑧ 10:00〜14:00）
休 1/1、12/25
CC Ⓜ Ⓥ
URL philippeconticini.fr

どら焼きと仏菓子が融合
Pâtisserie TOMO
パティスリー・トモ
オペラ地区 別冊P.25-1C

どらやき専門店で、フランスならではの素材を融合したパティスリーも人気に。レモンとユズのクリームをどら焼き生地に載せた菓子、バニラクリームをウィスキー風味のどら焼きにはさんだ「ババ」など。オデオン駅近くに支店がある。

© Pâtisserie TOMO

Ⓜ③Quatre-septembre ⑦⑭Pyramides
住 11, rue Chabanais 2e
TEL なし
営 12:00〜19:00
休 1/1、12/25
CC Ⓙ Ⓜ Ⓥ
URL patisserietomo.fr

マレ地区散策途中に寄りたい
Brach - La Pâtisserie
ブラック・ラ・パティスリー
マレ 別冊P.27-2D

ヴォージュ広場の5つ星ホテルのカフェ内のショップ。パティスリーを手がけているのは、ダロワイヨの元パティシエで、パリ郊外にアトリエを構えるM.O.F.（フランス最優秀職人）のヤン・ブリス。伝統菓子を軽やかに美しく仕上げた菓子が並ぶ。

© G. De Laubier

Ⓜ①St-Paul ⑧Chemin Vert
住 19, pl.des Vosges 4e（ホテルCour des Vosges内）
TEL 01.42.50.30.30（ホテル代表）
営 10:00〜20:00（⑧ 16:00〜） 休 無休
CC Ⓐ Ⓓ Ⓙ Ⓜ Ⓥ
URL courdesvosges.com/salon-de-the-patisserie-place-des-vosges-marais

Column Information
INFO

**「ボルディエ」の
バターが香るビスケット**

おみやげとしても人気の高い「ボルディエBordier」のバター。この贅沢なバターを使ったビスケットが「ラ・グランド・エピスリー・ド・パリ・リヴ・ドロワト」（→P.342）に。薄いのに、バターの風味が濃厚でオススメ。€7.90。

レバノンアイスを試してみて

Bältis
バルティス

レ・アール地区　**MAP** 別冊P.13-2D

レバノン出身のオーナーがアイスクリーム部門のM.O.F.（フランス最優秀職人）シェフと組んでレシピを開発。ピスタチオをまぶした「アシュタAchta」や、レバノンのスパイスを使った繊細なテクスチャーのアイスを味わえる。

Ⓜ④Etienne Marcel
🏠 54, rue Tiquetonne 2e
🕐 12:00～23:00（冬期は～19:00）
休 無休
CC Ⓜ Ⓥ
URL www.baltisparis.com

種類豊富なアイスクリーム

Le Bac à Glaces
ル・バック・ア・グラス

サン・ジェルマン・デ・プレ／バック通り　**MAP** 別冊P.28-3A／本誌P.334

デパート「ル・ボン・マルシェ」に近く、買い物帰りの人や地元客に愛される店。オリジナリティーのある60ものフレーバーが楽しめる。サロン・ド・テではアイスクリームとシャーベットのなかから6種類を盛り合わせた「パレット」がおすすめ。

Ⓜ⑩⑫Sèvres Babylon
🏠 109, rue du Bac 7e
☎ 01.45.48.87.65
🕐 11:00～19:00　休 無休
CC Ⓜ Ⓥ
URL www.bacaglaces.com

サン・ルイ島の有名店

Berthillon
ベルティヨン

サン・ルイ島　**MAP** 別冊P.27-3C

サン・ルイ島で行列を見かけたら、この店だと思っていいほどの有名アイスクリーム店。フルーツやチョコレートなど豊富なフレーバーが揃い、なかでもバニラは絶品だ。併設のサロン・ド・テで優雅にひと休みするのもいい。

Ⓜ⑦Pont Marie
🏠 29-31, rue St-Louis en l'Ile 4e
☎ 01.43.54.31.61
🕐 10:00～20:00
休 Ⓜ Ⓣ、1/1、12/25、7月下旬～8月下旬
CC Ⓜ Ⓥ（€10～）
URL berthillon.fr

名シェフの極上アイスクリーム

Une Glace à Paris
ユンヌ・グラス・ア・パリ

マレ　**MAP** 別冊P.26-2B

アイスクリーム部門のM.O.F.（フランス最優秀職人）の称号をもつ、エマニュエル・リヨンさんが、ピエール・エルメなどで経験を積んだオリヴィエ・メナールさんの店。繊細な味わいに魅了される。アイスクリームを使ったケーキもおいしい。

©&sens

Ⓜ①⑪Hôtel de Ville
🏠 15, rue Ste-Croix de la Bretonnerie 4e
☎ 01.49.96.98.33
🕐 13:00～19:00
休 Ⓜ Ⓣ（夏は無休）
CC Ⓜ Ⓥ
URL uneglaceaparis.fr

覚えておきたいアイスクリームに関するフランス語

（フランス語［読み方］日本語）

Glace ［グラス］	アイスクリーム	
Sorbet ［ソルベ］	シャーベット	
Cornet ［コルネ］	コーン	
Gobelet ［ゴブレ］	カップ	
Simple ［サンプル］	シングル	
Double ［ドゥブル］	ダブル	
Triple ［トリプル］	トリプル	

Parfum ［パルファン］	フレーバー
Vanille ［ヴァニーユ］	バニラ
Fraise ［フレーズ］	ストロベリー
Cerise ［スリーズ］	チェリー
Cassis ［カシス］	黒スグリ
Framboise ［フランボワーズ］	ラズベリー
Chocolat ［ショコラ］	ショコラ
Abricot ［アブリコ］	アプリコット
Poire ［ポワール］	洋梨
Pêche ［ペッシュ］	桃
Figue ［フィグ］	イチジク
Pistache ［ピスタッシュ］	ピスタチオ
Nois de coco ［ノワ・ド・ココ］	ココナッツ
Citron ［シトロン］	レモン

あなたはカップ派？コーン派？

321

Alléno & Rivoire
アレノ・エ・リヴォワール
新たな発想で生まれたチョコレート

エッフェル塔界隈 **MAP** 別冊 P.11-3D

©Sebastian Mittermeier

©Simon Detraz

チーズショップなどグルメな店が多いシャン・ド・マルス通りに面した店。パッケージもシックで高級感がある

3つ星レストラン「アレノ・パリ」(→P.261)を営むシェフ、ヤニック・アレノがシェフパティシエのオレリアン・リヴォワールと組み、2021年にショコラトリーをオープンした。チョコレート職人ではなかったふたりから生まれたのは、自由で新しいコンセプトの商品だ。砂糖を使わないデザートで注目を集めたリヴォワールの技法が生かされ、砂糖の代わりに白樺の樹液を使ってクリームやプラリネを作っているのが特徴だ。繊細な甘さをもつチョコレートの新たな世界を体験してみて。

M ⑧Ecole Militaire
住 9, rue du Champ de Mars 7e
TEL 01.82.83.03.32
営 10:00～19:30（⑧ 11:00～18:00）
休 ⑧
CC A M V
URL chocolat-allenorivoire.fr

Jacques Genin
ジャック・ジュナン
繊細な香りのショコラ

北マレ **MAP** 別冊 P.14-2B

「ラ・メゾン・デュ・ショコラ」のシェフ・パティシエだったジャック・ジュナンのショコラトリー。17世紀の建物を2年がかりで改装した店内には、約30種類のボンボン・ショコラが並んでいる。スタイリッシュなメタリックケースはチョコの品質を保つために考案されたオリジナル製品。おみやげがワンランクUPするのが

うれしい。チョコレートのほかに、なめらかな口溶けのキャラメルもファンが多い逸品。果実味たっぷりのパート・ド・フリュイ（フルーツゼリー）も忘れずに試したい。

繊細なチョコレートから素材の新鮮さが伝わってくる

M ⑧ Filles du Calvaire **住** 133, rue de Turenne 3e
TEL 01.45.77.29.01 **営** 11:00～19:00
休 8月（2024年は8/12～9/8） **CC** A M V
URL jacquesgenin.fr
＜その他＞
MAP 別冊 P.12-3B ／ 本誌 P.334 **住** 27, rue de Varenne 7e

Le Chocolat Alain Ducasse Manufacture à Paris
ル・ショコラ・アラン・デュカス
マニュファクチュール・ア・パリ
フランス料理の巨匠がプロデュース

バスティーユ界隈 **MAP** 別冊 P.14-3B

pierremonetta

世界的なグランシェフ、アラン・デュカスが初めてプロデュースしたショコラティエ。バスティーユ広場からすぐ、広大な敷地の大部分を占めるのは、カカオ豆の焙煎から熟成、チョコの仕上げにいたるまで、すべての機能を備えた工房だ。アートディレクションと味の決定を行うのはデュカス自身。大量生産ではない、本物のショコラをご賞味あれ。

* pierremonetta

pierremonetta

メイド・イン・パリのショコラを召し上がれ！

M ①⑤⑧ Bastille **住** 40, rue de la Roquette 11e
TEL 01.48.05.82.86 **営** 10:00～20:00
休 一部日 **CC** A D M V **WiFi**
URL www.lechocolat-alainducasse.com

Chocolat Bonnat
ショコラ・ボナ
チョコレートの名店がパリに進出

`シャンゼリゼ界隈` `MAP` 別冊 P.23-1C

1884年にフランス南東の町ヴォワロンで創業、レトロなパッケージも人気の「ショコラ・ボナ」が、パリに路面店をオープン。最高級のカカオ豆を発掘し、焙煎から行っている板チョコは、単一産地の希少なカカオ豆で作る「グラン・クリュ」をはじめ、ビターやミルク、ナッツ入りやコーヒー風味など40種以上。さまざまな味を試してみたいなら小さな円盤状の「パレ」がおすすめ。

©mariospera
板チョコのほか、日本未発売のボンボンも

Ⓜ①②⑥ RER Ⓐ Charles de Gaulle Etoile Ⓜ② Ternes
🏠 189, rue du Fg. St-Honoré 8e
☎ 01.45.61.02.58
🕐 11:00 ～ 19:00 休 ⑨ ⑩ ㊗、7月下旬～8月下旬
CC AⓂⅤ
URL bonnat-chocolatier.com

Hugo & Victor
ユーゴ・エ・ヴィクトール
おいしくて美しいチョコレート

`サン・ジェルマン・デ・プレ` `MAP` 別冊 P.28-2A

3つ星レストラン「ギ・サヴォワ」の元シェフパティシエ、ユーグ・プジェさんが提案するパティスリー。中からやわらかいキャラメルやフルーツペーストが流れ出すドーム形チョコレート「スフェール」が人気だ。黒い手帳をモチーフにしたボックスは高級感があり、男性へのプレゼントにもおすすめ。バニラやプラリネといった定番の味のほか、季節のフルーツを使った新作のエクレアやタルト、マカロンが発表されるのを楽しみにしているファンが多い。パリでナンバーワンに選ばれたフィナンシエもある。

外観も店内も黒を基調にしたシックな店構え

Ⓜ⑩⑫ Sèvres Babylon
🏠 40, bd. Raspail 7e
☎ 01.44.39.97.73
🕐 10:00 ～ 19:00 （㊎ ～ 20:00、㊏ 9:30 ～ 20:00）
休 無休 CC AⒿMⅤ Wi-Fi
URL hugovictor.com

Les Trois Chocolats
レ・トロワ・ショコラ
代々受け継がれたチョコ作りへの思い

`マレ` `MAP` 別冊 P.27-2C

佐野恵美子さん。店名に「3代」の意味を込めた

博多にある老舗「チョコレートショップ」の3代目佐野恵美子さんがパリで経験を積んだ後、自らの店をオープン。藍色を基調とした店内には多彩なフレーバーのボンボン・ショコラが並ぶ。なかには山椒、きな粉など日本の食材を使っていながら、思いがけない味わいに驚くことも。マッチャ・バニラ、ユズのタルトなど和のテイストを入れつつ、ていねいに仕上げたパティスリー、季節によって変わるケイクもおいしい。マレのお気に入りアドレスに加えたいお店だ。

Ⓜ① St-Paul
🏠 45, rue St-Paul 4e
☎ 01.44.61.28.65
🕐 11:00 ～ 19:00
休 ㊌ ㊍、一部㊗
CC AⓂⅤ
URL les3chocolats.paris

美味でアートなチョコレート
Le Chocolat des Français
ル・ショコラ・デ・フランセ
オペラ地区　MAP 別冊P.24-2B

グラフィックデザイナーやストリートアートのアーティストが手がけるパッケージが人気のチョコレートブランド。オーガニックの板チョコのほか、ナッツのペースト入りのバーチョコレートで包んだサブレなど、すべて国内で製造している。

Ⓜ ③⑦⑧ Opéra
🏠 39, av. de l'Opéra 2e
☎ 01.40.13.01.50
🕐 11:00 ～ 19:30
休 無休
CC Ａ Ｄ Ｍ Ｖ
URL www.lechocolatdesfrancais.fr

ゴールドの壁に高級感が漂う
Jean-Paul Hévin
ジャン・ポール・エヴァン
サントノレ通り　MAP 別冊P.24-2B／本誌P.299

サントノレ通りから少し奥に入った場所にある有名店。黄金に輝く店内に並ぶ上質のカカオを使った甘さ控えめのチョコレートは絶品。ボンボン・ショコラからケーキ、マカロンまで揃う。日本の「NHK」の名が付けられたチョコはパリ限定の味。

Ⓜ ①Tuilleries
🏠 231, rue St-Honoré côté cour 1er
☎ 01.55.35.35.96　🕐 10:00～19:30　休 ⑧ ⑧ ⑧、
8月　CC Ａ Ｍ Ｖ　URL www.jeanpaulhevin.com
＜その他＞
MAP 別冊P.13-2C　🏠 108, rue St-Honoré 1er
MAP 別冊P.27-1C　🏠 41, rue de Bretagne 3e

質と味にこだわる実力派
Cluizel
クルイゼル
リヨン駅　MAP 別冊P.21-2C

ビーン・トゥ・バーの人気ショコラティエの直営店がリヨン駅構内にオープン。高いカカオ含有量の板チョコや提携カカオ農園別に作る一口サイズの「キャレ」、オーガニック材料を使った直営店限定のボンボンなど、こだわりの商品ばかり。

© Cluizel

Ⓜ ①⑭ 鉄 Ａ Ｄ Gare de Lyon
🏠 pl. Louis Armand 12e
🕐 8:00～20:00（⑧ 10:00～19:30）
休 1/1
CC Ａ Ｍ Ｖ
URL www.cluizel.com

創造性あふれるショコラ
Patrick Roger
パトリック・ロジェ
マドレーヌ広場　MAP 別冊P.24-2A

M.O.F.（フランス最優秀職人）の称号をもつパトリック・ロジェのチョコレートは、ユズとバーベナ、レモンとバジルなど、個性が強いスパイスやフルーツの組み合わせが特徴。季節や行事ごとにショーウインドーを飾るチョコレートの彫刻も人気。

© Luc Boegly

🚇 ⑧⑫⑭ Madeleine
🏠 3, pl. de la Madeleine 8e　☎ 01.42.65.24.47
🕐 11:00～19:00　休 無休　CC Ｍ Ｖ
URL www.patrickroger.com（日本語あり）
＜その他＞
MAP 本誌P.299　🏠 2-4, pl. St-Sulpice 6e
MAP 本誌P.332　🏠 43, rue des Archives 3e

チョコ本来の味わいを大切にする
François Pralus
フランソワ・プラリュ
レ・アール／ランビュトー通り　MAP 別冊P.26-2B／本誌P.332

ロワール県ロアンヌに本店があるショコラトリーのパリ店。カカオの栽培から関わった板チョコが人気だ。産地別の板チョコセット「ピラミッド」（→P.311）はおみやげに最適。砂糖がけしたアーモンド入りのブリオッシュ「プラリュリーヌ」も名物。

Ⓜ ⑪ Rambuteau
🏠 35, rue Rambuteau 4e
☎ 01.57.40.84.55
🕐 9:30～19:00
休 1/1、12/25
CC Ａ Ｄ Ｊ Ｍ Ｖ
URL www.chocolats-pralus.com

季節のエクレアも試してみたい
La Maison du Chocolat
ラ・メゾン・デュ・ショコラ
シャンゼリゼ界隈　MAP 別冊P.23-2C

40年以上の歴史を誇る、パリのショコラトリーを代表する名店。ナッツの香ばしさを生かしたプラリネやシャンパーニュ風味のトリュフのほか、タルトやエクレア、マカロンも根強い人気を誇る。旬の素材を使った季節限定の味にも注目。

Ⓜ ①⑨ Franklin D. Roosevelt
🏠 52, rue François 1er 8e
☎ 01.47.23.38.25
🕐 10:00～19:00
休 ⑧
CC Ａ Ｄ Ｊ Ｍ Ｖ
URL www.lamaisonduchocolat.com

カカオ豆から作る本格チョコ
Les Copains de Bastien
レ・コパン・ド・バスティアン
サン・ジェルマン・デ・プレ **MAP** 別冊P.18-1A

© Les Copains de Bastien

「仕事がないなら仕事の機会をつくってあげたら」という子供の声をきっかけに創業。雇用支援協会と提携して職人を養成しながら製品を作っている。カカオ豆の焙煎から行っており、カカオ産地別やナッツ入りの板チョコレートが並ぶ。

Ⓜ ⑩Vaneau
🏠 56, rue Vaneau 7e
☎ 06.76.08.55.22
営 7:00～19:00
休 ⑥ ⑧ CC Ⓐ Ⓜ Ⓥ Wi-Fi
URL lescopainsdebastien.fr

リヨンの名店の味をパリで
Bernachon
ベルナション
サン・ジェルマン・デ・プレ **MAP** 別冊P.18-1A

© Matthieu Cellard

1953年創業のリヨンの人気ショコラトリーのパリ店。11種のカカオ豆をブレンドしたチョコをベースに、「パレ・ドール」をはじめとする約25種のボンボン、約30種の板チョコ、チョコとヘーゼルナッツのペースト「ベルナション」などを販売。

Ⓜ ⑩Duroc ⑩Vaneau
🏠 127, rue de Sèvres 6e
☎ 01.88.33.79.59
営 10:00～19:00
休 ⑥ ⑧ ㊗、8月に3週間
CC Ⓐ Ⓜ Ⓥ
URL www.bernachon.com

季節限定チョコもチェック
Chapon
シャポン
サン・ジェルマン・デ・プレ／バック通り **MAP** 別冊P.12-3B／本誌P.334

どこかノスタルジックな雰囲気のパッケージ。バレンタイン、復活祭、クリスマスといった行事に合わせて作られる限定チョコもデザインが凝っていて人気が高い。アイスクリームのように食べ歩きができるチョコレートムースもおすすめだ。

Ⓜ ⑫Rue du Bac
🏠 69, rue du Bac 7e ☎ 01.42.22.95.98
営 10:00～20:00 (⑧～19:00)
休 無休 CC Ⓐ Ⓜ Ⓥ Wi-Fi
URL chapon.com
＜その他＞
MAP 本誌P.299 🏠 34, rue de St-Sulpice 6e

チョコとキャラメル、ふたつの甘い誘惑
Maison Le Roux
メゾン・ルルー
サン・ジェルマン・デ・プレ **MAP** 別冊P.28-2B

ブルターニュ地方のキブロンに本店がある塩バターキャラメルの名店。チョコレートとキャラメルのふたつの売り場を設け、豊富な品揃えと老舗ならではのおいしさが、スイーツファンを虜にしている。芸術作品のような一粒一粒を大切に味わいたい。

Ⓜ ⑩Mabillon 🏠 1, rue de Bourbon le Château 6e
☎ 01.82.28.49.80
営 11:00～14:00、15:00～19:00 休 無休
CC Ⓐ Ⓜ Ⓥ URL www.chocolatleroux.com
＜その他＞
MAP 別冊P.11-2D 🏠 52, rue St-Dominique 7e
MAP 本誌P.333 🏠 24, rue des Martyrs 9e

260年以上続く由緒あるお菓子屋さん
A la Mère de Famille
ア・ラ・メール・ド・ファミーユ
レ・アール／ランビュトー通り **MAP** 別冊P.26-2B／本誌P.332

1761年創業の老舗コンフィズリー（伝統菓子の店）。自社ブランドのチョコレートのほか、プロヴァンス地方のカリソンやヌガーなど甘いお菓子がズラリと並ぶ。一部店舗では同一経営である「ストレー」(→P.318)のケーキも扱っている。

Ⓜ ⑪Rambuteau
🏠 23, rue Rambuteau 4e ☎ 09.72.63.69.53
営 10:00～20:00 (⑧～18:00)
休 1/1、5/1 CC Ⓐ Ⓜ Ⓥ
URL www.lameredefamille.com
＜その他＞
MAP 別冊P.13-1D 🏠 35, rue du Fg. Montmartre 9e

INFO Column Information

新製品をチェックするなら「サロン・デュ・ショコラ」へ

毎年パリ国際見本市会場で10月下旬に5日間（'24は10/30～11/3）開催される「サロン・デュ・ショコラSalon du Chocolat」は、老舗店からカカオ生産者まで集結するチョコの祭典。プロフェッショナルな見本市であり、チョコレートを楽しむためのイベントでもある。

MAP 別冊P.16-3B Ⓜ ⑫Porte de Versailles
開 10:00～19:00（週末は混雑するので平日午前中がおすすめ） 料 '23の料金€16
URL www.salon-du-chocolat.com

自然素材と伝統製法で作るパン

Sain Boulangerie
サン・ブーランジュリー

マレ　MAP 別冊P.26-1B

ジャーナリスト、デザイナーとしての顔ももつオーナー、アントニー・クルテイルさんが提案するのは「おいしくて安全なパン」。自ら納得できるパンを作るため、古代小麦をはじめとするオーガニックの粉や自家製酵母、無精製の砂糖など、自然の素材にこだわっている。フルーツやナッツをたっぷり使ったヴィエノワズリーやケーキ、多彩な味を組み合わせた総菜パンも試してみたい。カフェを併設。サン・マルタン運河界隈にも店がある。

Ⓜ③⑪Arts et Métiers
🏠23, rue des Gravilliers 3e
☎06.50.36.78.17
🕐7:30〜19:30（⑧ 8:00〜15:00）
休⑥、12/24〜1/4
CC DJMV　Wi-Fi
URL www.sain-boulangerie.com
＜その他＞
MAP 別冊P.14-1B 🏠13, rue Albert 10e

カフェではサラダやスムージーをパンとともに
©sophieschianodilombo

独自の製法で深い風味をもたせたパン

Boulangerie BO
ブーランジュリー・ボー

リヨン駅周辺　MAP 別冊P.21-1C

共同経営者のブノワさんとオリヴィエさん、ふたりのイニシャルから「ボーBO」と名づけられたブーランジュリー。ハード系のパンのバリエーションが豊富で、なかでも独自の焼き方によってスモーキーな香りが立ち上る「パン・フュメ」が評判。

Ⓜ⑧Ledru Rollin
🏠85bis, rue de Charenton 12e
🕐7:00〜20:00
休⑭ ㊗、夏期休業あり
CC MV

伝統製法で引き出す深い味わい

Du Pain et des Idées
デュ・パン・エ・デジデ

サン・マルタン運河界隈　MAP 別冊P.14-1B

19世紀の建物をそのまま利用した店で、パンのディスプレイも見応えがある。皮の厚さと身のしっとり感がくせになる「パン・デザミ」、オレンジ花水で香りづけした「ムーナ」、ピスタチオ風味の「エスカルゴ」など、毎日通いたくなるおいしさ。

Ⓜ⑤Jacques Bonsergent
🏠34, rue Yves Toudic 10e
☎01.42.40.44.52
🕐7:15〜19:30
休⊕ ⑧、8/10〜9/1
CC DJMV
URL dupainetdesidees.com

一流レストランのパン屋

Le Boulanger de la Tour
ル・ブーランジェ・ド・ラ・トゥール

カルチェ・ラタン　MAP 別冊P.27-3C

16世紀からの歴史をもつ一流レストラン「トゥール・ダルジャン」が経営するパン屋。バゲットはもちろん、ヴィエノワズリーなどを良心的な価格で購入できる。レストランの代表料理である鴨の絵があしらわれたパンもある。

Ⓜ⑩Cardinal Lemoine
🏠2, rue du Cardinal Lemoine 5e
☎01.43.54.62.53
🕐7:00〜20:00（⊕ ㊗ 8:00〜）
休無休
CC AMV
URL boulangerdelatour.com/fr

バリエーション豊富なブリオッシュ

Bar à Brioche
バール・ア・ブリオッシュ

オペラ地区　MAP 別冊P.12-1A

ブリオッシュの専門店で、チョコレートやキャラメル味などさまざまなブリオッシュが並ぶ。バターの量を控えめにしたブリオッシュで作るサンドイッチも人気だ。併設のカフェでは、ブリオッシュ生地を使ったキッシュなども味わえる。

Ⓜ⑨St-Augustin
🏠8, rue la Boétie 8e
☎01.42.66.41.86
🕐8:00〜18:00（⑭ 〜15:00、⊕ 11:00〜18:00）
夏季は変更される
休⑧、1/1、8月に1週間、8月の⑭　CC AMV
URL www.le-bab.fr

有名パティシエによるパン屋さん
La Boulangerie de Christophe Michalak
ラ・ブーランジェリー・ド・クリストフ・ミシャラク
北駅・東駅周辺 MAP 別冊P.7-3D

パティシエのクリストフ・ミシャラク(→P.316)が手がけるパンは、オーガニック粉と古代小麦粉に栗のハチミツを加えた「パン・ナチュール」など3種類。カカオニブをまぶしたパン・オ・ショコラなど、甘いパンもパティシエらしく独創的。

© Delphine Michalak

Ⓜ ⑦Poissonnière
住 60, rue du Fg. Poissonnière 10e
TEL 01.53.62.00.58
営 8:30～19:30(⊕ 9:30～19:00、⊕ ～19:00)
休 ⊕、1/1、12/25、8月
CC AMV
URL www.boulangerie-michalak.com

人気急上昇の注目店
Boulangerie Utopie
ブーランジュリー・ユトピー
レピュブリック周辺 MAP 別冊P.14-2B

元パティシエのふたりが2014年にオープンしたパン屋。伝統パンはもちろん、オリジナリティあふれるパンが人気で、例えばシリアル入りのバゲットや煎茶と米入りなど多彩なパンが並ぶ。週末には黒炭入りなどの限定パンも登場する。

Ⓜ ⑤⑨Oberkampf
住 20, rue Jean Pierre Timbaud 11e
TEL 09.82.50.74.48
営 7:00～20:00
休 ⑭
CC JMV
URL boulangerieutopie.com

ルーヴル美術館近くの人気店
BO et Mie
ボー・エ・ミ
ルーヴル界隈 MAP 別冊P.13-2C

ルーヴル美術館からすぐの場所にあり、観光客にもよく利用される店。ストライプ柄のクロワッサンなど、クリエイティブで美しいヴィエノワズリーが話題を呼んでいる。併設のカフェではサラダなどの軽食も取ることができる。

Ⓜ ①Louvre Rivoli
住 91, rue de Rivoli 1er
TEL 01.42.33.49.84
営 7:30～20:00(⊕ 8:00～)
休 一部⊕
CC AMV
URL www.boetmie.com

オーガニックの米粉パン専門店
Chambelland
シャンベラン
レピュブリック周辺 MAP 別冊P.15-2C

小麦粉ではなく米粉をメインに使ったパン屋。フランスとイタリアで栽培されたオーガニックのジャポニカ米を自社製粉所でひいている。平たくて大きいサイズで焼いた「パン・デュ・ヴィラージュ」が看板商品で、米粉らしいもちっとした食感。

Ⓜ ③Parmentier
住 14, rue Ternaux 11e
TEL 01.43.55.07.30
営 8:30～19:30(⊕ 9:00～18:00)
休 1/1、5/1、8/15、12/25
CC AMV
URL www.chambelland.com(日本語あり)

人気シェフがプロデュース
Thierry Marx Bakery
ティエリー・マルクス・ベーカリー
シャンゼリゼ界隈 MAP 別冊P.12-3B

© Alexis Anice

高級ホテル「マンダリン・オリエンタル・パリ」内の2つ星レストランでシェフを務めるティエリー・マルクスのブーランジュリー。グルメな店が集まる「ボーパッサージュ」内にあり、カフェを併設。ビオの小麦粉を使った田舎パンも人気がある。

Ⓜ ⑫Rue du Bac
住 17, allée du Beaupassage
営 7:30～20:00
休 無休
CC ADMV WiFi
URL thierrymarxbakery.fr

田舎パンが人気の超有名店
Poilâne
ポワラーヌ
サン・ジェルマン・デ・プレ MAP 別冊P.28-3A

1932年創業の老舗パン屋。天然酵母、ゲランドの塩、薪の窯で特徴ある味わいに仕上げられた丸くて大きい「ミッシュMiche」がスペシャリテ。日持ちがいいのでおみやげにしても。パンのほか素朴なサブレ(→P.53)も隠れた名品でファンが多い。

Ⓜ ⑩⑫Sèvres Babylone
住 8, rue du Cherche Midi 6e TEL 01.45.48.42.59
営 7:15～20:00 休 ⊕
CC AJMV URL www.poilane.com
<その他>
MAP 別冊P.27-1C 住 38, rue Debelleyme 3e
MAP 別冊P.17-1C 住 49, bd. de Grenelle 15e

チーズをおみやげに持ち帰る場合は、チーズは機内持ち込み制限品なので、預け入れ荷物に入れること。

厳選したチーズを店内で熟成

Chez Virginie
シェ・ヴィルジニー

モンマルトル周辺　**MAP** 別冊P.30-1B

モンマルトルの丘の北にある、家族経営のチーズ専門店。熟成庫で熟成させた生乳のチーズ200種以上を扱っている。オーナーのヴィルジニーさんはフランス各地のチーズ生産農家を訪ね、扱うチーズを厳選。モンマルトルのブドウ畑の木の炭やハーブをまぶしたノルマンディー産カマンベールなど、オリジナルの組み合わせもある。すぐ近くのコランクール通りにも支店がある。

Ⓜ ⑫ Lamarck Caulaincourt
🏠 54,rue Damrémon 18e
☎ 01.46.06.76.54
🕐 9:30 〜 13:00、16:00 〜 19:45
　（㊎ ㊏ 9:30 〜 19:45）
🈺 ㊐、1/1、5/1、夏季休業あり
CC MV Wi-Fi URL www.chezvirginie.com
＜その他＞
MAP 別冊P.31-1C 🏠 125, rue Caulaincourt

生産者との関わりを大切にしながら質の高いチーズを提供しているヴィルジニーさん

高級レストランでも出されるチーズ

Quatrehomme
キャトルオム

サン・ジェルマン・デ・プレ　**MAP** 別冊P.18-1A

M.O.F.（フランス最優秀職人）の称号を得、レストランのシェフたちからの信頼を得ている熟成士マダム・キャトルオムの店。農家から直接仕入れ、自家カーヴで熟成させたチーズが並ぶ。海外から買いに来る客も多く、チーズ好きなら訪れたい店。

© vincentnageotte

Ⓜ ⑩Vaneau
🏠 62, rue de Sèvres 7e ☎ 01.47.34.33.45
🕐 9:00〜19:45（㊐〜13:00）
🈺 ㊊、1/1、8/15、12/25、12/26、8月に数日間
CC AMV
URL www.quatrehomme.fr

上質のチーズとバターが揃う

Marie-Anne Cantin
マリー・アン・カンタン

エッフェル塔界隈　**MAP** 別冊P.11-3D

人気の食材店が多いメトロEcole Militaire駅界隈。なかでもマリー・アン・カンタンのチーズの質のよさは折り紙付き。地下にはカーヴがあり、熟成した食べ頃のチーズを順番に店頭に並べるというこだわり。有名レストランからの注文も多い。

Ⓜ ⑧Ecole Militaire
🏠 12, rue du Champ de Mars 7e
☎ 01.45.50.43.94
🕐 8:30〜19:30（㊐ 10:00〜13:00）
🈺 ㊒の午後、㊐、8月に3週間
CC AMV
URL www.cantin.fr

Column Information

パリで食べたい・買いたい乳製品

バターは有塩（ドゥミ・セルdemi sel）と無塩（ドゥーdoux）の2種類あり、両方買って、パンや料理によって使い分けるといいだろう。チーズは「コンテcomté」などハード系が持って帰りやすい。いずれも液体扱いとなるので必ず預け入れ荷物に。

「エシレEchiré」「ベイユヴェールBeillevaire」「ボルディエBordier」「イジニーIsigny」などが人気のあるバターブランド

イートインでチーズ料理も楽しめる

Monbleu
モンブルー

モンマルトル周辺　**MAP** 別冊P.13-1C

フランス産を中心としたチーズが揃う専門店。レストランを併設しており、チーズ三昧のランチやディナーを楽しめる。カマンベールやモンドール（シーズンのみ）のオーブン焼きやラクレット料理などを手頃な値段で味わうことができる。

©Monbleu

Ⓜ ⑦Le Peletier
🏠 37, rue du Fg. Montmartre 9e
☎ 01.45.89.23.96
🕐 10:00〜20:00（㊐ 〜14:00）
🈺 1/1、12/25
CC AMV
URL www.monbleu.fr

ブルゴーニュワインの専門店
Ambassade de Bourgogne
アンバサード・ド・ブルゴーニュ
サン・ジェルマン・デ・プレ　MAP 別冊P.29-2C

パリで唯一のブルゴーニュワイン専門店。経営しているのは日仏カップル。日本人スタッフもいるので（来店日時をeメールで連絡するのがおすすめ）、相談にのってくれよう。予算、好みなどを伝えよう。小規模だが質の高いドメーヌが多いブルゴーニュのワイン。希少価値の高い造り手のワインなど、豊富な種類を取り揃えているのは専門店ならでは。免税手続きのほか日本への宅配も受け付けている。ワインバーコーナーもある。

Ⓜ ④⑩ Odéon
🏠 6, rue de l'Odéon 6e
☎ 01.43.54.80.04
🕐 10:00～23:00（㊏ 17:00～、㊐ 12:00～）
　8月は開店時間が異なる）
休 1/1、12/25
CC J M V
✉ adbourgogne@orange.fr
URL www.ambassadedebourgogne.com（日本語あり）

手頃なものから高級ビンテージワインまで揃う

パッサージュの中の老舗ワインショップ
Legrand Filles et Fils
ルグラン・フィーユ・エ・フィス
オペラ地区　MAP 別冊P.25-2D

美しいパッサージュ、ギャルリー・ヴィヴィエンヌ内の老舗ワイン店。ボルドーやブルゴーニュの有名なワインから、珍しい地酒までが良心的な値段で手に入る。免税手続き、日本への免税発送の手配も可能。ワインバーも併設されている。

Ⓜ ③Bourse　🏠 7-11, galerie Vivienne 2e（1, rue de la Banque）☎ 01.42.60.07.12
🕐 10:00～19:30、ワインバー12:00～23:00（㊊ ～19:00）休 ㊐、夏季休暇あり CC A J M V
✉ emi@caves-legrand.com（佐藤恵美さんが㊋～㊎12:00～18:00に対応可。来店の際はメールで予約を）
URL www.caves-legrand.com

フランス各地の自然派ワインが揃う
La Cave des Papilles
ラ・カーヴ・デ・パピーユ
ダンフェール・ロシュロー　MAP 別冊P.18-3B

ジュラ、ロワールなどフランス各地のワインを幅広く取り揃え、その8割が自然派というラインアップの店。珍しい自然派のビールが置いてあることも。日本では入手しづらいワインが多く、この店を通じて輸入しているレストランもあるほど。

Ⓜ ④⑥ⓇⒺⓇ ⑧Denfert Rochereau
🏠 35, rue Daguerre 14e
☎ 01.43.20.05.74
🕐 10:00～13:30、15:30～20:30（㊏はノンストップ）
休 ㊊の午前、㊐の午後、1/1、12/25
CC M V
URL www.lacavedespapilles.com

シャンパンがより楽しめる専門店
Arlaux Champagne
アルロー・シャンパーニュ
サントノレ通り　MAP 別冊P.24-2B／本誌P.299

1826年からシャンパンを造っている「アルロー」がシャンパンの魅力を広めたいとオープン。ピノ・ムニエとピノ・ノワール品種を中心にした自社製品をはじめ、シャンパーニュ地方の銘菓、アンティークを含むシャンパングラスなどを扱っている。

Ⓜ ①Tuileries
🏠 350, rue St-Honoré 1er
☎ 01.47.07.43.08
🕐 11:00～19:00
休 ㊐、㊗、8月に15日間
CC A D J M V
URL www.arlaux.fr

INFO Column Information

ワイン＆シャンパンに関する
フランス語
日本語　フランス語［読み方］

赤ワイン	vin rouge	［ヴァン ルージュ］
白ワイン	vin blanc	［ヴァン ブラン］
ロゼワイン	vin rosé	［ヴァン ロゼ］
シャンパン	champagne	［シャンパーニュ］
グラスワイン		
	un verre de vin	［アン ヴェール ド ヴァン］
テイスティング		
	dégustation	［デギュスタシオン］
こくのある	riche	［リッシュ］
軽い	léger	［レジェ］
フルーティ	fruité	［フリュイテ］

芳香に包まれたスパイスの館
Epices Roellinger
エピス・ロランジェ

スパイス／オペラ地区　**MAP** 別冊P.25-2C

ブルターニュ地方カンカルのレストランを3つ星に輝かせた名シェフ、オリヴィエ・ロランジェ。「スパイスの魔術師」と呼ばれた彼が厳選したスパイス専門店がパリにオープン。さまざまな種類のスパイス、バニラビーンズなど、驚きの品揃え。

Ⓜ ⑦⑭Pyramides
🏠 51bis, rue Ste-Anne 2e
☎ 01.42.60.46.88
🕙 10:00～19:00
休 ㊏ Ⓑ、8月(2024年は営業)
CC Ⓥ
URL www.epices-roellinger.com/fr

風味豊かなオリーブオイル
Maison Brémond 1830
メゾン・ブレモン1830

オリーブオイル／サン・ジェルマン・デ・プレ　**MAP** 別冊P.29-2C

エクス・アン・プロヴァンスで創業したプロヴァンス食材の店を、ロクシタンの創業者、オリヴィエ・ボーサンが受け継ぎ、新たなブランドとして再構築した店。南仏産のオリーブオイルやスパイスなど上質の食材を販売している。

Ⓜ ④⑩Odéon
🏠 8, cour du Commerce St-André 6e
☎ 01.43.26.79.72
🕙 10:30～19:30 (㊐ 11:00～18:30)
休 一部㊗
CC ⒶⒹⒿⓂⓋ
URL www.mb-1830.com (日本語あり)

バリエーション豊富なハチミツ
Miel Factory
ミエル・ファクトリー

ハチミツ／マレ　**MAP** 本誌P.298

世界を旅したオーナーが、各地で出会ったハチミツの魅力を多くの人と分かち合いたいとオープン。フランス産のほか、メキシコ産のアボカド、イエメン産のナツメなど珍しいハチミツもある。料理に合わせたりして楽しみ方を広げてみては。

Ⓜ ①St-Paul
🏠 28, rue de Sévigné 4e
☎ 01.44.93.92.72
🕙 11:00～19:30
休 ㊐、8/10～8/20
CC ⒶⒹⓂⓋ　WiFi
URL www.miel-factory.com

メイド・イン・パリのジャム
Confiture Parisienne
コンフィチュール・パリジェンヌ

ジャム／リヨン駅周辺　**MAP** 別冊P.21-1C

フランスで栽培されたフルーツで作ったジャムのほか、野菜やスパイス、オリーブオイルなどを使ったオリジナルレシピのジャムで人気。有名シェフとコラボレーションしたものも。工房が併設されているので、ジャム作りを見ることもできる。

Ⓜ ①⑭ RER ⒶⒹGare de Lyon
🏠 17, av. Daumesnil 12e
☎ 01.44.68.28.81
🕙 11:30～19:00 (㊌ 11:00～18:30)
休 Ⓑ、クリスマスから年始にかけて
CC ⒶⓂⓋ　WiFi
URL www.confiture-parisienne.com

オイルサーディンの老舗の直営店
la belle - iloise
ラ・ベル・イロワーズ

魚の缶詰／サン・ジェルマン・デ・プレ　**MAP** 別冊P.29-2C

ブルターニュ地方で生まれた缶詰の老舗メーカー。大西洋で水揚げされた新鮮な魚介を使い、伝統的な製法で加工している。ハーブやスパイスを使ったバリエーションの豊富さ、ノスタルジックなデザインで人気のブランドだ。試食コーナーも。

Ⓜ ④⑩Odéon ⑩Mabillon
🏠 7, rue de l'Ancienne Comédie 6e
☎ 01.43.26.17.73
🕙 10:00～19:30
　(㊐ 10:00～13:30、14:30～19:30)
休 無休　CC ⓂⓋ
URL www.labelleiloise.fr

INFO Column Information

デパートの食料品館、スーパーマーケットもチェック!

食料品をおみやげに買うなら、デパートの食料品館もおすすめ。手頃な値段のお菓子から贈り物に最適な高級品まで幅広く揃っている。フランス各地の食料品が充実しているのもうれしい。また、スーパーマーケットはバラマキみやげの宝庫。プチプラお菓子や料理で使う定番の調味料などが見つかる。

ギャラリー・ラファイエット「グルメ」→P.340
ル・ボン・マルシェ「ラ・グランド・エピスリー・ド・パリ」→P.342
スーパーマーケット「モノプリ」→P.345

はまる人増えてます！
フランス紅茶をおみやげに

カフェで飲むエスプレッソなど、コーヒーのイメージが強いパリだが、最近紅茶の人気が上昇中。その魅力とは？

香水のように香りをブレンド

紅茶というとイギリスを思い出す人が多いだろう。確かにフランスでは、どちらかというとコーヒーのほうがよく飲まれているが、実はルイ14世の時代から飲まれており、その付き合いは意外と長い。

もっともイギリスの紅茶とちょっと違うのは、香りをブレンドした「フレーバーティー（テ・パルフュメ）」が好まれること。花、果物、スパイスなど、実にさまざまな香りが、プロのブレンダーによって、まるで香水のように調合される。緑茶にバニラの香り付けをしたものなど、日本人にはちょっぴり抵抗のあるものもあるが、慣れればいろいろな香りの組み合わせを試してみたくなる。

パッケージがおしゃれなのもフランス紅茶の魅力。高級感があり、飲み終わったあともとっておきたくなるものが多い。比較的手頃な値段で、しかも軽いので、おみやげにも最適だ。おすすめの紅茶専門店をいくつか紹介しよう。デパートのグルメ館で購入可能なものもある。

種類豊富なフレーバーのなかから、好きな香り、好きな味わいを見つけるのも楽しみのひとつ

📞 01.42.72.28.11 　🕐 10:30～19:30
🚫 1/1, 5/1, 12/25 　💳 Ａ Ｄ Ｊ Ｍ Ｖ
🌐 www.mariagefreres.com（日本語あり）
＜その他＞
🗺 別冊P.24-2A 　🏠 17, pl. de la Madeleine 8e

◆ダマン・フレール Dammann Frère

17世紀からの歴史をもつ老舗ブランド。ヴォージュ広場に面した店は、黒を基調とした内装も魅力的だ。果物や花を使ったフレーバーティーのバリエーションが豊富で、テスターで香りを確認できるものも。
🗺 別冊P.27-2D
🏠 15, pl. des Vosges 4e 　📞 01.44.54.04.88
🕐 11:00～19:30（⊕⊕ 10:00～）
🚫 1/1, 5/1, 12/25 　💳 Ａ Ｍ Ｖ 　Wi-Fi
🌐 www.dammann.fr
＜その他＞
🗺 別冊P.26-2A 　🏠 24, av. Victoria 1er

◆マリアージュ・フレール Mariage Frères

日本でも有名な老舗ブランド。高級ダージリンから、オリジナルブレンド、フレーバーティーまで種類豊富な紅茶が揃っている。優雅なサロン・ド・テも人気が高い。
🗺 別冊P.26-2B
🏠 30, rue du Bourg Tibourg 4e

◆パレ・デ・テ Palais des Thés

量産のお茶が出回ることに危機感を抱いた専門家と愛好者により、パリで創業。お茶の鮮度や品質にこだわり、風味を損なわないよう注意が払われている。

🗺 本誌P.298 　🏠 64, rue Vieille du Temple 3e
📞 01.48.87.80.60 　🕐 10:00～20:00
🚫 1/1, 5/1, 12/25 　💳 Ａ Ｍ Ｖ
🌐 www.palaisdesthes.com
＜その他＞
🗺 本誌P.333 　🏠 13, rue des Martyrs 9e

◆クスミ・ティー Kusmi Tea

1867年、ロシアで茶商クスミチョフによって創設されたブランド。スモーキーな香りが特徴のな紅茶で、クラシックな絵柄のパッケージも人気。

🗺 別冊P.25-2C 　🏠 33, av. de l'Opéra 2e
📞 01.42.65.23.56
🕐 10:00～19:30（⊕ 11:00～19:00）
🚫 一部⊛ 　💳 Ａ Ｍ Ｖ
🌐 www.kusmitea.com

グルメストリートで
gourmet street!
美味散歩！

スイーツから高級食材まで、
パリには美食家たちをひきつける店がいっぱい。
そんな「おいしいパリ」が
ぎゅっと詰まった通りや広場を歩いて、
グルメな散歩＆ショッピングを楽しんでみては？

マルティール通り ▶P.333
マドレーヌ広場 ▶P.335
ランビュトー通り ▶P.332
バック通り ▶P.334
サン・ドミニク通り ▶P.335

どれにしようかしら

3e Arr!

RUE RAMBUTEAU
(1781-1869)
PRÉFET DE LA SEINE
DE 1833 À 1848
REMPLAÇA L'ÉCLAIRAGE
À L'HUILE PAR LE GAZ

人気観光エリアのストリート
ランビュトー通り
RUE RAMBUTEAU
MAP別冊 P.26-2B

ポンピドゥー・センターからマレ地区に向かって
延びるランビュトー通りは、短い区間においしい
ショップが集中しているグルメストリート。観光
のついでに気軽に立ち寄れるのがうれしい。

ランチにも利用してみて

ポンピドゥーの裏からスタート

「ル・ブルドッグ」で定番のビストロ料理を

彩り豊かな「パン・ド・シュクル」のお菓子

ポンピドゥー・センター

RAMBUTEAU Ⓜ

ニコラ（ワイン）
ル・ブルドッグ（レストラン）
シェ・ムニエ（パン）
ポーブール通り Rue Beaubourg
ランビュトー通り Rue Rambuteau
フランソワ・プラリュ（チョコレート）
ア・ラ・メール・ド・ファミーユ
オメール・ロブスター（ロブスターサンド）
タンプル通り Rue du Temple
テール・ド・カフェ（カフェ）
パン・ド・シュクル（スイーツ）
パトリック・ロジェ（チョコレート）
キャレ・パン・ド・ミ（パン）
アルシーヴ通り Rue des Archives

PATRICK ROGER

カカオ産地別の板チョコ「ピラミッド・デ・トロピック」

素朴なマカロン（上）とナッツ菓子「フォリ・ド・レキュルイユ」（下左）

贅沢な味わいのロブスターサンド
Photo : Kim Garell

高級感のある「パトリック・ロジェ」のチョコ

おすすめグルメスポット
ランビュトー通り

ニコラ→P.329
ル・ブルドッグ→P.268
フランソワ・プラリュ→P.324
ア・ラ・メール・ド・ファミーユ→P.325
オメール・ロブスター→P.274
パン・ド・シュクル→P.318
パトリック・ロジェ→P.324
テール・ド・カフェ Terres de Café
URL www.terresdecafe.com
キャレ・パン・ド・ミ Carré Pain de Mie
URL www.carrepaindemie.com

9e Arr.
RUE DES MARTYRS

パンやスイーツの名店が集まる
マルティール通り
RUE DES MARTYRS

MAP 別冊 P.7-3C

モンマルトルの麓とオペラ地区を結ぶグルメな坂道。近年、スイーツの名店が相次いで進出、注目のストリートとなっている。

サンドイッチもおいしいですよ

「フラット・ホワイト」と呼ばれる「カーベー・コーヒー・ローターズ」のカフェ・ラテ

パリで一番になりました!

ケーキミックス専門店の焼き菓子をカフェで

N

ロワール産の塩を使ったバゲット

コンドルセ通り Rue Condorcet

● カーベー・コーヒー・ローターズ（カフェ）

カフェ・マルレット（カフェ）

じっくりと時間をかけて造られる絶品バター

アルノー・デルモンテル（パン）

● ベイユヴェール（乳製品）

LA MERINGAIE PARIS

サクサクフワッと口溶けするメレンゲ菓子

ラ・ムランゲ（メレンゲ）

● ローズ・ベーカリー（オーガニックレストラン）
ポペリーニ（シュークリーム）

「ローズ・ベーカリー」のヘルシーなキッシュ。デリ専門店もある

Rue des Martyrs

フー・ド・パティスリー（スイーツ）

お茶を使った料理のレシピ付きセット

アルティザン・ド・ラ・トリュフ（トリュフ）

● メゾン・ルルー（チョコレート）

● セバスチャン・ゴダール（スイーツ）

パレ・デ・テ（紅茶）

M ST-GEORGES

● ル・パン・ルトゥルヴェ（パン）

ラ・シャンブル・オ・コンフィチュール（ジャム）

「メゾン・ルルー」のショコラは種類が豊富

シャトーダン通り Rue de Châteaudun

M NOTRE-DAME DE LA LORETTE

かわいいジャムスプーンと合わせて買っても

「セバスチャン・ゴダール」の定番パティスリー「オテロ」（左）と「ムシボンタン」（右）

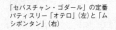

ショッピングガイド

グルメストリートで美味散歩! ランビュトー通り／マルティール通り

坂道の向こうにはサクレ・クール!

RUE DU BAC
7èmeArr.

スイーツ散歩を楽しめる
バック通り
RUE DU BAC

MAP 別冊 P.12-3B、P.18-1B

デパートのグルメ館「ラ・グランド・エピスリー・ド・パリ」から北に延びるバック通りに、スイーツの店が増殖中！　新たなグルメスポットとして注目される「ボーパッサージュ」の入口も。

デザインがかわいい「シャポン」のチョコ

RUE DU BAC M

● シャポン（チョコレート）

花びらの形をした美しいチョコ

● ボワシエ（スイーツ）

人気パティシエ、コンティチーニのセンスが光るスイーツ

ボーパッサージュ
Beaupassage
2018年に誕生したグルメスポット。3つの通りに囲まれた静かなプロムナードで、ティエリー・マルクス、ピエール・エルメなど、料理界の巨人たちの店が並ぶ。
入口は3ヵ所ある。
53-57, rue Grenelle 7e
83-85, rue du Bac 7e
14, bd. Raspail 7e

● ボーパッサージュ

フィリップ・コンティチーニ（スイーツ）

● ジャック・ジュナン（チョコレート）
● デ・ガトー・エ・デュ・パン（パン、スイーツ）

アート作品が置かれたグルネル通り側の入口

アンジェリーナ（スイーツ）●

定番のモンブラン以外にもかわいいスイーツが

チョコはもちろん、果実味たっぷりのパート・デ・フリュイもチェック

スパイスを巧みに使ったマンゴーとキャラメルのサントノレ

● ル・バック・ア・グラス（アイスクリーム）

豊富な品揃えを誇る「ラ・グランド・エピスリー・ド・パリ・リヴ・ゴーシュ」

パピロン通り Rue de Babylone

地元で長く愛されているフルーティなアイス

M SEVRES BABYLONE

ル・ボン・マルシェ・リヴ・ゴーシュ（デパート）

ラ・グランド・エピスリー・ド・パリ・リヴ・ゴーシュ（「ル・ボン・マルシェ・リヴ・ゴーシュ」の食料品館）

次は何を食べようかな

バリエーションに富んだグルメ通り
サン・ドミニク通り
RUE ST-DOMINIQUE

MAP別冊 P.11-3D

エッフェル塔の眺めも楽しめる！

アンヴァリッドからエッフェル塔の足元、シャン・ド・マルス公園まで続く長い通り。レストランの名店からパティスリーまで多彩なグルメスポットが並び、散策が楽しい。

イートインコーナーもあるブーランジュリー

クリームをのせたふわふわのメレンゲ菓子

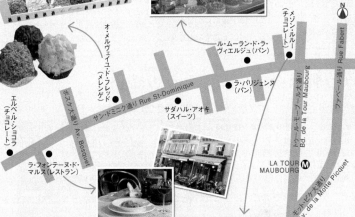

オ・メルヴェイユ・ド・フレッド（メレンゲ）

ポスケ大通り Av. Bosquet

サンドミニク通り Rue St-Dominique

エルベ・ル・ショコラ（チョコレート）

ル・ムーラン・ド・ラ・ヴィエルジュ（パン）

メゾン・ルルー（チョコレート）

ラ・パリジェンヌ（パン）

サダハル・アオキ（スイーツ）

Rue Fabert

トゥール・モーブール大通り Bd. de la Tour Maubourg

ファベール通り Rue Fabert

N

ラ・フォンテーヌ・ド・マルス（レストラン）

LA TOUR MAUBOURG Ⓜ

モット・ピケ大通り Av. de la Motte Picquet

オバマ大統領がプライベートで食事したこともあるビストロの名店

おすすめグルメスポット サン・ドミニク通り

メゾン・ルルー→P.325
オ・メルヴェイユ・ド・フレッド→P.320
ラ・フォンテーヌ・ド・マルス→P.267
エルベ・ル・ショコラ→P.313
サダハル・アオキ Sadaharu Aoki
　URL www.sadaharuaoki.fr

塩バターキャラメルで有名な店だが、チョコも絶品！

MAP別冊 P.24-2A

食通好みのおみやげなら マドレーヌ広場へ

フレッシュマスタードはいかが？

パレ・ガルニエからほど近いマドレーヌ広場は、キャビア、トリュフなど高級食材の店や、マスタード、紅茶などフランスらしい専門店が並ぶグルメな広場。ぐるっと回って、おいしいおみやげを見つけよう。

トリュフオイル

フレーバーの種類が豊富な「マイユ」のマスタード

おすすめグルメスポット

パトリック・ロジェ→P.324
ニコラ→P.329
キャビア・カスピア
　URL www.caviarkaspia.com
ラ・メゾン・ド・ラ・トリュフ
　La Maison de la Truffe
　URL www.maison-de-la-truffe.com
マイユ Maille **URL** maille.com/fr

ショッピングガイド

グルメストリートで美味散歩！ バック通り／サン・ドミニク通り／マドレーヌ広場

Empreintes
アンプラント
オンリーワンの「作品」が買える

`北マレ` `MAP` 別冊 P.27-1C

1000点にのぼる作品が展示販売されている

Ⓜ ③⑪ Arts et Métiers ⑧ Filles du Calvaire
🏠 5, rue de Picardie 3e
☎ 01.40.09.53.80
🕐 11:00 〜 13:00、14:00 〜 19:00
休 ⑥⑪、1/1、5/1、12/25、夏期休暇あり
CC AMV　Wi-Fi
URL www.empreintes-paris.com

かつてファンタジージュエリーのアトリエだった建物を改修した、工芸品のコンセプトストア。3つのフロアで販売されているのは、フランス工芸家組合に所属するクリエイターたちの作品だ。まるで美術作品が並ぶギャラリーのように見えるが、すべて「商品」で、実際に触れて確かめることができる。アクセサリーなど、まさにオンリーワンでありながら、€20程度からと手の届く価格なのもうれしい。他の人と被らないプレゼントを探せる場所でもある。

Bring France Home
ブリング・フランス・ホーム
小さな店内にフランスが詰まってる

`マレ` `MAP` 別冊 P.27-2D

100%メイド・イン・フランスの物を取り扱うかわいい雑貨店。店内にはフランスらしさ全開のトリコロールカラーの商品がたくさん！青白赤に塗られたエッフェル塔などキャッチーな置物は、部屋にひとつ飾るだけでパリっぽさを演出してくれるのでおすすめ。古いフラ

ンス硬貨に穴をあけてアレンジした手作りキーホルダーなど珍しいものも見つかる。パリ柄のトルション（布巾）も人気だ。オーナーは明るいふたりのマダム。満面の笑顔で迎えてくれる。

外観も店内もトリコロールカラーがあふれる

Ⓜ ① St-Paul ①⑤⑧ Bastille
🏠 3, rue de Biragne 4e
☎ 09.81.64.91.09
🕐 11:00 〜 19:00
休 ⑥　CC MV　Wi-Fi
URL bringfrancehome.com

Les Parisettes
レ・パリゼット
洗練されたデザインのパリグッズ

`南西部` `MAP` 別冊 P.17-2C

パリやフランスにちなんだグッズが勢揃い。フランス製のキッチンタオルやエプロン、ノートルダム大聖堂が飛び出すカード、メトロの路線図を描いたマグカップやプレートなど、パリらしさが感じられる雑貨は見ていて飽きない。エッフェル塔やパリの地図をモチーフにしたノートや鉛筆、スノードームといったオリジナル商品もあり、淡い色使いとユーモアのあるデザインが人気だ。

イラストレーターと組んで作るオリジナルグッズも

Ⓜ ⑧ Commerce
🏠 10, rue Gramme 15e
☎ 01.75.43.23.65
🕐 10:30 〜 19:00（⑥ 〜 18:00）
休 ⊕ ⑥ ㊗、8月　CC DIJMV　Wi-Fi
URL lesparisettes.com

カラフル＆デザインフルな世界観

Pylones

ピローヌ

サン・ルイ島　MAP 別冊P.27-3C

パリ市内に数店舗ある人気雑貨店。ひとめ見たら忘れられないポップで明るい雑貨があふれている。カラフルなイラストが描かれたグッズはほかでは見つからないような個性的なデザイン。指輪など手作りのガラスのアクセサリーも。

Ⓜ⑦Pont Marie
🏠 57, rue St-Louis en l'Ile 4e
☎ 01.46.34.05.02
🕐 11:00～19:00（㊐13:00～、季節によって異なる）
休 1～3月の㊊、1/1、5/1
CC AJMV
URL www.pylones.com

夢いっぱいのミニチュアグッズ

Pain d'Epices

パン・デピス

オペラ地区　MAP 別冊P.13-1C

パッサージュ・ジュフロワ（→P.60）の一角にたたずむおもちゃ屋さん。店頭に置かれた木馬が目印。幼少時代の夢を思い出させてくれるようなドールハウス用の精巧なパーツやミニチュアグッズがたくさん揃い、大人たちをも夢中にさせている。

Ⓜ⑧⑨Grands Boulevards
🏠 29-33, passage Jouffroy 9e
☎ 01.47.70.08.68
🕐 10:00～19:00（㊐12:30～18:00）
休 1/1、5/1、12/25
CC ADMV
URL www.paindepices.fr

3店舗のはしごが楽しい

Fleux

フルックス

マレ　MAP 別冊P.26-2B

© clement guillonneau

同じ通りに3店舗を構え、ヨーロッパを中心としたブランドのアイテムを揃えた雑貨店。洗練された北欧風の家具やインテリア用品、シンプルでモダンなデザインの食器が充実した店舗、ガーデニング用品が揃う店舗など、はしごするのも楽しい。

Ⓜ①⑪Hôtel de Ville ⑪Rambuteau
🏠 39/40/52, rue Ste-Croix de la Bretonnerie 4e
☎ 01.53.00.93.30
🕐 11:00～20:15
　（㊍～20:30、㊏10:15～20:30、㊐10:45～）
休 1/1、5/1、7/14、12/25　CC ADMV
URL www.fleux.com

ロマンティックでレトロな雑貨

Les Fleurs

レ・フルール

バスティーユ界隈　MAP 別冊P.15-3C

店内にはクッションやバッグ、アクセサリー、食器など、ロマンティックでガーリーなアイテムがずらり。オーナーが発掘したヨーロッパやアメリカの若手クリエイターの作品もある。近くにある2号店にはビンテージ家具やインテリア雑貨が揃う。

Ⓜ①⑤⑧Bastille
🏠 6, passage Josset 11e
🕐 11:00～19:30
休 ㊐㊊
URL www.boutiquelesfleurs.com
＜その他＞
MAP 別冊P.21-1C　🏠 5, rue Trousseau 11e

美しくて機能的な雑貨

La Trésorerie

ラ・トレゾルリー

レピュブリック広場界隈　MAP 別冊P.14-1A

食器からデザイナー家具、バス用品、掃除用具まで、機能的で美しい、日々の暮らしを楽しくするアイテムが勢揃い。歴史のあるメーカーや自然素材を使ったものが優先的にセレクトされている。通りの向かい側8番地にも店舗がある。

Ⓜ⑤Jacques Bonsergent ③⑤⑧⑨⑪République
🏠 8 et 11, rue du Château d'Eau 10e
☎ 01.40.40.20.46
🕐 11:00～19:00
休 ㊐㊊
CC AMV　Wi-Fi
URL www.latresorerie.fr

愛くるしい天使に囲まれて

La Boutique des Anges

ラ・ブティック・デザンジュ

モンマルトル　MAP 別冊P.31-2C

パリでも珍しい、「天使のお店」という名の天使グッズの専門店。店内にあるものすべてが天使モチーフばかり。オリジナルのアクセサリーのほか、壁飾りや置物、ランプ、オルゴールなど、世界中から集められた品々が飾られている。

Ⓜ⑫Abbesses
🏠 2, rue Yvonne le Tac 18e
☎ 01.42.57.74.38
🕐 10:30～19:15
休 ㊐の午前、12/25
CC JMV　Wi-Fi
URL www.boutiquedesanges.fr

『星の王子さま』公式ショップ
Le Petit Prince Store Paris
ル・プティ・プランス・ストア・パリ

キャラクターグッズ／サン・ジェルマン・デ・プレ **MAP** 別冊P29-2C

全世界で愛され続けているサンテグジュペリの名作『星の王子さま』。パリにある唯一の公式ショップには、ノートやペンなどの文房具、お皿やカップといった食器、ぬいぐるみ、ポストカードなど約300点の『星の王子さま』グッズが揃っている。精巧なフィギュアは、いろいろな表情の王子さまがあり、いくつも集めたくなってしまうほど。物語を朗読したフランス語のCDなどもある。

Ⓜ ④⑩ Odéon ⑩ Mabillon
🏠 8, rue Grégoire de Tours 6e
☎ 09.86.46.74.09
🕐 11:00 ～ 19:00
休 ⑥、一部㊗
CC A|D|M|V Wi-Fi

スノードームやポーチ(→P52)なども

貴重な貝ボタンが充実
Ultramod
ウルトラモッド

手芸／オペラ地区 **MAP** 別冊P25-1C

19世紀から続く、パリで最も古い手芸専門店のひとつ。歴史を感じさせる重厚な店内に、種類豊富なリボンのディスプレイが美しい。アンティークボタンは一つひとつがキラキラ輝いている。さまざまな年代の生地など、アンティークファンも必見。

Ⓜ ③Quatre Septembre
🏠 4, rue de Choiseul 2e
☎ 01.42.96.98.30
🕐 10:00 ～18:00(㊌ ～19:30、㊏ 14:00～)
休 ⑥㊗
CC M|V

パリから手紙を送るなら
L'Ecritoire Paris
レクリトワール・パリ

文房具／レ・アール **MAP** 別冊P26-1A

1975年創業、店内にはアイデアあふれるオリジナル製品が並ぶ。変わった形の封筒やパリをモチーフにしたシールなども見つかる。筆不精な人も種類豊富な封筒を使って、パリのエッセンスが感じられる手紙を出してみては。

Ⓜ ⑪Rambuteau
🏠 26, passage Molière 3e
☎ 01.42.78.01.18
🕐 11:00～19:00(⑥ 15:30～18:30)
休 ⑥
CC A|M|V
URL www.lecritoireparis.com

老舗ろうそく店
Trudon
トリュドン

ろうそく／サン・ジェルマン・デ・プレ **MAP** 別冊P29-2C／本誌P299

1643年創業のろうそくの老舗。サン・シュルピス教会近くにあり、もともとは祭壇用のろうそくを売っていた店だ。今ではオーソドックスなものから、水に浮かべて楽しむ花形ろうそくまで幅広く扱っていて、センスのいいものが見つかる。

Ⓜ ④⑩Odéon ⑩Mabillon
🏠 78, rue de Seine 6e
☎ 01.43.26.46.50
🕐 10:30～19:30(⑥ 11:00～19:00)
休 (12月は営業)、1/1、5/1、12/25
CC A|M|V Wi-Fi
URL trudon.com

肌がしっとりスベスベになる上質石鹸
Un Savon de Marseille à Paris
アン・サヴォン・ド・マルセイユ・ア・パリ

石鹸／マレ **MAP** 別冊P26-2B

良質なオリーブオイル72%と天然素材のみで作られた「マルセイユ石鹸Savon de Marseille」が人気の石鹸専門店。果物や植物の成分配合のカラフルな香り石鹸、アルガンオイル入り、デリケート肌にも安心のロバミルク入りなどが並ぶ。

Ⓜ ①⑪Hôtel de Ville
🏠 77, rue de la Verrerie 4e
☎ 01.42.71.40.21
🕐 11:00～19:30
休 無休
CC A|M|V

レトロな文房具がお出迎え
Mélodies Graphiques
メロディ・グラフィック

文房具／マレ　MAP 別冊P.26-3B

文房具好きをひきつけてやまない老舗店。昔ながらのペン先やインクがウインドウに並ぶ。アンティーク調のレターセットやマーブル柄の万年筆、紙レースなどを使った繊細なブックマーカーなど、上質でおしゃれなものが見つかる。

- Ⓜ ①St-Paul ⑪Hôtel de VIlle
- 🏠 10, rue du Pont Louis Philippe 4e
- 🕐 11:00～19:00（㊊ 15:00～18:00）
- 休 ㊐、一部㊗
- CC ＡＭＶ
- URL melodies-graphiques.com

記念切手が充実
Le Carré d'Encre
ル・カレ・ダンクル

文房具／オペラ地区　MAP 別冊P.24-1A

フランスの郵便局「ラ・ポストLa Poste」の直営ブティック。封筒、便せん、ペン、カードなど手紙に関するアイテムが充実しているほか、かわいいシールやノートなど文房具が幅広く揃う。店内がゆったりしているので記念切手もじっくり選べる。

- Ⓜ ③⑨Havre Caumartin
- 🏠 13bis, rue des Mathurins 9e
- 🕐 01.42.93.86.84
- 🕐 11:00～19:00（㊎ ㊏ 10:00～）
- 休 ㊐ ㊊ ㊗、8月に約2週間
- CC ＤＭＶ
- URL www.lecarredencre.fr

ヨーロッパテイストのおもちゃがいっぱい
Si Tu Veux
シ・チュ・ヴ

おもちゃ／オペラ地区　MAP 別冊P.25-1D

美しいパッサージュとして知られるギャルリー・ヴィヴィエンヌ（→P.59）内にあるおもちゃ屋さん。入口では、トレードマークのかわいいクマの看板が迎えてくれる。店内には、子供が安心してゆっくりと商品を選べるような雰囲気が漂っている。

- Ⓜ ③Bourse
- 🏠 68, Galerie Vivienne 2e
- 🕐 01.42.60.59.97
- 🕐 10:30～19:00
- 休 ㊐
- CC ＡＤＪＭＶ
- URL situveuxjouer.com

手作り派のための人気店
La Droguerie
ラ・ドログリー

手芸／レ・アール　MAP 別冊P.13-2D

1975年創業の人気手芸店。種類豊富なビーズやボタン、リボン、毛糸などが揃う。スタッフと相談しながらじっくり買い物する人が多い。セーターやアクセサリーなど、作品見本が飾られているので、材料や色の組み合わせなど参考になる。

- Ⓜ ④Les Halles
- 🏠 9-11, rue du Jour 1er
- 🕐 01.45.08.93.27
- 🕐 10:00～19:00
- 休 ㊐
- CC ＡＤＪＭＶ
- URL www.ladroguerie.com

絵本の森に迷い込んで
Chantelivre
シャントリーヴル

本／サン・ジェルマン・デ・プレ　MAP 別冊P.28-3A

デパート「ル・ボン・マルシェ」近くにある児童書専門店。広い店内に絵本や図鑑など子供向けの本がズラリと並び、昔ながらの名作から話題の最新作まで揃っている。お目当ての本があるなら、知識豊富なスタッフに聞くのがいちばん。

- Ⓜ ⑩⑫Sèvres Babylone
- 🏠 13, rue de Sèvres 6e
- 🕐 01.45.48.87.90
- 🕐 10:00～19:30（㊊ 13:00～）
- 休 ㊐ ㊗
- CC ＭＶ
- URL www.chantelivre-paris.com

キッチン用品を探すなら
A. Simon
ア・シモン

調理器具／レ・アール　MAP 別冊P.13-2D

1884年創業。カップやグラス、ナイフなどのキッチン用品、調理器具、製菓道具が揃い、プロの料理人、パティシエも通う。グルメな町パリならではのキッチン用品、しゃれたテーブルウエアは自分用にもプレゼントにもぴったり。

- Ⓜ ④Les Halles
- 🏠 48, rue Montmartre 2e
- 🕐 01.42.33.71.65
- 🕐 9:00～19:00（㊏ 10:00～）
- 休 ㊐、1/1、復活祭翌日の㊊、5/1、7/14、11/1、12/25
- CC ＭＶ

はみだし！ パリでは日本のアニメやマンガが大人気だ。フランス語版をおみやげにいかが？　日本書店「ジュンク堂書店」（MAP 別冊P.25-2C URL www.junku.fr）やチェーン店の「フナックFnac」（URL www.fnac.com）で見つかる。

Galeries Lafayette Paris Haussmann
ギャラリー・ラファイエット パリ・オスマン
フランスの「今」が揃うモードの発信地

オペラ地区　**MAP** 別冊 P.24-1A

クリスマスシーズンは迫力ある店内デコレーションが話題に

パリの中心部に位置し、売り場総面積7万m²を誇る百貨店。リーズナブルなものからラグジュアリーな商品まで、3500を超えるブランドが集まる。

1912年建造のネオビザンチン様式のクーポール（丸天井）がある本館をはじめ、紳士館、メゾン＆グルメ館の3館には、モード、高級宝飾品、コスメ、インテリア雑貨、キッチン用品、世界のグルメ食材が揃っている。

一流ブランドが勢ぞろいする本館。地上階には、婦人服、バッグから高級ジュエリーまで、クリエイターズやラグジュアリーブランドが出店している。また3階には、アップサイクル＆セカンドハンドをモットーにビンテージを扱う「ル・リストア Le（RE）Store」がある。地下階には、2022年に「ウェルネス・ギャラリー la Wellness Galerie」がオープン。ウェルネス、ビューティー、スポーツなどに特化したフロアで、健康で上質な暮らしのための商品やアクティビティを提案している。

パレ・ガルニエやエッフェル塔が見える屋上テラス

間近で見られるファッションショーは貴重な体験

紳士館ではフランス国内外の有名ブランドやクリエイターの流行ファッションやリーズナブルな商品を3フロアにわたり幅広く展開。

そして楽しいライフスタイルを演出するメゾン＆グルメ館。パリの最高級のグルメスポットのひとつといわれる「グルメ」は地下1階と地上階に。有名パティスリーやショコラティエなど人気店が多数入り、世界中からセレクトされた食材が並ぶ。営業時間が長いのでおみやげ選びにも便利だ。1階には、ワイン、スピリッツ、シャンパンを提案する「ラ・カーヴ」がある。

3館には合わせて約20ものカフェやレストランがあり、ショッピングの合間に気軽に利用できる。また、定期ファッションショーを開催しているパリで唯一の場所。最先端のパリモードを体験してみるのも楽しい。さらに、パティシエから教わるマカロン教室もある（所要1時間30分、要予約）。本館屋上のテラスは、パレ・ガルニエや凱旋門など有名モニュメントを一望できるスポットとして人気がある。

ギャラリー・ラファイエット パリ・オスマンにて、1日の買い物合計金額が€100.01以上の場合、12%が免税になる免税書類を作成している。条件など詳細は店頭にて確認のこと。

2019年にはシャンゼリゼ店がオープンし、買い物スポットとして人気を呼んでいる。

Ⓜ ⑦⑨ Chaussée d'Antin-La Fayette
🏠 40, bd. Haussmann 9e
☎ 01.42.82.34.56
営 本館、紳士館、メゾン館
　10:00 ～ 20:30 （日 11:00 ～ 20:00）
休 無休　ADJMV　Wi-Fi
バーゲン情報など最新情報はオフィシャルサイトで確認できる。ファッションショーやマカロン教室などイベント情報もチェック。
URL haussmann.galerieslafayette.com

＜グルメ＞
営 9:30 ～ 21:30 （日 11:00 ～ 20:00）
休 無休　ADJMV　Wi-Fi

＜ギャラリー・ラファイエット・シャンゼリゼ＞
MAP 別冊 P.23-2D　🏠 60, av. des Champs-Elysées 8e
営 10:00 ～ 21:00
URL www.galerieslafayette.com/m/
　　　　　　　　magasin-champs-elysees

Printemps Haussmann
プランタン・オスマン本店
常に新しさを演出する

オペラ地区　MAP 別冊 P.24-1A

1865年創業。2025年には160周年を迎え、常に世界にトレンドを発信し続けるプランタン百貨店。オスマン本店は、ウイメンズストア、メンズストア、ビューティ・ホーム・キッズストアの3館からなる。

ウイメンズストアには一流ブランド店から若手クリエイター物まで揃い、幅広い年齢層に対応している。2021年には7階が新しいコンセプトフロアにリニューアルオープン。「ル・セティエム・シエルLe 7ème Ciel」はサステナブルをテーマに、ハイブランドのレアアイテム、セカンドハンド、さまざまなジャンルのエシカルなアイテム、アップサイクルされたユニークな商品が見つかる。このフロアはテラスと直結しており、パレ・ガルニエなどの展望も楽しむこともできる。また、6階の美しいクーポール（丸天井）近くにレストラン「ブルー・クーポールBleu Coupole」が誕生。籐製の椅子やそこかしこに配置された観葉植物が軽やかな雰囲気を醸し出している。

ビューティ・ホーム・キッズストアでは、人気インテリアデザイナーのサラ・ラヴォワンヌが内装デザインを担当したリビング、キッチン、ベッドルームの3フロアが好評。そのほか、新しいブランドも積極的に取り入れているという香水のフロア、パッケージがかわいいコスメが見つかる#BEAUTYSTAなど、訪れるたびに発見があるような楽しさが演出されている。

メンズストア8階のグルメフロア「プランタン・デュ・グーPrintemps du Goût」には、1つ星シェフのアクラムが監修するレストランも入り、デパートの気軽さと一流の味を兼ね備えた新たなグルメスポットとなっている。高級ホテルでシェフパティシエを務めたニナ・メタイエのパティスリーを販売するコーナーも人気だ。

免税書類の作成は自分で機械（日本語表示あり）を操作して行う。ウイメンズグランドフロアの免税カウンターが便利。

ウイメンズストアにあるレストラン「ブルー・クーポール」。開放感のある空間で食事を楽しめる

© Romain Ricard

ウイメンズストア2階の「ランドロワL'Endroit」は最先端クリエイターがセレクトされている

© Romain Ricard

2021年9月に誕生したウイメンズストア7階の「ル・セティエム・シエル」

© Romain Ricard

Ⓜ ③⑨ Havre Caumartin
Ⓡ Ⓐ Auber Ⓔ Haussmann St-Lazare
住 64, bd. Haussmann 9e
TEL 01.71.25.26.01
営 10:00～20:00（日 11:00～）
休 一部⑱　CC ADJMV　Wi-Fi
URL www.printemps.com

Le Bon Marché Rive Gauche
ル・ボン・マルシェ・リヴ・ゴーシュ
世界で一番古い歴史をもつ

サン・ジェルマン・デ・プレ **MAP** 別冊 P.28-3A ／ 本誌 P.334

ワンフロアごとに時間をかけて見て回りたい食料品館の2号店(上・右)

　1852年創業の老舗中の老舗デパート。地元客中心なので、どの時間帯に行っても比較的商品をゆったりと見ることができる。隣接する食料品館「ラ・グランド・エピスリー・ド・パリ・リヴ・ゴーシュ La Grande Epicerie de Paris Rive Gauche」には、パッケージのかわいいフランス中の食料品が揃っている。観光客にも人気があり1日中混雑している。

地元客に愛される老舗デパート

食料品館は観光客にも人気が高い

　2017年には食料品館の2号店、「ラ・グランド・エピスリー・ド・パリ・リヴ・ドロワト La Grande Epicerie de Paris Rive Droite」がパッシー地区にオープン(**MAP** 別冊P.10-3A)。地下1階から地上3階まで4フロアあり、「食のデパート」と呼ぶにふさわしい大型店舗だ。

M ⑩⑫ Sèvres Babylone
住 24, rue de Sèvres 7e **TEL** 01.44.39.80.00
営 10:00 ～ 19:45 (日 11:00 ～)
休 無休 **CC** A M V
URL www.lebonmarche.com

＜ラ・グランド・エピスリー・ド・パリ・リヴ・ゴーシュ＞
住 38, rue de Sèvres 7e **TEL** 01.44.39.81.00
営 8:30 ～ 21:00 (日 10:00 ～ 20:00)
URL www.lagrandeepicerie.com/fr/rive-gauche

＜ラ・グランド・エピスリー・ド・パリ・リヴ・ドロワト＞
住 80, rue de Passy 16e **TEL** 01.44.14.38.00
営 9:00 ～ 20:30 (日 ～ 12:45)
URL www.lagrandeepicerie.com/fr/rive-droite

Samaritaine
サマリテーヌ
優雅な建築も鑑賞したい

ルーヴル界隈 **MAP** 別冊 P.13-3D

© Samaritaine_GDLG

　セーヌ川に架かるポン・ヌフのたもとに建つ老舗デパート。安全性の問題から2005年に閉鎖され、大規模な改修工事を経て2021年6月、ホテルやオフィスの入る複合施設としてリニューアルオープンした。改修にあたっては、

20世紀初頭のアールヌーヴォー、アールデコ様式の装飾を修復、建設当時の鮮やかな彩りがよみがえってきた。また、リヴォリ通りに面したファサードは、妹島和世氏・西沢立衛氏によるユニットSANAAが設計を担当し、伝統と現代を融合させたデザインに。建築ファンならぜひ訪れたい場所だ。

かわいい雑貨が揃うコンセプトストア「LULU」

© We Are Contents

アールデコとアールヌーヴォー様式が隣り合う優雅な建築

M ⑦ Pont Neuf
住 9, rue de la Monnaie 1er **TEL** 01.88.88.60.00
営 10:00 ～ 20:00 **休** 無休 **CC** A D M V
URL www.dfs.com/fr/samaritaine

パリ中心地のショッピングセンター
Westfield Forum des Halles
フォーロム・デ・アール

レ・アール　**MAP** 別冊P.26-2A

かつて「パリの胃袋」と呼ばれていた中央市場があった場所に建設された巨大ショッピングセンター（→P.135）。ファッション、生活雑貨、インテリア、家電など幅広いジャンルの店が揃う。ファストフードや軽食店も。メトロ、RER駅と直結している。

M ④Les Halles **RER** ABDChâtelet Les Halles
住 101, Porte Berger 1er
TEL 01.44.76.96.56
営 10:00〜20:30（⊕ 11:00〜19:30）
休 一部⑭　**CC** 店舗によって異なる　**Wi-Fi**
URL fr.westfield.com/forumdeshalles

国鉄駅のショッピングモール
St-Lazare Paris
サン・ラザール・パリ

オペラ地区　**MAP** 別冊P.6-3B

国鉄サン・ラザール駅にあるショッピングモール。ファッションブティックからインテリア・雑貨店、スーパーマーケットまで、3フロアに約80店が出店している。メトロ駅と直結しているので、雨の日の買い物にも立ち寄りやすい。

M ③⑫⑬⑭St-Lazare
住 Gare St-Lazare（1, cour de Rome）8e
TEL 01.53.42.12.54
営 7:30〜20:00（⊕ 9:00〜、⊕ 10:00〜19:00）
休 無休
CC 店舗によって異なる
URL st-lazare-paris.klepierre.fr

メトロからのアクセスが便利
Carrousel du Louvre
カルーゼル・デュ・ルーヴル

ルーヴル　**MAP** 別冊P.25-3D

ルーヴル美術館の地下に広がるショッピング街。リヴォリ通りに面した入口とガラスのピラミッドの入口から、メトロの駅からアクセス可能。地下フロアに個性的なブティックが集まり、気軽に利用できるフードコート、ファストフード店も便利。

M ①⑦Palais Royal Musée du Louvre
住 99, rue de Rivoli 1er　**TEL** 01.43.16.47.10
営 10:00〜19:00（⊗ 11:00〜18:00、⊗ 〜20:00）
休 無休　**CC** 店舗によって異なる　**Wi-Fi**
URL www.carrouseldulouvre.com

巨大なガラスのビル
Publicis Drugstore
ピュブリシス・ドラッグストア

複合ビル／シャンゼリゼ　**MAP** 別冊P.22-2B

シャンゼリゼのランドマークとしてすっかり定着したガラスのビル。世界の雑誌が揃うキオスクや薬局のほか、「ピエール・エルメ」のマカロン＆チョコレート専門ショップも。年中無休で深夜まで営業しているので覚えておくと便利な場所だ。

M ①②⑥ **RER** AChares de Gaulle Etoile
住 133, av. des Champs-Elysées 8e
TEL 01.44.43.75.07
営 8:00〜翌2:00（⊕ ⊕ ⑭ 10:00〜）（店舗によって異なる）
休 無休　**CC** 店舗によって異なる
URL www.publicisdrugstore.com

れんが造りの倉庫を利用した
Bercy Village
ベルシー・ヴィラージュ

ベルシー　**MAP** 別冊P.21-3D

かつてワインを貯蔵するための倉庫街だった場所にショッピング街「ベルシー・ヴィラージュ」がある。石畳の上には今も鉄道のレール跡が残り、その両脇に、趣ある古いれんが造りの建物を利用したブティックやレストランが建ち並ぶ。

M ⑭Cour St-Emilion
住 Cour St-Emilion 12e
営 10:00〜20:00（店舗によって異なる）、レストラン10:00〜翌2:00（店舗によって異なる）
休 無休（店舗によって異なる）
CC 店舗によって異なる
URL www.bercyvillage.com

セーヌ川沿いのショッピングスポット
Beaugrenelle
ボーグルネル

エッフェル塔界隈　**MAP** 別冊P.16-1B

セーヌ川沿いに建つ巨大ショッピングセンター。ファッションブランドが並ぶ「Magnetic」、映画館やレストランが入った「Panoramic」、郵便局など公共施設がある「City」と、テーマ別に3つの建物に分かれている。

M ⑩Charles Michels
住 12, rue Linois 15e（Magnetic）
営 10:00〜20:00（⊕ 11:00〜19:00）
休 無休　**CC** 店舗によって異なる　**Wi-Fi**
URL www.beaugrenelle-paris.com

日用品からおみやげまで揃うプチプラ天国
スーパーマーケットでお買い物！

できるだけ滞在費用を安くあげたい旅行者の強力な味方がスーパーマーケット。お総菜を買ったり、ミネラルウオーターを仕入れたり、と毎日でも通いたい便利な存在だ。手頃なおみやげ探しにもぜひ利用したい。

スーパーマーケット利用の仕方

パリにはスーパーマーケットが点在しているので、探すのに困ることはない。大手チェーンの「モノプリ」をはじめ、「ジェ・ヴァンG20」、「カルフール・マーケットCarrefour Market」、BIO商品を扱う「ナチュラリアNaturalia」などがあり、観光地のシャンゼリゼ大通りやパレ・ガルニエ界隈にも店舗がある。専用のカゴに商品を入れてレジで精算、というシステムは日本と同じ。ただしレジでの流れが少し異なるので、右のチャートを参照して、スマートに精算を済ませよう。自分でバーコードを読み取らせて精算するセルフレジの台数も増えている。クレジットカードでの精算が便利だ。

セルフレジは出口でレシートを見せる店も

覚えておきたい
スーパーマーケットに関するフランス語

日本語 フランス語 [読み方]

スーパーマーケット　supermarché
[シュペルマルシェ]

食料品　alimentation　[アリマンタシオン]

地上階　rez de chausée　[レド ショセ]

地階　sous-sol　[スーソル]

レジ　caisse　[ケス]

営業時間　horaire　[オレール]

売り場・棚　rayon　[レヨン]

値段　prix　[プリ]

特別価格　prix spécial　[プリ スペシャル]

バーゲン　solde　[ソルド]

特売品　promotion　[プロモシオン]

特売、値下げ処分　démarque　[デマルク]

サービス　offert　[オフェール]

量り売りの野菜・果物の買い方

野菜や果物を備えつけの袋に入れる。計量マシンに載せ、選んだ品物と袋の種類を選択

値段が印字されたシールが出てくるので、自分で袋に張る

※レジで店員が量ってくれる店もある

商品の値段がわからないとき

壁に備え付けられているこの機械にバーコード部分を読み取らせると、値段が表示される

レジで

レジでは、自分で台の上に商品を並べる

自分の商品の後ろにバーを置いて、次の人の商品と区別する

レジを通した商品は自分で袋詰めにする

※レジ袋は紙製で有料なので、汚れに強く丈夫なナイロン製のエコバッグがあると便利

自分で精算するセルフレジでは、バーコード部分を自分で読み取らせる

食器やインテリア雑貨も扱っているシャンゼリゼ店

板チョコはバリエーションが豊富

8h00 à 22h00
du lundi au samedi
/ Monday to Saturday
从周一到周六

10h00 à 22h00
le dimanche
/ on Sunday / 周日

日曜日も
開いている店が
増えている

パリのスーパーマーケットの代名詞的存在「モノプリ」

モノプリ Monoprix

パリの主要地区なら必ず見つかるといっても過言ではない大手チェーンが「モノプリ」だ。食料品から雑貨まで、ひととおり何でも揃う。ロゴが入ったオリジナル商品は安くてかわいいものが多いので、おみやげにしてもいい。店舗によって取り扱い商品、値段に違いがあるので、気に入ったものに出合ったら、その店舗で買っておくほうがいいだろう。

◆シャンゼリゼ店
シャンゼリゼ大通りに面した建物の地上階、半地下階、地下階の3フロアからなる。半地下階にはおみやげにぴったりなパリグッズやお菓子が充実しているので要チェック。Boétie通り側に隣接する建物には食料品フロアが別にある。忘れずチェックして。
MAP 別冊 P23-2D
Ⓜ ①⑨Franklin D. Roosevelt
住 109, rue de la Boétie 8e
TEL 01.53.77.65.65
営 9:00 ～ 22:00
（日 10:00 ～）

半地下階には「Souvenirs おみやげ」コーナーがある

◆オペラ店
オペラ大通りにあり、観光の途中で利用しやすい。地下階に食料品が揃っている。
MAP 別冊 P25-2C
Ⓜ ⑦⑭Pyramides
住 23, av. de l'Opéra 1er
TEL 01.42.61.78.08
営 8:00 ～ 22:00（日 9:30 ～ 21:00）

そのほかのモノプリアドレス

店舗によって多少異なるが、営業時間は 9:00 ～ 21:00 が基本。日曜営業（時間は短縮）の店舗も増えている。

◆レピュブリック店
MAP 別冊 P14-2A 住 164, rue du Temple 3e
◆サン・ポール店
MAP 別冊 P27-2C 住 71, rue St-Antoine 4e
◆サン・ジェルマン・デ・プレ店
MAP 別冊 P28-2B 住 52, rue de Rennes 6e
◆サン・ミッシェル店
MAP 別冊 P29-2D 住 24, bd. St-Michel 6e
◆コーマルタン店
MAP 別冊 P12-1B 住 47, rue Joubert 9e
◆モンパルナス店
MAP 別冊 P18-2B 住 31, rue de Départ 14e

賢く買い物するためのプチ情報

▶支店によって値段がバラバラ？
同じチェーンのスーパーマーケットでも、店舗によって商品の値段が異なるので注意したい。たとえば、シャンゼリゼなど、観光客が多い場所にある店舗は、商品によっては若干高くなっていることがある。

▶袋詰め用の台はない！
日本と違って、精算済みの商品が新たなカゴに入れられることはなく、袋詰めするための専用台も用意されていない。精算後には、次の客の商品がどんどん流れてくるので、レジを通した

商品はその場で素早く袋詰めしていくこと。

▶賞味期限に注意しよう
国民的おやつブランドである「ボンヌ・ママンBonne Maman」のお菓子など、賞味期限が数週間と意外に短い食品が多い。個装になっているものなど、おみやげにぴったりだが、どれくらい日持ちがするか、チェックしておこう。

▶コスメも充実している
スーパーマーケットというと食料品のイメージが強いが、実は

コスメコーナーも充実している。モノプリブランドの商品もあり、ハンドクリームやアルガンオイルなどは、値段も手頃でデイリーコスメとして人気が高い。

おみやげコスメ
→P.307

ジャンゼリゼ店＆オペラ店で見つけたおみやげ

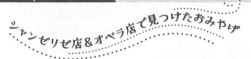

エッフェル塔形の
ガラス瓶入り
オリーブオイル
€9.99

「モノプリ」ブランドの
ハーブティー €1.25

マロンクリームは
ヨーグルトや焼き菓子に添えて。
小缶1個 €2.89

「アルベールメネス」
のスパイスは容器が
美しい。
エルブ・ド・プロヴァンス €5.15

「モノプリ」のオリジナル
エコバッグ。無地もあるが
柄物が人気 €2～3
（柄、店舗によって異なる）

お湯を注ぐだけでフランス気分。インスタントスープ €2.19

パリらしい柄の紙ナプキン
各€3.99

南仏カマルグ産の塩
€3.59

チョコクリーム入りクレープ
€2.09

「ボンヌママン」のジャム。
370gの瓶
€2.35～

エッフェル塔の絵に包まれたミルク
チョコレート（左）€4.99
「レクレール・ド・ジェニー」の板チョ
コ（右）€5.29

ヘーゼルナッツを
ベースにしたチョ
コレート風味の
ペースト、ヌテラ
200g €1.85

ゲランド産の塩
€5.39

モン・サン・ミッシェルの名店
「ラ・メール・プラール」のサブレ €1.55～2.59

「ボンヌママン」のマドレーヌ
€3.89

ホテルガイド

Hôtels

Photo：Hôtel Grands Boulevards
©Karel Balas

ホテル滞在に役立つテクニック

一夜の夢を見させてくれる豪華なホテル、芸術家たちも逗留した歴史あるホテル、映画で見たような裏通りの質素な安宿……。心に残るホテルに出合えれば、パリでの滞在が何倍も楽しくなるはず。パリに常宿をもって、ふらっと気の向いたときにパリに来られるようになったら、あなたはもうパリ通だ。

基本情報

星による格付け

フランスのホテルは政府の評価基準によって6段階（1つ星～5つ星と5つ星の最高位パラスPalace）にランク分けされている。ただし、これはあくまでホテルの施設に対する評価が中心。例えば、シャワー、バス付きの部屋の割合、エレベーターの有無、ロビーの面積など。雰囲気やインテリアのセンス、スタッフの対応の気持ちよさなどは、星の数では判断できない。また、料金も必ずしも星の数に比例するとはかぎらないので、旅の予算と目的に合わせて、納得のいくホテルを選ぼう。

愛煙家、ご用心

フランスでは公共の閉じられた場所での喫煙が法律により禁じられており、守らなかった場合罰金の対象になりうる。ホテルは例外的に喫煙所の設置ができるが、設置基準が厳しいこともあり、全館禁煙の施設が増えているのが実情。バルコニーのある部屋や、中庭では吸えることもあるので、愛煙家は予約の際に確認しよう。

ホテルのタイプ

パリには客室数30程度のホテルが多い。いわゆる"プチホテル"だ（下記はみだし）。家庭的で簡素なホテルから、一流デザイナーが内装を手がけたラグジュアリーなホテルまで、雰囲気も値段もいろいろ。パリらしさを味わいたい人に最適。近代的な設備を重視するなら、大型チェーンホテル（→P.353）が使いやすいだろう。物価の高いパリにあって、価格重視の人はユースアコモデーション利用（→P.370）も一案。

TRAVEL TIPS

浴室はシャワーだけということもあるので、どうしても浴槽を希望する人は予約時に「アヴェック・ベニョワールavec baignoire（浴槽付き）」とリクエストしよう。

ダブルルームが主流

フランスのホテルでは、ひとりで泊まる場合も、ダブルルームのシングルユースとなることが多く、価格差もわずか。また、ふたりで泊まる場合、特にリクエストをしないとダブルベッドになることが多いので、ツインルーム（ベッド2台）希望の場合はきちんと伝えよう。3人以上のグループやファミリーは、エキストラベッドをリクエストしよう。コネクティングルームのあるホテルもある。地価の高いパリのこと、部屋の広さはあまり期待できない。12～14m²のダブルルームでは（8畳は約13m²）、大きなスーツケースをふたり同時に広げられないということもよくある。

予約について

ブッキングサイトを利用する

インターネットの予約サイトや、トリップアドバイザーなどのクチコミサイトを利用してみるのもひとつの方法。日本語で情報が収集できるほか、サイトからの予約で、特典が得られることも。

TRAVEL TIPS

おもなブッキングサイト
● エクスペディア Expedia
URL www.expedia.co.jp
● Hotels.com
URL jp.hotels.com
● Booking.com
URL www.booking.com

オフィシャルサイトから

泊まってみたいホテルを見つけたら、まずはオフィシャルサイトを検索してみよう。英語や日本語のページを設けているホテルも多い。サイト内の予約フォームを使い、宿泊希望日、人数を入力すれば、空き状況や料金が提示されるので、簡単に予約可能だ。ホテルによっては、ブッキングサイトで予約する場合の料金を提示して、直接予約することでよりお得になることを強調していることも。さまざまな割引プランがあるので、チェックしてみよう。

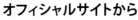

英語は通じる

母国語を大切にするあまり、かつては英語の通じない国と思われていたフランス。今では観光客が多く訪れるところでは、ほとんどの場合英語で対応してくれるようになった。ホテルにおいては、レセプションスタッフの外国語能力も、星の格付けで規定されている。2つ星以上のホテルで、フランス語以外のヨーロッパ公用語での対応が可能。

キャンセルの条件を確認しよう

ウェブサイトで予約する場合、日程を指定すると、いくつか料金の候補を提示される。部屋のグレードによって料金が異なるのはもちろんだが、最も安い料金は「キャンセル不可」であることが多いので確認すること。予定が変更になっても払い戻しはできないので、注意したい。

滞在税が別途必要

ホテルの宿泊代は、ひとり当たりの代金ではなく、一般的に1室当たりの代金が表示される。朝食代は宿泊代と別のことが多い。

また、旅行者個人に現地で滞在税 Taxe de séjour が課せられる。2024年1月よりこの金額が大幅に引き上げられた。星の数によって異なる金額（1泊当たり3つ星€5.20、4つ星€8.13など）宿泊費にプラスしなければならない。滞在日数が長い場合は、予算に組み込んでおいたほうがいい。

イベント期間はホテル代が高騰

パリ五輪が開催される2024年夏は、ホテル代の高騰が予想されている。通常の2～3倍に跳ね上がるホテルも珍しくないほど。「最低4泊から」と条件を設けている場所もあり、確認が必要だ。2月、6月など、ファッションウィークの開催時期も、世界各国の関係者がパリに集まるため、混むうえ、料金もアップ。プランニングの際は、時期について考慮したい。

ホテルでの過ごし方

チェックイン

オフィシャルサイトなどで予約している場合は、フロントで名前を伝えるだけでOK。予約事務所などをとおして予約した場合は、予約確認書やバウチャーを提示する。宿泊カードに記入を求められることもある。

到着時間をあらかじめ告げていない場合、18:00を過ぎてもチェックインしないと、キャンセルとみなされて、予約を取り消されてしまうことがある。遅くなるとき、また予定の時間を大幅に過ぎて到着するときは、必ず連絡を入れよう。

外出するとき

外出するときは、カードキーでなければ、鍵をレセプションに預けることになるが、夜間にレセプションが閉まるようなホテルでは、チェックアウトまで自分で持つ場合もある。オートロック式になっていることが多いので、鍵を持たずに部屋の外に出て、閉め出されることのないよう注意しよう。

ホテルの室内に、現金、パスポートなどの貴重品を置いたまま外出しないこと。室内で盗難に遭っても、ホテル側は一切責任を取ってくれない。貴重品は携帯するか、レセプションのセーフティボックスに預けるようにしよう。

ホテルに戻るのが夜遅くなる場合

夜間にレセプションが閉まるホテルでは、玄関のドアを開けるためのコード番号を教えてくれるか、ドアの合鍵を渡してくれる。コード番号を忘れたり、鍵をなくしたりすると、ホテルに入れなくなってしまうことも！

TRAVEL TIPS

朝食はシンプル

高級・大型ホテルなどでは、豪華なビュッフェ式の朝食もあるが、たいていはパンと飲み物、ヨーグルトなどの簡単なもの。朝食が別料金になっている場合は、ホテルの朝食を断って、外のお気に入りのカフェで食べるのもいい。

チップは必要？

どんなカテゴリーのホテルでも、部屋の清掃とベッドメークは基本的に毎日してくれる。いわゆる枕銭といわれるチップは通常必要なく、ベッドサイドに置いてもそのままのことが多い。レセプションで特別な頼み事をした場合などには、内容に応じて€2〜5程度を渡そう。決まったルールはないので、なじみの薄い日本人には難しいが、あくまでスマートに。

インターネット

ほとんどのホテルがWi-Fiを無料で提供している（→P433）。接続するときにパスコードが必要になる場合もあるので、フロントに確認しよう。タブレットを貸し出ししてくれるホテルもある。部屋によってはつながりにくいこともあるので、入ったらまず接続を確認しよう。

宿泊客が自由に使えるインターネットコーナーがあるホテルも

 はみだし！ ホテルのテレビで天気予報をチェックするなら、朝のニュース番組Franc2「テレマタンTélématin」を見てみよう。朝6:30からの番組中に何回か天気予報コーナーがある。

バスルームとアメニティ

日本のホテルでは装備されていることが多い歯ブラシ。フランスのホテルではまったく見かけない。バスタオルと、石鹸もしくは全身用ボディシャンプーのみというのがアメニティの定番。必要なものは日本から持っていくか、現地のスーパーなどで調達しよう。

一方、中・高級ホテルでは、「フラゴナール」や「ロクシタン」など、フランスらしいブランドのアメニティが用意されていることも。スパ、ハマム（蒸し風呂）では水着が必要なので忘れずに。

浴室にシャワーカーテンがある場合は、浴槽の内側に入れて使用する。外に出しておくと、浴室の床が水浸しになってしまうので気をつけよう。連泊する場合、

ロマンティックなバスタブ

機能的なバスルーム

使用済みのタオル類は、丸めてバスタブの中か浴室の床に置いておけば、「取り替えてください」というメッセージになる。エコロジーのため、タオル掛けにかけて再使用を促すホテルも多い。

ⒶⒷⒸ 覚えておきたいホテルに関するフランス語

（フランス語［読み方］日本語）

chambre	［シャンブル］	部屋
un lit	［アン リ］	シングルベッド（1台）
deux lits	［ドゥー リ］	ツイン（ベッド2台）
un grand lit	［アン グラン リ］	ダブルベッド
salle de bain	［サル ドゥ バン］	バスルーム
douche	［ドゥーシュ］	シャワー
baignoire	［ベニョワール］	浴槽
petit déjeuner	［プティ デジュネ］	朝食
rez-de-chaussée	［レドゥ ショセ］	（日本式）1階
premier étage	［プルミエ エタージュ］	（日本式）2階
ascenseur	［アサンスール］	エレベーター
lumière / lampe	［リュミエール / ランプ］	電灯
chauffage	［ショファージュ］	暖房
climatisation	［クリマティザシオン］	エアコン、冷暖房
clé / clef	［クレ］	鍵
sèche-cheveux	［セシュ シュヴー ］	ドライヤー
coffre-fort	［コフル フォール］	セーフティボックス
espace (non)fumeur	［エスパス （ノン）フュムール］	喫（禁）煙所

（日本語　フランス語）

日本語	［読み方］フランス語
シングル（ツイン）の部屋に2泊したいのですが	［ジュ ヴドレ ユンヌ シャンブル サンプル （ドゥー リ）］ Je voudrais une chambre simple (deux lits) ［プール ドゥー ニュイ スィル ヴ プレ］ pour deux nuits, s'il vous plaît.
山田の名前で予約しています	［ジェ レゼルヴェ オ ノン ドゥ ヤマダ］ J'ai réservé au nom de Yamada.
遅くとも20時頃までに着きます	［ジャリヴレ ヴェール ヴァントゥール オ プリュ タール］ J'arriverai vers 20 heures au plus tard.
電灯がつきません	［ラ リュミエール ヌ サリュム パ］ La lumière ne s'allume pas.
お湯が出ません	［イルニヤ パ ドー ショード］ Il n'y a pas d'eau chaude.
部屋を替えてほしいのですが	［ジュ ヴドレ シャンジェ ドゥ シャンブル］ Je voudrais changer de chambre.
鍵を部屋に置き忘れました	［ジェ ウブリエ ラ クレ ダン マ シャンブル］ J'ai oublié la clé dans ma chambre.
荷物を16時まで預かってください	［ガルデ モン バガージュ ジュスカ セズール スィル ヴ プレ］ Gardez mon bagage jusqu'à 16 heures, s'il vous plaît.
タクシーを呼んでもらえませんか?	［プリエ ヴ マプレ アン タクシー スィル ヴ プレ］ Pourriez-vous m'appeler un taxi, s'il vous plaît?

はみだし！ 浴室で洗濯をしたときには、浴室にヒーターがあれば乾かせるが、窓やベランダには干さないのがパリのマナー。景観を守るという観点から、通りに面した窓の手すりなどに干すことは禁止されている。

ここではビジネスやツアーで多く利用される高級または大型ホテルを紹介しよう。どれも立地、設備ともに文句なし、パリでも高く評価されているホテルだ。これらのホテルは個人で予約するより、ホテル指定のツアーに参加するほうが割安で泊まれるケースも多い。

●表の見方
料金欄はダブルの最低料金が「€」€100以下、「€€」€101〜200、「€€€」€201〜300、「€€€€」€301以上
クレジットカードはほぼすべてのホテルで A D J M V 使用可。

ホテル名	住所・電話	料金	
シャングリ・ラ・ホテル・パリ Shangri-La Hotel Paris ★★★★★ Palace URL www.shangri-la.com (日本語あり)	MAP 別冊P.11-2C 住 10, av. d'Iéna 16e TEL 01.53.67.19.98	€€€€	
パーク・ハイアット・パリ・ヴァンドーム Park Hyatt Paris-Vendôme ★★★★★ Palace URL www.hyatt.com (日本語あり)	MAP 別冊P.24-2B 住 5, rue de la Paix 2e TEL 01.58.71.12.34	€€€€	
フォー・シーズンズ・ホテル・ジョルジュ・サンク Four Seasons Hotel George V ★★★★★ Palace URL www.fourseasons.com (日本語あり)	MAP 別冊P.23-3C 住 31, av. George V 8e TEL 01.49.52.70.00	€€€€	
プラザ・アテネ Plaza Athénée ★★★★★ Palace URL www.dorchestercollection.com	MAP 別冊P.23-3D 住 25, av. Montaigne 8e TEL 01.53.67.66.65	€€€€	
マンダリン・オリエンタル・パリ Mandarin Oriental Paris ★★★★★ Palace URL www.mandarinoriental.com	MAP 別冊P.24-2B 住 251, rue St-Honoré 1er TEL 01.70.98.78.88	€€€€	
ラ・レゼルヴ La Réserve ★★★★★ Palace URL www.lareserve-paris.com	MAP 別冊P.12-1A 住 42, av. Gabriel 8e TEL 01.58.36.60.60	€€€€	
ル・ブリストル・パリ Le Bristol Paris ★★★★★ Palace URL www.oetkercollection.com	MAP 別冊P.12-1A 住 112, rue du Fg. St-Honoré 8e TEL 01.53.43.43.00	€€€€	
ル・ムーリス Le Meurice ★★★★★ Palace URL www.dorchestercollection.com	MAP 別冊P.24-3B 住 228, rue de Rivoli 1er TEL 01.44.58.10.10	€€€€	
ル・ロワイヤル・モンソー・ラッフルズ・パリ Le Royal Monceau Raffles Paris ★★★★★ Palace URL www.leroyalmonceau.com	MAP 別冊P.22-1B 住 37, av. Hoche 8e TEL 01.42.99.88.00	€€€€	
ソフィテル・ル・スクリーブ・パリ・オペラ Sofitel le Scribe Paris Opéra ★★★★★ URL www.sofitel-le-scribe-paris-opera.com	MAP 別冊P.24-1B 住 1, rue Scribe 9e TEL 01.44.71.24.24	€€€	
ル・フーケッツ Le Fouquet's ★★★★★ URL www.hotelsbarriere.com	MAP 別冊P.23-2C 住 46, av. George V 8e TEL 01.40.69.60.00	€€€€	

ホテル名	住所・電話	料金
リュテティア・パリ Lutetia Paris ★★★★★ Palace	**MAP** 別冊P.28-3A **住** 45, bd. Raspail 6e **URL** www.hotellutetia.com	€€€€
オテル・ド・クリヨン Hôtel de Crillon ★★★★★ Palace	**MAP** 別冊P.24-3A **住** 10, pl. de la Concorde 8e **URL** www.rosewoodhotels.com/fr/hotel-de-crillon	€€€€
インターコンチネンタル・パリ・ル・グラン Intercontinental Paris Le Grand ★★★★★	**MAP** 別冊P.24-1B **住** 2, rue Scribe 9e **URL** legrandparis.jp	€€€€
オテル・デュ・コレクショヌール Hôtel du Collectionneur ★★★★★	**MAP** 別冊P.4-1B **住** 51-57, rue de Courcelles 8e **URL** ja.hotelducollectionneur.com	€€€
マリオット・シャンゼリゼ Marriott Champs-Elysées ★★★★★	**MAP** 別冊P.23-2C **住** 70, av. des Champs-Elysées 8e **URL** www.marriott.com/ja/hotels/pardt-paris-marriott-champs-elysees-hotel	€€€€
グラントテル・シャンゼリゼ Grand Hôtel Champs-Elysées ★★★★	**MAP** 別冊P.22-2B **住** 78bis, av. Marceau 8e **URL** grandhotelchampselysees.com	€€€
ラファエル Raphael ★★★★★	**MAP** 別冊P.22-3B **住** 17, av. Kléber 16e **URL** www.raphael-hotel.com	€€€€
リッツ・パリ Ritz Paris ★★★★★	**MAP** 別冊P.24-2B **住** 15, pl. Vendôme 1er **URL** www.ritzparis.com/fr	€€€€
ルネッサンス・パリ・ヴァンドーム Renaissance Paris Vendôme ★★★★★	**MAP** 別冊P.24-2B **住** 4, rue du Mont Thabor 1er **URL** www.marriott.com/en-us/hotels/parvd-renaissance-paris-vendome-hotel	€€€
レジナ・ルーヴル Régina Louvre ★★★★★	**MAP** 別冊P.25-3C **住** 2, pl. des Pyramides 1er **URL** www.regina-hotel.com	€€€€
ザ・ウエスティン・パリ・ヴァンドーム The Westin Paris Vendôme ★★★★	**MAP** 別冊P.24-3B **住** 3, rue de Castiglione 1er **URL** www.marriott.com/fr/hotels/parvw-the-westin-paris-vendome	€€€€
サン・ジェームズ・アルバニー St-James Albany ★★★★	**MAP** 別冊P.24-3B **住** 202, rue de Rivoli 1er **URL** www.hotel-saintjames-albany.paris.fr ※2024年2月現在改装工事中	€€€
ハイアット・リージェンシー・パリ・エトワール Hyatt Regency Paris Etoile ★★★★	**MAP** 別冊P.4-1A **住** 3, pl. du Général Kœnig 17e **URL** www.hyatt.com/hyatt-regency/fr-FR/parhr/hyatt-regency-paris-etoile	€€€
パリ・マリオット・オペラ・アンバサドール Paris Marriott Opéra Ambassador ★★★★	**MAP** 別冊P.13-1C **住** 16, bd. Haussmann 9e **URL** www.marriott.com/fr/hotels/paroa-paris-marriott-opera-ambassador-hotel	€€€
プルマン・パリ・サントル・ベルシー Pullman Paris Centre-Bercy ★★★★	**MAP** 別冊P.21-3D **住** 1, rue de Libourne 12e **URL** all.accor.com/hotel/2192/index.en.shtml	€€

 Column Information 大型チェーンホテルという選択

チェーンホテルというと、どこか味気なく殺風景な光景を思い浮かべてしまう人も多いはず。しかし割安な価格や安定した機能面など、メリットも多い。

例えば、**アコー・ライブ・リミットレス**（旧アコーホテルズ）は、フランスを代表する大型ホテルチェーン。施設や料金体系によってブランド分けされており、物件数も多く、選択範囲が広いのが魅力だ。

このほかにも**カンパニル**など、パリの中心から少し離れるものの、€100前後で泊まれる部屋が多いホテルもある。いずれも各社のブランドイメージに合わせて厳しく管理されているので、安心できる。用途に合わせて使い分けてみて。

赤い看板が目印のイビス

アコー・ライブ・リミットレス
Accor Live Limitless **URL** all.accor.com

カンパニル Campanile **URL** www.campanile.com

◆ホテル例

ノボテル・パリ・ガール・ド・リヨン
Novotel Paris Gare de Lyon 4★
MAP 別冊P.21-2C **住** 2, rue Hector Malot 12e
URL all.accor.com/hotel/1735/index.ja.shtml

メルキュール・パリ・ノートルダム・サン・ジェルマン・デ・プレ
Mercure Paris Notre-Dame St-Germain des Prés 4★
MAP 別冊P.29-2D **住** 20, rue du Sommerard 5e
URL all.accor.com/hotel/9685/index.ja.shtml

イビス・パリ・アヴニュー・ディタリー・トレジエーム
Ibis Paris Avenue d'Italie 13ème 3★
MAP 別冊P.5-3C **住** 15bis, av. d'Italie 13e
URL all.accor.com/hotel/5543/index.ja.shtml

カンパニル・パリ・ドゥーズ・ベルシー・ヴィラージュ
Campanile Paris 12 Bercy Village 3★
MAP 別冊P.21-3D **住** 17, rue Baron le Roy 12e
URL paris-12-bercy-village.campanile.com

La Fantaisie ★★★★★
ラ・ファンテジー
花園に迷い込んだ気持ちになる

オペラ地区 **MAP** 別冊 P.7-3D

2023年秋、パリの中心部に花と緑に包まれたホテルが誕生した。心身ともにリラックスできるよう、都心にありながら木々が茂る中庭を囲むように建てられた。デザインを担当したのはスウェーデン出身のデザイナー、マーティン・ブルドニツキ。野の花や自然のモチーフを散りばめた内装は、想像の庭園を散策するような気分にさせてくれる。ルーフトップバーもあり、パリの眺望を満喫しながらカクテルやモクテルを味わえる。中庭に面したレストラン「ゴールデン・ポピー」では、明るい光に包まれた気持ちのよい空間で食事を楽しめる。

客室の窓からも木々を見ることができる（上）緑豊かな中庭（中左）スパ施設の壁にも草花をあしらって（下左）
©La Fantagie

多彩なカクテルを楽しめるルーフトップバー「シュル・ル・トワ」

Ⓜ ⑦ Cadet
🏠 24, rue Cadet 9e
☎ 01.55.07.85.07
💰 Ⓢ Ⓦ €410 ～ 2780 🍴€30
💳 ⒶⓂⓋ
🛏 73室 ✳ Wi-Fi
URL www.lafantaisie.com

Madame Rêve ★★★★★
マダム・レーヴ
改装した中央郵便局の建物内にオープン

ルーヴル界隈 **MAP** 別冊 P.25-2D

サントゥスタッシュ教会やポンピドゥー・センターが見える部屋も

郵便局のマークやスタンプをあしらったカーペットが敷かれている
© Jérôme Galland

パリの中心部、ルーヴル通りに面した郵便局が、大掛かりな改修工事を経て複合施設に生まれ変わった。そのうちの約7000m²を占めるスペースにオープンしたのが、ホテル・レストラン「マダム・レーヴ」だ。電報の文面やスタンプをあしらったカーペットなど、郵便局にちなんだデザインも取り入れている。1階には、郵便局の内装を生かし、アールヌーヴォー様式の家具を配したシックな「キッチン」、また屋上にはパリの町のパノラマをカクテルとともに楽しめる「ルーフ」がある。

Ⓜ ④ Etienne Marcel
🏠 48, rue du Louvre 1er
☎ 01.80.40.77.70
💰 Ⓢ Ⓦ €420 ～ 1140 🍴€40
💳 ⒶⓂⓋ
🛏 82室 ✳ Wi-Fi
URL madamereve.com

Nolinski Paris ★★★★★

ノリンスキ・パリ

パリの中心で優雅な滞在

`オペラ地区`　**MAP** 別冊 P.25-2C

おしゃれなブラッスリーは人気のため予約がおすすめ

オペラ大通りに面した入口(左)
キャンドルのともる地下のスパ。サウナを備えたプールもある(上)

　ルーヴル美術館、パレ・ガルニエが徒歩圏内という理想的な立地にあるホテル。メトロの駅からもすぐで、オペラ大通りに面しているが、防音がしっかりとされ、快適に過ごせる。ふんだんに使われた大理石が、磨き抜かれた真鍮や重厚感のあるファブリックで彩られ、界隈のクラシックな雰囲気とマッチしている。地下にはスキンケアブランド「ラ・コリーヌ」のスパが入っているので、旅の疲れも癒えるだろう。スタッフの気配りも細やかで、心からくつろぐことができる。

Ⓜ ⑦⑭ Pyramides
🏠 16, av. de l'Opéra 1er
☎ 01.42.86.10.10
💴 ⓈⓌ€600 〜 3600　◎€37
💳 ＡＭＶ
🛏 45室 🚾 Ｗ-Ｆ🈶
URL nolinskiparis.com

Adèle & Jules ★★★★

アデル・エ・ジュール

オペラ地区の静かなオアシス

`オペラ地区`　**MAP** 別冊 P.13-1D

　パッサージュ・ジュフロワ近くのホテルが集まる一画に建つ、2棟からなるホテル。大通りから一本入った隠れ家のような立地でとても静か。居心地のよいエレガンスを追求したデザインで、友人の家に招かれたようなほっとする雰囲気がある。家族経営のあたたかなもてなしの精神がモットーで、70年代レトロを感じる内装ともマッチしている。16:00〜18:00の間にはお茶と軽食のサービスがあるのもうれしい。オペラ座まで徒歩圏内と立地面でも観光の拠点として優秀だ。バリアフリールーム完備。

アデル館とジュール館の2棟に分かれているが、内装は同じコンセプトだ(上)
ホテルの前は私道なので、大通りの喧騒は感じない(下)

Ⓜ ⑧⑨ Grands Boulevards
🏠 2-4bis, Cité Rougemont 9e
☎ 01.48.24.60.70
💴 ⓈⓌ€182 〜 638　◎€22
💳 ＡＭＶ
🛏 60室 🚾 Ｗ-Ｆ🈶
URL www.hoteladelejules.com

レトロな色合いのラウンジ(左)　朝食室(右)

Hôtel des Grands Boulevards ★★★★
オテル・デ・グラン・ブルヴァール
レストランも人気、注目のホテル

`オペラ地区` `MAP` 別冊 P.13-1D

©Hôtel des Grands Boulevards

©mrtripper
©Mickaël A. Bandassak

カクテルバー（左）　人気のイタリアンレストランは予約がおすすめ。ウェブサイトから予約ができる（右）

パレ・ガルニエ、レピュブリック広場から徒歩約20分で、買い物や観光に便利な立地。デコレーションは、18世紀パリの優雅な装飾をアーバンテイストでまとめ、オリジナリティが光る。天蓋付きのベッドや大理石に、素朴なリネンや田舎風の家具が配置された客室は印象的だ。心地よさにも心配りがあり、各部屋にはエスプレッソマシンを完備。レストランでは地産地消にこだわるなど、環境に配慮したサービスにも力を入れている。

Ⓜ ⑧⑨ Grands Boulevards
住 17, bd. Poissonnière 2e
TEL 01.85.73.33.33
料 Ⓢ€250～800 Ⓦ€275～825 ●€25
CC AⒹⒿMⓋ
室 50室 ※ Wi-Fi
URL fr.grandsboulevardshotel.com

R de Paris ★★★★
エール・ド・パリ
シンプルで上質な空間

`モンマルトル周辺` `MAP` 別冊 P.30-3A

オペラ地区のデパート街から徒歩約10分、モンマルトル界隈との中間に位置するホテル。瀟洒なブティックのような外観は、通りを歩いていてもぱっと目を引く。客室は最新の設備で、余分な装飾を排して上質な素材感にこだわった内装が、どこまでもエレガントだ。バリアフリーな造りで、すべての人が安心して泊まれる空間を提供している。コンシェルジュサービスも充実、旅の相談にのってくれる。

シックなエントランス（左）　落ち着いた朝食室（右）

Ⓜ ⑬ Liège
住 41, rue de Clichy 9e
TEL 01.40.82.36.20
料 ⓈⓌ€185～500 ●€19.50
CC AMⓋ 室 40室 ※ Wi-Fi
URL www.hotelrdeparis.com（日本語あり）

SNOB ★★★★
スノッブ
抜群の立地でハイソな気分を味わう

`マレ` `MAP` 別冊 P.26-2A

フォーロム・デ・アールとポンピドゥー・センターの間に建ち、立地は抜群だ。レトロモダンな照明や壁紙、異国情緒あふれるインテリアをシックなカラーリングでまとめた客室が自慢。洗練されているが、気取った雰囲気はない。デザインコンセプトは「永遠のヴァカンスを旅するパリジェンヌ」というだけに、夢のような滞在を演出してくれるだろう。

アールデコ調の美しく機能的な内装

Ⓜ ⑪ Rambuteau ④ Les Halles
ⒶⒷⒹ Châtelet Les Halles
住 84-86, rue St-Denis 1er
TEL 01.40.26.96.60
料 ⓈⓌ€232～ ●€14
CC AMⓋ 室 24室 ※ Wi-Fi
URL snobhotelparis.com

Monge ★★★★
モンジュ
南国イメージの内装でリラックス

`カルチェ・ラタン` `MAP` 別冊 P.20-2A

　ローマ時代の遺跡、リュテス闘技場跡のすぐ隣に位置する。館内は熱帯の動植物と冒険旅行をイメージしてデザインされ、徒歩5分の距離にある国立自然史博物館を連想させる。バスアメニティは「ロクシタン」のフルセットが全室に。エステ付きのマッサージルーム、個室のハマムも備え、美容パッケージプランが女性に人気の宿。バリアフリールームも完備。

落ち着いて過ごせるラウンジ（左）　シャワールーム（右）

Ⓜ ⑩ Cardinal Lemoine
🏠 55, rue Monge 5e
☎ 01.43.54.55.55
💴 Ⓢ W €279 ～ 　 💺 €18
CC AMV
🛏 30室　✳　Wi-Fi
URL www.hotelmonge.com

Sacha ★★★
サシャ
サウス・ピガールのおしゃれなホテル

`モンマルトル周辺` `MAP` 別冊 P.7-3C

　モンマルトルの丘の麓、「ソピ」の略称で呼ばれ、近年おしゃれなブティックなどが増えているサウス・ピガール地区にある。劇場をテーマにしたデザインホテルで、観客席をイメージした壁紙など装飾を見るのも楽しい。グルメな店が集まるマルティール通り（→P.333）から入ったところにあり、おいしいおみやげを探したいときにも便利。

静かな通りに面した入口（左）　写真が飾られた階段（右）

Ⓜ ⑫ St-Georges
🏠 7, rue de Navarin 9e
☎ 01.48.78.51.73
💴 Ⓢ €150～490 W €250～550 　 💺 €18
CC AMV
🛏 42室　✳　Wi-Fi
URL www.hotelsacha.com

34B ★★★
トラント・キャトル・ベ
ショッピングにも観光にも

`オペラ地区` `MAP` 別冊 P.13-1D

©Hotel 34B - Astotel par J.-B. Clevenot pour Astotel, Paris.

Ⓜ ⑧⑨ Grands Boulevards
🏠 34, rue Bergère 9e
☎ 01.47.70.34.34
💴 Ⓢ W €80 ～ 494 　 💺 €14
CC AMV
🛏 128室　✳　Wi-Fi
URL ja.astotel.com（日本語）

ロビーには三角の天窓（左）　内装のいたるところにトリコロールが（右）
©Hotel 34B - Astotel par J.-B. Clevenot pour Astotel, Paris.

　パッサージュ・ジュフロワ近くのカジュアルなホテル。メトロ駅まで徒歩約3分、「ギャラリー・ラファイエット」、パレ・ガルニエも徒歩圏内の好立地だ。客室は清潔感のあるトリコロール配色で、パッサージュのような天窓のついたロビーなど「フランスらしさ」を感じる内装が楽しい。ベッドは長さ2mと少し大きめのサイズで、ゆっくりと体を休めることができる。午後にはバーでお茶と軽食のサービスがある。

シャンゼリゼ界隈

華やかなパリを象徴するエリア。沿線に観光名所が多いメトロ1号線が走り、移動にも便利なエリア。町並みは整然として、パリは初めてという人にもわかりやすい。場所柄高級ホテルが多いが、凱旋門北側の17区には手頃な料金のホテルもある。

シャンゼリゼを遊び尽くしたいときに

エリゼ・レジャンシア
Elysées Régencia ★★★★

シャンゼリゼ界隈 **MAP** 別冊P.22-3B

シャンゼリゼ大通り近く。時期によってはリーズナブルな料金が設定されているのでウェブサイトをチェック。青、ピンクといったテーマカラーでまとめられた客室は色によって雰囲気ががらりと変わるので予約時にリクエストしてみて。

Ⓜ①George V
住 41, av. Marceau 16e
TEL 01.47.20.70.75
料 ⓈⓌ〜€570　€22
CC ADJMV
室 43室 ※ Wi-Fi
URL regencia.com

優雅な気分で

シャンビジュ・エリゼ
Chambiges Elysées ★★★★

シャンゼリゼ界隈 **MAP** 別冊P.23-3D

シャンゼリゼ大通りにもモンテーニュ大通りにも近く、ショッピングを楽しめる。館内はクラシックスタイルの内装やファブリックでまとめられ、優雅でロマンティックな雰囲気だ。朝食は緑に囲まれた中庭で取れ、春から夏は特に気持ちがいい。

Ⓜ⑨Alma Marceau
住 8, rue Chambiges 8e
TEL 01.44.31.83.83
料 ⓈⓌ€260〜500　€16
CC AJMV
室 34室 ※ Wi-Fi
URL www.hotelchambiges.com（日本語あり）

改名して再オープン

ニュアージュ
Nuage ★★★★

シャンゼリゼ界隈 **MAP** 別冊P.23-1D

シャンゼリゼ界隈の隠れ家的ホテル「エリゼ・メルモーズ」が改装し、2021年新たな名前でリニューアルオープンした。ニュアージュとは「雲」のこと。都心にあって、空に浮かぶ雲のように心身ともにゆったりと休息できる空間となっている。

Ⓜ⑨St-Philippe du Roule
住 30, rue Jean Mermoz 8e
TEL 01.42.25.75.30
料 ⓈⓌ€270〜580　€29
CC AMV
室 27室 ※ Wi-Fi
URL nuage.paris

使い勝手のいいホテル

ティルシ・エトワール
Tilsitt Etoile ★★★

シャンゼリゼ界隈 **MAP** 別冊P.22-1A

凱旋門までは徒歩約5分。各部屋にパリの写真が飾られ、スタイリッシュにまとまっている。客室に電気ポットがあり、バスアメニティは「ロクシタン」。清潔感や機能性を優先する人にとっては、コストパフォーマンスのよいホテル。

Ⓜ②Ternes ①②⑥ⒹⒶCharles de Gaulle Etoile
住 23, rue Brey 17e
TEL 01.43.80.39.71
料 ⓈⓌ€264〜352　€18
CC ADJMV
室 38室 ※ Wi-Fi
URL www.tilsitt.com

シャンゼリゼで泊まる夢がかなう

アカシア・エトワール
Acacias Etoile ★★★

シャンゼリゼ界隈 **MAP** 別冊P.4-1B

凱旋門からすぐという抜群の立地ながら、リーズナブルな料金設定のホテル。2021年に改装され、シックな趣のある内装に。ホテルが面したアカシア通りは、界隈で最も古い通りのひとつ。シャンゼリゼの歴史を感じつつ、滞在を楽しめる。

Ⓜ①②⑥ⒹⒶCharles de Gaulle Etoile
住 11, rue des Acacias 17e
TEL 01.43.80.60.22
料 Ⓢ€159〜399 Ⓦ€179〜429　€16
CC AMV
室 36室 ※ Wi-Fi
URL www.arcotel-acaciasetoile.com

ルーヴル～オペラ地区、マドレーヌ

右岸きっての繁華街。日本食レストランも多く、パリ初心者にも安心できるエリア。空港間を結ぶロワシーバス（→P.72）の発着所は、パレ・ガルニエのすぐ横だ。観劇や美術館巡りに時間を使いたい人に最適だ。

エレガントなパリ右岸を満喫

Thérèse ★★★★

テレーズ

ルーヴル界隈　**MAP** 別冊P.25-2C

扉を開けると、ふとデザイン工房を訪れたかのような錯覚に陥る。新進気鋭のデザイナーによる内装は、素材にこだわり、ビンテージ感あふれるテイスト。パレ・ロワイヤルから徒歩数分。16:00～18:00には お茶とスナックの無料サービスがある。

M ⑦⑭Pyramides
住 5-7, rue Thérèse 1er
TEL 01.42.96.10.01
料 ⑤Ⓦ€180～429 　€17
CC ⒶⓂⓋ
室 40室 🚿 Wi-Fi
URL www.hoteltherese.com

リラクセーションが充実

Square Louvois ★★★★

スクエア・ルーヴォワ

オペラ地区　**MAP** 別冊P.25-1C

19世紀初め、この界隈は華やかな社交の中心地だった。それにちなんで、ノーブル＆モダンとフレンチクラシックの融合をコンセプトにしたシックなホテル。フィットネスルーム、リラクセーションプログラムで疲れた体をリフレッシュしよう。

M ③Quatre Septembre
住 12, rue de Louvois 2e
TEL 01.86.95.02.02
料 ⑤Ⓦ€270～400 　€20
CC ⒶⓂⓋ
室 50室 🚿 Wi-Fi
URL www.hotel-louvois-paris.com

パレ・ガルニエに近く観光に便利

Horset Opéra ★★★★

オルセ・オペラ

オペラ地区　**MAP** 別冊P.24-1B

オペラ通りから少し入った所にあり、パレ・ガルニエはもちろん、ルーヴル美術館も徒歩圏内。観光やショッピングに理想的なロケーションが魅力のホテルだ。パリのエレガンスを感じさせるデザインの客室で、滞在を楽しみたい。

M ③Quatre Septembre
住 18, rue d'Antin 2e
TEL 01.44.71.87.00
料 ⑤Ⓦ€170～350 　€16
CC ⒶⒿⓂⓋ
室 54室 🚿 Wi-Fi
URL www.hotelhorsetopera.com（日本語あり）

サン・ラザール駅のすぐそば

Charing Cross ★★★

シャリング・クロス

オペラ地区　**MAP** 別冊P.12-1B

サン・ラザール駅から徒歩数分の交通至便なホテル。ひときわ明るいサロンでスタッフが気持ちよく迎えてくれる。支配人のダヴィッドさんの奥様は日本人。言葉の不安な人に心強い。2020年、全面的に改装し、より快適でモダンな客室に。

M ③⑫⑬⑭St-Lazare
住 39, rue Pasquier 8e
TEL 01.43.87.41.04
料 ⑤€140～518 Ⓦ€190～658 　€12
CC ⓂⓋ
室 31室 🚿 Wi-Fi
URL www.charingcrosshotel.com

パリの中心でリーズナブルに過ごすなら

St-Roch ★★

サン・ロック

ルーヴル界隈　**MAP** 別冊P.25-2C

サン・ロック教会そばの家庭的なホテル。サントノレ通りやヴァンドーム広場も近いので、ショッピングを楽しみたい女性客に人気。パレ・ガルニエ、ルーヴル美術館は徒歩圏内だ。パリのど真ん中でリーズナブルかつ安全に過ごしたい人に。

M ①Tuileries ⑦⑭Pyramides
住 25, rue St-Roch 1er
TEL 01.42.60.17.91
料 ⑤€145～250 Ⓦ€175～320 　€13.50
CC ⒶⒿⓂⓋ
室 22室 🚿 Wi-Fi
URL www.hotelsaintroch-paris.com

サン・ルイ島～マレ、バスティーユ

歴史深い町並みのなかに、若手クリエイターのショップやアトリエが並ぶホットなマレ地区を内包するエリア。新旧のパリの魅力を存分に味わいたい人におすすめ。コンセプトのはっきりしたこだわりのホテルが多い。

Le Pavillon de la Reine ★★★★★
ル・パヴィヨン・ド・ラ・レーヌ

マレ **MAP** 別冊P27-2D

ヴォージュ広場に建つ優美なホテル。白亜の館は、「王妃の館」と名づけられ、かつてのルイ13世妃アンヌ・ドートリッシュが婚礼の際に滞在したことに由来する。館内は17世紀の造りを生かしつつもモダンに改装され、どこまでもエレガント。

Ⓜ ①St-Paul
住 28, pl. des Vosges 3e
TEL 01.40.29.19.19
料 ⑤Ⓦ€400〜4200　□€30
CC ADJMV
室 56室　✻　Ⓦ︀
URL www.pavillon-de-la-reine.com（日本語あり）

Hôtel de Nice ★★★
オテル・ド・ニース

マレ **MAP** 別冊P26-2B

レ・アールからマレ地区にかけて延びるリヴォリ通りに面したホテル。セーヌ川へも歩いてすぐ。パリの新名所となった「サマリテーヌ」も近く、散策を楽しめる。花柄の壁紙に覆われた部屋など、パリのプチホテルらしい雰囲気が漂う。

Ⓜ ⑪Hôtel de Ville
住 42bis, rue de Rivoli 4e
TEL 01.42.78.55.29
料 ⑤€80〜500 Ⓦ€110〜500　□€10
CC MV
室 23室　✻　Ⓦ︀
URL www.hoteldenice.com

Jeanne d'Arc ★★★
ジャンヌ・ダルク

マレ **MAP** 別冊P27-2C

マレ地区の中心に位置し、ヴォージュ広場やユダヤ人街にほど近いロケーション。客室はシンプルだが近代的に改装済み。木の床や調度品が置かれ、心が和ませてくれる空間。毎朝地元のパン屋から届けられた、焼きたてパンの朝食も楽しみだ。

Ⓜ ①St-Paul
住 3, rue de Jarente 4e
TEL 01.48.87.62.11
料 ⑤Ⓦ€119〜526　□€12
CC AMV
室 34室
URL hoteljeannedarc.com（日本語あり）

Marais de Launay ★★★
マレ・ド・ロネ

バスティーユ **MAP** 別冊P27-1D

最寄りのメトロ駅まで徒歩3分。おしゃれなショップやカフェが並ぶ話題のエリア、北マレやオベルカンフへも徒歩圏内だ。客室はポップで明るい雰囲気で、スーペリアツインにはバスタブも完備。ソファが置かれたライブラリーも利用可。

Ⓜ ⑧Chemin Vert ⑤Bréguet Sabin
住 42, rue Amelot 11e
TEL 01.47.00.88.11
料 ⑤Ⓦ€110〜395　□€15
CC AMV
室 35室　✻　Ⓦ︀
URL www.hotelmaraisdelaunayparis.com

Hôtel de la Bretonnerie ★★★
オテル・ド・ラ・ブルトヌリー

マレ **MAP** 別冊P26-2B

観光にもショッピングにも便利な立地。17世紀の貴族の館を改装したホテルで、そこかしこに残るむき出しの木の梁が、その面影を伝えている。サロンはロマンティックな中世風で、館内に一歩入ればタイムスリップしたような気持ちに。

Ⓜ ⑪Hôtel de Ville
住 22, rue Ste-Croix de la Bretonnerie 4e
TEL 01.48.87.77.63
料 ⑤Ⓦ€144〜299（五輪開催中は€540）　□€10
CC MV
室 30室
URL www.hotelparismaraisbretonnerie.com

カルチェ・ラタン

セーヌ左岸を南北に走るサン・ミッシェル大通りから東は、活気ある学生街。教育施設や博物館などが建ち並び、文化の香りが色濃い。サン・ジェルマン・デ・プレやシテ島も散歩圏内の便利な立地。学生街とはいえ、安いホテルを見つけるのは難しくなってきた。

白を基調としたデザインホテル
Le Lapin Blanc ★★★★
ル・ラパン・ブラン
カルチェ・ラタン **MAP** 別冊P.29-2D

ファンタジーの世界が好きという人におすすめなのが、「白ウサギ」という名のこのホテル。白をベースに淡いピンクやグリーンを合わせた内装は、夢の世界に誘うかのよう。50年代スタイルの家具や小物もノスタルジックですてき。

Ⓜ ⑩Cluny La Sorbonne
🏠 41, bd. St-Michel 5e
☎ 01.53.10.27.77
💴 ⓈⓌ€160〜602 　🍴€17
CC ＡＭＶ
🛏 30室　Wi-Fi
URL www.hotel-lapin-blanc.com（日本語あり）

モダンなスパ施設でリラックス
La Lanterne ★★★★
ラ・ランテルヌ
カルチェ・ラタン **MAP** 別冊P.19-1D

ランテルヌとはフランス語で街灯のこと。館内に配された街灯の白黒写真は、モダンな内装にノスタルジックなエッセンスを加えている。ジェット水流のプールやハマム、高性能シャワー室を完備。1日の疲れを癒してくれそうだ。

Ⓜ ⑩Maubert Mutualité
🏠 12, rue de la Montagne Ste-Geneviève 5e
☎ 01.53.19.88.39
💴 ⓈⓌ€203〜590 　🍴€25
CC ＡＭＶ
🛏 42室　❄ Wi-Fi
URL www.hotel-la-lanterne.com

オアシスのような庭が魅力
Hôtel des Grandes Ecoles ★★★
オテル・デ・グランゼコール
カルチェ・ラタン **MAP** 別冊P.19-2D

入口の門をくぐると緑いっぱいの庭が広がり、町の喧騒を忘れさせる穏やかな時間が流れている。部屋はこぢんまりしているが温かみがあり、田舎のコテージでバカンスを過ごしているような気分になる。客室に電気ポットあり。

©Nicolas Anetson

Ⓜ ⑩Cardinal Lemoine ⑦Place Monge
🏠 75, rue du Cardinal Lemoine 5e
☎ 01.43.26.79.23
📅 2024年の料金はウェブサイトで確認のこと
CC ＡＭＶ
🛏 51室　Wi-Fi
URL www.hoteldesgrandesecoles.com

学生街ど真ん中のデザインホテル
Design Sorbonne ★★★
デザイン・ソルボンヌ
カルチェ・ラタン **MAP** 別冊P.29-3D

古くからソルボンヌ前の家庭的なホテルとして親しまれてきたが、全面改装され、最新設備を備えたデザインホテルに生まれ変わった。朝食は中庭のテラスでとることもできる。グルテンフリーの対応も可能だ（要予約）。

Ⓜ Ⓑ Luxembourg　⑩Cluny La Sorbonne
🏠 6, rue Victor Cousin 5e
☎ 01.43.54.58.08
💴 ⓈⓌ€126〜440 　🍴€17
CC ＡＤＪＭＶ
🛏 38室　❄ Wi-Fi
URL www.hotelsorbonne.com

クリュニー美術館そばの静かなホテル
Collège de France ★★★
コレージュ・ド・フランス
カルチェ・ラタン **MAP** 別冊P.19-1D

中世の至宝が集められたクリュニー美術館にほど近く、カルチェ・ラタンでも静かな通りにある6階建てのホテル。客層も比較的年齢層が高く落ち着いた雰囲気。客室は日当たりがよく、清潔に整えられている。ロビーに宿泊客用のパソコンあり。

Ⓜ ⑩Maubert Mutualité　⑩Cluny La Sorbonne
🏠 7, rue Thénard 5e
☎ 06.58.53.76.04
💴 ⓈⓌ€100〜274 　🍴€10
CC ＡＭＶ
🛏 29室　❄ Wi-Fi
URL www.hotel-collegedefrance.com（日本語あり）

サン・ジェルマン・デ・プレ

セーヌ左岸、6区から7区にかけては、最新モード、アートの発信地。レストランやショップ巡りにも飽くことがない。ホテルも個性的でおしゃれなプチホテルが多い。パリのエスプリを感じるには最適なエリアだが、手頃な料金のホテルを見つけるのは至難のワザ。

アンティーク家具に囲まれて
Saint Paul Rive Gauche ★★★★
サン・ポール・リヴ・ゴーシュ
サン・ジェルマン・デ・プレ　**MAP** 別冊P.29-3D

リュクサンブール公園に近く、サン・ミッシェル大通りを渡るとすぐソルボンヌ。学生が行き交い、界隈には画廊や出版社も多くある。建物は17世紀の館を改装したもので、客室ごとにデザインが異なる贅沢なつくりになっている。

M ④⑩Odéon
住 43, rue Monsieur le Prince 6e
TEL 01.43.26.98.64
料 ⑤€175〜326 ⑩€198〜426（五輪開催中は特別料金）　€16　**CC** A D J M V
室 31室　❄　Wi-Fi
URL www.hotelsaintpaulparis.com

クラシカルな内装のホテル
Luxembourg Parc ★★★★
リュクサンブール・パルク
サン・ジェルマン・デ・プレ　**MAP** 別冊P.29-3C

リュクサンブール公園に面し、客室によっては、公園の緑を眺望できるホテル。朝の散歩を楽しめるのも魅力だ。内装は各部屋色調が異なり、インペリアルスタイル、ルイ15世スタイルといったクラシカルなスタイルでまとめられている。

M ④St-Sulpice
住 42, rue de Vaugirard 6e
TEL 01.53.10.36.50
料 ⑤⑩€210〜600　€15
CC A M V
室 23室　❄　Wi-Fi
URL www.luxembourg-paris-hotel.com（日本語あり）

パリらしい洗練されたホテル
Au Manoir St-Germain des Prés ★★★★
オ・マノワール・サン・ジェルマン・デ・プレ
サン・ジェルマン・デ・プレ　**MAP** 別冊P.28-2B

ヘミングウェイに愛されたブラッスリー「リップ」（→P.151）の隣にあり、観光、ショッピングにも便利なロケーション。サン・ジェルマン大通り沿いにあるが、客室は中庭に面しているか、通り側も二重窓になっているので、驚くほど静か。

M ④St-Germain des Prés
住 153, bd. St-Germain 6e
TEL 01.42.22.21.65
料 ⑤⑩€195〜450　€15
CC A J M V
室 28室　❄　Wi-Fi
URL hotelaumanoir.com（日本語あり）

スタッフの気配りがうれしい
Hôtel de Seine ★★★
オテル・ド・セーヌ
サン・ジェルマン・デ・プレ　**MAP** 別冊P.29-2C

小さなギャラリーが並ぶセーヌ通りに建つプチホテル。市場街のビュシ通りはすぐ、セーヌ河岸へも徒歩5分ほど。アンティーク家具に囲まれたかわいらしい部屋、親切なスタッフと治安のよさもあり、女性のひとり旅におすすめのホテル。

M ⑩Mabillon ④⑩Odéon
住 52, rue de Seine 6e
TEL 01.46.34.22.80
料 ⑤⑩€170〜529　€17
CC A M V
室 30室　❄　Wi-Fi
URL www.hoteldeseine.com（日本語あり）

サン・ジェルマンで快適な滞在
Left Bank Saint Germain ★★★
レフト・バンク・サン・ジェルマン
サン・ジェルマン・デ・プレ　**MAP** 別冊P.29-2C

映画館やカフェ、ショップが並ぶオデオン広場に近く、隣は歴史的なカフェレストランの「ル・プロコープ」。アンティーク調のインテリアが配された落ち着いた雰囲気で、ノートルダム大聖堂が見える客室も。ロビーに宿泊客用のパソコンあり。

M ④⑩Odéon
住 9, rue de l'Ancienne Comédie 6e
TEL 01.43.54.01.70
料 ⑤⑩€170〜400　€12
CC A M V
室 31室　❄　Wi-Fi
URL www.hotelleftbank.com（日本語あり）

センスのいいファブリック
La Perle ★★★
ラ・ペルル
サン・ジェルマン・デ・プレ **MAP** 別冊P.28-2B

サン・シュルピス教会からほど近く、ルーヴル美術館も徒歩圏内。天気のよい日には中庭で朝食を取ることができる。1階のバーも雰囲気がよくおすすめだ。4人まで泊まれる部屋もあるので、グループや家族で利用するのもいい。

M ④St-Germain des Prés
住 14, rue des Canettes 6e
TEL 01.43.29.10.10
料 Ⓢ Ⓦ €170～400　Ⓟ €13
CC ＡＭＶ
室 38室　✕　Wi-Fi
URL www.hotel-paris-laperle.com（日本語あり）

ロマンティックなプチホテル
Dauphine St-Germain ★★★
ドフィーヌ・サン・ジェルマン
サン・ジェルマン・デ・プレ **MAP** 別冊P.29-1C

あたたかな色調でまとめられた内装が印象的で、壁紙やカーテンの柄がかわいらしい。バスルームが広めなのもうれしい。ビュッフェスタイルの朝食も絶品。観光スポットも近く、周辺にはレストランも多いので食事に困ることもない。

M ④⑩Odéon
住 36, rue Dauphine 6e
TEL 01.43.26.74.34
料 Ⓢ €100～440　Ⓦ €120～478　Ⓟ €12
CC ＡＭＶ
室 30室　✕　Wi-Fi
URL dauphine-st-germain.com（日本語あり）

これぞ正統派"パリのプチホテル"
Hôtel des Marronniers ★★★
オテル・デ・マロニエ
サン・ジェルマン・デ・プレ **MAP** 別冊P.28-1B

パリのプチホテルブームのはしりのような存在で、今も根強い人気がある。ジャコブ通りの21番地の少し奥まった所が入口。チャーミングで清潔感あふれる客室はとても居心地がいい。緑豊かな庭もありサロン・ド・テもあり、夜遅くまで利用できる。

M ④St-Germain des Prés
住 21, rue Jacob 6e
TEL 01.43.25.30.60
料 Ⓢ Ⓦ €197～453　Ⓟ €17
CC ＡＭＶ
室 36室　✕　Wi-Fi
URL hoteldesmarronniers.com（日本語あり）

リーズナブルに左岸を楽しむ
Le Clément ★★
ル・クレモン
サン・ジェルマン・デ・プレ **MAP** 別冊P.29-2C

周囲にはおしゃれなカフェやビストロが多く、流行のブティックが並ぶサン・シュルピス通りにも近いので、ショッピングを楽しみたい女性客に特に人気がある。比較的リーズナブルな料金で左岸の雰囲気を満喫できるおすすめホテル。

M ⑩Mabillon ④⑩Odéon
住 6, rue Clément 6e
TEL 01.43.26.53.60
料 Ⓢ Ⓦ €168～200　Ⓟ €14
CC ＡＪＭＶ
室 33室　✕　Wi-Fi
URL www.hotelclement.fr

コストパフォーマンスに優れる
Welcome ★★
ウエルカム
サン・ジェルマン・デ・プレ **MAP** 別冊P.29-2C

サン・ジェルマン・デ・プレ教会のすぐ近く。部屋はあたたかみのある色調でまとめられている。何よりこの好立地にして、コストパフォーマンス抜群だ。近くには食材店やレストランがひしめき合うビュシの市場の活気が感じられる。

M ⑩Mabillon ④⑩Odéon
住 66, rue de Seine 6e
TEL 01.46.34.24.80
料 Ⓢ €133～　Ⓦ €148～　Ⓟ €13
CC ＡＭＶ
室 29室　✕　Wi-Fi
URL hotelwelcomeparis.com（日本語あり）

シンプルだけどかわいらしい部屋
Grand Hôtel des Balcons ★★
グラントテル・デ・バルコン
サン・ジェルマン・デ・プレ **MAP** 別冊P.29-2C

19世紀の建物を改装したアールヌーヴォー風の内装がすてきなホテル。交通至便で治安の面でも安心な立地、清潔でかわいらしい客室……と好条件が揃う。家族経営の温かな雰囲気に包まれたホテルで、女性ひとり旅に特におすすめ。

M ④⑩Odéon
住 3, rue Casimir Delavigne 6e
TEL 01.46.34.78.50
料 Ⓢ €133～　Ⓦ €186～　Ⓟ €12
CC ＭＶ
室 49室　✕　Wi-Fi
URL www.balcons.com（日本語あり）

エッフェル塔界隈

願わくばエッフェル塔の見える部屋を……そんな希望のある人は、まずはこのエリアを当たってみよう。パリに滞在している気分を思いきり味わえるはず。7区、15区は官庁街や住宅街が広がり、パリ市民の日常に触れることができる。比較的治安のいいエリアでもある。

エッフェル塔を望む部屋もある
Pullman Paris Tour Eiffel ★★★★
プルマン・パリ・トゥール・エッフェル
エッフェル塔界隈 **MAP** 別冊P.11-3C

©Abaca Press/Boris Zuliani

エッフェル塔に近く、ツアーでも使われる大型ホテル。旧「ヒルトン・パリ」を改装しビジネスホテルとしてデザインを一新。430室中、半数は庭園を望む部屋となっており、見晴らしがいい。塔の見える部屋もあるのでリクエストを。

交 ©Champ de Mars Tour Eiffel Ⓜ ⑥Bir Hakeim
住 18, av. de Suffren 15e
TEL 01.44.38.56.00
料 ⓈⓌ€322〜1839
CC ADJMV 室 430室 ✕ Wi-Fi
URL all.accor.com/hotel/7229/index.ja.shtml
（日本語）

エッフェル塔近くのホテル
La Comtesse ★★★★
ラ・コンテス
エッフェル塔界隈 **MAP** 別冊P.11-3D

見え方に違いはあるがほぼ全室からエッフェル塔を眺めることができる。館内のデザインコンセプトは18世紀の文学サロン。クラシックなインテリアで飾っているが、設備は近代的。客室は明るくシンプルで機能性を重視している。

Ⓜ ⑧Ecole Militaire
住 29, av. de Tourville 7e
TEL 01.45.51.29.29
料 ⓈⓌ€161〜1538 ◗€10〜22
CC AMV
室 40室 ✕ Wi-Fi
URL comtesse-hotel.com（日本語あり）

スタイリッシュで手頃
Eiffel Turenne ★★★
エッフェル・テュレンヌ
エッフェル塔界隈 **MAP** 別冊P.11-3D

エッフェル塔へ徒歩圏内という立地はもちろん、3つ星ながらも必要十分な設備とホスピタリティで評価が高い。客室は広くはないが、スタイリッシュで清潔だ。エアコン、電気ポット、簡単なバスアメニティが装備されている。

Ⓜ ⑧Ecole Militaire
住 20, av. de Tourville 7e
TEL 01.47.05.99.92
料 ⓈⓌ€115〜315 ◗€13
CC AMV
室 34室 ✕ Wi-Fi
URL www.hoteleiffelturenne.com

ホスピタリティを大事にする
Hôtel de Londres Eiffel ★★★
オテル・ド・ロンドル・エッフェル
エッフェル塔界隈 **MAP** 別冊P.11-3D

19世紀エッフェル塔の建設時、職工たちの住まいだったというホテル。その歴史を受け継ぎながら、家族経営のあたたかいサービスをモットーにしている。客室には作家や詩人の名がつけられ、上品で落ち着いた空気に満ちている。

Ⓜ ⑧Ecole Militaire
住 1, rue Augereau 7e
TEL 01.45.51.63.02
料 ⓈⓌ€260〜480 ◗€20
CC AMV
室 30室 ✕ Wi-Fi
URL www.hotel-paris-londres-eiffel.com

セーヌ河岸のお手頃ホテル
Eiffel Seine ★★★
エッフェル・セーヌ
エッフェル塔界隈 **MAP** 別冊P.10-3B

メトロ駅すぐ、パリ日本文化会館の裏側に建ち、シャンゼリゼや凱旋門へのアクセスもよい立地。全室に電気ポットとお茶のセットを用意している。セーヌ川を望む部屋もあり、中州に降りて白鳥の小径を散策するのにもいい。

Ⓜ ⑥Bir Hakeim
住 3, bd. de Grenelle 15e
TEL 01.45.78.14.81
料 ⓈⓌ€119〜669 ◗€14
CC AMV
室 45室 ✕ Wi-Fi
URL www.eiffelseinehotel.paris

モンパルナス

落ち着いた、左岸らしい雰囲気が残るエリア。ラスパイユ大通り周辺にはしゃれたプチホテルも見つかる。モン・サン・ミッシェルへの玄関口である国鉄モンパルナス駅があり、近郊の町やモン・サン・ミッシェルに出かける旅の拠点としても便利。

ポエティックなホテル

Apostrophe ★★★

アポストロフ

モンパルナス MAP 別冊P.19-2C

リュクサンブール公園から約500mの所にある、小さいながらも個性が光るデザインホテル。内装は詩をコンセプトにしており、ひと部屋ごとにそれぞれテーマがある。手の込んだ意匠が美しい。ジャクージ付きバスタブのある部屋もある。

Ⓜ ④Vavin
住 3, rue de Chevreuse 6e
TEL 01.56.54.31.31
料 ⓈⓌ€116～321 朝食€10
CC AMV
室 16室 ❄ Wi-Fi
URL www.apostrophe-hotel.com

おしゃれなブティック風ホテル

Jardin le Bréa ★★★

ジャルダン・ル・ブレア

モンパルナス MAP 別冊P.18-2B

洗練されたブティックのような入口が印象的なホテル。客室の壁紙やファブリック類はイギリスのデザイナーズ・ギルド社のものだ。周辺にはセンスのいい雑貨店や洋服店があり、パリらしいおしゃれな滞在を求める人におすすめ。

Ⓜ ④Vavin ④⑥⑫⑬Montparnasse Bienvenüe
住 14, rue Bréa 6e
TEL 01.43.25.44.41
料 Ⓢ€109～279 Ⓦ€129～299 朝食€17
CC AMV
室 23室 ❄ Wi-Fi
URL www.hoteljardinlebrea.com

パリジェンヌのイラストが踊る

La Parizienne ★★★

ラ・パリジェンヌ

モンパルナス MAP 別冊P.18-2B

メトロ駅から徒歩約5分。イラストレーター、マルタ・フォンファラの描くユーモラスな「パリジェンヌの日常」が、コージーな空間を飾る。カラフルな館内は清潔で快適。客室には電気ポットがあり、アメニティは「ニュクス」で揃えている。

Ⓜ ⑫Falguière
住 33, bd. du Montparnasse 6e
TEL 01.45.48.75.64
料 ⓈⓌ€135～389 朝食€16
CC AMV
室 28室 ❄ Wi-Fi
URL hotel-laparizienne.com（日本語あり）

画家ゴーギャンゆかりの場所にある

Delambre ★★★

ドランブル

モンパルナス MAP 別冊P.18-2B

入口脇に掲げられたプレートには「1891年、ゴーギャンが滞在した」と刻まれ、タヒチに移住する前に滞在したことを示している。画家たちが集ったカフェやクレープリーが軒を連ねる通りに近く、食事に出かけるのにも便利な場所。

Ⓜ ⑥Edgar Quinet
住 35, rue Delambre 14e
TEL 01.43.20.66.31
料 Ⓢ€99～220 Ⓦ€99～260 朝食€13
CC ADMV
室 30室 ❄ Wi-Fi
URL www.delambre-paris-hotel.com

駅やスーパー近くの良心的な宿

Odessa Montparnasse ★★

オデッサ・モンパルナス

モンパルナス MAP 別冊P.18-2B

国鉄モンパルナス駅に近く、メトロ駅すぐの、にぎやかな界隈に建つお手頃なホテル。クレープリーなど飲食店やスーパーが並ぶ商業地区で、水・土曜はエドガー・キネ大通り沿いに朝市が立つ。館内は改装済みで十分に快適。スタッフも親切。

Ⓜ ⑥Edgar Quinet
④⑥⑫⑬Montparnasse Bienvenüe
住 28, rue d'Odessa 14e
TEL 01.43.20.64.78
料 ⓈⓌ€105～205 朝食€11
CC MV 室 41室 ❄ Wi-Fi
URL www.hotel-odessa.com

はみだし! 20世紀初頭、芸術家たちが集ったモンパルナスのホテル「イストリア」（MAP 別冊P.19-2C 住 29, rue Campagne Première 14e）には、シュールレアリスムの芸術家マルセル・デュシャンや作曲家エリック・サティなどが滞在した。

モンマルトル

下町の雰囲気が残る庶民的なエリア。シンプルで手頃な2～3つ星ホテルが点在している。飾らない普段着のパリを味わいたい人には最適だが、どちらかというとリピーター向き。歓楽街に近く、ナイトライフも楽しめるが、十分気をつけて出かけよう。

パリの秘密を探しに
Secret de Paris ★★★★
スクレ・ド・パリ

モンマルトル **MAP** 別冊P.30-3A

モンマルトルの丘の麓、クリシー広場近くにたたずむアート系ホテル。客室は、ムーラン・ルージュ、エッフェル塔など、パリの名所をテーマにデザインされ、部屋にいながらにして、パリの町を散策しているような気分にしてくれる。

M ⑬Liège
住 2, rue de Parme 9e
TEL 01.53.16.33.33
料 ⑤Ⓦ€176～534 　●€18
CC AMV
室 29室 　❇ 　Wi-Fi
URL www.secretdeparis.com

パリを一望するテラスが自慢
Terrass" ★★★★
テラス

モンマルトル **MAP** 別冊P.30-2B

モンマルトル墓地の隣に建つ、創業100年を超える老舗。全面改装されており、スパやトレーニングルームといった設備が充実した。内装はモダン&シンプル。最上階と屋上テラスにかけて、眺めのいいレストランがあり、朝食時に利用できる。

M ②Blanche ⑫Abbesses
住 12-14, rue Joseph de Maistre 18e
TEL 01.46.06.72.85
料 ⑤Ⓦ€210～1230 　●€25
CC AMV
室 92室 　❇ 　Wi-Fi
URL www.terrass-hotel.com

夜遊び派におすすめ
Joke ★★★
ジョーク

モンマルトル **MAP** 別冊P.30-3B

ムーラン・ルージュから徒歩約5分。いわゆる夜遊びエリアにあるが、ホテルの中は打って変わってソフトなカラーリングで、子供部屋のような小物が配置されかわいい雰囲気。午後から夜にかけて、フリードリンクと軽食のサービスがある。

©Hotel Joke - Astotel par J.-B. Clevenot et G. Grasset pour Astotel, Paris.

M ②Blanche
住 69, rue Blanche 9e
TEL 01.40.40.71.71
料 ⑤€80～ Ⓦ€110～ 　●€14
CC AMV
室 44室 　❇ 　Wi-Fi
URL www.astotel.com（日本語あり）

INFO Column Information

ホテルのバーも利用しよう

　ホテルによっては、バーやレストランを備えていることも。たとえばホテル「テラス」（上記）には、パリの眺望を楽しめるルーフトップバーがある。ほかに「サン・ジェームス・パリ」（→P.367）には重厚な英国風のバーがあり、宿泊客でなくても利用できる。

「テラス」のルーフトップバー

リーズナブルな料金がうれしい
Eden Montmartre ★★★
エデン・モンマルトル

モンマルトル **MAP** 別冊P.7-1D

古きよきパリの面影が残るモンマルトル地区の雰囲気にふさわしい、居心地のよいホテル。良心的な料金で、朝食は中心部のホテルの半額以下。モンマルトルで最も古くからあるホテルのひとつだが、部屋は改装されて、快適に過ごせる。

M ⑫Jules Joffrin
住 90, rue Ordener 18e
TEL 01.42.64.61.63
料 ⑤Ⓦ€85～240 　●€8.50
CC AMV
室 35室 　❇ 　Wi-Fi
URL www.edenhotel-montmartre.com

そのほかのエリア

観光スポットから少し離れたエリアには個性的なホテルが見つかる。同じ星の数でもパリの中心エリアのホテルよりリーズナブルでもある。最寄りのメトロ駅から遠くない立地を選べば滞在しやすく、国鉄駅周辺のホテルは地方へのアクセスに便利。

Saint James Paris ★★★★★
サン・ジェームズ・パリ

ブーローニュの森周辺　**MAP** 別冊P.10-1A

凱旋門から車で5分、ブーローニュの森にほど近い閑静な住宅街にたたずむ、パリ唯一のシャトーホテル。重厚な門をくぐると、噴水の向こうにナポレオン3世様式の美しい館が現れる。雰囲気のいい図書館風のバーでくつろぐのもおすすめ。

©Saint James Paris

Ⓜ ②Porte Dauphine
🏠 5, pl. du Chancelier Adenauer 16e
☎ 01.44.05.81.81
Ⓢ Ⓦ €680～2650　●込み
CC ADJMV
🛏 49室　❄　Wi-Fi
URL www.saint-james-paris.com

Bachaumont ★★★★
バショモン

レ・アール周辺　**MAP** 別冊P.13-2D

1920年代に栄えたレ・アール界隈のシンボル的ホテル。アールデコ調の内装は、洗練された雰囲気のなかにもほっとできる余白がある。スタンダードな客室でも比較的ゆったりとして、バスローブやスリッパも完備。バーとレストランあり。

Ⓜ ③Sentier
🏠 18, rue Bachaumont 2e
☎ 01.81.66.47.00
Ⓢ Ⓦ €200～2000　●€30
CC ADMV
🛏 49室　Wi-Fi
URL www.hotelbachaumont.com

Fabric ★★★★
ファブリック

レピュブリック界隈　**MAP** 別冊P.15-2C

19世紀は職人街だったこの一帯は、おしゃれなカフェやバーが集まる夜遊びスポットとして若者に人気。マレにも近い。名前のとおりかつては織布工場だった。客室はカラフルなテキスタイルで彩られている。ハマム、フィットネスルームも完備。

Ⓜ ⑨St-Ambroise
🏠 31, rue de la Folie Méricourt 11e
☎ 01.43.57.27.00
Ⓢ Ⓦ €153～665　●€20
CC AMV
🛏 33室　❄　Wi-Fi
URL www.hotelfabric.com

---

123 Sébastopol ★★★★
サン・ヴァン・トロワ・セバストポール

レピュブリック界隈　**MAP** 別冊P.14-2A

映画の世界をコンセプトにしたデザインホテル。一歩足を踏み入れると、ポスターやポップコーンマシーン、映写機など、遊び心をくすぐる仕掛けがいっぱい。各室、映画のワンシーンの壁紙が張られ、すっきりとまとめられている。

©G. Grasset pour Astotel, Paris

Ⓜ ③④Réaumur-Sébastopol
🏠 123, bd. de Sébastopol 2e
☎ 01.40.39.61.23
Ⓢ Ⓦ €150～440　●€17
CC AMV
🛏 63室　❄　Wi-Fi
URL www.astotel.com（日本語あり）

Palym ★★★
パリム

リヨン駅　**MAP** 別冊P.21-1C

リヨン駅から徒歩約3分、南仏などに出かけるときに便利な立地。周辺はレストランも多く、手頃な値段で食事できる。客室は小さめだが、シンプルにまとめられ、清潔。ビジネス客の利用も多く、実用性は高い。バリアフリールームあり。

Ⓜ ①⑭ⓇⒺ ⒶⒹGare de Lyon
🏠 4, rue Emile Gilbert 12e
☎ 01.43.43.24.48
Ⓢ Ⓦ €80～280　●€15
CC AJMV
🛏 51室　Wi-Fi
URL www.paris-hotel-palym.com（日本語あり）

女性のひとり旅にも

Hôtel du Temps ★★★★
オテル・デュ・タン
北駅・東駅周辺 MAP 別冊P.7-3D

落ち着いた界隈でパリの日常を感じるエリア。メトロ駅の沿線にはパレ・ガルニエ、ルーヴル美術館がある。ネオレトロな装飾と白を基調にした清潔感のある客室は女性に人気。エレベーターやバスタブは改装済み。夜はラウンジでカクテルを。

Ⓜ ⑦Poissonnière
🏠 11, rue de Montholon 9e
☎ 01.47.70.37.16
料 Ⓢ€120～145 Ⓦ€160～315 🍴€15
CC AMV
室 23室 🍴 Wi-Fi
URL hotel-du-temps.fr

蛇口の工房がおしゃれなホテルに

Le Robinet d'Or ★★★
ル・ロビネ・ドール
北駅・東駅周辺 MAP 別冊P.8-3B

東駅まで徒歩約10分。若者に人気のサン・マルタン運河界隈を散策するにはいい立地だ。1930年代には蛇口の工房だった建物を、下町らしい雰囲気を残しつつモダンに改装している。入口上部にある大きな蛇口のオブジェが目印だ。

Ⓜ ④⑤⑦Gare de l'Est ⑦Château Landon
🏠 17, rue Robert Blache 10e
☎ 01.44.65.14.50
料 Ⓢ Ⓦ€185～352 🍴€12
CC AMV
室 22室 🍴 Wi-Fi
URL www.lerobinetdor.com

パッシーエリアを満喫

Passy Eiffel ★★★
パッシー・エッフェル
パッシー MAP 別冊P.10-3B

パリを代表する高級住宅街パッシーにある上品なホテル。周辺にはブランドブティックのほか、カフェやレストラン、食料品店などが多く便利。エッフェル塔は、セーヌ川を挟んですぐ。エッフェル塔の見える部屋をぜひリクエストしたい。

Ⓜ ⑥Passy
🏠 10, rue de Passy 16e
☎ 01.45.25.55.66
料 Ⓢ Ⓦ€181～367 🍴込み
CC ADJMV
室 49室 Wi-Fi
URL www.passyeiffel.com（日本語あり）

クリーンでユニークなホテル

Le Citizen ★★★
ル・シティズン
サン・マルタン運河 MAP 別冊P.14-1B

メトロ駅からは徒歩約7分、にぎやかなサン・マルタン運河沿いに建つ。周囲にはブティックやレストランが並び、散策するのが楽しい。6人までの家族向けの部屋やバリアフリールームもある。朝食もおいしいと評判。1階にはカフェもある。

Ⓜ ⑤Jacques Bonsergent
🏠 96, quai de Jemmapes 10e
☎ 01.83.62.55.50
料 Ⓢ Ⓦ€190～325 🍴込み
CC AMV
室 12室 Wi-Fi
URL lecitizenhotel.com

スタルクの遊び心いっぱい

Mama Shelter (Paris East) ★★
ママ・シェルター（パリ・イースト）
東部 MAP 別冊P.5-2D

フィリップ・スタルクによる内装デザインは、黒を基調にアニメやストリートアートをちりばめて意表をつく。館内のレストランやバーは、パリっ子たちがこぞって押し寄せる人気スポットに。エコサート認証のアメニティにもこだわりが。

©Mama Shelter

Ⓜ ③Gambetta ③Porte de Bagnolet
🏠 109, rue de Bagnolet 20e
☎ 01.43.48.48.48
料 Ⓢ€125～ Ⓦ€143～ 🍴込み
CC AMV
室 170室 🍴 Wi-Fi
URL www.mamashelter.com

ドミトリーもある複合宿泊施設

The People ★
ザ・ピープル
東部 MAP 別冊P.15-1C

コスモポリタンなベルヴィル界隈に建つモダンな宿泊施設。浴室の付いたシングル／ダブルルームと、4～8人用のドミトリーからなる。パブリックエリアのバーは、リーズナブルな値段で食事を提供。地元食材にこだわるなど、意識も高い。

Ⓜ ②Couronnes ②⑪Belleville
🏠 59, bd. de Belleville 11e
☎ 01.43.55.09.97
料 Ⓢ Ⓦ€112～、ドミトリー1人€27～ 🍴込み
CC MV
室 34室 🍴 Wi-Fi
URL www.thepeoplehostel.com

スーパーマーケットで楽しく買い出し
ホテルでお部屋ごはん

レストランでの食事が続いたり、
少し軽めの夕食を取りたくなったら、
テイクアウトを利用して、ホテルの部屋で食べるのもアリ!
スーパーマーケットで普段のお買い物気分も味わえる。

テイクアウトで楽しむ夕食例

　パリでは外食費がかかりがちだが、スーパーマーケット(→P.344)で買えば食費の節約にもなる。サラダやチーズ、お総菜などを買ってホテルの部屋でくつろぎながら食べるのも思い出になるだろう。ワインも買って宅飲み感覚を楽しもう。

クラコット(上 €2.45)の上に買ったものを乗せて食べてもおいしい

「Président」の
カマンベールチーズ
145g €2.19

田舎風テリーヌと
鴨のムース
€2.49

シーザーサラダ
€5.69

キャロット・ラペ
(ニンジンのサラダ)と
タブレ(クスクスサラダ)
€2.45

スクリューキャップのミニボトルはワインオープナーがなくても気軽に飲める

ボルドーの赤ワイン
250㎖ €1.90

ティラミス
2個で€2.09

※この日の夕食は…… 合計 €19.26

持っていくと便利なもの

紙皿:食事にもデザートにも使える。直径18cmが使い勝手がいい。

割り箸:プラスチック製のフォークは廃止されている。箸があると便利。

ワインオープナー:機内に持ち込めないのでスーツケースに入れて。

旅行用ケトル:お湯が沸かせると、お茶だけでなくスープやカップ麺にも使える。

そのほかのおすすめ

フランス版カップヌードル!
€2.39〜

お茶やカップ麺にはクセのない水を使いたい
Source des Pins1.5ℓ €0.49

キッチン付きホテルなら(→P.372)
電子レンジが使えるので、肉料理も!
ローストチキン1ピース&ポテト(左)€5.99
ローストチキン2ピース(右)€5.02

ユースアコモデーション

パリにはユースアコモデーションがたくさんある。ホテル代の高いパリで、なるべく節約したい人にはうれしい。世界中からやってきた若者と知り合いになれるだろう。4〜8人のドミトリー形式が普通だが、なかにはシングルやツインの部屋を備えたユースもあり、相部屋に抵抗のある人も利用しやすい。

国際ユースホステル会員証の取得方法
国際ユースホステルグループのユースに泊まるには会員証が必要。日本国内のユースホステルまたは入会案内所で受け付けているほか、郵送、インターネットでも申し込みも可能。現地で宿泊時に入会することもできる。

● 日本ユースホステル協会
URL www.jyh.or.jp

「イヴ・ロベール」の清潔なドミトリー ©Serge-Detalle

マレ地区の美しい建物を利用した「MIJEフルシー」のホステル
©alikaphoto-mije.com

その他のパリのユースアコモ
● オーベルジュ・ド・ジュネス・アドヴニア
Auberge de Jeunesse Adveniat
MAP 別冊 P.11-2D
M ① ⑨ Franklin D. Roosevelt
住 10, rue François 1er 8e
TEL 01.77.45.89.10
朝 朝食込み
ドミトリー1人 €37 〜
URL adveniat-paris.org/fr

おすすめユースアコモ

国際ユースホステル Auberge de Jeunesse

パリには、国際ユースホステルグループFUAJのユースが2軒ある。ドミトリーは比較的広くてきれいなので、ユース初心者におすすめだ。2軒とも個室がある。国際ユースホステルの会員証が必要(新規2500円、継続2000円)。

予約は専用のウェブサイトからできる。部屋はシンプルだが清潔。シーツは用意されているが、タオルは備えられていないので持っていくように。すべての施設が年中無休で、受付は24時間オープンしている。

国際ユースホステル(全館共通)
朝 朝食・シーツ代込み
CC 館によって異なる
URL www.hifrance.org
URL www.hihostels.com(予約)

● イヴ・ロベール Yves Robert
MAP 別冊 P.8-2B
M ② La Chapelle ⑫ Marx Dormoy
住 20, Esplanade Nathalie Sarraute 18e
TEL 01.40.38.87.90
料 S W €73.60
ドミトリー1人 €36.43 〜

● ル・ダルタニャン Le d'Artagnan
MAP 別冊 P.5-2D
M ③ Porte de Bagnolet
住 80, rue Vitruve 20e
TEL 01.40.32.34.56
料 S €57 W €70 〜
ドミトリー1人 €25 〜

MIJEのホステル Auberge de Jeunesse MIJE Paris

マレ地区に3軒のホステルをもつ、MIJEパリ。いずれもパリの中心に位置しながら静かでいい環境にある。17世紀の建物を利用していて、美しい中庭や部屋の内装など、ユースアコモとは思えない落ち着いた雰囲気。個室もあるので、若者グループから高齢者まで幅広い層が利用している。MIJEの会員登録が必要(年会費 €3)。

予約はウェブサイトまたは代表電話へ。空き状況によって各ホステルへ振り分けられる。受付は全館24時間オープン。

MIJE(全館共通)
TEL 01.42.74.23.45
朝 朝食・シーツ代込み
S €80 W €92
ドミトリー1人 €38 〜
CC M V
URL www.mije.com

● フォコニエ Fauconnier
MAP 別冊 P.27-2C
M ① St-Paul ⑦ Pont Marie
住 11, rue du Fauconnier 4e

● モービュイッソン Maubuisson
MAP 別冊 P.26-2B
M ⑪ Hôtel de Ville
住 12, rue des Barres 4e

● フルシー Fourcy
MAP 別冊 P.27-2C
M ① St-Paul ⑦ Pont Marie
住 6, rue de Fourcy 4e

  パリには本書で紹介したホステル以外にも、ドミトリー中心のプライベートホステルがたくさんある。ホステル検索サイト「ホステルワールド」は日本語で空室紹介、予約ができる。**URL** www.japanese.hostelworld.com

サン・クリストファーズ・イン St-Christopher's Inn

ヨーロッパの主要10都市に展開するイギリス系ホステルグループ。

カナルはラ・ヴィレット貯水池に面して建つ物流倉庫を改装したモダンなホステル。1階のバー、クラブが若者に人気。

ガール・デュ・ノールはパリ北駅正面に建ち、立地は抜群。シングルルームあり。どちらも、ドミトリーは最大12人。24時間オープン。女性専用ドミトリーあり。会員証不要。

サン・クリストファーズ・イン（全館共通）
料 シーツ代込み、朝食€8
CC AMV
URL www.st-christophers.co.uk

●カナル Canal
MAP 別冊 P.9-2C
M ⑦ Crimée ⑤ Laumière
住 68, quai de la Seine 19e
TEL 01.40.34.34.40
料 ドミトリー1人€20.80～

●ガール・デュ・ノール Gare du Nord
MAP 別冊 P.8-3A
M ④⑤ RER ⓑⓓ Gare du Nord
住 5, rue de Dunkerque 10e
TEL 01.70.08.52.22
料 ドミトリー1人€21.75～

ラ・ヴィレット貯水池に面したホステル「サン・クリストファーズ・イン・カナル」

ジェネレーター・パリ Generator Paris

サン・マルタン運河近くにある、高級路線のホステル。キッチンはなく、代わりにバーとレストランを併設している。個室はテラス付きのツインもあり、ホテルと同じ感覚で利用できる。バスタブ付き、4人までの個室もある。東駅、北駅からは徒歩約15分。24時間オープン。女性専用ドミトリーあり。会員証不要。

MAP 別冊 P.8-3B
M ② Colonel Fabien
住 9-11, pl. du Colonel Fabien 10e
TEL 01.70.98.84.00
料 シーツ込み □€9.50
S W €78～
ドミトリー1人€23～
CC AMV
URL staygenerator.com

「ジェネレーター・パリ」のフロント

BVJのホステル Bureau des Voyages de la Jeunesse

近代的でインターナショナルな雰囲気のホステル。シャンゼリゼのほかに、ルーヴル（MAP 別冊 P.25-2D）など4ヵ所にあり、立地条件が抜群だ。年齢制限は厳密には設けず、若い旅行者となじむことのできる人なら誰でも利用できるとのこと。24時間オープン。

BVJ（全館共通）
料 朝食・シーツ代込み
S €29～ W €48～
ドミトリー1人€19～
CC 館によって異なる
URL www.bvjhostelparis.com

●シャンゼリゼ Champs-Elysées
MAP 別冊 P.4-1B
M ② Courcelles
住 12, rue Léon Jost 17e
TEL 01.42.67.20.40

「BVJシャンゼリゼ」のモダンなドミトリー

Column / Information　ユースアコモ利用の際の注意点

貴重品の管理に注意
ドミトリーでは貴重品は決して部屋に置いたままにしないように。シャワーやトイレでちょっと部屋を出るときにも貴重品を持って。

日中は部屋に入れない
11:00～16:00頃は、清掃のため部屋に入れないことが多い。荷物はロッカーに入れるか、掃除のじゃまにならないよう整理整頓してベッドの上に置いておこう。

男女同室のユースもある
欧米では家族でユースアコモを利用する人が多いため、ドミトリーが男女同室のところもある。気になる人は事前によく確認を。

共同シャワーのスマートな使い方
着替えや貴重品を入れるビニール製のバッグやビーチサンダルは必需品。時間帯によってはお湯が出にくくなることもあるので、利用前に、水圧やお湯の温度を確認して。

ホテルガイド　ユースアコモデーション

APPARTEMENT

アパルトマン

単なる旅行では味わえない、「暮らすような滞在」を気軽に実現するのが、キッチンや食器が完備された、アパルトマン（アパート）形式のホテル。数人でシェアすればけっこう割安になるし、外食の高いパリで食事代を節約することもできる。マルシェの量り売りで買い出しをして、料理に挑戦してみても。

アパートメントホテル

「アダージオ・アパートホテル」のキッチンとダイニングの一例。コンパクトだが必要な道具はすべて揃っている

アダージオ・アパートホテル
URL www.adagio-city.com
●アパートホテル・アダージオ・パリ・サントル・トゥール・エッフェル
Aparthotel Adagio Paris Centre Tour Eiffel
MAP 別冊P.16-1B
住 14, rue du Théâtre 15e

シタディヌ
URL www.discoverasr.com/en/citadines
●シタディヌ・レ・アール
Citadines Les Halles
MAP 別冊P.26-2A
住 4, rue des Innocents 1er
●シタディヌ・サン・ジェルマン・デ・プレ
Citadines St-Germain des Prés
MAP 別冊P.29-1C
住 53ter, quai des Grands Augustins 6e

契約などの面倒な手続きなしに、ちょっとだけ"パリ暮らし"気分を味わいたいなら、レセプションがあり、ホテルにチェックインするのと同じような感覚でキッチン付きの部屋が借りられる「**アパートメントホテル**Hôtel Appartement」がおすすめ。フランスでは「レジデンスホテルRésidence Hôtelière」と呼ばれることが多い。1泊からでも宿泊可能で、6泊以上の長期滞在なら割引になるところもある。

アダージオ・アパートホテル Adagio Aparthotel

パリ市内に17軒展開しているアパートメントホテルのチェーン。エアコン、フル装備のキッチン、コーヒーメーカー、テレビ、リネン類、ドライヤー、無料Wi-Fiが完備され、高級マンション暮らしのような快適さだ。清掃、リネンの交換、朝食はリクエストに応じて提供している。

「アパートホテル・アダージオ・パリ・サントル・トゥール・エッフェル」にはエッフェル塔を眺められる部屋も

シタディヌ Citadines

フランス全土に展開するアパートメントホテルの大型チェーン。パリ市内には計14軒ある。どのホテルにも、家具、直通電話、無料Wi-Fi、テレビ、そしてキッチンには食器や調理器具まで、生活に必要な物がすべて揃っている。

「シタディヌ・サン・ジェルマン・デ・プレ」の高級感あふれる一室。眺望のよいセーヌ河岸側の部屋がおすすめ

中・長期滞在におすすめの短期アパルトマン

1週間以上の滞在なら、パリの人々が普通に暮らすアパルトマンもいい。ホテルと違って、鍵の受け渡し、ゴミ出し、アパートならではのトラブル（ブレーカーが落ちた、お湯が出ない）があるが、日本語で問い合わせできる斡旋会社を選べば、心強い。

セジュール・ア・パリ Séjour à Paris

「セジュール・ア・パリ」のアパルトマンにはエッフェル塔が見える部屋も

パリ中心部の観光やショッピングに便利な地区にある約20の部屋を取り扱っている。申し込みからチェックイン時のオリエンテーションまですべて日本語ででき、また、滞在中のリクエストにも細やかに応じてもらえる、現地日本人コンシェルジュによるサービスがあるのがうれしい（一部有料）。

アパルトマン探しに役立つウェブサイト
パリの日本語情報紙のウェブサイト
●オヴニー OVNI
バカンス前などは短期貸し物件の個人情報が多くなる。
URL ovninavi.com

セジュール・ア・パリ
料 1泊 €178 ～（物件によって異なる。最低4泊から）、長期割引あり
CC A J M V
E-mail info@sejouraparis.fr
URL www.sejouraparis.fr
（日本語）

Column Information
気軽に体験 "パリ暮らし"

地元の人に交じってマルシェで買い出し

買い出しに行くならぜひ訪れてみたいのが、町なかのマルシェ（→P.56）。チーズ、お総菜からケーキまで、量り売りで好きな量だけ買えるものが多く、気軽にチャレンジできる。外食で不足しがちな野菜もたっぷり取ってビタミンをチャージしよう。お店の人とのやりとりを楽しめるのもマルシェの魅力のひとつ。言葉がわからなくても、興味を示せば納得するまで試食させてくれるはず。

マルシェでの買い物を楽しもう

設備の整ったキッチン付きアパートメントホテル

料理をしてみよう

ディナーが完成！　花を飾れば気分はレストランバー風に

特に料理好きでなくても、キッチン用具が揃ったアパルトマンに滞在し、パリの豊富で新鮮な食材を前にすれば、料理を楽しみたい気持ちが湧いてくること間違いなし。マルシェで買った野菜や肉を使って簡単なサラダやステーキ、「ラタトゥイユ」など比較的短時間で仕上がる煮込み料理をするだけで "パリ暮らし" 気分！　調味料は置いていないことが多いので、ミニサイズのものを日本から持って行くと便利。

ハムやチーズを並べてワインバー風に

Airbnb
URL www.airbnb.jp

民泊サービス Airbnb

　旅慣れた人たちによく利用されている、宿泊場所と借り手を結びつけるシェアサイト「Airbnb（通称エアビー）」。部屋を貸すホストと宿泊する旅行者がお互いにレビューをし合い、その口コミ評価を共有することができる。一般家庭に間借りする部屋もあるが、いわゆる貸しアパルトマン形式も多い。セキュリティ面などの重要な判断の多くを自己責任に委ねられるので、選ぶときは慎重に。

Column Information

快適なアパルトマン滞在のための注意ポイント

ご近所に配慮を

　日本でも同じことだが、集合住宅は周囲に生活音が響きやすい。特に100年以上も前に建てられたアパルトマンが珍しくないパリ、防音設備など整っているはずもない。夜遅くの洗濯機や掃除機の使用を控えるのはもちろんのこと、テレビなどの音量にも気を配って。

ロックアウトに注意……

　アパルトマンの扉はオートロック式のところが多い。ちょっと外に出るときも必ず鍵を持って。また、外路扉の暗証番号を忘れると、建物に入れなくなる。出かけるときは念のためメモを持ち歩こう。

朝、焼き立てのクロワッサンを買いに行くのも楽しみ

お風呂のお湯にはかぎりがある

　パリのアパルトマンではタンク式の給湯システムが一般的。つまり、使えるお湯の量が決まっているのだ。日本にいる感覚で湯船になみなみとお湯を張り、シャワーを流し放題にしたりすると、あっという間に足りなくなる。台所や洗濯にも同じタンクのお湯が使われることをお忘れなく。

バスタオルなどのリネン類は用意されている

ゴミ出しのルール

　ゴミは建物内のゴミ収集所に置かれたボックスへ。たいていはふたの付いた大型のゴミ箱が数個置かれている。分別はアパルトマンのルールに従おう。ゴミを出す日時に特に決まりはない。ただし、瓶や缶を夜遅くに捨てるのは騒音となるので控えよう。

ゴミは緑のボックスへ。瓶専用のボックス（右）もある

洗濯機の使い方

　フランスの洗濯機はお湯で洗うので、布の種類や水温でコースを決める。旅行中の下着やタオルなら木綿が主なので、「40℃」「Coton（木綿）」で洗うといい。洗剤は最初に入れる。日本より時間がかなりかかるので注意。

洗濯物は室内に

　ホテルと違って、シーツやタオルの洗濯も自分でするのがアパルトマン滞在だ。備えつけの洗濯機に乾燥機能が付いていることもあるが、ない場合でも、外に干すのは御法度。パリ市民のルールなので、気をつけよう。

洗濯機を使いこなせれば、暮らしている気分に

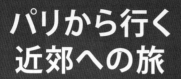

パリから行く
近郊への旅

Petit Voyage
autour de Paris

Photo：Château de Chenonceau

PETIT VOYAGE AUTOUR DE PARIS

パリから行く近郊への旅

フランスはパリを除けばすべて田舎といってもいい。
パリから列車で30分も行けば、郊外はもうのどかな田園そのものだ。
ブルボン王朝の栄光の跡、ヴェルサイユ宮殿をはじめ、
歴代の王たちに愛された宮殿や古城、
そして近代に印象派の画家たちがモチーフとした風景が
今も往時と変わらぬ姿で残っている。
さあ、もうひとつのフランスを見つけに出かけよう。

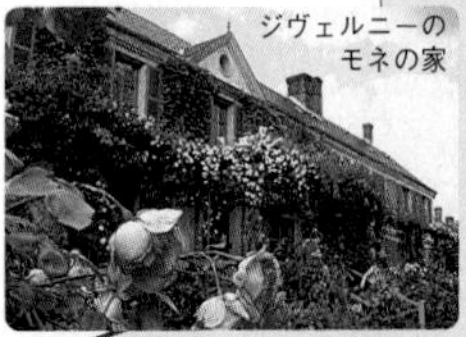

世 パリ近郊のユネスコ世界遺産　URL www.unesco.or.jp

ジヴェルニーのモネの家

ジヴェルニー
Giverny
1:10 P.404

セーヌ川
La Seine

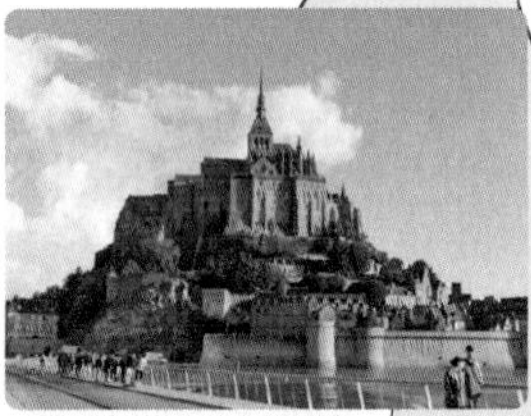

一度は訪れてみたい世界遺産モン・サン・ミッシェル

モン・サン・ミッシェル
Mont St-Michel
3:20 P.390

世 モン・サン・ミッシェルとその湾（1979年登録）

ブルトゥイユ城
Château de Breteuil
0:50 P.389

シャルトル
Chartres
1:10 P.403

世 シャルトル大聖堂（1979年登録）

シャンボール
Chambord
2:30 P.407

レンヌ
Rennes

ブロワ
Blois
2:00 P.406

トゥール
Tours
1:15 P.406

世 シュリー・シュル・ロワールとシャロンヌ間のロワール渓谷（2000年登録）

アンボワーズ
Amboise
2:00 P.407

シュノンソー城

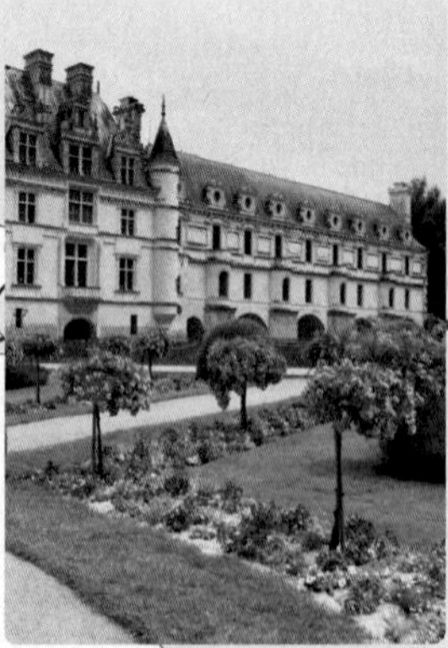

シュノンソー
Chenonceaux
1:50 P.406

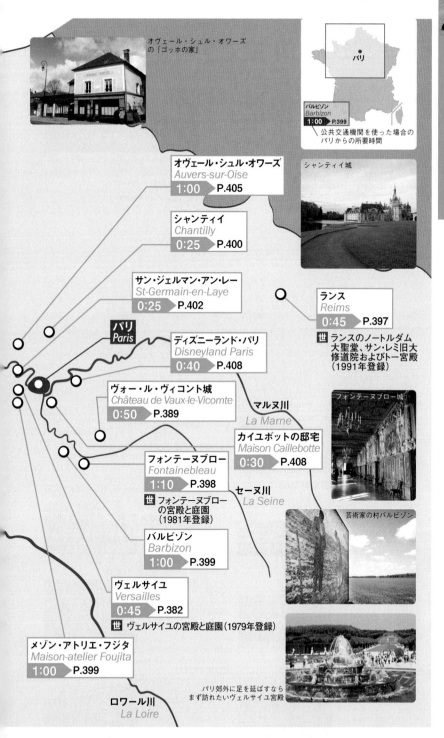

オヴェール・シュル・オワーズ
の「ゴッホの家」

パリ

バルビゾン
Barbizon
1:00 P.399

公共交通機関を使った場合の
パリからの所要時間

オヴェール・シュル・オワーズ
Auvers-sur-Oise
1:00 P.405

シャンティイ城

シャンティイ
Chantilly
0:25 P.400

サン・ジェルマン・アン・レー
St-Germain-en-Laye
0:25 P.402

パリ
Paris

ディズニーランド・パリ
Disneyland Paris
0:40 P.408

ランス
Reims
0:45 P.397

世 ランスのノートルダム
大聖堂、サン・レミ旧大
修道院およびトー宮殿
（1991年登録）

ヴォー・ル・ヴィコント城
Château de Vaux-le-Vicomte
0:50 P.389

マルヌ川
La Marne

フォンテーヌブロー城

カイユボットの邸宅
Maison Caillebotte
0:30 P.408

フォンテーヌブロー
Fontainebleau
1:10 P.398

世 フォンテーヌブロー
の宮殿と庭園
（1981年登録）

セーヌ川
La Seine

芸術家の村バルビゾン

バルビゾン
Barbizon
1:00 P.399

ヴェルサイユ
Versailles
0:45 P.382

世 ヴェルサイユの宮殿と庭園（1979年登録）

メゾン・アトリエ・フジタ
Maison-atelier Foujita
1:00 P.399

パリ郊外に足を延ばすなら
まず訪れたいヴェルサイユ宮殿

ロワール川
La Loire

377

パリ近郊の町への交通

パリの国鉄駅

パリには「パリ」という駅はなく、7つの国鉄駅が点在している。行き先によって発着駅が異なるので、まずは目的地への列車がどの駅から出発するのかを確認しよう。

モネの作品のモデルともなったサン・ラザール駅

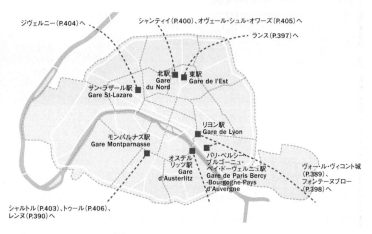

ジヴェルニー(P.404)へ
シャンティイ(P.400)、オヴェール・シュル・オワーズ(P.405)へ
ランス(P.397)へ

北駅 Gare du Nord
東駅 Gare de l'Est

サン・ラザール駅 Gare St-Lazare

モンパルナス駅 Gare Montparnasse

リヨン駅 Gare de Lyon

オステルリッツ駅 Gare d'Austerlitz

パリ・ベルシー・ブルゴーニュ・ペイ・ドーヴェルニュ駅 Gare de Paris Bercy-Bourgogne-Pays d'Auvergne

ヴォー・ル・ヴィコント城(P.389)、フォンテーヌブロー(P.398)へ

シャルトル(P.403)、トゥール(P.406)、レンヌ(P.390)へ

サン・ラザール駅 Gare St-Lazare MAP 別冊P.6-3B

パリで最も古い駅で、ジヴェルニーなどノルマンディー地方への列車が発着する。Transilienの発着も多い駅で、ヴェルサイユに行く際も利用できる。

リヨン駅 Gare de Lyon MAP 別冊P.21-2C

大きな時計塔が目印の駅。南仏への玄関口で、フォンテーヌブローなどの近郊と結ぶTransilienも発着する。駅構内にはレストラン「ル・トラン・ブルー」(→P.264)がある。

モンパルナス駅 Gare Montparnasse
MAP 別冊P.18-2A

フランス西部への玄関口。モン・サン・ミッシェルに行く際は、この駅からTGVを利用する。ロワール古城の拠点となるトゥールへのTGVも発着する。

オステルリッツ駅 Gare d'Austerlitz
MAP 別冊P.20-2B

フランス中南部へ向かう列車が発着する駅。ここから出るトゥール行きのTERを利用して、アンボワーズ城、ブロワ城を訪れることも可能。

役立つウェブサイト

SNCF URL www.sncf.com/en
(英語版フランス全土の列車の時刻検索)
Transilien URL www.transilien.com
(イル・ド・フランス内の列車の時刻検索)

北駅 Gare du Nord MAP 別冊P.8-3A

文字通り北への玄関口。ロンドンと結ぶユーロスターやベルギーと結ぶタリスの車両が並び、国際的な雰囲気のある駅だ。シャンティイ、オヴェール・シュル・オワーズなどの近郊と結ぶ列車も発着。

東駅 Gare de l'Est MAP 別冊P.8-3A

フランス東部と結ぶ列車の発着駅。ランスのあるシャンパーニュ地方、ドイツと国境を接するアルザス地方もTGVなら日帰り圏内。

パリ・ベルシー・ブルゴーニュ・ペイ・ドーヴェルニュ駅
Gare de Paris Bercy-Bourgogne-Pays d'Auvergne
MAP 別冊P.21-2D

パリのなかで最も歴史が浅い。近郊と結ぶ便はなく、フランス中部にあるブルゴーニュ地方、オーヴェルニュ地方への列車が発着。

高速郊外鉄道RER、Transilienでパリ郊外へ

パリ郊外の町は、中心部から放射状に延びる高速郊外鉄道「RERエール・ウー・エール」、もしくはイル・ド・フランス地方圏内を走る普通列車「Transilienトランシリアン」を利用して、気軽に訪れることができる。

RERは、パリ市内のみでの利用ならばメトロと同じように利用できるが、郊外に出る際は、「乗り越し精算」ができないので注意。パリ市内から乗って、行き先までの切符を持たないまま検札のコントロールに合うと、罰金の対象になる。必ず行き先までの切符を買ってから乗車すること。

Transilienは国鉄が運行する近郊列車。国鉄駅もしくは一部RERの駅に発着する。ヴェルサイユ、フォンテーヌブローなど郊外の町に行く際に。切符はTransilienの表示がある券売機で。

RER路線図→**MAP** 別冊P.32～33
RERの利用の仕方→P.80
国鉄の利用の仕方→P.380

明るくリニューアルされたRERのホーム（上）
パリからイル・ド・フランスへ行くTransilien（下）

交通パスで郊外にも行ける

パリ市内～近郊の交通機関の利用範囲と料金は、5つのゾーンで分けられており、町によっては交通パス（パリ・ヴィジット、ナヴィゴ→P.76）で行ける所もある。プランに合わせて交通パスを購入すればお得になることも。

役立つウェブサイト
RATP **URL** www.ratp.fr（パリ交通公団のサイト）
Transilien **URL** www.transilien.com

RER、Transilien（1～5ゾーン内）で行ける町と見どころ

ヴェルサイユ（P.382）
ブルトゥイユ城（P.389）
フォンテーヌブロー（P.398）
サン・ジェルマン・アン・レー（P.402）
ディズニーランド・パリ（P.408）

オヴェール・シュル・オワーズはゾーン外

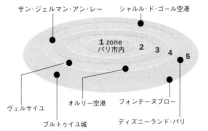

サン・ジェルマン・アン・レー　シャルル・ド・ゴール空港

1 zone
パリ市内　2　3　4　5

ヴェルサイユ　オルリー空港　フォンテーヌブロー
ブルトゥイユ城　ディズニーランド・パリ

Column Information

行き先、停車駅の確認を忘れずに

RERの路線は、パリ市内を出てから分岐し、それぞれ延びていく。パリからRERを利用して近郊の町に行く場合、終点が異なる電車が同じホームに発着するため、乗り間違えないように。ホームには終点と停車駅が

示された案内板があるので、必ず確認して乗るようにしよう。駅員を見かけたら、この列車は目的の駅に停車するか聞くようにすれば安心だ。

停車駅がすべて載っている案内板に目的の駅があればOK

駅構内、ホームにある案内板のチェックは怠らずに

フランス国鉄SNCFで近郊や地方の町へ

パリ近郊の町へ行くSNCFの列車は、イル・ド・フランス地方圏内を走る普通列車「Transilienトランシリアン」（→P.379）のほかに、イル・ド・フランス地方圏外を走る普通列車「TERテー・ウー・エール」、急行列車「Intercitésアンテルシテ」がある。シャンティイやシャルトルへはTERで、ジヴェルニーへはTERもしくはIntercitésで行くことができる。ランスなど地方の町へは高速列車「TGV inOuiテー・ジェー・ヴェー・イヌイ」を利用しよう。

TGVが運行していない地方都市間を走るIntercités

日本で座席の予約をするには

TGVと一部のIntercitésは予約が必要（TERは不要）。利用日が決まったら早めに切符を手配しよう。

●SNCFのウェブサイトで予約

URL www.sncf.com/en

URL www.sncf-connect.com

一般的に4ヵ月前から予約が可能だ。

車体に描かれた地方名やマークが特徴的なTER

ウェブサイトで予約した場合、切符の受け取り方法は次のなかから選ぶ。

1. eメールで届くeチケットをプリント。もしくはeチケット上の2次元コードをスマートフォンの画面に表示できるよう設定する。
2. スマートフォンのアプリで保存。
3. 現地の券売機で受け取る（予約番号とオンライン決済に使ったクレジットカードが必要）。券売機で受け取るにはICチップ入りのクレジットカードを使うこと（券売機での受け取りができないクレジットカードを使った場合は、窓口に申し出る）。

パリ東駅に停車するTER

●日本の旅行代理店に依頼

ライセンスをもった日本の旅行代理店に頼んで予約、発券してもらうこともできる。手数料が必要。

「イヌイinOui」のブランド名で呼ばれるTGV

ウェブサイトで時刻検索

SNCFのウェブサイトで、乗車駅（From）、降車駅（To）、日付（Date）を入れると、その日の列車（TGV、TER、Intercités）やバス（Car）の時刻がわかる。列車番号のほか、途中の停車駅もわかるので便利。**URL** www.sncf.com/en

<**列車時刻検索例**>

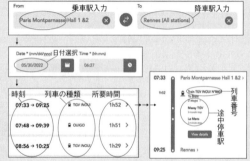

SNCFのアプリ「SNCF Connect」

スマートフォンにインストールしたアプリで時刻検索や予約を行うことも可能。英語表示があり、料金も提示される。

現地で切符を買う

切符の購入は券売機または駅構内にある「Boutique Grandes Lignes」などと書かれた切符売り場。日時、行き先、わかれば列車番号、人数、1等、2等の別を伝えると、発券してくれる。切符が発券されたら内容を確認すること。最近は券売機での購入が推奨され、窓口の数も減っている。急ぐときは券売機を利用しよう。

券売機のフランス語

acheter un billet　切符を買う
échanger un billet　切符を交換する
retirer un billet　すでに予約した切符を引き取る
annuler un billet　購入した切符をキャンセルする
saisir (référence dossier, code)
　　　　　　　　（予約番号、暗証番号を）入力する

列車の乗り方

切符を入手したら駅構内の各所に掲げられた時刻案内板で番線Voieを確認する。発車の約20分前になるまで表示されないので乗り場が確認できたら移動は速やかに。

自動改札のある駅では、切符またはeチケットのバーコードを読み取らせて改札を通過。地方の駅など、自動改札がないこともあるが、車内検札があるので、切符をなくさないこと。改札の代わりに行われた「切符の刻印」は2023年より不要になった。

なお、TGV、および予約の必要なIntercitésは、スムーズに定刻発車できるよう、発車予定時刻の2分前にドアが閉まる。締め切られたあとは乗車できないので注意しよう。

列車に乗ったら

座席指定の列車に乗り込んだら、切符に記された車両番号の指定座席を探そう。スーツケースなど重い荷物を置くスペースは、車両と車両の間などにある。

車内販売のサービスはないが、TGVにはバー車両が連結されており、軽食や飲み物を買うことができる。ただ、サンドイッチなどはかなり高くつくので、事前に買っておくのがおすすめ。

券売機

駅によっては券売機しかないこともある。券売機はユニオンジャックを選択すると英語表示になるので、銀行のATMのように一画面ごとに必要事項（乗車駅、下車駅、日時、1等か2等かなど）を選択していくだけ。支払いは、ICチップ付きのクレジットカード（M V）のみ。

TGVなど長距離路線「Grandes Lignes」の券売機（左）では、切符の購入のほか、交換、キャンセル、オンライン予約した切符の引き取りができる。「TER」の切符の購入は青い券売機で（右）

自動改札を備えた駅が増えている

自動改札では切符またはeチケットのバーコードを読み取らせる

列車に乗る前に確認しよう

列車の編成
TGVなどは列車の編成が表示されるので車両の位置の見当をつけることができる。

車両の表示
車体に書かれた1等・2等の区別、ディスプレイ表示で行き先、車両番号を確認できる。乗る前にはしっかりチェック。

フランス絶対王政のシンボル

ヴェルサイユ宮殿

Château de Versailles

観光ツアーのお決まりコースだが、フランスのみならず、ヨーロッパの黄金時代を象徴するこの宮殿は、やはり一生に一度は訪れたい場所だ。宮殿、ドメーヌ・ド・トリアノン、庭園をすべて見るには丸1日かかると考えよう。

ヴェルサイユの🛈
Office de Tourisme

🏠 Place Lyautey
☎ 01.39.24.88.88
🕐 9:30～17:00
休 ㊡、1/1、5/1、12/25
URL www.versailles
-tourisme.com

ヴェルサイユ宮殿

🕐 4～10月　9:00～18:30
　 11～3月　9:00～17:30
　（入場は閉館の30分前まで）
休 ㊡、1/1、5/1、12/25、
　 公式行事のある日
料 €21、18歳未満無料、
　 11～3月の第1㊐無料、
　 オーディオガイド€5～
バス ミュージアム・パス使用可
　 （→P183）
URL www.chateauversailles.
fr
※ウェブサイトから要予約。
ミュージアム・パス保有者は
時間指定が必要。

「有史以来、最も大きく、最も豪華な宮殿を！」という若き太陽王、ルイ14世のひと声で、ヴェルサイユ宮殿の建設が始まったのは、1661年のこと。以後1世紀にわたって、この宮殿は、名実ともにフランスの政治、文化、芸術の中心となる。

パリから20kmも離れた、木も水もない不毛の地に、森を造りセーヌ川の流れを変えるといった自然の大改造。ありとあらゆる装飾を施し、贅の限りを尽くした宮殿。それは単なる王の住まいではなく、王の絶対的権力を示すための舞台装置でなければならなかった。この途方もないプロジェクトの中心となったのが、建築家のルイ・ル・ヴォー、画家のシャルル・ル・ブラン、造園家のアンドレ・ル・ノートルだ。

ル・ヴォーは、もとはルイ13世の狩猟小屋にすぎなかった簡素な館を包み込むように、壮大なスケールをもつ石造建造物を建て、**王と王妃の大居室群**Grands Appartementsの設計に着手した。彼の死後はジュール・アルドゥアン・マンサールが引き継ぎ、庭園側のテラスを**鏡の回廊**Galerie des Glacesに改装した。壁画や天井画から家具調度にいたるまで装飾全体の指揮

access

🚃 パリから列車で行く方法は次の3とおり。
[1] RER Ⓒ線の終点ヴェルサイユ・シャトー・リヴ・ゴーシュ Versailles Château Rive Gauche駅下車（パリ市内のRERⒸ線の各駅から30～40分）。宮殿まで徒歩約10分。
[2] Transilienで国鉄モンパルナス駅から、ヴェルサイユ・シャンティエVersailles Chantiers駅下車（所要15～30分）。宮殿まで徒歩約25分。

[3] Transilienで国鉄サン・ラザール駅から、ヴェルサイユ・リヴ・ドロワトVersailles-Rive Droite駅下車（所要約40分）。宮殿まで徒歩約25分。

🚌 Ⓜ⑨号線Pont de Sèvres駅から171番のバスで20～40分。Château de Versailles下車。宮殿の前に停まる。路線が異なるバスもあるので行き先を必ず確認すること。

はみだし！　宮殿、ドメーヌ・ド・トリアノンがセットになった1日パスポートもある。宮殿のウェブサイトから購入できる。使用日と時間を指定すること。料 €24（11/1～3/28）、大噴水ショーまたは音楽の庭園付き€32（3/29～10/31）

を取ったル・ブランは、当時最高の画家たちとともに、太陽王好みの豪奢な内装を造り上げた。

　続くルイ15世、ルイ16世の治世下でも、それぞれの趣味を反映した改装がなされるが、1789年のフランス革命によって、ヴェルサイユ宮殿は権力の中枢としての役割を終える。その後、ナポレオンによる修復を経て、ルイ・フィリップ王によって"フランスのすべての栄光にささぐ"歴史博物館に生まれ変わった。

　ヴェルサイユ宮殿では2004年より長期にわたる改修工事が行われた。鏡の回廊や礼拝堂、豪華な装飾が施された「王太子の部屋(ルイ15世の息子ルイ王太子の部屋)」などがかつての輝きを取り戻し、再び公開されている。

バロック様式の宮殿を映し出す水庭

ヴェルサイユ宮殿の歴史

1624	ルイ13世が狩猟のための小館を建設
1661	ルイ14世が親政を開始。宮殿の拡大に着手
1682	宮廷と政府がヴェルサイユへ移る
1684	鏡の回廊完成
1710	礼拝堂完成
1715	ルイ14世死去
1722	ルイ15世、ヴェルサイユを再び政府とする
1770	ルイ16世とマリー・アントワネットの婚礼
1789	フランス革命勃発。ヴェルサイユが群衆に襲撃され、王と王妃はヴェルサイユを去る
1833	ルイ・フィリップ王が歴史博物館に改装
1919	鏡の回廊にて、第1次世界大戦を終結させるヴェルサイユ条約が調印される
1979	ヴェルサイユ宮殿と庭園が世界遺産に登録

ヴェルサイユ宮殿で夢の一夜を

なんとヴェルサイユ宮殿の中にホテルがオープン。料金は€2000〜(約32万円)と超高級だが、国王＆プリンセス気分で特別な夜を過ごせるはず。

Ⓗ ル・グラン・コントロール
Le Grand Contrôle
🔗 airelles.com/en/destination/chateau-de-versailles-hotel

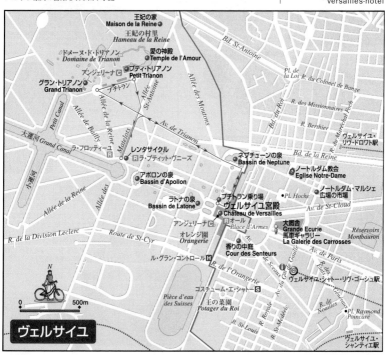

ヴェルサイユ

王妃の家
Maison de la Reine
王妃の村里
Hameau de la Reine
ドメーヌ・ド・トリアノン
Domaine de Trianon
愛の神殿
Temple de l'Amour
アンジェリーナⒸ
プティ・トリアノン
Petit Trianon
グラン・トリアノン
Grand Trianon
プチトラン
レンタサイクル
Ⓡ ラ・プティット・レニ
ネプチューンの泉
Bassin de Neptune
ノートルダム教会
Eglise Notre-Dame
ノートルダム・マルシェ広場の市場
大運河 Grand Canal
アポロンの泉
Bassin d'Apollon
ラトナの泉
Bassin de Latone
プチトラン乗り場
ヴェルサイユ宮殿
Château de Versailles
ヴェルサイユ・リヴ・ドロワット駅
アンジェリーナⒸ
Ⓡオール
Place d'Armes
大厩舎
Grande Ecurie
馬車ギャラリー
La Galerie des Carrosses
オレンジ園
Orangerie
香りの中庭
Cour des Senteurs
ル・グラン・コントロールⒽ
ヴェルサイユ・シャトー・リヴ・ゴーシュ駅
R. de l'Orangerie
コスチューム・エ・シャトーⓈ
Pièce d'eau des Suisses
王の菜園
Potager du Roi
ヴェルサイユ・シャンティエ駅

はみだし! ヴェルサイユ・リヴ・ドロワット駅から宮殿に向かう途中にある、ノートルダム・マルシェ広場Pl. du Marché Notre-Dameで開かれる市場は、規模も大きく観光客も楽しめる。ぜひ足を運んでみて。

ヴェルサイユ宮殿

宮殿は広大で迷路のように部屋が入り組んでいるが、順路に従って進めば決して迷うことはない。じっくり見ても2時間程度で回れるだろう。

※下記の見取図は建物の2階部分を示す（オペラ劇場、礼拝堂、王の中庭除く）

王妃の寝室
Chambre de la Reine
王妃はこの部屋で大半の時間を過ごし、人々の訪問を受けた。いわゆる"公開出産"が行われたのもここ。

王妃の大居室群
Grand Appartement de la Reine
南花壇に面した王妃の大居室群は、ルイ14世妃以来、歴代の王妃に使用された。

戴冠の間 Salle du Sacre
J.L.ダヴィッド作『ナポレオン1世の戴冠式Sacre de L'Empereur Napoléon 1er』が飾られている。

鏡の回廊 Galerie des Glaces
357枚の鏡で装飾された豪華絢爛たる回廊。王族の結婚式の際の舞踏会場など華やかな祝典の舞台となった。

王の寝室
Chambre du Roi
王の執務室であり、君主制の聖域でもあるのがこの寝室。ルイ14世は1715年9月1日にここで息を引き取った。

王の大居室群
Grand Appartement du Roi
シャルル・ル・ブランの指揮により壮麗な装飾が施された7室からなる大居室群。日中は誰でも自由に入ることができ、ときには王の姿を見ることもできた。

庭園へ

S クール・ド・マルブル

正面

オペラ劇場
Opéra Royal
1770年、ルイ16世とマリー・アントワネットの結婚式を機に完成。仮面舞踏会などさまざまな祝宴に利用されてきた。

礼拝堂
Chapelle Royale
ジュール・アルドゥアン・マンサール設計で、1710年に完成した。ゴシック様式とバロック様式が調和した独特の美しさをもつ。2021年に改修工事が終了。

戦闘の回廊
Galerie des Batailles
1837年、ルイ・フィリップ王によりヴェルサイユ宮殿が博物館として改修された際に新たに造られた回廊。フランス史上の重要な戦闘を描いた絵画が集められている。

王の中庭
Cour Royal
宮殿の北棟と南棟をつなぐ中庭。入口には、10万枚もの金箔を使った「王の門」が復元されている。

ヘラクレスの間
Salon d'Hercule
王の大居室群の最初の部屋で、巨大な天井には、フランソワ・ルモワンヌによる『ヘラクレスの栄光』が描かれている。

はみだし！ 宮殿内にいくつかあるブティックのなかで、「クール・ド・マルブルCour de Marbre」は最も品揃えがよく、見て回るだけでも楽しい。しっかりショッピングしたい人は買い物時間にもゆとりをもって。

庭園 Jardin

　ルイ14世は宮殿の建設中、毎日のように工事現場を見て回り、不十分な所、気に入らない所は直接指示を与え、細部まで直させるほどだったという。なかでも庭園はそんな彼の自慢の作品で、『ヴェルサイユ庭園案内の手引き』と題したノートの中に、来客を連れて庭園を観賞させるにはこれがいちばん、という道順を書き残している（下地図）。

　フランス式庭園の最高傑作といわれるこの庭園を設計したのは、「王の庭師にして庭師の王」と称される天才造園家ル・ノートル。広大な庭園の向こうには、これまた広大な運河があり、とても2～3時間で回りきれるものではない。自転車を借りるのも一案だ。宮殿の閉館後も庭園は開いているので、ゆっくり見学したい。

水と音楽のスペクタクル

　ルイ14世時代、庭園ではさまざまな趣向を凝らした余興が毎日のように開かれていた。それを再現するのが、**大噴水ショー**Les Grandes Eaux Musicalesという水と音楽のスペクタクル。噴水のからくりは300年以上前とまったく同じ。数ヵ所の大貯水池から全長30kmの配管をとおしてサイフォン式の原理を用いた水の圧力を利用するものだ。夏には、音楽にイルミネーションと花火を合わせた**夜の大噴水ショー**Les Grandes Eaux Nocturnesが行われる。また、4～10月には**音楽の庭園**Jardins Musicauxが開催され、一般公開されていない庭園内の木立などを見学できる。

水と音楽が織りなす祝祭の世界

ルイ14世ご推薦の見学コース

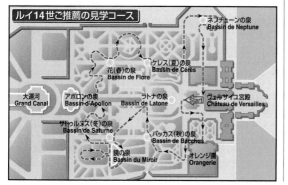

- ネプチューンの泉 Bassin de Neptune
- ケレス（夏）の泉 Bassin de Cérès
- 花（春）の泉 Bassin de Flore
- 大運河 Grand Canal
- アポロンの泉 Bassin d'Apollon
- ラトナの泉 Bassin de Latone
- ヴェルサイユ宮殿 Château de Versailles
- Start
- サトゥルヌス（冬）の泉 Bassin de Saturne
- バッカス（秋）の泉 Bassin de Bacchus
- 鏡の泉 Bassin du Miroir
- オレンジ園 Orangerie

庭園
- 開 4～10月　8:00～20:30
　　11～3月　8:00～18:00
- 休 無休（悪天候時を除く）
- 料 無料（大噴水ショー、音楽の庭園開催日を除く）

装飾模様が美しい花壇

レンタサイクル
十字形の運河の頭に当たるところにレンタサイクルがある。子供用まで各種揃っている。借りるときにはパスポートが必要。冬季は休み。

イベント写真

イベントスケジュールは
大噴水ショーや音楽の庭園、そのほかのヴェルサイユ宮殿でのイベントのスケジュール確認、チケットの購入はウェブサイトでできる。
- URL www.chateauversailles-spectacles.fr

大噴水ショー
- 開 3/30～10/27（'24）の⊕・⊖、5/7～6/25（'24）の⊗
　　9:00～19:00
　　（その他特定の開催日あり）
- 料 €10.50、学生と6～17歳€9

夜の大噴水ショー
- 開 6/8～9/21（'24）の⊕
　　20:30～23:05
- 料 €32、26歳未満€28

音楽の庭園
- 開 4・7～10月の⊗⊗⊗⊛、5・6月の⊗⊗⊛
　　（大噴水ショーを除く）
　　9:00～19:00
- 料 €10、26歳未満€9

ドメーヌ・ド・トリアノン　Domaine de Trianon

運河の北側に位置するドメーヌ・ド・トリアノンは、グラン・トリアノン、プティ・トリアノン、王妃の村里からなるエリア。きらびやかな宮殿とは対照的に、堅苦しい宮廷生活に疲れた王家の人々が息抜きをした場所だ。

グラン・トリアノン Grand Trianon

グラン・トリアノンは、ルイ14世が愛人のマントノン夫人と過ごすために建てさせたもの。ルイ14世の主席建築家マンサールの設計で1687年に完成した優美なイタリア風邸宅だ。バラ色の大理石でできた美しい列柱回廊

バラ色の大理石が美しいグラン・トリアノン

は、ルイ14世の発案で生まれたという。フランス革命でルイ14世時代の調度品はすべて失われたが、ナポレオン1世が使っていた頃の調度が保存されている。

プティ・トリアノン Petit Trianon

ヴェルサイユ宮殿に生きたあまたの女性たちのなかで最も有名な人物といえば、何といってもマリー・アントワネットだろう。プティ・トリアノンとその庭園には彼女の思い出がいっぱいに詰まっている。

プティ・トリアノンは、もともとはルイ15世の愛妾ポンパドゥール夫人の

新古典主義の傑作、プティ・トリアノン

ドメーヌ・ド・トリアノン
開 4～10月　12:00～18:30
11～3月　12:00～17:30
（入場は閉館の30分前まで）
休 月、1/1、5/1、12/25、公式行事のある日
料 €12、18歳未満無料、11～3月の第1日無料（要予約）
バス ミュージアム・パス使用可（→P.183）

ドメーヌ・ド・トリアノンへはプチトランが便利
宮殿からドメーヌ・ド・トリアノンは1.5km離れている。のんびり歩いていくのもいいが、途中下車も可能なプチトランに乗るのもいい。宮殿→グラン・トリアノン→プティ・トリアノン→大運河→宮殿と回る。
休 月
料 €8.50
URL www.train-versailles.com

公式アプリはおすすめ!
ヴェルサイユ宮殿は公式アプリで予約して行きました。急な休館情報を事前に知ることができるだけでなく、日本語オーディオガイド（無料）としても利用できます。アプリで聞く場合はイヤホンをお忘れなく！
（りん　'23）

Column Information　**マリー・アントワネットの生涯**

中世から近代にかけてヨーロッパの広範囲に勢力を広げた名門ハプスブルク家で、女帝マリア・テレジアの末っ子として生まれたマリー・アントワネット。政略結婚により14歳でフランス王家に嫁ぎ、ルイ16世妃となった。ルイ15世逝去によりフランス王妃となったが、窮屈な宮廷生活になじめず、プティ・トリアノンという自分だけの離宮で、お気に入りに囲まれて過ごすことを好むようになる。フェルセン伯との愛を育むなど、女性としての幸せにも目覚めていく。しかし、貧困にあえぐ国民の不満からフランス革命が勃発、時代に翻弄され最後は断頭台の露と消えた。

マリー・アントワネットお気に入りの画家だったヴィジェ・ルブランが描いた王妃と子供たち。派手に飾り付ける髪型を流行させるなど、ファッションリーダーとしての役割も果たしていた

ハーブが置かれたお供の間(左)　明るく清純なイメージの王妃の寝室(右)

バラを持つマリー・アントワネットの肖像画

発案で建てられた城館で、1774年にルイ16世によりマリー・アントワネットに贈られた。堅苦しい宮廷のしきたりを嫌った彼女は、友人や家族だけで親密な時間を過ごすことができるこの別邸をこよなく愛したという。現在はマリー・アントワネットがヴェルサイユを去ったときの様子が再現され、宮殿本館とは正反対の軽やかで可憐な内装に彼女の繊細な趣味がよくわかる。

　庭園の中には、演劇好きのマリー・アントワネットが造らせ、ときにはその舞台にも立った**王妃の劇場**Théâtre de la Reineがある。プティ・トリアノンの裏側には、人工の湖や小川、洞窟、見晴し台のあるイギリス式庭園。そこには、マリー・アントワネットと愛人フェルセンの密会の場所だったとされる**愛の神殿**Temple de l'Amourがたたずむ。

川の中州に建つ愛の神殿

ひと休みするなら
広大なヴェルサイユ宮殿。歩き疲れてひと休みするなら宮殿本館内がおすすめ。名シェフ、アラン・デュカスによるレストラン「オール」では「王の菜園」の野菜を使った本格フランス料理が味わえる。また、モンブランで有名なサロン・ド・テ「アンジェリーナ」(→P.289)も宮殿本館内とプティ・トリアノンにある。

R オール Ore
営 9:00〜17:30(L.O.)
休 ⓐ
URL www.ducasse-chateauversailles.com

C アンジェリーナ Angelina
営 10:00〜18:30(11〜3月は〜17:30)、プティ・トリアノンは12:00〜18:30(11〜3月は〜17:30)
休 ⓐ
URL angelina-paris.fr

アンジェリーナでランチも

Column / Information　　『arucoフランス』で「ベルばら」の舞台を歩こう

　さまざまな歴史的事件の舞台となったヴェルサイユ宮殿は、漫画、映画、ミュージカルなどで、幾度となく取り上げられている。なかでも時代を超えて愛されているのが『ベルサイユのばら』(池田理代子著)。1972年から約1年半にわたって連載された漫画で、後に宝塚歌劇団によって舞台化された。

　映画では、実際に宮殿でロケを行ったソフィア・コッポラ監督の『マリー・アントワネット』(2006)、ルイ14世の宮廷楽長リュリと太陽王の関係を描いた『王は踊る』

(2000)、庭園を舞台とした『ヴェルサイユの宮廷庭師』(2014)などがある。数々のドラマが生まれた宮殿を、書籍や映像でも楽しんでみては。

『arucoフランス』(地球の歩き方編集室編)では"ベルばら"の名場面でたどるヴェルサイユ宮殿として、漫画の名シーンとともに、舞台となった場所を紹介!

王妃の家
ファッションブランド「ディオール」の支援で、2018年に修復工事が完了。ガイド付きツアー（仏語）での内部見学が可能。外観はわら葺き屋根の田舎家だが、内部は離宮プティ・トリアノンを思わせるエレガントな造りだ。所要約1時間30分。ウェブサイトで要予約。
🈯 €10

王妃の村里 Hameau de la Reine

さらに奥まった庭園の外れは、素朴なわら葺き農家を集めた王妃の村里。**王妃の家**Maison de la Reineや**水車小屋**Moulinからは、派手好きというイメージとはうらはらな、彼女の田園趣味がうかがえる。ここで彼女は子供たちと擬似農村生活を楽しんでいた。豪華絢爛の連続にうんざりした観光客にも、ほっとするようなやすらぎを与えてくれる場所だ。

明るい黄色でまとめられた王妃の家のサロン

マリー・アントワネットが愛した村里の一角にある王妃の家

Column Information ヴェルサイユ宮殿で18世紀のプリンセス体験

マリー・アントワネットのようなドレスを身にまとって、鏡の回廊をしゃなりしゃなり歩く……。そんな夢も実現可能だ。
ヴェルサイユ宮殿では年に数回、コスチュームを身につけて参加するイベントを開催している。なかでも華やかな舞踏会を見ることができる「フェット・ギャラント」は人気が高い。現地でドレスを借りて、プリンセスになりきってみよう。

◆コスチューム着用のイベント
フェット・ギャラント Fêtes Galantes
バロックスタイルの衣装を身につけることが条件。開催日はウェブサイトで確認しよう（'24は5/27）。
🔗 www.chateauversailles-spectacles.fr

◆ドレスのレンタル
コスチューム・エ・シャトー
Costumes & Châteaux
🗺 本誌P.383
🏠 1, pl. St-Louis ☎ 01.71.41.07.95
🈯 衣装のレンタル料金は要問い合わせ
要予約（英語可）。

✉ costumes.et.chateaux@gmail.com
🔗 www.costumes-et-chateaux.com

©Château de Versailles-Spectacles

「フェット・ギャラント」（上）
深夜に開かれる「仮面舞踏会」（右）

©Agathe_Poupeney

衣装のレンタルは「コスチューム・エ・シャトー」で

©Costumes&Château

王家の歴史を巡る旅に出よう
パリ近郊の城館巡り

ヴェルサイユ宮殿を筆頭に、パリ近郊には歴代の王たちを魅了した城館が数多く残り、往時の貴族文化が今でも息づいている。まさに歴代王権の歴史が凝縮された地方といえるだろう。

ルイ14世を嫉妬させた城館

　ヴォー・ル・ヴィコント城は、ルイ14世の財務卿だったニコラ・フーケの居城。建築はル・ヴォー、庭園はル・ノートル、室内装飾はル・ブランと、17世紀当時最高の芸術家たちによって造られ、あまりの豪華さゆえに、ルイ14世の不興を買ったほど。気の毒なことに、フーケは投獄され、2度と城に帰ることなく世を去った。

　王はその後、同じスタッフを使ってヴェルサイユ宮殿の建設に着手した。「有史以来、最も大きく、最も豪華な宮殿」のルーツは、ヴォー・ル・ヴィコント城にあったのだ。ル・ノートル作の見事なフランス庭園も見逃せない。

ヴォー・ル・ヴィコント城 Château de Vaux-le-Vicomte
🚃パリ・リヨン駅から📻®で約30分のムランMelun駅下車。ここからタクシーで約10〜15分。🗓・🗓はシャトルバス（Châteaubus）が運行（ウェブサイトから要予約）。パリ発バスツアーもある。
🏠77950 Maincy
🕐3/16〜11/2（'24）の毎日10:00〜17:30、キャンドルナイトが行われる6/1〜9/28の⊕と5/25は11:00〜21:30（最終入場は閉館の1〜2時間前まで）
🚫上記以外の期間
💶€17〜、学生€13.50〜
🔗 vaux-le-vicomte.com
※ウェブサイトから要予約。

フランス王家にまつわる芸術品の宝庫

　ブルトゥイユ城は16世紀の建造以来、ブルトゥイユ侯爵家が所有するプライベートシャトー。75haの美しい庭園の先には広大な森が広がり、かつて貴族たちが狩りや散策を楽しんだ光景が想像できる。17世紀にシャルル・ペローが逗留していたことから、「ペローの城」としても知られている。城内や庭園のそこかしこで、『長靴をはいた猫』、『赤ずきん』、『シンデレラ』などのペロー童話の登場人物たちに出会うことができる。

　城内には、フランス王家の遺品を含む18世紀のすばらしい調度品や絵画が展示されている。さらに、約50体もの歴史上の人物がろう人形となり、史実の1シーンを再現している。

ブルトゥイユ城 Château de Breteuil
🚃📻®線終点のサン・レミ・レ・シュヴルーズSt-Rémy-lès-Chevreuseで下車し、タクシーで約10分。4〜10月の🗓🗓は1日4本バス（Baladobus）が運行（所要約15分、1日券€4）。
🏠Allée du Château, 78460 Choisel
🕐14:00〜17:30（🗓🗓と学校休暇期間と3/23〜11/2（'24）の⊕は11:00〜、庭園は毎日10:00〜20:00、冬は〜19:00）🚫無休
💶城と庭園€19、庭園のみ€13
🔗 www.breteuil.fr

© Julien Vallé

© Milochau

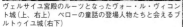
ヴェルサイユ宮殿のルーツとなったヴォー・ル・ヴィコント城（上、右上）　ペローの童話の登場人物たちと会えるブルトゥイユ城（右下）

砂地にそそり立つ城塞のような修道院

モン・サン・ミッシェル

Mont St-Michel

修道院の起源は8世紀。聖オベールは、夢の中で大天使ミカエル（サン・ミッシェル）のお告げを聞いた。長期の難工事を経て完成したのがこの修道院。その後、聖地として多くの巡礼者をこの島に呼び寄せることとなった。

access

パリ・モンパルナス駅からTGVでレンヌRennesまで行き、モン・サン・ミッシェル行きのバスに乗り換える（下記）。パリからのバスツアーもある（→P.90）。

郵便番号50170

島へのアクセス

　各方面から来たモン・サン・ミッシェル行きバスは、まず島から約2.5km離れた対岸のバスターミナルに到着する。そこから橋を渡る無料シャトルバスに乗ると、所要10分ほどで島の入口に到着する（→P.391）。橋の上を歩いて島に向かうこともでき、かつての巡礼者の気分を味わうにはとてもいい散歩道だ。ただし島までは30〜40分ほどかかるので、日帰りの場合は時間配分に注意したい。

INFO Column Information ｜ パリからモン・サン・ミッシェルへ個人で行くには

パリからモン・サン・ミッシェルへは、レンヌ経由で、TGVとバスを乗り継いで訪れることができる。下記は2024年4/1〜7/5の時刻表。時刻は季節によって変更されるので、最新情報はバス会社のウェブサイトで確認しよう。URL keolis-armor.com

パリからモン・サン・ミッシェルへ

		毎日	毎日
TGV	パリ・モンパルナス駅発	7:28	10:50
TGV	レンヌ着	9:25	12:25
バス	レンヌ発 ※	10:45	12:45
バス	モン・サン・ミッシェル着	11:55	13:55

モン・サン・ミッシェルからパリへ

		毎日	毎日
バス	モン・サン・ミッシェル発	17:00	18:00
バス	レンヌ着 ※	18:10	19:10
TGV	レンヌ発	18:35	19:35
TGV	パリ・モンパルナス駅着	20:19	21:08

※レンヌ駅に隣接するバスターミナルGare Routière発着。
片道€15、往復€25（26歳以下は片道€12、往復€20）。
バスの切符はウェブサイトでの予約が望ましい。空席があればレンヌのバスターミナルの窓口でも購入できる。

パリから列車で約3時間30分のポントルソン・モン・サン・ミッシェルPontorson-Mont St-Michel駅からは巡回バスで約15分。サン・マロSt-Malo駅、グランヴィルGranville駅からも直通バスが出る。

対岸からモン・サン・ミッシェルへのアクセスマップ

シャトルバス、
ポントルソン駅と結ぶバス
乗り場

クエノン河口ダム Barrage
モン・サン・ミッシェルを遠望する
絶好のスポット。夜景もおすすめ。

海に浮かぶ神秘の修道院モン・サン・
ミッシェル。しかし近年は人工的な堤
防のせいで湾内に砂が堆積し、完全な
島となることがまれとなっていた。そ
こで、かつての景観を取り戻すために
始めた復元工事が2015年に終了。新
しいダム、対岸と島を結ぶ新しい橋が
作られ、修道院が水に囲まれる本来の
姿がよみがえった。

H ル・ルレ・サン・ミッシェル

遊歩道
島を眺めながら歩ける
心地よいプロムナード。

ラ・ディーグ

ル・ルレ・
デュ・ロワ

S レ・ギャリリー・デュ・モン・サン・
ミッシェル(スーパーマーケット)

ガブリエル

H ヴェール

メルキュール・
モン・サン・
ミッシェル

アヴランシュ方面 ➡

H オーベルジュ・
ド・ラ・べへ2km

i

シャトルバス乗り場   駐車場

レンヌなど国鉄駅と結ぶ
公共バスのターミナル

駐車場入口

ホテル利用者の
車両入場チェック

•••• 歩行者用経路
━━ シャトルバス経路
━━ ポントルソンと結ぶバス経路
■ シャトルバス停留所

➡ ポントルソン方面

インフォメーション
🕐 9:00～19:00(冬は短縮)
🚫 1/1、12/25
無料WCあり(24時間利用可)

対岸から島へのアクセス

[徒歩]
インフォメーションから島の入口まで約35分。
ダムからは約25分。

[シャトルバス]
無料のシャトルバス(Navette)「ル・パスール
Le Passeur」。運行は7:30～24:00。イン
フォメーション前の停留所から約10分。ホテ
ル・メルキュール／スーパーマーケット前、クエ
ノン河口ダム前にも停留所がある。島側の停
留所は橋の途中にあり、下りてから島の入口
まで少し歩く必要がある(2～3分)。

無料シャトルバス

徒歩

モン・サン・ミッシェルの🛈
Office de Tourisme
🏠 Grande Rue
☎ 02.33.60.14.30
🕐 4～9月
　　毎日　　9:30～18:30
　　（⑪～18:00、7・8月～19:00）
　　10月
　　　⑪～⑪　9:30～17:30
　　　⑪　　　9:30～17:00
　　11～3月
　　　毎日　10:00～17:00
　　（学校休暇期間は～17:30）
🚫 1/1、12/25
📶 Wi-Fi
🔗 www.ot-montsaintmichel.
　　　　　　　　　　com

グランド・リュ　　　　　　　　　　　Grande Rue

　島の入口から修道院へと続く、「グランド・リュ（大通り）」とは名ばかりの狭い参道。通りの両側には、特大オムレツが有名の「ラ・メール・プラール（→P.394）」をはじめ、ホテル、レストラン、みやげ物屋がぎっしり。朝早い時間から観光客で埋め尽くされて、歩くのもひと苦労だ。そんなときは、グランド・リュから脇道を上がり、城壁Rempartsの上を行くといい。修道院までは上り坂なので、比較的すいている城壁から行き、帰りはグランド・リュを下ってくるのも一案だ。

入口（→P.394）はとても小さいが人の出入りがあるのでわかる

城壁の上は湾を眺めながら歩けるので気持ちがいい

グランド・リュ沿いには、ノルマンディー名物のクレープを出す気軽なレストランもある

Column
INFO Information　　　対岸ホテル街のスーパーマーケット

　対岸ホテル街には大きなスーパーマーケットがあり、飲み物や軽食を買いに来る観光客でいつもにぎわっている。バタークッキーや塩バターキャラメル、カルヴァドスなどの名産品も豊富に揃うほか、ノルマンディー生まれのボーダー

シャツ「セント・ジェームスSt-James（フランス語ではサン・ジャム）」のコーナーもあるので、おみやげをまとめて買うのにも便利だ。サンドイッチなど軽食もある。
Ⓢ レ・ギャルリー・デュ・モン・サン・ミッシェル
Les Galeries du Mont St-Michel
🗺 本誌P.391
🕐 9:00～19:00（2・3・10・11月～18:30、7月中旬～8月下旬～20:00）　🚫 11月中旬～2月上旬

グランド・リュを修道院へ向かって下から歩いていくと、左側に細い階段がある。みやげ物屋の間にひっそりと隠れているので見逃さないで！ 大人ひとりがギリギリ通れる幅しかないが、ちゃんと通り抜けられるので入ってみよう。

また、修道院の麓に静かにたたずむサン・ピエール教会

Eglise Paroissiale St-Pierreにも立ち寄ってみたい。入口にはジャンヌ・ダルクの像が立ち、中に入ると大天使ミカエルが祀られている。グランド・リュの喧騒を逃れてホッとひと息つける穴場でもある。

内部には美しいステンドグラスがあるサン・ピエール教会

この細い階段を通るためにも荷物はコンパクトに

 Column Information

モン・サン・ミッシェルでとっておき体験！

大潮の日に孤島を体感

モン・サン・ミッシェルが完全に水に囲まれ、「孤島」となるのが「大潮」の日。大自然の神秘が創り出した絶景は、一生の思い出になるはず！ 大潮の情報は観光局のウェブサイトで確認できる。「Tidal Forecast」と書かれたカレンダーでチェックしよう。赤で示されているのが「大潮」の日だ。満潮は朝と夜の2回あり、時刻は日によって異なるので調べておこう。

URL www.ot-montsaintmichel.com/en/tide-schedules

干潟はガイド付きでないと歩くことは禁止されているので、必ずツアーに参加して。水に浸かる場所もある（上）干潟を裸足で歩くのは気持ちがいい！（左）

潮が満ちる速度は速く、あっという間に海に取り囲まれる（左上）島への橋も海に沈んでしばらくの間渡れなくなるので注意（上）満ちてくる様子を城壁から眺める（左下）

干潟ウオーキング

潮の干満が激しいモン・サン・ミッシェルの湾一帯が世界遺産に登録されている。その広大な干潟を裸足で歩く、ガイド付きツアーがある。モン・サン・ミッシェルを裏側から眺められるのはツアーならではのレア体験だ。子供連れのファミリー参加も多く、老若男女楽しめる。意外に風が強く体が冷えるこ

とも。長袖の上着があると安心だ。日差しが強烈なので帽子、サングラスも忘れずに。ガイドはフランス語だが、日本語で問い合わせ・申込みができるツアーもある。

モンサンミッシェル・コンシェルジュ
Mont Saint Michel Concierge
URL www.accent-aigu.com

夜景撮影にチャレンジ

島内または対岸のホテルに1泊すれば、ライトアップされた美しい島の全景をゆっくり撮影することができる。日没直後のピンク色に染まった空や、時間を追うごとに光り輝いてくる修道院の様子に息をのむことだろう。

島内散策

モン・サン・ミッシェルは周囲約1km、高さ約80mの小島。入口は南側にあり、ここから一本道のグランド・リュをたどっていくと自然に修道院にたどり着く。修道院見学後は、城壁の上を歩いて、島の周囲に広がる広大な砂の海を眺めるのもいいだろう。

散策のヒント-1

島の入口から修道院へは真っすぐ歩けば20分ほどで着く。修道院内の見学は1時間〜1時間30分ほどで可能。見学後は城壁を1周したり（所要約30分）、遅めのランチを楽しんだり、おみやげを探したり……。帰りのバスの時刻に合わせて時間配分を考えよう。

サントベール礼拝堂
Chapelle St-Aubert
8世紀に修道院を築いた聖オベールを祀る礼拝堂。

大天使ミカエル
Statue de St-Michel
尖塔上には、金色に輝く大天使ミカエル像が置かれている。1897年、彫刻家エマニュエル・フレミエの作。

城壁 Remparts
島が難攻不落の砦だった頃の面影を伝える城壁。15世紀の百年戦争時にイギリス軍に対抗するために築かれた。現在は遊歩道になっており、見晴らし台からモン・サン・ミッシェル湾が一望できる。

散策のヒント-2

島内の通りはほとんどが石畳の坂道や階段となっている。散策は歩きやすい靴で！

グランド・リュ
Grande Rue
島のメインストリート。両側にはホテル、レストラン、おみやげ屋さんがぎっしり。

修道院

修道院付属教会

西のテラス

入口

ガブリエル塔
Tour Gabriel
16世紀に城壁の守りを固めるために建てられた塔。19世紀からは灯台となっている。

ラ・メール・プラール
La Mère Poulard
モン・サン・ミッシェル名物のオムレツを出す店（→P396）。観光客向けの料理だが、グランド・リュに面したキッチンでの実演風景は見ておこう。向かいのおみやげショップなどで買えるバタークッキーは定番のおみやげ。

王の門
Porte du Roy
砦の守りを固めるため15世紀に建てられた門。侵入者を防ぐ跳ね橋をもつ。

修道院見学

島と一体化してそびえ立つ修道院。1023年にロマネスク様式の教会の建築が始まり、数世紀にわたって増改築を繰り返してきた。そのためさまざまな建築様式が混在した独特の造りとなっている。岩山の急斜面に建てられているので、内部は迷路のように複雑に入り組んでいるが、切符売り場でもらえる案内書に沿って進めば迷うことはない。

修道院 Abbaye
🕐 5〜8月 9:00〜19:00
　9〜4月 9:30〜18:00
　（入場は閉館の1時間前まで）
🚫 1/1、5/1、12/25
💰 €13、
　日本語タブレットガイド€5
🔗 www.abbaye-mont-
　saint-michel.fr
※ウェブサイトからの予約推奨。

❶ 大階段 Grand Degré

下階の入口から一気に上階の西のテラスへ上る。

❷ 西のテラス Terrasse de l'Ouest

修道院付属教会の入口に面したテラス。海を見渡すすばらしい眺めが楽しめる。

❸ 修道院付属教会 Eglise Abbatiale

標高80mの岩山の頂上に建つ。11世紀初頭に建設された。内陣は15世紀にフランボワイヤンゴシック様式で再建されている。

❹ 回廊 Cloître

「ラ・メルヴェイユ」最上階の回廊は、修道士の祈りと瞑想の場。繊細な列柱の連なりと中庭の緑が美しい。

三層構造になった修道院

上階
④ ラ・メルヴェイユ
⑤
②
③

中階
⑧ ラ・メルヴェイユ
⑦
⑥

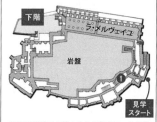
下階
ラ・メルヴェイユ
岩盤
①
見学スタート

北面の3層建て2棟からなる部分は、その美しさから「ラ・メルヴェイユ（驚異）」と呼ばれるゴシック様式の傑作。回廊や食事室など修道士の居住区が含まれる。

神秘的な夜の拝観
夏は日没後も入場することができる。モン・サン・ミッシェルに宿を取っているなら、ぜひ夜にも訪れたい。ライティングと音楽の演奏によって演出され、昼間とは違った空間に様変わりする修道院は必見。
🕐 7月上旬〜8月下旬
　19:30〜24:00（入場は23:00まで）
💰 €15.99
🔗 nocturnes-abbaye.fr

昼間よりいっそう神秘的に感じられる夜の修道院

❺ 食事室 Réfectoire

修道士たちが食事を取った場所。側壁に設けられた59の小窓から差し込む光で神秘的な空間に。

❻ サン・マルタン礼拝堂 Chapelle St-Martin

上階の教会を支える建物で、11世紀完成当時の姿をとどめる貴重な場所。

❼ 大車輪 Grande Roue

中階の納骨堂にある大車輪は、修道院が牢獄として使われていた頃、食物を上階に運ぶために設置されたもの。

❽ 騎士の間 Salle des Chevaliers

何本もの柱が上階の回廊を支える。修道士たちの執務室として使われていた。

はみだし！ 普段は入ることのできない最上階のテラスまで行くガイド付きツアー「ミカエルの空ツアー Dans le Ciel de l'Archange」がある。⊕ 🔵開催、18人限定、要予約。💰 €20.50 🔗 www.abbaye-mont-saint-michel.fr

395

モン・サン・ミッシェルのおすすめホテル

レンヌからのバスが到着する対岸地区に、2つ星から4つ星まで揃っている。モン・サン・ミッシェル島内には中世ムードあふれるホテルが多く、すべてグランド・リュ沿いにある。

※ダブルの最低料金が「€」€100以下、「€€」€101～200、「€€€」€201～

対岸地区　MAP 本誌P.391		モン・サン・ミッシェル島内　MAP 本誌P.392	
メルキュール・モン・サン・ミッシェル Mercure Mont St-Michel ★★★★ TEL 02.33.60.14.18 URL hotels.le-mont-saint-michel.com	€€	オーベルジュ・サン・ピエール Auberge St-Pierre ★★★ TEL 02.33.60.14.03 URL www.auberge-saint-pierre.fr	€€€
ル・ルレ・サン・ミッシェル Le Relais St-Michel ★★★★ TEL 02.33.89.32.00 URL lemontsaintmichel.info	€€€	ラ・クロワ・ブランシュ La Croix Blanche ★★★ TEL 02.33.60.14.04 URL www.hotel-la-croix-blanche.com	€€€
ラ・ディーグ La Digue ★★★ TEL 02.33.60.14.02 URL lemontsaintmichel.info	€€	ラ・メール・プラール La Mère Poulard ★★★ TEL 02.33.89.68.68 URL lemontsaintmichel.info	€€€
ル・ルレ・デュ・ロワ Le Rais du Roy ★★★ TEL 02.33.60.14.25 URL hotels.le-mont-saint-michel.com	€€	レ・テラス・プラール Les Terrasse Poulard ★★★ TEL 02.33.89.02.02 URL lemontsaintmichel.info	€€
ガブリエル Gabriel ★★★ TEL 02.33.60.14.13 URL hotels.le-mont-saint-michel.com	€€	デュゲスラン Duguesclin ★★ TEL 02.33.60.14.10 URL www.hotel-mont-saintmichel.fr	€€
ヴェール Vert ★★ TEL 02.33.60.09.33 URL hotels.le-mont-saint-michel.com	€	ラ・ヴィエイユ・オーベルジュ La Vieille Auberge ★★ TEL 02.33.60.14.34 URL www.lavieilleauberge-montsaintmichel.com	€€

メルキュール・モン・サン・ミッシェル　　ラ・ディーグ　　ル・ルレ・デュ・ロワ

Column Information

モン・サン・ミッシェルの名物料理とおみやげ

モン・サン・ミッシェルの名物料理

　レストラン「ラ・メール・プラール」（→P.394）のオムレツは、もともと巡礼者が気軽に食べられるようにと考案された料理だが、今ではすっかり観光客向けの高級料理になっている。オムレツを食べない場合も、グランド・リュに面したキッチンでの調理実演はぜひ見ておこう。

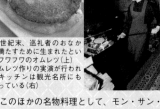

19世紀末、巡礼者のおなかを満たすために生まれたというフワフワのオムレツ（上）オムレツ作りの実演が行われるキッチンは観光名所にもなっている（右）

　このほかの名物料理として、モン・サン・ミッシェル湾周辺の塩分を含んだ草を食べて育った子羊の肉「プレ・サレPré Salé」がある。かすかな潮の風味と柔らかな肉質で、羊肉は苦手という人でもおいしく食べられる。

おみやげ人気No.1は……

　何といっても「ラ・メール・プラール」のクッキー。パリのスーパーマーケットでも買えるけれど、モン・サン・ミッシェルで売られているものは新鮮で味もいい。まとめ買いがお得。レモン味などもある。

ノルマンディー産バターをたっぷり使ったクッキー

ラ・メール・プラール La Mère Poulard
MAP 本誌P.394
住 Grande Rue
URL lemontsaintmichel.info

モン・サン・ミッシェルの名物料理「プレ・サレ」

REIMS

ランス

世界遺産とシャンパンの町

かつて、フランス王はランスで戴冠式を行わなければ、正式な王とはみなされなかった。フランス随一の格式をもつ大聖堂の町は、シャンパンの本場としても有名だ。また、大聖堂やシャンパンセラーなど世界遺産が数多くある。

ノートルダム大聖堂　Cathédrale de Notre-Dame

　13世紀初頭に着工されたゴシックの大聖堂。3段で構成された端正な正面には、左右対称に2基の塔が建ち、外側のいたるところに施された彫刻がすばらしい。特に正面中央扉右側壁の4体の立像（受胎告知、聖母訪問）は、ゴシック最盛期の傑作といわれている。そのほか、正面の『微笑む天使』『マリアの従者』『聖ヨゼフ』など、いずれも秀作。建物の平面設計図はよく計算され、完璧に近い左右対称だ。また、20世紀初めに行われた大修復にあたり、シャガールがいくつかのステンドグラスを寄進した。シャガールブルーが美しい彼の作品は、内陣中央の小祭室で見ることができる。

均整の取れた大聖堂

　正面広場の一角に**ジャンヌ・ダルクの騎馬像**がある。彼女はオルレアン解放後、シャルル7世にハッパをかけてランスに赴かせ戴冠式を行わせた。

トー宮殿　Palais du Tau

　かつては司教の館だったが、現在は、修復前のノートルダム大聖堂に置かれていた彫刻や、戴冠式の際に使用された王の装飾品などの宝物が並ぶ美術館となっている。9世紀のシャルルマーニュの護符や、12世紀の聖別式の聖杯などが見ものだ。

サン・レミ・バジリカ聖堂　Basilique St-Remi

　サン・レミ（聖レミ）とはフランク王国の初代王クロヴィスに洗礼を授けた司教で、ここに彼の遺体が安置されている。

　2基の塔を正面両サイドに備えたこの聖堂が着工されたのは11世紀初頭。その後、幾度となく修復作業が行われてきた来歴の長い聖堂。ロマネスク様式とゴシック様式が共存した見応えのある造りとなっている。

深い奥行きが印象的

access

🚋パリ・東駅からTGVで約45分。

郵便番号51100

ランスの🛈
Office de Tourisme
🏠6, rue Rockefeller
🕐10:00～18:00
　（🈷10:00～17:00, 夏は延長）
🈳無休
Wi-Fi
URL www.reims-tourisme.com

ノートルダム大聖堂
🕐7:30～19:30（🈷12:00
　～19:15, 🈷～19:15）
🈯無料
URL www.cathedrale-
　reims.com

トー宮殿
URL www.palais-du-tau.fr
2024年4月現在工事のため閉鎖中。2025年再開予定

サン・レミ・バジリカ聖堂
🕐8:00～17:00
🈳🈷の午前
🈯無料

フジタ礼拝堂
Chapelle Foujita（Notre-Dame de la Paix）
1959年、ノートルダム大聖堂で洗礼を受けた藤田嗣治が建てた礼拝堂。内部には藤田独自の手法によるフレスコ画が見られる。藤田と君代夫人の墓もある。
🕐10:00～12:00
　14:00～18:00
🈳🈷、10/1～5/1
🈯€5.50、18～25歳と65歳以上€3.30、25歳未満の学生無料

はみだし！　シャンパンのブドウ畑やセラーは世界遺産に登録されている。ランスにも登録されたセラーがあり、見学を受け付けているメーカーも多い。詳細はランスの🛈に問い合わせを。セラーの中は真夏でも非常に寒いので上着を忘れずに。

フォンテーヌブロー

フランス歴代君主に愛された城

フォンテーヌブロー城には、中世封建時代のカペー朝からナポレオン3世まで、フランスの歴代王権の歴史が凝縮されている。フランス初の本格的なルネッサンス宮殿であり、優美、洗練という点ではフランス随一といえるだろう。

---

access

パリ・リヨン駅から Transilienで 約40分、フォンテーヌブロー・アヴォン Fontainebleau-Avon駅下車。城までは駅前から1番のバスで約30分。Château下車。

郵便番号77300

フォンテーヌブローの❸
Office de Tourisme
4bis, pl. de la République
☎ 01.60.74.99.99
開 ❻〜⊕ 10:00〜18:00
　 ⊕ ㊗ 10:00〜13:00
　　　　 14:00〜17:30
休 11〜3月の⊕ ㊗ 午後
URL www.fontainebleau-tourisme.com

フォンテーヌブロー城
開 4〜9月　　9:30〜18:00
　 10〜3月　9:30〜17:00
　（入場は閉館の45分前まで）
休 ⊗、1/1、5/1、12/25
料 €14、26歳未満€11、
　 9〜6月の第1⊕無料、日本語オーディオガイド€4
バス ミュージアム・バス使用可
　 （→P.183）
URL www.chateaude fontainebleau.fr
※ウェブサイトから予約可能。

フォンテーヌブロー城 Château de Fontainebleau

マリー・アントワネットも舟遊びを楽しんだ「鯉の池」

もともとはパリの王族がここの森で狩りを楽しんだときに泊まる小さな家だった所へ、フランソワ1世からナポレオン3世まで歴代の君主が次々と建物を継ぎ足してできたのが今の城。だからこの城をひと回りすると、中世から19世紀初頭までの建築様式をパノラマ式に見ることができる。

城の内部も歴代の王による装飾が幾重にも塗り込められているが、基調は何といってもルネッサンス様式。なかでも、**フランソワ1世の回廊**Galerie François 1erと、**舞踏の間**Salle de Balの壁画・天井画は圧巻だ。16世紀初め、フランソワ1世が招いたイタリア人芸術家の影響で、この城を舞台に花開いたのが、「フォンテーヌブロー派」と呼ばれる、官能的で優美な芸術様式。『ガブリエル・デストレとその姉妹 ビヤール公爵夫人とみなされる肖像』（→P.195）（ルーヴル美術館蔵）はその代表作だ。

時代は下って、ナポレオン1世もこの城をこよなく愛したひとり。正面の馬蹄形の階段は、彼がエルバ島へ流される前に、近衛兵たちに別れを告げた場所として知られる。彼が居住した**小居室群**Petits Appartementsはガイド付きツアーで見学できる。

城の見学が終わったら、庭園をゆっくりと散策してみたい。ヴェルサイユの庭園を設計したル・ノートルによる**花壇**Grand Parterre、カトリーヌ・ド・メディシスが造らせた**ディアヌの庭園**Jardin de Diane、**イギリス庭園**Jardin Anglaisと、それぞれ趣の違いを楽しめる。

BARBIZON

バルビゾン

画家たちに愛された小さな村

フォンテーヌブローの西約10kmの所にある小さな村、バルビゾン。19世紀中頃、『晩鐘』『落穂拾い』などの名作で知られるミレーをはじめ、多くの芸術家を魅了し続けた風景が、当時と変わらぬまま残っている。

バルビゾンの村  Barbizon

　19世紀の中頃、素朴な農村風景と美しい森に魅了された多くの画家が、この村に住み着いた。風景画でもアトリエで制作するのが普通だった時代、戸外に出てありのままの自然を写実的に描いた彼らは、まさに絵画の革命家だったといえる。農民とともに生活し、働く農民の姿を描き続けたミレーや、テオドール・ルソーらに代表されるバルビゾン派は、後の印象派が生まれる土台ともなった。

ミレーの『晩鐘』をモチーフにした、レストランの看板

　バルビゾンは、現在ではすっかり観光地化され、ひなびた農村の趣は感じられなくなっている。それでも村を少し離れると、黄金色の麦畑やこんもりとした森などが残り、画家たちが愛したかつての素朴な村の姿をしのぶことができる。

　バルビゾンにある記念館は次の2ヵ所。どちらも村のメインストリート、**グランド・リュ Grande rue**に面している。

バルビゾン派美術館 Musée des Peintres de Barbizon

　貧しい画家たちを物心両面で支え続けた「ガンヌの旅籠屋 Auberge Ganne」を改装。画家たちが食事代や宿代と引き換えに残していった作品や、当時のバルビゾンに関する資料などが展示されている。また、テオドール・ルソーが30年間暮らしたアトリエが、美術館別館として公開されている。

ツタのからまるバルビゾン派美術館

ミレー美術館 Musée Millet

　ミレーが家族と暮らした住居兼アトリエが美術館として公開されている。午前中は農民とともに働き、午後から絵を描いたというミレーの暮らしぶりが伝わってくる。アトリエにはミレーの作品が展示されている。

質素な趣ののミレー美術館

access

🚃フォンテーヌブロー・アヴォン Gare de Fontainebleau / Avon駅から21番のバスで約20分。Place Angélus下車。㊊〜㊐運行。

🚗フォンテーヌブローから、森を挟んで西北西へ約8kmの所にある。フォンテーヌブロー・アヴォンFontainebleau-Avon駅からタクシー利用が便利（約20分）。パリからのバスツアーもある（→P90）。

郵便番号77630

バルビゾンの❶
Office de Tourisme
🏠Pl. Marc Jacquet
☎01.60.66.41.87
🕐9:30〜13:00
　14:00〜17:30
　（11/16〜2/15は短縮）
🚫㊊㊍、1/16〜2/15の㊐午後
🔗www.fontainebleau-tourisme.com/fr/barbizon

バルビゾン派美術館
🕐10:00〜12:30
　14:00〜17:30
　（7・8月は〜18:00）
🚫㊋、1/1、5/1、12/24、12/25、12/31
💶€6、18〜25歳以上€4、18歳未満や学生無料
🔗www.musee-peintres-barbizon.fr

ミレー美術館
🕐10:00〜12:30
　14:00〜18:00
　（㊊〜17:00）
🚫㊋、11〜3月の㊌、1/1、12/25　€5
🔗www.musee-millet.com

はみだし！ パリの南西約30kmのヴィリエール・ル・バークルVilliers-le-Bâcleに藤田嗣治の住居兼アトリエ「メゾン・アトリエ・フジタMaison-atelier Foujita」がある。🕐㊏㊐13:30〜17:30 🔗foujita.essonne.fr

399

シャンティイ

ルネッサンスの城と競馬の町

広大な森に囲まれて建つ優美なルネッサンスの城で知られるシャンティイ。19世紀から競馬が開かれていて、城の隣には広大な競馬場があり、6月に女性たちが競って華やかな帽子をかぶって集まるディアヌ賞で有名だ。

access

🚃パリ・北駅からTERで約25分。シャンティイ・グヴィユーChantilly-Gouvieux駅下車。列車の到着時刻に合わせてバス（DUC圏〜圏、645番圏〜圏圏、Navette Touristique 圏日圏、無料）が運行している。

郵便番号60500

シャンティイの🛈
Office de Tourisme
🏠 73, rue du Connétable
📞 03.44.67.37.37
🕐 9:30〜13:00
　14:00〜17:30
🚫 11〜3月の圏
🌐 www.chantilly-senlis
　-tourisme.com

シャンティイ城（コンデ美術館）
🕐 夏期　10:00〜18:00
　（庭園は〜20:00）
　冬期　10:30〜17:00
　（庭園は〜18:00）
🚫 火
💰 €18（馬の博物館との共通券。庭園含む）、庭園のみ€9
　日本語オーディオガイド€3
🚌 ミュージアム・パス使用可（→P.183）
🌐 chateaudechantilly.fr

名物の「クレーム・シャンティイ」が食べられるレストランも

シャンティイ城　Château de Chantilly

国鉄駅前から城までは、シャンティイ市内を走る無料バスで約10分（Chantilly, église Notre-Dameで下車）。のんびり歩いていく場合は、駅前から競馬場の東側の道Avenue du Maréchal Joffre、Bd. de la Libération Maurice Schumannとたどっていく。

この城で一番の見どころは、19世紀に最後の城主となったオーマール公の絵画コレクション。現在は**コンデ美術館**Musée Condéとして公開されている。

グラン・シャトー Grand Château内の絵画ギャラリーでは、壁が見えないほどにぎっしりと絵を並べる19世紀の絵画展示法が今も守られている。所蔵作品は、

ラファエロの作品『ロレートの聖母La Vierge de Loretto』

イタリア・ルネッサンス絵画と15〜19世紀のフランス絵画が中心。ピエロ・ディ・コジモの『美しきシモネッタPortrait de femme dit de Simonetta Vespucci』、20cm四方に満たない画面の中にラファエロの小宇宙が広がる『三美神Les trois Grâces』、プッサンの『幼児虐殺Le Massacre des Innocents』など、あっと驚くような傑作揃いだ。

プティ・シャトー Petit Château内にある図書室には、ランブール兄弟の有名な彩色写本『ベリー公のいとも豪華なる時祷書Les Très Riches Heures du duc de Berry』が保存されている（展示されているのは複製）。

城の周りには、ヴェルサイユ宮殿の庭園を手がけたル・ノートルの庭園が広がっている。庭園北東部には、貴族たちが田園生活のまねごとをした村里Hameauもあり、のんびり散策するのが楽しい所。この村里はヴェルサイユのマリー・アントワネットの離宮にある王妃の村里（→P.388）のモデルになった。

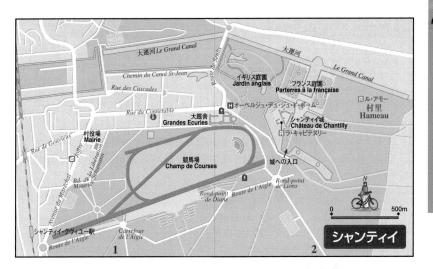

地図内ラベル:
大運河 Le Grand Canal
Chemin du Canal St-Jean
Rue des Cascades
Route de Senlis
大運河 Le Grand Canal
イギリス庭園 Jardin anglais
フランス庭園 Parterres à la française
ル・アモー 村里 Hameau
Rue du Connétable
大厩舎 Grandes Ecuries
オーベルジュ・デュ・ジュ・ド・ポーム
シャンティイ城 Château de Chantilly
ラ・キャピテヌリー
村役場 Mairie
Rue de Gouvieux
Avenue du Maréchal Joffre
Bd. du Général de Maurice
競馬場 Champ de Courses
城への入口
Rond-point de Lions
Rond-point de Diane
Route de l'Aigle
シャンティイ・グヴィユー駅
Carrefour de l'Aigle
Route de l'Aigle
0　　　500m
シャンティイ
1　　　2

大厩舎（馬の博物館）Grandes Ecuries - Musée du Cheval

　シャンティイ城の近くには、18世紀に建てられた大厩舎がある。宮殿と見まがうような壮麗な建物で、間違いなくフランスで最も美しい馬小屋だ。建設当時は馬240頭、

宮殿のように豪華な外観の大厩舎

犬150匹を収容していた。今でも競馬用の馬がここで飼育されている。馬具のコレクションが観られる博物館も併設されており、30分の調教ショーが楽しめる。馬のショーをもっと見たいという人は1時間のスペクタクルもある（開催スケジュールはウェブサイトで確認のこと）。

馬の博物館
🕐🚫 シャンティイ城に同じ
💴 €18（シャンティイ城との共通券）、馬のスペクタクルのセット券€32
🚌 ミュージアム・バス使用可（→P.183）（馬のスペクタクルを除く）
🔗 chateaudechantilly.fr

フランス語がわからなくても楽しめる馬のスペクタクル

Column
Pause Café ▶ 元祖クレーム・シャンティイ

これがクレーム・シャンティイ

　クレーム・シャンティイとは、泡立てた生クリームのこと。日本でも口にする機会は多いので、知っている人も多いだろう。そのクレーム・シャンティイの発祥地はシャンティイ城。考案したのは17世紀の料理人ヴァテール。輝かしい業績を残しながらも、最後は自ら命を絶ってしまった悲劇の人だ。彼の働いていた厨房をそのまま使った城内のレストラン「ラ・キャピテヌリー」や村里のレストラン「ル・アモー」では、元祖クレーム・シャンティイが味わえる。ぜひ試してみて。

R ル・アモー Le Hameau
📞 03.44.57.46.21
休 火、11月中旬〜3月上旬
💴 ムニュ€25、€40、€47.50、クレーム・シャンティイ€8.50

R ラ・キャピテヌリー La Capitainerie
📞 06.11.07.01.56
休 火、城の休館日
💴 昼ムニュ€27、€30、クレーム・シャンティイ€11

はみだし！ シャンティイ城の敷地内にあるラグジュアリーホテル「オーベルジュ・デュ・ジュ・ド・ポーム」に1泊するのも一案。
🔗 aubergedujeudepaumechantilly.fr

ST-GERMAIN-EN-LAYE

サン・ジェルマン・アン・レー

パリが一望できる大テラス

サン・ジェルマン・アン・レーは、思い立ったらすぐ行ける行楽地として、パリジャンに人気の町。週末には、のんびりと昼下がりの散歩を楽しむ人々でにぎわう。ルイ14世生誕の地としても知られている。

access

🚇⑩Ⓐ線の終点サン・ジェルマン・アン・レーSt-Germain-en-Laye駅下車。パリ中心部から約25分。

郵便番号78100

サン・ジェルマン・アン・レーの❶
Office de Tourisme
🏠 Jardin des Arts,
　3, rue Henri Ⅳ
☎ 01.30.87.20.63
🕐 5〜9月
　　㊋〜㊏　　10:00〜12:30
　　　　　　　13:30〜18:00
　　㊐㊗　　　10:00〜14:00
　　10〜4月
　　㊋〜㊏　　10:30〜12:30
　　　　　　　13:30〜17:30
🈲 ㊊、㊋・㊌・㊎の午前、10〜4月の㊐㊗、5/1
🔗 www.seine-saintgermain.fr

国立考古学博物館
🕐 10:00〜17:00
🈲 ㊋、1/1、5/1、12/25
💰 €6、18歳未満無料、第1㊐無料
🚌 ミュージアム・パス使用可（→P.183）
🔗 musee-archeologienationale.fr

モーリス・ドニ美術館
🕐 ㊋〜㊏　　10:30〜12:30
　　　　　　14:00〜17:30
　　㊐　　　10:30〜17:30
🈲 ㊊、1/1、5/1、12/25
💰 €8、
　18〜25歳と65歳以上€6、
　18歳未満無料
🔗 www.musee-mauricedenis.fr

ドビュッシーの生家
2024年4月現在改装工事のため休館中。2024年9月に再開予定。

城　　　　　　　　　　　　Château

12世紀、ルイ6世によって丘の上に築かれた要塞がこの城の始まり。その後16世紀に、フランソワ1世が現在の形に造り替えた。サン・ジェルマン・アン・レーに生まれたルイ14世は、この城には特に愛着をもっていたようで、ヴェルサイユ宮殿の建設と同時に、この城の改築にも取り組んでいる。

現在は**国立考古学博物館**Musée d'Archéologie Nationaleが入っており、先史時代の博物館としてはヨーロッパ随一のコレクションを誇っている。

城の庭園と森の東側を縁取る全長2400mの**大テラス**は、ルイ14世がヴェルサイユ宮殿の庭園の設計者として有名なル・ノートルに造らせたもの。

テラスからはパリまで見渡すことができる

モーリス・ドニ美術館　Musée départemental Maurice Denis

フランス象徴派を代表する画家モーリス・ドニが、晩年の30年間を過ごした邸宅。ゴーギャンを師とあおぎ、19世紀初頭パリで大流行した浮世絵の影響を受けたナビ派のボナール、エミール・ベルナールなどの絵画を展示する美術館となっている。ドニはナビ派のなかで理論的リーダーの役割を果たしていた。

美術館に隣接する礼拝堂の装飾もドニが手がけた

ドビュッシーの生家　Maison natale Claude-Debussy

作曲家ドビュッシーは1862年、サン・ジェルマン・アン・レーで生まれた。彼の生家は現在、ドビュッシー記念館となっており、ドビュッシーの愛用品や楽譜などが展示されている。

落ち着いた雰囲気の展示室

CHARTRES

シャルトル

ステンドグラスの輝きに魅せられて

一面の麦畑の中に、時が止まったかのようにたたずむ町。古来より多くの巡礼者を集めてきた大聖堂は、1979年には世界遺産にも登録された。ステンドグラスを堪能したあとは、旧市街の美しい町並みをゆっくりと散策してみたい。

パリから行く近郊への旅

サン・ジェルマン・アン・レー／シャルトル

シャルトル大聖堂 Cathédrale Notre-Dame de Chartres

遠くから見ても印象的なのが、左右非対称の2本の尖塔。正面向かって左のゴシック様式の塔は新鐘楼、右側のロマネスク様式の塔は旧鐘楼と呼ばれる。塔には、大聖堂内の側廊北側から上ることができる。

「王の扉」と呼ばれる西側正面の扉を飾る彫刻は、12世紀ロマネスク芸術の傑作。円柱を飾る、長く引き延ばされた人物像の生きいきとした表情が何ともいえず魅力的だ。

「シャルトル・ブルー」で知られるステンドグラスはどれも見逃せないものばかり。とりわけ正面入口から入って左にある『エッサイの家系樹（キリストの系譜）』と呼ばれるものは、ひときわ青の色が美しい。また、南袖廊近くにある『美しき絵ガラスの聖母』は12世紀のもので、1194年の火災による損傷を免れた貴重なステンドグラスだ。ステンドグラスの光は、訪れる時間によってまったく違った表情を見せてくれる。晴れた日に訪れ、たっぷり時間をかけて鑑賞したい。

大聖堂とシャルトルの町並み

access

🚃 パリ・モンパルナス駅からTERで60〜75分。

郵便番号28000

シャルトルの 🛈
Office de Tourisme
🏠 8, rue de la Poissonnerie
☎ 02.37.18.26.26
🕐 (月)〜(土)　　 10:00〜13:00
　　　　　　　14:00〜18:00
　(日)(祝)　　　10:00〜17:00
🚫 10〜3月の(月)(日)、4月の(月)
URL www.chartres
　　-tourisme.com

シャルトル大聖堂
🕐 8:30〜19:30（7・8月の(火)
(金)(日)は〜22:00）
URL www.cathedrale-
　　chartres.org

塔
🕐 10:00〜12:45
　　14:00〜18:00
　　（9〜4月は〜17:00）
🚫 (日)の午前、1/1、5/1、
　　12/25
💰 €7
URL www.chartres
　　-cathedrale.fr

ピカシェットの家
Maison Picassiette
すべてが陶器の破片でできた不思議な家。墓守をしていたひとりの男が24年の歳月をかけて造り上げたこの家は、素朴派芸術として歴史的建造物に指定されている。
🏠 22, rue du Repos
🕐 10:00〜18:00
🚫 (月)、(日)(祝)の午前、
　　11月中旬〜3月中旬
💰 €9
シャルトル中心街からバス（4番La Madeleine行き）でPicassiette下車。
URL www.filibus.fr

シャルトル

R. du Pelican
Bd. Charles Péguy
R. Muret
Av. Béthouart
サンタンドレ参事会教会
Collégiale St-André
R. St-Nicolas
R. du Cardinal Pie
ミニム橋
T. St-Nicolas
Av. Neigre
R. du Moulin à Tan
シャルトル駅
Pl. Sémart
シャルトル大聖堂
Cathédrale Notre-Dame
de Chartres
R. du Marechal Foch
R. du Petit Bouillon
R. Accacias
Pont Bouju
R. du Bourg
P.V. Châtelet
ベルツ王妃のらせん階段
Escalier de la Reine Berthe
R. St-Pierre
墓地
Cimetière
R. Général Koenig
Pl. du Cygne
Pl. Marceau
Pl. St-Barthelemy
R. Morard
サンテニヤン教会
Eglise St-Aignan
ピカシェットの家
Maison Picassiette
Pl. des
Halles
R. des Bouchers
R. du Faubourg
la Grappe
サン・ピエール教会
Eglise St-Pierre
Pl. de la
Porte Morard
Pl. des
Epars
Bd. Chasles
ウール川 l'Eure
Bd. de la Courtille
0　　300m
N

403

ジヴェルニー

モネの名作『睡蓮』の情景がよみがえる

パリから西へ約70km。印象派を代表する画家クロード・モネが晩年を過ごした場所として知られる。モネの家は彼が住んでいた当時のまま保存され、名作『睡蓮』を生んだ庭は花の咲く季節だけ一般公開されている。

---

access

🚉パリ・サン・ラザール駅からIntercitésまたはTERでヴェルノンVernon駅下車（所要約50分）。ここからジヴェルニー行きのバス（パリからの列車到着に合わせて出発）で約20分（片道€5）。

郵便番号27620

駅前からプチトラン
駅前からモネの家までプチトランが運行している。片道約20分。
🈺11～3月
🚃往復€8
URL petittrain-vernon.fr

モネの家と庭園
🏠84, rue Claude Monet
🕐3/29～11/1（'24）
9:30～18:00
（最終入場は17:30まで）
🈺11/2～3月下旬
💶€11、学生€6.50
URL fondation-monet.com
※ウェブサイトからの予約がおすすめ。

モネの墓
モネの家が面しているクロード・モネ通りRue Claude Monetをヴェルノン方向にしばらく歩くと、右側に小さな教会がある。入口あたりにモネの墓があるので、時間があれば訪ねてみたい。

印象派美術館 Musée des impressionnismes
印象派をテーマにしたさまざまな企画展を開催している。
🏠99, rue Claude Monet
🕐企画展開催期間
10:00～18:00
🈺1/1、12/25、展示替えの期間
💶企画展により異なる
URL www.mdig.fr

モネの家と庭園 Maison et Jardins de Claude Monet

四季折々の花に囲まれたモネの家

モネがジヴェルニーに移り住んだのは1883年、彼がまだほとんど無名だった43歳の頃。以来、86歳で亡くなるまでここで仕事を続けた。光と水に恵まれたこの地の風景が彼の才能を開花させたのだろう。

モネの家の内部には、彼が集めた膨大な浮世絵コレクションが飾られている。どの部屋も彼好みの鮮やかな色調でまとめられ、さながら絵の中にいるよう。イエローを基調としたダイニングルームでは、食器も同じ色で統一されていてとてもモダン。1926年、彼が息を引き取った寝室は2階にある。

どの部屋も色調を大切にしてまとめられている

四季折々の花が咲き乱れる庭園は、モネが自らの手で造り上げたもの。日本の影響を強く受けた太鼓橋の架かる池には、モネにとってかぎりないインスピレーションの源となった、あの『睡蓮』の花が浮かんでいる。『睡蓮』の連作は、パリのオランジュリー美術館（→P.205）に所蔵されているほか、マルモッタン・モネ美術館（→P.207）でも観ることができる。

『睡蓮』の生まれた池

AUVERS-SUR-OISE

オヴェール・シュル・オワーズ

炎の画家ゴッホの短く激しい生涯をしのぶ

ここは、天才画家ゴッホの終焉の地。1890年7月、彼は37年の短い生涯を閉じた。ゴッホがこの村で過ごしたのはたった2ヵ月間。しかしそのわずかな期間に、『オヴェールの教会』をはじめとする、70点もの傑作を残した。

ゴッホの家　　　　Maison de Van Gogh

村のメインストリートにあるラヴー亭Auberge Ravouxは、ゴッホが自殺するまでの2ヵ月を過ごした下宿。ゴッホは村外れで自殺を図ったあとも死にきれず、自室のベッドの上で2日間もだえ苦しんだ末に亡くなったという。1階は、当時の姿を忠実に復元したカフェレストラン。ゴッホが住んでいた部屋のある3階では、ゴッホの生涯とオヴェール・シュル・オワーズでの作品がオーディオビジュアルで紹介されている。

今もレストランとして営業しているラヴー亭

ここを見学したあとは、ゴッホが死の直前に描き残した風景をたどりながら、村を散策してみよう。ゴッホが描いたノートルダム教会Eglise Notre-Dameから坂道を上っていくと、ゴッホの眠る墓地に着く。

オヴェール城　　　　Château d'Auvers

ゴッホの家に近い17世紀の館が、ハイテクを駆使した印象派記念館となっている。臨場感たっぷりのビジュアル・システムで、マネやモネ、ルノワールなどの印象派絵画を楽しむことができる。印象派の誕生の展示や、モネやカイユボットのアトリエを再現した展示もある。

この城の裏でゴッホが自ら銃弾を胸に撃ち込んだという説もある（左）　ハイテクを駆使した展示（右）

access

🏠パリ・北駅またはサン・ラザール駅からTransilienで約1時間。どちらの駅から乗っても乗り換えが必要。乗り換え駅は列車によって異なるのでウェブサイトで確認のこと。
URL www.transilien.com

郵便番号95430

オヴェール・シュル・オワーズのℹ️ Office de Tourisme
🏠 Parc Van Gogh 38, rue du Général deGaulle
TEL 01.30.36.71.81
開 4月～10月
　　⊗～㊎　　9:30～13:00
　　　　　　14:00～18:00
　　⊕㊐　　9:30～18:00
　11月～3月
　　　　　　10:00～13:00
　　　　　　14:00～16:30
休 ㊐
URL tourisme-
　　auverssuroise.fr

ゴッホの家（ラヴー亭）
開 3/6～11/24（'24）
　　　　　　10:00～18:00
　（最終入場は30分前まで）
　約30分のガイド付きツアーで見学。
休 ㊊㊋、11月中旬～3月上旬
料 €10、12～17歳€8
URL www.maisondevangogh.fr

オヴェール城
開 10:00～18:00
　（入場は17:00まで）
休 ㊐
料 €12、
　7～17歳と学生€7.50
URL www.chateau-auvers.fr

CHATEAUX DE LA LOIRE

ロワールの古城巡り

フランス王朝の華麗な歴史絵巻をひもとく

温暖な気候、花々の咲き乱れるのどかな風景。そんな風景をいっそうロマンティックに彩るのが、中世からルネッサンス期にかけて建てられた古城の数々。パリかトゥール発のバスツアーを利用すると効率よく回れる。

access

古城巡りの起点はロワール地方の中心都市トゥールTours。パリ・モンパルナス駅からTGVで約1時間15分。トゥール・サントルTours Centre駅下車。直通列車でない場合はサン・ピエール・デ・コールSt-Pierre des Corpsで連絡列車に乗り換える。トゥール駅すぐの❸前からミニバスツアーが出る。パリを7:00頃発のTGVに乗れば午前のツアーに、11:00前発のTGVに乗れば午後のツアーに参加可能。

トゥールの❸
Office de Tourisme
🏠 78-82, rue Bernard Palissy
☎ 02.47.70.37.37
🔗 www.tours-tourisme.fr

トゥール発のミニバスツアー
●Touraine Evasion
トゥーレーヌ エヴァジオン
☎ 06.07.39.13.31
🔗 www.tourevasion.com
（日本語あり）
●Acco-Dispo
アコ ディスポ
☎ 06.82.00.64.51
🔗 www.accodispo-tours.com

パリ発のバスツアー→P.90

シュノンソー城
🚃 トゥールからTERで約30分のシュノンソーChenonceaux駅で下車後、徒歩約5分。
🕐 9:30～16:30（夏は延長）
💰 €17、学生€14
🔗 www.chenonceau.com
（日本語あり）

ブロワ城
🚃 トゥールからTERで約40分。ブロワ・シャンボールBlois-Chambord駅で下車後、徒歩約10分。
🕐 10:00～17:00（夏は延長）
（入場は閉館の30分前まで）
🚫 1/1、8/26、12/25
💰 €14、学生€10.50
🔗 www.chateaudeblois.fr
（日本語あり）

シュノンソー城　Château de Chenonceau

ロマンティックなたたずまいのシュノンソー城

ロワール川の支流、シェール川をまたぐように建つ姿は、水に浮かぶ船のようなロマンティックな美しさ。16世紀の創建以来、代々の城主が女性だったことから、「6人の女の城」とも呼ばれる。なかでも忘れられないのが、王アンリ2世よりも20歳年上でありながら衰えることのない美貌を誇り、王の愛を独占した寵姫ディアーヌ・ド・ポワティエ。しかし王の突然の事故死の後、正妻カトリーヌ・ド・メディシスはディアーヌを城から追い出し、城主におさまってしまう。城を囲むふたつのフランス式庭園には、かつての愛憎劇をしのばせるかのように、それぞれカトリーヌとディアーヌの名前がつけられている。

ブロワ城　Château de Blois

中世の面影を残すブロワの町にそびえる名城。14世紀末にルイ12世が即位して以来100年間、王宮として栄えた。歴代の王により次々と増築されていったため、中庭に立つと13～17世紀の建築様式の

中庭にあるらせん階段で有名なフランソワ1世棟

変遷をひとめで見渡すことができる。なかでも見事なのが、中庭に面したフランソワ1世棟のらせん階段で、初期ルネッサンス建築の傑作といわれている。手すりに施された"火とかげ"はフランソワ1世の紋章だ。

はみだし！　ロワール地方には、ロワール川やその支流に沿って古城が点在している。紹介したもののほかに、シュヴェルニー城やアゼー・ル・リドー城、ヴィランドリー城など、多くの美しい城がある。

シャンボール城　　*Château de Chambord*

パリ市と同じ広さをもつソローニュの森にたたずんでいる。16世紀初頭、この森を狩り場としたフランソワ1世により建てられた。幅156m、高さ56m、部屋数426という規模はロワール最大。空に向かってにょきにょき伸びる尖塔はすべて煙突で、その数なんと282本！ただしあまりにも壮大過ぎて、282個の暖炉をもってしても城全体を暖めることができなかったらしい。

城の設計者は明らかではないが、上がる人と下る人がすれ違わずに昇降できる有名な2重らせん階段はレオナルド・ダ・ヴィンチの考案とされている。ルイ14世時代には、モリエールがここの大広間で喜劇『町人貴族』を初演した。

フランス・ルネッサンスの華、シャンボール城

アンボワーズ城　　*Château d'Amboise*

ロワール川のほとりの高台にそびえる壮麗な城。この場所には古代から要塞が築かれていたが、15世紀末にシャルル8世が、ルネッサンスの粋を集めた華麗な宮殿に改築。さらにルネッサンス文化をこよなく愛したフランソワ1世の時代に最盛期を迎えた。フランソワ1世により招かれたイタリア人芸術家のひとりがレオナルド・ダ・ヴィンチだ。敷地内のサンテュベール礼拝堂の中には、レオナルドの墓がある。彼が住んだ館、**クロ・リュセ城**Château du Clos Lucéも城のすぐ近くにあるのであわせて訪ねてみたい。

ロワール川を見下ろす華麗なアンボワーズ城
© L. de Serres

シャンボール城
🚉🚌トゥールからTERで約40分のブロワ・シャンボールBlois-Chambord駅前からバスがあるが、本数が少ないので、ツアーで訪れるのが合理的。
🕐 1/8～3/29、10/28～12/31
　　　　9:00～17:00
　1/2～1/7、3/30～10/27
　　　　9:00～18:00
　（入場は閉館の30分前まで）
🚫 1/1、3/21（'24）、12/25
💰 €16、18～25歳€13.50
🔗 www.chambord.org

ブロワ城、シャンボール城、シュヴェルニーの巡回バス
3/30（'24）～1/5（'25）は、ブロワ駅前からブロワ城、シャンボール城を結ぶシャトルバス（Navette Châteaux）が運行される。バスのチケットを見せると城の入場が割引になる。
💰 片道€3.20
🔗 www.remi-centrevaldeloire.fr

アンボワーズ城
🚉トゥールからTERで約20分。アンボワーズAmboise駅で下車後、徒歩20分。
🕐 7・8月　　9:00～19:00
　（その他の季節は短縮）
🚫 1/1、12/25
💰 €16.40、学生€13.70
　（日本語ビジュアルガイド付き）
🔗 www.chateau-amboise.com（日本語あり）

クロ・リュセ城
🕐 10:00～18:00（夏は延長）
　（入場は閉館の1時間前まで）
🚫 1/1、12/25
💰 €19、学生€13.50

ロワールの古城

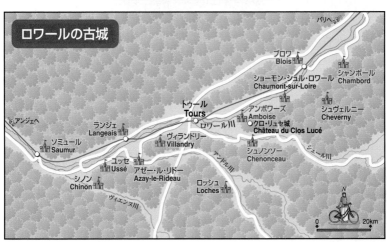

パリへ
ブロワ
Blois
ショーモン・シュル・ロワール
Chaumont-sur-Loire
シャンボール
Chambord
トゥール
Tours
アンボワーズ
Amboise
クロ・リュセ城
Château du Clos Lucé
シュヴェルニー
Cheverny
アンジェへ
ランジェ
Langeais
ヴィランドリー
Villandry
ロワール川
シュノンソー
Chenonceau
ソミュール
Saumur
ユッセ
Ussé
アゼー・ル・リドー
Azay-le-Rideau
アンドル川
シェール川
シノン
Chinon
ロッシュ
Loches
ヴィエンヌ川
0　　　　20km

DISNEYLAND PARIS

ディズニーランド・パリ

パリからおとぎの国への小旅行

パリの東方32kmのマルヌ・ラ・ヴァレにあるヨーロッパ初のディズニーランド。600万m²にも及ぶ敷地に、3つのアミューズメントエリアと6つの直営ホテルを有する滞在型総合リゾートだ。

© Disney

access

🚇 RER Ⓐ線終点マルヌ・ラ・ヴァレ・シェシーMarne la Vallée Chessy 駅下車。パリ中心部から約40分。駅から徒歩約2分。
🚌 パリ市内と結ぶ無料往復シャトルバスDisneyland Paris Express Shuttleがある（当日のチケットが必要）。乗り場と出発時刻はディズニーランド・パリの公式サイト（下記）を参照。

ディズニーランド・パリ
🕐 ウェブサイト内のカレンダー参照
休 無休
料 季節、曜日により異なる。ウェブサイトから要予約
URL www.disneylandparis.com

©Disney
アドベンチャーランドの海賊船

©Disney・Pixar
トゥーン・スタジオのクラッシュ・コースター

ディズニーランド・パーク　　Parc Disneyland

パーク最大のイベントであるパレードが行われる**メインストリートU.S.A.**Main Street, U.S.A.、「眠れる森の美女の城」がシンボルの**ファンタジーランド**Fantasyland、「ビッグ・サンダー・マウンテン」が人気の**フロンティアランド**Frontierland、「カリブの海賊」がある**アドベンチャーランド**Adventureland、未来と宇宙がテーマのアトラクションが楽しめる**ディスカバリーランド**Discoverylandの5つのエリアからなる。

ウォルト・ディズニー・スタジオ　Walt Disney Studio

「映画」をコンセプトにしたテーマパーク。ロケ現場のセットを再現したスタントマンショーなどが体験できる。園内には**フロント・ロット**Front Lot、**プロダクション・コートヤード**Production Courtyard、**バックロット**Backlot、**トゥーン・スタジオ**Toon Studioの4つのゾーンがあり、さまざまなアトラクションが楽しめる。

ディズニー・ヴィレッジ　　Disney Village

ディズニーのふたつのテーマパークに隣接する総合商業地区。ショッピング、アミューズメント、飲食などを楽しめる（入場は無料）。ディズニーランド・パークが閉園したあとも深夜までオープンする店舗が多く、パークでアトラクションを楽しんだあと、ゆっくり買い物ができる。

Column Information
INFO

印象派画家カイユボットの邸宅

画家であると同時にコレクターでもあり、印象派画家たちを支え、彼らから敬愛されていたギュスターヴ・カイユボット。その家族が購入したパリ近郊の邸宅が、当時の姿に修復され、一般公開されている。広大な敷地内

©Christophe Brachet

には、山小屋や礼拝堂まであり、描かれた風景のなかを散策することができる。

◆カイユボットの邸宅 Maison Caillebotte
🚇 RER Ⓓ線イエールYerres下車。そこから徒歩約7分。
住 8, rue de Concy 91330 Yerres
TEL 01.80.37.20.61
開 14:00〜18:30
休 月
料 €8、学生€5、18歳未満は無料
URL www.maisoncaillebotte.fr

80点以上の作品がここで制作された

ディズニーランドのチケットはウェブサイトでの販売のみ、当日券を買う窓口はありませんでした。価格は当日だと高額になります。事前に公式サイトでの購入がおすすめです。（りん '23）

旅の準備と技術

Renseignements
Pratiques

Photo：Aéroport Charles de Gaulle

旅のプラン

旅立つことを決めたらまずおさえたいのがパリ行きの航空便。いろいろな選択肢があるけれど、単純に価格だけで比較するのではなく、所要時間、利便性にも注目して、自分にぴったりの航空会社、航空券を選ぼう。

エールフランス航空
Air France (AF)
☎ (03)6634-4983
　⊕～⊛　8:00～19:00
　⊕ ⊕　9:00～17:30
URL www.airfrance.co.jp
＜フランス＞
☎ 09.69.39.36.54
(英・仏語)

日本航空 JAL
Japan Airlines (JL)
☎ 0570-025-031
　毎日　8:00～19:00
URL www.jal.co.jp
＜ヨーロッパ予約センター＞
☎ 0810.747.777 (日本語)

ANA
All Nippon Airways (NH)
☎ 0570-029-333
　24時間
URL www.ana.co.jp
＜フランス＞
☎ 0800-90-4431 (日本語)
　24時間

知っておきたい用語集
▶直行便：どこにも着陸することなく、目的地まで飛ぶノンストップ便
▶経由便：目的地に行く途中、ほかの空港にも着陸する便。どこに立ち寄っても目的地までは機材や便名は変わらない
▶乗り継ぎ便：目的地に行く途中でほかの空港に着陸して、飛行機を乗り換える便
▶トランジット：経由便で、目的地に行くまでにほかの空港に立ち寄ること
▶トランスファー：乗り継ぎ便で、目的地に行くまでにほかの空港に着陸し、飛行機を乗り換えること

航空会社を選ぶ

　直行便を選ぶか、経由便を選ぶかで、パリまでの所要時間や現地滞在時間、料金が大きく違ってくる。日本からパリまでは直行便で約12時間（2024年3月現在、航路の変更のため所要約14時間）。

早くて便利な直行便（ノンストップ便）

　2024年2月現在、日本からパリにノンストップの直行便を飛ばしているのは、エールフランス航空（成田・羽田・関西発）、日本航空（羽田発）、ANA（羽田発）の3社。直行便のメリットは何といっても飛行時間が短く、現地での時間を有効に使えること。例えばエールフランスの夜便を利用すると、深夜に羽田を出発、パリ到着は早朝。仕事を終えてからでも空港に向かうことができ、パリでは丸1日観光にあてられるというメリットがある。

日本の空港を出発した瞬間からパリの気分が味わえるエールフランス航空

羽田空港第3ターミナルの出発ロビー

時間はかかっても安くてお得な乗り継ぎ便

　ノンストップの直行便ではなく乗り継ぎ便なら、乗り換えの手間はかかるが安い航空券が手に入りやすい。乗り継ぎ便を利用すると、まずその航空会社の本拠地となる都市に行き、そこで飛行機を乗り換えてパリへ行くことになる。例えばKLMオランダ航空ならアムステルダム、スカンジナビア航空ならコペンハーゲンで乗り換えという具合。ヨーロッパ系の航空会社ならいずれもパリへの同日乗り継ぎが可能。アジア系航空会社では、ソウル経由の大韓航空も乗り継ぎができ、福岡など地方空港から直接出発して乗り継げるので便利だ。ドバイ経由のエミレーツ航空（成田・関西発）や、ドーハ経由のカタール航空（成田発）なども人気が高い。航空会社によっては乗り継ぎに6～8時間もかかる便もあるので、料金と時間のどちらを優先させるかを考えよう。

航空券を購入

航空券の種類

　航空券には、1年間有効で日程や航空会社の変更が何度でも可能な自由度の高い正規航空券（ノーマルチケット）のほかに、正規割引航空券（PEX航空券）と格安航空券がある。正規割引航空券とは、航空会社が独自に料金設定した割引料金で、航空会社や旅行会社で購入できる。航空会社によっては早割やウェブ割引料金なども設けており、シーズンによっては格安航空券より安くなる場合もある。

　格安航空券とは、おもに旅行会社が団体旅行用の航空券をバラ売りしているもの。同じ日の同じ便でも購入する旅行会社によって価格はまちまちなので、何社か比較検討したい。なお、正規割引航空券や格安航空券では、航空券の購入期限や途中降機、払い戻しの手数料など、制約も多い。発券後の予約の変更不可などの条件があるので、よく確認のうえ購入しよう。

どこで購入するか

　どの航空券であっても今やインターネットで比較検討し、購入するのが一般的だろう。季節、曜日など日によって料金が異なるので、日程は複数の候補を考えておいたほうがいい。正規航空券は各航空会社の直販か、旅行会社で手配することになるが高額なので、利用する人はほとんどいないだろう。

　パリ行きの航空券の話にかぎれば、航空会社から正規割引運賃で購入するのと、旅行会社から格安航空券を購入するのでは、大きな価格差は出にくいのが現状だ。旅行会社の格安航空券が有利となるのは、ホテル付きのツアーで「フリータイムパリ○日間」といった名称で出しているものだろう。往復航空券にホテルと空港～ホテル間の送迎サービスの付いた1都市滞在型ツアーは、航空券とホテルをそれぞれ手配するよりも割安になる場合があるのだ。パリ発着のフライトは利用者が多いため、日程が決まったらできるだけ早く航空券を手配しておきたい。

燃油サーチャージ
現在、航空会社は航空運賃に燃油サーチャージ（燃油特別付加運賃）を加算して販売している。これは、燃料を仕入れた時点での原油価格を考慮して決定されるため、時期や航空会社によって金額が異なる。航空券購入の前には必ず確認しよう。

航空券はeチケット
各航空会社では、eチケットと呼ばれるシステムを導入しており、航空券を購入すると予約番号が記載されたeチケット控えが発行されるのみだ。チェックイン時は、「eチケット控え（ElectronicTicket Itinerary/Receipt）」とパスポートを提示するだけでいい。紛失しても再発行可能（→P.438）。

国際観光旅客税
日本を出国するすべての人に、出国1回につき1000円の国際観光旅客税が課せられる。支払いは原則として、航空券代に上乗せされる。

Column Information

マイレージサービス

　マイレージサービスは、搭乗区間の距離をマイル数でカウントし、規定のマイル数に達すると、無料航空券や、座席のアップグレードなどの特典が受けられるもの。サービス内容や条件は、航空会社やアライアンス（2024年3月現在「スターアライアンス」「スカイチーム」「ワンワールド」の3グループ）によって異なる。

　例えば日本航空では、プレミアムエコノミークラス運賃は70〜100%マイルが加算されるが、エコノミークラスでは30〜70%、パッケージツアーなどに適用の日本発募集型企画旅行運賃は50%となる。

　また、マイルに有効期限を設けているものと、ないものがある。自分にとってマイルをためやすい航空会社のプログラムを選ぼう。

おもな航空会社のマイレージサービスの問い合わせ先
●エールフランス航空「フライング・ブルー」
URL www.airfrance.co.jp

●日本航空「JALマイレージバンク」
TEL 0570-025-039　URL www.jal.co.jp

●ANA「ANAマイレージクラブ」
TEL 0570-029-767　URL www.ana.co.jp

パリのカレンダー CALENDRIER de PARIS

赤字は祝祭日（※は移動祝祭日）　日の出／日の入（毎月15日）

1月 Janvier

日の出 8:39	最高気温 7.2℃
日の入 17:20	最低気温 2.7℃

●元日
Jour de l'An（1日）
大晦日に大騒ぎして新年を祝ったパリジャンにとって、元日は寝正月。お店は閉まり、町はとても静か。

●公現祭
**Epiphanie
（6日または2～8日の間の日曜）**
フランスでは「ガレット・デ・ロワ」というお菓子を切り分けて食べるのが伝統。

●春節祭（旧正月）
**Nouvel an chinois
（'25は29日）**
ヨーロッパ最大の中華街を擁するパリらしいイベント。獅子舞やドラゴンのパレード、爆竹などと新暦の元日よりもはるかににぎやか。

2月 Février

日の出 8:00	最高気温 8.3℃
日の入 18:09	最低気温 2.8℃

●バレンタインデー
St-Valentin（14日）
フランスでは日本のように女性が男性にチョコレートを贈る習慣はなく、逆に男性が女性にプレゼント（カードや花束など）を贈ることになっている。

●国際農業見本市
**Salon international de l'Agriculture
（2月下旬～3月上旬の約10日間、'25は2月22日～3月2日）**
フランス全土の食品、郷土料理を紹介する農業見本市。試飲、試食ができるとあって、一般客にも大人気。全国から集まった牛や羊、ガチョウなど、家畜との触れ合いも楽しい。
URL www.salon-agriculture.com

3月 Mars

日の出 7:04	最高気温 12.2℃
日の入 18:55	最低気温 5.3℃

●秋冬パリコレクション
（プレタポルテ）
**Paris Collection
（前半の約10日間）**
ショーを見られるのは関係者のみだが、この時期、町中にモード関係者があふれ華やかな雰囲気に。
URL fashionweekonline.com/paris

サマータイム開始
（3/30 '25、3/29 '26）
→P.10

公現祭のお菓子 ガレット・デ・ロワ

年が明けるとお菓子屋さんに並び始めるのが「ガレット・デ・ロワGalette des Rois」。中にソラマメや陶製の小さな人形（フェーヴFèveという）が入ったパイで、公現祭の日に食べるのが正式。切り分けたパイにフェーヴが入っていた人がその日の王様。紙の王冠をかぶり、皆から祝福を受ける。

フェーヴをコレクションする人も

パイの中身はアーモンドを使ったフランジパーヌというクリームのものが多い

1-2月

ここは中国？と錯覚するほどカラフルな春節祭のパレード
©Paris Tourist Office-Amélie Dupont

2月

2月14日が近づくと、町中のウインドーがハートマークで飾られる

春 Printemps

冬時間が終わり、サマータイムが始まる頃。まだ風は冷たく、コートを脱げる日が待ち遠しいけれど、雲の間から降り注ぐやわらかな日差しが、春の気配を感じさせる。マルシェにアスパラガスやイチゴが並び始めると、本格的な春到来。

2-3月

フランス中の農産物や家畜が集まる国際農業見本市

SOLDES／冬のバーゲン

近年、イベントのある日や記念日を狙ってテロが発生している。人の集まるところは犯罪が起きやすいので、十分注意したい。安全情報については→P.438。

4月 Avril

日の出	7:00	最高気温	15.6℃
日の入	20:41	最低気温	7.3℃

●パリ・マラソン
Marathon de Paris
（4月初旬、'25は13日）
世界中のランナーが参加し、パリ市内を横断する世界最大規模のマラソン大会。
URL www.schneiderelectric
parismarathon.com

●復活祭※
Pâques
（'25は20日、'26は5日）
春分以降最初の満月の次の日曜が復活祭。暦のうえで春になるのはこの日から。フランス人にとっては約2週間の休暇が楽しみな季節。

●復活祭の翌月曜※
Lundi de Pâques
（'25は21日、'26は6日）

●パリ見本市
Foire de Paris
（4月下旬～5月上旬）
インテリア、園芸用品、スポーツ用品など、生活にまつわるさまざまな新製品が集まるパリ最大の見本市。
URL www.foiredeparis.fr

5月 Mai

日の出	6:09	最高気温	19.6℃
日の入	21:25	最低気温	10.9℃

●メーデー
Fête du Travail（1日）
親しい人にスズランを贈る。

●第2次世界大戦終戦記念日
Victoire du 8 mai 1945（8日）

●ローラン・ギャロス全仏テニス
Internationaux de France de Tennis
（5月中旬、'24は5月20日～6月9日）
URL www.rolandgarros.com

●キリスト昇天祭※
Ascension
（'25は29日、'26は14日）
復活祭から40日目に当たる。

●聖霊降臨祭※
Pentecôte
（'25は6月8日、'26は24日）
復活祭から50日目に当たる。

●聖霊降臨祭の翌月曜※
Lundi de Pentecôte
（'25は6月9日、'26は25日）

6月 Juin

日の出	5:47	最高気温	22.7℃
日の入	21:54	最低気温	13.8℃

●音楽の日
Fête de la Musique（21日）
夏至の日に行われる音楽の祭り。カフェや広場、公園など、パリ中がコンサート会場になる。

●ゲイ・プライド
La Marche des Fiertés de Paris（最終土曜）
同性愛者、両性愛者、トランスジェンダーたちによる大規模なパレード。
URL www.gaypride.fr

6月

町中に音楽があふれる音楽の日

4月

復活祭には、生命のシンボルである卵形のチョコレートを食べる習慣がある

5-6月

グランドスラム唯一のクレーコートで知られるローラン・ギャロス

4月の魚 ポワソン・ダヴリル

「エイプリル・フール」をフランスでは「ポワソン・ダヴリルPoisson d'Avril＝4月の魚」という。世界的にこの日は「うそをついてもいい日」となっているが、フランスの習慣は一風変わっている。子供たちが、魚の形に切った紙切れを他人の背中にこっそりくっつけるいたずらをするというもの。この日、大人たちも罪のないうそや冗談で人をからかうほか、魚の形のお菓子を食べたり、魚のイラストが描かれたカードを贈ったりする。なぜ「魚」なのか、その起源は諸説あり、明らかにはなっていない。

夏
Été

夏至の日を迎えると、バカンスシーズンを待ちわびるパリジャンたちはそわそわし始める。遅い時間まで明るい太陽。カフェのテラス席で夜遊び前のアペロタイムを楽しむひととき、夏の計画の話でおしゃべりは尽きない。

復活祭休暇から、見本市の多い5～6月にかけてはホテルが混雑する

©ASO PRESS

7-8月
©Paris Tourist Office-Marc Bertrand

野外映画祭

6-7月 フランス中が熱狂するツール・ド・フランス

秋
Automne

9月も終わる頃には、秋の気配。街頭ではマロン・ショー（焼き栗）を売る声が聞こえだす。カキやジビエに舌鼓を打ち、ボージョレの新酒のでき具合に思いをはせるのもこの季節。

7月 Juillet

日の出 6:04	最高気温 25.2℃
日の入 21:47	最低気温 15.8℃

● ツール・ド・フランス
Tour de France
（'24は6月29日～7月21日）
国民的自転車レース。最終ゴールはシャンゼリゼ大通り（'24はニース）。
URL www.letour.fr

● 革命記念日
14 juillet（14日）
フランス人にとって最も大切な祝日。前日の13日にはバスティーユ広場やコンコルド広場などで前夜祭。14日午前にはシャンゼリゼ大通りでの軍事パレード。日没後には盛大に花火が打ち上げられて、祭りは幕を閉じる（→P.104）。

7月
©Paris Tourist Office-Amélie Dupont
革命記念日のハイライトは花火大会

8月 Août

日の出 6:44	最高気温 25.0℃
日の入 21:04	最低気温 15.7℃

● フェスティバル・パリ・レテ
Festival Paris l'Eté
（'24は7月3日～7月16日）
夏のアートフェスティバル。演劇、ダンス、コンサートとプログラムが豊富なうえ、ほとんどが無料。
URL www.parislete.fr

● パリ・プラージュ
Paris Plages
（7月下旬～8月中旬）
セーヌ河岸やヴィレット貯水池がビーチに大変身。2002年のスタート以来、すっかりパリの夏の風物詩となった。

● 野外映画祭
Cinéma en plein air
（7月下旬～8月下旬）
戦前のハリウッド映画から最近の話題作まで、世界の名画をラ・ヴィレット公園の開放的な雰囲気のなかで。

● 聖母被昇天祭
Assomption（15日）

9月 Septembre

日の出 7:28	最高気温 21.1℃
日の入 20:01	最低気温 12.7℃

● ジャズ・フェスティバル
Jazz à la Villette
（9月上旬の約10日間）
ラ・ヴィレット公園で開かれる毎年恒例のフェスティバル。あっと驚く大物の無料公演もある。
URL jazzalavillette.com

● ヨーロッパ文化遺産の日
Journées Européennes du Patrimoine
（第3土・日曜）
通常公開されていない文化財を、この日だけ観ることができる。
URL journeesdupatrimoine.
　　　　culture.gouv.fr

9月
ヨーロッパ文化遺産の日に公開されたリュクサンブール宮にある上院本会議場

バカンスシーズン。長期休暇を取るレストラン、ショップが多い。

SOLDES／夏のバーゲン

見本市が多く ホテルが混雑する。

414

10-11月

11月

クリスマス用品やお菓子が並ぶ
マルシェ・ド・ノエル

甘い物好きはぜ
ひ行ってみたい
サロン・デュ・
ショコラ

12月

冬
Hiver

太陽は冬眠中かしらと思ってしまうパリの冬。でもパリジャンたちは、芝居にコンサート、クリスマス準備の買い物と忙しい。クリスマスの夜を家族で静かに過ごしたあとは、友人たちとレヴェイヨン（年越し）のパーティと続く。

薪の形をした
定番クリスマ
スケーキ

10月 Octobre

日の出	8:12	最高気温	16.3℃
日の入	18:59	最低気温	9.6℃

● 春夏パリコレクション
（プレタポルテ）
Paris Collection
（9月末〜10月上旬の約10日間）
URL fashionweekonline.com/paris

● 凱旋門賞
Qatar Prix de l'Arc de Triomphe（10月上旬の2日間）
ブーローニュの森のロンシャン競馬場で行われるレース。
URL www.francegalop-live.com

● モンマルトルのブドウ収穫祭
Fête des Vendanges de Montmartre（10月中旬）
パリに唯一残るブドウ畑（→P.161）での収穫祭。
URL www.fetedesvendangesde montmartre.com

● サロン・デュ・ショコラ
Salon du Chocolat
（10月下旬〜11月上旬の4日間）
世界中の注目を集めるチョコレートの見本市（→P.325）。
URL www.salon-du-chocolat.com

サマータイム終了
（10/26 '24、10/25 '25）
→P.10

11月 Novembre

日の出	8:00	最高気温	10.8℃
日の入	17:09	最低気温	5.8℃

● 諸聖人の日
Toussaint（1日）

● 第1次世界大戦休戦記念日
Armistice（11日）

● ボージョレ・ヌーヴォー解禁日
Arrivée du Beaujolais Nouveau（第3木曜）
パリの東南に位置するボージョレ地区のワインの解禁日。その年の新酒を先駆けて味わえる。

● クリスマス・イルミネーション
Illuminations de Noël
（11月末〜1月初旬）
シャンゼリゼ大通りをはじめ、パリ中の繁華街がイルミネーションで飾られる。サン・ジェルマン・デ・プレ教会前の広場などでは、クリスマス用品を売るマルシェ・ド・ノエルが開かれる。

10月 ©Paris Tourist Office-Amélie Dupont

モンマルトルのブドウ収穫祭

12月 Décembre

日の出	8:38	最高気温	7.5℃
日の入	16:53	最低気温	3.4℃

● クリスマス
Noël（25日）
イヴの夜は家族でディナーを楽しむのが普通。デザートにはビュッシュ・ド・ノエルという薪をかたどったケーキを食べる習慣がある。普段教会に行かなくても、25日だけはミサに参加するというフランス人も多い。

● 大晦日
Réveillon de la St-Sylvestre（31日）
家族で静かに過ごすクリスマスと違って、大晦日は皆で派手に祝うのがフランス式。元日の午前0時になると、見知らぬ人ともキスを交わし、新年の訪れを喜び合う。

12月

夢見るようなクリスマスのデパートのウインドー

海外旅行の必需品といえば、もちろんパスポート。そのほかにも用意しておくと役に立つものがいろいろある。取得するのに時間がかかるものもあるので、早めに準備に取りかかろう。

パスポートの残存有効期間

フランスでは、3ヵ月以内の観光についてはビザは不要。パスポートはフランスを含むシェンゲン協定加盟国出国時より滞在日数+3ヵ月以上の残存有効期間が必要。観光目的以外のビザについてはフランス大使館のウェブサイトに申請方法が掲載されている。
●在日フランス大使館
URL jp.ambafrance.org
（日本語あり）

パスポートに関する情報

各都道府県の申請窓口所在地のほか、パスポートについての最新情報は、外務省ウェブサイト内渡航関連情報を参照。
URL www.mofa.go.jp/mofaj/toko/passport/index.html

パスポート切替は電子申請が可能

残存有効期間が1年未満のパスポートを切り替える場合や、査証欄の余白が見開き3ページ以下になった場合、マイナポータルを通じて電子申請が可能（旅券の記載事項に変更がある場合を除く）。その場合、申請時に旅券事務所へ行く必要がなくなる。

欧州旅行にも電子渡航認証が必要に！

2025年より、ビザを免除されている日本やアメリカなどの国民がシェンゲン協定加盟国（フランス、スペインなど）にビザなしで入国する際、ETIAS（エティアス、欧州渡航情報認証制度）電子認証システムへの申請が必須となる予定。

パスポート（旅券）

下記の書類を住民登録している各都道府県の旅券課に提出する。有効期間は5年間と10年間の2種類（20歳未満は5年用旅券のみ）。子供もひとり1冊のパスポートが必要。

5年用は濃紺（左）　10年用は赤色（右）

■申請に必要なもの（新規、切り替え共通）

(1) 一般旅券発給申請書1通：外務省のウェブサイトでダウンロード可能。10年用と5年用の旅券では申請用紙が異なる。

(2) 戸籍謄本1通：本籍地の市区町村が6ヵ月以内に発行したもの。切り替え発給で記載事項に変更がない場合は原則不要。

(3) 写真1枚　縦4.5cm×横3.5cm：カラーでも白黒でも可。6ヵ月以内に撮影されたもの。

(4) 身元を確認するための書類：マイナンバーカード、運転免許証など。健康保険証の場合は年金手帳、学生証（写真が貼ってあるもの）などもう1点必要。切り替え時は原則不要。

※有効期間内のパスポートの切り替えには、有効旅券が必要。
住民基本台帳ネットワークシステムの利用を希望しない人は住民票の写し1通が必要。
住民登録をしていない都道府県で申請する人は要確認。

申請後、土・日曜、祝日、年末年始を除き通常1週間程度で発給される。旅券名義の本人が申請窓口に受け取りに行く。

■受領に必要なもの

(1) 受領証（申請時に窓口で渡された受理票）

(2) 発給手数料（収入印紙と都道府県収入証紙）
　　10年用：1万6000円（20歳以上）
　　5年用：1万1000円（12歳以上）、
　　　　　6000円（12歳未満。12回目の誕生日の前々日までに申請を行った場合）
収入印紙、都道府県収入証紙は窓口近くの売り場で販売されている。

はみだし！ 発行後6ヵ月以内に受け取らない場合、発行したパスポートは失効となる。失効後、5年以内に再度パスポートの発行申請をする場合、手数料が通常より高くなるので、必ず6ヵ月以内に受け取るようにしよう。

その他の証明書

■国際学生証（ISIC）

　観光ポイントや美術館、映画館には、学生割引が適用される
ところもある。学生であることを証明するには、国際学生証が
必要。ただし、パリでは学割よりも年齢割引（26歳未満など）
が多いので、取得の前によく検討しよう。問い合わせはISIC
Japanまで。

■ユースホステル会員証

　宿泊先として、国際ユースホステル協会加盟のユース（フラ
ンスではAuberge de Jeunesse）を考えている人は、会員証が必要。
各都道府県にあるユースホステル協会に申し込む。

■国際運転免許証

　レンタカーでドライブを楽しみたい人は、国際運転免許証を
取得しなければならない。住民登録してある都道府県の公安委
員会で発行してくれる。日本の運転免許証があれば取得可能。

国際学生証
オンライン申請でバーチャル
カードが発行される。申し
込みはウェブサイトで。Pay
Palによる決済のみ。
＜申請に必要なもの＞
・学生証（有効期限内、写真入
　り）
・写真1枚（JPG形式で450×
　540px以上）
・発行手数料2200円
ISIC Japan
🔲 isicjapan.jp

ユースホステル会員証
申請方法と申請先は→P.370

国際運転免許証
都道府県によって異なるの
で、詳細は住民票所在地にあ
る運転免許センターまたは警
察署に問い合わせのこと。

海外旅行保険

　外国人旅行者の場合、フランスでの医療費は全額自己負担と
なる。フランスの医療費は日本よりも高く、相当な費用がかかっ
てしまう。そんなとき海外旅行保険に入っていれば、医療費だ
けでなく、帰国の費用、救援を呼んだ場合の費用まで補償され
る。賠償責任や携行品の盗難、破損が補償される特約を追加し
ておくとなお安心だ。ほとんどの保険会社で日本語によるサー
ビスが受けられるので、金銭面だけでなく、精神面でも心強い。
必ず入っておこう。

　クレジットカードに海外旅行保険が付帯されていることも
あるが、「疾病死亡補償」がない、旅行代金をカードで決済し
ていないと対象にならない、などの制約があることも。補償内
容をきちんと確認し、足りないものがあったら、「上乗せ補償」
として保険に加入するのもいいだろう。

　保険の申し込みは保険会社のウェブサイトで受け付けてい
る。出発当日、空港で入ることもできる。

**「地球の歩き方」ホームページ
で海外旅行保険をチェック**
「地球の歩き方」ホームペー
ジでは海外旅行保険を紹介し
ている。保険のタイプや加入
方法の参考に。
🔲 www.arukikata.co.jp/
web/article/item/
3000681/

覚え書きメモ

パスポート番号など、紛失した際に必要になることをメモしておこう。
コピーを取って貴重品とは別にしておくことが大切！

パスポート番号と有効期限	
クレジットカード❶ 番号と有効期限	カード会社の連絡先
クレジットカード❷ 番号と有効期限	カード会社の連絡先
海外旅行保険の契約番号	現地サポートデスクの連絡先

旅の準備と技術

旅の必需品

お金の準備

旅をするのに、先立つものはやはりお金だ。滞在中に必要なお金は、どのくらいの金額を、どんなかたちで持っていく？ 安全を第一に考えて、パリ旅行に合った方法で準備したい。

ユーロの種類→P.8

ユーロの両替レート
€1＝約162円
(2024年3月現在)

外貨の準備は
外貨両替専門店「ワールドカレンシーショップ」は、銀行が閉まる15:00以降も営業している。
●ワールドカレンシーショップ
URL www.tokyo-card.co.jp/wcs/

パリでの両替→P.426

ユーロ通貨が使えるおもな国
アイルランド、イタリア、エストニア、オーストリア、オランダ、キプロス、ギリシャ、クロアチア、スペイン、スロヴァキア、スロヴェニア、ドイツ、フィンランド、フランス、ベルギー、ポルトガル、マルタ、モナコ公国、ラトビア、リトアニア、ルクセンブルクなど。
(2024年3月現在)

おもなクレジットカード会社
●アメリカン・エキスプレス
URL www.americanexpress.com/ja-jp
●ダイナースクラブカード
URL www.diners.co.jp
●JCBカード
URL www.jcb.co.jp
●マスターカード
URL www.mastercard.co.jp
●VISA
URL www.visa.co.jp

デビットカードの発行金融機関
JCB、VISAなどの国際ブランドで、複数の金融機関がカードを発行している。
URL www.jcb.jp/products/jcbdebit
URL www.visa.co.jp/pay-with-visa/find-a-card/debit-cards.html

おもな海外専用プリペイドカード
●三井住友カード発行
「Visaプリペ」
●トラベレックスジャパン発行
「Travelex Money Card　トラベレックスマネーカード」

お金の持っていき方

日本円からユーロ現金への両替は、フランスより日本のほうがレートがいい。使う予定のあるユーロ現金（€10〜20×旅行日数分程度）は、旅行出発前に市中銀行や空港の両替所で両替しておこう。安全のために多額の現金を持ち歩くのは避け、クレジットカードなどを上手に利用したい。

クレジットカードは必需品

ATMにクレジットカードのマークが表示されていれば、日本発行のカードでもキャッシングができる(→P427)

フランスでは日本以上にクレジットカードでの支払いが一般化している。高額の買い物に限らず、スーパーマーケット、カフェ、メトロの駅などたいていの場所で使える。ただし、€10から利用可能、というように最低金額が設定されている店舗もある。両替の手間がいらず、大金を持ち歩かずに済むので安全面でのメリットも高い。

ICカード（ICチップ付きのクレジットカード）で支払う際は、サインではなくPIN（暗証番号）が必要。日本出発前にカード発行金融機関に確認し、忘れないようにしよう。

盗難、紛失のほか、読み取り機の不具合でカードが使えない事態に備えて、2枚以上あると安心。また、旅行中に利用限度額がオーバーになってカードが使えない！ということにならないように、出発前に利用可能残高を確認しておこう。一時的に利用限度額をアップしてくれる場合もあるので、カード発行金融機関に問い合わせてみるといい。

デビットカード

使用方法はクレジットカードと同じだが支払いは後払いではなく、発行金融機関の預金口座から即時引き落としが原則となる。口座残高以上に使えないので予算管理をしやすい。加えて、現地ATMから現地通貨を引き出すこともできる。

海外専用プリペイドカード

海外専用プリペイドカードは、出発前にコンビニATMなどで円をチャージ（入金）し、入金した残高の範囲内で渡航先のATMで現地通貨の引き出しやショッピングができるカード。各種手数料が別途かかるが、使い過ぎや多額の現金を持ち歩く不安もない。

準備　旅の情報収集

旅を成功させるための第一歩は、確実な情報集めだといっても過言ではない。どれだけ自分に必要な情報を集めるかで、旅の質も変わってくるはず。新鮮な情報をキャッチするために、常にアンテナを立てておくことも忘れずに。

日本での情報収集

今やインターネットからガイドブックまで、いろいろな方法で情報を集めることができる。自分に合ったやり方で、とっておきの情報を集めよう。

■フランス観光開発機構

フランスの情報を得られる公式機関として、フランス観光開発機構がある。個人客への対応は行っていないが、ウェブサイトで知っておきたい基本情報を得られる。ウェブサイトからメールマガジンに登録しておくと定期的にフランスの最新情報をメール配信してくれる。

■外務省　海外安全ホームページ

外務省が把握している最新の海外の安全に関する情報が得られる。メールアドレスを登録すると、定期的に渡航予定国の安全情報を配信してくれる「たびレジ」（→P.438）というサービスもある。

■ウェブサイトやSNS

日々進化し続けているパリの最新情報をいち早くゲットするためには、更新頻度の高いウェブサイトをチェックするのがいちばん。また、パリの美術館や観光スポットのSNSアカウントをフォローすると、イベント情報を入手しやすい。

海外旅行の最旬情報はここで！
「地球の歩き方」公式サイト。ガイドブックの更新情報や、海外在住特派員の現地最新ネタ、ホテル予約など旅の準備に役立つコンテンツ満載。
URL www.arukikata.co.jp

フランス観光開発機構
URL www.france.fr/ja

外務省 海外安全ホームページ
URL www.anzen.mofa.go.jp

出発前にチェックしたいウェブサイトリスト
●パリ観光局
URL parisjetaime.com
●メゾン・デ・ミュゼ・デュ・モンド：フランスの美術館・博物館の情報サイト（日本語）
URL www.mmm-ginza.org
●オヴニー（→P.429）：日本語無料情報紙のウェブ版
URL ovninavi.com
●フランス国鉄（仏・英語）
URL www.sncf.com

地球の歩き方　パリとフランス関連書籍　URL www.arukikata.co.jp/guidebook/

arucoパリ
あれもこれも体験したい！よくばりで好奇心いっぱいの女の子のためのプチぼうけんプランを詰め込んだ「arucoアルコ」シリーズ。

arucoフランス
パリと地方の魅力的な町を、編集部が提案する「プチぼうけん」を交えて紹介。パリを楽しんだあと、地方への旅を計画している人におすすめ。

Platパリ
短期の旅行や出張など短い滞在時間で効率的に観光したい人におすすめの「Platぷらっと」シリーズ。パリ観光の王道をしっかりと紹介。

このほか、フランスの文化人や著名人が残した美しい言葉を各地の絶景写真とともに紹介した「自分らしく生きるフランスのことばと絶景100」は、フランスならではのエスプリを感じながら、旅している気分になれる本。

 はみだし！ 本書発行後に変更された掲載情報は可能なかぎり「海外再出発！ガイドブック更新＆最新情報」で最新のデータに更新しています（ホテル、レストラン料金の変更等は除く）。旅立つ前にご確認ください。URL www.arukikata.co.jp/travel-support/

服装と持ち物

旅の服装と持ち物は、旅のスタイルによって人それぞれ。できるだけ動きやすい服装、身軽な荷物を心がけたい。パリに着いてから手に入れるのが難しいものもあるので、荷物リストを作って早めに準備しておこう。

町歩きには身軽な荷物が理想

パリの気候、最高気温＆最低気温、降水量
→P.9

フランスの天気予報案内
URL meteofrance.com

「地球の歩き方」公式LINEスタンプが登場！
旅先で出合うあれこれがスタンプに。旅好き同士のコミュニケーションにおすすめ。LINE STOREで「地球の歩き方」と検索！

服装

日本とフランスの緯度を比べてみると、フランスが北に位置しているのが一目瞭然

　フランスは日本に比べて北に位置している。何となくパリを東京に重ね合わせて考えてしまいがち。でも、緯度48.5度のパリは、43度の北海道札幌市よりもまだ北にある。パリの四季の移り変わりは、だいたい東京に合わせて考えていいが、気温はぐっと低めなので注意しよう。夏の日中はかなり暑くなる日もあるが、朝晩は冷え込むことも多い。1年をとおして、急な冷え込みや雨に備えた服装を心がけるといいだろう。

　日中の観光は歩きやすさを第一に考えたラフな服装で。いかにも高級そうなものを身につけていると、スリの格好のターゲットになる。高級レストランへ行くときは、男性はネクタイ着用が基本。女性は自由に考えていいが、自分に自信がもてて、周りから浮かないような服装を心がけよう。オペラ鑑賞や通常のレストランではそれほど堅苦しく考える必要はない。女性ならシンプルなセーターやシャツにアクセサリーやスカーフで変化をつけるだけでぐんとおしゃれな雰囲気になるだろう。

旅の服装　スタッフのおすすめ

●旅先での服装アドバイス

　夏でも朝晩は冷え込むことがあるパリ。薄手のカーディガンなど羽織るものを持っていくと重宝します。冬は、外の寒さは厳しいですが、室内はしっかり暖房が効いていて、着込みすぎると汗ばんでしまうことも。着脱しやすい上着で調整しましょう。また、荷物をコンパクトにするため、女性なら洋服の数は抑えてストールやアクセサリーで変化をつけるのがおすすめ。おしゃれなレストランに行くときも、工夫次第でドレスアップすることができます。　　　　　　（編集Y）

●教会に入るときは帽子をとろう

　観光スポットとして訪れることの多い教会や大聖堂。その多くは現役の宗教施設で、ミサも行われる。信仰をもっているかどうかに関わらず、入るときはマナーとして帽子をとりましょう。男女とも、肌を露出しすぎた服装も避けるように。　　　　（編集S）

入口に注意書きがあることも

荷物

旅先では身軽に動けることがいちばんなので、できるだけ荷物を少なくすることが原則だ。たいていのものはパリで調達できるので、荷造りの際に入れようかどうか迷ったものは持っていかないほうがいい。ただ、日本から持っていったほうがいい物もある。例えば薬の類。胃腸薬や風邪薬などの常備薬はフランスでも買えるが、日本の薬に比べてかなり強力なので、飲み慣れたものを日本から持参しよう。日本国内専用の電気器具は、そのまま使えないので注意（→P.10）。変圧器が必要だ。

荷物は使い慣れたバッグにコンパクトにまとめたい

荷造りのヒント

●機内への液体持ち込み制限
液体物（化粧品、練り歯磨き、コンタクトレンズの洗浄液など）を機内に手荷物として持ち込む際は要注意（→P.422）。ルールに従わない場合は、搭乗前に没収されることになるので注意しよう。

●ロストバゲージに備えて
預け入れにした荷物が到着空港で出てこないことをロストバゲージという。これはわりと頻繁に起こる事故。荷物は航空会社が探して滞在先まで届けてくれるが、手元に届くまで数日かかることもある。貴重品を預け入れ荷物に入れないことは当然だが、充電ケーブルやプラグなど、着いてすぐ必要になるものは手荷物として機内に持ち込むようにすると安心だ。

忘れ物はないかな？ 荷物リスト

貴重品		衣類		雑貨	
パスポート		下着、靴下		サングラス	
現金（ユーロ）		上着、防寒着		Cタイプのプラグ	
現金（日本円）		手袋、帽子、スカーフ		筆記用具、メモ帳	
eチケット控え（航空券）		室内着		紙製の食器	
海外旅行保険証書		常備薬、マスク		スマートフォン、充電器	
クレジットカード		生理用品		裁縫用具	
（洗面用具）シャンプー、コンディショナー		（薬品・雑貨）洗剤		時計	
歯ブラシ、歯磨き		爪切り、耳かき		折りたたみ傘	
ヒゲソリ、カミソリ		ウェットティッシュ		サンダル、スリッパ	
ポケットティッシュ		南京錠などの鍵		（本類）ガイドブック	
化粧品		ビニール袋、エコバッグ		会話集	

あると便利な旅の持ち物　スタッフのおすすめ

●使い捨て食器セット

日本と比べて外食費が高めのパリ。毎食レストランで食事するのは予算的に厳しいので、何度かホテルの部屋で食事をとるようにしています。欠かせないのが紙皿、割り箸、紙コップのセット。部屋に電気ポットがある場合は、日本茶のティーバッグでお茶も入れてほっとひと息。　　　　　　　　　　　（編集A）

●湿布薬

メトロの乗り換えだけでも、かなりの距離を歩くことがあるパリ。歩きやすい靴を選ぶことはもちろんですが、モンマルトルなど石畳の道が多い地区を歩くと、足の疲労もマックスに。こんなときのために、日本から持ってきた湿布薬が役立ちました。　　（編集Y）

●保湿アイテム

日本の町よりずっと乾燥しているパリでは、保湿アイテムはマスト。リップクリームとハンドクリームは外出中も携帯しています。行き帰りの飛行機の機内も乾燥しているので、持ち込み荷物に入れておきましょう。（編集S）

●針金ハンガー

ホテルによっては、洋服を掛けるハンガーがクローゼットに固定され、取り外しができなくなっています。洗濯したものを浴室で干すのに、クリーニング店でもらった針金ハンガーが役立ちました。かさばらないところもポイントです。　　　　　　　　（編集Y）

●ポケットティッシュは2種持ち！

フランスには、日本にあるようなコンパクトなポケットティッシュペーパーはありません（コンパクトサイズで売っているものは紙ナプキン）。鼻炎持ちなので、日本から必ず多めに持っていきます。特に乾燥している飛行機内では、保湿ティッシュと使い分けています。
　　　　　　　　　　　　　　　　（編集A）

日本出入国

空港で出国審査が済めば、そこはすでに外国扱い。手続きの流れを覚えてしまえば、難しいことは何もない。どこの国の空港でもだいたい同じだ。出発日、帰国日は早め早めに行動しよう。

空港の問い合わせ先
成田国際空港 総合案内
☎ (0476) 34-8000
URL www.narita-airport.jp
羽田空港国際線 総合案内
☎ (03) 5757-8111
URL tokyo-haneda.com
関西国際空港 総合案内
☎ (072) 455-2500
URL www.kansai-airport.or.jp

出発当日までに時間のなかった人も空港で両替できる。海外旅行保険の加入も空港で

新品や高価な外国製品を持っている場合は、申告しておこう

日本出国

空港到着～出国審査

1. 搭乗手続き 航空会社のカウンターまたはセルフチェックイン機でチェックイン	受け付けは出発時刻の2～3時間前から。カウンターもしくはセルフチェックイン機でeチケットの控えとパスポートを提示し、搭乗券（ボーディングパス）を受け取る。荷物を預け、荷物預かり証（バゲージ・クレーム・タグ）を受け取る

2. 航空保安検査 機内持ち込み手荷物のX線検査とボディチェック	テロ防止のため保安検査が厳しくなっている。スムーズに検査を受けられるよう、機内に持ち込めないものは持ち込み手荷物内に入れないこと（下記）

3. 税関申告 外国製品を持っている人は「外国製品の持出し届」を提出	これは帰国の際に、外国で購入してきたものと区別し、課税対象から外すため。現物を見せる必要があるので、預け入れ荷物に入れないこと

4. 出国審査 原則として顔認証ゲートで本人照合を行う	顔認証ゲート利用の場合、パスポートに出国スタンプは押されない。希望者は別カウンターで押してもらえる

Column Information 預け入れ荷物と機内持ち込み手荷物

預け入れ荷物と機内持ち込み手荷物には、それぞれ規定、制限がある。保安検査がスムーズに受けられるよう下記の制限に注意しよう。機内持ち込み制限品を手荷物に入れていた場合は放棄させられる。

預け入れ荷物

● 航空会社により違いがあるが、エコノミークラスなら23kgまでの荷物1～2個を無料（航空券によっては有料）で預けることができる。制限重量を超えると超過料金を払うことになる。貴重品や壊れ物は入れないこと。

● 刃物類（ナイフ、はさみなど）は預け入れ荷物に。機内持ち込み不可。

機内持ち込み手荷物

● 喫煙用ライターまたはマッチは持ち込み手荷物に（ひとりどちらか1個まで）。預け入れ不可。

● 電子たばこは持ち込み手荷物に（個数制限なし）。ただし、機内では使用できない。預け入れ不可。

● 予備用リチウムイオン電池は持ち込み手荷物に（ひとり2個まで）。預け入れ不可。

● 液体物には容量制限があり、100mℓ以下の容器に入った液体物（ジェル類、エアゾール類含む）で、容量1ℓ以下の再封可能な透明プラスチック袋に入れられている場合のみ持ち込み可（医薬品、ベビーミルク、ベビーフードなど除く）。そのほかは預け入れ荷物へ。

はみだし！ 出国手続き後の免税店で購入した酒、化粧品などの液体物は機内持ち込み可能。ただし、液体物の持ち込み制限が導入されている国で乗り継ぎする場合、乗り継ぎ先の空港で放棄させられることがある。

日本入国

空港到着～新型コロナウィルスに関する検疫～入国審査

1. 入国審査
検疫後、日本人用の審査ブースに並ぶ

原則として顔認証ゲートで本人照合を行う。入国スタンプ希望者は、ゲート通過後、別カウンターで

2. 荷物の受け取り
搭乗した便名のターンテーブルで待つ

預けた荷物が、万一出てこなかったら（ロストバゲージ）、荷物預かり証を空港係員に提示して対応してもらう

3. 動物・植物検疫

果物や肉類をおみやげに買ってきた場合は、検疫を受ける

4. 税関申告
有人ゲートもしくは電子申告ゲートへ

機内で配られる「携帯品・別送品申告書」に記入。免税枠を超える超えないにかかわらず全員提出する。「Visit Japan Web」利用者は電子申告ゲートへ

日本帰国時における免税範囲

海外からの持ち帰り品の免税範囲は以下のとおり。この範囲を超えた場合は、規定の税金を払わなければならない。

たばこ：紙巻き200本、葉巻50本、加熱式たばこ個装等10個、またはその他の種類250g
　※免税数量は、それぞれの種類のたばこのみを購入した場合の数量であり、複数の種類のたばこを購入した場合の免税数量ではない。
　※「加熱式たばこ」の免税数量は、紙巻き200本に相当する数量となる。

酒　類：1本760mℓのもの3本
香　水：2オンス（1オンスは約28mℓ）
　※オー・デ・コロン、オー・デ・トワレは含めなくていい。

その他：海外市価の合計額20万円以内
　※同一品目ごとの合計が海外市価で1万円以下のものは含めなくていい。
　　（例：1本5000円のネクタイ2本）
　※1個（1組）で20万円を超えるものはその全額が課税対象となる。

検疫
動物や植物などは、税関検査の前に所定の証明書類や検査が必要。日本向け輸出許可取得済みの肉製品みやげはほとんどないので、ソーセージやハムなどは日本に持ち込めないと考えたほうがいい。

日本への持ち込み禁止品
麻薬・覚醒剤、拳銃、通貨や証券の偽造品・変造品・模造品、わいせつなもの、偽ブランド品、家畜伝染病予防法や植物防疫法で定める動物・その動物を原料とする製品・植物など。

コピー商品の購入は厳禁！
旅行先では、有名ブランドのロゴやデザイン、キャラクターなどを模倣した偽ブランド品や、ゲーム、音楽ソフトを違法に複製した「コピー商品」を絶対に購入しないこと。

輸入が規制されているもの
ワシントン条約に該当する動植物・製品（象牙、ワニ皮製品、蘭など）、動植物検疫の必要なもの（果物、切り花、野菜、生肉、ハムなど）、猟銃・刀剣、数量制限のあるもの（医薬品、化粧品など）。

簡易税率例
日本帰国時に免税範囲を超える品物は、課税の対象となる。税率は品物によって異なり、例えばワインは200円／ℓの簡易税率が適用される。
URL www.customs.go.jp/kaigairyoko/zeigaku.htm

Visit Japan Web
日本入国時の「税関申告」をウェブで行うことができるサービス。
URL services.digital.go.jp/visit-japan-web

 Column Information 携帯品・別送品申告書について

日本に入国する際は、「携帯品・別送品申告書」の記入、提出が必要だ。日本に向かう飛行機の中で配られるので、表、裏（A面、B面）を記入し、署名を忘れないようにしよう。家族連れの場合は、原則的に1家族1枚の提出でいい。

別送品（国外から発送した荷物）がある人は、この申告書が2枚必要になるので、それぞれ記入して提出すること。「Visit Japan Web」（上記）を利用すれば、書面の申告用紙を提出する必要がなく、税関検査場電子申告ゲートを利用して入国できる。

A面 記入例

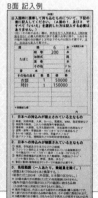
B面 記入例

フランス入出国

フランス入出国は難しくはない。ただし、出国時はなるべく時間に余裕をもって空港へ向かうようにしよう。テロ対策のため搭乗前の保安検査が以前より厳しくなっている。免税手続きの必要がある人はさらに時間を多くみたほうがいい。

パリの空港→P.66

覚えておきたい空港でのフランス語→P.70

空港使用税
フランスの空港使用税は航空券発行時に徴収されている。

フランス入国

空港到着～入国審査（→P.71）

1. 入国審査 パスポート提示	「EU加盟国の国民 Passeports UE」とそれ以外に分かれているので、「そのほかすべて Tous Passeports」の列に並ぶ。パリのシャルル・ド・ゴール空港では顔認証ゲートで本人照合を行う	

「Bagages」の表示（上）をたどっていくと、荷物受け取りの場所（下）に着く

2. 荷物の受け取り 搭乗した便名のターンテーブルで待つ	預けた荷物が、万一出てこなかったら（ロストバゲージ）、荷物預かり証を空港係員に提示して対応してもらう
3. 税関申告	フランス国内への持ち込み品が、免税範囲内（下記）であれば申告する必要はないので、そのまま出口へ

フランス入国時における免税範囲

たばこ：17歳以上のみ。紙巻き200本、または葉巻50本、または小型葉巻100本、またはきざみたばこ250g、電子たばこは€430相当以下

酒　類：17歳以上のみ。ワイン4ℓ、ビール16ℓ、および22度を超えるアルコール飲料1ℓ（22度以下なら2ℓ）

薬　：滞在中使用する量

通　貨：持ち込みは無制限。ただし€10000以上の多額の現金等（ユーロ、その他の通貨、小切手を含む）を持ち込む際には申告が必要

Column Information

経由便でフランスに入国する場合

シェンゲン協定実施国で飛行機を乗り継いでフランスに入国する場合は、経由地の空港で入国審査が行われる。

シェンゲン協定実施国
アイスランド／イタリア／エストニア／オーストリア／オランダ／ギリシア／クロアチア／スイス／スウェーデン／スペイン／スロヴァキア／スロヴェニア／チェコ／デンマーク／ドイツ／ノルウェー／ハンガリー／フィンランド／フランス／ブルガリア／ベルギー／ポーランド／ポルトガル／マルタ／ラトビア／リトアニア／リヒテンシュタイン／ルーマニア／ルクセンブルク　　　（2024年4月現在）

フランス出国

空港到着〜出国審査

1. 免税手続き 必要な人のみ (→ P.430)	免税手続きカウンターは「Détaxe デタックス」。時期や時間帯によってはかなりの混雑が予想されるので要注意
↓	
2. 搭乗手続き 航空会社のカウンターまたはセルフチェックイン機でチェックイン	航空会社のカウンターもしくはセルフチェックイン機でチェックインする。パスポートとeチケット控えを提示して搭乗券を受け取り、荷物を預けるのは、日本出国の際と同じ エールフランス航空のセルフチェックイン機（日本語表示あり）。搭乗券を発券してからセルフの自動預け入れ機で荷物を預ける
↓	
3. 出国審査 出国審査カウンターで、パスポート、搭乗券を提示	何か尋ねられることはほとんどない。シェンゲン協定実施国（→ P.424）で乗り継いで帰国する場合は、経由地の空港で出国審査を受ける
↓	
4. 航空保安検査 機内持ち込み手荷物のX線検査とボディチェック	手荷物として持ち込めないものは日本出国時と同じ（→ P.422）。化粧品、チーズなどのおみやげも持ち込めないので注意

セルフチェックイン後、セルフの自動預け入れ機で荷物を預ける場合も

液体と見なされ、機内に持ち込めないものの例
ワイン、香水、化粧品、生チョコレート、クリームが使われたお菓子、チーズなど、フランスみやげの定番の多くが、機内持ち込み制限品の範囲に入る。没収されることのないよう気をつけて。梱包に注意して預け入れ荷物の中に入れよう。出国審査後に空港の免税店で買ったものは持ち込みできるが、乗り継ぎがある場合は、乗り継ぎ空港で没収されることもあるので要注意。

 Column Information シャルル・ド・ゴール空港で最後までパリを楽しむ

エールフランス航空や日本航空の直行便が発着しているCDG空港のターミナル2E。3ヵ所（ゲートK、L、M）に分かれた建物それぞれにショッピングエリアがあり、パリ最後の買い物を楽しむことができる。ほかにも搭乗までの時間を有意義に過ごせる施設があるので紹介しよう。

◆エスパス・ミュゼ Espace Musées（ゲートM）
6ヵ月ごとに展示替えのあるギャラリー。ロ

ダン美術館、ピカソ美術館などから提供された本物の作品を無料で観ることができる、贅沢な空間だ。

ゆったりアートを楽しめる「エスパス・ミュゼ」

◆ヨーテル・エール Yotel Air（ゲートL）
乗り継ぎに4時間

以上あるときや、深夜、早朝のフライトを利用する際、空港内のホテルでリラックスするのも一案。最低4時間から利用でき、時間単位で予約可能だ。シャワーだけの利用（30分間）も可能なので、リフレッシュしたいときに使ってみては。
URL www.yotel.com/en/hotels/ yotelair-paris-charles-de-gaulle

リフレッシュできる「ヨーテル・エール」

お金の両替

日本でユーロの現金を用意できなかった場合は、空港の両替所で当座必要なユーロ現金を手に入れよう。ただし空港の両替所はレートがよくないのと、多額の現金を持ち歩くのは危険なので、両替は最小限にとどめたほうがいい。

高額紙幣は使いにくい
少額の買い物に高額紙幣（€50以上）を出すと嫌がられることもある。「€200紙幣はお断り」と表示している店も。両替の際は小額紙幣（€5、€10）を多めに交ぜてもらうといい。

パリでの両替

フランスで旅行者が日本円からユーロへ両替する場合は、両替所Bureau de change（ビュロー・ド・シャンジュ）を利用して両替することができる。まずは日本円の取り扱いがあるかどうか、店頭の表示を確認しよう。

両替所の表示は「シャンジュ Change」

レートは場所によって異なり、有利な両替のためには何ヵ所か回ってチェックするのが理想的だ。しかし、なかには客寄せのレートを表に出し、実際はかなり悪いレートで両替する場合もあるので要注意。慣れない土地で手数料やレートを考えながら両替するのはけっこうストレスになる。必要な現金はなるべく日本で両替しておくことが原則だ。ただし、多額の現金を持ち歩くのは危険なので、両替は最低限にしたい。

日本での両替レート表の見方例

日本円→外貨
↓
XXX.XX→€1
現金

€1→XXX.XX円
外貨→日本円

●パリでの両替レート表の見方例

Taux de Change pour 1€
（英語 Exchange rates for 1€）
€1に対するレート

Achat / Nous achetons
（英語 buy / We buy）
日本円→ユーロ

Vente / Nous vendons
（英語 sell / We sell）
ユーロ→日本円

Taux de Change		
Taux de Change pour 1€	Achat	Vente
Commission incluse		
🦅 Etats Unis　　USD	1.1738	1.0514
🍁 Canada　　CAD	1.6434	1.4000
● Japon　　JPY	135.6439	117.8961
✚ Suisse　　CHF	1.1706	1.0380

Commission incluse
（英語 Commission included）
手数料込み

Japon：日本
JPY：日本円

XXX.XX円→€1

€1→XXX.XX円

Column Information　オペラ地区の使いやすい両替所

CCO (Comptoir Change Opéra)
オペラ店　MAP 別冊P.24-1B
住 8, pl. de l'Opéra 2e
電 01.43.12.87.35
営 9:15～18:15（⊕ 10:00～17:30）
休 ⑧　URL www.ccopera.com

スクリーブ通り店　MAP 別冊P.24-1B
住 9, rue Scribe 9e　電 01.47.42.20.96

メルソン Merson
MAP 別冊P.25-1C
住 33, rue Vivienne 2e
電 01.42.33.81.67
営 9:00～17:45
（⊕ 10:00～）
休 ⑧
URL www.merson.fr

クレジットカードでのキャッシング

急にユーロの現金が必要になったときや、両替所が見つからないときには、ATMを利用してカード（クレジット、デビット）で引き出すのが便利。休日や夜中でも、24時間稼働のATMで引き出しが可能。クレジットカードの場合にはキャッシング扱いになり、後日、金利を含めた手数料を請求されるが、キャッシングするほうがレート的にも有利な場合が多い。あらかじめ自分のカードの海外キャッシング枠をカード発行金融機関に確認しておこう。

「Retrait（現金引き出し）」と表示されたATM機は町なかに多く設置されている

●一般的なATM機

画面表示は英語併記の場合が多い

「Annulation」はキャンセル、「Validation」は実行、OKの意

利用可能なクレジットカードの種類

クレジットカードやデビットカードでキャッシングする際は、PIN（暗証番号）が必要なので、不明な場合には出発前に確認を（2週間程度かかることもある）。

利用するときは周りにあやしい人がいないか確認してから。銀行の建物内や国鉄駅構内のATMがおすすめ

ⒶⒷⒸ 覚えておきたいお金に関するフランス語

（フランス語［読み方］日本語）

フランス語	［読み方］	日本語
espèces	［エスペス］	現金
liquide	［リキッド］	現金
monnaie	［モネ］	おつり
carte de crédit	［カルト ドゥ クレディ］	クレジットカード
change	［シャンジュ］	両替
taux de change	［トー ドゥ シャンジュ］	両替レート
achat	［アシャ］	買い
vente	［ヴァント］	売り
petite monnaie	［プティット モネ］	小銭
billet	［ビエ］	紙幣
commission	［コミッスィオン］	手数料
guichet automatique	［ギシェ オートマティック］	ATM
distributeur de billets	［ディストリビュトゥール ドゥ ビエ］	ATM

［読み方］
（日本語 フランス語）

日本語	フランス語
両替所はどこにありますか？	Où est le bureau de change ?
手数料はいくらですか？	Combien de commission prenez-vous ?
小銭を交ぜてください	Je voudrais avoir aussi de la petite monnaie.
レシートをください	Donnez-moi un reçu, s'il vous plaît.
カードがATMから出てきません	Ma carte est restée bloquée dans le distributeur.
カードを盗まれた！	On m'a volé la carte de crédit!

技術　パリでの情報収集

出発前の情報収集はもちろん大切だが、パリに着いてからも、最新の情報収集に努めたい。観光案内所のほか、情報誌や旅をサポートしてくれるアプリをフル活用して、パリ観光に役立てよう。

観光案内所

SPOT24→P.96

2024年1月、エッフェル塔の近くに観光客のための案内所「SPOT24」がオープンした。これまで市庁舎内にあった「オフィス・ド・トゥーリスム Office de Tourisme」に代わるもので、2024年12月31日までは五輪のグッズを扱うブティックを併設する。

パリ日本文化会館の近くにあるSPOT24

　観光案内所のスタッフは英語が話せ、問い合わせに応じてくれる。パリの地図など置いてある資料は無料でもらえる。

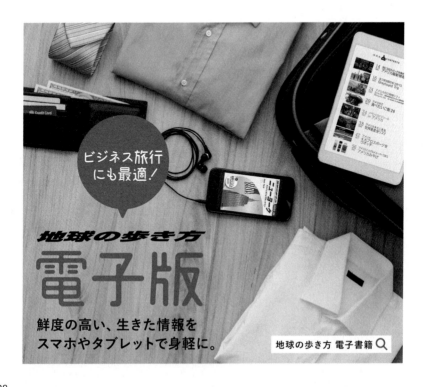

ビジネス旅行にも最適！

地球の歩き方 電子版

鮮度の高い、生きた情報を
スマホやタブレットで身軽に。

地球の歩き方 電子書籍

日本の文化センター

エスパス・ジャポン Espace Japon

　フランス人に日本の文化を紹介する活動を行っている文化センター。日本語のフリーペーパー『オヴニーOvni』の編集部があり、図書室の本も充実しているので、在パリ日本人によく知られた場所だ。フランス人向けの日本語講座のほか、折り紙、書道教室といった文化活動を幅広く行っている。おにぎりを食べられる「メディアカフェ」(→P.276)もある。最新の『オヴニー』をもらって情報収集しながらひと休みするのもいい。

図書室の本は会員以外も閲覧可能。展示会などのイベントも行っている

エスパス・ジャポン
- MAP 別冊P14-1A
- 住 12, rue de Nancy 10e
- TEL 01.47.00.77.47
- 営 13:00〜19:00
  (土〜18:00)　休 月日祝
- URL www.espacejapon.com

フランスのおもなニュースの解説、美術展の紹介などが載っているフリーペーパー。毎月1日発行 URL ovninavi.com

情報誌でイベント情報をつかむ

　その週のパリのイベントが網羅された『ロフィシェル・デ・スペクタクルL'Officiel des Spectacles』は、駅や町なかにあるキオスクで買うことができる情報誌。メトロ駅に専用ラックが置かれているフリーペーパーも新商品の広告やレストラン紹介など、フランス語がわからなくてもひろえる情報はある。

『ロフィシェル・デ・スペクタクル』は映画、演劇、美術館などの情報誌。仏語、毎週水発売。€2.30 URL www.offi.fr

アプリで情報収集

　現在位置を教えてくれたり、レストランの予約ができたりと、スマートフォンのアプリは、さまざまな場所で旅をサポートしてくれる。海外モバイル用Wi-Fiのルーター(→P.433)などを利用すればどこでも使用できるが、屋外で使う際は、盗難に気をつけたい。

『パリ・ヴゼーム』は、パリの空港に備えられたフリーマガジン。英・仏語のみだが、最新のグルメ情報やユニークな切り口の特集などがある

パリ旅に役立つおすすめアプリ

(写真：上段より左から右へ)

●**Bonjour RATP**(英語)
メトロの路線図、各線の運行状況、現在地から最寄りのメトロ駅検索、目的地への経路検索といった機能がある。

●**IDF Mobilités**(英語)
パリとイル・ド・フランス地域の公共交通機関のアプリ。イル・ド・フランス圏内を走るRERやトランシリアンの時刻や路線の検索が可能。

●**Méteo Paris**(仏語)
パリの天気。フランス語だが、天気と温度はイラストと数字なので、読めなくても理解できる。

●**Uber**(日本語)
専用アプリを使った配車サービス。料金はクレジットカード引き落としとなるため、直接金銭のやり取りをする必要がない。

●**The Fork**(英語)
位置情報から近くのレストランを検索、予約できる。

●**SNCF Connect**(英語・仏語)
フランス国鉄のアプリ。時刻表の検索や列車の予約ができる。モン・サン・ミッシェルなど地方に行く予定がある人に。

●**Air France**(日本語)
利用するエアラインのアプリを入れておくと、セルフチェックインも可能。

●**Google Maps**(日本語)
パリでもナビとして活躍してくれる。

●**Google翻訳**(日本語)
カメラ入力もできる翻訳アプリ。複雑な名称の料理名などは、迷訳になることも。

免税について

フランスでは、EU圏外からの旅行者がひとつの店で1日に€100.01以上（店によって異なる）の買い物をすると、12～18.6％（店によって異なる）の免税が受けられる。商品を使用せずにEU圏外に持ち出すことが条件となる。

付加価値税って？

付加価値税は日本の消費税に当たる間接税で、日本人旅行者にとっては、支払う必要のないもの。1日にひとつの店で€100.01以上の買い物をした場合などの条件が整えば一部が戻ってくるのだ。フランス語ではTaxe sur la Valeur Ajoutée（TVA）。

おもな免税手続き代行会社
● グローバルブルー
URL www.globalblue.com
● プラネット
URL www.planetpayment.com
免税手続きは、すべての店でしてもらえるものではない。上記などの代行会社と提携し、免税手続きをする店では、ステッカーが張られている。

「DETAXE」と書かれたパブロの機械。トップ画面から日本語を選ぶことができる（上）　この画面が出れば手続き完了（下）

免税手続きの方法

免税条件

　EU加盟国に居住していない旅行者が、ひとつの店で1日に€100.01以上（店によって異なる）の買い物をし、同日に免税書類を作成する。さらに、購入日から3ヵ月以内に空港の税関で免税手続きを行うことによって税金の還付が受けられる。商品には免税対象になる物と、対象外の物があるので確認のこと。還付率も品物によって異なる場合がある（食料品など）。

免税書類作成の依頼

　店員に「Détaxe, s'il vous plaît. デタックス・スィル・ヴ・プレ」と依頼し、購入商品の詳細、払い戻し方法、氏名、日本の住所、国籍、パスポート番号などが記入された免税書類を作成してもらう。パスポート（原本。コピー不可）が必要なので必ず携帯していること。免税書類と処理方法は購入店によって異なる。空港での注意事項を確認しておこう。

空港での免税手続き

　出国時の空港の税関（CDG空港では免税手続きカウンターDétaxe）で免税手続きを行う。フランスでは免税手続きをスムーズに行うために、電子認証による「パブロPablo」という免税通関システムを導入している。買い物をした店でパブロ対応の免税書類を受け取った場合は、免税カウンターの窓口ではなく、電子認証端末機で手続きを行う。

　免税カウンター近くにあるパブロの機械に書類のバーコードを読み取らせる。日本語表示も選べるので、最後に「明細書が認証されました」というメッセージが画面上に出ればOKだ。免税書類には何も印字されず確認証も出てこないので、必ず画面の文字を確認すること。

　パブロの機械が故障していたり、電子認証に失敗した場合は、免税カウンターの窓口で手続きをする。「免税書類」「パスポート」「購入商品（未使用）」「搭乗券」を提示して申告すると、書類をチェックしたあと、承認スタンプを押してくれる。「クレジットカードに払い戻し」を選んだ場合、認証済みの免税書類を購入店でもらった返信用封筒に入れて、ポストに投函する必要がある。購入者控えは返金を確認するまで保管すること。「現金（空港）での払い戻し」を選んだ場合は、書類を持ってリファンドオフィスへ。

税金の払い戻し方法

免税書類作成時に、「クレジットカード」「現金（空港）」など払い戻し方法を選ぶ。手数料などが異なるので、店でよく確認して選ぶこと。クレジットカードへの払い戻しを選ぶ人が多い。

クレジットカード：パブロでの承認後または免税書類が代行会社に届いてから、1～2ヵ月後に指定したクレジットカードに払い戻される。

現金：代行会社によっては現地空港内、日本の成田空港、関西空港内のリファンドオフィスで換金できる。免税書類作成時および換金時に手数料がかかる場合があるので、購入店で確認すること。

現金での払い戻しについて
現地空港で受け取る場合、リファンドオフィスによっては日本円での換金ができないこともある。クレジットカードでの払い戻しがおすすめ。

免税手続きに関する注意点

●免税手続きはEU加盟国内で一番最後に出国する国の空港で行う。パリ（CDG空港）以外で手続きを行う場合は、空港によって税関の位置や受付時間が異なるので要注意
●CDG空港からほかのEU加盟国を経由して帰国する場合は、購入品を機内預けにせず、手荷物扱いにしておくこと
●購入品は未使用のまま免税手続きカウンターに提示する
●2ヵ月過ぎても支払いがない場合、購入者控えに記載されている連絡先に問い合わせをする
●帰国後の免税手続きはできない

EU加盟国

アイルランド	イタリア
エストニア	オーストリア
オランダ	キプロス
ギリシア	クロアチア
スウェーデン	スペイン
スロヴァキア	スロヴェニア
チェコ	デンマーク
ドイツ	ハンガリー
フィンランド	フランス
ブルガリア	ベルギー
ポーランド	ポルトガル
マルタ	ラトビア
リトアニア	ルクセンブルク
ルーマニア	

（2024年3月現在）

INFO **Column Information** → フランス人の数字の書き方、日付の書き方

●数字の書き方
　フランス人の書く数字はとても読みにくい。慣れていないと、せっかく紙に書いてもらっても、判読できないことがしばしば。レストランで、黒板の手書き文字の判読が難しいこともよくある。
　特に日本人にわかりにくいのは「1、4、7」だが、特徴があるので、慣れてしまえば何とか読めるだろう。もしわからなかったら、必ず確認しよう。

●日付の書き方
　慣れないフランス語で数字を言うのは至難のワザ。数字や日付は紙に書いたほうが間違いも防げるのでおすすめなのだが、年月日の書き方がフランスと日本では違うので注意しよう。日本式と順番が異なり、「日・月・年」の順で記す。
　例えば、「2024年9月10日」の場合は、「10／9／2024」と書く。「8／11」などと書いてあると、日本人は8月11日だと思ってしまうが、これは11月8日のこと。まるっきり別

の日になってしまうので、予約にかぎらず、日付の見方・書き方には常に気をつけよう。
　日には「le」を付け、月を「mars（3月）」などとフランス語あるいは英語で書けば間違いない。2024年4月11日は「le 11／avril／2024」となる。
●日付に関する単語→P.450

パリから日本にいる家族に連絡を取りたいとき、知っておきたいフランスの通信事情。携帯電話、インターネット利用とさまざまな手段があるので、旅のスタイルに合わせて使い分けよう。

日本での国際電話の問い合わせ
●au（携帯）
☎ 157（auの携帯から無料）
URL www.au.com
●NTTドコモ（携帯）
☎ 151（ドコモの携帯から無料）
URL www.docomo.ne.jp
●ソフトバンク（携帯）
☎ 0800-919-0157
☎ 157（ソフトバンクの携帯から無料）
URL www.softbank.jp

携帯電話を紛失した際の、フランスからの連絡先（利用停止の手続き。全社24時間対応）
●au
（国際電話識別番号00）
+81-3-6670-6944 ※1
●NTTドコモ
（国際電話識別番号00）
+81-3-6832-6600 ※2
●ソフトバンク
（国際電話識別番号00）
+81-92-687-0025 ※3
※1　auの携帯から無料、一般電話からは有料。
※2　NTTドコモの携帯から無料。一般電話からは有料。
※3　ソフトバンクの携帯から無料。一般電話からは有料。

電話

　自分の携帯電話を持参し、現地で通話するためには、通信キャリア各社が提供している「海外パケット定額サービス」を利用するか、「LINE」「Messenger」「FaceTime」といったアプリをWi-Fi（フランス語でウィフィ）環境で利用する方法がある。なお、日本国内におけるパケット通信料は、海外では適用されないので注意したい。

　なお、フランスでは携帯電話の普及にともない、町なかにあった公衆電話は撤去された。

フランス国内通話のかけ方

　市外局番はないので、10桁の番号をそのままダイヤルする。

国際電話のかけ方〈フランスから日本へ〉

例：日本の**(03) 1234-5678**
にかける場合
00-81-3-1234-5678

ホテルの部屋からは
外線用番号の **0** か **9**※
※はホテルの部屋からかける場合のみ

国際電話識別番号
00

日本の国番号
81

相手の電話番号
（市外局番、携帯番号の
最初の0は除く）

国際電話のかけ方〈日本からフランスへ〉

例：フランスの **01.23.45.67.89**
にかける場合
010-33-1-23-45-67-89

国際電話識別番号
010 ※

フランスの国番号
33

相手の電話番号
（市外局番、携帯番号の
最初の0は除く）

※携帯電話の場合は「0」を長押しして「＋」を表示し、続けて国番号からダイヤルしてもかけられる。

※ NTTドコモは事前に WORLD CALL の登録が必要。

はみだし! コレクトコールとは、電話をかける側でなく、受けた側が通話料金を支払うサービス。オペレーターに相手の日本の番号を伝えてコレクトコールでつないでもらう。KDDIジャパンダイレクト ☎ 0800-99-0081（日本語）

インターネット

インターネットでの情報収集やメールの送受信は、今や生活の一部となっている。持参したスマートフォンやPCを使って、パリでインターネットに接続する方法を紹介しよう。

インターネットの利用時間、頻度に合わせて選ぶ

旅行先でも、地図アプリを使って場所や行き方を確認したり、フランス語をその場で翻訳してもらったり。またフォトジェニックな町パリでは、撮ったばかりの写真をSNSでシェアしたくなるはず。パリでインターネットに接続するにはいくつかの方法があり、旅のスタイルや普段の利用状況に応じて選びたい。

まず、旅は観光に集中したい！ ネットに接続するのはホテルに帰ってからで十分、という人は、特に何も用意する必要はない。ホテルなどWi-Fi環境が整った場所では、無料で利用できる。

SNSや地図アプリを頻繁に利用する人や、感動をその場で伝えたい！ という人は、常時ネット接続が可能な手段を選びたい。ひとつは「海外用モバイルWi-Fiルーター」をレンタルする方法。場所を問わず、常に利用できる。もうひとつは、通信キャリア各社が提供している「海外パケット定額」を利用する方法だ。各社プランが異なるので確認しよう。

ホテルのWi-Fiの注意点

Wi-Fi無料のホテルであっても、接続可能な部屋がかぎられていることもあるので、チェックイン時に確認したほうがいい。通信環境も部屋ごとにまちまちのことも多いので、心配な場合は予約時に問い合わせよう。

SIMカードを購入する

プリペイドタイプのSIMを購入して利用することもできる。たとえばOrange HolidayのSIMカードは、30GB（有効期間14日間）€39.90。

シャルル・ド・ゴール空港の到着階で買える

フランスでスマホ、ネットを使うには

スマホ利用やインターネットアクセスをするための方法はいろいろあるが、一番手軽なのはホテルなどのネットサービス（有料または無料）、Wi-Fiスポット（インターネットアクセスポイント。無料）を活用することだろう。主要ホテルや町なかにWi-Fiスポットがあるので、宿泊ホテルでの利用可否やどこにWi-Fiスポットがあるかなどの情報を事前にネットなどで調べておくとよい。ただしWi-Fiスポットでは、通信速度が不安定だったり、繋がらない場合があったり、利用できる場所が限定されたりするというデメリットもある。そのほか契約している携帯電話会社の「パケット定額」を利用したり、現地キャリアに対応したSIMカードを使用したりと選択肢は豊富だが、ストレスなく安心してスマホやネットを使うなら、以下の方法も検討したい。

☆ 海外用モバイルWi-Fiルーターをレンタル

フランスで利用できる「Wi-Fiルーター」をレンタルする方法がある。定額料金で利用できるもので、「グローバルWiFi（【URL】https://townwifi.com/）」など各社が提供している。Wi-Fiルーターとは、現地でもスマホやタブレット、PCなどでネットを利用するための機器のことをいい、事前に予約しておいて、空港などで受け取る。利用料金が安く、ルーター1台で複数の機器と接続できる（同行者とシェアできる）ほか、いつでもどこでも、移動しながらでも快適にネットを利用できるとして、利用者が増えている。

海外旅行先のスマホ接続、ネット利用の詳しい情報は「地球の歩き方」ホームページで確認してほしい。
【URL】http://www.arukikata.co.jp/net/

▼グローバルWiFi

初めてWi-Fiを利用する人へ

使用する端末によって細かな
違いはあるが、おおむね以下
のような手順で、簡単に接続
することができる。
1. メニューのネットワーク設
定画面でWi-Fiの使用が許可さ
れている（設定がONになって
いる）ことを確認する。
2. 現在圏内にあるWi-Fiの一
覧から、使用したいネット
ワークを選択する。
3. パスワード画面が出た場合
は、入力する。ここで何もな
かった場合は、インターネッ
トを開くとパスワードを求め
る画面が出ることがある。
4. 有料であったり、時間制限
がある場合は、使用後は必ず
ログアウトする。

**パリ市による公衆Wi-Fiのアク
セスポイント**
[URL] www.paris.fr/pages/
paris-wi-fi-152

**パリ旅に役立つおすすめアプリ
→P.429**

「スターバックス・コーヒー」「マ
クドナルド」「クイックQuick」
といったファストフード店では
無料でWi-Fiを利用できる

Wi-Fiのつなぎ方

最近のフランスでは、ホテルや空港など、無料Wi-Fi接続サー
ビスを提供する公共施設が増えている。ただし、スマートフォ
ンを狙った盗難も多発しているので、屋外で使う際には特に注
意したい。また、暗号化されていない回線では、重要な個人情
報の入力や表示をすることは避けたほうがいい。

Wi-Fi環境のみで利用したい人は、**Skype、LINE**などによる
通話も可能だ。この場合、自動的に現地の電話回線につながっ
て高額請求されないよう、機内モードにしておくか、設定画面
の「モバイルデータ通信」と「データローミング」をオフにし
ておくこと。

美術館など公共施設で利用する

ルーヴル美術館ではナポレオンホール
で無料Wi-Fiスポットを開放している。オ
ルセー美術館も、独自の無料Wi-Fiを提供
している。館内であっても、スリや置き引
きに気をつけて利用しよう。

また、パリ市の無料公衆Wi-Fiは区役所、
市立美術館、公園など市内約250ヵ所で開
放されている。アクセスポイントはウェブ
サイトで公開中だ。利用できる時間帯は7:00
～24:00の施設が開館している間のみ。

オルセー美術館（上）、パ
リ市（下）の公衆Wi-Fiのサ
イン

カフェやファストフード店で利用する

カフェやファストフード店ではドリンク代だけでインター
ネットし放題のサービスも増えてきた。店の入口にある「**Wi-Fi
Gratuit（Wi-Fi無料）**」のステッカーが目印だ。レシートにアク
セスコードや簡単な接続手順が記載されていることが多い。

**Column
Information**

空港、駅でもインターネット使い放題

パリCDG空港では、Wi-Fiのアクセスが無
制限かつ無料。利用中の広告表示なし、高速
通信をしたい場合は有料サービスもある。空
港内で「WIFI-AIRPORT」
をキャッチしたら、登録
画面でメールアドレスを

1. WIFI-AIRPORTをキャッチ
2. 「無料 Wi-Fi」を選ぶ

入力して「規約と条件」欄にチェックを入れ
ればすぐに利用できる手軽さだ。
また、フランス国鉄（SNCF）でもTGV駅を
中心に公衆Wi-Fiのサービスを開始しており、
TGV車内でも一部車両と区間で利用できるよ
うになった。

モンパルナス駅、
TGVの発着駅構内

郵便

郵便局La Poste（ラ ポスト）の営業時間は月～金曜8:00～20:00、土曜9:00～13:00（局によって異なる）。切手はたばこ屋でも購入できる。日本までの料金ははがき、封書（20gまで）ともに€1.96。

荷物については**コリッシモColissimo**という小包扱いになる。**コリッシモ・プレタ・アンヴォワイエ・モンドColissimo Prêt-à-Envoyer Monde**は、郵送料込みのボックスを買い、中身を詰めて郵便局から発送するシステム。料金が割安となり便利だ。ボックスは郵便局で購入する。日本までの料金は、XLサイズ（40×27.5×19.5cm、7kg以内）が€78。増えてしまった荷物を送りたいときなどに利用するのもいいだろう。いずれも1週間～10日（フライトの減便などによる遅延の可能性あり）くらいで届く。

フランスのポストは黄色

コリッシモ・プレタ・アンヴォワイエ・モンドのボックス

日本への郵便物は「Etranger」の表示がある投函口へ

宛名の書き方

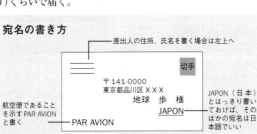

差出人の住所、氏名を書く場合は左上へ

切手

〒 141-0000
東京都品川区×××
　　　地球　歩　様
　　　　　JAPON

JAPON（日本）とはっきり書いておけば、そのほかの宛名は日本語でいい

航空便であることを示すPAR AVIONと書く

PAR AVION

郵便料金 （フランスから日本へ）

重さ	手紙	小包	重さ	手紙	小包
~20g	€1.96	——	~2.0kg	€26.50	€48.50
~100g	€4.15	——	~5.0kg	——	€70.80
~250g	€9.85	——	~10.0kg	——	€133.80
~500g	€14.55	€31.60			
~1.0kg	——	€35.15			

手紙：Lettre
小包：Colissimo（20kg まで）

Column Information

記念切手をおみやげに

フランスの郵便局「ラ・ポストLa Poste」では、季節ごとに記念切手を発行している。なかでも人気なのは、バレンタインの季節に発売される切手。毎年異なるデザイナーがデザインを担当。思わずコレクションしたくなる、美しい切手ばかりだ。ほかにも、フランスの観光名所を絵柄にしたものや、往年の映画スターや歌手のポートレートを載せたものなど、さまざまな切手が出ている。郵便局では、販売中の切手が番号とともにディスプレイされているので、番号を伝えれば買いやすいだろう。

バレンタイン記念切手。2024年版は「ランコム」によるデザイン

はみだし！ 本人が持ち帰らずに自分宛に送る荷物は、「別送品」扱いにできる。携帯品と合わせて税金の対象となるが、免税範囲（→P.423）内であれば税金はかからない。「携帯品・別送品申告書」（→P.423）は2枚必要。

トラブル対策

「事故は気の緩みから」とよくいわれるが、どんなに気をつけていても、思わぬ被害に遭うことだってある。海外旅行で起こりやすいトラブルとその対処方法を知っていれば、万一のときも慌てなくてすむだろう。

緊急時のダイヤルリスト
警察 Policeポリス ☎17
消防 Pompierポンピエ ☎18
医者付き救急車 SAMU ☎15
SOS Médecins ☎3624

薬局は緑十字が目印

年中無休の薬局
MAP 別冊P.23-2C
住 84, av. des Champs-
Elysées 8e
☎ 01.45.62.02.41
営 9:00〜20:00

シャンゼリゼ大通りのパッサージュ内にある

病気、けが

病気になったら、絶対に無理は禁物。重病と思ったら、迷わずSAMU（医者付き救急車）や、SOS Médecins（24時間巡回医療サービス）を呼ぶこと。ホテルの受付に頼んでもいい。

SOS Médecinsの車

病気やけがに備えて

気候や環境の変化、食事の変化などで、急に体調を崩すこともある。まず、よく眠ること。睡眠不足は万病のもとだ。そして、常備薬を多めに持っていくこと。医薬分業のフランスでは、薬の購入には医師の処方箋が必要。家庭常備薬以外は、処方箋なしでは買えないので注意しよう。風邪薬、胃腸薬などは、使い慣れたものを日本から持参したい。

海外旅行保険への加入は必須

フランスでは健康保険加入が原則で、保険に入っていれば治療費はほとんどかからないが、保険に入っていない旅行者の場合は全額自己負担。日本で全額負担するよりも高い。日本から海外旅行保険に加入していくのは、今や常識だ（→P.417）。病気になったとき、日本語医療サービスのある海外旅行保険に加入していれば、このサービスセンターに電話して、対処してもらうのがいちばんいい。提携病院で治療を受ければ、病院側も慣れており、スムーズに対処をしてもらえるだろう。通院にかかったタクシー代の領収書なども忘れずに取っておこう。

Column Information

日本語の通じる病院

海外で病気になったり、気分がすぐれないとき、日本語の通じる医師は心強い存在だ。要予約。

パリ・アメリカンホスピタル
Hôpital Américain de Paris

日本人医師、看護師、通訳のスタッフがサポートしてくれる、安心の総合病院。パリ市内から82番または93番のバスでHôpital Américain下車。

MAP 別冊P.4-1A
住 63, bd. Victor-Hugo 92200
　　Neuilly-sur-Seine
☎ 01.46.41.25.15（日本語サービス）
Eメール japon@ahparis.org
URL jp.american-hospital.org（日本語）

ウェブサイトには日本語ページがあり安心

はみだし！ 持病がある場合は主治医に相談し、既往症や薬品について最低限英語で説明した診断書を書いてもらおう。特に薬品などにアレルギーのある人は、その旨を書いた紙が必要。常用薬の使用説明書を英訳しておくといい。

■保険会社の指定病院で治療を受ける場合

【保険会社に連絡】	自分が加入している海外旅行保険会社のアシスタント・サービス・デスクに連絡すると、最寄りの保険会社指定病院を紹介してもらえる
【治療】 病院窓口で保険契約証を提示	治療費は補償金額の範囲内で保険会社から直接提携病院に支払われるので、手持ちのお金がなくても大丈夫

■緊急の場合

【治療】 ホテルの紹介や救急車を呼んで病院へ	自分で病院へ行った場合、治療費はひとまず全額自分で払うことになる
【保険会社に連絡】 必要書類についての指示を受ける	保険会社の指示に従って、領収書、診断書などの必要書類を揃える。書類が揃っていないと、保険金がおりないこともあるので注意
【保険金の請求】 必要書類を提出	日本帰国後、必要書類を保険会社に提出し、保険金を請求する

　万一の場合に備えて保険会社の緊急連絡先電話番号と保険証書は常に携帯しておこう。

盗難、紛失

　盗難や紛失に遭ったら、すぐに最寄りの警察に届け出て、「紛失・盗難届証明書」を発行してもらう。

■パスポート

【警察に届ける】 「紛失・盗難届証明書」を発行してもらう	万一に備えて、パスポートの写真のページと航空券や日程表のコピーがあるといい。コピーはパスポートと別に携帯しておくこと
【日本大使館に届ける】 パスポートの紛失届および新規発給の申請	失効手続きの必要書類は、「紛失一般旅券等届出書」（来館時に記入）、写真1枚（6ヵ月以内に撮影、縦4.5cm×横3.5cm）。新規発給には「一般旅券発給申請書」（来館時に記入）、手数料、警察発行の「紛失・盗難届証明書」、写真1枚、戸籍謄本1通（6ヵ月以内に発行されたもの）。
【新規発給】 1週間〜10日ほどかかる	帰国するだけなら「帰国のための渡航書」を申請することも可能（要手数料）。帰りの航空券が必要で、帰国日前日に発行される

非常時、トラブルのときの会話
→P.450

事故に巻き込まれたらすぐに最寄りの警察に助けを求めよう

在フランス日本国大使館
Ambassade du Japon en
France（アンバサード・デュ・ジャポン・アン・フランス）
MAP 別冊P.22-1B
M ②Courcelles
住 7, av. Hoche 8e
TEL 01.48.88.62.00
URL www.fr.emb-japan.
　　go.jp（日本語あり）

日本大使館のウェブサイトから警察で被害届をスムーズに作成してもらうための依頼書がダウンロードできる。日本語で項目が書かれているので、わかりやすい

はみだし! 海外でのパスポートの申請手続きに必要な書類の詳細は、外務省のウェブサイトで確認を。
URL www.mofa.go.jp/mofaj/toko/passport/pass_5.html

主要カード会社のフランスから
の連絡先
●アメリカン・エキスプレス
Free 0800.90.83.91（日本語）
●ダイナースクラブカード
TEL 81-3-6770-2796（日本語）
●JCBカード
Free 0-800-0009-0009
（日本語）
●マスターカード
TEL 0-800-90-1387
●VISA
TEL 0-800-90-1179

※電話番号は変更される場合
もあるので、出発前にカード
会社に確認しておくこと。

現金とカードは分散して持つ
現金を盗られたり、紛失した
ら、まず見つからないと思っ
たほうがいい。クレジット
カードがあればキャッシング
もできるので、現金とカード
は分散して持っておこう。

遺失物取扱サービス
Service des Objets Trouvés
（セルヴィス・デゾブジェ・トゥ
ルヴェ）
ウェブサイトで申請できる（英
語可）。
TEL 34.30
営 9:30〜12:30、
13:30〜16:00
休 ⊕ ⊖ ㊗
URL www.ppbot.fr

■ クレジットカード

【カード発行金融機関に連絡】カードの無効処置と再発行の手続きを取る	悪用されないように、すぐに無効手続きの処置を取ってもらうこと
↓	
【警察に届ける】「紛失・盗難届証明書」を発行してもらう	あらかじめカード発行金融機関に紛失時の対処方法、連絡先を確認しておこう

■ 航空券

現在、各航空会社ともeチケットと呼ばれるシステムを導入しており、従来の紙の航空券と違って紛失、盗難を心配する必要がないのが、利用者にとっては大きなメリット。eチケット控えは万一紛失しても、無料で再発行が可能。詳しくは利用航空会社へ。

■ そのほかの携行品

【警察に届ける】「紛失・盗難届証明書」を発行してもらう	携帯品は、保険をかけておけば補償が得られ、安心だ。念のため、遺失物取扱所にも問い合わせてみよう
↓	
【保険会社に連絡】保険金の請求手続きを取る	帰国後、保険金を請求する。必要な書類など保険会社に確認しておくこと

 Column
Information ▶ 知っておきたい安全情報

●渡航先で最新の安全情報を確認できる「たびレジ」に登録しよう

外務省提供の「たびレジ」は、旅程や滞在先、連絡先を登録するだけで、渡航先の最新安全情報を無料で受け取ることのできる海外旅行登録システム。メール配信先には本人以外も登録できるので、同じ情報を家族などとも共有できる。またこの登録内容は、万一大規模な事件や事故、災害が発生した場合に滞在先の在外公館が行う安否確認や必要な支援に生かされる。安全対策として、出発前にぜひ登録しよう。

●外務省や大使館の安全ガイド

外務省では旅行者に向けて各国の治安状況や安全情報の提供サービスを行っている。フランスで最近よく発生している犯罪の実例と対処法がわかりやすく解説されている。在フランス日本国大使館のウェブサイト（→P437）にも「安全の手引き」が掲載されている。

フランス政府によるテロ発生時のマニュアルの一部。逃げられない場合の隠れ方も説明

●たびレジ
URL www.ezairyu.mofa.go.jp/index.html
●外務省の安全情報提供サービス
URL www.anzen.mofa.go.jp
●テロ発生時の対処法
URL www.culture.gouv.fr/en/
Thematic/Security-Safety/
Safety-and-security-of-persons/Vigipirate-Plan

安全で楽しい旅にするために
トラブル対策

旅行中は、日本にいるとき以上に泥棒、スリ、置き引きなどを常に警戒しなければならない。紛失や盗難に備えて、その対策を考えよう。

■紛失

紛失に備えて、メモに控えておいたり、コピーを取っておいたほうがいいものがある。一緒になくしてしまわないように、くれぐれも別の場所に保管すること。（覚え書きメモ→P.417）

●パスポート

名前と写真が記されているページをコピーしておく。パスポート番号、有効期限はメモしておく。パスポート用の写真2枚、戸籍抄本1通を用意しておく。

●カード

カード裏面のカード発行金融機関名、緊急連絡先をメモしておく。

■スリ

地下鉄や人の多い場所にはスリが多い。気をつけたいポイントがいくつかある。

●ひとめで旅行者とわかる格好をしない。

●リュックの外側のポケット、ズボンのポケット、ウエストポーチに貴重品は入れない。

●ショルダーバッグは斜めにかけ、手を添える。

●荷物は自分の体から離さない。テーブルや椅子に放置しない。

●多額の現金は持ち歩かないようにする。

●貴重品（現金、クレジットカード、パスポート）は分散して持つ。

●地下鉄やバスなど、乗り物の中で寝ない。

●常に周りに気を配る。注意を払う。

●ひとめにつく所でお金を数えたりしない。

■そのほかの注意点

●スリ集団や物乞いに囲まれてしまったら

大声で「No!」とはっきり拒絶して、逃げる。体やバッグに手をかけてきたら、手で振り払い、ときには突き飛ばしても。危険を感じたら周りの人に助けを求めよう。近くの店に逃げ込んでもいい。

●ひとり歩き

夜間や早朝、人通りの少ない通りのひとり歩きはしない。深夜になってしまったら、メトロには乗らずにタクシーを利用するようにしよう。地下道は昼間でも避けること。

●通りで

何人もで歩いていると、おしゃべりに夢中になって無防備になりがち。仲間がいると、つい安心してしまうが、自分の身は自分で守ることを肝に銘じて！

●子供だからといって安心はできない！

日本では考えられないことだが、10歳前後の子供だけのスリ集団がいる。未成年だとつかまってもすぐに釈放されるので、対処法がないとか。

■パリの犯罪多発地区

●モンマルトル周辺

ピガールなどの歓楽街に近く、ひったくり、強盗など凶悪な盗難事件が頻発。夜のひとり歩きはもちろん避けるべきだが、昼間でも注意が必要。

●サントノレ通り、モンテーニュ大通り、オペラ大通り界隈

日本人が最も盗難被害に遭いやすい場所。バイクによるひったくりが多発している。

●メトロ①号線

観光名所が並ぶ路線であり、日本人を狙ったスリが多い。

●RER Ⓑ線

シャルル・ド・ゴール空港から北駅にかけての車内で、空港到着客を狙った強盗事件が頻発。

●タクシー

シャルル・ド・ゴール空港から市内に向かうタクシーで、窓を割って荷物を奪おうとする事件が発生。

読者からの トラブル 投稿集

トラブルは、その手口を知っていれば避けられるケースもあります。
貴重な体験談が多数寄せられていますので、参考にして、ぜひ予防に役立ててください!

RER空港線でのトラブル

ATTENTION!!
市内から空港へのRERで

シャルル・ド・ゴール空港と市内を結ぶバスはロワシーバスのみ。モンパルナスのホテルを予約していたので、市内の停留所からメトロに乗るよりも楽かな、とRER B線でダンフェール・ロシュロー駅に向かいました。これが大失敗! 乗車時から座れないくらい混んでいたのに、途中駅でどんどん人が乗ってきて、すし詰め状態に。立ったまま、財布を盗まれないようバッグを押さえながらの乗車で、下車するときにはぐったり疲れ果てていました。次回は絶対乗らないと心に決めました。
(京都府 RINA '23)

編集部からのアドバイス
RER空港線は要注意

シャルル・ド・ゴール空港とパリを結ぶRERのB線では、空港利用客を狙った犯罪が頻発しています。数人で取り囲んで荷物を奪うといった荒っぽい事件も報告されています。パリ市内〜空港の移動手段としては一番安いため利用する人が多いのですが、ふたり以上の場合や大きな荷物を持っているときは、思いきってタクシーを利用することをおすすめします。安心料と思えば決して高くないはずです。

スマホを盗まれた

ATTENTION!!
カフェで目を離した一瞬に……

パリではスイーツ三昧。絵になる場所が多いので、いろんな場所で写真を撮ってSNSにアップしていました。町にもすっかり慣れてきて、カフェでスマホをテーブルの上に置き、短い時間、目を離したスキに盗まれてしまいました。すてきな思い出が一瞬にして悪夢に。悔やまれてなりません。
(宮崎県 みれいゆ '23)

編集部からのアドバイス
スマホは肌身離さず

通話中や、写真撮影中にスマートフォンやタブレット端末をひったくられる事件が多発しています。難しいことですが、使用中も周囲への注意を怠らないように。歩行中に使用するのはなるべく避けましょう。

空港行きのチケット詐欺

ATTENTION!!
チケット購入の手助けと思ったら……

パリ市内から空港へのチケットを券売機で購入する際、「Billets Aèroports(空港行きチケット)」のボタンを見逃して「Billets Region Ile de France(イル・ド・フランス地方方面へのチケット)」から検索して買おうとしたのですが見つからず、手間取っていました。すると男性がどこに行きたいんだと話しかけてきて、代わりにチケットを買ってくれました。券売機には空港までの料金が表示されていたので、現金を渡してチケットと引き換えました。ところが空港の駅で駅員に「このチケットは違う。罰金€35支払え」と言われました。どうやら similar チケットをすり替えられてしまったようです。隣にいた老夫婦も駅員から罰金を命じられ「買ってくれたもの」と説明していたため、同じ目に遭ったようです。
(愛知県 匿名希望 '23)

編集部からのアドバイス
親切な人にも用心を

犯罪者は親切を装い近づいてきます。また、注意をそらしている間に別の者がかばんやポケットの中の物を盗むといった手口も横行しています。もちろん本当に親切な人もいますが、「人を見たら泥棒と思え」とまではいかなくても、用心に越したことはありません。

スリの手口は？

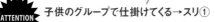

ATTENTION!!

子供のグループで仕掛けてくる→スリ①

　RERのシャトレ・レ・アール駅で電車を待っていると、まったく知らない人に「気をつけなさい」と呼びかけられ、はっと振り返ったところ、数人の子供たちが近寄ってくるのに気づきました。危険を察知して、その場を離れました。教えてくれた方に感謝しています。
（栃木県　MASA '23）

アンケートの強要→スリ②

　ノートルダム大聖堂は修復工事中でしたが、その様子が見られるようになっていたので、正面の広場は観光客でいっぱい。もう少し近づいて見ようと大聖堂のほうに歩いていく途中、アンケート用紙を持った2人組の女性から話しかけられました。最初、何を言っているのかわからなかったので立ち止まったところ、アンケート板の下からバッグに触ろうとしているのに気づき、振り切って逃げました。危うくスリの被害に遭うところでした。
（埼玉県　じゅん '23）

メトロの改札での早業→スリ③

　メトロの改札を飛び越えて無賃乗車している人がいて、初めて見たときは驚いたのですが、なんと体を密着して一緒に通り抜けようとした輩がいました！　通り抜けは失敗したものの、リュックの後ろポケットのファスナーが開いていて、入れてあった名刺入れがなくなっていました。財布と間違えたのかもしれません。もともとスリが目的で密着してきたのかどうかわかりませんが、気分が悪かったです。
（秋田県　亜麻猫 '23）

編集部からのアドバイス

周囲に気を配ろう

　パリの町を早足で歩いている最中、スリに遭うことはありません。気をつけなければならないのは立ち止まったとき。署名・アンケート詐欺は、狙った相手を立ち止まらせるためのスリの手口です。メトロやRERの駅では、電車を待つためホームで立つ時間が長くなります。周囲に怪しい人物はいないか気を配るようにしましょう。人が多く集まる観光名所は特に注意が必要です。

ロストバゲージ

ATTENTION!!

荷物が届くのに3日

　ロンドン経由の乗り継ぎ便を利用したのですが、到着が大幅に遅れ、パリ行きフライトに荷物が乗らず、ロストバゲージに。着いたのは夜中で何も買うことができませんでした。特に困ったのは、充電するためのケーブルを預け入れ荷物に入れていたこと。スマホのバッテリーはどんどん減っていくし、焦りました。荷物が届くのに3日もかかり、必要なものを購入するなど予定外の出費に泣くことに。観劇用に持ってきた洋服も、一度も着ることなく終わってしまいました。
（静岡県　きょん '23）

編集部からのアドバイス

空港には早めに

　最近よく耳にするのがロストバゲージのトラブル。件数が多く、荷物がなかなか出てこないこともあるとか。充電するためのケーブルなどすぐ必要になるものは、機内持ち込みにしたほうが安心です。また、バカンスシーズンなど空港が混み合う時期は、早めに着いて荷物のチェックインを済ませましょう。

ストライキに注意

ATTENTION!!

まさかのエッフェル塔でも

　訪れるのを楽しみにしていたエッフェル塔が、予定していた日にまさかのストライキ！　世界的な観光名所が閉まるとは想像もしていなかったのでびっくりしました。知らずにやってきた人も多かったようです。幸いストライキは1日で終わったので、別の日に行くことができました。
（奈良県　風の花 '24）

編集部からのアドバイス

情報の収集を

　「ストライキ」はフランス語で「グレーヴgrève」。交通機関の場合、路線が限られたり、便数が減るといった場合も。運行状況は駅構内に掲示されるので、確認しましょう。

パ リ の 歴 史

パリはシテ島から始まった

　パリ発祥の地はセーヌ川に浮かぶシテ島。古くから先住民族が住んでいたこの地に、ケルト系のパリシイ人が住み始めたのが紀元前3世紀頃。その後、ローマ人に支配され、シテ島と左岸を中心に町が形作られていった。カルチェ・ラタンには、ローマ浴場跡やリュテス闘技場など、ローマ時代の遺跡が今も残っている。

パリに残るローマ遺跡、リュテス闘技場
(→P.146)

中世のパリが残した遺産

　5世紀にローマ人がフランク族に敗退して以来、キリスト教はパリの町にも浸透し、文化と芸術を生み出す原動力ともなった。サン・ジェルマン・デ・プレ教会(→P.142)、サント・シャペル(→P.132)など、時代とともに変遷した教会建築は、12～14世紀にかけて建造されたノートルダム大聖堂でひとつの頂点を極めたといえる。

ノートルダム大聖堂はフランスゴシックを代表する建造物(→P.128)

フランス革命

バスティーユ牢獄の襲撃(カルナヴァレ博物館蔵)

　ヴェルサイユ宮殿をはじめとする、絢爛豪華な文化が黄金期を迎えたのが、17世紀半ば、「太陽王」ルイ14世の時代。しかし18世紀末ともなると、パリ市民は貧困にあえぎ、その不満から1789年の大革命へと発展した。革命の引き金となったのは、7月14日のバスティーユ牢獄襲撃。今も毎年7月13日に、バスティーユ広場で革命記念日の前夜祭が行われる。
　ルイ16世やマリー・アントワネットが処刑されたコンコルド広場(→P.110)は、血塗られた歴史の痕跡は見せず、調和の取れたたたずまいを見せている。

パリのおもなできごと

紀元前3世紀	ケルト系のパリシイ人がシテ島に定住
360	パリの古称「リュテティア」を「パリ」と改名
481	クロヴィス即位。メロヴィング朝始まる
508	パリがフランク王国の首都となる
543	サン・ジェルマン・デ・プレ教会建設
885	ノルマン人のパリ攻撃
987	ユーグ・カペー、国王に即位。カペー朝始まる

1137	ルイ7世即位。パリの大市場、レ・アールが造られる
1163	ノートルダム大聖堂建設開始
1180	フィリップ2世(尊厳王)即位。パリに城壁を築く
1190	ルーヴル宮建設開始
1226	ルイ9世即位
1253	ソルボンヌ大学創立
1328	フィリップ6世即位 ヴァロワ朝始まる
1358	パリでエティエンヌ・マルセルの乱
1364	シャルル5世即位 パリに新城壁建設
1431	英国王ヘンリー6世がフランス王としてノートルダム大聖堂で戴冠式
1437	シャルル7世、パリ奪還
1527	フランソワ1世、ルーヴル宮を居城とする
1562	カトリック、プロテスタント間の宗教戦争勃発
1572	サン・バルテルミーの虐殺
1578	パリのポン・ヌフ(新橋)建設開始

1589	アンリ4世即位。ブルボン朝始まる
1610	ルイ13世即位
1643	ルイ14世即位
1661	ヴェルサイユ宮殿建設開始
1682	宮廷がヴェルサイユに移る
1686	プロコープ開店(パリで最初のカフェ)
1715	ルイ15世即位
1758	パンテオン建設開始
1770	ルイ16世、マリー・アントワネットと結婚
1774	ルイ16世即位
1789	バスティーユ牢獄襲撃によりフランス革命勃発
1792	チュイルリー宮襲撃。王政廃止を宣言
1793	ルイ16世、マリー・アントワネット処刑 ルーヴル美術館開館
1794	三色旗が国旗となる

HISTOIRE DE PARIS

ナポレオンの登場

パリの栄光と苦難の時代を見続けてきた凱旋門（→P.102）

王政から共和制に移行したものの、政局は不安定な状態が続いた。そんな時代に登場したのがナポレオン・ボナパルトだ。政権を掌握した後、1804年には自ら皇位に就き、行政制度の改革などを行った。凱旋門は彼の命によって着工されたが、失脚して流刑に処されたナポレオンは、その完成を見ることなく、生涯を終えた。

近代都市パリの誕生

現在のパリの造りは、19世紀、クーデターによって権力を得たナポレオン3世（ボナパルトの甥）の時代にその礎が完成している。都市計画の指揮を執ったのはセーヌ県知事オスマン男爵。彼は、中世の入り組んだ路地をつぶし、大胆な改造計画を推進した。シャルル・ド・ゴール広場を中心に星形に配置された大通り、パレ・ガルニエの正面に延びるオペラ大通りなど、合理性だけでなく、美観を追求した構想の結果、魅力的な近代都市パリが誕生した。

万国博時に造られたエッフェル塔（→P.120）

19世紀後半には、万国博のために造られたモニュメントが、パリをさらに彩ることになる。エッフェル塔など、パビリオンとして造られた建造物は、今も現役で活躍中。

さらに20世紀末、当時の大統領ミッテランが推し進めた「グラン・プロジェ」が、町に新たな息吹を吹き込んだ。ルーヴルの「ガラスのピラミッド」も、このとき完成している。

21世紀に入ってからもパリ市は新たな課題に取り組んでいる。歴史遺産と共存しながら、常に新しいアイデアを取り入れ、挑戦を続ける町、それがパリだ。

ガラスのピラミッドも今ではパリの名所（→P.111、P.188）
© pyramide du Louvre, arch. I. M. Pei

パリをより深く味わえる

≫≫≫ 人物＆キーワード集 ≫≫≫

> ➡ P.xx
> は関連記事
> 掲載ページ

人物(生年順)

フィリップ2世
Philippe Ⅱ(1165〜1223)【王】

カペー朝第7代の国王。イギリスがフランスに所有していた領土の大部分を併合し、王権の基礎を築いた。パリの道路を舗装し、「フィリップ・オーギュスト王の城壁」を建設。パリ大学の創設に協力した。ローマ帝国の初代皇帝アウグストゥスに由来する「尊厳王(Auguste、オーギュスト)」と呼ばれる。
➡フィリップ・オーギュスト王の要塞跡 P.111

ルイ9世
Louis Ⅸ(1214〜1270)【王】

カペー朝第9代の国王。敬虔なカトリック教徒でフランス国王では唯一、列聖され、St Louis(聖王ルイ)と呼ばれている。キリストの聖遺物「茨の冠」を納めるため、サント・シャペルを建設。第7回、第8回の十字軍を起こし、第7回ではエジプトで捕虜となり、第8回ではチュニスで伝染病にかかり死亡。
➡サント・シャペル P.132

アンリ4世
Henri Ⅳ(1553〜1610)【王】

1589年、ヴァロワ朝のアンリ3世が暗殺されたのを受けて即位。ブルボン王朝の初代国王となる。カトリックとプロテスタントが激しく対立していた(ユグノー戦争)時代、その融和をはかって自らカトリックに改宗。さらに信教の自由を認める「ナントの勅令」を発令し、長引いた宗教戦争を終結に導いた。よき君主として、歴代国王のなかで最も人気のある王。
➡ヴォージュ広場 P.136

アンドレ・ル・ノートル
André Le Nôtre(1613〜1700)【造園家】

「王の庭師」、「庭師の王」と呼ばれ、ヴェルサイユ宮殿の庭園を設計したことで知られる。宮廷庭師の家系に生まれ、フランス式庭園を確立させた。ヴェルサイユ宮殿のモデルとなったヴォー・ル・ヴィコント城をはじめ、17世紀の有名な庭園を数多く手がけている。
➡チュイリリー公園 P.110
➡サン・ロック教会 P.113
➡ヴェルサイユ宮殿 P.382
➡ヴォー・ル・ヴィコント城 P.389
➡フォンテーヌブロー城 P.398
➡シャンティイ城 P.400

モリエール(ジャン＝バティスト・ポクラン)
Molière (Jean-Baptiste Poquelin)(1622〜1673)【劇作家】

役者を志し、パリで劇団を設立するが挫折。その後は南仏を興行して回った。パリに戻りルイ14世の寵愛を受ける。モリエールが率いたこの劇団はコメディ・フランセーズの前身のひとつ。フランス語は「モリエールの言葉Langue de Molière」と呼ばれるほど、国民的劇作家として敬愛されている。
➡コメディ・フランセーズ P.234

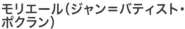

ルイ14世
Louis ⅩⅣ(1638〜1715)【王】

1643年、幼くして即位。太陽王とも呼ばれた絶対王政最盛期の王で、ヴェルサイユ宮殿建造に力を注いだ。1661年に親政を開始し権威を高める一方、晩年には深刻な財政難に陥っていた。
➡パレ・ロワイヤル P.112
➡ヴェルサイユ宮殿 P.382
➡ヴォー・ル・ヴィコント城 P.389
➡サン・ジェルマン・アン・レーの城 P.402

マリー・アントワネット
Marie Antoinette（1755～1793）【王妃】

　ルイ16世王妃として、14歳でウィーンからヴェルサイユに嫁ぐ。質素な生活を好んだ夫とは正反対の贅沢志向で自由奔放な人物であったとされているが、近年見直されている。プティ・トリアノンの内装など、洗練されたセンスの持ち主でもあった。1793年10月16日にコンコルド広場で斬首される。
→コンコルド広場 **P.110**
→コンシェルジュリー **P.132**
→ヴェルサイユ宮殿 **P.382**

ナポレオン・ボナパルト
Napoléon Bonaparte（1769～1821）【皇帝】

　ナポレオン1世。コルシカ島出身。フランス革命後、軍事手腕を発揮し、フランス第一帝政の皇帝となる。軍事力によって勢力を拡大するが、ロシア遠征の失敗後、敗北を重ね、失脚。エルバ島に追放される。ルイ18世が後継者（王政復古）となったが、エルバ島を脱出したナポレオンは再び支配者の座に。復位は長く続かず（百日天下）、ワーテルローの戦いに敗北した後、流刑先のセントヘレナ島で死去。亡骸はフランスに運ばれ、パリのアンヴァリッドに埋葬された。
→凱旋門 **P.102**
→カルーゼル凱旋門 **P.111**
→アンヴァリッド **P.124**

ヴィクトル・ユゴー
Victor Hugo（1802～1885）【作家】

　フランスで最も偉大な作家の一人。芸術の自由を主張しロマン派の旗手となり、政治家としても活躍。ナポレオン3世に反発し、ベルギーや英仏海峡のガーンジー島に亡命した。

ナポレオン3世の失脚後に帰国し、パリにて死去。国葬が執り行われ、パンテオンに埋葬されている。代表作に長編小説『レ・ミゼラブル』や『ノートルダム・ド・パリ』がある。
→ヴィクトル・ユゴー記念館 **P.136**

ナポレオン3世
Napoléon Ⅲ（1808～1873）【皇帝】

　ナポレオン1世の甥。叔父の失脚後、亡命生活を送っていたが、7月王政が崩壊した後にフランス帰国。時運にのって1848年に第二共和政大統領、さらに1852年国民投票で帝政を復活、皇帝となる。業績のひとつとして、セーヌ県知事オスマンとともに行ったパリの都市改造計画が挙げられる。放射状に延びる大通りの整備など、現在のパリの町並みは、この時代の改造がベースとなっている。
→パレ・ガルニエ **P.115**
→ルーヴル美術館 **P.188**

ヴィオレ・ル・デュック
Violet-le-Duc（1814～1879）【建築家】

　建築を構造的に研究。古典建築だけがもてはやされていた時代、荒廃しきっていた中世の建築物を修復、復興することに力を注いだ。ただ、オリジナルになかったものを加えるなど、度を過ぎた改変はときに批判の対象にもなった。
→ノートルダム大聖堂 **P.128**

シャルル・ガルニエ
Charles Garnier（1825～1898）【建築家】

　パリで鍛冶職人の息子として生まれ、17歳でエコール・デ・ボザールに入学。1848年にフランス政府によるローマへの留学制度であるローマ大賞を受賞し、5年間イタリアで過ごす。フランス帰国後、パリで建築家となり、オペラ座建設のためのコンクールで当選。その後もモナコのカジノやオペラハウスを設計し、フランス国内外で活躍した。
→パレ・ガルニエ **P.115**

ギュスターヴ・エッフェル
Gustave Eiffel（1832〜1923）【技師、建築家】

建設業者であるエッフェル社の創業者。19世紀末、伝統的な石材に代わる資材として「鉄」に注目し、鉄骨による数々の建造物を手がけた。1884年、パリ万国博覧会のシンボルを募るコンペにエッフェル社の案が採用され、エッフェル塔の設計者として広く知られるようになった。
➡エッフェル塔 P.120

エクトル・ギマール
Hector Guimard（1867〜1942）【建築家】

フランスのアールヌーヴォーを代表する建築家。パリのメトロの入口デザインを手がけたことで知られ、今もオリジナルの姿で使われている。また、高級住宅地パッシー地区には、彼とその一派が設計した邸宅やアパルトマンがいくつも残っている。
➡パリ建築散歩 P.222

ル・コルビュジエ
Le Corbusier（1887〜1965）【建築家】

「近代建築の父」と呼ばれる建築家。1927年に「ピロティ、屋上庭園、自由な平面、水平連続窓、自由な立面」という「近代建築の5原則」を提唱し、鉄筋コンクリートを使用した自由で開放的な明るい住空間を造りだした。2016年には、その作品群がユネスコの世界遺産に登録された。
➡ル・コルビュジエの建築作品 P.215

シャルル・ド・ゴール
Charles de Gaulle（1890〜1970）【政治家】

第18代大統領。第二次世界大戦でドイツ軍の進行を受けるとイギリスに亡命し、自由フランスを結成。対独レジスタンスを呼びかけた。その後フランスに戻り臨時政府の首相に就任した。その名はいくつもの場所で使われている。
➡シャルル・ド・ゴール空港 P.66
➡シャルル・ド・ゴール像 P.105

キーワード

ロマネスク様式 ➡P.145
Style Roman【建築様式】

10〜12世紀にフランス南部を中心に広まった美術様式。スタイルは地方によって異なるが、外観は一般的に簡素。重い石造天井を支えるために壁が厚く、窓が小さいため内部は薄暗い。入口周りや柱頭の彫刻にユニークな表現が見られる。
➡サン・ジェルマン・デ・プレ教会 P.142

ゴシック様式 ➡P.145
Style Gothique【建築様式】

12〜15世紀にイル・ド・フランスや北部の都市部を中心に発展した様式。尖頭アーチと交差リブ・ヴォールト、フライング・バットレスという新技術により、壁にかかる屋根の重さが軽減され、天井を高くし、窓を広くとることが可能に。このことは、ステンドグラスの発達につながった。
➡ノートルダム大聖堂 P.128
➡サント・シャペル P.132

ルネッサンス建築
Architecture de la Renaissance【建築様式】

15世紀イタリアのフィレンツェで発祥した。古代ローマ・ギリシア文化を模範とする建築様式で、端正な造りと円形のモチーフが特徴的。フランスにはフランソワ1世によって招かれたレオナルド・ダ・ヴィンチらによってもたらされた。
➡フォンテーヌブロー城 P.398
➡ブロワ城 P.406
➡シャンボール城 P.407

バロック建築
Architecture Baroque【建築様式】

16世紀後半、ルネッサンス様式に対抗して生まれた芸術運動。重厚感のある造りとねじれたモチーフが特徴で、ヴェルサイユ宮殿が代表的。
➡ヴェルサイユ宮殿
　P.382

フランス式庭園
Jardin à la Française【庭園様式】

17世紀にル・ノートルによって完成された整形庭園で、ヴェルサイユ宮殿、ヴォー・ル・ヴィコント城がその典型。比較的平坦で広い敷地に中心軸をとり、その両側に対称に幾何学的図形に従い整形した、池、噴水、花壇、樹木といった構成要素を整然と配置する。雄大でしかも節度と秩序のある景観を造成する点が特色。
➡ヴェルサイユ宮殿 **P.382**
➡ヴォー・ル・ヴィコント城 **P.389**

ロココ様式
Style Rococo【美術様式】

バロックに続くものとして、おもにフランスの宮廷で採り入れられた華やかな装飾様式。「ロココ」とは、貝殻を意味する「ロカイユ」から派生した言葉で、貝殻のように優雅な曲線を使った華やかなデザインが特徴。ヴェルサイユ宮殿のプティ・トリアノンなどで見ることができる。
➡ヴェルサイユ宮殿 **P.382**

フランス革命
Révolution Française【歴史】

18世紀末、ヴェルサイユ宮殿に代表される王族、貴族の華やかな暮らしとは対照的に、パリ市民は貧困にあえぎ毎日を送っていた。その不満が頂点に達し、勃発したのが1789年の大革命だ。引き金となったのは7月14日のバスティーユ牢獄襲撃。王政は廃止され、1793年、コンコルド広場でルイ16世とマリー・アントワネットの処刑が行われた。
➡コンコルド広場 **P.110**
➡カルナヴァレ博物館 **P.137**
➡バスティーユ広場 **P.139**

7月革命
La Révolution de juillet【歴史】

1830年7月27日から29日にかけてフランスで起こった市民革命。「栄光の3日間 le Trois Glorieuses」とも呼ばれる。1815年からの復古王政が専制的なものであったことから、市民が隆起。バリケードを築いて軍に抗戦し、シャルル10世を退位させた。ドラクロワの作品『7月28日-民衆を導く自由の女神』は、このときのパリ市街戦を題材にしている。
➡7月革命記念柱 **P.139**

パリ・コミューン
Commune de Paris【歴史】

1871年3月から約2ヵ月間続いた世界初の労働者自治政府。普仏戦争でナポレオン3世が捕虜になると、プロイセンとの講和を進めようとした政府と徹底抗戦を主張する民衆とが対立。民衆が政府を追い出し、労働者による政府を樹立。その後内紛とヴェルサイユに退却したフランス政府軍の攻撃を受けて5月に崩壊。
➡コミューン兵士の壁（ペール・ラシェーズ墓地内）
 P.176

万国博覧会
Exposition Universelle【歴史】

世界各国の文化交流の場として、とりわけ19世紀に盛大に開催された万国博覧会。パリも幾度か会場となり、そのときに造られた展示会場やモニュメントが今も残り、美術館などとして使われている。
➡エッフェル塔 **P.120**
➡シャイヨー宮 **P.123**
➡オルセー美術館 **P.196**
➡グラン・パレ **P.206**
➡プティ・パレ **P.206**
➡パレ・ド・トーキョー **P.208**

アールヌーヴォー
Art Nouveau【美術様式】

「アールヌーヴォー」とは19世紀末に起こった新しい芸術運動。花や植物をモチーフとしたり、曲線を多用したりしていることが特徴。運動自体は10年ほどで消えてしまったが、建築、家具、装飾品など、生活に溶け込んだアートとして、今も見ることができる。ギマール作のメトロの入口も作品のひとつ。
➡アールヌーヴォーを巡る **P.222**

グラン・プロジェ
Grands Projets【都市計画】

20世紀末、ミッテラン大統領が推進したパリ大改造計画。ルーヴル美術館の「ガラスのピラミッド」をはじめ、数々の建築物がこの計画によって誕生した。
➡オペラ・バスティーユ **P.139**
➡アラブ世界研究所 **P.149**
➡ルーヴル美術館 **P.188**

旅の言葉

パリにいるかぎり、言葉で不自由することはない。ホテルではほぼ英語が通じるし、レストランやお店でもひとりぐらいは英語をしゃべる店員がいる。でも、あいさつ、お礼の言葉くらいはフランス語で言ってみよう。応対がぐっと違ってくるはずだ。

ここではできるだけフランス語の発音に忠実になるように読み方を示したので、本文中の表記とは異なる場合がある。
例：de は、本文では de

相手への呼びかけ
男性へは
　Monsieur ムッスィユー
女性へは
　Madame マダム
　Mademoiselle マドモワゼル
マダムは既婚女性の呼び方だが、未婚か既婚かわからないときは、マダムを使ったほうが無難。未婚でもある程度大人の女性ならマダムと呼びかけるのが普通。

S'il vous plaît スィル・ヴ・プレ
英語の「please プリーズ」に当たる言葉。コーヒーを注文するときは「Un café, s'il vous plaît. アン・カフェ・スィル・ヴ・プレ」。タクシーでホテルの名前の後ろに付けて「Hôtel ○○, s'il vous plaît. オテル○○・スィル・ヴ・プレ」。

Pardon パルドン
Pardon は、メトロやバスで出口に通してもらうときや、ちょっと肩が触れたときなどに使う。「Pardon?」と語尾を上げると「え？何ですか？」と聞き直す意味になる。

覚えておきたい必修フレーズ

ボンジュール — Bonjour.	こんにちは
ボンソワール — Bonsoir.	こんばんは
ボンヌ ニュイ — Bonne nuit.	おやすみなさい
ボンヌ ジュルネ — Bonne journée.	よい1日を（昼に言う別れ際の言葉）
ボンヌ ソワレ — Bonne soirée.	よい夕べを（夜に言う別れ際の言葉）
オ ルヴォワール — Au revoir.	さようなら
メルスィ — Merci.	ありがとう
メルスィ ボ クー — Merci beaucoup.	どうもありがとう
ノン メルスィ — Non merci.	いいえ、けっこうです
ウイ — Oui.	はい
ノン — Non.	いいえ
スィル ヴ プレ — S'il vous plaît.	お願いします
パルドン — Pardon.	すみません
エクスキューゼ モワ — Excusez-moi.	ごめんなさい

よく使うフレーズ、覚えておきたいフレーズ

ケ ス ク セ — Qu'est-ce que c'est ?	これは何ですか？
ウ — Où ?	どこ？
ウ ソン レ トワレット — Où sont les toilettes ?	トイレはどこですか？
カン — Quand ?	いつ？
ケルール エティル — Quelle heure est-il ?	何時ですか？
コンビヤン — Combien ?	どのくらい？／いくら？
コマン タ レ ヴ — Comment allez-vous ?	お元気ですか？
ジュ ヴェ ビヤン — Je vais bien.	元気です
サ ヴァ — Ça va ?	元気？
ジュ マ ペル — Je m'appelle ○○○.	私の名前は○○○です
コ マン ヴ ザプレ ヴ — Comment vous appelez-vous ?	あなたのお名前は？
ジュ スュイ ジャポネ — Je suis japonais.	私は日本人（男性）です
ジュ スュイ ジャポネーズ — Je suis japonaise.	私は日本人（女性）です
パルレ ヴ ザングレ — Parlez-vous anglais ?	英語を話しますか？
ジュ ヌ パルル パ フランセ — Je ne parle pas français.	私はフランス語を話しません
ジュ ヌ コンプラン パ — Je ne comprends pas.	わかりません
ジュ ヌ セ パ — Je ne sais pas.	知りません
ダコール — D'accord.	わかりました／ＯＫ

シチュエーションに応じた会話例

■町歩き
- Où est la tour Eiffel ?
ウ エ ラ トゥール エッフェル　　エッフェル塔はどこですか？
- Où sommes-nous ?
ウ ソム ヌ　　　　　　　　ここはどこですか？

■観光案内所で
- Je voudrais un plan de la ville, s'il vous plaît.
ジュ ヴ ドレ アン プランドゥラ ヴィル スィル ヴ プレ
市内地図をください
- Je voudrais m'inscrire à cette visite guidée.
ジュ ヴ ドレ マンスクリール ア セットゥ ヴィジット ギデ
この観光ツアーに申し込みたいのですが
- Peut-on acheter un museum pass ici ?
プートン ナシュテ アン ミュージアム パス イスィ
ここでミュージアム・パスを買えますか？

■観光スポットで
- Un billet pour étudiant, s'il vous plaît.
アン ビエ プール エテュディアン スィル ヴ プレ　学生券1枚ください
- A quelle heure ferme-t-on ?
ア ケル ウール フェルム トン　　　　何時に閉まりますか？
- Peut-on prendre des photos dans le musée ?
プートン プランドゥル デ フォト ダンル ミュゼ
美術館の中で写真を撮ってもいいですか？

■劇場で
- Avez-vous des billets pour aujourd'hui ?
アヴェ ヴ デ ビエ プール オージュルドゥイ
当日券はありますか？
- Avez-vous des places moins chères ?
アヴェ ヴ デ プラス モワン シェール
もっと安い席はありますか？
- Je le prends. / Je prends ça.
ジュ ル プラン ジュ プラン サ　　　それにします

交通

■市内交通（メトロ、バス）
- Où est la station de métro ?
ウ エ ラ スタスィオン ドゥ メトロ　メトロの駅はどこですか？
- Où est l'arrêt de bus ?
ウ エ ラ レ ドゥ ビュス　　　バス停はどこですか？
- Je voudrais un plan de métro, s'il vous plaît.
ジュ ヴ ドレ アン プランドゥ メトロ スィル ヴ プレ
メトロの路線図をください
- Un billet (Un passe Navigo Easy) , s'il vous plaît.
アン ビエ アン パス ナヴィゴ イージー スィル ヴ プレ
切符を1枚（ナヴィゴ・イージーのパスを）ください

■近郊の町への交通
- Un billet pour Versailles, s'il vous plaît.
アン ビエ プール ヴェルサイユ スィル ヴ プレ
ヴェルサイユまでの切符をください
- Un aller-simple (Un aller-retour), s'il vous plaît.
ア ナレ サンプル ア ナレ ルトゥール スィル ヴ プレ
片道切符（往復切符）をください
- Je voudrais réserver ce train, s'il vous plaît.
ジュ ヴ ドレ レゼルヴェ ス トラン スィル ヴ プレ
（メモを見せながら）この列車を予約したいのですが
- Je voudrais une fiche horaire, s'il vous plaît.
ジュ ヴ ドレ ユンヌ フィシュ オレール スィル ヴ プレ
時刻表をください

■タクシー
- Où est la station de taxi ? タクシー乗り場はどこですか？
ウ エ ラ スタスィオン ドゥ タクスィ
- Pourriez-vous m'appeler un taxi ?
プリエ ヴ マプレ アン タクスィ
タクシーを呼んでもらえませんか？
- Un reçu, s'il vous plaît.
アン ルシュ スィル ヴ プレ　　　領収書をください

レストランでの会話
→P.249

フランス料理単語帳
→P.254

ショッピングに役立つフランス語
→P.300

ホテルに関するフランス語
→P.351

名詞の後ろの(m)(f)は、
(m)=男性形
(f)=女性形
を意味する。

劇場に関する単語

テアートル théâtre (m)	劇場
シネマ cinéma (m)	映画館
フィルム film (m)	映画
コメディ ミュジカル comédie musicale(f)	ミュージカル
ヴェスティエール vestiaire (m)	クローク
アントラクト entracte (m)	幕間
プラス place (f)	座席

交通に関する単語

ガール gare (f)	鉄道駅
ヴォワ voie (f)	～番線
ケ quai (m)	プラットホーム
ビエ billet (m)	切符
ア レ サンプル aller-simple (m)	片道
ア レ ルトゥール aller-retour (m)	往復
タリフ tarif (m)	運賃
ギシェ guichet (m)	切符売り場
ウール ドゥ デパール heure de départ (f)	出発時刻
ウール ダリヴェ heure d'arrivée (f)	到着時刻

交通に関するフランス語
→P.81

両替・郵便に関する単語

シャンジュ change（m）	両替
フイユ feuille（f）/ billet（m）	ビエ
	紙幣
ピエス pièce（f）	硬貨
レットル lettre（f）	手紙
コリ colis（m）	小包
タンブル ドゥ コレクスィオン timbre de collection（m）	
	記念切手
エクスペディトゥール expéditeur	差出人
デスティナテール destinataire	受取人

お金に関するフランス語
→P.427

数字

ゼロ zéro	0
アン ユンヌ un（une）	1
ドゥー deux	2
トロワ trois	3
キャトル quatre	4
サンク cinq	5
スィス six	6
セット sept	7
ユイット huit	8
ヌフ neuf	9
ディス dix	10
オーンズ onze	11
ドゥーズ douze	12
トレーズ treize	13
キャトールズ quatorze	14
キャーンズ quinze	15
セーズ seize	16
ディ セット dix-sept	17
ディズュイット dix-huit	18
ディズ ヌフ dix-neuf	19
ヴァン vingt	20
サン cent	100
ミル mille	1000

盗難に関する単語

アジャン ドゥ ポリス agent de police（m）	警官
コミサリア commissariat（m）	警察署
ポスト ドゥ ポリス poste de police（m）	派出所
アルジャン リキッド argent liquide（m）/ エスペス espèces（f）	現金
ポルトフイユ portefeuille（m）/ ポルト モネ porte-monnaie（m）	財布

両替所、郵便局

イヤティル アン ビュロー ドゥ ポスト プレ ディスィ
- **Y a-t-il un bureau de poste près d'ici ?**
この近くに郵便局はありますか？

ウ プトン シャンジェ ドゥ ラルジャン
- **Où peut-on changer de l'argent ?**
どこで両替できますか？

ヴ プルネ コンビヤン ドゥ コミッスィオン
- **Vous prenez combien de commission ?**
手数料はいくらですか？

ジュ ヴドレ デ ビエ ドゥ サンク エ ディ ズーロ スィル ヴ プレ
- **Je voudrais des billets de 5 et 10 euros, s'il vous plaît.**
5ユーロ札と10ユーロ札をください

サンク タンブル プール ル ジャポン スィル ヴ プレ
- **5 timbres pour le Japon, s'il vous plaît.**
日本までの切手を5枚ください

ユンヌ ボワット ドゥ コリ アンテルナスィオナル スィル ヴ プレ
- **Une boîte de colis international, s'il vous plaît.**
国際小包用の箱をください

通信

ジュ ヴドレ テレフォネ ア レクステリュール
- **Je voudrais téléphoner à l'extérieur.**
（ホテルの部屋から）外線電話をかけたいのですが

コネセ ヴ アン カフェ アヴェック ラクセ ウィフィ プレ ディスィ
- **Connaissez-vous un café avec l'accès Wi-Fi près d'ici ?**
この近くにWi-Fiが使えるカフェはありますか？

エ ス ク ル ウィフィ エ ディスポニーブル ダン セ トテル
- **Est-ce que le Wi-Fi est disponible dans cet hôtel ?**
このホテルではWi-Fiが使えますか？

非常時、トラブル

■非常時

オ スクール
- **Au secours !**
助けて！

オ ヴォルール
- **Au voleur !**
泥棒！

アプレ ラ ポリス
- **Appelez la police !**
警察を呼んで！

レセ モワ トランキル
- **Laissez-moi tranquille !**
（しつこく誘われたとき）かまわないでください！

■警察で

ジェ ペルデュ モン バガージュ パスポール
- **J'ai perdu mon bagage（passeport）.**
荷物（パスポート）をなくしました

プヴェ ヴ ム フェール ラ デクララスィオン ドゥ ヴォル ドゥ ペルト
- **Pouvez-vous me faire la déclaration de vol（de perte）?**
盗難（紛失）証明書を書いてくれませんか？

■ 日付に関する単語

フランス語の日付の書き順は、日本語と逆になる。
ル マルディ キャトル メ
le mardi 4 mai　5月4日 火曜日

ディマンシュ dimanche	日曜			
ランディ lundi	月曜			
マルディ mardi	火曜	ジャンヴィエ janvier	1月	セプタンブル septembre	9月
メルクルディ mercredi	水曜	フェヴリエ février	2月	オクトーブル octobre	10月
ジュディ jeudi	木曜	マルス mars	3月	ノヴァンブル novembre	11月
ヴァンドルディ vendredi	金曜	アヴリル avril	4月	デサンブル décembre	12月
サムディ samedi	土曜	メ mai	5月	ジュール フェリエ jour férié	祝日
オージュルドゥイ aujourd'hui	今日	ジュアン juin	6月	トゥ レ ジュール tous les jours	毎日
イエール hier	昨日	ジュイエ juillet	7月	スメーヌ semaine	週
ドゥマン demain	明日	ウ（ウットゥ） août	8月	モワ mois	月

医療

■ 症状を説明する

- Je me sens mal.　　具合が悪いです
  - ジュ ム サン マル
- J'ai mal à la tête.　　頭痛がします
  - ジェ マ ラ ラ テット
- J'ai de la fièvre.　　熱があります
  - ジェ ドゥ ラ フィエーヴル
- J'ai des nausées.　　吐き気がします
  - ジェ デ ノ ゼ

■ 病院へ行く

- Est-ce qu'il y a un hôpital près d'ici ?
  - エス キ リヤ ア ノピタル プレ ディスィ
  - 近くに病院はありますか？
- Est-ce qu'il y a un médecin japonais ?
  - エス キ リヤ アン メドゥサン ジャポネ
  - 日本人のお医者さんはいますか？
- Pourriez-vous m'accompagner à l'hôpital, s'il vous plaît ?
  - プリエ ヴ マコンパニエ ア ロピタル スィル ヴ プレ
  - 病院へ連れていってくれませんか？

■ 病院で

- Je voudrais prendre rendez-vous pour une consultation.
  - ジュ ヴ ドレ プランドル ランデ ヴ プール ユンヌ コンスュルタスィオン
  - 診察の予約をしたいのですが
- J'ai un rendez-vous avec le docteur ○○ .
  - ジェ アン ランデ ヴ アヴェック ル ドクトゥール
  - ○○先生との予約があります
- Dois-je être hospitalisé(e) ?
  - ドワ ジュ エートル オスピタリゼ
  - 入院する必要がありますか？
- Quand est-ce que je dois revenir ?
  - カン テ ス ク ジュ ドワ ルヴニール
  - 次はいつ来ればいいですか？
- Je dois revenir régulièrement ?
  - ジュ ドワ ルヴニール レギュリエールマン
  - 通院する必要がありますか？
- Je serai encore ici pour 2 semaines.
  - ジュ スレ アンコール イスィ プール ドゥ スメーヌ
  - ここにはあと2週間滞在する予定です

■ 診察を終えて

- Combien est-ce que je dois payer pour la consultation ?
  - コンビヤン エ ス ク ジュ ドワ ベイエ プール ラ コンスュルタスィオン
  - 診察代はいくらですか？
- Pourrais-je utiliser mon assurance ?　保険が使えますか？
  - プ レ ジュ ティリゼ モ ナスュランス
- Est-ce que vous acceptez les cartes de crédit ?
  - エス ク ヴ ザクセプテ レ カルト ドゥ クレディ
  - クレジットカードでの支払いができますか？
- Pourriez-vous signer ce papier de l'assurance, s'il vous plaît ?
  - プ リエ ヴ スィニエ ス パピエ ドゥ ラスュランス スィル ヴ プレ
  - 保険の書類にサインをしてくれませんか？

■医者に伝える指さし単語

どんな状態のものを食べたか

生の	cru（クリュ）
野生の	sauvage（ソヴァージュ）
油っこい	gras（グラ）
よく火が通っていない	n'est pas assez cuit（ネ パ ア セ キュイ）
調理後時間がたった	Il y a déjà longtemps après la cuisson（イリヤデジャ ロンタン アプレ ラ キュイッソン）

けがをした

刺された／噛まれた	piqué / mordu（ピケ ／ モルデュ）
切った	coupé（ク ぺ）
転んだ	tombé（トンベ）
打った	frappé（フラッペ）
ひねった	tordu（トルデュ）
落ちた	tombé（トンベ）
やけどした	brûlé（ブリュレ）

痛み

鈍く	sourde（スルド）
ズキズキする	lancinant（ランシナン）
鋭く	aigu（エギュ）
ひどく	sévère（セヴェル）

原因

蚊	moustique（ムスティック）
ハチ	abeille / guêpe（アベイユ ゲップ）
アブ	taon（タン）
毒虫	insecte venimeux（アンセクト ヴェニムー）

■ 該当する症状にチェックをして医者に見せよう

□ 吐き気..........nausée	□ 水様便..................	□ 鼻詰まり..........enchifrènement
□ 悪寒.............frisson de fièvre	excréments comme de l'eau	□ 咳.................................toux
□ 食欲不振...manque d'appétit	□ 軟便......excréments relâchés	□ 痰.............................crachat
□ めまい........................vertige	□ 1日に××回......××fois par jour	□ 血痰.......crachat sanguinolent
□ 動悸....................palpitation	□ ときどき......de temps en temps	□ 耳鳴り.......tintement d'oreilles
□ 熱...............................fièvre	□ 頻繁な.....................fréquent	□ 難聴..............dureté d'oreille
□ 脇の下.......................aisselle	□ 絶え間なく.............sans cesse	□ 耳だれ.....................otorrhée
□ 口中..........................bouche	□ 風邪.........................rhume	□ 目やに.......................chassie
□ 下痢........................diarrhée	□ 鼻水.........................morve	□ 目の充血yeux injectés du sang
□ 便秘.................constipation	□ くしゃみ...............éternuement	□ 見えにくい.............Je vois mal.

451

劇場・エンターテインメント

観光ポイント〈パリ近郊〉

ショップ

ホテル

旅の準備と技術

テーマ別総合インデックス

地球の歩き方 シリーズ一覧 2024年5月現在

*地球の歩き方ガイドブックは、改訂時に価格が変わることがあります。 *表示価格は定価（税込）です。 *最新情報は、ホームページをご覧ください。www.arukikata.co.jp/guidebook/

地球の歩き方 ガイドブック

A ヨーロッパ

A01	ヨーロッパ	¥1870
A02	イギリス	¥2530
A03	ロンドン	¥1980
A04	湖水地方＆スコットランド	¥1870
A05	アイルランド	¥1980
A06	フランス	¥2420
A07	パリ＆近郊の町	¥2200
A08	南仏プロヴァンス コート・ダジュール＆モナコ	¥1760
A09	イタリア	¥2530
A10	ローマ	¥1760
A11	ミラノ ヴェネツィアと湖水地方	¥1870
A12	フィレンツェとトスカーナ	¥1870
A13	南イタリアとシチリア	¥1870
A14	ドイツ	¥1980
A15	南ドイツ フランクフルト ミュンヘン ロマンチック街道 古城街道	¥2090
A16	ベルリンと北ドイツ ハンブルク ドレスデン ライプツィヒ	¥1870
A17	ウィーンとオーストリア	¥2090
A18	スイス	¥2200
A19	オランダ ベルギー ルクセンブルク	¥2420
A20	スペイン	¥2420
A21	マドリードとアンダルシア	¥1760
A22	バルセロナ＆近郊の町 イビサ島／マヨルカ島	¥1760
A23	ポルトガル	¥2200
A24	ギリシアとエーゲ海の島々＆キプロス	¥1870
A25	中欧	¥1980
A26	チェコ ポーランド スロヴァキア	¥1870
A27	ハンガリー	¥1870
A28	ブルガリア ルーマニア	¥1980
A29	北欧 デンマーク ノルウェー スウェーデン フィンランド	¥1870
A30	バルトの国々 エストニア ラトヴィア リトアニア	¥1870
A31	ロシア ベラルーシ ウクライナ モルドヴァ コーカサスの国々	¥2090
A32	極東ロシア シベリア サハリン	¥1980
A34	クロアチア スロヴェニア	¥2200

B 南北アメリカ

B01	アメリカ	¥2090
B02	アメリカ西海岸	¥2200
B03	ロスアンゼルス	¥2090
B04	サンフランシスコとシリコンバレー	¥1870
B05	シアトル ポートランド	¥2420
B06	ニューヨーク マンハッタン＆ブルックリン	¥2200
B07	ボストン	¥1980
B08	ワシントンDC	¥2420
B09	ラスベガス セドナ＆グランドキャニオンと大西部	¥2090
B10	フロリダ	¥2310
B11	シカゴ	¥1870
B12	アメリカ南部	¥1980
B13	アメリカの国立公園	¥2640
B14	ダラス ヒューストン デンバー グランドサークル フェニックス サンタフェ	¥1980
B15	アラスカ	¥1980
B16	カナダ	¥2420
B17	カナダ西部 カナディアン・ロッキーとバンクーバー	¥2090
B18	カナダ東部 ナイアガラフォールズ メープル街道 プリンス・エドワード島 トロント オタワ モントリオール ケベック・シティ	¥2090
B19	メキシコ	¥1980
B20	中米	¥2090
B21	ブラジル ベネズエラ	¥2200
B22	アルゼンチン チリ パラグアイ ウルグアイ	¥2200
B23	ペルー ボリビア エクアドル コロンビア	¥2200
B24	キューバ バハマ ジャマイカ カリブの島々	¥2035
B25	アメリカ・ドライブ	¥1980

C 太平洋 / インド洋島々

C01	ハワイ オアフ島＆ホノルル	¥2200
C02	ハワイ島	¥2200
C03	サイパン ロタ＆テニアン	¥1540
C04	グアム	¥1980
C05	タヒチ イースター島	¥1870
C06	フィジー	¥1650
C07	ニューカレドニア	¥1650
C08	モルディブ	¥1870
C10	ニュージーランド	¥2200
C11	オーストラリア	¥2750
C12	ゴールドコースト＆ケアンズ	¥2420
C13	シドニー＆メルボルン	¥1760

D アジア

D01	中国	¥2090
D02	上海 杭州 蘇州	¥1870
D03	北京	¥1760
D04	大連 瀋陽 ハルビン 中国東北部の自然と文化	¥1980
D05	広州 アモイ 桂林 珠江デルタと華南地方	¥1980
D06	成都 重慶 九寨溝 麗江 四川 雲南	¥1980
D07	西安 敦煌 ウルムチ シルクロードと中国西北部	¥1980
D08	チベット	¥2090
D09	香港 マカオ 深圳	¥2420
D10	台湾	¥2090
D11	台北	¥1980
D13	台南 高雄 屏東＆南台湾の町	¥1980
D14	モンゴル	¥2420
D15	中央アジア サマルカンドとシルクロードの国々	¥2090
D16	東南アジア	¥1870
D17	タイ	¥2200
D18	バンコク	¥1980
D19	マレーシア ブルネイ	¥2090
D20	シンガポール	¥1980
D21	ベトナム	¥2090
D22	アンコール・ワットとカンボジア	¥2200
D23	ラオス	¥2420
D24	ミャンマー（ビルマ）	¥2090
D25	インドネシア	¥2420
D26	バリ島	¥2200
D27	フィリピン マニラ セブ ボラカイ ボホール エルニド	¥2200
D28	インド	¥2640
D29	ネパールとヒマラヤトレッキング	¥2200
D30	スリランカ	¥1870
D31	ブータン	¥1980
D33	マカオ	¥1760
D34	釜山 慶州	¥1540
D37	バングラデシュ	¥2090
D38	ソウル	¥1870

E 中近東 アフリカ

E01	ドバイとアラビア半島の国々	¥2090
E02	エジプト	¥1980
E03	イスタンブールとトルコの大地	¥2090
E04	ペトラ遺跡とヨルダン レバノン	¥2090
E05	イスラエル	¥2090
E06	イラン ペルシアの旅	¥2200
E07	モロッコ	¥1980
E08	チュニジア	¥2090
E09	東アフリカ ウガンダ エチオピア ケニア タンザニア ルワンダ	¥2090
E10	南アフリカ	¥2200
E11	リビア	¥2200
E12	マダガスカル	¥1980

J 国内版

J00	日本	¥3300
J01	東京 23区	¥2200
J02	東京 多摩地域	¥2020
J03	京都	¥2200
J04	沖縄	¥2200
J05	北海道	¥2200
J06	神奈川	¥2420
J07	埼玉	¥2200
J08	千葉	¥2200
J09	札幌・小樽	¥2200
J10	愛知	¥2200
J11	世田谷区	¥2200
J12	四国	¥2420
J13	北九州市	¥2200
J14	東京の島々	¥2640

地球の歩き方 aruco

●海外

	タイトル	価格
1	パリ	¥1650
2	ソウル	¥1650
3	台北	¥1650
4	トルコ	¥1430
5	インド	¥1540
6	ロンドン	¥1650
7	香港	¥1320
9	ニューヨーク	¥1650
10	ホーチミン ダナン ホイアン	¥1650
11	ホノルル	¥1650
12	バリ島	¥1650
13	上海	¥1320
14	モロッコ	¥1540
15	チェコ	¥1320
16	ベルギー	¥1430
17	ウィーン ブダペスト	¥1320
18	イタリア	¥1760
19	スリランカ	¥1540
20	クロアチア スロヴェニア	¥1430
21	スペイン	¥1320
22	シンガポール	¥1650
23	バンコク	¥1650
24	グアム	¥1320
25	オーストラリア	¥1760
26	フィンランド エストニア	¥1430
27	アンコール・ワット	¥1430
29	ハノイ	¥1760
30	台湾	¥1650
31	カナダ	¥1320
33	サイパン テニアン ロタ	¥1320
34	セブ ボホール エルニド	¥1320
35	ロスアンゼルス	¥1320
36	フランス	¥1430
37	ポルトガル	¥1650
38	ダナン ホイアン フエ	¥1430

●国内

北海道	¥1760
京都	¥1760
沖縄	¥1760
東京	¥1540
東京で楽しむフランス	¥1430
東京で楽しむ韓国	¥1430
東京で楽しむ台湾	¥1430
東京の手みやげ	¥1430
東京おやつさんぽ	¥1430
東京のパン屋さん	¥1430
東京で楽しむ北欧	¥1430
東京のカフェめぐり	¥1480
東京で楽しむハワイ	¥1480
nyaruco 東京ねこさんぽ	¥1480
東京で楽しむイタリア＆スペイン	¥1480
東京で楽しむアジアの国々	¥1480
東京ひとりさんぽ	¥1480
東京パワースポットさんぽ	¥1599
東京で楽しむ英国	¥1599

地球の歩き方 Plat

	タイトル	価格
1	パリ	¥1320
2	ニューヨーク	¥1320
3	台北	¥1100
4	ロンドン	¥1320
6	ドイツ	¥1320
7	ホーチミン／ハノイ／ダナン／ホイアン	¥1320
8	スペイン	¥1320
9	バンコク	¥1540
10	シンガポール	¥1100
11	アイスランド	¥1540
13	マニラ セブ	¥1650
14	マルタ	¥1540
15	フィンランド	¥1320
16	クアラルンプール マラッカ	¥1650
17	ウラジオストク／ハバロフスク	¥1430
18	サンクトペテルブルク／モスクワ	¥1540
20	香港	¥1100
21	エジプト	¥1320
22	ブルネイ	¥1430

地球の歩き方 リゾートスタイル

R02	ハワイ島	¥1650
R03	マウイ島	¥1650
R04	カウアイ島	¥1870
R05	こどもと行くハワイ	¥1540
R06	ハワイ ドライブ・マップ	¥1980
R07	ハワイ バスの旅	¥1320
R08	グアム	¥1430
R09	こどもと行くグアム	¥1650
R10	パラオ	¥1650
R12	プーケット サムイ島 ピピ島	¥1650
R13	ペナン ランカウイ クアラルンプール	¥1650
R14	バリ島	¥1430
R15	セブ＆ボラカイ ボホール シキホール	¥1650
R16	テーマパークinオーランド	¥1870
R17	カンクン コスメル イスラ・ムヘーレス	¥1650
R20	ダナン ホイアン ホーチミン ハノイ	¥1650

（aruco 追加分）

	タイトル	価格
23	ウズベキスタン サマルカンド ブハラ ヒヴァ タシケント	¥1650
24	ドバイ	¥1320
25	サンフランシスコ	¥1320
26	パース／西オーストラリア	¥1320
27	ジョージア	¥1540
28	南インド	¥1430

地球の歩き方 関連書籍のご案内

フランスとその周辺諸国をめぐるヨーロッパの旅を「地球の歩き方」が応援します!

※表示価格は定価（税込）です。改訂時に価格が変更になる場合があります。

地球の歩き方 旅の図鑑シリーズ

見て読んで海外のことを学ぶことができ、旅気分を楽しめる新シリーズ。
1979年の創刊以来、長年蓄積してきた世界各国の情報と取材経験を生かし、
従来の「地球の歩き方」には載せきれなかった、
旅にぐっと深みが増すような雑学や豆知識が盛り込まれています。

W01
世界244の国と地域
¥1760

W07
世界のグルメ図鑑
¥1760

W02
世界の指導者図鑑
¥1650

W03
世界の魅力的な
奇岩と巨石139選
¥1760

W04
世界246の首都と
主要都市
¥1760

W05
世界のすごい島300
¥1760

W06
世界なんでも
ランキング
¥1760

W08
世界のすごい巨像
¥1760

W09
世界のすごい城と
宮殿333
¥1760

W11
世界の祝祭
¥1760

W10 世界197ヵ国のふしぎな聖地&パワースポット ¥1870
W13 世界遺産 絶景でめぐる自然遺産 完全版 ¥1980
W16 世界の中華料理図鑑 ¥1980
W18 世界遺産の歩き方 ¥1980
W20 世界のすごい駅 ¥1980
W22 いつか旅してみたい世界の美しい古都 ¥1980
W24 日本の凄い神木 ¥2200
W26 世界の麺図鑑 ¥1980
W28 世界の魅力的な道 178 選 ¥1980
W30 すごい地球！ ¥2200
W32 日本のグルメ図鑑 ¥1980

W12 世界のカレー図鑑 ¥1980
W15 地球の果ての歩き方 ¥1980
W17 世界の地元メシ図鑑 ¥1980
W19 世界の魅力的なビーチと湖 ¥1980
W21 世界のおみやげ図鑑 ¥1980
W23 世界のすごいホテル ¥1980
W25 世界のお菓子図鑑 ¥1980
W27 世界のお酒図鑑 ¥1980
W29 世界の映画の舞台&ロケ地 ¥2090
W31 世界のすごい墓 ¥1980

※表示価格は定価（税込）です。改訂時に価格が変更になる場合があります。

あなたの**旅の体験談**をお送りください

「地球の歩き方」は、たくさんの旅行者からご協力をいただいて、
改訂版や新刊を制作しています。
あなたの旅の体験や貴重な情報を、これから旅に出る人たちへ分けてあげてください。
なお、お送りいただいたご投稿がガイドブックに掲載された場合は、
初回掲載本を1冊プレゼントします！(発送は国内に限らせていただきます)

ご投稿はインターネットから！

URL www.arukikata.co.jp/guidebook/toukou.html
画像も送れるカンタン「投稿フォーム」
※左記の二次元コードをスマートフォンなどで読み取ってアクセス！

または「地球の歩き方　投稿」で検索してもすぐに見つかります

 地球の歩き方　投稿 　　　　　 検索

▶投稿にあたってのお願い

★ご投稿は、次のような《テーマ》に分けてお書きください。
　《新発見》───ガイドブック未掲載のレストラン、ホテル、ショップなどの情報
　《旅の提案》───未掲載の町や見どころ、新しいルートや楽しみ方などの情報
　《アドバイス》───旅先で工夫したこと、注意したこと、トラブル体験など
　《訂正・反論》───掲載されている記事・データの追加修正や更新、異論、反論など

　　　※記入例「○○編20XX年度版△△ページ掲載の□□ホテルが移転していました……」

★データはできるだけ正確に。
　ホテルやレストランなどの情報は、名称、住所、電話番号、アクセスなどを正確にお書きください。
　ウェブサイトのURLや地図などは画像でご投稿いただくのもおすすめです。

★ご自身の体験をお寄せください。
　雑誌やインターネット上の情報などの丸写しはせず、実際の体験に基づいた具体的な情報をお
　待ちしています。

▶ご確認ください

※採用されたご投稿は、必ずしも該当タイトルに掲載されるわけではありません。関連他タイトルへの掲載もありえます。
※例えば「新しい市内交通バスが発売されている」など、すでに編集部で取材・調査を終えているものと同内容のご投稿をい
　ただいた場合は、ご投稿を採用したとはみなされず掲載本をプレゼントできないケースがあります。
※当社は個人情報を第三者へ提供いたしません。また、ご記入いただきましたご自身の情報については、ご投稿内容の確認
　や掲載本の送付などの用途以外には使用いたしません。
※ご投稿の採用の可否についてのお問い合わせはご遠慮ください。
※原稿は原文を尊重しますが、スペースなどの関係で編集部でリライトする場合があります。

あとがき

本書はパリをこよなく愛する人たちによって書かれています。五輪開催を控えたパリの新たな情報を加えてお届けすることができました。ご協力くださった方々には、感謝の気持ちでいっぱいです。読者の皆さまがパリへと旅立つとき、本書がお役に立てることを願っています。Bon voyage！（よい旅を！）

STAFF

制　　　作：由良暁世、内田早紀　Producers：Akiyo Yura、Saki Uchida
編　　　集：オフィス・ギア（坂井彰代、伊藤智郎、山田理恵、朝倉修子）　Editors：Office GUIA Inc.
執　　　筆：AGU、村上修史、三富千秋、坂上桂子、田中敦子
　　　　　　Writers：AGU、Shushi Murakami、Chiaki Mitomi、Keiko Sakagami、Atsuko Tanaka
地　　　図：辻野良晃　Maps：Yoshiaki Tsujino
校　　　正：三品秀徳　Proofreading：Hidenori Mishina
デザイン：村松道代（タオハウス）、山中遼子、オフィス・ギア、エメ龍夢
　　　　　　Design：Michiyo Muramatsu（taohaus）、Ryoko Yamanaka、Office GUIA Inc.、EME RYUMU Co., Ltd.
表　　　紙：日出嶋昭男　Cover Designer：Akio Hidejima
Ｄ　Ｔ　Ｐ：オフィス・ギア、黄木克哲（有限会社どんぐり・はうす）
　　　　　　DTP：Office GUIA Inc.、Yoshinori Ogi（Donguri House Inc.）
写　　　真：上仲正寿、村松史郎、石澤真実、守随亨延、©iStock
　　　　　　Photographers：Masatoshi Uenaka、Shiro Muramatsu、Mami Ishizawa、Yukinobu Shuzui、©iStock
イラスト：有栖サチコ、オガワヒロシ、一志敦子　Illustrations：Sachiko Arisu、Hiroshi Ogawa、Atsuko Issi
編集協力：フランス観光開発機構、守随亨延
　　　　　　Special thanks：Atout France、Yukinobu Shuzui

本書についてのご意見・ご感想はこちらまで
読者投稿 〒141-8425　東京都品川区西五反田2-11-8
　　　　　　株式会社地球の歩き方
　　　　　　地球の歩き方サービスデスク「パリ＆近郊の町編」投稿係
　　　　　　https://www.arukikata.co.jp/guidebook/toukou.html
地球の歩き方ホームページ（海外・国内旅行の総合情報）
　　　　　　https://www.arukikata.co.jp/
ガイドブック『地球の歩き方』公式サイト
　　　　　　https://www.arukikata.co.jp/guidebook/

地球の歩き方 A07

パリ＆近郊の町 2024～2025年版

2022年12月20日　初版第1刷発行
2024年6月4日　　改訂第2版第1刷発行

Published by Arukikata. Co., Ltd.
2-11-8 Nishigotanda, Shinagawa-ku, Tokyo, 141-8425, Japan

著作編集　地球の歩き方編集室
発 行 人　新井 邦弘
編 集 人　由良 暁世
発 行 所　株式会社地球の歩き方
　　　　　〒141-8425　東京都品川区西五反田2-11-8
発 売 元　株式会社Gakken
　　　　　〒141-8416　東京都品川区西五反田2-11-8
印刷製本　TOPPAN株式会社

※本書は基本的に2023年12月～2024年2月の取材データに基づいて作られています。
発行後に料金、営業時間、定休日などが変更になる場合がありますのでご了承ください。
更新・訂正情報：https://www.arukikata.co.jp/travel-support/

●この本に関する各種お問い合わせ先
・本の内容については、下記サイトのお問い合わせフォームよりお願いします。
　URL ▶ https://www.arukikata.co.jp/guidebook/contact.html
・広告については、下記サイトのお問い合わせフォームよりお願いします。
　URL ▶ https://www.arukikata.co.jp/ad_contact/
・在庫については Tel ▶ 03-6431-1250（販売部）
・不良品（落丁、乱丁）については Tel ▶ 0570-000577
　学研業務センター 〒354-0045　埼玉県入間郡三芳町上富279-1
・上記以外のお問い合わせは Tel ▶ 0570-056-710（学研グループ総合案内）

※本書は株式会社ダイヤモンド・ビッグ社より1991年に初版発行したものの最新・改訂版です。
学研グループの書籍・雑誌についての新刊情報・詳細情報は、下記をご覧ください。